Anton-Rudolf
Götzenberger

Schwarzgeld-Anlage in der Praxis

Wie Schwarzgeld entsteht, angelegt, legalisiert oder aufgedeckt wird

6., aktualisierte und erweiterte Auflage

Ueberreuter

Die Deutsche Bibliothek – CIP-Einheitsaufnahme

Götzenberger, Anton-Rudolf:
Schwarzgeld-Anlage in der Praxis : wie Schwarzgeld entsteht, angelegt, legalisiert oder aufgedeckt wird / Anton-Rudolf Götzenberger. – 6., aktualisierte und erw. Aufl. – Wien : Wirtschaftsverlag Ueberreuter, 1999
ISBN 3-7064-0579-2

Vormals erschienen im SIS Verlag, München

Unsere Web-Adressen:

http://www.ueberreuter.at
http://www.ueberreuter.de

S 0490 1 2 3 / 2001 2000 1999

Umschlag: INIT, Büro für Gestaltung
unter Verwendung eines Bildes der Bildagentur *Bavaria*

Printed in Hungary

Inhalt

Vorwort

„Es ist gerecht", so schrieb Friedrich der Große im Jahre 1768 in sein sechstes politisches Testament hinein, „daß jeder einzelne dazu beiträgt, die Ausgaben des Staates tragen zu helfen. Aber es ist gar nicht gerecht, daß er die Hälfte seines jährlichen Einkommens mit dem Souverän teilt".

Aus heutiger Sicht wäre der Besserverdienende sicherlich froh, wenn es beim „Halbteilungsgrundsatz" geblieben wäre und ihm der Staat wenigstens die Hälfte dessen belassen würde, was er verdient hat. Nach der Halbierung des Sparerfreibetrags ab dem Jahr 2000 bleiben einem Single bei einer Durchschnittsverzinsung von sechs Prozent aber gerade nur etwas mehr als 50.000 DM an Vermögen, für das er keine Kapitaleinkünfte deklarieren muß. Von jeder zusätzlich vereinnahmten Mark kassiert der Staat dann bis zu 51 Prozent (ab 2002 48,5 Prozent), zzgl. 5,5 Prozent Solidaritätszuschlag.

Die mahnenden Worte der Bundesverfassungsrichter aus ihrem Vermögensteuerbeschluß vom 22. Juni 1995 (2 BvL 37/91), wonach „auch der Steuergesetzgeber nicht beliebig auf Privatvermögen zugreifen darf, der Berechtigte vielmehr von Verfassungs wegen einen Anspruch darauf hat, daß ihm die Privatnützigkeit des Erworbenen und die Verfügungsbefugnis über geschaffene vermögenswerte Rechtspositionen jedenfalls im Kern erhalten bleiben", sind längst verklungen. Am Rande der zweiten Ökosteuer-Reform, welche den Benzinpreis bis zum Jahre 2003 um 24 Pfennige hochkatapultiert, forderte die SPD-Fraktion die Bundesregierung auf, Grundlagen für eine wirtschafts- und steuerpolitisch sinnvolle Vermögensbesteuerung zu schaffen, wie es schließlich auch der Koalitionsvertrag verlange.

Die Reicheren unter den Adressaten, an welche die neuen Steuerpläne gerichtet sind, dürften erahnen, was sie erwartet, und mehr und mehr die Dienste der Profi-Treuhänder in Steueroasenländern in Anspruch nehmen. Diese verwalten das Vermögen dann so diskret, als sei es gar nicht vorhanden, und verstehen sich in der Kunst, Vermögen vor Neidern, lästigen Finanzbeamten, rachsüchtigen Ehefrauen oder enttäuschten Geliebten fernzuhalten. Hochkarätige Vermögensverwalter arbeiten freilich nicht umsonst. Und so kommt es nicht von ungefähr, daß nur die Besserverdienenden dem Staat sicher entwischen.

Mit diesem Buch möchte ich niemanden zur Steuerhinterziehung animieren, weder den Besserverdienenden noch den Kleinanleger. Mein Ziel ist es vielmehr, Chancengleichheit zu schaffen zwischen denjenigen, die sich eben gute Berater leisten können, und jenen, die sich nur zu ihrer Hausbank begeben können. Kleinanleger, die in den vergangenen Jahren dem Rat ihrer Hausbanken gefolgt sind, sollten sich heute ernsthaft überlegen, ob es nicht höchste Zeit für eine Selbstanzeige wäre. Dies gilt auch, oder besonders dann, wenn sich die betreffende Bank einvernehmlich mit der Staatsanwaltschaft einigt. Die Dresdner Bank AG, drittgrößtes deutsches Kreditinstitut, ließ es sich jüngst mehr als 40 Millionen Mark kosten, und einzelne Spitzenmanager akzeptierten sogar Haftstrafen auf Bewährung, um weitere Verfahren gegen Bank und Mitarbeiter zu vermeiden.

Den im Visier der Fahnder stehenden Bankkunden nützen solche Deals freilich wenig; im Gegenteil. Denn werden die Mitarbeiter solcher Banken nicht mehr wegen Gehilfenschaft verfolgt, stehen sie dem Staatsanwalt als Zeugen zur Verfügung. So erklärte die Düsseldorfer Staatsanwaltschaft nach dem Dresdner Deal, sie habe nun größere personelle Kapazitäten und könne die steuerflüchtigen Kunden leichter ausfindig machen. Ob der Deal diese Drohgebärden entkräftet und Mitarbeiter nicht als Zeugen vorgeladen werden, steht freilich nicht in den offiziellen Erklärungen. Sicher ist nur, daß es eine Abschlußbilanz über die massenhafte Steuerflucht nach Luxemburg und anderswo und die damit zusammenhängenden über 50 Bankdurchsuchungen sowie die mehr als 23.000 Ermittlungsverfahren kaum je geben dürfte.

Alle Angaben in diesem Buch können trotz sorgfältigster Recherche, Bearbeitung und Aktualisierung nur ohne Gewähr veröffentlicht werden. Für Hinweise und Anregungen aus dem Kreis der Leser bin ich dankbar.

Frankfurt/Wien, im Oktober 1999 Anton-Rudolf Götzenberger

Abkürzungsverzeichnis

a.a.O.	am angegebenen Ort
ABBL	Association des Banques et Banquiers Luxembourg
ABGB	Allgemeines Bürgerliches Gesetzbuch
ABl.	Amtsblatt der Europäischen Gemeinschaften
Abschn.	Abschnitt
AEAO	Anwendungserlaß zur Abgabenordnung
a.F.	alte Fassung
AG	Aktiengesellschaft
AGB-BA	Allgemeine Geschäftsbedingungen der Banken
AGB-KU	Allgemeine Geschäftsbedingungen der österreichischen Kreditunternehmen
AGB-PSK-Sparv.	Geschäftsbestimmungen für den Sparverkehr der österreichischen Postsparkassen
AGB-SPK	Allg. Geschäftsbedingungen der Sparkassen
AktG	Aktiengesetz
Anm.	Anmerkung
AO	Abgabenordnung
ARHG	Bundesgesetz vom 4. Dezember 1979 über die Auslieferung und die Rechtshilfe
ArbGG	Arbeitsgerichtsgesetz
Art.	Artikel
AStBV	Anweisungen für das Straf- und Bußgeldverfahren (Steuer)
AStG	Außensteuergesetz
Aufl.	Auflage
AV	Anlagevermögen
AWG	Außenwirtschaftsgesetz
AWV	Außenwirtschaftsverordnung
BAO	Bundesabgabenordnung
B-VG	Bundesverfassungsgesetz
BaG	Schweizer Bundesgesetz über die Banken und Sparkassen v. 8. Nov. 1934

BayObLG	Bayerisches Oberstes Landesgericht
BB	Der Betriebs-Berater
BewG	Bewertungsgesetz
BDSG	Bundesdatenschutzgesetz
BFH	Bundesfinanzhof
BFHE	Sammlung der Entscheidungen des Bundesfinanzhofs
BFH/NV	Sammlung amtlich nicht veröffentlichter Entscheidungen des Bundesfinanzhofs
BfF	Bundesamt für Finanzen
BGB	Bürgerliches Gesetzbuch
BGBl.	Bundesgesetzblatt
BGE	Bundesgerichtsentscheide
BMF	Bundesminister der Finanzen
BpO	Betriebsprüfungsordnung
BStBl.	Bundessteuerblatt
BStP	Bundesstrafprozeßordnung
BStrP	Bundesgesetz über die Bundesstrafrechtspflege
Bustra	Bußgeld- und Strafsachenstelle
B-VG	Österreichisches Bundes-Verfassungsgesetz
BVerfG	Bundesverfassungsgericht
bzw.	beziehungsweise
c.i.c	Culpa in contrahendo (Verschulden bei Vertragsabschluß)
CpD	Conto pro Diverse
DB	Der Betrieb (Zeitschrift)
DBA	Doppelbesteuerungsabkommen
DBG	Bundesgesetz über die direkten Bundessteuern (Schweiz)
DStR	Deutsches Steuerrecht (Zeitschrift)
EBK	Eidgenössische Bankenkommission
EFTA	European Free Trade Association
EG-AmtshilfeG	EG-Amtshilfe-Gesetz
EJPD	Eidgenössisches Justiz- und Polizeidepartement
ErbStDV	Erbschaftsteuer-Durchführungsverordnung
ErbStG	Erbschaftsteuergesetz
EStG	Einkommensteuergesetz
EStR	Einkommensteuerrichtlinien

EuRHÜK	Europäisches Übereinkommen über die Rechtshilfe in Strafsachen
EU	Europäische Union
EWR	Europäischer Wirtschaftsraum
FATF	Financial Action Task Force on Money Laundering
FinStrG	Finanzstrafgesetz
Fn.	Fußnote
Fr	Schweizer Franken
FVG	Gesetz über die Finanzverwaltung
GeldwRL	Richtlinien der Eidgenössischen Bankenkommission zur Bekämpfung und Verhinderung der Geldwäscherei
GmbH	Gesellschaft mit beschränkter Haftung
GrEStG	Grunderwerbsteuergesetz
GwG	Gesetz über das Aufspüren von Gewinnen aus schweren Straftaten vom 25. Oktober 1993
HFR	Höchstrichterliche Finanzrechtsprechung
HGB	Handelsgesetzbuch
i.d.F.	in der Fassung
i.d.R.	in der Regel
i.H.v.	in Höhe von
IRSG	Bundesgesetz über internationale Rechtshilfe in Strafsachen
IRSV	Verordnung über internationale Rechtshilfe in Strafsachen
i.S.	im Sinne
i.V.m.	in Verbindung mit
IZA	Informationszentrale für steuerliche Auslandsbeziehungen
KESt	Österr. Kapitalertragsteuer
KSt	Körperschaftsteuer
KStG	Körperschaftsteuergesetz
KWG	Kreditwesengesetz
LGBl	Landesgesetzblatt
MA	Musterabkommen
Mémorial	Amtsblatt des Großherzogtums Luxemburg

MRK	Europäische Konvention zum Schutze der Menschenrechte und Grundfreiheiten vom 4. November 1950
NJW	Neue Juristische Wochenschrift (Zeitschrift)
NWB	Neue Wirtschaftsbriefe (Zeitschrift)
NZZ	Neue Zürcher Zeitung
OECD	Organization of Economic Cooperation and Development
OeNB	Oesterreichische Nationalbank
OFD	Oberfinanzdirektion
OGH	Oberster Gerichtshof
OR	Schweizer Obligationenrecht vom 30. März 1911/ 18. Dezember 1936
PGR	Liechtensteinisches Personen- und Gesellschaftsrecht
RHAbgV	Deutsch-österreichischer Vertrag vom 4.10.1954 über die Rechtshilfe in Abgabesachen
RHG	Liechtensteinisches Rechtshilfegesetz vom 11. November 1992
RHStrV	Deutsch-österreichischer Vertrag vom 31.1.1972 über die Ergänzung des Europäischen Übereinkommens über die Rechtshilfe in Strafsachen
Rz.	Randziffer
SGB	Sozialgesetzbuch
SPG	Liechtensteinisches Sorgfaltspflichtgesetz
SR	Systematische Rechtssammlung (Schweiz)
StGB	Strafgesetzbuch
StPO	Strafprozeßordnung
Tz.	Textziffer
UStG	Umsatzsteuergesetz
VfGH	Verfassungsgerichtshof
VSB	Vereinbarung über die Standesregeln zur Sorgfaltspflicht der Banken
VStR	Schweizerisches Verwaltungsstrafrecht
VwVG	Bundesgesetz über das Verwaltungsverfahren
WpHG	Wertpapierhandelsgesetz
ZBJV	Zeitschrift des bernischen Juristenvereins, Bern
ZPO	Zivilprozeßordnung
ZStR	Schweizerische Zeitschrift für Strafrecht

A. Auf Schwarzgeld stößt man überall

I. Ob in den dunkel-respektablen Räumen der Bank von Japan ...

Japans Steuerfahnder staunten nicht schlecht, als sie – zum ersten Mal seit 32 Jahren überhaupt – die oberste Währungshüterin ihres Landes zu durchsuchen hatten. Nippons Notenbanker haben zwischen 1993 und 1998 25 Mio. Yen öffentliche Gelder unterschlagen. Die obersten Währungshüter ließen sich u. a. Golfclub-Mitgliedschaften – jährlich umgerechnet etwa 7,5 Mio. Mark – aus öffentlichen Kassen finanzieren; für die ausländischen Gastanalysten und Referenten waren „schwarze Spesenkassen" eingerichtet. Die Direktoren wohnten für fünf Prozent des ortsüblichen Mietpreises in eigens für sie angeschafften Luxuswohnungen. Der Präsident der Bank of Japan (BOJ) zahlte sogar nur umgerechnet 2.800 Mark Miete im Monat für eine 440 qm große Residenz auf einer Landfläche von 2,5 Hektar.

Die aufgedeckten Korruptionsfälle, sie werden insgesamt auf etwa 380 Mio. Mark geschätzt, dürften aber nur die Spitze des Eisberges gewesen sein und betrafen auch nur die Tokioter Hauptzentrale. Die Ankündigung der Regierung, die „Naturalrabatte" der Besteuerung zu unterwerfen, löste unter der obersten Beamtenschaft eine so starke Schockwelle aus, daß sie fluchtartig in „bürgerliche" Apartments umzogen. Die BOJ veräußerte daraufhin auf Rat einer Unternehmensberatungsfirma einzelne Liegenschaften. Insgesamt wird der Landbesitz der BOJ auf 1 Mio. qm geschätzt, wovon der überwiegende Teil privat genutzt wird.[1]

[1] Süddeutsche Zeitung Nr. 29 vom 5.2.99, S. 22.

II. ... oder bei den österreichischen Bierbrauern ...

Alles glich einer Filmszene. Im Oktober vergangenen Jahres landeten österreichische Steuerfahnder ihren großen Coup.[2] In aller Herrgottsfrüh riegelten sie, mit Maschinenpistolen bewaffnet, die Zu- und Abfahrten der landesweit 17 Standorte eines österreichischen Brauereiunternehmens ab und stürmten mit einer 200 Mann starken Truppe die Büros des Konzerns. Kistenweise schleppten sie Lieferscheine, Kundenlisten und ganze EDV-Anlagen davon.

Ein Gastwirt war offenbar dümmer, als der Staat erlaubt. Denn die Steuerfahnder wußten genau, wonach sie suchen mußten. In seiner Buchhaltung legte der Gastronom einen Beleg über den Barbezug von Bier ab, sozusagen direkt vom Sudhaus raus. Die Rechnung enthielt keinen Empfänger, was einen unangemeldet auftauchenden Betriebsprüfer stutzig machte. Die Steuerfahnder glaubten nun, herausgefunden zu haben, wie Österreichs Gastwirte Schwarzbier verkaufen, ohne daß dies in der Buchhaltung besonders auffiele. Zwischen 20 und 30 Prozent des Gesamtumsatzes sollen nach Schätzungen der Steuerfahnder mit anonymen Barverkaufsrechnungen bislang am Fiskus vorbeigeflossen sein. Wenn es den Fahndern gelingt, die gefundenen Kürzel und Codes zu entschlüsseln und nachzuweisen, wohin jedes bar verkaufte Bierfaß gerollt ist, dürfte erhebliches Unheil über Österreichs Gastronomen hereinbrechen.

---

2 Süddeutsche Zeitung Nr. 232 vom 9.10.98, S. 3.

III. ... oder inmitten der sportlicheren Szene!

Ein in Deutschland residenter und unbeschränkt einkommensteuerpflichtiger Berufssportler mit weltweiten Einnahmen aus Preis- und Startgeldern sowie aus Werbeverträgen wollte sich besonders schlau den Klauen des deutschen Fiskus entziehen. Zur Einkunftsverschleierung bediente er sich sogenannter Basis- oder Domizilgesellschaften, im Volksmund auch Briefkastenfirmen genannt.

Der Berufssportler hatte seinen Hauptwohnsitz in Deutschland (was letztendlich auch sein Fehler war) und einen „Nebenwohnsitz“ in Florida. Bei diesem „Nebenwohnsitz“ handelte es sich um eine Luxusvilla, die veräußert wurde. Eine dem Sportler zuzurechnende Domizilgesellschaft Namens *M Ltd.* mit Sitz auf den *British Virgin Islands* kaufte zufällig im selben Jahr ebenfalls in Florida ein neues Anwesen. Der Sportler unterhielt dort eine „Betriebstätte“, die er nutzte, um Einkünfte am deutschen Fiskus vorbeizuschleusen. Er rechnete hierfür Einnahmen dieser Betriebstätte zu, welche er dort aber tatsächlich gar nicht der Besteuerung unterzog.

Die hohen Preis- und Werbegelder versteuerte der Sportler teilweise als Umsätze seines inländischen Gewerbebetriebs und seiner ausländischen Betriebstätte in Florida. Ein anderer Teil floß der *P GmbH* zu, an der der Sportler mit 40 % beteiligt war. Das Gros seiner Einnahmen floß aber am Finanzamt vorbei an seine ausländischen Domizilgesellschaften *SP Ltd.* in Liberia und *FS B.V.* in den Niederlanden. Der Sportler selbst war Angestellter der *SP Ltd.* und der *FS B.V.* Von der *FS B.V.* bezog er einen nach dem DBA Niederlande steuerfreien Arbeitslohn.

Der Arbeitsvertrag mit der *SP Ltd.* brachte ihm von 1989 bis 1993 knapp 3 Mio. Mark. Diese Einnahmen waren nach dem DBA Großbritannien dort zu besteuern, so daß sich das deutsche Finanzamt nur noch mit dem Progressionsvorbehalt beteiligen konnte. Das Nachsehen hatte der deutsche Fiskus auch bezüglich der Arbeitslöhne aus dem Angestelltenverhältnis mit der niederländischen *FS B.V.* Der Sportler bekam die Preis- und Startgelder, die in Australien, Neuseeland, Italien, Kanada, Südafrika und auf den Fiji-Inseln angefallen waren, brutto für netto. Denn weil der Sportler als Angestellter einer niederländischen Gesellschaft auftrat, wurde ihm nach dem DBA-Niederlande keine Abzugsteuer einbehalten.

Die Informationszentrale des Bundesamts für Finanzen[3] forschte nach und holte nähere Auskünfte zur *SP Ltd.* und der *FS B.V* ein: Unter der Anschrift in Monte Carlo/Monaco wurde kein wirtschaftlicher Geschäftsbetrieb unterhalten. Auch bei der Hauptsitzanschrift in Monrovia/Liberia wurde das Bundesamt fündig: Es handelte sich hier um eine bekannte Massendomiziladresse! Eine weitere bekannte Anschrift der *SP Ltd.* in den USA gehörte zu einer Firma, deren Aufgabe vornehmlich die Registrierung, Verwaltung und Betreuung von Briefkastengesellschaften war. Bei der *SP Ltd.* handelte es sich also um eine reine Domizil- oder Basisgesellschaft. Das deutsche Finanzamt versagte daher die steuerliche Anerkennung des Arbeitsvertrags zwischen dem Sportler und der *SP Ltd.*

Nicht viel „mehr" steckte auch hinter der *FS B.V.* Die Gesellschaft konnte nur unter der Anschrift oder der Telefon- und Faxnummer eines bekannten Massendomizilgebers erreicht werden. Die Anerkennung des Angestelltenverhältnisses mit der niederländischen Domizilgesellschaft wurde aus diesen Gründen ebenfalls versagt, was allerdings keine steuerlichen Nachteile hatte, weil der *FS B.V.* ausschließlich Preis- und Startgelder zugeflossen waren, welche ohnehin nicht der Besteuerung, sondern – wie der „Arbeitslohn" – nur dem Progressionsvorbehalt unterlagen.

Warum letztlich für den Bereich Großbritannien die *SP Ltd.* vorgeschaltet wurde, hatte einen simplen Grund: Der Anstellungsvertrag mit der *SP Ltd.* sollte britische Abzugsteuern vermeiden helfen, die für Preis- und Werbegelder aus Großbritannien angefallen wären. Denn vor dem 1.5.1987 kannten die Briten kein Spezialgesetz, das die Besteuerung ausländischer Künstler und Sportler regelte. So behielt das Königreich von Vergütungen, die britische Veranstalter den Sportlern direkt auszahlten, eine Quellensteuer (als Abgeltungsteuer) ein. War der Sportler aber als Angestellter einer Firma aufgetreten, wurde keine Abgeltungsteuer einbehalten.

---

[3] Siehe unten E.V.1.c).

Nach dem 1.5.1987 besteuerte Großbritannien dann durch die Gesellschaft hindurch, kassierte sozusagen vom Sportler selbst ab. Dieser hatte aber dafür die Möglichkeit, seine Einkünfte in Großbritannien zu versteuern, so als ob er eine Betriebstätte in Großbritannien unterhalten würde, was der Sportler letztendlich auch tat. Die liberische *SP Ltd.* hatte dadurch wieder an Bedeutung gewonnen: Sie diente von nun an dazu, die gesonderte Gewinnermittlung für die britischen Steuererklärungen beizubehalten.

Der Star zählte alle Preis- und Startgelder zusammen, die offiziell der *SP Ltd.* zugeflossen waren, rechnete damit zusammenhängende Betriebsausgaben gegen und konnte sich die bereits einbehaltene Abzugsteuer auf die Steuerschuld anrechnen lassen. Alles am deutschen Fiskus vorbei, versteht sich; und zum Großteil wohl auch am britischen Fiskus vorbei. Denn, wie die deutschen Fahnder ermittelt haben, flossen der *SP Ltd.* lediglich 10 % der gesamten Werbeeinnahmen zu. Nur diese 10 % versteuerte der Sportler nachweislich in Großbritannien. Recherchen der Fahnder ergaben, daß dieser Prozentsatz jährlich in etwa den Spieltagen in Großbritannien im Verhältnis zu den Spieltagen weltweit entsprach, so daß aufgrund der vorgenannten Ausführungen dieser Teil der Werbeeinnahmen ohnehin in Großbritannien zu versteuern war und sich das deutsche Finanzamt mit dem Progressionsvorbehalt begnügen mußte.

Alles sah so zunächst legal aus, war es aber nicht! Verdächtig war vor allem die Tatsache, daß die *SP Ltd.* bei einer Liechtensteiner Bank mehrere Konten unterhielt, über die der gesamte Zahlungsverkehr abgewickelt wurde. Auch das hatten die Fahnder herausgefunden. Auf diesen Konten waren Zinseinkünfte im Gesamtwert von über 100.000 DM gutgeschrieben. Diese Zinserträge flossen dem Sportler bisher als nach dem DBA-Großbritannien steuerfreie und in Deutschland nur dem Progressionsvorbehalt unterliegende Gehaltszahlungen der *SP Ltd.* zu. Die Fahnder kamen außerdem dahinter, daß die der Betriebstätte in Florida zugeordneten, weltweiten Werbeeinnahmen dort gar nicht besteuert worden sind und eigentlich – wegen der im DBA-USA enthaltenen Rückfallklausel – in Deutschland der Besteuerung unterlegen hätten. Letztlich ergab sich auch für die nach Florida umgeleiteten Einnahmen eine volle Steuerpflicht in Deutschland.

Nach Enttarnung dieses Steuersparmodells zahlte der Sportler Steuern in Höhe von rund 1 Mio. DM nach. Der Enttarnungserfolg hatte natürlich auch Folgen für die zukünftigen Veranlagungszeiträume. So nahm der Staatshaushalt in den Jahren 1994 und 1995 um 1,5 Mio. DM mehr ein.

B. Was Schwarzgeld ist

I. Schwarzgeld und Steuerflucht als Krankheitssymptom einer überzogenen europäischen Hochsteuerpolitik

Die deutschen Steuersätze liegen, wie der Wissenschaftliche Beirat beim Bundesministerium der Finanzen selbst zugibt,[4] im oberen Bereich, ja teilweise sogar an der Spitze, wenn man den Solidaritätszuschlag und die Gewerbeertragsteuer, für die es in anderen EU-Staaten kein vergleichbares Gegenstück gibt, in den Belastungsvergleich einbezieht. Im Bereich der natürlichen Personen kann, wie der Beirat schreibt, die Belastung bei gewerblichen Kapitaleinkommen bis 60 Prozent, bei nichtgewerblichen Kapitaleinkommen bis 56 Prozent betragen. Ausgeschüttete Gewinne von Kapitalgesellschaften besteuert der hiesige Fiskus aus der Sicht ausländischer Anleger mit 45 Prozent Körperschaftsteuer, Solidaritätszuschlag und Gewerbesteuer, einbehaltene Gewinne sogar mit 58 Prozent; dem absolut höchsten Niveau.

Besserverdienende, Freiberufler oder Personengesellschaften versuchen, dieser hohen Steuerbelastung mit Hilfe ausländischer Betriebsstätten in Staaten, mit denen Deutschland ein Doppelbesteuerungsabkommen abgeschlossen hat, zu entgehen. In solchen Fällen werden die der ausländischen Betriebsstätte zuzurechnenden Gewinne nicht mehr besteuert. Ab einer Beteiligung von mindestens 10 Prozent stellt Deutschland die von einer ausländischen Tochtergesellschaft gezahlten Dividenden auf Ebene der inländischen Mutterkapitalgesellschaft von der Steuer frei (internationales Schachtelprivileg). Der Steuereffekt ist überall dort besonders interessant, wo der ausländische Staat die freigestellten Einkünfte nur

[4] BMF Schriftreihe Heft 65, S. 13

sehr milde besteuert (beispielsweise werden Investitionen in den irischen „Dublin Docks" mit nur 10 Prozent besteuert). Ausländische Betriebsstätten sind für Freiberufler und Gesellschafter aber immer ein Gewinn: Denn so hoch wie in Deutschland liegt die Steuerbelastung in keinem anderen DBA-Staat!

Tabelle 1: Besteuerung des Kapitaleinkommens in 1999*

Staat	Natürliche Person (Spitzensatz in v. H.)	Körperschaften (v. H.)
Dänemark	40–58	34
Deutschland	60/56	58/45
Finnland	28	28
Frankreich	25–62	42
Kanada	36–50	45
Japan	65	41
Norwegen	28	28
Schweden	30	28
Schweiz	42	17–34
UK	40	41
USA	46	41

*Quelle: Bundesministerium für Finanzen.
Gerundete Werte, Dänemark, Frankreich und Kanada: Differenzierte Sätze für Dividenden und Zinsen. Schweiz und USA: Werte regional verschieden, hier Kanton Zürich bzw. Staat New York.

Wo nun ein starker Druck herrscht, besteht auch ein starker Drang, diesem Druck zu entrinnen. Die Unternehmer können dies mittels einer ausländischen Betriebsstätte auf legalem Wege tun. Alle anderen besserverdienenden Bürger, Steuerzahler, und insbesondere die Geldanleger können nur darüber nachdenken, wie sie ihr Vermögen und dessen Erträge dem rabiaten Zugriff ihres Heimatstaates durch Auslandskonten entziehen können. Und so treibt es Geldanleger nur allzuoft in sogenannte Oasenländer. Es sind aber nicht die dort zulässigen Nummernkonten, die aus Steuerzahlern Steuersünder machen. Es ist vielmehr die Hochsteuerpolitik vieler

EU-Länder, und in erster Linie diejenige Deutschlands, die Geld und Kapital ins Ausland treibt.

Steuerfluchtbewegungen entwickeln sich dort aus Sorge vor der Aufdeckung unerklärter Vermögenswerte, die in aller Regel aus einer steuerpflichtigen Einkunftsquelle stammen mußten und über viele Jahre aus schwarzen Quellen heraus gebildet wurden. So können Zins- und Dividendeneinkünfte nicht der Besteuerung unterworfen werden, wenn bereits das die „Früchte" tragende Vermögen der Besteuerung vorenthalten wurde (weil es etwa aus Schwarzarbeit stammt). Seit deutsche Kreditinstitute nach § 45d Abs. 1 Nr. 3 EStG verpflichtet sind, die Höhe des Betrags, für den auf Grund des Freistellungsauftrages vom Steuerabzug Abstand genommen worden ist, den Finanzbehörden mitzuteilen,[5] wissen diese genau, wieviel Kapitaleinkünfte jeder Steuerbürger im Inland eingenommen hat, wenn er einen Freistellungsauftrag erteilt hat. Und weil sich so von den gemeldeten Kapitaleinkünften gewisse Rückschlüsse auf das Anlagevolumen ziehen lassen, kann es sich kein Schwarzgeldanleger mehr leisten, nicht deklarierte Vermögenswerte in Deutschland zu belassen.

Daß Steuern auf Kapitalerträge von den Kapitalanlegern durchaus akzeptiert werden können, wenn sie nicht übermäßig sind, zeigt das Beispiel Österreich. Seit man dort die Kapitalertragsteuer zur Abgeltungsteuer machte, stieg das Steueraufkommen um knapp 60 Prozent. Wenn der Kapitalanleger also das Gefühl hat, daß ihm nach Steuern noch ein akzeptabler Betrag bleibt, wird er eher bereit sein, Steuern auf seine Kapitalerträge zu zahlen. Besteuert aber der Staat fast alles weg, so daß dem Kapitalanleger nicht mehr als ein magerer Inflationsschutz verbleibt, sieht er meistens keinen anderen Weg, als dorthin zu gehen, wo sein Name Nebensache und sein Konto nur eine Nummer ist. Kapitalvermögen wird so zu Schwarzgeld und dem legalen Wirtschaftskreislauf entzogen.

---

[5] § 45d geändert durch Steuerentlastungsgesetz 1999/2000/2002 BStBl. 1999 I, S. 304; vgl. D.II.1.

II. Schwarzgeld im straf- und steuerstrafrechtlichen Sinne

Deutsche Gesetze enthalten keine Definition zum Begriff „Schwarzgeld". Eine indirekte Begriffsbestimmung läßt sich höchstens aus dem Strafgesetzbuch (StGB) ableiten. So ermächtigen die §§ 73 ff. StGB Gerichte, einen Verfall für Vermögensvorteile anzuordnen, die aufgrund einer rechtswidrigen Tat erlangt worden sind. Analog zu dieser Vorschrift läßt sich Schwarzgeld als ein aus einer rechtswidrigen Tat erzielter Vermögensvorteil definieren.

§ 73 StGB spricht allgemein von „etwas erlangtem"; also von einem Vermögensvorteil jeglicher Art. Die EG-Geldwäsche-Richtlinie[6] bezeichnet Schwarzgelder auch als „Vermögensgegenstände aus einer kriminellen Tätigkeit"; Art. 305bis des schweizerischen Strafgesetzbuches spricht von deliktisch erworbenen Vermögenswerten. Das österreichische Recht bezeichnet Schwarzgelder als Vermögensbestandteile, die aus einem Verbrechen herrühren.

Eine weitere Begriffsbestimmung für Schwarzgeld läßt sich aus § 261 StGB ableiten, der durch Gesetz zur Bekämpfung des illegalen Rauschgifthandels und anderer Erscheinungsformen der Organisierten Kriminalität (OrgKG)[7] erstmals 1992 in das Strafgesetzbuch aufgenommen wurde. Danach kann Schwarzgeld als „Gegenstand" bezeichnet werden, der aus einem Verbrechen eines anderen, einem Vergehen nach dem Betäubungsmittelgesetz oder aus einem Verbrechen stammt, das ein Mitglied einer kriminellen Vereinigung begangen hat. Diese Definition kommt der Bezeichnung für die von der Mafia durch den Handel mit Drogen erwirtschafteten Schwarzgelder besonders nahe.

Schwarzgeld im steuerstrafrechtlichen Sinn muß dagegen nicht notwendigerweise aus kriminellen Tathandlungen stammen. Schwarzgeld im steuerstrafrechtlichen Sinn ist nichts anderes als unversteuertes Geld. Daraus läßt sich eine weitere Begriffsbestimmung ableiten: Schwarzgeld ist das Geld, das einer ordnungsgemäßen Besteuerung vorenthalten wurde. Notwendigerweise ergibt

---

6 Abgedruckt im Anhang V.

7 BGBl. 1992 I, S. 1302.

sich aber eine Übereinstimmung mit obiger Begriffsdefinition aus dem StGB. Denn es können nur unter dem Aspekt einer vollendeten Steuerhinterziehung Gelder einer ordnungsgemäßen Besteuerung vorenthalten werden. Und Steuerhinterziehung stellt eine rechtswidrige Tat dar, mit der ein Vermögensvorteil erzielt wird (die Steuerersparnis).

Ob der bezweckte Vermögensvorteil dem Steuerpflichtigen in jedem Fall zugestanden hätte, aber eben aus anderen Gründen als diejenigen, die er dem Finanzamt gegenüber angab, ist unerheblich. Steuerhinterziehung ist auch dann verwirklicht, wenn die Steuer aus anderen Gründen hätte ermäßigt werden können oder der Steuervorteil aus anderen Gründen zugestanden hätte. Ob und in welchem Umfang in solchen Fällen ein Nachteil entstanden ist, ergibt sich aus dem Vergleich zwischen der Steuer, die aufgrund der unwahren Angaben festgesetzt wurde, und der Steuer, die zu erheben wäre, wenn anstelle der unrichtigen die der Wahrheit entsprechenden Tatsachen zugrunde gelegt würden.

Die Erscheinungsform von Schwarzgeld muß nicht notwendigerweise nur in Bargeld bestehen. Deliktisch erworbene Vermögensvorteile können auch durch Zuwendung von Sachwerten erlangt werden. Bestes Beispiel hierfür sind die oben dargestellten dunklen Machenschaften bei der Bank of Japan. Deutlich wird dies auch im Zusammenhang mit der Bewertung von Warenbeständen. So stellen die nicht in der Buchhaltung erfaßten Sachwertentnahmen aus dem Vorratsvermögen eines Betriebs Schwarzgeld dar. Auch eine Zuwendung von „immateriellen Vermögensgegenständen" kann Schwarzgeld sein. Man denke beispielsweise an eine Karibikreise für eine Amtsperson und deren Angehörige, finanziert von einem Industriegiganten als „kleines Dankeschön" für das Zuflüstern interner Informationen zur Auftragsvergabe im Rahmen einer öffentlichen Ausschreibung.

III. Der Straftatbestand Steuerhinterziehung

Den Straftatbestand der Steuerhinterziehung begeht, wer

- den Finanzbehörden oder anderen Behörden über steuerlich erhebliche Tatsachen unrichtige oder unvollständige Angaben macht,
- die Finanzbehörden pflichtwidrig über steuerlich erhebliche Tatsachen in Unkenntnis läßt oder
- pflichtwidrig die Verwendung von Steuerzeichen oder Steuerstemplern unterläßt

und dadurch Steuern verkürzt oder für sich oder einen anderen nicht gerechtfertigte Steuervorteile erlangt.

Steuerhinterziehung kann einmal in einem Tun (als Begehungsdelikt) oder in einem Unterlassen (als Unterlassungsdelikt) begangen werden. Unterlassen wird dem Tun dort gleichgestellt, wo eine Rechtspflicht zum Handeln besteht.

Der Gesetzeswortlaut *„und dadurch Steuern verkürzt"* stellt die für die Begründung einer Steuerstraftat relevante Relation zwischen Handlung und Erfolg, in der Fachsprache *Kausalzusammenhang* genannt, dar. Die beiden Wörter *„und dadurch"* verbinden die Handlung (die drei oben dargestellten Verhaltensweisen) mit dem Erfolg („Steuern verkürzt") und stellen somit die Notwendigkeit des Bestehens eines Kausalzusammenhangs deutlich heraus. Aus zu versteuernden Einnahmen wird also erst dann Schwarzgeld, wenn der Tatbestand der Steuerhinterziehung vollendet ist. Der Tatvollendung geht der Versuch vor. Der Versuch geht über die bloße Vorbereitungshandlung hinaus und wird durch die wissentliche und willentliche Falschabgabe einer Steuererklärung erfüllt. Zur Vollendung kommt es erst mit Bekanntgabe eines unrichtigen Steuerbescheides. Werden im Inland der Einkommensteuer unterworfene und versteuerte Gelder zur Anlage auf ausländische Konten transferiert, wird aus diesen Geldern erst dann Schwarzgeld, wenn mit der Auslandsgeldanlage Kapitaleinkünfte erwirtschaftet worden sind, die einer Besteuerung im Inland nicht unterzogen wurden.[8]

[8] Bei Nichtabgabe von Steuererklärungen wird auf den Abschluß der allgemeinen Veranlagungsarbeiten verwiesen.

Tabelle 2: Straftaxen und Geldstrafenbemessung für Steuerhinterziehung und Steuerverkürzung*

Verkürzungs-beträge bis	Strafmaßtabellen in den OFD-Bezirken								
	1 Berlin	2 Chemnitz	3 Cottbus	4 Düsseldorf Finanzämter für Strafsachen und Steuerfahndung: Düsseldorf	Essen	Wuppertal	5 Erfurt	6 Freiburg	7 Frankfurt
	Anzahl der Tagessätze bis								
2 000 DM	linear je 1 000 DM 4 bis 6 Tagessätze	10	10						linear je 1 000 DM 4 bis 6 Tagessätze
3 000 DM									
5 000 DM				20	20		20		
10 000 DM		30		40	40	25	40	10	
15 000 DM				60	60		60	30	
20 000 DM		60	80	80	80	50	80	60	
25 000 DM				100	90		90		
30 000 DM		90		120	100	75	100		
40 000 DM		120		160	120	100	120	90	
45 000 DM				180	130		130		
50 000 DM		180	150	200	140	125	140		
60 000 DM				240	160	150	160	120	
70 000 DM		220		280	180		180		
75 000 DM			200	300	190		190		
80 000 DM		260		320	200	200	200	180	
90 000 DM				360	220	225	220		
100 000 DM		360	230		240	360	240		
110 000 DM					250		250	240	
144 000 DM					284		284		
150 000 DM			280		290		290	360	
171 000 DM					311		311		
186 000 DM					326		326		
200 000 DM			320		340		340		
250 000 DM			340		360		360		
285 000 DM			360						
360 000 DM									

*Quelle: Spörlein/Dörn, Steuerstrafrecht von A–Z. Luchterhand Verlag, Neuwied/Frankfurt.

Tabelle 2: Fortsetzung*

Verkürzungs-beträge bis	Strafmaßtabellen in den OFD-Bezirken												
	8 Hamburg	9 Hannover	10 Karlsruhe	11 Kiel	12 Koblenz	13 Köln	14 Magdeburg	15 München	16 Münster	17 Nürnberg	18 Rostock	19 Saarbrücken	20 Stuttgart
	Anzahl der Tagessätze bis												
2 000 DM	unterer Verkürzungsbereich: je 1 000 DM 8 bis 10 Tagessätze Obergrenze: 360 Tagessätze bei 100 000 DM	bis 45 000 DM: je 300 DM 1 Tagessatz oder über 45 000 DM: je 600 DM 1 Tagessatz		keine „offiziellen“ Vorgaben	keine „offiziellen“ Vorgaben	wie OFD Hannover	wie OFD Hannover						
3 000 DM											12		
5 000 DM			10						20	20		25	10
10 000 DM			30						40	40	40	50	30
15 000 DM			60						60	60		75	60
20 000 DM									80		80	100	
25 000 DM								90	90	90		125	
30 000 DM			90						100		100	150	90
40 000 DM									120	130		200	
45 000 DM									130			250	
50 000 DM			120					180	140		160	300	120
60 000 DM									160			350	
70 000 DM									180	200			
75 000 DM			180					270	190				180
80 000 DM									200				
90 000 DM									220				
100 000 DM								360	240		240		
110 000 DM			240						250	280			240
144 000 DM	360								284				
150 000 DM			360						290	360			360
171 000 DM									311				
186 000 DM						360	360		326				
200 000 DM		360							340				
250 000 DM									360				
285 000 DM													
360 000 DM													

*Quelle: Spörlein/Dörn, Steuerstrafrecht von A–Z. Luchterhand Verlag, Neuwied/Frankfurt.

Strafzumessung im Bereich der OFD Bremen*

Verkürzungs-beträge bis	Anzahl der Tagessätze bis	
500 DM	5	meist Einstellung (§§ 398 AO, 153 StPO)
1 000 DM	10	
2 000 DM	15	häufig Einstellung § 153a StPO
3 000 DM	25	
4 500 DM	25	
6 000 DM	30	
7 000 DM	35	
8 000 DM	40	
9 500 DM	45	
11 000 DM	50	
14 000 DM	60	
18 000 DM	70	
22 000 DM	80	Strafbefehl
27 000 DM	90	
31 000 DM	100	
37 000 DM	110	
42 000 DM	120	
48 000 DM	130	
54 000 DM	140	
60 000 DM	150	
67 000 DM	160	
72 000 DM	170	Strafbefehl
78 000 DM	180	
84 000 DM	190	
90 000 DM	200	
96 000 DM	210	
102 000 DM	220	meist Strafbefehl
108 000 DM	230	
114 000 DM	240	
120 000 DM	250	
126 000 DM	260	
132 000 DM	270	
138 000 DM	280	
144 000 DM	290	
150 000 DM	300	Strafbefehl möglich, sofern besondere Umstände vorliegen
156 000 DM	310	
162 000 DM	320	
168 000 DM	330	
174 000 DM	340	
180 000 DM	350	
186 000 DM	360	

*Quelle: Spörlein/Dörn, Steuerstrafrecht von A–Z. Luchterhand Verlag, Neuwied/Frankfurt.

In der Praxis sind die Grenzen zwischen kriminellem und steuerlichem Bereich fließend. Für die Besteuerung ist es im übrigen unerheblich, ob Einnahmen aus einem *rechtmäßigen* oder einem *rechts- bzw. sittenwidrigen* Rechtsgeschäft stammen. Für die Besteuerung kommt es einzig darauf an, ob die Einnahmen einer der sieben Einkunftsarten zugerechnet werden können, die in § 2 des Einkommensteuergesetzes (EStG) aufgeführt sind. Die unversteuerten Gewinne eines Dealers aus dem Drogenhandel oder die einer Amtsperson „unter dem Tisch" zugesteckten Schmiergelder stellen beispielsweise Schwarzgelder im straf- und steuerrechtlichen Sinne dar, die – ungeachtet der Art ihrer Erwirtschaftung – der Steuerpflicht unterliegen.

C. Wie die Profis Schwarzgeld machen

I. Schwarzgeldschöpfung durch Buchführungsmanipulationen

Das System der doppelten Buchführung bedingt, daß einer fiktiven Aufwandsbuchung stets eine Vermögensminderung und einer fiktiven Ertragsbuchung stets eine Vermögensmehrung gegenüberstehen muß. Dadurch wird Schwarzgeldschöpfung für buchführungspflichtige Unternehmer zwar schwierig, aber nicht undurchführbar. Gewiefte Steuerhinterzieher haben immer ein paar Tricks parat, um niedrigere, nicht den wahren Ertragsverhältnissen entsprechende Gewinne auszuweisen. Bei der Gewinnermittlung durch Betriebsvermögensvergleich läßt sich durch Überbewertung von Einlagen bzw. Unterbewertung oder Nichtbuchung von Entnahmen die Differenz zwischen dem Betriebsvermögen am Schluß des Wirtschaftsjahres und dem am Schluß des vorangegangenen Wirtschaftsjahres mindern. Bei der Gewinnermittlung durch Gegenüberstellung von Aufwendungen und Erträgen können Steuern dadurch verkürzt werden, daß Aufwendungen überbewertet und Erträge nicht erfaßt oder Ertragskonten fälschlicherweise über die Schlußbilanz abgeschlossen werden. In beiden Fällen wird stets ein niedrigerer Gewinn ausgewiesen.

Werden einem Betrieb durch Buchführungsmanipulationen ständig Barmittel entzogen, fehlen diese für notwendige Investitionsmaßnahmen. Unmittelbare Folge davon ist, daß für die Aufrechterhaltung des Geschäftsbetriebs Kredite notwendig werden. Unternehmer, die ihre Gewinne vor dem Finanzamt durch massive Unterbewertung des Betriebsvermögens „künstlich herunterrechnen", haben aber wenig Aussicht, Barmittel von der Bank zu bekommen. Um die dem Betrieb entzogenen Schwarzgelder dennoch für Reinvestitionen wiederverwenden zu können, wurde aus Steuerfahndungskreisen folgende Praktik publik:[9] Ein im Inland an-

[9] Bericht der Arbeitsgruppe „Steuerausfälle", Finanzverwaltung Nordrhein-Westfalen, S. 46.

sässiges, international tätiges Kreditinstitut gewährt einen „scheinbar ungedeckten Kredit". In Wirklichkeit aber dient das bei einer ausländischen Filiale derselben Bank unterhaltene Schwarzgeldguthaben als Kreditbesicherung. Das DM-Schwarzgeld in Luxemburg oder Liechtenstein wird zu über 100 Prozent gesichert und mit einem Aufschlag auf einen Zinsen-Benchmark-Indikator verzinst. Das Aufgeld von x Prozent teilen sich die Bank und der Schwarzgeldanleger unter dem Titel „Kreditvermittlungsprovision". Auf diese Weise muß der Kunde sein Schwarzgeld nicht offenbaren, und die Zinserträge können weiterhin unversteuert bleiben.

In den vergangenen Jahren wurden etwa 150 Verfahren dieser Art aufgedeckt, wobei allein die einfachen Fälle steuerliche Mehreinnahmen von über fünf Millionen Mark einbrachten.[10] Scheinbar ungedeckte Kredite stoßen bei Steuerfahndern immer auf Skepsis, denn sie widersprechen der allgemeinen Geschäftspraktik einer Bank. Vorfeldermittlungen werden eingeleitet, wenn die Kreditsumme das (dem Finanzamt bekannte) Vermögen des Kreditnehmers stark übersteigt. Der Verdacht auf schwarze Konten liegt sehr nahe, wenn das Kreditinstitut Filialnetze im Ausland, insbesondere in Steueroasenländern unterhält.

Selbst bei intelligenter Tarnung (durch Abwicklung über eine unabhängige Korrespondenzbank) gelangen Schwarzgelder dennoch nicht selten – durch handschriftliche Notizen von Kreditsachbearbeitern – ans Tageslicht. Denn solche Handzettel fallen den Ermittlungsbeamten bei Durchsuchungen als „Zufallserkenntnisse" besonders gern in die Hände. Besonders anonyme Sparbücher mit handschriftlichen Notizen wie „Eigentum der Gastwirtin" erregen bei österreichischen Ermittlungsbeamten immer wieder besondere Aufmerksamkeit. Ein solches Sparbuch diente der Bank zur Besicherung eines Kredits, den die Gastronomin für die Modernisierung ihres Ausschanks aufgenommen hatte. Der Zufallsfund hatte die unmittelbare Einleitung eines Finanzstrafverfahrens gegen die Wirtin zur Folge, die im übrigen schnell identifiziert werden konnte, da es in diesem kleinen Ort nur eine Gastwirtschaft gab.

[10] Ebendort.

1. Buchführungsmanipulationen beim Anfangs- und Endvermögen

Der Unternehmensinhaber verfolgt hierbei das Ziel, die Differenz aus dem Betriebsvermögen am Schluß des Wirtschaftsjahres und dem Betriebsvermögen am Schluß des vorangegangenen Wirtschaftsjahres möglichst gering ausfallen zu lassen. Darüber hinaus versucht er, die Summe der Entnahmen möglichst zu minimieren, die Summe der Einlagen dagegen zu maximieren.

Manipulationen am Betriebsvermögen des laufenden und des vorangegangenen Wirtschaftsjahres werden im wesentlichen erreicht:

- durch Verrechnung von Bestandskontensalden mit der Gewinn- und Verlustrechnung,
- durch Abschluß von Erfolgskonten über die Schlußbilanz,
- durch Belegmanipulationen in Verbindung mit richtiger oder falscher Verbuchung dieser unrichtigen Beträge,
- Ausweis von Vorräten, die sich mittlerweile nicht mehr im Unternehmen befinden, oder Vorräte, die gar nicht existieren, sowie die Doppelzählung von Vorräten, die sich unterwegs „auf Rädern“ befinden,
- durch Vortäuschen und Nichtverbuchen von Geschäftsfällen (insbesondere bei OR-Geschäften).

In der Praxis tritt regelmäßig eine Kombination solcher Gestaltungen auf.

Beispiel:

Einzelunternehmer U, der jeweils zum 31.12. eines Jahres bilanziert, veräußert am 2.1.02 einen zum Betriebsvermögen gehörenden Lkw an V zum Preis von 15.000 DM auf Ziel. Der Lkw war, wie nachfolgende Eröffnungsbilanz zum 1.1.02 zeigt, mit 10.000 DM bewertet. Er hatte eine Restnutzungsdauer von 2 Jahren.

Eröffnungsbilanz zum 1.1.02

Aktiva			Passiva
Anlagevermögen			
Fuhrpark	10.000 DM	Kapital	40.000 DM
sonstiges AV	40.000 DM	sonstige Passiva	70.000 DM
Umlaufvermögen			
Forderungen	20.000 DM		
sonstiges Umlaufvermögen	40.000 DM		
Summe	**110.000 DM**	Summe	**110.000 DM**

Der Geschäftsfall würde ordnungsgemäß so gebucht werden:

„Forderungen (15.000 DM) an Fuhrpark (10.000 DM), außerordentlicher Ertrag (5.000 DM)“

U, der den außerordentlichen Ertrag der Besteuerung vorenthalten möchte, verbucht den Geschäftsfall zunächst richtig. Nach einigen Wochen ergänzt er die Buchung wie folgt:

„außerordentlicher Aufwand (5.000 DM) an Forderungen (5.000 DM)“

Er täuscht dadurch eine Forderungsabschreibung vor. Die Zahlung von V geht nach 4 Wochen ein. V hatte das Geld auf ein von U angegebenes Privatkonto eingezahlt. Der Geschäftsfall wird nicht weiter verfolgt. Die Restforderung in Höhe von 10.000 DM weist U in seiner Schlußbilanz aus. Einlagen und Entnahmen verbuchte U nicht. Die Schlußbilanz des 31.12.02 lautet wie folgt:

Schlußbilanz zum 31.12.02

Aktiva			Passiva
Anlagevermögen			
Fuhrpark	0 DM	Kapital	40.000 DM
sonstiges AV	40.000 DM	sonstige Passiva	70.000 DM
Umlaufvermögen			
Forderungen	30.000 DM		
sonstiges Umlaufvermögen	40.000 DM		
Summe	**110.000 DM**	Summe	**110.000 DM**

Gemäß der Gewinnermittlungsvorschrift des § 4 Abs. 1 EStG (Betriebsvermögensvergleich) errechnet sich für das Jahr 02 folgender Gewinn:

Betriebsvermögen am Schluß des laufenden Wirtschaftsjahres	110.000 DM
./. BV am Schluß des vorangegangenen Wirtschaftsjahres	110.000 DM
+ Entnahmen	0 DM
./. Einlagen	0 DM
= steuerpflichtiger Gewinn	0 DM

Ergebnis: Schwarzgeldschöpfung im Wert von 5.000 DM.

2. Buchführungsmanipulationen bei den Einlagen und Entnahmen

Als Einlage oder Entnahme wird dasjenige bezeichnet, das Gesellschafter einer Personengesellschaft im Laufe des Wirtschaftsjahres dem Betrieb zuführen oder herausziehen. Im folgenden soll aufgezeigt werden, wie Schwarzgelder durch gezieltes Verschieben von Wirtschaftsgütern und sonstigen Leistungen vom Betriebsbereich in die Privatsphäre der Gesellschafter geschöpft werden können. Wirtschaftsgüter können vom einen Bereich in den anderen durch Einlagen bzw. Entnahmen übertragen werden. Als „Übertragungsinstrument“ dient das Privatkonto.

Steuerpflichtige einer Personengesellschaft sind stets die Gesellschafter, während eine Kapitalgesellschaft nach dem Körperschaftsteuergesetz selbst Steuerpflichtige ist. Da sich eine Kapitalgesellschaft selbst keine Wirtschaftsgüter entnehmen oder zuführen kann, kann es bei Kapitalgesellschaften keine Einlagen und Entnahmen geben. Demzufolge gibt es bei Kapitalgesellschaften auch keine Trennung zwischen betrieblichem und privatem Bereich. Schwarzgeldschöpfung durch Falschbuchungen bei den Einlagen und Entnahmen ist daher nur bei Einzelunternehmern und Personengesellschaften anzutreffen.

Schwarzgeldschöpfung durch unterlassene oder falsche Buchungen bei den Einlagen und Entnahmen wird in der Praxis häufig dadurch erreicht, daß Entnahmen als Einlagen gebucht oder Einlagen vorgetäuscht werden.

Beispiel:

Eine Valutaverbindlichkeit kann infolge eines gesunkenen US-Dollars günstiger bedient werden. Das Unternehmen erzielte aus der Auflösung der Verbindlichkeit, die mit dem Kurswert im Zeitpunkt der Aufnahme der Verbindlichkeiten angesetzt war, einen außerordentlichen Ertrag in Höhe von 25.000 DM.

Die richtige Buchung ergäbe sich wie folgt: „Verbindlichkeiten (200.000 DM) an Bank (175.000 DM), außerordentlicher Ertrag (25.000 DM)". Das Unternehmen täuschte eine Einlage in Höhe von 25.000 DM vor und buchte wie folgt:

1. „Verbindlichkeiten an Bank (200.000 DM)"
2. „Bank an Verbindlichkeiten (100.000 DM)"
3. „Verbindlichkeiten an Kasse (100.000 DM)"
4. „Kasse an Privat (25.000 DM)"
5. „Privat an Kapital (25.000 DM)"

Schwarzgeldschöpfung: 25.000 DM

Schwarzgeld im Bereich der Einlagen und Entnahmen entsteht auch dadurch, daß Entnahmen nicht gebucht werden. Bewegen sich Gegenstandsentnahmen innerhalb der in der Richtsatzsammlung zugestandenen Toleranzgrenzen (Teilwertabschläge), können diese auch durch die Anwendung der Umsatzverprobung nicht aufgespürt werden. In vielen Fällen der Schwarzgeldbildung werden Einlagen und Entnahmen nicht mit dem Gegenkonto „Privat", sondern mit Bestands- oder Erfolgskonten verrechnet.

Beispiel:

Die Jahresgehälter der beiden OHG-Gesellschafter A und B wurden wie folgt gebucht:

Gesellschafter A: „Löhne und Gehälter an Privat (130.000 DM)"
Gesellschafter B: „Löhne und Gehälter an Verbindlichkeiten (180.000 DM)"

Zuwendungen an die Gesellschafter einer OHG gehören gemäß § 15 Abs. 1 Nr. 2 EStG zum Gesamtgewinn der OHG. Sie stellen keinen Aufwand dar und dürfen den Gewinn nicht mindern. In beiden Fällen wurde aber ein Aufwandskonto (Löhne und Gehälter) erkannt, was eine Gewinnminderung zur Folge hat. Die Gehaltszahlungen hätten als Entnahme verbucht werden müssen. Die Schwarzgeldschöpfung beträgt hier 310.000 DM.

Außenprüfern sind Buchführungsmanipulationen über Einlagen und Entnahmen bekannt. Die zur Ermittlung der Besteuerungsgrundlagen angewandte Verprobungsmethode der privaten Geldverkehrsrechnung, eine Variation der Vermögenszuwachsrechnung,[11] beschränkt sich daher auf nur zwei Buchungsvorgänge: die Einlagen und die Entnahmen.

3. Buchführungsmanipulationen bei den Aufwendungen und Erträgen

a) Grenzenloses Schwarzgeldschöpfungspotential bei den Erfolgskonten

Bisher wurden Buchführungsmanipulationen im Rahmen des Betriebsvermögensvergleichs aufgezeigt. Gegenstand von Falschbuchungen waren dabei die Bestandskonten. Es bestehen aber darüber hinaus auch Schwarzgeldschöpfungspotentiale innerhalb der Erfolgskonten, also im Bereich der Gewinn- und Verlustrechnung.

Der steuerpflichtige Gewinn läßt sich nicht nur durch Betriebsvermögensvergleich ermitteln, sondern auch durch die Gegenüberstellung von Aufwendungen und Erträgen. Beide Gewinnermittlungsmethoden müssen, bedingt durch das System der doppelten Buchführung, zum gleichen Ergebnis führen. Egal ob der Unternehmer seinen Gewinn durch Betriebsvermögensvergleich oder durch Gegenüberstellung der Aufwands- und Ertragssalden errechnet. Es muß sich immer ein identischer steuerpflichtiger Gewinn ergeben.

Profi-Steuerhinterzieher wissen das. Sie achten daher besonders penibel darauf, daß der Betriebsprüfer, der beide Methoden zur Prüfung anwendet, nicht bereits durch unterschiedliche Ergebnisse

[11] Vgl. E.V.5.d).

Verdacht schöpft. Um dem System der Doppik gerecht werden zu können, muß stets einer Aufwandsbuchung eine Betriebsvermögensminderung und einer Ertragsbuchung eine Betriebsvermögensmehrung gegenüberstehen, wenn die Manipulation nicht sofort enttarnt werden soll.

Beispiel:

Kaufmann K ist selbständiger Handelsvertreter. Seine interne Reisespesenabrechnung für den Monat Juni weist folgende Posten aus:

Übernachtung: 1.400 DM
Spesen: 900 DM
Pkw-Kosten: 1.200 DM
Autobahngebühren: 60 DM.

Insgesamt ergeben sich Reisekosten in Höhe von 3.560 DM. K hatte alles mit Kreditkarte beglichen. Als die Rechnung vom Kreditkarteninstitut X zur Zahlung vorgelegt wurde, „schuf" er durch Überfakturierung zusätzliche Reisekosten und buchte wie folgt:

„Reisekostenaufwendungen an Bank Y (5.560 DM)"

Durch diesen Buchungssatz ist dem Verlangen der doppelten Buchführung Genüge getan. Denn den Aufwendungen steht eine gleich hohe Vermögensminderung gegenüber. Das Bankguthaben vermindert sich. Außerhalb der Betriebsbuchführung glich K das Konto beim Kreditkarteninstitut X aus. Der Rest floß ins Privatvermögen. Dem Finanzamt wurden lediglich die teilweise gefälschten Belege vorgelegt. Es erhielt keine Kenntnis von der Existenz eines Kreditkartenkontos bei der Bank X. Die Schwarzgeldschöpfung betrug hier 2.000 DM.

Aus der Tatsache, daß Flugtickets, soweit nicht nach Sondertarifen abgerechnet, innerhalb eines Jahres oder Halbjahres kostenfrei zurückgegeben oder umgeschrieben werden können, sind der Finanzverwaltung folgende Methoden bekannt:

- Beim Entfallen der betrieblichen Veranlassung der Flugreise – sofern diese überhaupt vorgelegen hat – werden die von Reisebüro oder Fluggesellschaft rückerstatteten Flugtickets nicht in der Buchführung als Gutschrift erfaßt.

- Die ursprünglich für Geschäftsreisen gebuchten und gekauften Flugtickets werden für Privatzwecke umgeschrieben. Gutschriftsbeträge werden entweder bar vereinnahmt, oder der Unternehmer läßt sich eine Miscellaneous Charges Order (MCO) ausstellen, die er später einmal (schwarz) einlöst.
- Steuerpflichtige Unternehmer lassen sich Flugtickets für mehrere Zielorte ausstellen und verbuchen die Kosten voll in ihrer Buchführung. In Wirklichkeit aber fliegen sie nicht alle Zielorte an, sondern lassen sich eine MCO über den Gutschriftsbetrag ausstellen. Dieser erscheint selbstverständlich nicht in der Buchführung.
- Der Unternehmer bucht erste Klasse, wandelt dann aber sein Ticket in Touristenklasse um. Der Differenzbetrag wird bar und privat vereinnahmt. Die Buchführung weist dagegen die Kosten des First-class-Tickets aus.

Weitere Beispiele für Manipulationen bei den Erträgen:

- Abschluß des Kontos „außerordentlicher Ertrag" über ein Bestandskonto oder Neutralisierung mit Gegenbuchung „außerordentlicher Verlust".
- Eingehende Erlöse, die auf das Geschäftskonto gebucht werden müßten, werden durch die Bank, den Angaben des Geschäftsinhabers entsprechend, aufgesplittet, und den Geschäftskonten wird nur der jeweilige Teilbetrag gutgeschrieben. Der andere Teilbetrag wird entweder bar ausbezahlt oder Privatkonten gutgeschrieben. Solche Praktiken können in aller Regel erst aufgrund von Durchsuchungen/Beschlagnahmen der Kontounterlagen aufgedeckt werden.
- Warenverkäufe ohne Rechnung (OR-Geschäfte).
- Bei einem Tauschgeschäft mit Baraufgabe wird nur der Ein- und Ausgang der Anlagegüter gebucht. Die Barzahlung wird schwarz vereinnahmt.

Betriebsprüfer schöpfen darüber hinaus regelmäßig Verdacht, wenn Rückvergütungsbelege von Einzelhändlern in der Buchhaltung eines Fabrikanten auftauchen, der eigentlich nur an Großhändler ausliefert. Mit solchen Belegen werden Schwarzgeldzahlungen vertuscht, die der Großhändler dem Hersteller „rückvergütet".

b) Manipulationen bei den Aushilfslöhnen

Unternehmen aus den Branchen Dienstleistung, Handel und Industrie beschäftigen in Spitzenzeiten verstärkt Aushilfskräfte. Betriebe mit hohem Aushilfslohnanteil sind u. a. Reinigungsfirmen, Taxi-, Bus- und Speditionsunternehmen, Zeitungsverlage oder Bekleidungs- und Textilhersteller mit lohnintensiver Fertigung. Verständlicherweise wenden sich Lohnsteueraußenprüfer und Steuerfahnder solchen Betrieben mit besonderer Sorgfalt zu. Weil auch die Steuerfahndung zu Außenprüfungszwecken eingesetzt werden kann, lassen sich verdächtige Gegebenheiten auch unter aktiver Mitwirkung(spflicht) des Steuerpflichtigen erhärten.

Im Bereich des kurzfristigen Personaleinsatzes werden Zahlungen für vorübergehende Beschäftigungsverhältnisse ausgewiesen, die in Wirklichkeit zu den Kosten der Lebensführung des Unternehmers selbst zählen. Solche durch „Lohnsplitting" erreichten Falschbuchungen sind in einer ordnungsmäßig erscheinenden Buchführung auf den ersten Blick nicht erkennbar, weil die Aufwendungen nicht auf Kasse, sondern im Regelfall über Bank/Postscheck gegengebucht werden. Und unbare Zahlungsabwicklungen erwirken stets einen geringeren Manipulationsverdacht.

Dafür legt aber bereits ein branchenunüblicher Anteil an Aushilfsmitarbeitern den Verdacht auf Buchführungsmanipulation nahe. Erste Anhaltspunkte auf Unregelmäßigkeiten im Aushilfslohnbereich verdichten sich für den Prüfer daraufhin schon durch den Einsatz einfacher Verprobungsmethoden. So läßt sich die Echtheit der verbuchten Geschäftsvorfälle durch Vergleich der Aushilfen mit den ständig beschäftigten Arbeitnehmern feststellen. Übersteigen die Aufwendungen für Aushilfspersonal gar die Millionengrenze, ist sicherlich die Frage berechtigt, weshalb der Unternehmer denn auf feste Anstellungsverhältnisse verzichtet. Manipulationen im Aushilfslohnbereich lassen sich auch aufgrund gegenläufiger Entwicklungen mit Hilfe des *graphischen Zeitreihenvergleichs*[12] feststellen, so etwa wenn die Personalkosten im Aushilfslohnbereich innerhalb einer Vergleichsperiode stark ansteigen, während die Umsätze und Energiekosten sinken.

---

[12] E.V.5.c)(ii).

Weitere Beispiele, die auf Manipulationen im Aushilfslohnbereich schließen lassen:

- Eine Arbeitserledigung ist unter wirtschaftlicher Betrachtungsweise nicht möglich, weil unter der gegebenen Anzahl der nach Lohnabrechnungen beschäftigten Arbeitnehmer und unter Berücksichtigung des Produktionsablaufs die Beschäftigung zusätzlicher Aushilfskräfte keinen Sinn macht.
- Es liegen keine mit dem Arbeitsablauf im Einklang stehende Schichtwechsel vor, und die Aushilfskräfte werden auch außerhalb der regulären Arbeitszeit oder an Sonn- und Feiertagen für Tätigkeiten herangezogen, die sonst nur Arbeitnehmer mit festen Arbeitsverträgen erledigen.
- Es wurden fingierte Belege zur Arbeitslohnaufsplittung gefunden, und die Frage einer tatsächlichen Anstellung der Aushilfe konnte nicht zweifelsfrei bejaht werden, weil Einwohnermeldeamtsanfragen die Existenz der Arbeitnehmer nicht bestätigten.
- Der Aushilfsbeschäftigte wäre für die vorgegebenen Tätigkeiten über- oder unterqualifiziert, zu jung oder zu alt oder hätte die Arbeit schon aufgrund seiner Entfernung zum Betrieb unter zeitlichen Gesichtspunkten nicht verrichten können.
- Die sonstigen Lebensverhältnisse des Arbeitnehmers lassen zur Annahme einer tatsächlichen Beschäftigung in diesem Betrieb wenig Raum.
- Es treten Zweifel an der Art und Weise der Lohnzahlung auf, weil neben Überweisungen zum Ausgleich überschießender Lohnbezüge auch Bar- und/oder Scheckzahlungen vorgenommen werden sowie bei Vornahme der Lohnzahlungen nach alphabetischen Namenslisten die numerische Zahlenfolge der Scheckvordrucke häufiger unterbrochen ist und Überweisungen für unterschiedliche Aushilfskräfte auf dasselbe Konto erfolgt sind.
- Die Löhne liegen immer knapp unter den persönlichen Freibeträgen des Aushilfsbeschäftigten.

Schließlich stellt auch die ausschließliche Beschäftigung „selbständig tätiger Einzelpersonen" Anlaß für weitere Überprüfungen dar.

Der Lohnsteueraußenprüfer wird nach Durchführung entsprechender Kontrollvergleiche an die Steuerfahndung herantreten und mit deren Zusammenwirken im Vorfeld die notwendigen Feststellungen der für den Anfangsverdacht erforderlichen Tatbestände treffen.

II. Schwarzgeldschöpfung mit Scheinfirmen, Scheingeschäften und Scheinrechnungen

1. Diebische Broker

Eine Seilschaft untreuer Broker hatten eine einfache Idee, die ihnen einen reichlichen Geldsegen brachte. Sie verrechneten der Kundschaft einfach schlechtere Kurse und schoben die Differenz in die eigene Tasche. Millionen von Schwarzgeldern flossen auf private Konten in Österreich. Der Initiator reiste dann nach Bregenz, um das Geld abzuheben, das er einem Komplizen beim Business Lunch in Zürich in der Plastiktüte übergab.

1996 wurde die Seilschaft vor dem Zürcher Bezirksgericht angeklagt. Weil die Broker in erster Linie Vermögen ihrer „Bankkunden" veruntreuten und somit diese schädigten, die Anklageschrift aber nur auf Vermögenswerte der Bank abzeichnete, fielen die Urteile – zwischen 15 Monaten Gefängnis und 5 Jahren Zuchthaus – relativ milde aus. Die Kundschaften sahen ihr Schwarzgeld bzw. das Schwarzgeld der diebischen Broker freilich nicht wieder. Es war ja nicht einmal eingeklagt![13]

2. Optimale Versicherungsprovisionen mit dem Optima-Modell

Fünf Millionen Mark Provision kassiert, und davon nur ein Zehntel versteuert. Diesen Vorwurf erhoben Berliner Steuerfahnder gegen den Geschäftsführer der in Schwetzingen ansässigen Optima

[13] Neue Zürcher Zeitung, Int. Ausgabe vom 18.3.1998.

Management Betreuungs GmbH.[14] Das Verfahren begann zunächst harmlos. Die Steuerprüfer erkundigten sich nur nach dem Verbleib der restlichen 4,5 Mio. Mark und wollten wissen, ob alles ordnungsgemäß versteuert wurde. Diesem Provisionsgeschäft lag aber eine etwas merkwürdige Versicherungspolice zugrunde: 55 Millionen Mark sollten im Todesfall gezahlt werden. Und das an einen nicht einmal 20 Jahre alten Versicherten. Nach näheren Ermittlungen fanden die Fahnder schließlich heraus, daß der Geschäftsführer der Urheber eines filigran ausgedachten Finanzierungsmodells war, das Versicherern durch die Hintertür den Weg ins Finanzierungsgeschäft ebnete: das Optima-Modell. Am 30. September 1997 durchsuchten Steuerfahnder in einer bundesweiten Aktion die Chefetagen großer deutscher Versicherungskonzerne sowie zahlreiche Privaträume.

Dieses Optima-Modell hatte mit Lebensversicherungen nur scheinbar etwas zu tun. In Wirklichkeit ging es darum, Versicherungsgesellschaften den Weg ins Finanzierungsgeschäft zu ebnen. Das Optima-Modell funktionierte so: Ein Unternehmer ging zu seiner Bank und besorgte sich einen Kredit für Investitionen. Dieses Darlehen sicherte er mit einer Lebensversicherung ab. Bislang also ein ganz normaler Vorgang, der sich auch unter privaten Häuslebauern so vollzieht. Der Darlehensnehmer zahlt während der Kreditlaufzeit nur die steuerlich abzugsfähigen Zinsen und nutzt für die Tilgung (in einer Summe) die Steuerprivilegien einer Lebensversicherung.

Das Optima-Modell unterschied sich aber von den üblichen Konstruktionen der Häuslebauer in zwei Punkten: Die Lebensversicherungen hatten einen niedrigen oder keinen Rückkaufswert, und die Beteiligten kassierten hohe Provisionen. Der Grund hierfür ist wiederum ein steuerlicher: Weil der Unternehmer, wenn er die Lebensversicherung steuerlich geltend machen will, den Rückkaufswert der Police in der Bilanz aktivieren muß, was sich ertrags- und steuertreibend auswirkt, war ihm mit einem niedrigen Rückkaufswert geholfen.

Als „Entschädigung“ für einen Rückkaufswert von nahe „Null“ erhielt der Vermittler, der Unternehmer oder seine Bank, eine ho-

[14] Süddeutsche Zeitung vom 1. Oktober 1997, S. 1.

he Provision. Die Bank subventionierte mit der Provision entweder den Darlehenszins (betrachtete die Zahlungen also als eine Art Disagio) oder schob die Gelder gleich an den Darlehensnehmer weiter. Damit die Prämien dann nicht zu hoch ausfielen, reduzierte man das Todesfallrisiko dadurch, daß man eine junge Person als Versicherten einsetzte. Und falls dieser junge Mensch doch unverhofft starb, konnte dieser einfach durch eine andere Person ersetzt werden. Zu einer Versicherungsleistung kam es durch den Tod der versicherten Person also nicht. Statt dessen kam es aber zur Auszahlung von Schwarzprovisionen. Dies dürfte auch der hauptsächliche Grund gewesen sein, weshalb das Bundesaufsichtsamt für das Versicherungswesen solchen Scheinpolicen wie dem Optima-Modell letztlich den Garaus machte.

3. Domizilgesellschaften als scheinbare Darlehensgeber

Profis bringen durch Vorschaltung von Domizilgesellschaften Schwarzgelder ins Ausland, um sie von dort aus in Form von Darlehen wieder in den legalen Wirtschaftskreislauf zu reintegrieren. Für die Anerkennung von Zinsaufwendungen für solche Darlehen setzt die Rechtsprechung voraus, daß der Darlehensnehmer die Person(en) namentlich bekanntgibt, die hinter der Domizilgesellschaft stehen (§§ 90 Abs. 2 AO, 160 AO, 16 AStG). Grundsätzlich aber müssen solche Darlehensnehmer weder die Möglichkeit ausschließen, daß die von Ihnen benannte Person nur Treuhänder für Dritte (bzw. für ihn selbst) ist, noch kann sich das Benennungsverlangen der Finanzverwaltung auch auf die Refinanzierung solcher in Frage stehenden Domizilgesellschaften erstrecken.[15] Eine ausreichende Benennung der hinter der Gesellschaft stehenden Personen schließt aber die Annahme nicht aus, daß ein inländischer Steuerpflichtiger – der nach § 16 AStG als Haftender für fremde

[15] BFH, Urt. v. 1. Juni 1994 X R 73/91, BFH/NV 1995, 2. Der X. Senat hat es allerdings offengelassen, wie zu entscheiden wäre, wenn in Betracht zu ziehen wäre, die Domizilgesellschaft (im Fall eine Anstalt liechtensteinischen Rechts) habe die hereingenommenen Inlandsgelder als Fremdgelder getrennt von ihrem eigenen Vermögen gehalten und bei der Darlehensvergabe verdeckt für die inländischen Geldgeber gehandelt. Bei einer solchen Gestaltung wäre, so der BFH, denkbar, „daß ein inländischer Darlehensnehmer sein eigenes Geld aufnimmt".

Steuerschulden in Anspruch genommen werden kann – für seine eigene Steuerschuld einstehen muß, weil er die Domizilgesellschaft lediglich vorgeschoben hat, um eigene Gelder zu verlagern und Betriebsausgaben vorzutäuschen. Liegen ungewöhnliche Umstände vor (z. B. die Benennung eines nicht greifbaren Dritten, Darlehengewährung durch Überbringung von Bargeld) und kann im Ergebnis nicht ausgeschlossen werden, daß sich ein deutscher Steuerpflichtiger hinter einer Domizilgesellschaft verbirgt, geht die Unaufgeklärtheit „nach den Regeln der Feststellungslast zu Lasten des Steuerpflichtigen"[16].

4. Wie und warum Scheingeschäfte und Scheinfirmen Betriebsprüfern und Steuerfahndern immer wieder auffallen

Das geltende Recht bezeichnet Firmen, deren Gründungszweck nicht die Teilnahme am allgemeinen wirtschaftlichen Verkehr, sondern die Erlangung ungerechtfertigter Steuervorteile ist, als *Scheinfirmen*. Scheinfirmen dienen der Abwicklung von Scheingeschäften. Scheingeschäfte treten auf in Form von: Scheinarbeitsverträgen (Vortäuschung von Personalaufwendungen), Scheinkaufverträgen, Scheindienstleistungsverträgen, Scheinleasingverträgen oder Scheinlizenzverträgen im grenzüberschreitenden Verkehr (Patent-, Lizenzrechte und andere immaterielle Wirtschaftsgüter werden fiktiv an Gesellschaften im Ausland übertragen).

Scheingeschäfte, auch „simulierte" Geschäfte genannt, liegen vor, wenn sich beide Vertragsparteien darüber einig sind, das Erklärte in Wahrheit nicht zu wollen. Scheingeschäfte lassen nicht den wirklichen Willen der Geschäftspartner erkennen, sie zielen vielmehr nur auf die Bildung und Wiedereingliederung von Schwarzgeld in den Finanzkreislauf ab. Ein sogenannter „geheimer Vorbehalt" – kein Scheingeschäft – ist hingegen gegeben, wenn es in der Absicht des Erklärenden liegt, die Willenserklärung nur zum Schein abzugeben, der Erklärungsempfänger jedoch das Rechtsgeschäft, wie tatsächlich erklärt, eintreten lassen möchte. Die abgegebene Erklärung ist in diesen Fällen nur nichtig, wenn der Er-

[16] BFH, Urt. v. 1. Juni 1994 X R 73/91, BFH/NV 1995, S. 2.

klärungsempfänger den geheimen Vorbehalt gekannt hat. Der Erlös aus dem Scheingeschäft unterliegt trotz rechtlicher Unwirksamkeit der Besteuerung, „soweit und solange die Beteiligten das wirtschaftliche Ergebnis dieses Rechtsgeschäfts gleichwohl eintreten und bestehen lassen" (§ 41 Abs. 1 Satz 1 AO). Gemäß § 41 Abs. 2 Satz 2 AO ist für die Besteuerung das verdeckte Rechtsgeschäft maßgebend, das Rechtsgeschäft also, das durch das Scheingeschäft vertuscht worden ist.

Scheinrechnungen sind Urkunden, deren Aussteller in Wirklichkeit eine andere Person ist, oder Schriftstücke, die auf fiktive Empfängernamen ausgestellt sind. Auf dem Briefkopf der Dokumente erscheint oftmals der Name einer Scheinfirma, hinter der sich der wirkliche – die Scheinfirma beherrschende – Aussteller verbirgt.

In der Praxis erweist sich der Nachweis von Scheinfirmen, Scheingeschäften und Scheinrechnungen als schwierig. Denn auch im deutschen Steuerrecht gilt der Grundsatz, daß der Steuerpflichtige seine wirtschaftlichen Verhältnisse so gestalten kann, wie es ihm steuerlich am günstigsten erscheint. Scheingeschäfte sind darüber hinaus auch noch von Umgehungsgeschäften abzugrenzen. Gemäß § 42 AO liegt ein Umgehungsgeschäft vor, wenn gewisse Gestaltungsmöglichkeiten des Steuerrechts zum Zweck der Steuerersparnis mißbraucht werden.[17] Im Unterschied zum Scheingeschäft, in dem sich beide Teile einig sind, daß das Rechtsgeschäft nicht gewollt ist, halten die Beteiligten eines Umgehungsgeschäftes durchaus an der Ernsthaftigkeit ihrer Willenserklärungen fest, schon allein der Steuerumgehungsabsicht wegen.

Allein der Anschein, daß eine Gestaltung (z. B. die Gründung eines Unternehmens) aus rein steuerlichen Gründen gewählt wurde, darf nicht zur Versagung eines Vorsteuerabzugs oder sonstiger Steuervorteile führen, selbst wenn der erste Anschein auf ein Scheingeschäft hindeutet. Eine Scheinfirma liegt auch nicht schon deshalb vor, weil „eine Gesellschaft an ihrem eingetragenen Sitz nur über eine Briefkastenanschrift verfügt und sich nach Leistungsausführung und Rechnungserteilung ihren steuerlichen Verpflichtungen entzieht". Es kommt vielmehr darauf an, „ob sie tatsächlich Ge-

[17] Beispiel BFH IX R 134/86: Der BFH sah die gegenseitige Vermietung von Eigentumswohnungen zwischen Arbeitskollegen zur Erzielung höherer Abschreibungssätze als Gestaltungsmißbrauch i. S. des § 42 AO an.

schäfte ausführt und dazu aufgrund ausreichender Kapitalausstattung überhaupt in der Lage ist oder ob sie nur als Rechtsmantel zur unlauteren Abwicklung von wirtschaftlichen Vorgängen verwendet wird"[18]. Mit anderen Worten: Es ist zu prüfen, ob Substanz, Wert und Erträge der Geschäfte und das wirtschaftliche Risiko der Gesellschaft zugerechnet werden können und nicht z. B. einer natürlichen Person, die sich als Vertreter der Firma ausgibt.

Betriebsprüfer und Steuerfahnder verfügen hierfür über eine Art „Checkliste", in der sie bestimmte regelmäßig in Verbindung mit Scheinfirmen auftretende Besonderheiten sammeln und dokumentieren, wobei den Steuerprüfern nachfolgende Eigenarten ganz besonders ins Auge stechen:

1. Die Anschrift der Firma ist eine bloße Briefkastenadresse ohne einen feststellbaren Geschäftsleitungsort. Ein feststellbarer Geschäftsleitungsort liegt regelmäßig nicht vor, wenn keine eigenen Geschäftsräume vorhanden sind, kein eigenes Mobiliar zur Verfügung steht, keine Kassenführung existiert und auch sonst kein gehaltenes Vermögen vorhanden ist, keine Buchführungsunterlagen vorgelegt werden und auch sonst keine aufbewahrten Geschäftsunterlagen an der Briefkastenadresse oder an irgendeinem anderen Geschäftsleitungs- oder Niederlassungsort aufbewahrt werden.
2. Es findet keine Geschäftsanbahnung oder -abwicklung statt, weder an der Büroservice-Adresse noch an einem anderen der Scheinfirma zurechenbaren Ort.
3. Das Unternehmen nimmt keine Arbeitgeberfunktion wahr, hat keinen Geschäftsführer bestimmt und beschäftigt kein Personal.
4. Bei Rückfragen verfügt das Büroservice-Personal über keinerlei Kenntnisse hinsichtlich der Person des angeblichen Geschäftsführers und kann auch über dessen Aufenthalt nichts sagen.
5. Benutzung einer Handy-Nummer für die Kontaktaufnahme einer unter der Firma auftretenden Person.
6. Die Firma tritt unter einer vom Handelsregistereintrag abweichenden Geschäftszweigbezeichnung auf.

---

[18] FG Hamburg, Urt. v. 4.8.1998 II 39/97 IStR 1999, 47.

7. Der Name des auf dem Briefpapier angegebenen Geschäftsführers stimmt nicht mit der eingetragenen Geschäftsführung überein.
8. Mangelnde Übereinstimmung der auf dem Briefpapier angegebenen Domiziladresse mit der dem Registergericht gegenüber bekanntgegebenen Domiziladresse.
9. Nichterreichbarkeit der Firma oder eines Geschäftsführers unter der dem Registergericht mitgeteilten Adresse.
10. Reaktionen der Firma auf gerichtliche und notarielle Anfragen wegen ausstehender Nachweise zu unzureichend angemeldeten Verlegungs- und Änderungsbeschlüssen blieben aus.
11. Unstimmigkeiten bei der Gewerbe- und Kammeranmeldung, insbesondere mangelnde Übereinstimmung von Gewerbeanmeldungen mit dem Stand des Handelsregisters einerseits und dem tatsächlichen Verbleib andererseits.
12. Mangelnde Pflichterfüllung gegenüber der zuständigen Handelskammer.
13. Überwiegende Zahlungsabwicklung durch Barzahlung oder Barscheck ohne Empfängerangabe und/oder Abwicklung der unter der Scheinfirma abgerechneten Lieferungen ausschließlich gegen Vorauszahlung des Abnehmers und Löschung der auf dem Rechnungsbogen angegebenen Konten.
14. Die von der Abnehmerseite erhaltenen Barzahlungen werden sofort ganz oder anteilig zur Bezahlung der Einkünfte verwendet, und zwar auch dann, wenn deren Empfänger- oder Verkäuferfakturierung nicht dazu paßt.
15. Abwicklung der Geldgeschäfte an keinem der Rechnungsausstellerin (Scheinfirma) zurechenbaren Ort, sondern bei der inländischen Abnehmerin oder den Lieferern bzw. gleich in den Räumen der Banken der Abnehmer oder Lieferer.
16. Geringe sonstige Kosten werden bar oder à conto abgewickelt.
17. Für die Scheinfirma wird bei den Abnehmern oder Lieferern, die die Scheingeschäfte angeblich abgewickelt hätten, kein Kundenkonto unterhalten. Gleichwohl aber rechneten die Lieferanten gegenüber ihren Vorlieferanten ab.

Sind einige oder mehrere der genannten Anhaltspunkte erkennbar, und können sie vom inländischen Rechnungsempfänger nicht widerlegt werden, lassen die Steuerfahndungsstellen den Namen der Firma über die jeweilige Oberfinanzdirektion in die Liste der Scheinfirmen eintragen. Ein Eintrag erfolgt auch in der „Steueroasen-Kartei" der Informationszentrale Ausland im Bundesamt für Finanzen.[19]

Wird eine Rechnungsausstellerin anhand dieses Kataloges als Scheinfirma qualifiziert, umfaßt dies automatisch auch die Wertung des mit dieser Firma abgerechneten Geschäfts als Scheingeschäft mit der Folge, daß ein mit solchen Geschäften vielfach begehrter Vorsteuerabzug versagt wird. Das Vorsteuerabzugsverbot gilt dann auch für die tatsächlich liefernden und abrechnenden Unternehmer. Der gute Glaube der Rechnungsempfängerin, die die Vorsteuer zahlen muß, nützt hier wenig. Es obliegt dem – die Feststellungslast für den Vorsteuerabzug tragenden – Rechnungsempfänger, sich über die Richtigkeit der Geschäftsdaten des Rechnungsausstellers zu erkundigen.[20]

5. Der Steuerbetrug mit dem Vorsteuerabzug

a) Wie sich die Mehrwertsteuer-Karusselle quer durch Europa drehen

Gemäß § 15 Abs. 1 UStG kann der Unternehmer „die in Rechnungen im Sinne des § 14 gesondert ausgewiesene Steuer für Lieferungen oder sonstige Leistungen, die von anderen Unternehmern für sein Unternehmen ausgeführt worden sind", als Vorsteuer abziehen. Dieser Vorsteuerabzug ist eigentlich ein ganz normaler Vorgang. Er soll dazu dienen, Lieferungen und Leistungen, die sich innerhalb von Unternehmensbereichen vollziehen, von der Umsatzsteuer freizustellen. Doch dieser Vorsteuerabzug wird oft zum Zweck der Schwarzgeldschöpfung durch Steuerhinterziehung mißbraucht.

Ob es nun Autos, Computerchips oder Handys sind, Wirtschaftskriminelle schädigen die deutschen Finanzämter jährlich um beträchtliche Summen an unberechtigtem Vorsteuerabzug und ma-

---

[19] Vgl. E.V.1.c).

[20] BFH, Urt. v. 27.6.1996 V R 51/93 BStBl 1996 I, S. 620.

chen sich dabei die Tatsache zunutze, daß Waren, die zwischen Unternehmern innerhalb der Europäischen Union hin- und hergeliefert werden, von der Umsatzsteuer ausgenommen sind. So werden Waren – im Regelfall nur auf dem Papier – mittels Dutzender von Scheinfirmen quer durch Europa verschoben.

Es dreht sich hier sozusagen ein gigantisches Mehrwertsteuerkarussell. 1998 wurden allein in Deutschland, wie Ermittler festgestellt haben, Computerchips im Volumen von über 20 Mio. Mark bewegt, ohne daß aber nur ein Prozessor verschickt worden wäre. Vorsteuer kassierten die Banden in Deutschland, in Belgien, Holland, Luxemburg und in Frankreich. In einem anderen Fall wurde angeblich mit Autos im Wert von 65 Mio. Mark gehandelt, ohne daß auch nur ein Auto bewegt worden wäre.[21]

Die für das Routieren des Mehrwertsteuerkarussells notwendigen Scheinfirmen wurden, wie Fahnder ermittelt haben, über Zeitungsanzeigen angeworben. Solche Firmen werden umsatzsteuerlich nicht erfaßt und so bereits nach Monaten wieder ausgetauscht. Dem Netz der Schwarzgeldschöpfer schließen sich oftmals auch Speditionsfirmen an, die falsche Lieferpapiere ausstellen.

Abbildung 1: Das Mehrwertsteuer-Karussell

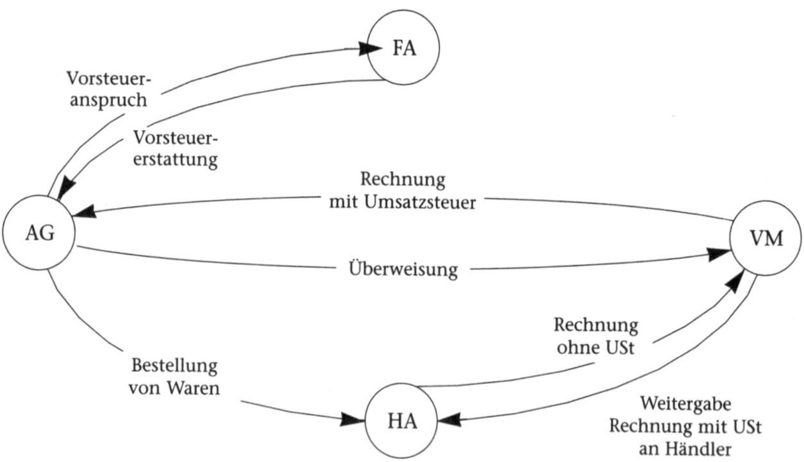

[21] Süddeutsche Zeitung Nr. 277 vom 1. Dezember 1998, S. 2.

Der Auftraggeber (AG), der in Hamburg sitzt, kauft beim Händler (HA) in Italien Waren zum Nettopreis. Gleichzeitig weist der AG den HA in Mailand an, eine Rechnung ohne Umsatzsteuer auszustellen und diese seinem Vermittler und Strohmann (VM) nach München zu schicken. Der Strohmann stellt dem AG eine Rechnung mit Umsatzsteuer aus, die er an den VM zahlt. Der AG reicht die Rechnung des Vermittlers seinem Finanzamt (FA) zum Vorsteuerabzug ein.

Ein weiteres Beispiel für einen unberechtigten Vorsteuerabzug bildete in der Vergangenheit der *Goldschmuggel.* Zum Zweck der Abwicklung illegaler Goldgeschäfte wurden Scheinfirmen gegründet, deren Gewinn aus der „abgeschöpften Umsatzsteuer" bestand. Die Scheinfirma trat in diesem Zusammenhang als „ordnungsgemäßer Goldverkäufer" auf. Sie stellte eine Rechnung über den Kauf des ohne Entrichtung der Einfuhrumsatzsteuer eingeschmuggelten Goldes aus dem Ausland aus. Dadurch wurde der Goldkauf „legalisiert", und der inländische Käufer konnte einen Vorsteuerabzug geltend machen.

Mehrwertsteuerkarusselle und Vorsteuerbetrügereien sind oft sehr schwer zu durchschauende Gebilde. Bis das Finanzamt nämlich merkt, daß der Rechnungsaussteller nur ein Strohmann oder eine Scheinfirma ist, haben sich sowohl der Strohmann als auch die Scheinfirma längst aufgelöst. Zur Bekämpfung von auf dem Mehrwertsteuerkarussell basierenden Autoschiebereien hat das Finanzamt Reutlingen als erstes eine „Zentralstelle zur Bekämpfung von Steuerbetrügereien mit Kraftfahrzeugen" eingerichtet. Die Beamten sammeln Daten über Liefer- und Abnehmerfirmen im Kfz-Export und im innergemeinschaftlichen Handel. Das Finanzamt speichert Fahrgestellnummern, um Mehrfachexporten entgegenzutreten. Auch beim Bonner Bundesamt für Finanzen existiert eine Zentralstelle zur Bekämpfung von Steuerbetrügereien mit Autos.[22]

b) Das Poppenbütteler Modell

Parallele Rechnungsketten über dieselben Gegenstände deuten regelmäßig auf Scheingeschäfte hin. Die Wirkung solcher Rechnungsketten liegt darin, daß sie im nachhinein kaum mehr nachvollziehbar sind. Den Finanzbehörden bleibt in solchen Fällen meist nur noch die Gegenwehr der „umgekehrten Beweislast", also den Steuerpflichtigen den Nachweis der Legalität aufzuerlegen,

[22] Ebendort.

wenn die Behörde ihrerseits die Illegalität nicht mehr nachweisen kann. Die Beweislastumkehr führt allerdings auch nur insoweit zum Erfolg, als die Steuerpflichtigen nach Aufdeckung der Rechnungskette überhaupt noch auffindbar sind.

Eines der wohl genialsten Modelle der deutschen Wirtschafts- und Steuerstrafgeschichte war das sogenannte Poppenbütteler Modell, benannt nach einer Bank im hamburgischen Bezirk Poppenbüttel. Dort trafen einander regelmäßig diverse Händler von Luxuskarossen und drehten ihre Geschäfte so hin, daß sie bei jedem „Geschäft" die Vorsteuer von den Finanzämtern mehrfach rückerstattet erhielten.

Das *Poppenbütteler Modell* funktionierte wie folgt: In der deutschen Niederlassung eines ausländischen Fahrzeugherstellers erscheint ein deutscher Großeinkäufer, der eine größere Anzahl von PKWs für den Weiterverkauf in einem Land ordern wollte, für das der Hersteller selbst kein Vertriebsnetz hat. Nach Auslieferung der Modelle an die Niederlassung erklärt der Großeinkäufer, daß er pleite sei und die Fahrzeuge nicht mehr bezahlen könne, weil ihm sein Käufer abgesprungen sei. Die Niederlassung storniert den Auftrag daraufhin; die Autos bleiben aber in der Niederlassung.

Nach einiger Zeit spricht der Großeinkäufer wieder bei der Niederlassung vor und präsentiert stolz einen anderen Abnehmer, der für ihn einspringt. Dieser „andere Abnehmer" stammt zufällig aus dem europäischen Ausland, so daß die Fahrzeuge im innergemeinschaftlichen Verkehr umsatzsteuerfrei an den zwischenzeitlich eingesprungenen Abnehmer verkauft werden können. Es erscheint ein „angeblicher" Vertreter dieses europäischen Abnehmers in der Niederlassung, der sich Schlüssel und Papiere aushändigen läßt.

Die europäische Abnehmerfirma „verflüchtigt" sich sodann. Ihr „Vertreter" verbringt die Fahrzeuge nicht ins Ausland, sondern überläßt sie unmittelbar einem deutschen vorsteuerabzugsberechtigten Händler. Dieser ist es auch, der das Geld bei Inempfangnahme der Fahrzeuge in der Niederlassung dabei hat und die Fahrzeuge bezahlt. Parallel hierzu verkauft der ursprüngliche Vertreter die Fahrzeuge an einen Händler mit Sitz in einem anderen Bundesland. Er stellt dafür eine Rechnung mit Vorsteuer aus, obwohl er die Wagen niemals in Empfang genommen hat. Der Händler aus dem anderen Bundesland stellt wiederum eine Rechnung mit Vorsteuerausweis an den Händler aus, der die Wagen bei der Niederlassung des Herstellers vom Vertreter des europäischen Abnehmers, also demjenigen, der der Niederlassung gegenüber zuletzt als Käufer auftrat, in Empfang genommen hat.

Der die Fahrzeuge letztlich besitzende Händler läßt sich von seinem Finanzamt die fakturierte Vorsteuer des anderen Händlers vergüten und deklariert gleichzeitig eine nicht steuerbare Lieferung im Hamburger Freihafen an den anderen Händler.

Tatsächlich werden die Wagen aber nicht von dem anderen Händler ins Ausland verschifft, sondern es wird erst eine weitere Rechnungskette aufgestellt, und das Vorsteuerkarussell dreht sich erneut. Die neue Rechnungskette beginnt diesmal bei einer Briefkastenfirma, die Sitz und Adresse bei einem Büroserviceunternehmen in einem anderen Bundesland hat und ihren steuerlichen Verpflichtungen nicht nachkommt. Das Spiel beginnt von neuem, bis schließlich die Fahrzeuge tatsächlich ins Drittland gelangen, das bereits vom ersten bei der Niederlassung des Herstellers aufgetretenen Käufer als Destinationsland angegeben wurde und in dem Land der Hersteller selbst keinen ausgebauten Vertrieb hat.

Das Poppenbütteler Modell und andere Mehrwertsteuertricks führten in den vergangenen Jahren zu einer intensiven Zusammenarbeit der EU-Finanzbehörden. Es wurde nur für das Gebiet der Mehrwertsteuer eine Zusammenarbeitsverordnung[23] erlassen, welche im wesentlichen auf einen EDV-gestützten Austausch von umsatzsteuerlich relevanten Informationen über innergemeinschaftliche Geschäfte und für den sonstigen Informationsaustausch im Bereich der Umsatzsteuer unter Bildung nationaler Zentralen besteht (in Deutschland ist dies beispielsweise die Außenstelle Saarlouis des Bundesamtes für Finanzen). Der Auskunftsaustausch nach dieser Zusammenarbeitsverordnung ist vom übrigen Auskunftsaustausch regelmäßig abgesondert.

6. Die Unterverbriefung beim Grundstückserwerb

Unterliegen Scheingeschäfte einer Formvorschrift, wie z. B. der Grundstückskauf, ergibt sich ihre Nichtigkeit auch aus §§ 313 i.V.m.

[23] Verordnung EWG Nr. 218/92 des Rates vom 27. Januar 1992 über die Zusammenarbeit der Verwaltungsbehörden auf dem Gebiet der indirekten Steuern (MWSt.), BStBl. 1999 I, S. 256.

125 Satz 1 BGB, da dem Formzwang nicht nur das gegenüber dem Notar Erklärte, sondern auch alle Vereinbarungen unterliegen, aus denen sich nach dem Willen der Parteien der Vertrag zusammensetzen soll. Der im folgenden Beispiel entstehende *Grunderwerbsteueranspruch* bemißt sich deshalb nach Maßgabe des gesamten Inhalts des Rechtsgeschäfts und nicht allein nur aus dem offiziell vor dem Notar Erklärten.

Beispiel:

K besitzt ein Wohnungsbauunternehmen. Zum Bau von zusätzlichen Wohneinheiten benötigt er Grundstücke. Der benachbarte V, ebenfalls ein Unternehmer, verfügt über ein zum Betriebsvermögen gehörendes Grundstück, das er gerne verkaufen möchte. Als K davon Kenntnis erlangt, unterbreitet er V sofort ein sehr großzügiges Angebot. V akzeptierte die Offerte. Um Notargebühren und Grunderwerbsteuer zu sparen, vereinbaren K und V, nicht den in Wirklichkeit ausgehandelten Kaufpreis in Höhe von 1.000.000 DM, sondern nur 800.000 DM notariell beurkunden zu lassen. K läßt es sich sogar noch eine Kleinigkeit kosten, 200.000 DM Schwarzgeld unterbringen zu können. Der Grund und Boden ist in der letzten Schlußbilanz des V zutreffend mit Anschaffungskosten in Höhe von 500.000 DM ausgewiesen. K übergibt der E, einer Freundin des V, einen Geldkoffer mit 200.000 DM zur Verwahrung. Diese soll den Inhalt des Koffers nach dem Notartermin an V übergeben.

Schwarzgeldschöpfung des K

K hat Grunderwerbsteuer in Höhe von 3,5 Prozent des Differenzbetrages zwischen notariell beurkundetem und wirklichem Kaufpreis hinterzogen. Denn auch das insgeheim vereinbarte zusätzliche Entgelt gehört gem. § 9 Abs. 2 Nr. 1 GrEStG zur als Bemessungsgrundlage für die Grunderwerbsteuer dienenden *Gegenleistung*. Die Schwarzgeldschöpfung beträgt 3,5 Prozent aus 200.000 DM = 7.000 DM. K kann außerdem 200.000 DM seines „Schwarzgeldguthabens" dem Wirtschaftskreislauf wieder zuführen.

Schwarzgeldschöpfung des V

Durch den Verkauf des zum Betriebsvermögen gehörenden Grundstücks sind stille Reserven aufgedeckt worden, die als außerordentlicher Ertrag auszuweisen sind und der Besteuerung unterliegen. Stille Reserven errechnen sich aus der Differenz zwischen dem letzten Bilanzansatz des veräußerten Wirtschaftsguts und dem tatsächlichen Verkaufspreis. Hier ergäbe sich ein außerordentlicher Ertrag in Höhe von 500.000 DM (1.000.000 – 500.000). Da V nicht 1.000.000 DM, sondern nur 800.000 DM als Verkaufspreis verbuchte, wies er nur einen außerordentlichen Ertrag in Höhe von 300.000 DM aus. Die Schwarzgeldschöpfung des V beträgt 200.000 DM.

Scheingeschäfte dieser Art (auch als Unterverbriefungen bezeichnet) können im Rahmen einer Betriebsprüfung durch Erstellung einer *Geldverkehrs- bzw. Vermögenszuwachsrechnung* aufgedeckt werden, da diese in aller Regel auch einen Einblick in die privaten Vermögensverhältnisse des Steuerpflichtigen ermöglicht und sich demzufolge das „Folgeverhalten" des Steuerpflichtigen in gewisser Weise nachvollziehen läßt.

In einem von Steuerfahndern aufgedeckten Fall verkaufte ein Wohnungsbauunternehmer zehn in Größe und Ausstattung identische Eigentumswohnungen, neun zu jeweils 400.000 DM und die letzte zu 300.000 DM. Die Verkaufsgeschäfte wurden ordnungsgemäß beurkundet, die Verbuchung der Geschäftsfälle in der Buchhaltung erfolgte sachgemäß. Dem Betriebsprüfer ist aufgefallen, daß sämtliche Geschäfte über den gleichen Notar beurkundet wurden, lediglich der Verkauf der letzten Wohnung bildete eine Ausnahme. Der Prüfer ging davon aus, daß die zehnte Wohnung unterverbrieft verkauft wurde und hatte schließlich auch den Beweis. Bei der Aufstellung einer Vermögenszuwachsrechnung bemerkte der Prüfer, daß der Bauunternehmer am Folgetag der Beurkundung 140.000 Mark auf eines seiner Privatkonten eingezahlt hat. Die Vermögenszuwachsrechnung selbst bestätigte schließlich den Verdacht auf Besitz schwarzer Gelder durch eine errechnete und nahe an der Schwarzgeldsumme liegenden Differenz zwischen den „verfügbaren Mitteln" und der „Mittelverwendung".

7. Die doppelte Gewinnverkürzung mit Scheinrechnungen hebelt herkömmliche Betriebsprüfermethoden aus

Scheinrechnungen dienen nicht nur der Vortäuschung oder Vertuschung von Betriebsausgaben, der Geltendmachung eines Vorsteuerabzugs, der Verheimlichung eines unwirksamen „Insichgeschäfts“ (§ 181 BGB). Selbständige können mit Scheinrechnungen ihren Gewinn oftmals „doppelt“ verkürzen. Diese „qualifizierte“ Hinterziehungsmethode läßt herkömmliche Betriebsprüfungsmethoden, die eine zutreffende Aufzeichnung des Wareneinkaufs voraussetzen (Nachkalkulation) wirkungslos erscheinen.

Beispiele:

- Unternehmer U vereinbart mit zwei seiner Lieferanten, daß vom gesamten Einkauf die Hälfte über Rechnungen und der Rest entweder über „Barverkauf“ oder über Scheinrechnungen mit Phantasienamen abgewickelt werden soll. Die Lieferanten willigen ein und gliedern jede Bestellung des U im Verhältnis 50 : 50 auf, so daß keine Unregelmäßigkeiten im Bestellverfahren erkennbar werden. Die Kasseneinnahmen und Kassenausgaben hält U täglich fest und hat dabei seinen Aufzeichnungspflichten nach § 146 Abs. 1 Satz 2 AO genügt. Da eine Verpflichtung zur Einzelaufzeichnung nicht besteht, entnimmt U täglich konsequent die Hälfte der Tageseinnahmen, so daß die Ein- und Ausgabenseite wieder „stimmt“. Der „Übungsspeicher“ seiner Registrierkasse ermöglicht es ihm, seinerseits bei Bedarf „Scheinrechnungen“ auszustellen.
- Architekt A hatte einzelne Gewerke ausgeschrieben und den Zuschlag dem günstigsten Anbieter erteilt. Nach Abschluß der Arbeiten erstellten die Bauunternehmen Rechnungen auf Grundlage der tatsächlich erbrachten Leistungen zum vereinbarten Preis. A überprüfte die Dokumente und überreichte sie dem Bauherrn B zur Bezahlung. Um die Forderungen mit Schwarzgeld begleichen zu können, wurden die tatsächlichen Rechnun-

gen in eine offizielle Rechnungssumme und einen an der Buchführung vorbeigeführten inoffiziellen Betrag aufgesplittet. Der Bauherr hatte jeweils nur die offiziellen Beträge zu Lasten der der Finanzverwaltung bekannten Konten angewiesen. Die einzelnen Unternehmen wurden darauf veranlaßt, Scheinrechnungen auszustellen, die mit den überwiesenen Beträgen übereinstimmen. Begründet wurden die Minderbeträge u. a. mit geringeren Massen, mit der nachträglichen Vereinbarung niedrigerer Einheits- und Pauschalpreise.

Nachkalkulationen laufen bei sorgfältig aufgesplitteten Scheinrechnungen regelmäßig ins Leere. Dasselbe trifft für Anfragen bei den jeweiligen Ausstellern zu, denn diese haben alles ordnungsgemäß aufgesplittet und teilen nur offizielle Rechnungen mit. Zur Aufdeckung der Schwarzgeldschöpfung müßten die gesamten Buchführungsunterlagen der Rechnungsaussteller beschlagnahmt und jede Barverkaufs- oder Scheinrechnung dem Steuerpflichtigen zugeordnet werden können. Eine wohl unmögliche Aufgabe.

Häufig aber verraten sich Steuersünder mit ihren Scheinrechnungen selbst: Für betriebsinterne Statistiken (Bonus, Rabatte, Umsatzhöhe des einzelnen Kunden) weisen sie nämlich den Barverkaufsrechnungen einen entsprechenden EDV-Code zu, der beispielsweise aus den Anfangsbuchstaben des Kunden oder der Firma und einer festzugeteilten Bestellziffer bestehen kann. Steuerfahnder können daraus unter Zugrundelegung interner Codierungslisten die Schwarzkäufer identifizieren.

Daß jede auf „Barverkauf" lautende Rechnung keine Rückschlüsse auf den Empfänger zuläßt, ist im übrigen ein Trugschluß. Oft befinden sich auf dem Rechnungsformular besondere Vermerke, wie z. B. Liefercodes oder Tourenlistennummern. Stimmen diese mit der ordnungsgemäß ausgestellten (Teilbetrags-)Rechnung überein, ist der Schwarzunternehmer schon fast überführt. Insbesondere in den Fällen, in denen Warenbezüge nicht durch Scheinrechnungen gesplittet, sondern abwechslungsweise mal gegen Rechnung, mal ohne Rechnung geliefert werden, sind Fahrtenbücher der Auslieferungsfahrer oder die vom Lieferanten verbuchten Reisekosten Anhaltspunkte für die Aufdeckung solcher Schwarzbezüge durch Scheinrechnungen. Auch ist schon vielen der Vermerk des Namens des Beziehers auf der perforierten Kopfleiste der zusammengehefteten Originalrechnung und der Rechnungsdurchschrift zum Verhängnis geworden. Sie sollten dazu dienen, dem Auslieferungsfahrer die Empfängerzuordnung zu erleichtern.

Aussteller fiktiver Scheinrechnungen preisen ihre Dienste vielfach durch Chiffre-Anzeigen mit Titeln wie „Auslands-AG übernimmt besondere Aufgaben" an. Die Initiatoren sitzen in Steueroasenländern. Sie stellen nicht nur fiktive Rechnungen aus, sondern überweisen den Betrag nach Abzug ihrer Provision auf diskrete Nummern- oder Treuhandkonten in Steueroasenländern. So wurden bei einem Fahndungsverfahren Scheinrechnungen über knapp 10 Mio. DM sichergestellt.[24]

Scheinrechnungen stellen auch solche Steuerpflichtige aus, die einen hohen Verlustvortrag „erwirtschaftet" haben und bei denen sich Einnahmen aus Scheinrechnungen nicht steuerlich auswirken. So werden Rechnungen über „beratende Tätigkeiten" erstellt, die der Empfänger als Betriebsausgabe absetzen kann. Ein Teil der Rechnungsbeträge fließt auf Schwarzgeldkonten zurück. Der „Arbeitsgruppe Steuerausfälle"[25] wurde ein Fall bekannt, bei dem ein Steuerpflichtiger Scheinrechnungen in Höhe von insgesamt 23 Mio. DM über einen Zeitraum von zehn Jahren ausgestellt hatte.

III. Schwarzgeldschöpfung durch Schwarzarbeit

Wie Schwarzgeld, so findet sich auch Schwarzarbeit überall: zu 44,6 % auf dem Bau, zu 4,7 % bei den handwerklichen Arbeiten, zu 5,7 % bei den Kurierdienstfahrten oder zu 4,0 % bei der Gartenarbeit.[26] Schwarzarbeit wird in § 1 Abs. 1 des *Gesetzes zur Bekämpfung der Schwarzarbeit* wie folgt definiert:

---

[24] Bericht der Arbeitsgruppe „Steuerausfälle", Finanzverwaltung Nordrhein-Westfalen, S. 79.

[25] Ebendort.

[26] Schneider, Friedrich, Institut für Volkswirtschaftslehre, Johannes Kepler Universität Linz: Der Umfang der Schwarzarbeit des Jahres 1999 in Deutschland, Österreich und der Schweiz sowie ein „Pfuschgesetz" zur Bekämpfung der Schwarzarbeit in Österreich. Mai 1999.

„Ordnungswidrig handelt, wer Dienst- oder Werkleistungen in erheblichem Umfange erbringt, obwohl er

1. der Mitteilungspflicht gegenüber einer Dienststelle der Bundesanstalt für Arbeit, einem Träger der gesetzlichen Kranken-, Unfall- oder Rentenversicherung oder einem Träger der Sozialhilfe nach § 60 Abs. 1 Nr. 2 des Ersten Buches Sozialgesetzbuch oder der Meldepflicht nach § 8 Abs. 1 des Asylbewerberleistungsgesetzes nicht nachgekommen ist,

2. der Verpflichtung zur Anzeige vom Beginn des selbständigen Betriebs eines stehenden Gewerbes (§ 14 der Gewerbeordnung) nicht nachgekommen ist oder die erforderliche Reisegewerbekarte (§ 55 der Gewerbeordnung) nicht erworben hat oder

3. ein Handwerk als stehendes Gewerbe selbständig betreibt, ohne in der Handwerksrolle eingetragen zu sein (§ 1 der Handwerksordnung)."

„Schwarz" arbeitet, wer Dienst- oder Werkleistungen erbringt, ohne den hierfür erforderlichen Mitteilungs- und Anzeigepflichten nachzukommen. Bloßes Schwarzarbeiten dient als Vorbereitungshandlung zur Steuerhinterziehung. Diese ist erst im Zeitpunkt der Steuerfestsetzung verwirklicht, wenn Einkünfte aus Schwarzarbeit endgültig nicht deklariert wurden. Wer Schwarzarbeit ausführt und dabei erwischt wird, geht also kein steuerstrafrechtliches Risiko ein, wenn er die Erträge nachträglich noch in seiner Steuererklärung anmeldet.

Das Ausmaß von Schwarzarbeit in einer Volkswirtschaft läßt sich nur ansatzweise ermitteln. Auf volkswirtschaftlicher Ebene ermittelt man die Schwarzgeldschöpfung durch Schwarzarbeit durch den sogenannten „Bargeldansatz". Mit dem „Bargeldansatz" wird eine ökonometrische Schätzung der Nachfrage nach der Bargeldhaltung durchgeführt, unter Berücksichtigung zusätzlicher Faktoren, die als Ursache für die Schwarzarbeit anzusehen sind. Diesem Bargeldansatz zufolge stieg die Schwarzarbeit in Deutschland von 1990 bis 1998 von 12,2 auf 14,7 Prozent des offiziellen Bruttosozialprodukts (BSP). Dies bedeutet einen Zuwachs von knapp 190 Prozent in acht Jahren.

Im Nachbarland Österreich stellt sich die Entwicklung sogar noch gravierender dar. Die Schwarzarbeit stieg dort im selben Zeitraum von 5,47 Prozent auf 9,09 Prozent des offiziellen BSP, was einem Anstieg von über 235 Prozent gleichkam.[27]

Tabelle 3: Die Größe der Schwarzarbeit in Deutschland, Österreich und der Schweiz – berechnet mit Hilfe des Bargeldansatzes*

Jahr	Größe der Schwarzarbeit (in Prozent des offiziellen BSP)					
	Deutschland		Österreich		Schweiz	
	in %	in Mrd. DM	in %	in Mrd. öS	in %	in Mrd. SFr.
1980	10,80	160	2,69	27	4,90	14
1990	12,20	295	5,47	99	6,20	22
1995	13,90	481	7,32	170	6,89	25
1997	15,00	548	8,93	220	8,04	29
1998	14,70	560	9,09	233	7,98	30
1999**	15,49	602	9,56	251	8,34	32

*Quelle: Friedrich Schneider, Institut für Volkswirtschaftslehre, Johannes Kepler Universität, Linz

** Prognose bzw. Schätzwerte

Den Prognosen 1999 zufolge steigt die Schwarzarbeit in Deutschland dreimal schneller als die offizielle Wirtschaft. Ein Anstieg von 560 Mrd. Mark in 1998 auf 602 Mrd. Mark in 1999 entspricht einem Zuwachs von 7,5 Prozent, während die offizielle Wirtschaft nur um zwei Prozent steigen soll.

Gründe für diesen Anstieg liegen vor allem in der zunehmenden Betrachtung von Schwarzarbeit als simples Kavaliersdelikt. Wie stark die Schwarzarbeit als „legal" angesehen wird, verdeutlichen immer wieder diverse Umfragen. In einer Repräsentativumfrage eines deutschen Wirtschaftsmagazins[28] gaben 22 % der befragten Deutschen zu, selbst schwarz zu arbeiten. 42 % hatten bereits selbst einmal schwarz gearbeitet. Vielfach müssen Schwarzarbeiter beauftragt werden, weil sich der Normalbürger die Dienstleistung angesichts der

[27] Schneider, Friedrich, a.a.O.

[28] Focus 15/1998.

Steuerschröpfung, die der deutsche Staat zunehmend betreibt, sonst nicht leisten könnte. Außerdem waren 71 % der Befragten der Meinung, der Staat kassiere so schon genug. Auch in Österreich ist man zu 69 % der Meinung, daß man sich ohne „Pfuscher" vieles nicht mehr leisten könne, und 67 % der Österreicher denken, daß der Staat eigentlich selbst schuld ist, daß es so viele Schwarzarbeiter gibt, weil die Steuern einfach zu hoch sind.[29]

Wird Schwarzarbeit von ausländischen Unternehmern verrichtet, erfahren die Finanzämter von einer solchen Tätigkeit im Regelfall nichts, weil solche Schwarzfirmen ihr Gewerbe nicht anmelden. Es existieren über solche Unternehmen auch keine Steuerakten. Werden ausländische Unternehmen dennoch in die Steuerpflicht einbezogen, halten sie entgegen, in Deutschland mangels inländischer Betriebsstätte nicht steuerpflichtig zu sein. Da sich die Arbeitnehmer „offiziell" nicht länger als sechs Monate in Deutschland aufhalten, wird mangels gewöhnlichen Aufenthalts keine Steuerpflicht begründet. Demzufolge wird auch keine Lohnsteuer abgeführt.

Der Nachweis für Schwarzarbeit gelingt auch bei gelegentlichen Wochenend- und Feierabendwerklern kaum. Denn vollzieht sich die Schwarzarbeit im Privatbereich, besteht keine Handhabe für eine Aufdeckung mittels Umsatzverprobung. Im Privatbereich müssen keine Belege oder Aufzeichnungen vorhanden sein, die zur Annahme von Unregelmäßigkeiten, beispielsweise im Waren- oder Fertigungslohneinsatz führen könnten.

Vorfeldermittlungen sind der Steuerfahndung zwar erlaubt, können aber angesichts der geringen steuerlichen Relevanz eines einzelnen Schwarzarbeiters schon aus verfahrensökonomischen Gründen kaum realisiert werden. Betriebsprüfer und Steuerfahnder versuchen, dem einzelnen Schwarzarbeit mittels Vermögenszuwachsrechnung (VZR) nachzuweisen. Die VZR weist auf Diskrepanzen zwischen den Einnahmen und Ausgaben eines Steuerpflichtigen hin. Liegen die Ausgaben über einen längeren Zeitraum stets über den Einnahmen, drängt sich zwangsläufig der Verdacht auf Schwarzarbeit auf.[30]

---

[29] Schneider, Friedrich, a.a.O.

[30] Vgl. E.V.5.d).

Die Möglichkeiten der Finanzämter, Schwarzarbeit als „Einzelkämpfer“ aufzudecken, beschränken sich im allgemeinen auf die Auswertung von Zeitungsinseraten, Kontrollmitteilungen oder anonymen Anzeigen von Nachbarn und Konkurrenzunternehmen. Seit kurzer Zeit wird aber der Zusammenschluß mehrerer Behörden zu einer *gemeinsamen Ermittlungsgruppe* immer häufiger. Denn von Schwarzarbeit sind auch die Sozialversicherungen betroffen. Die Staatsanwaltschaften erteilen gemeinsame Ermittlungsaufträge. In Berlin existiert seit einigen Jahren die Gemeinsame Ermittlungsgruppe Schwarzarbeit GES. Hier arbeiten das Landeskriminalamt, das Landesarbeitsamt, Vertreter der gesetzlichen Krankenkassen und die Steuerfahndungsstellen gegen Schwarzarbeit Hand in Hand. Auch in Österreich gibt es Pläne, mit verstärktem Einsatz von Zollbehörden das Ausmaß an Schwarzarbeit zu bekämpfen. Vorgesehen ist eine Anmeldepflicht für die in der Baubranche beschäftigten Ausländer schon vom ersten Tag an. Maßnahmen gegen die Hauptursache von Schwarzarbeit, nämlich hohe Steuern und Lohnnebenkosten, werden aber damit ebensowenig getroffen wie in Deutschland. Eine konsequente Anwendung des sogenannten „Luxemburger Modells“, wonach Steuern auf Arbeitsleistungen und die Mehrwertsteuer in Höhe bislang geförderter Bauförderungen refundiert sowie für Kleinaufträge diverse Steuerfreibeträge gewährt werden, würde der offiziellen Wirtschaft sicherlich mehr helfen.[31]

IV. Schwarzgeldschöpfung im Privatbereich

1. Steuerverkürzungen bei der Einkunftsart nichtselbständige Arbeit

Im Lohnsteuerabzugsverfahren (1. Schritt) wird Schwarzgeldschöpfung durch vorsätzlich falsche oder durch Unterlassung der Berichtigung falsch gewordener Eintragungen auf der Lohnsteuerkarte vollzogen. Bei der anschließenden Einkommensteuerveranlagung

[31] Schneider, Friedrich, a.a.O.

(2. Schritt) werden Steuerverkürzungen durch Angabe fiktiver außergewöhnlicher Belastungen und Sonderausgaben erreicht.

Falsche Eintragungen auf der Lohnsteuerkarte sollen bewirken, daß der Arbeitgeber bereits im Veranlagungszeitraum weniger Lohnsteuer abführt, als tatsächlich geschuldet wird. Die Praxis der Steuerfahnder zeigt hierzu folgende Praktiken auf:

- Angabe falscher Werbungskosten,
- erdichtete Sonderausgaben, die auch in der Einkommensteuererklärung nicht wahrheitsgemäß erklärt werden,
- Angabe eines falschen Familienstandes mit falscher Anzahl der Kinderfreibeträge (besonders üblich bei ausländischen Arbeitnehmern).

In der Einkommensteuererklärung führen Arbeitnehmer dann darüber hinaus Aufwendungen für Dienstreisen, Umzugskosten oder Kosten für die doppelte Haushaltsführung auf, obwohl der Arbeitgeber diese Kosten im Regelfall erstattet. Die Tatsache, daß Arbeitgeber nur die steuerfreien Leistungen für Fahrten zwischen Wohnung und Arbeitsstätte zu bescheinigen haben, begünstigen solche Praktiken.

Mit *außergewöhnlichen Belastungen* läßt sich sowohl im Lohnsteuerabzugsverfahren (1. Schritt) durch Eintrag eines unzutreffenden Freibetrages als auch bei der Steuerfestsetzung (Abgabe der Einkommensteuererklärung als 2. Schritt) Steuer sparen. Dabei ist der Finanzverwaltung folgende Praktik bekannt:[32] Es werden Aufwendungen für den Unterhalt bedürftiger Angehöriger im Ausland (z. B. Geschwister) erklärt und als außergewöhnliche Belastung geltend gemacht. Tatsächlich aber sind die Empfänger nicht unterhaltsbedürftig und die Beträge werden für andere, nicht steuerlich begünstigte Zwecke verwendet, z. B. zur Finanzierung der eigenen Ferienwohnung oder zur Geldanlage im Ausland.

Zur Anerkennung von Unterstützungsleistungen für ausländische Bedürftige werden zwar Nachweise gefordert, meist aber kommt diesen „amtlichen Unterhaltsbescheinigungen" kein Beweiswert zu, da lediglich bestätigt wird, daß die zu unterstützenden Personen über keinerlei eigene Einkünfte oder eigenes Vermögen zur Bestreitung ihres Lebensunterhalts verfügen. Hinzu kommt,

[32] Bericht der Arbeitsgruppe „Steuerausfälle", Finanzverwaltung Nordrhein-Westfalen, S. 75

daß solche meist blanco unterschriebenen Unterhaltsbescheinigungen „in jeder größeren deutschen Stadt bei einschlägig bekannten Personen beschafft werden" können. Nach Erfahrungen der Arbeitsgruppe Steuerausfälle der Finanzverwaltung Nordrhein-Westfalen ist es deshalb „für ausländische Steuerpflichtige kein Problem, binnen kürzester Zeit neue Originalbescheinigungen der ausländischen Behörden vorzulegen, wenn die Finanzämter zunächst vorgelegte Bescheinigungen aus formellen Gründen beanstandet haben". Im Ergebnis müssen die Finanzämter hinnehmen, daß es aufgrund der anzuerkennenden außergewöhnlichen Belastungen zu ungerechtfertigten Steuervorteilen kommt. Die Expertengruppe schätzt die dadurch bedingten Mindereinnahmen des Staates auf jährlich rund 800 Mio. Mark.

2. Steuerverkürzungen bei den Kapitaleinkünften

Kapitaleinkünfte können, was die Erträge aus inländischen Geldanlagen betrifft, seit Einführung der Zinsabschlagsteuer im Jahr 1993 nur noch in Höhe des Differenzbetrages hinterzogen werden, um den der persönliche Einkommensteuersatz die 30- bzw. bei Tafelgeschäften die 35prozentige Zinsabschlagsteuer übersteigt. Jenseits der deutschen Grenzen kann Schwarzgeldschöpfung durch Nichterklärung von Kapitaleinkünften noch uneingeschränkt vollzogen werden, wenn der Zufluchtstaat Kapitalerträge keiner nationalen Quellensteuer unterzieht und keine zwischenstaatliche Amts- oder Rechtshilfe bei Fiskaldelikten leistet. Die bloße „Nichterklärung" von Kapitaleinkünften erfordert vom Steuerverdrossenen kein aktives Tun, es müssen insbesondere keine komplizierten Kettenbuchungen durchgeführt oder Dritte einbezogen werden. Die Finanzverwaltung – sie soll nach Maßgabe des § 30a AO auf das besondere Vertrauensverhältnis zwischen Kunde und Bank Rücksicht nehmen – erfährt vom hinterzogenen Kapitalvermögen aber spätestens dann, wenn ihr Banken und Versicherungen beim Tod des Steuerpflichtigen dessen Konten und Depots mitteilen.[33] Nur Auslandskapital und Tafelpapiere bleiben weiterhin unerfaßt.

[33] Vgl. E.V.4.a).

3. Steuerverkürzungen bei Einkünften aus Vermietung und Verpachtung

Schwarzgeldschöpfung wird bei den Einkünften aus Vermietung und Verpachtung praktiziert durch:

- Vermietung einer Wohnung ohne Mietvertrag und Rechnung; der Mietzins wird bar entrichtet;
- die vom Mieter erhaltenen Zahlungen für Umlagen werden nicht als Mieteinnahme berücksichtigt, obwohl für die Aufwendungen Werbungskosten geltend gemacht werden;
- Vermietung einer im Ausland befindlichen Ferienwohnung. Da der unbeschränkt Steuerpflichtige mit seinem „Welteinkommen" der Steuerpflicht unterliegt, wären auch solche ausländische Mieteinkünfte zu erfassen.

Da für private Vermieter weder eine Abschluß- oder eine Aufbewahrungspflicht für schriftliche Mietverträge noch eine Einzelaufzeichnungspflicht für Mieteinnahmen besteht, läuft das Kontrollrisiko gegen Null, im Rahmen einer Steuerprüfung aufgedeckt zu werden. Hinzu kommt, daß Einkünfte aus Vermietung und Verpachtung aus verfahrenstechnischen Gründen und wegen Vorrangigkeit anderer Einkunftsarten kaum überprüft werden.

4. Sonstige Einkünfte, insbesondere Spekulationsgewinne

Zu den sonstigen Einkünften gehören alle wiederkehrenden Bezüge, die nicht bereits im Rahmen einer anderen Einkunftsart steuerlich erfaßt werden. Meist handelt es sich hierbei um Zuwendungen aus öffentlichen Kassen. Renten werden – wie Einkünfte aus gelegentlichen Vermittlungen und Verpachtungen – meist unwissend hinterzogen, was allerdings für Spekulationseinkünfte weniger zutreffen mag. Insbesondere der Privatsektor schöpft Schwarzgeld durch bewußte Nichterklärung von Spekulationseinkünften und nutzt dabei den Umstand aus, daß Spekulationsgewinne im allgemeinen nur durch die intensive Prüfung bekannter oder aufgespürter Konten und Depots aufgedeckt werden können, und das nur nach erfolgreicher Bankauskunft und Überprüfung eingereichter Steuererklärungen.

§ 22 EStG erfaßt die „sonstigen" Einkünfte. Darunter fallen keineswegs alle nur denkbaren Einnahmen und Vermögenszuwendungen, die bisher nicht in die Reihe der genannten Gewinn- und Überschußeinkünfte eingegliedert werden konnten. Sonstige Einkünfte i. S. des § 22 EStG sind abschließend aufgezählt. Zu den wichtigsten „sonstigen Einkünften" gehören:

- Einkünfte aus wiederkehrenden Bezügen (den wiederkehrenden Bezügen entsprechen Leistungen in Form von Leib- oder Zeitrenten, die auf einem einheitlichen Entschluß oder einem einheitlichen Rentenstammrecht beruhen und mit einer gewissen Regelmäßigkeit wiederkehren. Sie können entweder aufgrund einer rechtlichen oder freiwilligen Verpflichtung gezahlt werden).
- Einkünfte aus Unterhaltsleistungen an den geschiedenen oder dauernd getrennt lebenden Ehegatten (§ 10 Abs. 1 Nr. 1 EStG).
- Einkünfte aus Spekulationsgeschäften.
- Einkünfte aus nicht nachhaltigen sonstigen Leistungen (darunter fallen Einkünfte aus gelegentlichen nicht nachhaltigen Vermittlungen, aus der Vermietung beweglicher Gegenstände, aus gelegentlichen Leistungen gegen Schmier-, Schweige- oder Bestechungsgelder).
- Entschädigungen, Amtszulagen, Versorgungsbezüge aus Abgeordnetengesetzen.

Alle übrigen Geldzuflüsse bleiben steuerfrei. So sind z. B. der Lottogewinn oder sonstige aus einer Verlosung stammende Zuwendungen nicht steuerpflichtig. Bei Rentenbezügen ist die Meinung sehr stark verbreitet, daß sie nicht der Besteuerung unterliegen würden. Tatsächlich aber sind Rentenbezüge sehr wohl steuerpflichtig. Es kommt nur wegen der niedrigen Ertragsanteils-Besteuerung selten zu einer Steuerfestsetzung. Rentner sind demzufolge steuerlich nur selten erfaßt, was den Mißbrauch dieses Personenkreises für gezielte Steuerhinterziehungen begünstigt.[34] Die Arbeitsgruppe „Steuer-

[34] Vgl. D.II.2.d)(ii).

ausfälle" der Finanzverwaltung Nordrhein-Westfalen fordert daher die Überwachung der Steuerbürger, die während des Vorruhestands Bezüge erhalten, die nicht zu einer Steuerpflicht führen, um „zu gegebener Zeit im Hinblick auf die steuerliche Relevanz der später erzielten Rentenbezüge überprüft" werden zu können.[35]

Verschwiegene *Gewinne aus Spekulationsgeschäften* stellen wohl das Gros der Schwarzgeldschöpfung im Rahmen der „sonstigen Einkünfte" dar. Spekulationsgeschäfte sind solche Veräußerungsgeschäfte, bei denen der Zeitraum zwischen Anschaffung und Veräußerung nicht mehr als ein Jahr (bei beweglichen Wirtschaftsgütern aus Privatbesitz) bzw. zehn Jahre beträgt (bei privaten Grundstücken und grundstücksgleichen Rechten, wie Erbbaurechten oder Mineralgewinnungsrechten). Weil Kontoauszüge privater Konten nicht aufbewahrungspflichtig sind, lassen sich Spekulationsgewinne nur nach intensiver Prüfung vorgelegter oder beschlagnahmter Bankunterlagen und Vergleich mit den Steuerakten nachweisen.

[35] Bericht der Arbeitsgruppe „Steuerausfälle", Finanzverwaltung Nordrhein-Westfalen, S. 50.

D. Praxis der Schwarzgeldanlage

I. Schwarzgeldanlage im Zuge der EU-Steuerharmonisierung

1. Der lange Arm des EU-Steuervogts

Die Vergangenheit lehrt, daß Geldströme stets dorthin fließen, wo sie den geringsten Widerstand spüren. Dies bekam vor allem Deutschlands ehemaliger Finanzminister Waigel zu spüren, als er zum 1.1.1993 die Zinsabschlagsteuer einführte. In diesem ersten Erhebungsjahr konnte er mit seinen zehn Milliarden Mark nicht einmal die Hälfte der ursprünglich veranschlagten 24 Milliarden einnehmen.

Doch nicht nur Deutschland kommt zunehmend in Finanznot. Vielmehr sind es alle Hochsteuerländer, welche EU-Anleger mit Kapitalverlagerungen in Steueroasen sanktionieren. Als Folge der Kapitalflucht verringerte sich die Durchschnittsbesteuerung des Produktionsfaktors Kapital in den vergangenen Jahren von 45,5 auf weniger als 35 Prozent. Damit einhergehende Mindereinnahmen mußten konsequenterweise durch Mehrsteuern aus anderen Quellen wieder ausgeglichen werden. Die Hochsteuerländer bedienten sich hierfür des Produktionsfaktors Arbeit; die durchschnittliche Steuerbelastung der Löhne erhöhte sich so von 35 auf über 42 Prozent.

Nachdem hier die Schmerzgrenze mittlerweile überschritten ist, hält der EU-Steuervogt Ausschau nach neuen Geldquellen. Einige Finanzminister aus den EU-Staaten haben es sich zum Ziel gesetzt, alle europäischen Steueroasen mittels einer Quellensteuer auf Kapitalerträge auszutrocknen.

Die EU-Kommission hält nun schon seit Mai 1998 einen Richtlinienvorschlag parat, mit dem neue Geldquellen erschlossen werden sollen. Um diesem Richtlinienvorschlag Nachdruck zu verleihen, hat Brüssel das Gespenst des „schädlichen Steuerwettbewerbs“

heraufbeschworen: Brüssel begründet das Vordringen in Richtung einer EU-weiten Gleichbesteuerung des Kapitals euphemistisch mit „Eliminierung von störendem Steuerwettbewerb". Unter der Vision eines störenden und schädlichen Steuerwettbewerbs nahmen die Finanzminister erstmals in Mondorf-les-Bains im September 1997 die Unternehmensbesteuerung ins Visier. Es sollten Wege für ein gemeinsames Vorgehen gegen schädlichen Steuerwettbewerb konzipiert und zugleich bestehende Verzerrungen auf dem Binnenmarkt abgebaut werden. Die Vorsätze mündeten allerdings in einen mehr oder weniger freiwilligen „Verhaltenskodex", der die an multinationale Konzerne gerichteten fiskalischen Billigangebote als potentiell schädlich brandmarken soll.

Auf dem Sektor der privaten Kapitaleinkünfte will die EU dagegen Nägel mit Köpfen machen. Denn schließlich seien es ja überwiegend die Schwarzgeldanleger gewesen, die zu einer derartigen Verlagerung der Besteuerungsintensität unter den Produktionsfaktoren beigetragen haben. Geplant ist eine einheitliche Quellensteuer auf Zinserträge von 20 Prozent. Der Anwendungsbereich des Vorschlags wurde hierbei auf Zinszahlungen beschränkt, die in jedem Mitgliedstaat an in einem anderen Mitgliedstaat ansässige natürliche Personen geleistet werden. Abgedeckt werden alle grenzübergreifenden Zinszahlungen an natürliche Personen in der Gemeinschaft, ohne Berücksichtigung des Sitzes des Schuldners. Alternativ könnten auch Kontrollmitteilungen an die Wohnsitzfinanzämter der Kontoinhaber verschickt werden. Der Richtlinienvorschlag basiert also auf der Koexistenz des Systems der Quellensteuer und des Systems der Information. Es obliegt jedem Mitgliedstaat, ein einziges von diesen beiden Systemen aus dem sogenannten „Koexistenzmodell" zu wählen und dieses eine System auf alle Zinszahlungen in seinem Hoheitsgebiet an Ansässige jedes anderen Mitgliedstaates anzuwenden.

Der Vorteil des Prinzips der Besteuerung an der Quelle liegt in der vereinfachten Handhabung. Die Verwaltung erspart sich den Aufwand, Auslandssachverhalte aufzuklären, insbesondere die im Ausland erzielten Einkünfte und die dort gezahlten Steuern festzustellen. Eine Besteuerung an der Quelle macht außerdem den grenzüberschreitenden Informationsaustausch überflüssig, welcher im Regelfall nur sehr spärlich fließt.

Das Quellenprinzip verzerrt aber in gewissem Sinn: Es beläßt Steuergelder für im Quellenstaat entstehende Gewinne dort, obwohl diese Gewinne – was Auslandstöchter deutscher Unternehmen betrifft – mit dem abgeflossenen Kapital und dem Know-how eines anderen EU-Staates erwirtschaftet worden sind. Schließlich wirkt das Quellenprinzip wegen seiner Einfachheit nur unter der Voraussetzung eines gemeinsamen und koordinierten Vorgehens unter den EU- und Drittstaaten.

Um Schwarzgeldanlagen im Ausland vollständig zu unterbinden, müßte des weiteren ein Mindest-Quellensteuersatz gelten, der der Höhe des Spitzensteuersatzes des steuerintensivsten EU-Landes entspricht. Denn würde beispielsweise Deutschland schärfer als Österreich besteuern, bleibt trotz Quellenprinzip ein Steuergefälle. Es würde nach wie vor zur Abwanderung von Kapital aus Deutschland kommen. Würde man nun den Quellensteuersatz dem Steuertarif des steuerintensivsten EU-Landes anpassen, würden sich bei den übrigen Staaten, die das Kapital billiger besteuern, Anrechnungsüberhänge ergeben.

Die Anwendbarkeit eines hohen und wirksamen Quellensteuersatzes würde außerdem Neuverhandlungen bei den Doppelbesteuerungsabkommen erfordern. Denn nach den internationalen Muster-DBAs dürfen Quellenstaaten Zinsen und Dividenden im Regelfall nur bis zu maximal 15 Prozent besteuern. Die Änderung eines DBA ist aber stets ein langwieriger Prozeß der Verhandlung und Paraphierung bis hin zur abschließenden Ratifikation durch die Parlamente, weil es sich hierbei um völkerrechtliche Verträge handelt. Und da wäre für die ca. 70 DBAs, die Deutschland abgeschlossen hat, ein Zeitraum von 10 Jahren sicherlich nicht zu hoch gegriffen.

Der wissenschaftliche Beirat beim Bundesministerium für Finanzen[36] hält daher auch weniger von einer Quellensteuerharmonisierung. Er empfiehlt statt dessen, dem Beispiel Frankreichs zu folgen und die Banken zur Übersendung automatischer Kontrollmitteilungen an die Finanzbehörden zu verpflichten. Des weiteren sollte bei den Finanzbehörden eine Datenbank eingerichtet werden, die es erlaubt, alle Konten eines bestimmten Steuerpflich-

[36] BMF Schriftreihe Heft 65, S. 48.

tigen zu suchen und umgekehrt den Inhaber eines bestimmten Kontos festzustellen. Für physische Geldtransfers ins Ausland und für die Eröffnung von Auslandskonten soll eine Meldepflicht eingeführt werden. Bei Verstößen sollte der gesamte Kapitalabfluß als Einkommen zu versteuern sein, sofern nicht nachgewiesen wird, daß Teile hiervon bereits versteuert sind.

2. Auch auf OECD-Ebene denkt man über Steuerharmonisierung nach

Nicht nur Brüssel, sondern auch die OECD denkt mittlerweile über adäquate Maßnahmen zur Einschränkung des volkswirtschaftlich nachteiligen Steuerwettbewerbs nach. Je weiter man nun die Fangnetze auslegt, desto weniger dürfte das Großherzogtum Luxemburg die Steuerharmonisierungspläne der EU mit dem Argument verwerfen können, daß alle Länder – gemeint sind damit auch die OECD-Länder – mitmachen müssen.

Die OECD sieht eine Steueroase, die schädlichen Steuerwettbewerb kreiert, schon darin, daß ein Land keine oder nur sehr niedrige Steuern erhebt und sich als Ort anbietet bzw. als Ort gilt, der von Ausländern verwendet werden kann, um Steuern in ihrem Wohnsitzland zu vermeiden. Der OECD-Ausschuß für Steuerfragen hat auf dieser Grundlage im April 1998 insgesamt 19 Empfehlungen ausgearbeitet und dabei verstärkt Ratschläge bezüglich des Zugriffs auf Bankdaten zu Steuerzwecken erteilt. Die für den Schwarzgeldanleger delikatesten unter diesen 19 Empfehlungen sind die Nrn. 7 und 8 sowie die Nrn. 12 bis 14. Sie zielen auf die Beseitigung von Bankgeheimnissen ab und plädieren für eine umfassende Amtshilfe. Die Vorschläge haben folgenden Wortlaut:

- Empfehlung 7:

  „Im Rahmen der Bekämpfung des volkswirtschaftlich nachteiligen Steuerwettbewerbs sollen die Länder ihre Gesetze, Bestimmungen und Praktiken, die sich auf den Zugriff auf Bankdaten beziehen, überprüfen, um den Steuerbehörden den Zugriff auf diese Daten zu ermöglichen und Hemmnisse abzuschaffen".

- Empfehlung 8:

  „Die Länder sollten Maßnahmen zur Intensivierung des Austausches von Informationen über Transaktionen in Steueroasen und Steuervergünstigungen anbietenden Steuersystemen, die zu volkswirtschaftlich nachteiligem Steuerwettbewerb führen, ergreifen".

- Empfehlung 12:

  „Die Länder sollten erwägen, die Steuerabkommen mit Steueroasen zu kündigen und mit solchen Steueroasen in Zukunft keine Abkommen mehr zu schließen".

- Empfehlung 13:

  „Die Länder sollten erwägen, koordinierte Vollzugsmaßnahmen (wie gleichzeitige Prüfungen, Abmachungen über spezifischen Austausch von Informationen oder gemeinsame Schulungsprogramme) in bezug auf Einkommen und Personen einzuführen, die aus als volkswirtschaftlich nachteilig geltendem Steuerwettbewerb Nutzen ziehen".

- Empfehlung 14:

  „Die Länder sollten angehalten werden, die gegenwärtigen Bestimmungen über die Durchsetzung von Steuerzahlungsforderungen anderer Länder zu überprüfen. Der Ausschuß soll die Arbeit in diesem Bereich fortsetzen, um Bestimmungen auszuarbeiten, die zu diesem Zweck in Steuerabkommen aufgenommen werden können".

Vor dem Ende einer Fünfjahresfrist ab Billigung der Richtlinien durch den Rat der OECD sollten sämtliche Steuervergünstigungen abgeschafft werden. Steuerzahler (bzw. Geldanleger), die am 31. Dezember 2000 noch in den Genuß solcher Systeme kommen, „müssen den Anspruch auf die Steuervergünstigungen jedoch spätestens am 31. Dezember 2005 verlieren", so die Richtlinie.

3. Können sich europäische Steueroasen, und ganz besonders der Finanzplatz Schweiz den Fängen des EU-Steuervogts entziehen?

Das System der Quellenbesteuerung würde überhaupt nur dann funktionieren, wenn der Teilnehmerkreis den gesamten europäischen Wirtschaftsraum, und somit auch alle Nicht-EU-Staaten und Steueroasen wie die Kanalinseln, einschließt. Doch hier stellt sich bereits die Frage, ob die obig zitierte OECD-Definition über eine Steueroase überhaupt auf die Kanalinseln zutrifft. Die „Insular Authorities", genauer gesagt, die Jersey Financial Services Commission ist davon überzeugt, daß die Schlüsselfaktoren, welche eine Steueroase prägen, auf Jersey nicht zutreffen:[37] Jersey erhebt weder keine noch minimale Steuern. Der Standardsteuersatz von 20 Prozent ist seit 1940 unverändert und in 90 Prozent aller Steuerfälle anwendbar. Die Inseln haben kein gesetzlich geregeltes Bankgeheimnis. Jersey hat außerdem eine umfassendere Gesetzgebung als viele andere OECD-Länder, was den Informationsaustausch in Strafsachen betrifft. Des weiteren ist kein Mangel an Transparenz im Gesetzgebungsverfahren erkennbar, und die geschäftlichen Aktivitäten auf der Insel sind hauptsächlich realer Natur.

Sobald nun aber ein oder wenige Staaten als Drittgebiet abseits bleiben und weiterhin nach dem Wohnsitzprinzip besteuern (und damit ausländische Schwarzgeldanleger von jeglicher Quellensteuer auf Kapitaleinkünfte freistellen), können Schwarzgeldanleger mit Wohnsitz im Teilnehmergebiet nach wie vor die im Drittgebiet erzielten Kapitalerträge steuerfrei vereinnahmen. Der volkswirtschaftliche Effekt wäre, daß es langfristig zu einer Angleichung der Rendite nach Steuern für Geldanlagen in den Teilnehmerstaaten mit der Bruttorendite für Geldanlagen im Drittgebiet kommt. Dasjenige Investitionskapital, das in die Teilnehmerstaaten fließt, wäre so gering, daß das ganze System wohl wieder auseinanderbrechen würde.[38]

Um hier einen Bruch zu verhindern, hält die Entwurfsfassung des EU-Steuerharmonisierungsmodells folgenden Artikel 11 parat:

---

[37] Jersey Financial Focus, The Jersey Financial Services Commission Newsletter, Issue One, Page 6.

[38] Gutachten des wissenschaftlichen Beirats beim Bundesministerium der Finanzen, BMF Schriftreihe Heft 65, S. 73.

„Die Gemeinschaft leitet mit ihren wichtigsten Handelspartnern unter den Drittländern entweder bilaterale oder multilaterale Verhandlungen ein, um die Möglichkeit einer effektiven Besteuerung von durch diese Richtlinie erfaßten Zinserträgen sicherzustellen, die von Zahlstellen in diesen Drittländern an Gemeinschaftsansässige gezahlt werden."

Die Vorschrift dürfte in erster Linie auf den attraktiven Finanzplatz Schweiz abzielen. In Brüssel rechnet man nach Einführung einer EU-Quellensteuer mit einem Exodus aus London und Luxemburg und einem starken Zulauf in die Schweiz. Brüssel ist sich dieser Gefahr durchaus bewußt und hat deshalb den Eidgenossen in 1999 mehrere Besuche abgestattet.[39] Natürlich weiß man in Brüssel, daß die Schweiz des Bankgeheimnisses wegen niemals für Meldungen an deutsche Finanzbehörden zu haben sein wird oder gar der vom wissenschaftlichen Beirat beim Bundesfinanzministerium empfohlenen Anlehnung an das französische Modell zustimmen würde. Auch erwartet man vom Schweizer Bundesrat nicht, daß er die insgesamt 19 OECD-Empfehlungen[40] als „Anregungen" für eine Überprüfung und Änderung der nationalen Rechtssysteme sieht, zumal die Eidgenossenschaft diesen stets mit den Worten entgegentrat, sie seien „unfair" und „unausgewogen". Der Schweizer Bundesrat machte dennoch – vorwiegend aus politischen Gründen – von seinem Vetorecht keinen Gebrauch und ermöglichte mit seiner Stimmenthaltung die Annahme der Empfehlungen des OECD-Rates.[41]

Das Schlupfloch im schweizerischen Verrechnungssteuersystem, durch das gerade Papiere ausländischer Emittenten der Quellenbesteuerung entwischen, würde man in Brüssel gerne gestopft sehen. Denn schließlich sollen die vielen Schwarzgeldanleger aus Luxemburg beim „Umzug" in die Schweiz nicht den Fängen des EU-Steuervogts entwischen. In Brüssel ist man daher nur an der Besteuerung des „frischen" Kapitals und an der Unterbindung der zu erwartenden Geldströme interessiert. Alteingesessene Schweizer Nummernkonten und sonstiges bereits etabliertes Auslandsvermögen interessieren den Bürokraten dagegen ebensowenig wie die Einnahmen

[39] Mario Monti mit Delegation u. a. im März 1999 und Juni 1999.
[40] Vgl. oben D.I.2.
[41] Neue Zürcher Zeitung, Int. Ausgabe vom 15.6.1999.

selbst. So erklärte EU-Kommissar Mario Monti an einer vom Verband der Auslandsbanken organisierten Pressekonferenz im Juni 1999 in Zürich, daß die Schweiz die Einnahmen aus einer solchen Steuer durchaus für eigene Zwecke behalten könnte, etwa zur Förderung der Konkurrenzfähigkeit des eigenen Finanzplatzes.[42] Monti zeigte sich zufrieden über die bisherigen Reaktionen, zumal Bundesrat Kaspar Villiger nach dem ersten Treffen mit Monti im vergangenen März erklärte, daß die Schweiz bereit sei, im Rahmen von Bankgeheimnis und Verrechnungssteuersystem Umgehungen zu verhindern.[43]

Beugt sich die Schweiz dem EU-Steuervogt, hätte dies für den Schweizer Obligationenmarkt dieselben fatalen Folgen wie für den Eurobondmarkt. Wie bei Eurobonds üblich, haben auch viele ausländische Schuldner in den Bedingungen ihrer Frankenanleihen Klauseln einfließen lassen, die ihnen eine Kündigung der Obligation bei der Einführung einer neuen Steuer ermöglicht. Obligationen, die in Hochzinszeiten emittiert worden sind und daher heute über pari notieren, sind davon besonders gefährdet.

Behält die Schweiz entgegen dem Willen der EU-Steuereintreiber ihr bisheriges Verrechnungssteuersystem[44] bei, würden sich sowohl Anleger als auch Emittenten von Obligationen in die Schweiz begeben. Für den Schwarzgeldanleger aus dem EU-Bereich wären die Zinserträge von Euro-Konten weiterhin steuerfrei. Anlagemöglichkeiten ergäben sich etwa durch Aktien, die in Euro gehandelt würden, oder durch in der Schweiz emittierte Eurobonds.

Akut ist das Problem einer neuen Quellensteuer in der Schweiz zur Stunde sicherlich nicht. Ein sich abzeichnender Konsens innerhalb der EU wäre wohl Grundvoraussetzung, um gegenüber Drittstaaten wie der Schweiz auf entsprechende Abkommen zu drängen. Doch ob ein solcher Konsens jemals zustande kommt, ist fraglich. Neben Luxemburg ist es vor allem Großbritannien, das um seine Finanzmetropole London fürchtet, weil die Quellensteuer den Eurobondmarkt lahmzulegen droht. Außerdem will London seine Offshore-Inseln Guernsey und Jersey stets pfleglich behandelt sehen. Und selbst wenn die Londoner einlenken, bleibt dem

---

[42] Neue Zürcher Zeitung, Int. Ausgabe vom 24.6.1999.
[43] Ebendort.
[44] Vgl. D.III.6.

Zürcher Schwarzgeldanleger noch genügend Zeit, sein Depot entsprechend umzuschichten. Ein für Änderungen im Verrechnungssteuersystem notwendiges Gesetzgebungsverfahren würde nach Schätzungen von Schweizer Experten durchschnittlich drei Jahre dauern.

II. Schwarzgeldanlage in Deutschland

1. Der neue Angriff auf das Bankgeheimnis

Bislang waren deutsche Banken und Sparkassen nur verpflichtet, dem Bundesamt für Finanzen Namen und Anschrift eines jeden Kunden mitzuteilen, der einen Freistellungsauftrag erteilt hat und darüber hinaus die „Höhe des Betrags, bis zu dem auf Grund des Freistellungsauftrages vom Steuerabzug Abstand genommen und bei Dividenden und ähnlichen Kapitalerträgen die Erstattung von Kapitalertragsteuer und die Vergütung von Körperschaftsteuer beim Bundesamt für Finanzen beantragt werden sollte" (§ 45d Abs. 1 Satz 1 Nr. 3 EStG alte Fassung). Erteilte Anleger Mustermann aus Musterstadt einen Freistellungsauftrag bis zu einer Höhe von 4.500 DM, erhielt das Bundesamt für Finanzen bislang folgende Daten: Mustermann, 4.500 DM.

Deutsche Kreditinstitute meldeten mit den 4.500 DM dem Bundesamt für Finanzen jenen Betrag, bis zu dem sie vom Steuerabzug Abstand nehmen *sollten*. Die Meldung nach § 45d war bislang also eine reine *Soll*-Meldung, d.h. es wurde das beantragte Freistellungsvolumen mitgeteilt, ohne Rücksicht darauf, ob und in welchem Umfang Kapitalerträge wirklich zugeflossen sind. Aus der *Soll*-Meldung konnte die Behörde nicht ersehen, ob der Steuerpflichtige den beantragten Steuerfreibetrag tatsächlich ausschöpfen konnte oder nicht. Die Steuerbehörde konnte nur erahnen, daß dieser Anleger bei dieser Bank – eine Durchschnittsverzinsung des Depots von 6 Prozent einmal unterstellt – ungefähr 75.000 DM Vermögen auf der hohen Kante haben mußte. Denn aus welchen Gründen hätte er denn sonst die Freistellung für 4.500 DM beantragt?

Der rot-grünen Koalition waren diese vagen Vermutungen zu dürftig. Die neue Regierung wollte es genauer wissen und formulierte den § 45 d EStG im Steuerentlastungsgesetz 1999/2000/2002 so: „Wer ... zum Steuerabzug verpflichtet ist, hat dem Bundesamt für Finanzen ... folgende Daten zu übermitteln: Höhe des Betrags, für den auf Grund des Freistellungsauftrages vom Steuerabzug Abstand genommen und bei Dividenden und ähnlichen Kapitalerträgen die Erstattung von Kapitalertragsteuer und die Vergütung von Körperschaftsteuer beim Bundesamt für Finanzen beantragt worden ist."[45]

Die deutschen Kreditinstitute teilen jetzt also statt des erteilten *Soll*-Freistellungsvolumens das tatsächlich in Anspruch genommene *Ist*-Freistellungsvolumen dem Bundesamt für Finanzen mit.

Beispiele:

Tatsächlich vereinnahmte Kapitalerträge	Beantragter Freistellungsbetrag bei Einzel-/Zusammenveranlagung	„Soll"-Meldung (bisher)	„Ist"-Meldung (neu)
4.000 DM	6.100 DM	6.100 DM	4.000 DM
16.000 DM	6.100 DM	6.100 DM	6.100 DM
4.000 DM	12.200 DM	12.200 DM	4.000 DM

Erhielt das Bundesamt für Finanzen bisher eine Meldung über 6.100 DM oder 12.200 DM, bedeutete dies nur, daß der Sparer bzw. das Sparerehepaar einen Freistellungsauftrag in Höhe ihres gesamten Sparer-Freibetrags und Werbungskosten-Pauschbetrags erteilt hat. Die künftigen 6.100er oder 12.200er Meldungen dürften aber regelmäßig eine Kontrollmitteilung an das Wohnsitzfinanzamt zur Folge haben. Denn schließlich bescheinigen diese Meldungen jetzt das Ist-Freistellungsvolumen.

Jede 6.100er oder 12.200er Meldung würde also heißen, daß genau 6.100 bzw. 12.200 DM an Kapitaleinkünften erzielt worden sind. Dies ist freilich sehr unwahrscheinlich. Wahrscheinlicher ist

[45] BStBl. 1999 I, S. 304.

eher, daß dem steuerpflichtigen Anleger oder Ehepaar Kapitalerträge über 6.100 DM/12.200 DM zugeflossen sind. Schwarzgeldanleger, für die 6.100/12.200er Meldungen ergangen sind und die bislang keine Kapitalerträge erklärt haben, dürften somit bald Post vom Finanzamt erhalten.

Für Zwecke der Bekämpfung von Schwarzgeldanlagen sorgte der Gesetzgeber übrigens ebenfalls vor. Denn wie es in § 45d Abs. 2 heißt, dürfen die Mitteilungen auch zur Durchführung eines Verwaltungsverfahrens oder eines gerichtlichen Verfahrens in Steuersachen oder eines Strafverfahrens wegen einer Steuerstraftat oder eines Bußgeldverfahrens wegen einer Steuerordnungswidrigkeit verwendet werden. Im Ergebnis ist hier einer eingeschränkten Kontrollmitteilungspraxis, bezogen auf Kapitalerträge, die ohne Abzug von Zinsabschlagsteuer ausgezahlt worden sind, der Weg geebnet.

Rot-Grün verkaufte ihr Soll-Meldungs-Modell dem ahnungslosen Wähler mit der Begründung, daß der immense Verwaltungsaufwand mit der bisherigen Auswertung des Datenmaterials in einem krassen Mißverhältnis zu den festgestellten Mehrergebnissen stand. So soll sich gezeigt haben, daß viele Sparer versehentlich Freistellungsaufträge über dem ihnen zustehenden Freistellungsbetrag erteilt hatten, die tatsächlich erzielten Kapitalerträge aber weit unterhalb des Freistellungsvolumens lagen und daher die Überschreitung ohne eine steuerliche Relevanz war.

Sicherlich ist dies nur die halbe Wahrheit. Den Finanzbehörden geht es vielmehr darum, endlich mehr über die „Spargewohnheiten" der Deutschen herausfinden zu können. Dieser neue Angriff auf das Bankgeheimnis dürfte insbesondere im Vorfeld einer Halbierung der Sparerfreibeträge zum 1. Januar 2000 an Bedeutung gewonnen haben. Das Prüfungsrecht nach § 50b EStG[46] wird durch die Neufassung des § 45d EStG weder eingeschränkt noch ersetzt. Die Meldedaten können so auch im Rahmen einer *Kapitalertragsteuerprüfung* eingesehen werden.

[46] Vgl. E.V.5.b).

2. Die Eröffnung von Schwarzgeldkonten, das Gläubiger- und Bevollmächtigtenverzeichnis und das Geldwäschegesetz

a) Vom Gebot der Kontenwahrheit

Das „ideale" Schwarzgeldkonto weist folgende Kriterien auf: Es sollte sich anonym eröffnen lassen, sich außenstehenden Dritten als solches nicht erkennbar zeigen, steuerlich nicht zuordenbar sein, und es sollte die uneingeschränkte Verfügungsmacht über das Kontoguthaben zulassen. Solche Konten gibt es freilich nicht. Weder das Schweizer Nummernkonto noch das anonyme Sparbüchlein aus Österreich werden diesen Kriterien gerecht.

In Deutschland stellt § 154 der Abgabenordnung die Rechtsgrundlage der sogenannten „Kontenwahrheit" sicher, daß sich jedes Kreditinstitut vor Errichtung eines Kontos Gewißheit über die Person und Anschrift des (der) Verfügungsberechtigten verschafft. Gewißheit besteht nach dem Anwendungserlaß zur Abgabenordnung (AEAO) nur dann, wenn der vollständige Name, das Geburtsdatum und der Wohnsitz bekannt sind. Die bei erstmaliger Kontoeröffnung durchzuführenden Legitimationsprüfungen laufen im wesentlichen in drei Schritten ab:

1. Schritt:
Der Bankangestellte läßt sich vom Antragsteller ein zur Legitimation berechtigendes Dokument vorlegen. Gültige Dokumente sind Personalausweis, Reisepaß, Führerschein oder Geburtsurkunde.

2. Schritt:
Der Bankangestellte prüft anschließend die Gültigkeit des vorgelegten Dokuments, vergleicht die personellen Angaben mit denen auf dem Eröffnungsantrag (insbesondere die Unterschriften) und vermerkt auf dem Antragsformular Nummer und Art der Dokumente, die zur Legitimationsprüfung verwendet wurden.

3. Schritt:
Der das Konto Eröffnende wird befragt, ob er für eigene oder fremde Rechnung tätig wird. Der Bankangestellte vermerkt ggf. Name und Anschrift der Person(en), für die der Antragsteller tätig ist bzw. wird.

§ 154 AO schützt die formale Kontenwahrheit und soll verhindern, daß eine Nachprüfung steuerlicher Verhältnisse durch die Verwendung falscher Namen verhindert wird. Der Vorschrift ist bereits Genüge getan, wenn derjenige, der ein Konto eröffnet, dies unter seinem richtigen Namen tut, und die Bank sich Gewißheit über die Person und Richtigkeit von Name und Adresse verschafft. Nicht verlangt ist, daß die Bank die der Kontoeröffnung zugrunde liegenden wirtschaftlichen Beziehungen zwischen Kontoinhaber und Kontobevollmächtigtem erforscht.

§ 154 AO verbietet lediglich die Verwendung eines falschen oder erdichteten Namens, nicht jedoch den „Mißbrauch" richtiger Namen. Die Bank darf deshalb ein Konto, über das ausschließlich ein Bevollmächtigter verfügt, nicht allein aus dem Grund sperren, daß es an der Identität zwischen dem formellen und materiellen Kontoinhaber fehle, das Konto allein dem Bevollmächtigten dient und alle Buchungen auf dessen Namen hätten lauten müssen.[47]

b) Der Eintrag in das Gläubiger- und Bevollmächtigtenverzeichnis

Der Legitimationsprüfung bei Eröffnung eines Kontos hat sich immer nur der Verfügungsberechtigte zu unterziehen. *Verfügungsberechtigter* ist nach den Vorschriften des AEAO (zu § 154, Ziff. 7) „sowohl der Gläubiger der Forderung und seine gesetzlichen Vertreter als auch jede Person, die zur Verfügung über das Konto bevollmächtigt ist (Kontovollmacht)". Nicht als Verfügungsberechtigte gelten andere Personen, die kraft Gesetz oder Rechtsgeschäft verfügungsberechtigt sind, wenn die Bank davon keine Kenntnis hat.

Die Bank hat nach § 154 Abs. 2 Satz 2 AO und AEAO (Ziff. 6) für alle Verfügungsberechtigten ein besonderes, alphabetisch geführtes Namensverzeichnis zu führen *(Gläubiger- und Bevollmächtigtenverzeichnis)*. Nur dadurch kann die Bank ihrer gesetzlichen Verpflichtung nachkommen, jederzeit Auskünfte über Konten und Schließfächer eines Verfügungsberechtigten geben zu können. Die Führung eines diesbezüglichen Namensverzeichnisses ergänzt die

---

[47] BGH XI ZR 237/93 v. 18.10.94.

allgemeinen Auskunfts- und Vorlagepflichten der Kreditinstitute im Besteuerungsverfahren gemäß §§ 93 ff., 97 AO.[48]

Auf eine Legitimationsprüfung und Eintragung in das alphabetisch geführte Namensverzeichnis kann nach Ziff. 7 Buchst. a) bis l) des AEAO zu § 154 AO nur verzichtet werden:

„a) bei Eltern als gesetzliche Vertreter ihrer minderjährigen Kinder, wenn die Voraussetzungen für die gesetzliche Vertretung bei Kontoeröffnung durch amtliche Urkunden nachgewiesen werden,
b bei Vormundschaften und Pflegschaften einschließlich Amtsvormundschaften und Amtspflegschaften,
c) bei Parteien kraft Amtes (Konkursverwalter, Zwangsverwalter, Nachlaßverwalter, Testamentsvollstrecker und ähnliche Personen),
d) bei Pfandnehmern (insbesondere in bezug auf Mietkautionskonten, bei denen die Einlage auf einem Konto des Mieters erfolgt und an den Vermieter verpfändet wird),
e) bei Vollmachten auf den Todesfall (auch nach diesem Ereignis),
f) bei Vollmachten zur einmaligen Verfügung über ein Konto,
g) bei Verfügungsbefugnissen im Lastschriftverfahren (Abbuchungsauftragsverfahren und Einzugsermächtigungsverfahren),
h) bei Vertretung juristischer Personen des öffentlichen Rechts (einschließlich Eigenbetriebe),
i) bei Vertretung von Kreditinstituten und Versicherungsunternehmen,
j) bei den als Vertretern eingetragenen Personen, die in öffentlichen Registern (Handelsregister, Vereinsregister) eingetragene Firmen oder Personen vertreten,
k) bei Vertretung von Unternehmen, sofern schon mindestens fünf Personen, die in öffentliche Register eingetragen sind, bzw. bei denen eine Legitimationsprüfung stattgefunden hat, Verfügungsbefugnis haben,
l) bei vor dem 1. Januar 1992 begründeten, noch bestehenden oder bereits erloschenen Befugnissen."

Gerade der Bereich des Buchst. a) ist nach Kenntnissen der Steuerfahndung häufig als mißbräuchliche Verlagerung der Einkünfte aus Kapitalvermögen anzutreffen. Es können zwar die gesetzlichen Vertretungsverhältnisse (Eltern – Kind) im Laufe der Ermittlungen bekannt und entsprechende Bankauskunftsersuchen gestellt werden, diese Ersuchen werden von Banken aber nur noch aufgrund eines richterlichen Bankbeschlusses (gerichtlicher Beschlagnahmebeschluß) beantwortet. Mit dem Bankbeschluß, der sich auf alle Konten und Depots eines Beschuldigten bezieht, die dieser als

[48] Vgl. E.V.4.

Kontoinhaber innehat oder über die er einzeln oder gemeinsam mit anderen verfügungsbefugt ist oder war, kann sich die Steuerfahndung bereits zu Beginn der Ermittlungen einen zuverlässigen Überblick verschaffen und Verschleierungen über bestehende Bankkonten aufdecken.[49]

Schwarzgeldanlegern in Deutschland gelingt es im allgemeinen nur durch Zwischenschaltung Dritter, einer ordnungsgemäßen Legitimation, verbunden mit einem Eintrag in das Gläubiger- und Bevollmächtigtenverzeichnis zu entgehen, vorausgesetzt, daß der Dritte gegenüber der Bank nicht zu erkennen gibt, für fremde Rechnung (eben für den Schwarzgeldanleger) zu handeln.

Bei Hinzuziehung einer Drittperson sollte jedoch die Tatsache nicht außer acht gelassen werden, daß diese, soll sie die Rolle des Verfügungsberechtigten einnehmen, auch tatsächlich über das Kontoguthaben frei verfügen können muß. Mit Verfügungsbeschränkungen durch künstlich konstruierte Vollmachtsverhältnisse kann ein Eintrag in das Gläubiger- und Bevollmächtigtenverzeichnis nicht umgangen werden.

c) Die Legitimationspflichten nach dem Geldwäschegesetz

Deutsche Kredit- und Finanzinstitute haben vor Annahme und Abgabe von Bargeld, Wertpapieren i. S. des § 1 Abs. 1 DepotG[50] oder Edelmetallen sowie vor jeder sonstigen Geld- oder Vermögensverschiebung im Wert von 30.000 DM oder mehr zuvor denjenigen zu identifizieren, der der Bank gegenüber auftritt (§ 2 Abs. 1 GwG). Sonstige Geld- oder Vermögensverschiebungen sind Tafelgeschäfte,[51] Bareinzahlungen zugunsten in- oder ausländischer Verrechnungskonten oder der An- und Verkauf von Sorten.

Die Legitimationspflichten nach dem Geldwäschegesetz kommen in all den Fällen (ergänzend) zur Anwendung, in denen der Kunde dem Kredit- oder Finanzinstitut nicht namentlich bekannt ist, weil eine dauerhafte Geschäftsbeziehung nicht besteht und der Kunde eine solche auch nicht aufnimmt. In allen sonstigen Fällen

---

49 Vgl. E.V.6.e) (iii).

50 Das sind Aktien, Kuxe, Zwischenscheine, Zins-, Gewinnanteil- und Erneuerungsscheine, auf den Inhaber lautende oder durch Indossament übertragbare Schuldverschreibungen, ferner andere Wertpapiere, wenn diese vertretbar sind, mit Ausnahme von Banknoten, Papiergeld, Schecks oder Wechsel.

51 Vgl. D.II.3.

der Aufnahme einer dauernden Geschäftsbeziehung besteht bereits eine Identifizierungspflicht aus dem Gebot der Kontenwahrheit (§ 154 AO) heraus. Unter die Identifizierungspflicht nach § 2 Abs. 1 fallen alle Bargeldgeschäfte von mindestens 30.000 DM, also auch solche, die auf legitimierten Verrechnungskonten gegengebucht werden und bei denen der Begünstigte leicht ermittelt werden kann.

Außerdem verlangt das deutsche Geldwäschegesetz von jedem inländischen Kreditinstitut, vor Errichtung eines neuen Kontos abzuklären, ob der Antragsteller das Konto zur Verwaltung von eigenem Vermögen verwenden will oder, als Treuhänder fungierend, Vermögen für fremde Rechnung einzuzahlen gedenkt. Erklärt der Antragsteller, nicht für eigene Rechnung zu handeln, ist Name und Adresse desjenigen festzustellen und aktenkundig zu machen, für den der Betreffende tätig ist oder wird. Das Kreditinstitut hat hierfür den das Konto Eröffnenden nach Name und Anschrift des wirtschaftlich Berechtigten zu befragen.

Der Gesetzgeber läßt hier mündliche Angaben genügen. Mittels amtlicher Dokumente zu identifizieren ist lediglich der Kontoeröffner. Die angeordnete Identifikationspflicht des wirtschaftlich Berechtigten nach § 8 GwG tritt neben § 154 AO. Beide Vorschriften existieren selbständig und ergänzen sich nicht. So beschränkt sich § 154 AO allein auf die formelle Kontenwahrheit, während sich § 8 GwG auf die materielle Kontoinhaberschaft konzentriert.

d) Von Schwarzgeldanlegern (und Steuerfahndern) bevorzugte Kontoarten

(i) Das Treuhandkonto

Unter einer Treuhand versteht man ein fiduziarisches Rechtsverhältnis, d. h. eine volle Übertragung gewisser Rechte. Schwarzgeldanleger bevorzugen die sogenannte *uneigennützige Verwaltungstreuhand,*[52] welche eine Vollrechtsübertragung, verbunden mit der

[52] Von der uneigennützigen Verwaltungstreuhand ist die eigennützige Treuhand zu unterscheiden. Bei der eigennützigen Treuhand überträgt der Treugeber (hier in der Eigenschaft des Schuldners) entweder Eigentumsteile, Forderungen oder sonstige Rechte an den Treuhänder (hier in der Eigenschaft des Gläubigers bzw. Abtretungsempfängers) mit der schuldrechtlichen Abrede, daß dieser nur dann über die übertragenen Rechtsgüter verfügen kann, wenn der Treugeber eine dem Treuhänder gegenüber bestehende Verbindlichkeit nicht anderweitig erfüllen kann.

schuldrechtlichen Abrede, bewirkt, daß der Treuhänder das übertragene Vermögen im eigenen Namen verwalten soll. Der Treuhänder unterscheidet sich hier vom *Stellvertreter* dadurch, daß er nach außen im eigenen Namen auftritt. Er ist nur gegenüber dem Treugeber durch eine Treuhandabrede (Innenverhältnis) gebunden.

Das Bankgewerbe unterscheidet zwischen einem Ermächtigungstreuhandkonto und einem Vollrechtstreuhandkonto. Beim Ermächtigungstreuhandkonto ist der Treugeber der rechtmäßige Kontoinhaber. Sein Name wird infolgedessen in das alphabetisch geführte Namensverzeichnis eingetragen. Der Treuhänder handelt hier im Interesse des Treugebers (Form der uneigennützigen Treuhand). Ein Ermächtigungstreuhandkonto liegt beispielsweise dann vor, wenn eine geschäftsfähige natürliche Person ein Konto auf den Namen eines Dritten eröffnet und sich das alleinige Verfügungsrecht über das Guthaben vorbehält. Bei einem Vollrechtstreuhandkonto erscheint der Treuhänder gegenüber der Bank als Kontoinhaber bzw. als Verfügungsberechtigter. Vom Namen des Treugebers erhält die Bank keine Kenntnis. Der Treuhänder ist beim Vollrechtstreuhandkonto im Innenverhältnis an die Weisungen des Treugebers gebunden, handelt im Außenverhältnis jedoch eigenmächtig (Form der eigennützigen Treuhand).

Die Bank erkennt ein Treuhandkonto nur dann, wenn es als solches ausgewiesen ist oder den Zusatz „für Herrn oder Frau X" oder „Sonderkonto Y" trägt. Bei Eröffnung eines solchen offenen Treuhandkontos stellt sich die Frage nach der Identität des Kontoinhabers mit dem wirtschaftlich Berechtigten nicht, da der Antragsteller durch die Wahl dieses Kontotyps bereits seine Absicht, darauf fremdes Vermögen anzulegen und zu verwalten, zum Ausdruck gebracht hat. Name und Anschrift des wirtschaftlich Berechtigten, also des Treugebers, sind bei Eröffnung eines offenen Treuhandkontos nach Angabe des Kontoeröffnenden zu den Akten zu nehmen. Damit ist der Schwarzgeldanleger selbst auch aktenkundig.

Tritt ein Bankkunde jedoch in eigenem Namen auf und wünscht er die Eröffnung eines Kontos, das allein auf seinen Namen (ohne Zusätze wie „für Herrn oder Frau X" etc.) lauten soll, ist für den mit der Einrichtung betrauten Bankangestellten nicht erkennbar, ob der Betreffende das Konto zur Einzahlung eigener Guthaben oder zur Verwaltung eines ihm überlassenen Schwarzgeldvermögens einrichten möchte. Ist letzteres der Fall, liegt ein *verdecktes Vollrechtstreuhandkonto* vor.

Verdeckte Vollrechtstreuhandkonten gehören neben den Anderkonten und Konten auf den Namen Dritter zu den bevorzugten Kontoarten zur Schwarzgeldanlage, weil für die Bank der Schwarzgeldanleger nicht feststellbar ist, wenn er hinter einem verdeckten Vollrechtstreuhandkonto steckt. Sofern also ein zuverlässiger Treuhänder zur Verfügung steht, der das Treuhandkonto mit dem Schwarzgeldvermögen, das ihm rechtlich übertragen worden ist, nicht „abgeräumt", sondern im Rahmen der vom Treugeber erteilten Weisungen verwaltet, eignen sich solche Konten gut zur Abwicklung von Schwarzgeldgeschäften.

§ 8 Abs. 1 deutsches Geldwäschegesetz tritt der Problematik der Anonymität des Schwarzgeldanlegers als wirtschaftlich Berechtigter gegenüber dem kontoführenden Kreditinstitut dergestalt entgegen, daß er von allen nach diesem Gesetz zur Identifizierung Verpflichteten verlangt, sich vor Aufnahme jeder neuen Geschäftsbeziehung zu erkundigen, ob der ihnen gegenüber Auftretende für eigene oder fremde Rechnung tätig ist. Erklären die befragten Kunden oder Geschäftspartner, in fremdem Interesse zu handeln, sind Namen und Anschrift des- oder derjenigen festzustellen, für dessen/deren Rechnung gehandelt wird.[53]

Das Gesetz läßt die Angaben des Treuhänders/Vertreters genügen. Es werden von deutschen Banken keine weiteren Erkundigungen verlangt, weil die Vorschrift in erster Linie Klarheit darüber schaffen soll, ob der zu Identifizierende für sich oder einen anderen handelt. Zur Beitreibung der Steuern aus den Zinserträgen genügt dies auch. Denn der Fiskus rechnet Kapitaleinkünfte aus einem *verdeckten Vollrechtstreuhandkonto* stets dem Treuhänder zu und legt diesem die hierauf entfallende Einkommensteuer auf, sofern er seiner Nachweispflicht der Treuhänderschaft nicht nachkommt und den Treugeber (den wirtschaftlich Berechtigten) benennt (§ 159 AO). Einer nach § 159 Abs. 1 Satz 1 Halbsatz 2 AO von Amts wegen veranlaßten fiktiven Zurechnung von Kapitaleinkünften zu Lasten des Berufsgeheimnisträgers kann dieser allein

[53] Durch Einbeziehung des § 154 Abgabenordnung in die Gesetzesvorschrift wird deutlich, daß nicht nur bei einmaligen Geschäftsfällen (Schalterbargeschäften, Tafelgeschäften, Geldwechsel), sondern auch bei Aufnahme dauernder Geschäftsbeziehungen eine diesbezügliche Klärungspflicht besteht.

mit der Behauptung nicht entgegentreten, er habe die Kapitalerträge aus dem Schweizer Konto nur als Treuhänder erzielt und könne den Treugeber mangels Entbindung von der beruflichen Schweigepflicht nicht benennen. Dasselbe gilt, wenn zwar Unterlagen über das Treuhandverhältnis vorgelegt werden, diese aber so geschwärzt sind, daß sich Name und Anschrift des Treugebers nicht erkennen lassen.[54]

(ii) Das Konto auf Namen eines Dritten

Das Gebot der Kontenwahrheit läßt zwar nicht die Errichtung eines Kontos auf einen falschen oder erdichteten Namen zu, jedoch die Errichtung von Konten auf Namen Dritter. Die Eröffnung eines Kontos auf Namen Dritter darf nicht mit einer „Handlung unter fremdem Namen“ oder der „Stellvertretung“ gleichgesetzt oder verwechselt werden. Von einer Handlung unter fremdem Namen kann dann gesprochen werden, wenn sich der Schwarzgeldanleger gegenüber der Bank als eine andere Person ausgibt, also einen falschen Namen benutzt, und die Bank das Konto unter dem angegebenen Namen errichtet. Bei der Stellvertretung handelt der Kontoeröffner im Namen des Vertretenen. Rechtlich kommt die Vertragsbeziehung in diesen Fällen nicht zwischen dem Handelnden und der Bank, sondern zwischen dem Namensträger, für den sich der Handelnde ausgibt, bzw. zwischen dem Vertretenen und der Bank zustande. Ob sich nun tatsächlich ein Vertrag zwischen Bank und Namensträger begründen läßt, hängt davon ab, ob der Namensträger überhaupt existiert, geschäftsfähig ist und dem Handelnden Vollmacht erteilt hat.

Bei der Eröffnung eines Kontos auf den Namen eines verfügungsberechtigten Dritten schließt der Handelnde dagegen im eigenen Namen mit der Bank einen Kontovertrag und vereinbart mit dieser, daß ein Dritter aus dem Vertrag berechtigt, aber nicht verpflichtet werden soll. Die Vertragsbeziehung „Kunde – Bank“ ist bei einem Konto auf den Namen eines Dritten daher zweigeteilt. Während die Pflichten aus dem Vertrag weiterhin dem Eröffnenden obliegen, weil es, wie schon einmal betont, Verträge zu Lasten Dritter nicht geben kann, wird die Berechtigung bzw. die Begünsti-

[54] BFH, Beschluß v. 21. April 1995 VIII B 133/94, BFH/NV 1995,954.

gung an den Dritten übertragen, auf dessen Namen das Konto lautet. Der Bank stehen also sozusagen zwei Vertragspartner gegenüber, wodurch das Problem der sogenannten konkurrierenden Verfügungsmacht entsteht. Eine mit der Verfügungsberechtigung des Kontoeröffnenden vergleichbare, konkurrierende Verfügungsmacht tritt dann auf, wenn sich der Antragsteller nicht die generelle Verfügungsmacht über das Konto vorbehält und der (förmliche) Kontoinhaber gewisse (ihn begünstigende) Transaktionen ausführen kann.

Die Bank muß bei Errichtung eines Kontos auf den Namen eines verfügungsberechtigten Dritten sowohl die Angaben über Person und Anschrift des Antragstellers als auch des Dritten, des zukünftigen Kontoinhabers, festhalten (AEAO zu § 154 Ziff. 4). Kreditinstitute haben ihrer Auskunftssicherungspflicht Genüge getan, wenn sie ein „besonderes alphabetisch geführtes Namensverzeichnis der Verfügungsberechtigten" (Gläubiger- und Bevollmächtigtenverzeichnis) führen. In das Gläubiger- und Bevollmächtigtenverzeichnis sind alle Verfügungsberechtigten einzutragen.

Als Verfügungsberechtigte gelten der Kontoinhaber, auf dessen Namen das Konto lautet, sowie alle durch Gesetz oder Rechtsgeschäft Bevollmächtigten, sofern sie der Bank bekannt sind (AEAO zu § 154 Ziff. 7). Der Zustimmung des Dritten bedarf es zur Kontoeröffnung nicht (AEAO zu § 154 Ziff. 2). Es ist lediglich ein Existenznachweis erforderlich, der die Verwendung eines erdichteten Namens ausschließen soll. Der Dritte muß rechtsfähig (§ 1 BGB), aber nicht geschäftsfähig (§§ 104, 106 BGB) sein.

Gelingt es nun dem Schwarzgeldanleger, der Registrierung in diesem Verzeichnis zu entkommen, können die Finanzbehörden die Besitzverhältnisse des Betreffenden nicht mehr eindeutig klären. Seit der durch den BMF-Erlaß vom 8. Oktober 1991 erfolgten Änderung des Anwendungserlasses zur AO kann sich der Schwarzgeldanleger nur noch dann einer Registrierung in der Gläubiger- und Bevollmächtigtenkartei entziehen, wenn er weder als Gläubiger noch als Bevollmächtigter anzusehen ist, oder wenn er zwar Bevollmächtigter ist, aber die Einschränkungen der Buchst. a bis l der Ziffer 7 des AEAO zu § 154 Anwendung finden.

In der Praxis bedeutet dies, daß Schwarzgeldanleger, die Konten auf Namen Dritter eröffnen, um gegenüber der Bank unerkannt zu bleiben, den Dritten als sofortigen Verfügungsberechtigten einsetzen und das Eigentum über das Guthaben aufgeben müssen. Schwarzgeldanleger erklären daher der Bank gegenüber, daß sie sich das alleinige Verfügungsrecht über das Kontoguthaben vorbehalten wollen. Ergänzend dazu ist es üblich, entsprechende Verträge zu schließen, wer im Fall des Todes des Antragstellers verfügungsberechtigt werden soll. In diesem Fall liegt eine Kontoeröffnung auf den Namen eines nichtverfügungsberechtigten Dritten vor, da hier der Schwarzgeldanleger als alleiniger Verfügungsberechtigter in das Gläubiger- und Bevollmächtigtenverzeichnis einzutragen ist und steuerstrafrechtliche Ermittlungen auch solche „Oma-Konten" und Konten von nahen Verwandten einschließen, die regelmäßig zur Einreichung schwarzer Schecks usw. benutzt werden oder auch im Versicherungsgewerbe „üblich" sind, wenn ein schwarzes Provisionskonto gefragt ist.[55]

Die Bußgeld- und Strafsachenstellen der Finanzämter forschen deshalb mit Vorliebe nach Konten, die auf den Namen der Ehefrau, der Eltern, der Groß- oder Schwiegereltern oder auf verwandte Personen mit bescheidenen Vermögensverhältnissen lauten. Schwarzgeldanleger hoffen so, das Risiko der Entdeckung von Schwarzgeld und des Kontos herabzusetzen. Denn Angehörige, die in bescheidenen Verhältnissen leben und bei denen es zu keiner Steuerfestsetzung kommt, werden üblicherweise nicht näher überprüft. Weil aber in solchen Fällen das Verfügungsrecht über das Konto dem Schwarzgeldanleger vorbehalten ist, lassen sich Querverbindungen zum Steuersünder leicht durch gezielte Verzeichnis-Recherchen herstellen.

(iii) Das Conto pro Diverse

CpD-Konten (Conto pro Diverse) sind Sammelkonten zur Erfassung von Geschäftsvorfällen, die im Zusammenhang mit dem Privat- oder Firmenkundengeschäft einer Bank (nicht für deren Eigengeschäfte) anfallen. CpD-Konten dienen in der Praxis häufig der Erfassung von Beträgen, die infolge falscher oder unklarer Kontenbezeichnungen, unvollständiger Namens- oder Wohnsitzanga-

---

55 Es wandert eben nur ein Teil der Provisionsgelder auf das Geschäftskonto des Maklers und der „Rest" dann auf das Konto naher Angehöriger.

be u. ä. nicht sofort auf das richtige Konto gebucht werden können. Der Bankier bezeichnet CpD-Konten auch als Fehlbuchungs- oder Restantenkonten.

CpD-Konten sind keine personenbezogenen Kundenkonten, so daß keine Legitimationsprüfung erforderlich ist. Das CpD-Konto wäre daher das ideale deutsche Schwarzgeldkonto; ist es doch praktisch anonymer als ein Nummern- oder Pseudonymkonto. Die Abwicklung von Geschäftsvorfällen über CpD-Konten ist aber immer dann verboten, „wenn der Name des Beteiligten bekannt ist oder unschwer ermittelt werden kann und für ihn bereits ein entsprechendes Konto geführt wird" (AEAO Ziff. 3 zu § 154 AO).[56] CpDs kommen also nur dann in Betracht, wenn kein Konto erkannt werden kann, das seiner Funktion nach geeignet ist, der Abwicklung des gerade vorliegenden Geschäftsvorfalles zu dienen.

Ob es nun ein Geldvorgang ist, der einen Nichtkunden betrifft, der sich den eingegangenen Geldbetrag bar auszahlen läßt, ob es Zinsscheine sind, die der Kunde zum Einzug einreicht, oder ob die Bank den Vorgang über CpD bucht und die Zinsen „bar" auszahlt, ohne das Girokonto des Kunden erkannt zu haben: Kontobewegungen auf CpD-Konten sowie sämtliche Sachverhalte, bei denen in der Buchungskette kein legitimiertes Konto angesprochen wird, stehen stets im Visier von Betriebsprüfern und Steuerfahndern. Nachfolgend einige Beispiele:[57]

a) Ein Nichtkunde (Person, die bei der geprüften Bank kein Legitimationskonto unterhält) der Bank läßt sich einen auf die geprüfte Bank oder eine andere Bank gezogenen Scheck bar auszahlen.

b) Ein Kunde (Person mit Legitimationskonto bei der geprüften Bank) der Bank läßt sich einen auf die geprüfte oder eine andere Bank gezogenen fremden Scheck bar auszahlen.

c) Für einen Nichtkunden geht ein Geldbetrag ein, den die Bank auf CpD bucht und anschließend bar auszahlt.

---

[56] Aus dem Verbindungswörtchen „und" läßt sich ableiten, daß es für die Verwendung von CpD-Konten nicht ausschlaggebend ist, ob der Beteiligte einem Bankangestellten persönlich bekannt ist oder nicht (also der Name unschwer ermittelt werden könnte). Es kommt ausschließlich darauf an, ob ein entsprechendes Bankkonto geführt wird.

[57] FinMin Nordrhein-Westfalen 8.7.1996, S 1505 – 14 – V C 5.

d) Wie c), aber der Betrag wird vom CpD-Konto auf ein Konto des Empfängers bei einer anderen Bank überwiesen.

e) Ein Kunde reicht Zinsscheine zum Einzug ein. Die Bank bucht zunächst auf CpD und zahlt den Betrag ohne Berührung des Girokontos des Kunden bar aus.

f) Ein Nichtkunde oder Kunde kauft bar einen Sparbrief.

Übereinstimmend geht die Finanzverwaltung davon aus, daß grundsätzlich aus allen Konten, die nicht ausdrücklich in § 30a AO erwähnt sind,[58] Kontrollmitteilungen gefertigt werden können. Bankangestellte, die trotz Kenntnis der Existenz eines adäquaten Verrechnungskontos Geschäftsfälle über CpD-Konten verbuchen, machen sich regelmäßig der Beihilfe zur Steuerhinterziehung schuldig.

Nach Ansicht des LG Düsseldorf[59] ist Beihilfe zur Steuerhinterziehung beispielsweise dann anzunehmen, wenn der Bankangestellte Schecks bar auszahlt und über CpD-Konten verbucht, obwohl er weiß, daß der Kunde den Betrag anschließend auf sein privates Girokonto einzahlt oder – was Anfang 1994 bei der Dresdner Bank AG zu einem Finanzskandal geführt hat – der Zahlungsverkehr mit ausländischen Tochtergesellschaften über CpD-Konten abgewickelt wird, obwohl von seiten der Kundschaft Konten unterhalten werden, die die Inempfangnahme der aus dem Ausland rücküberwiesenen Gelder – freilich dann unter Namensangabe – ermöglichen würden.

Beihilfe zur Steuerhinterziehung stellen auch die sogenannten „Jahresendgeschäfte" dar. Die Vorgehensweise ist stets dieselbe: Es werden angeblich von Kunden bezogene Gelder vorübergehend auf ein CpD-Konto gebucht, um die Beträge nicht in der für den Kunden ausgestellten Jahressteuerbescheinigung erfassen zu müssen. Zu Beginn des neuen Jahres werden die betreffenden Beträge dann dem eigentlichen Kontokorrentkonto gutgeschrieben.

Aus Steuerfahndungsprüfungen ist bekannt,[60] daß Banken sehr oft auf bankinterne Konten ausweichen, die – im Gegensatz zu CpD-Konten – in Beschlagnahmeanordnungs- und Durchsuchungsbeschlüsse nicht aufgenommen werden können und z. B. Kunden-

58 Vgl. E.V.4.c).
59 Beschl. v. 29.9.1984, wistra 1985, S. 201.
60 Bericht d. Arbeitsgruppe „Steuerausfälle", Finanzverwaltung Nordrhein-Westfalen, S. 47.

Barschecks über „bankinterne Scheckumtauschkonten" in bar auszahlen, obwohl „entsprechende Konten" vorhanden wären. Ein solches betriebsinternes Konto ist beispielsweise das *Giroausgangskonto.* Das Giroausgangskonto erfaßt alle Überweisungen von Kunden auf Korrespondenzbanken im In- und Ausland. Giroausgangskonten gewinnen regelmäßig CpD-Charakter, sind ebenfalls keine legitimierten Konten und können für Kontrollmaterial-Zwecke ausgewertet werden.[61]

Für die Finanzverwaltung begünstigend wirkt sich auch aus, daß für diesen Kontotyp § 30a Abs. 3 AO (Schutz von Bankkunden) keine Anwendung findet. Betriebsprüfern ist es somit *nicht* untersagt, CpD-Kontounterlagen anläßlich einer Außenprüfung bei einem Kreditinstitut abzuschreiben und zur Überprüfung einer ordnungsgemäßen Versteuerung Kontrollmeldungen an die zuständigen Wohnsitzfinanzämter weiterzuleiten (AEAO Ziff. 1 zu § 30a AO).

Zufallserkenntnisse, die im Zusammenhang mit der Überprüfung von CpD-Konten gewonnen wurden und den Verdacht einer Steuerverkürzung im Einzelfall begründen, dürfen den zuständigen Wohnsitzfinanzämtern ohne Einschränkungen weitergegeben werden. § 30a AO steht dem nicht entgegen (AEAO Ziff. 1 zu § 30a AO). Im Steuerstrafverfahren berechtigt § 108 StPO[62] – die Rechtsgrundlage für Zufallsfunde – die Finanzbehörde allerdings nicht (sofern diese selbst ermittelt), im Rahmen einer Durchsuchung zur Beweisfeststellung für Straftaten bestimmter Beschuldigter auch nach CpD-Buchungsbelegen zu suchen, aus denen sich weitere Verdachtsmomente gegen bisher nicht verdächtigte Personen ergeben könnten.[63]

(iv) Betriebsverrechnungskonten zur Abwicklung des Giro-Überweisungsverkehrs

Von CpD-Konten zu unterscheiden sind die betriebsinternen Verrechnungskonten der Banken. Diese Konten dienen nur der kurzfristigen Verrechnung und Abstimmung und werden grundsätzlich täglich ausgeglichen. In diese Gruppe gehören u. a. innerbetriebliche Verrechnungen mit Niederlassungen, Zweigstellen und Be-

---

[61] Vgl. anschließend D.II.2.d)(iv).
[62] Vgl. E.V.6.e)(ii).
[63] LG Baden-Baden v. 16.5.1989 1-Qs 321/88, wistra 1990, S. 118.

triebsabteilungen. Je nach Kreditinstitut erfaßt die Kontengruppe der Betriebsverrechnungskonten auch jene, die zur Abwicklung des Giro-Überweisungsverkehrs notwendig sind.

Innerhalb dieser Kontengruppe wird z. B. auch das Giroausgangskonto geführt. Für die Fertigung von Kontrollmaterial hat dieses Konto, das weiter untergliedert sein kann (z. B. Trennung von Auslandsüberweisungen, Kontoüberweisungen, Überweisungen bar eingezahlter Beträge usw.), eine besondere Bedeutung, weil es alle Überweisungen des Schwarzgeldanlegers auf Konten bei anderen Banken, sei es im Inland oder im Ausland, nachweist.

Nachfolgende Beispiele stellen dar, daß es unerheblich ist, ob eine Überweisung von einem legitimierten Konto geschieht oder als Barüberweisung getätigt wird; es wird immer ein betriebsinternes Verrechnungskonto (Zwischenkonto) angesprochen:[64]

a) Kontoüberweisungen
   - Girokonto Kunde an Giroausgangskonto
     und nach Bearbeitung des Überweisungsauftrags
   - Giroausgangskonto an LZB-Konto

b) Barüberweisung
   - Kasse an Giroausgangskonto
     und nach Bearbeitung des „Zahlscheins/Überweisungsauftrags"
   - Giroausgangskonto an LZB-Konto

Weiter werden in diesem Kontenkreis Buchungen abgewickelt, bei denen die Legitimationskette geöffnet wird (eine der beiden Buchungsseiten ist nicht kundenlegitimiert).

Buchungsbeispiele:[65]

a) Bareinzahlung – Giroausgangskonto

b) Bareinzahlung – Zwischenkonto – Festgeldkonto

c) Legitimiertes Konto – Zwischenkonto – Konto der inländischen Bank in Luxemburg oder der ausländischen Banktochter bei der inländischen Bank

d) Festgeldkonto – Zwischenkonto – Barauszahlung

---

64 FinMin Nordrhein-Westfalen 8.7.1996, S 1505 – 14 – V C 5.
65 Ebendort.

Neben dem aus Buchungsfällen von betriebsinternen Verrechnungskonten zu fertigenden Kontrollmaterial kann auch Kontrollmaterial aus „normalen" Prüfungsfeldern, wie z. B. Wertberichtigungen (Einsicht in die Kreditakten), Forderungsausfällen, Investitionsmaßnahmen, Leistungen von anderen Unternehmen usw., gefertigt werden.

3. Schwarzgeldanlage durch Barkauf von Wertpapieren im Tafelgeschäft

a) Echte und unechte Tafelgeschäfte und ihre Verbuchung über CpD oder betriebsinterne Verrechnungskonten

Als Tafelgeschäft bezeichnet man ein „Zug um Zug" abzuwickelndes Handelsgeschäft, das „bar am Schalter" getätigt wird und keine dauernde Geschäftsbeziehung begründet. Das Kreditinstitut braucht den Namen eines Kunden nicht schriftlich festzuhalten, sofern der Transaktionswert des Bargeschäfts unter 30.000 DM liegt und sich weder ein Bezug zu vorgelagerten Geschäften aufdrängt noch ein Verdacht auf Geldwäsche begründet werden kann.

Ein echtes oder „klassisches" Tafelgeschäft liegt vor, wenn eine Bank aus ihrem Eigenbestand oder ihrem Konsignationslager Wertpapiere entnimmt und diese dem Schalterkunden gegen Barzahlung aushändigt. Die Verbuchung des Geschäftsfalls erfolgt beim klassischen Tafelgeschäft ausschließlich über betriebsinterne Verrechnungskonten.

Im Gegensatz dazu liegt ein unechtes Tafelgeschäft vor, wenn das Wertpapier nicht sofort greifbar ist, sondern erst bestellt oder an der Börse gekauft werden muß. Am notwendigen „Zug-um-Zug"-Charakter fehlt es auch dann, wenn die Papiere gar nicht wirklich mitgenommen werden, sondern tatsächlich physisch in den Tresoren der Kreditinstitute geblieben sind oder – was leider nur allzuoft der Fall war – die Papiere in einem Schließfach bei derselben Bank verwahrt wurden, bei der sie gekauft wurden.

Können die Tafelpapiere nicht sofort in Empfang genommen werden, verlangt die Bank hierfür vom Schalterkunden meistens eine Abschlagszahlung als Sicherheit dafür, daß dieser die Papiere auch wirklich abnimmt. Zwar werden hier ebenfalls – analog dem klassischen Tafelgeschäft – keine dauerhaften Geschäftsbeziehungen begründet, dem unechten Tafelgeschäft fehlt es jedoch am „Zug-um-Zug"-Charakter. Es kann nicht über betriebsinterne Verrechnungskonten abgewickelt werden, sondern ist entweder auf personenbezogenen oder auf CpD-Konten zu verbuchen.

Absolute Anonymität – gerade Sinn und Zweck eines jeden Tafelgeschäfts – ist bei der unechten Variante nicht gegeben. Absolutes „Schwarzgeld-Recycling" mittels eines Tafelgeschäftes setzt aber voraus, daß dieses weder durch die Finanzverwaltung noch von den mit der Bekämpfung der Geldwäsche beauftragten Strafverfolgungsbehörden (den Staatsanwaltschaften) nachvollzogen bzw. personifiziert werden kann. Nur klassische Tafelgeschäfte von weniger als 30.000 DM, die in Form eines „Zug-um-Zug"-Geschäftes ausschließlich auf betriebsinternen Sammelkonten gebucht werden, werden diesen Kriterien gerecht; wobei sich das „Schwarzgeld-Recycling" dem Bankangestellten in keinem Fall aufdrängen darf (andernfalls wäre der Angestellte zur Identifikation des Geschäftskunden verpflichtet – auch dann, wenn der Gesamtwert des „Zug-um-Zug"-Geschäftes die dafür erforderlichen 30.000 DM nicht erreicht [§ 6 GwG]).[66]

Werden Tafelgeschäfte nicht Zug um Zug vollzogen, und können sie deshalb nicht ausschließlich betriebsintern erfaßt werden, ist eine Anonymität nicht mehr gegeben. In der Praxis treten im wesentlichen zwei Fälle auf, in denen die Abwicklung eines Tafelgeschäftes als Bargeschäft äußerst bedenklich ist:

- Die Bank kann die vom Kunden gewünschten Wertpapiere nicht sofort liefern, da sie nicht vorrätig sind.
- Die Abwicklung eines Tafelgeschäftes ist überhaupt nicht möglich, weil der Emittent nur in einer Globalurkunde verbriefte Wertrechtsanleihen aufgelegt hat. Wünscht der Schwarzgeldanleger eine Teilstückelung (Teil-Schuldverschreibung), beispielsweise nominal 10.000 DM von einer Globalanleihe in Höhe von 10.000.000 DM, zu kaufen, kann er, genau genommen, nur einen Eintrag ins jeweilige Bundesschuldbuch erwerben.

---

[66] Vgl. E.III.

Bleiben also nur Anleihen, von denen effektive Stückelungen existieren. Setzt man voraus, daß der Schwarzgeldanleger eine Anzahlung als Sicherheitsleistung (für die wirkliche Abnahme der Wertpapiere) hinterlegt, ist das Geschäft buchungsmäßig wie folgt zu erfassen:

- Der Schwarzgeldanleger unterhält Girokonto und Depot.

  Die betreffende Bank hat in diesem Fall den Vorschußbetrag über das entsprechende Girokonto abzurechnen und die Wertpapiere, sobald sie eingetroffen und zur Abholung bereitgestellt sind, in das Depot ein- bzw. bei Abholung wieder auszubuchen (zwei aufeinanderfolgende Ein- und Ausgangsbuchungen). Die Anonymität ist nicht mehr gewahrt. Ein klassisches Tafelgeschäft liegt nicht vor.

- Der Schwarzgeldanleger unterhält nur ein Depot.

  Der Vorschußbetrag (Sicherheitsleistung) ist hier auf ein CpD-Konto zu buchen, da der Schwarzgeldanleger kein „entsprechendes Konto" unterhält. Durch die Ein- und Ausbuchungen im Depot ist keine Anonymität mehr gewährleistet.

- Der Schwarzgeldanleger unterhält nur ein Girokonto.

  Die Wertpapierbuchungen können über CpD erfolgen, da ein alleiniges Girokonto nicht für die Abwicklung von Wertpapiergeschäften geeignet ist. Durch die Buchung auf das personenbezogene Girokonto ist keine Anonymität gewahrt.

- Der Schwarzgeldanleger unterhält nur ein Sparkonto.

  Beide Geschäftsfälle können auf CpD gebucht werden.

- Der Schwarzgeldanleger unterhält überhaupt keine Konten.

  Verbuchung über CpD.

Wird das gesamte Tafelgeschäft über CpD gebucht, fertigt die Bank zwar einen Buchungsbeleg an und vermerkt darauf den Namen des Bankkunden, prüft aber nicht, ob der vom Kunden angegebene Name auch richtig ist. Eine Garantie für die Wahrung der Anonymität bedeutet dies aber nicht, denn Steuerfahnder nehmen Buchungsvorgänge über CpD-Konten besonders scharf ins Visier. Der „Schutz von Bankkunden" oder das Bankgeheimnis, wie der

Schutz von Bankkunden irreführenderweise bezeichnet wird, hindert sie dabei nicht.[67]

Hinweise auf Tafelgeschäfte ergeben sich regelmäßig aus Tageskassenstreifen, wenn darauf größere Barabhebungen registriert sind. Die zur Entschlüsselung der Buchungstexte notwendigen Verzeichnisse oder weiteren Hinweise offenbaren Bankangestellte meist freiwillig, wenn sie gezielt und besonders hartnäckig über Tafelgeschäfte befragt werden und ihnen dabei vorgehalten wird, daß nicht die Bank, sondern sie nach § 71 AO als Gehilfen für die vom Kunden hinterzogenen Steuern haften.

b) Aufdeckung von Tafelgeschäften bei späterer Einlieferung der effektiven Stücke

In einem Fall, den das niedersächsische Finanzgericht zu entscheiden hatte,[68] sichteten Fahnder bei einer Sparkasse im Rahmen einer „Steuerfahndungs-Außenprüfung" auch Ordner des Kreditinstituts, die ganz besonders sorgfältig aufbewahrt wurden: Sie trugen die Aufschrift „Wp-Ein- und Ausgangsbelege". Diese Ordner enthielten Belege, aus denen sich die Einlieferung von effektiven Stücken in ein Kundendepot ergab. Diesen Einlieferungsgeschäften lagen – wie wäre es anders zu vermuten – vorherige Tafelgeschäfte zugrunde. Die dort abgehefteten Kunden übergaben der Sparkasse die effektiven Stücke; diese buchte sie dann auf irgendein Sammeldepot ein.

Aus den Belegen waren Namen sowie Anschrift und Depotkonto der Einlieferer ersichtlich. Die Fahnder konnten so rund 700 Kundennamen von Tafelpapierinhabern ermitteln. Um festzustellen, ob die betreffenden Kunden tatsächlich effektive Stücke nach Luxemburg versendet oder verbracht hatten, schrieb die Finanzbehörde sämtliche Kunden an und bat um Aufklärung. Dies geschah im März 1998.

Das Kreditinstitut setzte sich gegen diese Vorgehensweise zur Wehr und beantragte einen Erlaß auf einstweilige Anordnung. Dieser Antrag war zulässig und begründet. Die Steuerfahnder gingen hier nämlich nicht direkt gegen die Tafelpapierinhaber vor (diese

---

67 Vgl. E.V.4.c).

68 Beschluß vom 4. Dezember 1998 X 524/98 V EFG 1999, 149.

kannten sie ja vorher noch nicht). Sie bedienten sich statt dessen der bewährten Hintertüre und leiteten ein Verfahren gegen eine Anzahl unbekannter Mitarbeiter der Bank wegen Beihilfe zur Steuerhinterziehung ein. Den Mitarbeitern wurde vorgeworfen, zugunsten einer namentlich noch nicht bekannten Zahl von Anlegern Wertpapiertransfers nach Luxemburg durchgeführt zu haben. Die Fahnder hatten so gegen § 30a Abs. 3 AO[69] verstoßen, weil sie Papiere beschlagnahmten, die legitimationsgeprüften Wertpapierkonten zugeordnet werden können und damit die Rechtspositionen der Tafelpapierinhaber beeinträchtigt.

Die Sparkassenkunden wären allerdings nicht so glimpflich davongekommen, wenn sich allein aufgrund des Besitzes eines Tafelpapier-Einlieferungsscheines bzw. aus der Tatsache heraus, daß „effektive Stücke" erworben worden sind, ein Anfangsverdacht auf Steuerverkürzung begründen ließe. Denn dann wäre auf § 30a AO keine Rücksicht mehr zu nehmen. Doch zum einen ist der Kauf von effektiven Stücken über die Tafel nicht verboten, zum anderen ist auch der Besitz solcher Stücke nicht sanktioniert. Und im übrigen sind auch durchaus Gründe denkbar, die einen Kapitalanleger zum Abschluß von Tafelgeschäften bzw. zum Behalt effektiver Stücke bewegen können (z. B. die Ersparnis von Depotgebühren oder ein allgemeines Mißtrauen Banken gegenüber).

c) Höhere Steuer trotz der Anonymität

Ein Tafelgeschäft ist, wie wir gesehen haben, nur dann ein Tafelgeschäft, wenn folgende vier Voraussetzungen gegeben sind:

1. Sowohl das Hauptgeschäft (Kauf der Wertpapiere) als auch sämtliche Nebengeschäfte müssen Zug um Zug abgewickelt und auf betriebsinterne Verrechnungskonten verbucht werden können. Voraussetzung dafür ist, daß das Tafelpapier sofort lieferbar ist und vom Käufer gleich mitgenommen wird. Zu den Nebengeschäften gehört auch die Möglichkeit der „baren" Inempfangnahme der Zinszahlungen nach Vorlage des Coupons.
2. Das Kreditinstitut muß die Tafelpapiere bei Fälligkeit in Form eines Zug-um-Zug-Geschäftes, also gegen Barauszahlung des No-

[69] Vgl. E.V.4.c)(ii).

minalwerts wieder zurücknehmen und die laufenden Zins- und Dividendenscheine ankaufen. Diesbezügliches sollte vor dem Kauf der Wertpapiere mit dem Kreditinstitut abgeklärt werden.

3. Sowohl das Hauptgeschäft als auch sämtliche Nebengeschäfte dürfen einen Transaktionswert von 30.000 DM nicht erreichen. Andernfalls tritt Identifizierungspflicht nach Maßgabe des Geldwäschegesetzes ein.

4. Das Tafelgeschäft muß ferner so gestaltet sein, daß sich für den Bankangestellten kein Verdacht auf Geldwäsche aufdrängt.

Diesen vier Kriterien ist noch ein fünfter Punkt hinzuzufügen:

5. Tafelgeschäfte sind nur dann wirklich *steuerfreie Geldanlagen,* wenn das dazugehörige Nebengeschäft – sprich die Einlösung der Zinscoupons – über ausländische Kreditinstitute als Zahlstelle abgewickelt wird.

Denn nur die ausländischen Zahlstellen brauchen keine Zinsabschlagsteuer einbehalten. Inländische Kreditinstitute ziehen dagegen 35 Prozent Zinsabschlagsteuer ab. Der Steuerabzug wird bei Tafelcoupons vom vollen „Bruttobetrag" vorgenommen, d. h. es bleiben diverse beim Kauf der Tafelpapiere entrichtete Stückzinsen unberücksichtigt. Stückzinsen verkörpern Entgelt für die Überlassung von Kapital und fallen regelmäßig an, wenn die Tafelpapiere entweder vor Endfälligkeit oder zwischen den einzelnen Zinsterminen gekauft werden.

Stückzinsen berücksichtigen die Tatsache, daß der Käufer einer Schuldverschreibung mit Bogen immer – also unabhängig vom Zeitpunkt der Anschaffung – zum nächsten Zinstermin die vollen Zinsen ausbezahlt erhält, wenn er den gültigen Coupon vorlegt. Den vollen Nominalbetrag würde er theoretisch auch dann erhalten, wenn er die Papiere nur einen Tag vor dem Termin erworben hätte. Der Verkäufer, der die Papiere mit Coupon vielleicht nur wenige Tage vor dem Zinstermin veräußert hat, würde für die Zeit, in der er seit dem letzten Zinstermin im Besitz der Papiere war, leer ausgehen.

Einer solchen ungerechtfertigten Aufteilung wird durch die Stückzinsverrechnung insofern entgegengetreten, als der Käufer dem Verkäufer die bis zum Veräußerungszeitpunkt aufgelaufenen Zinsansprüche (Stückzinsen) bis einschließlich dem Tag vor „Valutierung" vergütet. Folge dieser Stückzinsregelung ist, daß dem Käufer, der die Stückzinsen zusätzlich zum Kaufpreis entrichtet, am Zinstag die vollen Zinsen in Wirklichkeit gar nicht zugeflossen sind. Denn er hat ja bereits beim Kauf einen Teil dieser Zinsen an den Verkäufer gezahlt.

Die Zahlstellen (Banken) berücksichtigen solche gezahlten Stückzinsen steuerlich dadurch, daß sie diese – freilich nur bildlich gesprochen – in einen „Stückzinstopf" werfen. In diesem Stückzinstopf werden alle die beim Kauf von Schuldverschreibungen abgeflossenen, also gezahlten Stückzinsen gesammelt und gegengerechnet mit vereinnahmten und gesondert in Rechnung gestellten Stück- und Couponzinsen, Einnahmen aus der Veräußerung von vom Stammrecht (der Anleihe) getrennter Zinsscheine, Zinsen aus ausländischen Wandelanleihen und Gewinnobligationen und den Zwischengewinnen aus der Rückgabe von Investmentanteilen. Ergebnis ist der kapitalertragsteuerpflichtige „Nettostückzinsertrag". Nur von diesem, also von dem, was nach Leerung des Stückzinstopfes noch an Erträgen übrig ist, wird die Zinsabschlagsteuer einbehalten. Erst wenn also keine Stückzinsen mehr im Topf sind, unterliegen vereinnahmte Zinsen und Stückzinsen der Zinsabschlagsteuer.

Diese gegenseitige Verrechnung von vereinnahmten und gezahlten Stückzinsen geschieht nach Maßgabe des allgemein im Einkommensteuerrecht geltenden Zufluß-/Abflußprinzips (§ 11 EStG) „wertpapierunabhängig", also ungeachtet laufender Zinseinnahmen aus bestimmten ge- oder verkauften Schuldverschreibungen. So mindern gezahlte Stückzinsen im Jahr des Abflusses die Einkünfte aus Kapitalvermögen, vereinnahmte Stückzinsen erhöhen die steuerliche Bemessungsgrundlage entsprechend. Unbeachtlich ist dabei, ob bereits aus den ge- oder verkauften Wertpapieren Zinseinnahmen realisiert worden sind, so daß – wenn in einem Veranlagungszeitraum ausschließlich Stückzinsen gezahlt wurden – auch negative Kapitaleinkünfte möglich sind, bzw. die persönliche Steuerlast durch den gezielten Kauf von Wertpapieren mit hohem Stückzinsanteil vermindert werden kann. Der Abzug gezahlter von vereinnahmten Stückzinsen, unabhängig von der Zuordnung zum betreffenden Wertpapier, wird „Topflösung" oder „Nettoprinzip" genannt.

Von dieser Topflösung bleiben Tafelpapiere unerfaßt. Schwarzgeldanleger versteuern so stets den „vollen" Bruttozins ohne Berücksichtigung gezahlter Stückzinsen, und zwar aus dem einfachen Grund, weil es hier gar keine Depotbank gibt. Des weiteren kann ein Kreditinstitut logischerweise nur solche gezahlten Stückzinsen steuermindernd berücksichtigen, von denen es Kenntnis erlangt hat. Es ist daher auch die Berücksichtigung gezahlter Stückzinsen für solche Tafelpapiere nicht möglich, die nachträglich einem legitimierten Wertpapierdepot gutgeschrieben wurden.

Der Steuergesetzgeber „bestraft" Schwarzgeldanleger obendrein noch mit einem um fünf Prozent höheren Steuersatz. Für Erträge aus Tafelpapieren muß die Zahlstelle – sofern sie sich im Inland befindet – 35 Prozent einbehalten. Noch teurer wird es bei Zero-Bonds und sonstigen Finanzinnovationen. Werden diese im Tafelgeschäft veräußert, fallen 35 Prozent Zinsabschlagsteuer aus 30 Prozent des Veräußerungserlöses an.

Beispiel:

Werden im Tafelgeschäft Zero-Bonds im Nominalwert von 100.000 DM zum Kurs von 47 Prozent, also für 47.000 DM verkauft und betragen die Verkaufsspesen 700 DM, fallen 35 Prozent aus 30 Prozent der auszahlbaren 46.300 DM, also 35 Prozent aus 13.890 DM = 4.861,50 DM „Zinsabschlagsteuer" an.

Dividenden von aus Tafelgeschäften erworbenen Aktien können nur unter Abschlag der Körperschaft- und Kapitalertragsteuer entgegengenommen werden. Das Kreditinstitut hat über die Transaktion eine gesondert gekennzeichnete Steuerbescheinigung auszustellen, aufgrund derer die in Form eines Tafelgeschäftes erworbenen Aktien, welche ja gerade deshalb nicht in ein auf den Namen des Inhabers eingerichtetes Depot eingebucht wurden, unschwer festgestellt werden können (§ 45 Abs. 2 KStG). Die Wohnsitzfinanzämter erfahren von der Existenz „schwarzer Aktien" nicht etwa durch die Bank, sondern entweder durch das Bundesamt für Finanzen oder durch den Steuerpflichtigen selbst, der diese nach § 45 Abs. 2 KStG gesondert gekennzeichnete Bescheinigung seiner Steuererklärung beifügt und einen Steuererstattungsanspruch geltend macht.

4. Das Bankgeheimnis

a) Der Geheimnisbegriff

Bankgeheimnisse fallen unter die Kategorie der Berufsgeheimnisse. Berufsgeheimnisse sind Kenntnisse über Tatsachen eines Dritten, die einem Geheimnisträger aufgrund seiner beruflichen Tätigkeit anvertraut worden sind. Beim Berufsgeheimnis sind Geheimnisherr und Geheimnisträger verschiedene Personen; Geheimnisherr ist der Bankkunde, Geheimnisträger die Bank.[70] Bankgeheimnisse sind Geheimnisse, die Kreditinstitute, ihre Gesellschafter, Organmitglieder, Beschäftigte sowie sonst für Kreditinstitute tätige Personen ausschließlich aufgrund der Geschäftsverbindungen mit Kunden anvertraut oder zugänglich gemacht worden sind (§ 38 des österreichischen Bankwesengesetzes). Analog bezeichnet das liechtensteinische Bankengesetz als Bankgeheimnis alle Tatsachen, die aufgrund der Geschäftsverbindungen mit Kunden anvertraut oder zugänglich gemacht worden sind. Die Allgemeinen Geschäftsbedingungen der deutschen Banken definieren das Bankgeheimnis als „kundenbezogene Tatsachen und Wertungen", von denen die Bank Kenntnis erlangt hat.[71]

Geheimnispflichten deutscher Geschäftsbanken sind im deutschen Handels-, Bank- und Börsenrecht weder gesetzlich verankert noch definiert. Sie ergeben sich vielmehr aus den vertraglichen Beziehungen. Nur die Verschwiegenheitspflichten der Bediensteten der Bundesschuldenverwaltung stehen im Gesetz: das sogenannte Schuldbuchgeheimnis. Das Schuldbuchgeheimnis ist das „Bankgeheimnis" der Bundesschuldenverwaltung. Es ist im Reichsschuldbuchgesetz verankert und untersagt die Erteilung von Auskünften über den Inhalt des Bundesschuldbuchs an andere als die eingetragenen Berechtigten, deren Vertreter oder Rechtsnachfolger. Als

[70] Geschäfts- und Betriebsgeheimnisse sind Privatgeheimnisse. Sie beinhalten Informationen über Tätigkeiten oder besondere Fertigkeiten des Geheimnisherrn selbst. Geschäfts- oder Betriebsgeheimnisse sind z. B. besondere Fertigungstechnologien, Konstruktionszeichnungen oder Erfindungen, von denen Konkurrenzbetriebe keine Kenntnis erlangen dürfen. Beim Geschäfts- und Betriebsgeheimnis sind Geheimnisherr und Geheimnisträger identisch.

[71] Nr. 2 Abs. 1 AGB-BA lautet: „Die Bank ist zur Verschwiegenheit über alle kundenbezogenen Tatsachen und Wertungen verpflichtet, von denen sie Kenntnis erlangt (Bankgeheimnis). Informationen über den Kunden darf die Bank nur weitergeben, wenn gesetzliche Bestimmungen dies gebieten oder der Kunde eingewilligt hat oder die Bank zur Erteilung der Bankauskunft befugt ist."

Vertreter gelten dabei auch Amtspersonen wie Vormund, Testamentsvollstrecker oder Konkursverwalter. Das Schuldbuchgeheimnis gilt selbstverständlich auch gegenüber den Finanzbehörden. Soweit allerdings gesetzliche Bestimmungen Auskunfts- und Vorlagepflichten für Kreditinstitute begründen, gelten diese auch für die Bundesschuldenverwaltung.

b) Rechtsgrundlagen

Die wohl älteste Gesetzesgrundlage, sofern man sie als solche bezeichnen mag, ist das im Jahre 1776 von Friedrich dem Großen erlassene *Reglement der Königl. Giro- und Lehn-Banco zu Berlin,* dessen Art. 19 dem Bankier und seinen Bediensteten eine Auskunftserteilung über Vermögenswerte eines Bankkunden gegenüber Dritten verbot.

Art. 19 dieses Reglements lautete wie folgt:

> *„Wir verbiethen bey Unserer Königlichen Ungnade, allen und jeden, nachzuforschen, wie viel ein anderer auf sein Folium zu gute habe, auch soll niemand von denen Banco-Schreibern sich unterstehen, solches zu offenbahren, weder durch Worte, Zeichen, oder Schrift, bey Verlust ihrer Bedienungen und bey denen Strafen, die Meyneidige zu erwarten haben. Zu dem Ende sollen sie bey Antretung ihres Amtes besonders schwören, dass sie alle die Geschäfte, die sie, als Bediente der Banco, unter Händen haben werden, als das grösste Geheimniss mit in ihre Grube nehmen werden."*

Heute gültige Rechtsquellen, aus denen sich ein Bankgeheimnis ableiten läßt, sind:

1. Verfassungsrecht

   Aus Art. 1 und 2 GG (Unantastbarkeit der Menschenwürde, Recht auf freie Entfaltung der Persönlichkeit) kann ein Zusammenhang zwischen Bankgeheimnis und den Grundrechten bejaht werden. Gerade das Recht auf freie Entfaltung der Persönlichkeit wird insbesondere dann beschnitten, wenn das Bankgeheimnis unzulässigerweise durchbrochen wird und dadurch die Geheimsphäre des Menschen, die Teil seines Persönlichkeitsrechts ist, verletzt wird.

2. Handelsrecht, Handelsrechtliche Nebengesetze, AGB der Banken und Sparkassen

   Das deutsche Handelsgesetzbuch (HGB) bezeichnet Bankier- und Geldwechslergeschäfte als Grundhandelsgeschäfte. Der Bankier ist somit Vollkaufmann ohne Eintragung im Handelsregister. Das HGB enthält im dritten Buch bedeutende Vorschriften für Bankgeschäfte. Der Bankier als Vollkaufmann hat insbesondere „für die Sorgfalt eines ordentlichen Kaufmanns einzustehen" (§ 347 HGB). Der Bankkunde kann daher darauf vertrauen, daß über seine persönlichen Verhältnisse Stillschweigen gewahrt wird.

Grundlage für Geschäftsbeziehungen zwischen Bank und Kunde bilden die Allgemeinen Geschäftsbedingungen der Banken und Sparkassen. Diese sind zwar nicht rechtsverbindlich, teilweise sogar stark abweichend vom dispositiven Recht, jedoch in der bankgeschäftlichen Praxis von spezieller Bedeutung. Nr. 1 Abs. 1 der AGB-SPK bezeichnet Geschäftsbeziehungen mit Kunden als durch ein „besonderes Vertrauensverhältnis geprägt". Der Sparkassenkunde soll sich insbesondere darauf verlassen können, „daß die Sparkasse seine Aufträge mit der Sorgfalt eines ordentlichen Kaufmanns ausführt und das Bankgeheimnis wahrt" (Nr. 1 Abs. 1 Satz 2 AGB-SPK). Ein solches Vertrauensverhältnis wird nicht erst durch Abschluß eines Spar- oder Kreditvertrags bzw. mit Eröffnung eines Kontos begründet, sondern bereits zum Zeitpunkt des Eintritts in Vertragsverhandlungen erwirkt und bleibt auch nach Beendigung der Geschäftsverbindung erhalten. Die Geheimhaltungspflicht eines Bankangestellten beginnt folglich schon ab dem Zeitpunkt, ab dem er mit dem Kunden ein erstes Beratungsgespräch führt.

Aus diesem Vertrauensverhältnis heraus erwirbt der Kunde das Recht auf „Unterlassung einer Offenbarung oder Verwertung der unter das Bankgeheimnis fallenden Tatsachen". Die AGB werden bei Einbeziehung Vertragsinhalt jedes Bankvertrags. Der allgemeine Bankvertrag regelt das Verhältnis zwischen Bank und Kunde; er ist ein Grundlagen- bzw. Rahmenvertrag, aus dem der Kunde die vertragliche Bestätigung des Geschäftsverhältnisses (seiner Bankverbindung) als Vertrauensverhältnis und die Einhaltung der besonderen Sorgfalts-, Verhaltens- und Berufspflichten der Bank (u. a.

die Verschwiegenheitspflicht) erwarten kann (letzteres auch ohne ausdrückliche Vereinbarung).

Eine strafrechtliche Sanktionierung muß der Banker bei Verletzung seiner Verschwiegenheitspflichten in Deutschland mangels gesetzlicher Regelungen nicht befürchten. In der strafrechtlichen Literatur findet sich lediglich der Hinweis, daß § 203 Abs. 2 StGB, der die unbefugte Weitergabe von Privatgeheimnissen durch einen Amtsträger sanktioniert, für „Amtsträger“, sprich für Mitarbeiter öffentlich-rechtlicher Sparkassen, gilt. Nur für diese hätte die Verletzung des Bankgeheimnisses strafrechtliche Konsequenzen.[72]

c) Wann das Bankgeheimnis den Schwarzgeldanleger nicht mehr deckt

Das Bankgeheimnis geht nicht so weit, daß sich die Bank den gesetzlichen Aufklärungs-, Warn-, Mitteilungs-, Melde- oder Beratungspflichten entziehen könnte. Die Vorrangigkeit des Gemeinwohls, das private Interessen hinter das allgemeine öffentliche Interesse stellt, kommt überall dort zum Ausdruck, wo zwingendes Recht der Bank gesetzliche Offenbarungs-, Mitwirkungs- oder Aussagepflichten auferlegt. So muß die Bank Auskunftsansprüchen Dritter nach § 260 BGB (Auskunftspflicht über den Bestand eines Inbegriffs), §§ 809 und 810 BGB (Besichtigung von Sachen und Einsicht in Urkunden) nachkommen sowie vor Justiz- und Finanzbehörden zurücktreten, wenn gesetzliche Offenbarungs-, Mitwirkungs-, Aussage- oder Anzeigepflichten begründet sind.

Gegenüber Steuerbehörden besteht eine Offenbarungspflicht im Besteuerungsverfahren nach §§ 90, 92 und 93 AO.[73] Das Bankgeheimnis gilt ferner nicht bei gesetzlichen Anzeigepflichten nach dem Erbschaftsteuergesetz sowie in Geldwäsche-Verdachtsfällen.[74]

Das Bundesaufsichtsamt für das Kreditwesen und das Bundesaufsichtsamt für den Wertpapierhandel haben Einsichts- und Auskunftsrechte ohne Einschränkungen durch das Bankgeheimnis. Dem Bundesaufsichtsamt für den Wertpapierhandel sind alle an

[72] Vgl. Flore/Dörn/Gillmeister, Steuerfahndung und Steuerstrafverfahren, Neuwied/Berlin 1998, S. 172 Anm. 12.

[73] Vgl.E.V.4.

[74] Vgl. E.V.4.a) sowie E.III.

deutschen Börsen getätigten Wertpapiergeschäfte, u. a. mit Bezeichnung und Kennummer des Wertpapiers, Datum und Uhrzeit der Transaktion sowie Kurs, Nennbetrag und Stückzahl der gehandelten Wertpapiere, bekannt. Anleger und Kunden bzw. Auftraggeber von Wertpapiertransaktionen müssen dem Bundesamt gegenüber anonym bleiben.[75]

Ganz allgemein darf sich das Kreditinstitut von seiner Schweigepflicht lossprechen, wenn hierdurch andere von einer erheblichen Vermögensschädigung bewahrt werden können (allgemeine Aufklärungs-, Warn- und Beratungspflichten der Bank, Sorgfaltspflichten eines ordentlichen Kaufmanns, § 347 HGB). Bei versuchter Vermögensschädigung Dritter durch Dritte ist regelmäßig der rechtfertigende Umstand der Notwehr (Nothilfe) und des Notstandes gegeben. Notwehr (§§ 227 BGB, 32 StGB) liegt vor, wenn sich die Bank gezwungen sieht, einen unmittelbaren Angriff auf ihr eigenes Rechtsgut oder auf das Vermögen ihrer Kunden abzuwehren. Notwehr kann beispielsweise bei Aufdeckung versuchten oder vollzogenen Kreditbetrugs gegeben sein. Ein „rechtfertigender oder entschuldigender Notstand" (§§ 34, 35 StGB) ist anzunehmen, wenn sich das Kreditinstitut in einer sogenannten „Pflichtenkollision" befindet.

Solche Pflichtenkollisionen treten im allgemeinen bei *Bürgschaftsverträgen* auf. Grundsätzlich besitzt ein Bürge gegenüber dem Kreditinstitut kein Auskunftsrecht über die Vermögensverhältnisse des Hauptschuldners; ein solches ist vielmehr erst dann gegeben, wenn der Bürge in Anspruch genommen wurde (dann kann der Bürge gem. §§ 402, 412 BGB vom Kreditinstitut alle Auskünfte verlangen, die er zur Durchsetzung seiner Ansprüche gegenüber dem Hauptschuldner benötigt). Ist dem Kreditinstitut die Vermögenslage des Hauptschuldners so hinreichend bekannt, daß sich daraus ernsthafte Zweifel bezüglich der Rückzahlung der Kreditsumme begründen lassen, gerät es leicht in eine Pflichtenkollision. Denn einerseits soll es das Bankgeheimnis wahren, andererseits kann es den ahnungslosen Bürgen nicht im ungewissen lassen. In diesem Fall obliegt dem beauftragten Kreditinstitut ein Of-

---

[75] „Die Belange der Anleger und Kunden werden dadurch geschützt, daß Informationen und Hinweise auf ihre Identität in dem dem Bundesaufsichtsamt zu übermittelnden Meldedatensatz nicht enthalten sind", BTDrucks 12/6679, S. 43.

fenbarungsrecht, unter Berufung auf einen rechtfertigenden und entschuldigenden Notstand, den Bürgen auf die gegebene Situation hinzuweisen und ihn zu warnen.

Ein die Geheimhaltungspflichten aufhebendes Offenbarungsrecht kann der Bank schließlich aufgrund eines mit dem Kunden abgeschlossenen Bankvertrags (auf Grundlage der AGB, soweit Vertragsinhalt), eines Auskunftsvertrags (wenn eine andere Bank oder ein Nichtkunde der Anfragende ist) oder eines besonderen Garantievertrags (bei der Scheck- und Wechselauskunft) zustehen. In allen Fällen ist jedoch Voraussetzung, daß die Bank die Auskünfte nur mit Einwilligung des Kunden (Geheimnisherrn) erteilt. Eine Einwilligung zur Erteilung einer Bankauskunft wird bei juristischen Personen und Kaufleuten, die im Handelsregister eingetragen sind, automatisch angenommen, wenn keine anderslautende Weisung erteilt wurde (Nr. 2 Abs. 3 AGB-BA, Nr. 3 Abs. 2 AGB-SPK; bei klar negativer Auskunft ist allerdings auch bei Geschäftskunden Rückfrage nötig)[76]. Unter Kaufleuten entspricht es dem allgemeinen *Handelsbrauch,*[77] Bankauskünfte über die Bonität einzelner Geschäftspartner einzuholen. Solche *Bankauskünfte* beinhalten allerdings nur „allgemein gehaltene Feststellungen und Bemerkungen über die wirtschaftlichen Verhältnisse des Kunden, seine Kreditwürdigkeit und Zahlungsfähigkeit". Sie beinhaltet keine „betragsmäßigen Angaben über Kontostände, Sparguthaben, Depot- oder sonstiger der Bank anvertraute Vermögenswerte sowie Angaben über die Höhe von Kreditinanspruchnahmen" (Nr. 2 Abs. 2 AGB-BA).

Bankauskünfte über andere Personen, insbesondere über Privatkunden und Vereinigungen, dürfen nur bei genereller oder im Einzelfall nach ausdrücklicher Zustimmung erteilt werden (Nr. 2 Abs. 3 Satz 3 AGB-BA). „Ausdrücklich" bedeutet, daß die Zustimmung nicht allein aus schlüssigem Handeln angenommen werden kann, sondern schriftlich vorliegen muß. Bankauskünfte, diese Personen betreffend, werden nur dann erteilt, wenn der Anfragende ein berechtigtes Interesse glaubhaft machen kann und kein

---

[76] Baumbach/Duden/Hopt, HGB-Kommentar, 28. Aufl 1989 (7) Bankgeschäfte I 5 B.

[77] Unter einem Handelsbrauch versteht man eine Art Auslegungsregel, die gewisse Unklarheiten von Willenserklärungen näher definiert. Handelsbräuche kommen überall dort zur Anwendung, wo eine klare Regelung nicht getroffen wurde oder der Handelsbrauch eine solche erübrigt. Die Einholung und Erteilung von Bankauskünften stellt unter Kaufleuten einen das Bankgeheimnis durchbrechenden Handelsbrauch dar.

Grund zur Annahme besteht, „daß schutzwürdige Belange des Kunden der Auskunftserteilung entgegenstehen" (Nr. 2 Abs. 3 Satz 4 AGB-BA). In allen Fällen sind die Empfänger von Bankauskünften (gemäß Nr. 2 Abs. 4 AGB-BA erteilen Banken nur Auskünfte an eigene Kunden oder andere Kreditinstitute für deren Zwecke oder die ihrer Kunden) darauf hinzuweisen, daß sie die erhaltenen Informationen nur für diese Zwecke verwenden dürfen, für die sie sie angefragt haben.

d) Schadenersatz bei Verletzung des Bankgeheimnisses

Bei schuldhafter Verletzung des Bankgeheimnisses haftet die Bank für jedes Verschulden ihrer Mitarbeiter und der Personen, die sie zur Erfüllung ihrer Verpflichtungen hinzuzieht (Haftung für Erfüllungsgehilfen, § 278 BGB und gemäß Nr. 3 Abs. 1 Satz 1 AGB-BA). Anspruchsgrundlage kann dabei sein: der Bankvertrag (die Geschäftsverbindung als Schuldverhältnis, §§ 433 ff. BGB), eine Haftung kraft Gesetzes (bei unerlaubter Handlung, §§ 823 ff. BGB) oder aus Verschulden bei Vertragsabschluß (aus der „culpa in contrahendo", sofern noch keine Bankverbindung bestand).

Schadenersatzansprüche können geltend gemacht werden, wenn die Bank Auskünfte über Vermögensverhältnisse eines Kunden ohne gesetzliche Verpflichtung erteilt hat. Sofern aber das Bankgeheimnis vor gesetzlichen Aussage-, Vorlage- und Anzeigepflichten weichen muß, ist keine Geltendmachung von Schadenersatzansprüchen möglich. Erteilt die Bank unberechtigterweise Auskünfte über ihr bekannte Vermögensverhältnisse eines Kunden, hat sie eine ihr obliegende Pflicht aus dem Bankvertrag (die Verschwiegenheitspflicht) verletzt. Dabei ist ohne weiteres von einem Verschulden durch Fahrlässigkeit auszugehen (das schuldhafte Handeln, das nach § 276 BGB als Voraussetzung für die Geltendmachung von Schadenersatzansprüchen gilt, kann hier regelmäßig angenommen werden). Schadenersatz (i.d.R. negatives Interesse)[78] ist zu leisten aufgrund „positiver Vertragsverletzung".

[78] Der Umfang des zu leistenden Schadenersatzes bestimmt sich nach dem „negativen Interesse" (§§ 249, 307 BGB), d.h. der Kunde ist so zu stellen, wie er ohne das schuldhafte Verhalten des Bankangestellten stehen würde. Die Bank haftet in vollem Umfang und für jeden geltend gemachten Schaden.

Der BGH[79] versteht unter dem Begriff „positive Vertragsverletzung“ „alle schuldhaften Vertragsverletzungen, die weder Unmöglichkeit noch Verzug zur Folge haben und deren Folgen nicht von den gesetzlichen Gewährleistungsvorschriften erfaßt werden“. Aus der Definition wird ersichtlich, daß als Voraussetzung für die Geltendmachung von Schadenersatzansprüchen ein Schuldverhältnis in Form eines Vertragsverhältnisses bestehen muß, eine Partei eine ihr aus dem Schuldverhältnis obliegende Pflicht schuldhaft verletzt haben muß und die Pflichtverletzung weder zu Verzug oder Unmöglichkeit führt, noch deren Folgen von den gesetzlichen Gewährleistungsvorschriften erfaßt werden.

Ist es zwischen Kunde und Bank noch zu keinem Vertragsabschluß gekommen, können Schadenersatzansprüche entweder aufgrund unerlaubter Handlung (§§ 823 ff. BGB) oder unter Berufung auf ein Verschulden bei Vertragsabschluß (culpa in contrahendo) geltend gemacht werden. Durch die Weitergabe bankgeheimnisgeschützter Informationen ist eine „Verletzungshandlung“ begangen worden, die sich gegen ein „absolutes Recht“, in diesem Fall gegen das allgemeine Persönlichkeitsrecht, das als sonstiges Recht i. S. des § 823 Abs. 1 BGB anerkannt ist, richtet. Die Haftung für reine *Vermögensschäden* ist allerdings durch § 823 Abs. 1 BGB nicht gedeckt. Vermögen ist kein absolutes oder sonstiges Recht, das durch § 823 BGB geschützt ist. Eine Haftung auch für Vermögensschäden kann allerdings aus der Anspruchsgrundlage „culpa in contrahendo“ (Verschulden bei Vertragsabschluß) erreicht werden.

Für Schäden, die durch die Verhängung einer Geldbuße oder einer Freiheitsstrafe (mit dem dadurch bedingten Einkommensverlust) entstanden sind, kann die Bank nicht haftbar gemacht werden, weder aus dem Bankvertrag noch aus unerlaubter Handlung oder aus „culpa in contrahendo“. Einem Bankkunden kann jedoch dann ein Erstattungsanspruch zustehen, wenn es das Kreditinstitut in Verletzung seiner vertraglichen Sorgfaltspflicht unterlassen hat, den Kunden zu warnen oder ihm entsprechende Hinweise zu geben. So ist ein ersatzpflichtiger Schaden entstanden, wenn die Verletzung des Bankgeheimnisses zur Aufdeckung einer Steuerstraftat führte und dem Bankkunden dadurch die Möglichkeit der

[79] NJW 1978, 260.

strafbefreienden Selbstanzeige genommen wurde oder wenn das Kreditinstitut es unterlassen hat, dem Kunden mitzuteilen, daß seine Daten und Unterlagen der Steuerfahndung ausgehändigt wurden.[80]

Keine Ersatzansprüche bestehen für Schäden, die anläßlich einer Geldwäscheverdachtsanzeige entstanden sind (Geld-, Freiheitsstrafe, Rufschädigung etc.), zu deren Erstattung Kreditinstitute bei Feststellung von Tatsachen, die darauf schließen lassen, daß eine Finanztransaktion einer Geldwäsche dient oder im Fall ihrer Durchführung dienen könnte, grundsätzlich verpflichtet und demzufolge von jeglicher Verantwortlichkeit freigestellt sind (§§ 11, 12 GwG). Auch eine infolge eines Geheimnisbruchs verursachte *Steuernachzahlung* ist nicht ersetzbar, da die Steuernachzahlung nichts anderes darstellt als eine Abgabe, die der Bankkunde ohnedies geschuldet hätte. Dasselbe gilt, wenn es durch die Unachtsamkeit eines Bankangestellten einem Gläubiger des Bankkunden gelingt, seine Forderung einzutreiben.

III. Schwarzgeldanlage in der Schweiz

1. Kurzcharakteristik der Eidgenossenschaft

Der Finanzplatz Schweiz gilt als ältester und traditionsreichster Finanzplatz Europas und genießt als Investitionsland „par excellence" international einen hohen Stellenwert. In der Sparte Vermögensverwaltung für Privatkunden nimmt die Schweiz trotz Verrechnungssteuer eine Spitzenstellung ein; das von den Eidgenössischen Kreditinstituten verwaltete Vermögen für Privatkunden wird auf mehrere Billionen Schweizer Franken geschätzt. Zu den Vorzügen des Finanzplatzes Schweiz zählt u. a. die Mehrsprachigkeit der Bevölkerung. Bedingt durch vier offizielle Landessprachen (Französisch, Italienisch, Rätoromanisch, Deutsch) wird das 41.293 qkm große Land von ausländischen Investoren besonders geschätzt. Die Schweiz gilt als „Transitverbindung" in Richtung Italien,

[80] Streck, in: DM Finanzmagazin 8/95, S. 15.

Südfrankreich und Spanien. Wer in der Schweiz ein Konto hat, kann somit seine Bankgeschäfte auf dem Weg in den Urlaub erledigen.

Der Schweizer Franken eröffnet nahezu unbegrenzte Anlagemöglichkeiten und wird von Euroskeptikern gern als Fluchtwährung und sicherer Hafen gegen einen politisch instabilen Euro gesehen. Hohe Bonität, hervorgerufen durch strenge Liquiditätsvorschriften und hohe Eigenkapitalquoten lassen Schweizer Banken wenig konkursgefährdet erscheinen. Hinzu kommt, daß die Kreditvergabe im Vergleich zur Vermögensverwaltung – dem Hauptgeschäft Schweizer Banken – nur eine untergeordnete Rolle spielt.

In Insolvenzfällen sind Guthaben bei privaten Geschäftsbanken durch den Sicherungsfonds der Schweizerischen Bankiervereinigung bis zu 30.000 Franken je Kunde gesichert. Einlagen bei Kantonalbanken sind „staatsgarantiert". Hinter jeder Kantonalbank steht der jeweilige Kanton. Besonderer Überlegungen zur Einlagensicherung bedarf es allerdings nicht bei Anlagen in Form von Wertpapieren, die nicht in die Konkursmasse fallen, sondern von der Bank nur verwahrt werden.

Das Schweizer Bankgeheimnis gilt absolut und schützt seriöse Kunden vor Schnüffeleien ausländischer Finanzämter. Auch die Eidgenössische Bankenkommission darf nicht öffentlich zugängliche Auskünfte und Unterlagen nur unter bestimmten Voraussetzungen an ausländische Bankaufsichtsbehörden weiterleiten. Steuerkriminelle und Mitglieder der Finanzunterwelt deckt das Bankgeheimnis aber nicht.

Auf internationaler Ebene nimmt die Schweiz als Mitglied der (FATF) „Financial Action Task Force on Money Laundering" seit Jahren an den Bemühungen der Staatengemeinschaften zur Bekämpfung der organisierten Kriminalität und der Geldwäsche teil. Am 1. August 1990 wurde die Geldwäsche erstmals durch Art. 305bis und Art. 305ter StGB als Straftatbestand definiert und kriminalisiert. So verbietet Art. 305bis StGB Mitarbeitern Schweizer Banken und Finanzinstitutionen, deliktisch erworbene Vermögenswerte entgegenzunehmen.

Vor wenigen Jahren wurde die Schweiz einem „Länderexamen" unterzogen, bei dem der Stand der Geldwäschebekämpfung untersucht und allgemein als „beachtlich" beurteilt wurde. Mängel ergaben sich im Nichtbankensektor. Diesbezügliche Lücken wurden zum 1. April 1998 durch das „Bundesgesetz zur Bekämpfung der Geldwäscherei im Finanzsektor",[81] dessen Geltungsbereich sich auch auf Vermögensverwalter, Treuhänder, Wechselstuben und Kreditvermittler erstreckt, geschlossen.

2. Schwarzgeldkonten und Kontolegitimation

a) Schweizer Schwarzgeldkonten

(i) Nummern- und Pseudonymkonten

Geheime Konten, die auf Nummer oder Pseudonym lauten, gehören wie der Schweizer Käse zum Aushängeschild der Eidgenossen. Im Gegensatz zum „Appenzeller-Käse" sind geheime Konten aber keineswegs ein „Schweizer Patent". Solche zur Schwarzgeldanlage besonders bevorzugten Geheimkonten werden auch in Österreich, Luxemburg oder Liechtenstein sowie in fast allen dominierenden Finanzzentren angeboten. Es sei an dieser Stelle betont, daß die geheimen Nummern- und Pseudonymkonten nicht mit dem Bankgeheimnis gleichgesetzt werden dürfen und keine *anonymen* Konten sind.

Nummern- und Pseudonymkonten sind besondere Konten, die nicht auf den bürgerlichen Namen des Kontoinhabers lauten, sondern auf eine bestimmte Nummer oder ein frei gewähltes Pseudonym. Ein Pseudonym ist nichts anderes als ein gewöhnlicher Name. So kann beispielsweise der Kontoinhaber Meier unter dem Pseudonym „Huber" ein auf „Huber" lautendes (Namens-)Geheimkonto unterhalten. Die Nummern oder Pseudonyme werden bei Kontoeröffnung zwischen dem Kunden und seinem Betreuer vereinbart und auf den Kontoeröffnungsunterlagen vermerkt. Die Bank eröffnet das Konto auf die/das vereinbarte Nummer/Pseudonym. Diese Codes ersetzen auf allen Kontoauszügen und Korrespondenzen den bürgerlichen Namen.

Das Kontoeröffnungsverfahren mit der maßgeblichen Identifizierung des Kontoeröffners gleicht demjenigen für Namenskonten, d.h. auch auf unter Nummern oder Kennwörtern geführte Konten

---

[81] Auszugsweise abgedruckt im Anhang IX.

sind nach der Vereinbarung über die Standesregeln zur Sorgfaltspflicht der Banken[82] die Vorschriften zur Identifikation des Vertragspartners und zur Feststellung des wirtschaftlich Berechtigten anzuwenden. Nummern- und Pseudonymkonten müssen außerdem in Bankbestätigungen über die „gesamten Geschäftsbeziehungen" zu einem Kunden einbezogen werden. Die einzigen Unterschiede zu den Namenskonten bestehen darin, daß sich das Legitimationsverfahren nicht am Schalter, sondern gegenüber ausgewählten leitenden Bankangestellten vollzieht, die wahren Personendaten in der Security-Zone der Bank abgelegt sind, zu der nur bestimmte Personen Zugang haben und der Kontoinhaber sämtliche Bankgeschäfte ohne Namensnennung mit Nummer oder Pseudonym abwickeln oder einem Betreuer übertragen kann. Jeder Schweizer Geheimkontoinhaber erhält einen persönlichen Ansprechpartner zugeteilt, der diesem gegenüber als Betreuer tätig ist. Nur der Betreuer kennt den Kontoinhaber namentlich. Er empfängt diesen in seinen Büroräumen, berät ihn und veranlaßt mit *seiner* Unterschrift Aus- und Einzahlungen an der Kasse zugunsten des Anlegers. Dadurch soll vermieden werden, daß Schaltersachbearbeiter oder Kassierer eine Nummer oder ein Pseudonym mit einer entsprechenden Person in Verbindung bringen können. Die Betreuer haben auch das alleinige Verfügungsrecht, Tresorräume zu betreten und Unterlagen der betreffenden Geheimkonten einzusehen.

Die Nummer (das Pseudonym) ist auch unterschriftsgültig. Ein Geheimkontoinhaber unterschreibt somit nur noch mit dem vereinbarten Geheimcode (Nummern müssen dabei in Worten ausgeschrieben werden). In den Kontoeröffnungsunterlagen wird deshalb zwischen *„vereinbarter Unterschrift"* und *„üblicher Unterschrift"* unterschieden. Erstere verkörpert die Nummer oder das Pseudonym, letztere den bürgerlichen Namen. Der Schwarzgeldanleger braucht für Transaktionen zu Lasten seines Nummernkontos keine Buchungsbelege zu unterzeichnen.

Zum Servicepaket eines Geheimkontos gehört auch die Einrichtung einer banklagernden Post. Der Vorteil dieser Einrichtungen ist, daß jegliche Korrespondenz bei der Bank hinterlegt werden

---

82 Auszugsweise abgedruckt im Anhang VIII.

kann und dem Kontoinhaber nicht zugesandt werden muß. Besucht der Kunde dann seine Filiale, kann er entweder sein „Postfach" oder seine „Postmappe" einsehen, oder es wird ihm bei Erscheinen sein Postfach direkt vom EDV-System ausgedruckt.

Als ein „Versteck" für Schwarzgelder können Geheimkonten dennoch nicht angesehen werden. Im „Ernstfall" verhindern Geheimkonten die Aufdeckung von Schwarzgeld nicht. Sie schützen lediglich vor Indiskretionen der Mitarbeiter auf der unteren Ebene. Somit mag die Wahrscheinlichkeit, daß es zur Aufdeckung kommt, im Vergleich zu Namenskonten vielleicht geringer sein.

(ii) Treuhand- und Anderkonten

Bei nicht vorhandener Personenidentität zwischen dem Schwarzgeldanleger und dem der Bank gegenüber auftretenden Kontoeröffner ist ein Treuhandverhältnis gegeben, wobei der Schwarzgeldanleger der wirtschaftlich Berechtigte oder Treugeber ist (also derjenige, für dessen Rechnung der Kontoinhaber handelt) und der der Bank gegenüber auftretende Strohmann den Treuhänder verkörpert. Es liegen je nach Verhältnis des Treuhänders zum Treugeber Treuhand- oder Anderkonten vor, wobei letztere solche Konten oder Depots sind, die im Namen von in der Schweiz zugelassenen Rechtsanwälten oder Notaren gegen Rechnung für deren Klienten geführt werden.

Die Vorschaltung eines Treuhänders macht den Schwarzgeldanleger nicht zum anonymen Bankkunden. Denn bei Eröffnung eines Treuhandkontos sind die schweizerischen Kreditinstitute verpflichtet, den Schwarzgeldanleger als wirtschaftlich Berechtigten mittels Formular A[83] festzustellen und aktenkundig zu machen (Art. 3 VSB 1998). Nur bei den Anderkonten von Berufsgeheimnisträgern kann auf die Feststellung des wirtschaftlich Berechtigten verzichtet werden, sofern die Konten entsprechend gekennzeichnet sind (Art des Mandates) und der Berufsgeheimnisträger (Rechtsanwalt, Notar usw.) mittels Formular R[84] schriftlich erklärt, daß die Guthaben ausschließlich besonderen auf diesem Formblatt aufgeführten Zwekken dienen (Art. 5 VSB 1998).

[83] Vgl. Anhang VIII.
[84] Vgl. Anhang VIII.

Doch auch dahinter kann sich der Schwarzgeldanleger nicht verstecken. Das in Art. 321 Ziff. 1 Schweizerisches Strafgesetzbuch vorgesehene Berufsgeheimnis der Notare räumt nämlich solchen Kontoinhabern kein Zeugnis- und Editionsverweigerungsrecht ein. Art. 321 StGB hindert die Kantone grundsätzlich nicht daran, auch für Berufsgeheimnisträger gewisse strafprozessuale Informations- und Aussagepflichten vorzusehen.[85]

Ebenfalls mit einer Aufdeckung und Offenlegung muß der Schwarzgeldanleger rechnen, wenn er sich eines Anwalts als Treuhänder bedient. So hat das Bundesgericht die Beschwerde eines Anwalts abgewiesen, der sein Berufsgeheimnis verletzt sah, weil die Genfer Justiz im Rahmen eines Rechtshilfeersuchens von Spanien die Offenlegung der von ihm verwalteten Bankkonten veranlaßt hat.[86] Der Anwalt übt in seiner Eigenschaft als Treuhänder und Vermögensverwalter eine rein kommerzielle Tätigkeit aus, welche nicht zum ordentlichen Berufsbild eines Anwalts zählt und für die er sich nicht auf seine gesetzlichen Verschwiegenheitspflichten berufen kann.[87]

Will der Schwarzgeldanleger über „sein" Treuhandkonto zeichnungsberechtigt sein, muß er sich der Bank gegenüber legitimieren; anderenfalls ist er mittels Formular A nur festzustellen. In beiden Fällen aber ist er der Bank namentlich bekannt, auch wenn diese im zweiten Fall die Angaben des Treuhänders auf dem Formular A nicht nachprüft.[88]

b) Identifizierungs- und Legitimationspflichten bei Kontoeröffnung

Schweizer Banken sind nach ihren „Standesregeln zur Sorgfaltspflicht" gehalten, „bei Aufnahme einer Geschäftsbeziehung den Vertragspartner zu identifizieren" (Art. 2 VSB 1998).[89] Entsprechendes verlangen die Geldwäscherei-Richtlinien der Eidgenössischen

[85] BGE 1P 460/1995 vom 31. Januar 1996.

[86] BGE 1P.64/1996 vom 11. April 1996.

[87] BGE 1P.64/1996 vom 11. April 1996: „Le secret professionnel de l´avocat ne doit pas porter préjudice à la bonne administration de la justice en accordant à l´accusé une protection abusive contre la mainmise des autorités répressives."

[88] Vgl. auch nachfolgend D.III.2.b).

[89] Standesregeln auszugsweise abgedruckt im Anhang VIII.

Bankenkommission „mit der nach den Umständen gebotenen Sorgfalt".

Identifizierungspflichtige Geschäftsfälle i.S. der Sorgfaltspflichtvereinbarung sind: Die Eröffnung von Konten oder Heften, die Eröffnung von Depots, die Vornahme von Treuhandgeschäften oder die Vermietung von Schließfächern.[90] Bei persönlicher Vorsprache prüft die Bank die Identität des Vertragspartners, indem sie einen amtlichen Ausweis einsieht und fotokopiert und folgende Angaben festhält: Name, Vorname, Geburtsdatum, Staatsangehörigkeit und die Wohnsitzadresse. Bei Eröffnung eines Kontos auf dem Postweg benötigt das Schweizer Kreditinstitut zur ausreichenden Legitimation die Beglaubigung der Unterschrift des Kontoeröffners. Eine Echtheitsbescheinigung kann ausgestellt werden durch eine der das Konto einrichtenden Bank bekannte Korrespondenzbank. Außerdem läßt sich das Kreditinstitut die Wohnsitzadresse durch Postzustellung bestätigen.

Nach Rücksendung der erforderlichen Kontoeröffnungsunterlagen (Antragsformular, Formular A, beglaubigtes Unterschriftenspecimen) und einer ersten Überweisung (in aller Regel verlangen Schweizer Banken bei Kontoeröffnung eine Mindesteinlage von 1.000 bis 5.000 Schweizer Franken oder Gegenwert in ausländischer Währung) wird die Kontoeröffnung per Einschreiben unter Angabe der vergebenen Kontonummer bestätigt. Gleichzeitig versendet die Schweizer Bank eine Unterschriftenkarte, die vom Kontoeröffner zu unterzeichnen und zurückzusenden ist. Nach Eingang der Unterschriftenkarte kann über das Konto verfügt werden.

Bei Eröffnung von Konten und Depots bzw. bei Anknüpfung dauernder Geschäftsbeziehungen darf die Bank grundsätzlich davon ausgehen, daß der ihr gegenüber Auftretende auch der wirtschaftlich Berechtigte ist. Diese Vermutung wird jedoch zerstört, wenn der Vertragspartner nicht der tatsächliche Eigentümer der zur Verwahrung, Anlage oder für einzelne Transaktionen bestimmten Vermögenswerte sein kann oder ungewöhnliche Feststellungen gemacht werden. Ergeben sich bereits zum Zeitpunkt der Aufnahme der Geschäftsbeziehungen *Zweifel* an der Personengleich-

---

90 Vgl. aber unten D.III.4.

heit des Kontoeröffners mit dem wirtschaftlich Berechtigten,[91] sind Schweizer Banken sowohl nach den Standesregeln (Art. 3 VSB 1998) als auch nach Art. 4 des Bundesgesetzes zur Bekämpfung der Geldwäscherei im Finanzsektor ermächtigt,[92] vom das Konto/Depot Eröffnenden mittels Formular A[93] eine schriftliche Erklärung darüber zu verlangen, ob er oder ein Dritter der wirtschaftlich Berechtigte ist. Bei Eröffnung eines Kontos auf dem Postweg fordern Schweizer Banken eine schriftliche Erklärung über den wirtschaftlich Berechtigten mittels Formular A immer ein.

Zweifel an der Personengleichheit des Kontoeröffners mit dem wirtschaftlich Berechtigten bestehen:

- Wenn Vollmacht an eine Person erteilt wird, welche erkennbar nicht in einer genügend engen Beziehung zum Vertragspartner steht.
- Sofern der Bank die finanziellen Verhältnisse einer Person, die ein Konto eröffnet, bekannt sind und die mitgebrachten oder in Aussicht gestellten Werte außerhalb dieses finanziellen Rahmens liegen.
- Wenn der Kontakt mit dem Kunden andere außergewöhnliche Feststellungen ergibt.

Sowohl die Standesregeln als auch das Geldwäschereigesetz lassen aber in allen Fällen die *bloße schriftliche Erklärung* des Vertragspartners über den wirtschaftlich Berechtigten genügen, die er mittels Formular A abgibt. Die Feststellung des wirtschaftlich Berechtigten besteht also in der bloßen Frage an den Vertragspartner, ob ihm oder einem Dritten die Vermögenswerte gehören. Der Bankier/Financier ist nicht verpflichtet, Untersuchungen über die wirtschaftlich berechtigte(n) Person(en) durchzuführen. Er wird jedoch dazu angehalten, den Umständen entsprechende Fragen zu stellen, auf die er plausible Antworten vom für den Schwarzgeldanleger agierenden Treuhänder bekommen muß.

---

[91] Als „wirtschaftlich Berechtigter" wird der eigentliche Eigentümer eines Vermögens bezeichnet, der gegenüber dem Kontoinhaber im Innenverhältnis weisungsbefugt ist.

[92] Auszugsweise abgedruckt im Anhang IX.

[93] Vgl. Anhang VIII.

Die Pflicht zur Feststellung der wirtschaftlichen Berechtigung gilt auch dann, wenn ein identifizierungspflichtiges *Kassageschäft*[94] getätigt wird oder die Vertragspartei ein Trust, eine Stiftung oder eine sonstige *Sitzgesellschaft* ist. Gerade bei der Schwarzgeldanlage über liechtensteinische Verbandspersonen und besondere Vermögenswidmungen[95] sind die wirtschaftlich Berechtigten festzustellen, wenn in der Schweiz auf Namen der Stiftung oder des Trusts ein Konto eröffnet werden soll. Können keine wirtschaftlich Berechtigten genannt werden, weil – wie es beim Discretionary Trust der Fall ist[96] – gar keine Berechtigten festgestellt werden können, verlangen die Schweizer Banken eine schriftliche Erklärung, welche diesen Sachverhalt bestätigt. Diese Erklärung muß Angaben enthalten über die effektiven (nicht treuhänderischen) Gründer und, falls bestimmbar, Angaben über Personen, die dem Vertragspartner oder seinen Organen gegenüber instruktionsberechtigt sind, sowie über den Kreis von Personen, die als Begünstigte in Frage kommen können. Die Bank wird hier die Familienangehörigen des Gründers wissen wollen. Ist der Trust widerruflich (ein sogenannter Revocable Trust), ist immer der Gründer (der effektive, nicht der treuhänderische) auch der wirtschaftlich Berechtigte, der somit in der Schweiz aktenkundig wird.

c) Das Zentralregister der Vertragspartner und der wirtschaftlich Berechtigten

Jede Schweizer Geschäftsbank muß innerhalb angemessener Frist in der Lage sein, auf Begehren der Strafverfolgungsbehörden darüber Auskunft zu geben, ob eine Person ihr Vertragspartner oder/und wirtschaftlich Berechtigter der verwahrten Vermögenswerte ist oder Kassageschäfte im Wert von über 25.000 Schweizer Franken getätigt hat. Zur Erfüllung dieser Auskunfts- und Nachweispflichten führen Schweizer Banken neben separaten Kundendossiers ein sogenanntes *Zentralregister der Vertragspartner und der wirtschaftlich Berechtigten,* das im Prinzip dem Gläubiger- und Bevollmächtigtenverzeichnis deutscher Banken gleicht. In das Zen-

---

[94] Vgl. unten D.III.3.

[95] Vgl. unten D.VI.5.

[96] Näheres in: Götzenberger, Anton-Rudolf, Diskrete Geldanlagen, 2. Aufl. 1999, Frankfurt/Wien.

tralregister werden alle neu hinzugewonnenen, dauernden Kundenbeziehungen aufgenommen. Sämtliche Korrespondenzunterlagen, Rechnungsbelege und Identifizierungsunterlagen müssen dabei so erstellt und abgelegt worden sein, daß einzelne Transaktionen rekonstruiert werden können. Für die Aufbewahrung gilt eine Frist von fünf Jahren. Schwarzgeldanleger und ihre Bevollmächtigten sind also für mindestens fünf Jahre in den Büchern der Banken.

3. Kassageschäfte als Schwarzgeldgeschäft

Unter den Begriff „Kassageschäfte" fallen alle Bargeschäfte mit Lauf- oder Schalterkunden, wie z. B. der Geldwechsel, der Kauf und Verkauf von Edelmetallen, die Barzeichnung von Kassa- und Anleihensobligationen, der Barverkauf von Travellerchecks oder die Bareinlösung von Schecks. „Lauf- oder Schalterkunden" sind Personen, die mit der betreffenden Bank oder einem Bankier/Financier nur gelegentlich verkehren und keine dauernden Geschäftsbeziehungen unterhalten.

Werden Kassageschäfte von Lauf- oder Schalterkunden über Beträge von mehr als 25.000 Schweizer Franken oder Gegenwert in Fremdwährung getätigt, müssen diese identifiziert, der Vorgang dokumentiert und registriert werden.[97] Schaltergeschäfte zu oder unterhalb von diesem Schwellenwert sind grundsätzlich nicht legitimationspflichtig, es sei denn, es besteht der begründete Verdacht, daß in Wahrheit ein Kassageschäft im Transaktionsvolumen von mehr als 25.000 Schweizer Franken vorliegt und die Transaktion auf mehrere Einzeltransaktionen mit oder ohne Zwischenschaltung anderer Geschäftsbanken aufgespalten wird, um eine Legitimation zu umgehen.

Zur Begründung der betragsunabhängigen Identifizierungspflicht reichen bereits ungewöhnliche Feststellungen aus, etwa weil sich der Schwarzgeldanleger unwirtschaftlich oder unrentabel verhält. Zur Beurteilung von Sinn und Zweck der in Frage stehenden Transaktion muß sich der Financier vom Kunden Informatio-

---

[97] Vgl. oben D.III.2.c).

nen beschaffen und diese auf ihre Glaubwürdigkeit überprüfen. Die Pflicht zur Identifizierung des Kunden und der fallweisen Feststellung des wirtschaftlich Berechtigten wird durch die Abklärungspflicht nicht verdrängt. Letztere ergibt sich vielmehr aus der Identifizierungspflicht des Kunden und trägt entweder zur Klärung der Situation bei oder bekräftigt den Verdacht auf Schwarzgeld.

4. Schwarze Werte in weißen Schrankfächern

Schweizer Banken leisten zwar Täuschungsmanövern ihrer Kunden keinen Vorschub, die gegen Behörden des In- und Auslandes, insbesondere gegen Steuerbehörden gerichtet sind, und zwar weder durch unvollständige noch auf andere Weise irreführende Bescheinigungen, wie es in Art. 8 der Sorgfaltspflichtvereinbarung (VSB 98) heißt.[98] Schweizer Banken ändern also weder Belege, Auszüge, Gutschrifts- oder Belastungsanzeigen oder Wertpapierabrechnungen zugunsten ihrer deutschen Kunden ab, noch lassen sie auf seinen Wunsch Bestätigungen über einzelne Positionen „unter den Tisch fallen".

Schweizer Banken interessiert aber nicht, was der Kunde in seinem Schließfach hat. Außer daß der Kunde zu identifizieren ist, bestehen im Zusammenhang mit der Vermietung von *Schrankfächern* keine weiteren Verpflichtungen, wie etwa die Feststellung einer wirtschaftlichen Berechtigung.

Begründung: Es handelt sich hier nicht um ein Vertragsverhältnis, dessen Zweck die Entgegennahme, Verwaltung und Verwahrung von Vermögenswerten ist, sondern um ein reines Mietverhältnis. Die Bank bietet mit der Vermietung von Schrankfächern keine Finanzdienste an, sondern stellt ein Mietobjekt zur Verfügung und kann sich so keine Kontrolle über den Inhalt des Schrankfachs verschaffen. Was der Mieter also in diesem Mietobjekt aufbewahrt oder ob das darin Aufbewahrte ihm oder einem anderen gehört, kann und braucht die Bank nicht festzustellen.[99]

---

98 Auszugsweise abgedruckt im Anhang VIII.

99 Vgl. in diesem Zusammenhang: Edelmetalle glänzen auch in Sachen Diskretion, in: Götzenberger, Anton-Rudolf, Diskrete Geldanlagen, 2. Aufl. 1999, Frankfurt/Wien.

5. Der Schwarzgeldtransfer in die Schweiz

In die Schweiz können Geldbeträge von deutschen Gebietsansässigen angesichts des bestehenden freien Außenwirtschaftsverkehrs ohne Einschränkungen und in beliebiger Höhe transferiert werden; ebenso verhält es sich mit Beträgen, die aus der Schweiz empfangen werden. Außenwirtschaftsgesetz und -verordnung verlangen lediglich bei Zahlungen über 5.000 DM oder entsprechendem Gegenwert in ausländischer Währung die Erstattung einer Meldung an die Deutsche Bundesbank. Als meldepflichtige Zahlungsvorgänge gelten u. a. Bar-, Scheck- und Wechselzahlungen, Überweisungen über Geldinstitute und Postanstalten, Aufrechnungen und sonstige Verrechnungen.

Das Meldeverfahren verlangt die Verwendung des für Zahlungsauftrag und Meldung einheitlichen Z-1-Formularsatzes. Die Meldung ist stets zeitgleich mit der Überweisung zu erstatten. Gesonderte oder – oftmals empfohlene – nachträgliche Selbstmeldungen (welche naturgemäß „vergessen“ werden) sind unzulässig. Der Meldepflicht unterliegen Gebietsansässige (natürliche und juristische Personen mit Wohnsitz oder gewöhnlichem Aufenthalt in Deutschland), die nicht ausschließlich Zahlungen zu persönlichen Zwecken leisten (z. B. die Entrichtung von Reisekosten an Ort und Stelle in bar oder per Scheck).

Des weiteren muß der deutsche Schwarzgeldanleger seine in die Schweiz bar transferierten Gelder (nach dem Motto „Bargeld hinterläßt keine Spuren“) auf Verlangen den Zollbediensteten mitteilen, wenn er mehr als 30.000 DM dabei hat. Bargeldern gleichgestellt sind Wertgegenstände wie Tafelpapiere, Schecks, Wechsel, Edelmetalle oder Edelsteine. Gegebenenfalls ist auch die Herkunft der Gelder, der wirtschaftlich Berechtigte und der Verwendungszweck darzulegen (§ 12a Abs. 2 Gesetz über die Finanzverwaltung).

Der Zoll unterhält insgesamt 40 mobile Kontrollgruppen im Einsatz, die den grenzüberschreitenden Warenverkehr zollamtlich überwachen, und zwar nicht nur im grenznahen Raum. Werden die mitgeführten Barmittel auf Verlangen nicht oder nicht vollständig angezeigt, kann dies als Ordnungswidrigkeit geahndet werden und in besonders schweren Fällen, etwa wenn der Schwarzgeldanleger das Geld am Körper, in der Kleidung, im Gepäck, in einem Transportmittel oder sonst auf schwer zu entdeckender Weise in die Schweiz zu transportieren versucht, das gesamte mitgeführte und nicht angezeigte Schwarzgeld als Geldbuße verloren sein (§ 12c Abs. 3 Gesetz über die Finanzverwaltung). Im „Normalfall" muß der Schwarzgeldanleger aber immerhin noch mit der Hälfte (bei Vorsatz) bzw. mindestens mit einem Viertel (bei Fahrlässigkeit) der zur Anlage bar in die Schweiz transferierten Schwarzgelder als Strafmaß rechnen.

Um Melde- und Deklarationspflichten, insbesondere aber das Risiko zu umgehen, im Fall des Erwischtwerdens das gesamte Geld zu verlieren, bedienen sich gewiefte Schwarzgeldanleger folgender Transportmethoden:

- Schwarzgeldanleger versenden Bargeld auf dem Postweg – als Wertbrief deklariert – in die Schweiz und versichern die Wertsendung in voller Höhe über eine Schweizer Assekuranz. Auf dem Wertbrief wird ein niedrigerer Wertsendungsbetrag angegeben (z. B. nur ein Prozent der Bargeldsumme) und auf diesem Weg werden diskret 100.000 DM Schwarzgeld in einem 1.000-DM-Wertbrief auf Schweizer Konten in barer Form übertragen.
- Schwarzgeldanleger zahlen Schwarzgeld zugunsten eines Nostrokontos ein. Das Nostrokonto ist ein betriebsinternes Verrechnungskonto, das von einer Bank bei anderen Banken unterhalten wird. Schweizer Töchter von deutschen Banken unterhalten beispielsweise Nostrokonten, auf denen Einzahlungen vorgenommen werden. Hier ist aber mittlerweile Vorsicht geboten. Sämtliche Dresdner-Bank-Kunden und Kunden anderer Banken sind auf diese Weise aufgeflogen!
- Schwarzgeldanleger eröffnen ein Pseudonymkonto, lautend auf den Namen „Andreas Müller", bei der Auslandsbank. Anschließend gehen sie in Deutschland zur Post und tätigen Bareinzahlungen in kleineren Beträgen. Kontoempfänger ist „Andreas Müller". Der Einzahler lautet „wie oben". Außenstehenden Dritten drängt sich nach Durchsicht der Einzahlungsbelege der Vorgang so auf, als hätte Andreas Müller auf sein eigenes Auslandskonto Geld überwiesen. In Wirklichkeit war es aber der

Schwarzgeldanleger, der Geld auf sein eigenes Konto überwiesen hat (auf sein Pseudonymkonto „Andreas Müller").

Schwarzgeldanleger aus dem süddeutschen Raum praktizieren auch folgende Methode: Sie fragen vor Kontoeröffnung, ob das Kreditinstitut eine Repräsentanz in Salzburg (Österreich) hat. Denn sie wissen, daß es zwischen Deutschland und Österreich keine Grenzkontrollen mehr gibt und es daher leichter ist, Schwarzgelder auf ein Schweizer Konto über Repräsentanzen oder Niederlassungen der kontoführenden Bank in Salzburg oder Wien usw. zu bringen.

6. Besteuerung der Kapitalerträge

Für Erträge aus beweglichem Kapitalvermögen erhebt die Schweiz eine Quellensteuer in Form der sogenannten Verrechnungssteuer. Die Verrechnungssteuer ist keine feste Steuer, deren Betrag im voraus bereits fixiert ist, sondern eine bewegliche Steuer, deren Betrag individuell in einem besonderen Veranlagungsverfahren festgestellt werden muß. Der Steuersatz beträgt für Kapitalerträge aller Art einheitlich 35 Prozent.

Bemessungsgrundlage ist der auszuschüttende Kapitalertrag als steuerbare Leistung, namentlich die Zinsen, Renten, Gewinnanteile und sonstigen Erträge aus von einem Inländer bzw. einem inländischen Emittenten ausgegebenen Obligationen, die Erträge – sprich Dividenden – aus von einem Inländer ausgegebenen Aktien, Anteilen an Gesellschaften mit beschränkter Haftung, Genossenschaftsanteilen und Genußscheinen sowie Erträge aus Einlagen bei inländischen Banken und Sparkassen oder aus Anteilscheinen von Anlagefonds schweizerischer Provenienz.[100]

Steuerpflichtig ist jeweils der Schuldner der steuerbaren Leistung, d.h. der Emittent des betreffenden Wertpapiers. Die Verrechnungssteuer wird also bereits an der Quelle des Emittenten

[100] Die Ausschüttungen eines schweizerischen Anlagefonds werden von der Fondsleitung um die Verrechnungssteuer von 35 Prozent gekürzt. Nach besonderer Vorschrift können deutsche Anleger bzw. eine im Ausland ansässige Person die Verrechnungssteuer auf den Ausschüttungen eines Anlagefonds schweizerischer Provenienz in allen Fällen zurückfordern, wenn dessen Erträge zu mindestens 80 Prozent aus ausländischen Quellen stammen.

einbehalten. Demzufolge gelangt nur noch der um die Verrechnungssteuer gekürzte Kapitalertrag zur Depotbank des Ertragsgläubigers, und nur dieser Betrag kann folglich seinem Konto gutgeschrieben werden.

Deutsche Anleger erhalten auf Antrag einen Teil der gezahlten Verrechnungssteuer nach Maßgabe des deutsch-schweizerischen Doppelbesteuerungsabkommens rückerstattet. Nur für diejenigen Schwarzgeldanleger, die keinen Antrag auf Rückerstattung stellen, weil sie weder ihre eigene Identität noch Art und Höhe des verrechnungssteuerpflichtigen beweglichen Kapitalvermögens gegenüber den Finanzbehörden offenbaren wollen, wird die Steuer zur Endsteuer. Die Eidgenossen erstatten bei Obligationen und Bankzinsen die volle Verrechnungssteuer (35 Prozent) und bei Dividenden 20 von 35 Prozent. Für die verbleibenden 15 Prozent kann der deutsche Anleger entweder eine Anrechnung auf seine Einkommensteuerschuld vornehmen oder einen Antrag auf Abzug bei der Ermittlung der Einkünfte stellen (Anrechnungs- bzw. Abzugsverfahren, § 34c Abs. 1 und 2 EStG).[101]

Der Antrag ist dreifach auszufertigen und bei dem für den Ertragsgläubiger zuständigen Finanzamt einzureichen. Dieses nimmt das dritte Exemplar zu seinen Akten und sendet die restlichen zwei Ausfertigungen nach Anbringung eines Wohnsitz-Bestätigungsvermerks wieder an den Ertragsgläubiger zurück. Der Investor hat anschließend die beiden zurückgesandten Formulare binnen drei Jahren nach Ablauf des Kalenderjahres, in dem die Dividende fällig wurde,[102] an die Eidgenössische Steuerverwaltung, Abteilung Rückerstattung, Bundesgasse 32, CH-3003 Bern, einzureichen.

Die Drei-Jahres-Frist ist eine Ausschlußfrist. Steuerpflichtige, die es versäumen, ihren Rückerstattungsanspruch gegenüber der Schweiz fristgerecht geltend zu machen, zahlen die Steuer definitiv, weil sie in diesen Fällen nicht die volle 35%ige Verrechnungssteuer auf die deutsche Einkommensteuer anrechnen lassen kön-

[101] Ein konkretes Rechenbeispiel unter Berücksichtigung des für den Steuerpflichtigen günstigeren Verfahrens ist in Zusammenhang mit der/dem Anrechnung/Abzug der österreichischen Kapitalertragsteuer unter D.V.6.d) dargestellt.

[102] Unter „fällig" i. S. des DBA-Schweiz (Art. 28 Abs. 3) „ist entweder der Tag der zivilrechtlichen Fälligkeit in dem jeweils maßgebenden Vertragsstaat oder aber der Tag der Dividendenzahlung zu verstehen. § 11 EStG findet insoweit keine Anwendung" (BFH, Urt. v. 6. Okt. 1993, I R 69/93 BStBl. 1994 II, S. 318).

nen.[103] Dasselbe gilt auch, wenn es zu einer Nachveranlagung von über den Dreijahreszeitraum hinaus verschwiegenen Kapitaleinkünften kommt.

7. Das Schweizer Bankgeheimnis

a) Rechtsgrundlage

Das Schweizer Bankgeheimnis ist in Art. 47 des „Bundesgesetzes über die Banken und Sparkassen" (BaG) gesetzlich verankert.

Die Vorschrift lautet:

„1. *Wer ein Geheimnis offenbart, das ihm in seiner Eigenschaft als Organ, Angestellter, Beauftragter, Liquidator oder Kommissär einer Bank, als Beobachter der Bankenkommission, als Organ oder Angestellter einer anerkannten Revisionsstelle anvertraut worden ist oder das er in dieser Eigenschaft wahrgenommen hat, wer zu einer solchen Verletzung des Berufsgeheimnisses zu verleiten sucht, wird mit Gefängnis bis zu 6 Monaten oder mit Busse bis zu 50.000 Franken bestraft.*

2. *Handelt der Täter fahrlässig, so ist die Strafe Busse bis zu 30.000 Franken.*

3. *Die Verletzung des Berufsgeheimnisses ist auch nach Beendigung des amtlichen oder dienstlichen Verhältnisses oder der Berufsausübung strafbar.*

4. *Vorbehalten bleiben die eidgenössischen und kantonalen Bestimmungen über die Zeugnispflicht und über die Auskunftspflicht gegenüber einer Behörde."*

Unter einem Geheimnis versteht man, wie bereits dargestellt,[104] alle nur einem beschränkten Personenkreis zugänglichen und be-

[103] BFH 15. März 1995 I R 98/94 BStBl. 1995 II, S. 580: „Begrenzt ... das Abkommen die Besteuerungsmöglichkeiten des Quellenstaates und räumt es dem inländischen Bezieher der Einkünfte einen Erstattungsanspruch gegen den Quellenstaat ein, dann geht es auch von einer Geltendmachung dieses Anspruchs zu Lasten des Quellenstaates und nicht zu Lasten des Wohnsitzstaates aus."

[104] D.II.4.a).

kannten Tatsachen, Vorgänge oder Verhältnisse, die im Interesse des Geheimnisherrn vor einer öffentlichen Verbreitung bewahrt werden müssen. Die Schweizerische Bankiervereinigung sieht im „Bewahrt-werden-Müssen" folgerichtig eine Verpflichtung der Bank gegenüber dem Kunden und definiert das Bankgeheimnis als eine „Pflicht der Bank, alle in Ausübung der beruflichen Tätigkeit anvertrauten oder wahrgenommenen Geheimnisse zu wahren".[105]

b) Personeller und territorialer Geltungsbereich

Dem Schweizer Bankgeheimnis unterliegen alle Vorgänge und Ereignisse aus dem Rechtsverhältnis des Kunden zur Bank (auch wenn es sich bloß um einen Schalterkunden handelt), wie bestimmte offenbarte Informationen zur finanziellen und wirtschaftlichen Situation und Geschäftsbeziehungen zu anderen Banken, und schließlich Informationen über von Drittpersonen bei anderen Banken durchgeführte Transaktionen, welche mit dem Kontoinhaber in Verbindung stehen (z. B. Geschäftspartner).

Der Schweigepflicht unterliegen im wesentlichen drei Personenkreise:

- die Mitglieder der Geschäftsleitung einer Bank (Direktionsmitglieder, Vorstands- und Aufsichtsräte und sonstige Personen, die nach Art. 720 OR im Handelsregister als Repräsentanten einer Bank eingetragen sind, wie „private" Banker oder Komplementäre einer Bank-KG);
- die Beschäftigten einer Bank (alle Personen, die mit einer Bank in einem Arbeitsverhältnis stehen, auch Auszubildende, Praktikanten usw.) sowie
- außenstehende Dritte, die mit der Bank in einem externen Beschäftigungs-/Auftragsverhältnis stehen (externe EDV-Berater und Mitarbeiter externer Rechenzentren, die nach Art. 30 BaG tätigen Kommissäre,[106] Revisionsbeauftragte, aktien- oder bankrechtliche Liquidatoren usw.).

---

105 Schweizerische Bankiervereinigung, „Das Schweizerische Bankgeheimnis", Basel, Juli 1992, S. 3.

106 Eine Bank in Liquidation kann vor Gericht Antrag auf vorübergehende Weiterführung der Bankgeschäfte stellen, falls noch Aussicht auf Erfolg besteht. Zur Beaufsichtigung der vorübergehenden Geschäftstätigkeit bestimmt der Richter nach § 30 BaG bestimmte Aufsichtsorgane.

Banken gleichgestellt sind Finanzgesellschaften (Parabanken), die mit Einlage-, Kredit-, Diskont- oder Effektengeschäften allgemein am wirtschaftlichen Verkehr teilnehmen. Nicht unter Art. 47 BaG fallen selbständige Vermögensverwalter, die lediglich die treuhänderische Verwaltung von Bankkonten oder Depots übernehmen, selbst aber keinerlei Bankgeschäfte tätigen.

Die Weitergabe bankgeheimnisgeschützter Informationen an Aktionäre einer Bank ist stets fallweise zu beurteilen. Dabei ist die Tragweite des Individualfalls mit der Tatsache abzuwägen, daß Aktionäre im allgemeinen dem Bankgeheimnis nicht unterstehen. Grundsätzlich können Aktionäre von Schweizer Großbanken, deren Anteilscheine an der Börse notiert sind, keine firmeninternen Informationen erlangen, die unter das Bankgeheimnis fallen. Denn bei solchen Großunternehmen ist nur in Ausnahmefällen anzunehmen, daß der Anteilswert einer Aktie von einzelnen Kunden beeinflußt werden kann, bei denen es zu Zahlungsunregelmäßigkeiten gekommen ist oder die als Kreditnehmer in Konkurs getreten sind.

Anders stellt sich die Situation bei kleineren Banken dar. Die Aktien befinden sich hier häufig im Familienbesitz oder in Händen einer kleinen Aktionärsgruppe. Hier kann eine Schieflage diverser Kreditnehmer durchaus schwerwiegende negative Auswirkungen auf den Geschäftsverlauf und die Bewertung der Aktie haben. In solchen Fällen ist die Bekanntgabe näherer kundenspezifischer Informationen von seiten der Vorstandschaft mit dem Bankgeheimnis vereinbar.

Der Übernahme einer Bank, die in Form einer Aktiengesellschaft firmiert, steht das Bankgeheimnis nicht entgegen. Dieses wird auch nicht berührt. Denn die Übertragung der Aktien auf die übernehmende Gesellschaft führt nicht zu einer Änderung des Geheimnisträgers, sondern nur zum Wechsel des ihn beherrschenden Aktionärs. Der Bankkunde als Geheimnisherr kann aus dem Bankgeheimnis kein Recht ableiten, den Aktionär seines Geheimnisträgers zu bestimmen.

Erteilt der Bankier in der Eigenschaft als Verwahrer börsennotierter Anteilscheine einer Schweizer Aktiengesellschaft allgemein gehaltene Auskünfte über die Aktionärsstruktur, kommt er mit seiner Geheimhaltungspflicht im allgemeinen nicht in Konflikt.

Diesbezügliche Auskünfte können notwendig sein, um festzustellen, in welchem Umfang sich das Unternehmen in ausländischer Hand befindet. Dem Begehren der Gesellschaft, eine Namensliste ausgewählter Aktionäre zu überreichen, darf die Depotbank allerdings nicht entsprechen.

Die von der Nationalbank veröffentlichten Bilanzstatistiken über Banken tragen dem Bankgeheimnis Rechnung, indem in solchen Statistiken über Bilanzwerte von Schweizer Privatbanken, die sich nicht am öffentlichen Einlagengeschäft beteiligen und demzufolge gemäß Art. 6 Abs. 6 BaG nicht publizitätspflichtig sind, weniger detaillierte Statistikzahlen veröffentlicht werden. Es soll damit vermieden werden, daß aufgrund von Zahlen eines kleinen, nur eine geringe Anzahl von Klienten betreuenden Etablissements auf den Reichtum dieser betuchten Kunden geschlossen werden kann.

Die Bankenkommission, der die Aufsicht über die schweizerische Kreditwirtschaft obliegt, darf an ausländische Bank- und Finanzmarktaufsichtsbehörden nicht öffentlich zugängliche Auskünfte und Unterlagen nur nach Maßgabe des Art. 23^{sexies} Abs. 2 BaG übermitteln. Nach dieser Vorschrift, die den Grundsätzen des Auskunftsaustausches nach der zweiten Bankenkoordinierungsrichtlinie der EU (der sogenannten Mutterlandkontrolle)[107] Rechnung trägt, darf Amtshilfe gewährt werden, wenn:

- die die Informationen empfangende ausländische Bankaufsichtsbehörde diese ausschließlich zur direkten Beaufsichtigung von Banken oder Finanzinstituten verwendet;
- die empfangende Behörde an ein Amts- oder Berufsgeheimnis gebunden ist und
- diese Informationen nicht ohne vorgängige Zustimmung der Bankenkommission oder aufgrund einer generellen Ermächtigung in einem Staatsvertrag an zuständige Behörden und an Organe weitergeleitet werden, die mit im öffentlichen Interesse liegenden Aufsichtsaufgaben betraut sind.

Zwar enthält das Datenmaterial, das zwischen Bankaufsichtsbehörden zum Zweck der konsolidierten Aufsicht ausgetauscht wird,

[107] EWG 89/646 vom 15. Dezember 1989.

keinerlei Information über Bankkunden oder läßt gar eine Personalisierung zu. Dennoch ist ausländischen Bankaufsichtsbehörden die Weiterleitung von über dem Amtshilfeweg erhaltenen Informationen an Strafverfolgungsbehörden untersagt, „wenn die Rechtshilfe in Strafsachen ausgeschlossen wäre". So darf beispielsweise das deutsche Bundesaufsichtsamt für das Kreditwesen die von der Eidgenössischen Bankenkommission erhaltenen Informationen nicht an deutsche Staatsanwaltschaften weiterleiten, wenn Rechtshilfe nach Maßgabe des Bundesgesetzes über internationale Rechtshilfe in Strafsachen[108] ausgeschlossen wäre. Aus der Formulierung „ausgeschlossen wäre" ist ersichtlich, daß es der vorherigen tatsächlichen Durchführung eines unter Umständen langwierigen Rechtshilfeverfahrens nicht bedarf. Damit soll Art. 23^{sexies} Abs. 2 Buchst. c BaG die grenzübergreifende Strafverfolgung nicht verzögern, sondern lediglich verhindern, daß sich ausländische Strafverfolgungsbehörden nicht öffentlich zugängliche Informationen über den Amtshilfeweg beschaffen, welche ihnen im Rahmen eines Rechtshilfeverfahrens nicht oder nur unter strengeren materiellen und formellen Voraussetzungen überliefert worden wären.[109]

Dem Bankgeheimnis unterliegen auch in der Schweiz ansässige ausländische Kreditinstitute. Filialen, Niederlassungen und rechtlich selbständige Tochtergesellschaften ausländischer Geschäftsbanken können nicht als „derselben Körperschaft" zugehörig betrachtet werden, mit der Folge, daß das Bankgeheimnis intern nicht zum Tragen kommt. Das im Ausland ansässige Stammhaus ist vielmehr als eine nicht dem Schweizer Bankgeheimnis unterstellte Drittperson anzusehen. Auskunftsrechte der im Ausland ansässigen Konzernzentrale sind auf für Zwecke der Gewinnabführung relevante Tatsachen beschränkt.

Schweiz-Töchter einer ausländischen Bank dürfen ihren Muttergesellschaften vertrauliche Informationen nur für Zwecke der konsolidierten Beaufsichtigung übermitteln. Die Weitergabe vertraulicher Unterlagen an die Mutter verstößt nur dann nicht gegen das Bankgeheimnis, wenn das einer nationalen Bankaufsichtsbehörde

---

108 Rechtshilfegesetz auszugsweise abgedruckt im Anhang X.

109 Analog: Art. 63 Abs. 2 Buchst. c des Bundesgesetzes über die Anlagefonds (AFG) vom 18. März 1994.

unterstellte Mutterhaus sowie die zuständige Aufsichtsbehörde einem Amts- oder Berufsgeheimnis unterliegen, die Daten ausschließlich zweckbezogen verwendet und nicht ohne Zustimmung an Dritte weitergeleitet werden (Art. 4 Abs.1^{quinquies} BaG). Angaben für die Aufklärung möglicher Schwarzgelddelikte von nicht überwachten Personen, welche bei der Schweiz-Tochter ein Konto unterhalten, dürfen selbstverständlich nicht übermittelt werden.

Schweizerische Niederlassungen amerikanischer Banken lassen ihre Daten mehr und mehr in England bearbeiten, was einen Datentransfer ins Ausland zur Folge hat. Zwar hat die Aufsichtsbehörde die Datenverarbeitung in England bewilligt, was im Endeffekt bedeutet, daß dieselben Standards eingehalten werden, als ob die Verarbeitung in der Schweiz erfolgen würde. Der diskretionsbedürftige Kunde dürfte allerdings Unbehagen verspüren, wenn er erfährt, daß die im Zusammenhang mit seiner Überweisung von einem Konto in Basel auf ein Konto in Zürich stehenden Daten einen Umweg über London machen. Immerhin wandern dabei Daten wie Namen der Sender- und Empfängerbank, der Betrag, Valuta, Mitteilungen und dergleichen über fremde Länder und gelangen so in Rechtsbereiche mit keinem oder geringerem Geheimnisschutz.

Die Gefahr für einen Schwarzgeldanleger, über den konzerninternen Informationsaustausch im Wohnsitzland aufzufliegen, ist aber wesentlich geringer als die Gefahr, die von den Mitarbeitern selbst ausgeht. Kehrt der Filialleiter einer Auslandsfiliale nach Deutschland zurück, nimmt er bestimmte vertrauliche Informationen – wenn auch nur im Gedächtnis – mit. Gefahr für den Schwarzgeldanleger droht auch, wenn die Schweiz-Tochter eine Filiale ohne eigene Rechtspersönlichkeit ist und auf Vorstandsebene von einem inländischen Repräsentanten vertreten wird, der über alles auf dem laufenden ist, aber – weil er außerhalb des Schweizer Territoriums tätig ist – nicht dem Bankgeheimnis untersteht. Der gewiefte Schwarzgeldanleger meidet daher Filialen, Niederlassungen oder Repräsentanzen ausländischer Kreditinstitute und wendet sich ausschließlich an eine Schweizer Bank.

Das Bankgeheimnis verlangt auch Stillschweigen darüber, ob ein Konto besteht oder nicht besteht (sogenannte Negativauskünfte). Dies ist auch der Grund dafür, weshalb in der Schweiz Einzahlungen auf „fremde" Konten nicht möglich sind. Kommen deutsche Steuerfahnder in Zivil in die Schweiz und wollen sie einen kleinen Betrag auf das Konto eines der Steuerhinterziehung verdächtigten Deutschen einzahlen, wird man diese von Schweizer Seite dezent, aber sicher wieder nach Hause schicken. Denn würde der Kassierer das Geld annehmen und dem Überbringer eine Quittung ausstellen, wäre der Beweis erbracht, daß bei dieser Bank ein Konto auf Namen oder Nummer usw. besteht. Die Erkenntnisse würden zwar in den meisten Fällen nur aus einer Nummer bestehen, welche allein noch nicht die Inhaberschaft des Kontos seitens eines Deutschen beweisen würde. Aber dennoch wäre ein solcher Beweis den Steuerfahndern durchaus ein paar Franken wert. Doch selbst diese versuchen diesen billigen Trick inzwischen nicht mehr.

Für Mitarbeiter von Zweigniederlassungen Schweizer Banken im Ausland (also der umgekehrte Fall) ist Art. 47 BaG nicht zwingend; der territoriale Geltungsbereich des Bankgeheimnisses beschränkt sich auf Schweizer Staatsgebiet. Allerdings fallen unter das Bankgeheimnis solche Mitarbeiter der Auslandsfiliale einer Schweizer Bank, die ihren Arbeitsvertrag in der Schweiz abgeschlossen haben und sich hierbei zur Geheimhaltung nach Schweizer Recht vertraglich verpflichtet haben. Solche vom Schweizer Mutterhaus abgesandte Belegschaftsmitglieder können auch nach Schweizer Recht bestraft werden, wenn sie von ausländischer Seite her gezwungen wurden, bestimmte Tatsachen zu offenbaren.[110] Denn Art. 47 Abs. 4 BaG läßt die Durchbrechung des Bankgeheimnisses nur nach eidgenössischen oder kantonalen Bestimmungen über die Zeugnispflicht und über die Auskunftspflicht gegenüber einer Behörde zu.

Nach Art. 7 des schweizerischen Strafgesetzbuches gilt ein Delikt als dort begangen, wo entweder der Täter gehandelt hat oder der Erfolg eingetreten ist.[111] Gibt beispielsweise ein Schweiz-Banker im Ausland geheimnisgeschützte Datenlisten an ausländische Steuerfahnder weiter, ist der Erfolg (daß geheime Daten nun keine geheimen mehr sind) in der Schweiz eingetreten (eine Schweizer Bank ist regelmäßig geschädigt). Die Tat ist in der Schweiz strafbar. Gleiches gilt, wenn der Täter von Schweizer Territorium aus tätig

[110] Aubert/Kernen/Schönle, Le secret bancaire suisse, Bern 1995, S. 109.
[111] Aubert/Kernen/Schönle, a.a.O., S. 101.

wurde, indem er Informationen an ausländische Steuerbehörden weiterleitete und es deshalb zu einer Strafverfolgung im Ausland gekommen ist (der Erfolg tritt im Ausland ein). In beiden Fällen greifen die strafrechtlichen Sanktionen des Art. 47 BaG. Nach Art. 47 bestraft werden beispielsweise auch Organe oder Mitarbeiter der Schweiz-Tochter eines deutschen Kreditinstituts, wenn sie Informationen an deutsche (Steuer-)Behörden übermitteln, welche über allgemein veröffentlichte Bilanzen oder Gewinn- und Verlustrechnungen hinausgehen.

c) Grenzen der Geheimhaltungspflicht

Die Grenzen des Schweizer Bankgeheimnisses zeichnen sich überall dort ab, wo entweder der Wille des Geheimnisherrn zu respektieren ist oder übergeordnete öffentliche Interessen etwas anderes bestimmen. Weil das Bankgeheimnis als „Recht des Kunden“ anzusehen ist, entscheidet dieser frei, in welchem Umfang und gegenüber welchen Drittpersonen seine Bank persönliche Geheimnisse weiterleiten darf.

Selbstverständlich ist, daß das Bankgeheimnis den das Institut repräsentierenden Direktionsmitgliedern (Art. 718, 718a OR), Prokuristen (Art. 458ff. OR) oder den zur Geschäftsführung bestellten Personen (Art. 462 OR) nicht entgegensteht. Diesem Personenkreis dürfen allerdings nur dem Rahmen ihrer Kompetenz und des Aufgabenbereichs entsprechende Informationen übermittelt werden. Organe einer Stiftung haben im Gegensatz zu den aus der Stiftung Begünstigten Auskunftsrechte über das Stiftungsvermögen.

Klagt der Kunde gegen die Bank, wird eine Entbindung durch den Kläger automatisch angenommen. Klagt die Bank gegen den Kunden (die Bank ermächtigt sich durch entsprechende Vereinbarung einer Gerichtstandsklausel selbst), hat sie ihre Forderungen nachzuweisen. Sie kann sich in diesem Fall nicht auf das Bankgeheimnis berufen, muß es aber wahren, sofern ihr zum Nachweis auch andere Mittel und Wege zur Verfügung stehen würden. Des weiteren muß die einklagbare Forderung im angemessenen Verhältnis zu den Konsequenzen stehen, die den Kunden durch die Offenbarung erwarten. Die Beitreibung von Bagatellforderungen würde die Durchbrechung des Bankgeheimnisses im Rahmen eines

Zivilprozesses nicht rechtfertigen, zudem hier in aller Regel andere Mittel (z. B. die Aufrechnung) zur Verfügung stehen.[112]

Schweizer Banken erteilen auf Anfrage allgemein gehaltene Informationen über die Bonität von Geschäftskunden an andere Kontoinhaber oder Dritte. Hier handelt es sich um einen Service für die Kunden einer Bank. Firmenauskünfte sollen es dem Anfragenden ermöglichen, abzuschätzen, inwieweit er in Geschäftsbeziehungen mit dem Geheimnisherrn treten kann. Eine rechtliche Verpflichtung zur Auskunftserteilung besteht für den Schweiz-Banker nicht. Er ist in der Erteilung von Bonitätsauskünften an allgemein gehaltene und jedermann zugängliche Informationen beschränkt und darf sich hierzu insoweit ermächtigt sehen, als er nach objektiver Einschätzung zum Vorteil des Geheimnisherrn agiert (insbesondere unter dem Gesichtspunkt der internationalen Akzeptanz von Bankauskünften in der Geschäftswelt und der Tatsache, daß sich ein Schweigen regelmäßig zum Nachteil des Betreffenden auswirkt). Konnte der Geheimnisträger zum Zeitpunkt der Auskunftserteilung nicht annehmen, hierzu ermächtigt zu sein (weil nur Negatives zu berichten war), verstößt er gegen das Bankgeheimnis. Hat die Bank andere Kunden vom Bankrott eines Firmenkunden unter den Umständen einer Pflichtenkollision (siehe unten) zu warnen, darf dies nicht unter Konkretisierung vergangener Kontobewegungen geschehen.

Die Grenzen der Geheimhaltungspflicht durch *zwingendes Recht* kommen gem. Art. 47 Abs. 4 überall dort zum Ausdruck, wo eidgenössische und kantonale Bestimmungen über die Zeugnispflicht und über die Auskunftspflicht gegenüber einer Behörde mit dem Bankgeheimnis kollidieren würden. So enthält das Schweizer Zivilgesetz Vorschriften, die die Banken gegenüber Erbschaftsverwaltern (Art. 554 ZGB) bzw. Erbschaftsliquidatoren (Art. 595 ZGB) auskunftspflichtig machen. Nach Art. 581 ZGB ist die Bank gegenüber dem zuständigen Erbschaftsamt, das das „öffentliche Inventar im Erbfall“ zu errichten hat, auskunftspflichtig.

Ein öffentliches Inventar wird errichtet, wenn der Schwarzgeldanleger mit letztem Wohnsitz in der Schweiz verstorben ist und somit dort Erbschaftsteuerpflicht anfällt. Für Schwarzgeldkonten,

[112] Aubert/Kernen/Schönle, a.a.O., S. 57, 174.

deren Inhaber nicht in der Schweiz wohnen, besteht keine Inventar- oder Meldepflicht. Das amtliche Inventar dient zur Feststellung der Höhe des Nachlasses und bildet unter anderem die Grundlage für die Annahme oder Ausschlagung einer Erbschaft und für die Erhebung der Erbschaftsteuern. Kreditinstitute sind hier verpflichtet, Auskunftsbegehren der kantonalen Behörden zu entsprechen. Eine Inventarpflicht besteht auch von seiten des Bundes, um Fälle früherer Steuerhinterziehungen aufzuspüren.

Der Bankvertrag, aus dem sich die Geheimnispflicht des Bankiers begründet, endet nicht mit dem Tod des verstorbenen Kontoinhabers. Vielmehr geht das Bankgeheimnis beim Tod eines Bankkunden kraft Gesetzes auf die Rechtsnachfolger über. Das Bundesgericht räumt Erben „umfassende" Informationsrechte ein.[113] Daraus kann eine generelle Auskunftspflicht in dem Umfang abgeleitet werden, welcher auch gegenüber dem Erblasser selbst bestanden hätte. Die Rechtsnachfolger müssen über das Vermögen des Erblassers ausreichend informiert werden, wobei hier die BGE-Rechtsprechung überwiegend dahin tendiert, daß den Erben nur Auskünfte unter Rücksichtnahme auf die persönliche Privatsphäre des Verstorbenen zu geben sind. Für einen Erben ist es beispielsweise nur wichtig zu wissen, welche Beträge auf dem Konto des Erblassers zu- oder abgeflossen sind.

Der gesetzliche Informationsanspruch ist ausschließlich auf Vorgänge beschränkt, die die Geschäftsbesorgung als Haupttätigkeit betreffen. Der Bankier ist hier in seiner Entscheidung frei, Tatsachen preiszugeben, die nicht „Hauptsache" sind. Gleiches ergibt sich aus dem Persönlichkeitsrecht des Erblassers über den Tod hinaus und auch aus der Tatsache, daß die Diskretionspflicht mit dem Tod des Geheimnisherrn nicht endet.[114] Im allgemeinen informieren Schweizer Banken die Erben ihrer verstorbenen Kontoinhaber nur über die *Kontobewegungen* der letzten zehn Jahre. Dies ist für den Erbantritt und die Geltendmachung diverser Pflichtteilsansprüche (die nach Schweizer Recht für Schenkungen auf fünf Jahre begrenzt sind) auch ausreichend.

[113] BGE 82 II 555, 566-567, 89 II 87, 93–94 und Aubert/Kernen/Schönle, a.a.O., S. 315 ff.

[114] In der Literatur wird vielfach die Meinung vertreten, das Persönlichkeitsrecht eines Lebenden läßt sich nicht auf Verstorbene übertragen, es endet vielmehr mit dem Tod (u.a. Grossen, Jacques-Michel, Les personnes physiques, in: Traité de droit civil suisse, tome II 2, Fribourg 1974, p. 1–99).

Das den Erben gesetzlich zugesprochene Informationsrecht kann nicht durch eine vertragliche Vereinbarung mit dem Erblasser reduziert werden. Der Wunsch eines verstorbenen Kontoinhabers, seine Erben über die Intimsphäre im unklaren zu lassen, kann viele Gründe haben; u. a. seien hier Schwarzüberweisungen genannt, die auch den Erben einmal zum Verhängnis werden könnten, oder den Nachlaß mindernde Schenkungen zugunsten eines bevorzugten Erben.

Ist der verstorbene Kontoinhaber Ausländer, stellt sich zusätzlich das Problem der Anwendung des maßgebenden Landesrechts. Obwohl im Bankvertrag generell Schweizer Recht vereinbart ist, bestimmt sich die Erbfolgeregelung gemäß internationalem Privatrecht nach dem geltenden Recht des Landes, in dem der Verstorbene zuletzt ansässig war.[115] Nach dem jeweils geltenden Landesrecht ist auch abzustellen, ob der Auskunftsersuchende als (informationsberechtigter) Erbe anzusehen ist. Ist der um Unterrichtung Ersuchende ein durch Verfügung von Todes wegen von der Erbfolge ausgeschlossener Pflichtteilsberechtigter, hat er Anspruch auf Einholung aller Informationen über das ausgleichspflichtige Konto- und Depotguthaben des Verstorbenen. Hierin eingeschlossen sind alle Kontotransaktionen, die der Kontoinhaber zu Lebzeiten angeordnet hat. In Ländern des angelsächsischen Rechts ist der „Pflichtteilsberechtigte" unbekannt. Schweizer Banken dürfen demzufolge Anfragen aus Ländern des „Common Law" nur gegenüber den vom Erblasser bestimmten Erben beantworten. In Deutschland besitzt der durch Verfügung von Todes wegen von der Erbfolge ausgeschlossene nahe Angehörige nur Ansprüche auf entgeltliche Entschädigung gegenüber den im Testament bestimmten Erben (§ 2303 BGB). Der Pflichtteilsberechtigte nach deutschem Recht ist kein „Erbe" des Erblassers und hat gegenüber einer Schweizer Bank kein Auskunftsrecht über vom Erblasser zu Lebzeiten getätigte Rechtsgeschäfte.[116]

Banken sind ferner auskunftspflichtig in Ehe- und Bürgschaftsrechtsangelegenheiten. Art. 170 ZGB räumt dem Ehegatten das Recht ein, sich beim anderen über die derzeitigen Vermögens- und

---

[115] Art. 91 Abs. 1 Bundesgesetz über das internationale Privatrecht vom 18. Dezember 1987, RS 291.
[116] Aubert/Kernen/Schönle, a.a.O., S. 330.

Schuldverhältnisse zu informieren. Dieses Recht ist einklagbar. Weigert sich der Ehegatte und ordnet das Gericht die Einholung der Informationen über auskunftspflichtige Dritte an, steht das Bankgeheimnis insofern nicht entgegen, als Art. 170 Abs. 3 ZGB nur den „klassischen Berufsgeheimnisträger", nicht aber den Bankier vor einer Geheimnisoffenbarung schützt. Art. 170 ZGB geht aber nicht soweit, daß er einem Ehegatten die Freiheit einräumt, über ein privates Konto des anderen Ehegatten „hinter dessen Rükken" Informationen einzuholen.

Schließlich räumt Art. 305ter Abs. 2 StGB dem Bankier/Financier ein die Geheimhaltungspflicht verdrängendes „Melderecht" für Fälle ein, in denen Zweifel an der rechtmäßigen Herkunft von Vermögenswerten bestehen. Dies ist regelmäßig dann der Fall, wenn der Schwarzgeldanleger zum Kreis der Geldwäscheverdächtigen hinzugezählt wird.[117]

d) Strafrechtliche Sanktionen und Schadenersatz

Die Verletzung des Bankgeheimnisses wird in der Schweiz von Amts wegen verfolgt. Die Staatsanwaltschaft wird ohne Anzeige „automatisch" tätig, was im Fall sonstiger Berufspflichtverletzungen bei Ärzten, Rechtsanwälten etc. nicht der Praxis entspricht.

Der Bank droht bei Verletzung des Bankgeheimnisses die Aufkündigung der Mitgliedschaft von seiten der Schweizerischen Bankiervereinigung, und in besonders schweren Fällen kann die Eidgenössische Bankenkommission die Lizenz entziehen (Art. 23^{quinquies} Abs. 1 BaG).

Der unschweigsame Geheimnisträger riskiert seinen Arbeitsplatz und muß mit Geldstrafen bis zu 50.000 Franken, Freiheitsstrafen bis zu 6 Monaten oder mit beidem zusammen rechnen (Art. 47 Abs. 1 BaG, Art. 50 Abs. 2 StGB). Fahrlässiges Handeln wird mit einer Geldstrafe bis zu 30.000 Franken geahndet (Art. 47 Abs. 2 BaG). Fahrlässigkeit ist beispielsweise gegeben, wenn der Banker bei Grenzüberschreitung Unterlagen in seinem Auto „vergessen" hat oder diese so auffällig auf dem Beifahrersitz plaziert hat, daß der Zoll hiervon Kenntnis nehmen mußte.[118]

117 Vgl. E.III.
118 Aubert/Kernen/Schönle, a.a.O., S. 110.

Obgleich für die Bank die Möglichkeit der strafrechtlichen Entlastung besteht, indem sie nachweist, daß die Auswahl des Mitarbeiters mit der erforderlichen Sorgfalt vollzogen wurde oder der Schaden auch bei Anwendung dieser Sorgfalt entstanden wäre, haftet sie dennoch für Schadenersatzansprüche auf vertragsrechtlicher Ebene für ihre Mitarbeiter uneingeschränkt. Die Haftung der Bank für Belegschaft und extern Beauftragte wird u. a. auch aus der Tatsache abgeleitet, daß diesen durch die Bank die Möglichkeit eröffnet wurde, Einblick in die Geheimsphäre eines Kunden zu gewinnen.[119]

Egal ist, wann und auf welche Weise die Offenbarung erfolgt. Zu erwähnen sind hier insbesondere Plaudereien im Bekanntenkreis des Bankmitarbeiters – ein unumstritten gefährliches Terrain, dem man mit Nummernkonten entgegenzutreten versucht. Unerheblich ist auch, unter welchen Umständen der Mitarbeiter von den geheimnisgeschützten Tatsachen Kenntnis erlangt hat. Die vertragliche Bankhaftung greift auch bei Kompetenzüberschreitungen oder Mißachtung bankinterner Richtlinien von seiten des Mitarbeiters; auf strafrechtlicher Ebene kann sich die Bank aber in solchen Fällen durch Exkulpationsbeweis entlasten.

Nicht haftbar ist die Bank, wenn Bankmitarbeiter dadurch in Kenntnis bankgeheimnisgeschützter Daten gelangen, daß sie Telefongespräche illegal abhören oder Schlüssel zu Schrankfächern klauen. Denn die Pflichtverletzung geschah in diesen Fällen nicht im Rahmen der ordnungsgemäßen Ausführung des Arbeitsverhältnisses.[120]

Die Kenntnis, daß die auf Schweizer Konten transferierten Guthaben sowohl dem Zoll als auch den Fiskalbehörden im Ausland vorenthalten wurden und werden, rechtfertigt nach höchstrichterlicher Rechtsprechung nicht zur Preisgabe geheimnisgeschützter Daten an ausländische Behörden.[121] Geschieht dies aber doch, steht dem Schwarzgeldanleger so gut wie kein Schadenersatz zu. Dieser kann schon deshalb versagt oder gemindert werden, weil der Anleger den Schaden regelmäßig mitverursacht hat (indem er in seinem Land eine Steuerhinterziehung begangen hat). Kommt

[119] Aubert/Kernen/Schönle, a.a.O., S. 81.
[120] Aubert/Kernen/Schönle, a.a.O., S. 82.
[121] BGE 95 I 449, 101 IV 314, 104 IV 178.

es in diesem Fall aufgrund eines unvorsichtigen Bankangestellten zur Aufdeckung und Beschlagnahme des Schwarzgeldes, kann der Steuerhinterzieher weder den Gegenwert seines Schwarzgeldes einklagen noch Kompensation verlangen für Einkommensverluste, die er durch die Verhängung einer Freiheitsstrafe erleidet.

Für Vermögensschäden, die einem ausländischen Kontoinhaber wegen Zahlung einer Geldstrafe entstanden sind, können Schweizer Banken nicht zum Schadenersatz herangezogen werden. Das BGE hat im Urteil vom 14. Februar 1989[122] die Klage eines französischen Staatsbürgers abgelehnt, der sich gegenüber seinen Zollbehörden für die illegale Verschiebung von Vermögenswerten in die Schweiz verantworten mußte und dafür hohe Geldstrafen zu zahlen hatte. Von dem Schwarzgeldtransfer erfuhren die französischen Zollfahnder erst durch das leichtfertige Ausplaudern eines Bankangestellten.

Gegen Schweizer Vermögensverwalter aus dem Nichtbankensektor können Schadenersatzansprüche aufgrund der Verletzung des Bankgeheimnisses nur dann geltend gemacht werden, wenn sie als Treuhänder fungieren, d. h. für den Schwarzgeldanleger auf eigene Rechnung und eigenen Namen Bankgeschäfte tätigen und entweder Mitglied des Verbandes schweizerischer Bücher-, Steuer- und Treuhandexperten oder der Vereinigung schweizerischer Treuhand- und Revisionsgesellschaften sind.

8. Exkurs: Der Austausch von Kundendaten bei grenzüberschreitenden Fusionen Schweizer Banken

Im Zuge der Einführung der Euro-Noten wird es in den nächsten Jahren laut Schweizer Bankexperten zu großen grenzüberschreitenden Fusionen kommen. Hintergrund dafür ist, daß Banken ihre Produkte im ganzen Euro-Raum absetzen müssen, um dem Wettbewerbsdruck standhalten zu können. Das Geschäft mit den kleinen Privat- und Firmenkunden dürfte ab 2002 nicht mehr nur nationale Gebiete umfassen; die „technischen" Grenzen im Euro-Raum sind ja weggefallen. Doch wie steht es mit dem Schweizer Bankgeheimnis,

[122] 115 II 72.

wenn sich ein deutsches Kreditinstitut eine Schweizer Privatbank einverleibt? Schwarzgeldanleger, die ihr Konto bei kleinen Instituten führen, die verstärkt zum Übernahmeopfer ausländischer Geschäftsbanken werden, dürften sich diese Frage verstärkt stellen.

Weil Schweizer Banken fast durchweg in der Rechtsform einer Aktiengesellschaft organisiert sind, wird sich die Übernahme durch eine deutsche Tochter in Form des Wechsels des beherrschenden Aktionärs vollziehen, sprich in Form einer Fusion. Das Bankgeheimnis schützt selbstverständlich nicht vor dem Wechsel des beherrschenden Aktionärs und einer anschließenden Verschmelzung, was aber wegen des oben erwähnten Art. $4^{quinquies}$ deshalb von Bedeutung ist, weil Informationen an den neuen, im Ausland sitzenden, beherrschenden Aktionär nur weitergegeben werden dürfen, wenn sowohl der neue Hauptaktionär als auch eine für ihn zuständige Aufsichtsbehörde an ein Amts- oder Berufsgeheimnis gebunden sind.

Der Zusammenschlußabsicht geht zunächst einmal eine eingehende Prüfung des Übernahmekandidaten voraus, welche auch eine Analyse des Kundenstamms beinhaltet. Die Prüfung des Kundenstamms ist bereits bei der Prüfung der Aktiven und Passiven des Übernahmeobjekts „Schweiz-Bank" unerläßlich. Zu diesem Zeitpunkt ist der Übernehmer (z. B. eine deutsche Bank) selbstverständlich noch nicht mit der Schweizer Bank verbunden; er gilt als Dritter und das Bankgeheimnis ihm gegenüber absolut. Die Klippe „Bankgeheimnis" umschifft man meistens so, daß von seiten des Übernehmers ein Mitglied in den Verwaltungsrat oder die Geschäftsleitung des Übernahmeobjekts eingegliedert wird. Obschon dieser Mittelsmann Kundeninformationen nur in anonymisierter Form an die deutsche Konzernmutter weitergeben darf, ist nicht auszuschließen, daß nicht vielleicht doch einmal etwas durchsickert.

Eine andere Möglichkeit, die Qualität des Übernahmekandidaten beurteilen zu können, ist die Beauftragung der Revisionsgesellschaft der übernehmenden Gesellschaft durch den Übernahmekandidaten. Der Bericht wird zwar ausschließlich dem Schweizer Übernahmekandidaten zugestellt, doch gelangt dieser sicherlich auch auf deutsches Territorium.

Wer sein Schwarzgeldkonto bei einer kleinen Schweizer Bank unterhält, die mit einer ausländischen (deutschen) fusioniert, muß sich gefallen lassen, daß sich die Aufkäuferin vom Schweizer Kreditinstitut seine Kundenadresse geben läßt und weiter verarbeitet. Dies ist im Rahmen einer Fusion ohne Zustimmung des Kontoinhabers möglich; die Vorgehensweise verletzt das Bankgeheimnis nicht. Anders würde sich die Situation zwar darstellen, wenn die Schweizer Bank nur in Form einer Übernahme der Aktiven und Passiven geschluckt wird und als selbständiges juristisches Gebilde weiter besteht. Es würde hier im Unterschied zur Fusion zu keiner Universalsukzession kommen, sondern es würde das Gebot der Singularsukzession gelten. Für die Weitergabe der Kundenadresse wäre dann das Einverständnis des Kontoinhabers einzuholen. Dann muß er aber damit rechnen, von Schweizer Seite aus angeschrieben zu werden, sofern er keine banklagernde Korrespondenz vereinbart hat.

IV. Schwarzgeldanlage in Luxemburg

1. Kurzcharakteristik des Großherzogtums

Das Großherzogtum Luxemburg ist mit einer Fläche von 2586 qkm zwar das kleinste Mitgliedsland der Europäischen Union, von der Wirtschaftsleistung her betrachtet aber ein Riese. Die Wirtschaftsleistung des kleinen Landes erreichte 1996 bei einer Pro-Kopf-Betrachtung einen Wert, der mit 171[123] mehr als zwei Drittel über dem EU-Durchschnitt lag. Deutschland erscheint im Vergleich dazu mit einer Wirtschaftsleistung von nur 110 je Einwohner als Zwerg. Die über 80.000 ausländischen Beschäftigten machen Luxemburg zum Mehrsprachenland. 35 Prozent der 423.700 Einwohner des Landes sind Ausländer. Im Jahr 1815 wurde Luxemburg auf Beschluß des Wiener Kongresses deutscher Bundesstaat, erhielt jedoch 1890 seine Unabhängigkeit zurück. Geschäftssprache ist neben Französisch (Amtssprache) und Englisch so auch Deutsch.

---

[123] Wirtschaftsleistung (Bruttoinlandsprodukt) je Einwohner im Jahr 1996, basierend auf Kaufkraftparitäten (EU = 100), Quelle: Süddeutsche Zeitung vom 11. Juli 1997.

Das Großherzogtum hat als einer der ersten europäischen Staaten das Wiener Übereinkommen der Vereinten Nationen vom 19. Dezember 1988 ratifiziert, das die Bekämpfung des illegalen Drogenhandels zum Ziel hat. Weitere Maßnahmen zur Überwachung des Bank- und Finanzwesens folgten durch das den Finanzsektor regulierende Gesetz vom 5. April 1993,[124] welches letztmals durch das Gesetz vom 11. August 1998 über die organisierte Kriminalität und die Eingliederung der Tathandlung „Geldwäsche" als Strafdelikt in das Strafgesetzbuch modifiziert wurde. Die Pflicht ansässiger Banken, Anlage- und Finanzberater, ihre Geschäftspartner ausreichend zu identifizieren bzw. namentlich kennen zu müssen, wurde durch Art. 39 (L'obligation de connaître les clients) des Gesetzes nochmals betont.

Ein weiteres – für den soliden und seriösen Finanzplatz typisches – Beispiel war die Schaffung eines Gesetzes zur Bekämpfung der Steuerkriminalität. Zweck dieses Gesetzes war die Einführung des Straftatbestandes „Steuerbetrug", womit die Luxemburger Behörden auch im Bereich der internationalen Rechtshilfe für Klarheit gesorgt und einheitliche Maßstäbe für die Ahndung von Steuerstraftaten vorgelegt hatten.

Inländer wie ausländische Geldanleger schätzen an Luxemburg neben dem gesetzlich geregelten Bankgeheimnis und diversen Reglementen, die selbst vor den Einblicken nationaler Steuerbehörden in Kontounterlagen der eigenen Steuerpflichtigen schützen, vor allem die politische Stabilität und den schlanken und rasch reagierenden Staatsapparat. Dieser liegt den Bürgern nämlich weit weniger schwer auf der Tasche als der deutsche. Luxemburg ist eine konstitutionelle Monarchie mit demokratischen Institutionen. Die Rechtsordnung beruht auf dem französischen „code civil" aus dem Jahr 1805. Das Luxemburger Gesellschaftsrecht basiert auf belgischem Recht.

Die überschaubare Exekutive ist sehr rasch in der Umsetzung neuer EU-Richtlinien. So wurde die Direktive 93/22/CEE „service d'investissement" rasch in das Gesetz vom 5. April 1993 über den Banken- und Finanzsektor integriert. Luxemburger Kreditinstitute müssen demnach Anleger vor Aufnahme einer Geschäftsbezie-

---

[124] Loi du 5 avril 1993 relative au secteur financier, Mémorial A-No. 27 vom 10. April 1993.

hung darüber aufklären, ob und inwieweit für das angestrebte Anlagengeschäft eine Einlagensicherung in welcher Form besteht oder ob gar kein diesbezüglicher Anlegerschutz gegeben ist.[125]

Was die Steuersätze betrifft, so kann Luxemburg allerdings ganz und gar nicht als Steueroase gelten. Der Spitzensatz der Einkommensteuer liegt etwa bei 46 Prozent. Dennoch kostet ein Industriearbeiter im Vergleich zu Belgien und den anderen EU-Staaten gut ein Drittel weniger an Bruttolohnkosten bei gleichem Nettolohn. Ein Arbeiter zahlt in Luxemburg 8 Prozent seines Lohnes in die Pensionskasse und gut 5 Prozent in die Krankenkasse. Luxemburg erhebt seit Jahren keine Börsenumsatzsteuer, die Körperschaftsteuer ist seit 1998 auf 30 Prozent reduziert, die Gewerbekapitalsteuer rückwirkend ab 1997 bereits abgeschafft und vergessen und die Vermögensteuer günstig modifiziert worden. Das Großherzogtum erhebt keine Mehrwertsteuer beim An- und Verkauf von Goldbarren und Münzen und keine Quellensteuer für Zinseinnahmen aus festverzinslichen Wertpapieren und Einlagen bei Kreditinstituten. Dividendenerträge unterliegen einer Kapitalertragsteuer in Höhe von 25 Prozent.

Der Regelsteuersatz beträgt je nach Einkommenshöhe zwischen 20 und 33 Prozent. Auch die Investmentfonds fühlen sich wohl in Luxemburg. Ihre Zahl hat sich seit Ende 1996 bis Anfang 1998 um 450 auf 4400 vergrößert; das addierte Vermögen wuchs auf 774 Mrd. DM. Investmentfonds sind – selbst in der Rechtsform als Aktiengesellschaft – von allen Einkommen- und Vermögensteuern befreit. Ausschüttungen Luxemburger Investmentfonds unterliegen keiner Quellensteuer. Die Investmentfonds selbst werden mit 0,06 Prozent des verwalteten Nettofondsvermögens besteuert (sogenannte „tax d'abonnement").

Luxemburg gewährt Rechtshilfe nach den Vorschriften des Europäischen Rechtshilfeübereinkommens und hat auf Durchsuchung und Beschlagnahme gerichtete Rechtshilfehandlungen der Bedingung unterworfen, daß die dem Verfahren zugrunde liegende Straftat nach Maßgabe des Europäischen Auslieferungsübereinkommens *auslieferungsfähig* ist. Dies gilt insbesondere für alle im

---

[125] Eingefügt in das Gesetz vom 5. April 1993 durch G. v. 12. März 1998, Umsetzung der Directive 93/22/CEE „services d'investissement".

Zusammenhang mit der Verfolgung von Steuerdelikten begehrten Beschlagnahme- und Durchsuchungshandlungen, denen die Aufhebung des Bankgeheimnisses vorausgeht. Der durch Gesetz vom 22. Dezember 1993 neu in das Abgabenrecht eingefügte Straftatbestand des „Steuerbetrugs" erfüllt die Voraussetzung der Auslieferungsfähigkeit, sofern er nach Luxemburger Recht mit einem Mindestmaß an Freiheitsstrafe von einem Jahr geahndet würde.

Luxemburger Konten sind nicht pfändbar. Um von der Bank eine Erklärung zu erhalten, ob ein Konto auf den Namen eines Vollstreckungsschuldners geführt wird, ist die deutsche Finanzverwaltung gezwungen, den „normalen" Weg der Kontopfändung zu durchschreiten. Erst am Schluß dieser Prozedur ist eine Bank verpflichtet, Auskünfte darüber zu erteilen, ob der Steuerpflichtige bei ihr ein Konto unterhält oder nicht. Die deutschen Finanzämter haben dabei keine Möglichkeit, die von der Bank abgegebene Erklärung zu überprüfen. Vielmehr besteht nur dann Aussicht auf Erfolg, wenn es ihr gelingt, den Steuerpflichtigen an der Auflösung seines Kontos zu hindern. Die Finanzverwaltungen stellen deshalb sofort – nachdem sie Kenntnis über die Existenz eines Luxemburger Kontos erlangt haben – ein Rechtshilfeersuchen. Hierfür bedarf es allerdings handfester Beweise, um die von der Bank abgegebene Erklärung, daß das fragliche Konto nicht besteht, im Bedarfsfall zu widerlegen. Ist allerdings die Steuerschuld unbestritten und das Konto bekannt, müssen Pfändungs-Rechtshilfeersuchen nicht in jedem Fall ins Leere laufen.

Das Großherzogtum hat seit Einführung des Euro einige Nischenvorteile verloren, die seiner Wirtschaft in den vergangenen Jahren entscheidende Impulse gegeben hatten. Einen weiteren wichtigen Trumpf würde dem Finanzplatz sicherlich auch die Einführung einer einheitlichen EU-Quellenbesteuerung für Kapitalerträge rauben. Die Luxemburger blicken dennoch gelassen in die Zukunft. Sollte nach dem Mindestreservevorteil auch noch die Steuernische fallen, dürfte es den Finanzsektor nicht so schnell erschüttern. Dieser ist nämlich mittlerweile so groß geworden, daß er fast 20 Prozent zum Bruttoinlandsprodukt beiträgt. Die mittlerweile 216 Institute aus über 25 Ländern beschäftigen über 22.000 Personen (was einem Anteil am Gesamtmarkt von 9,8 Prozent entspricht), erwirtschaften über ein Viertel des Steueraufkommens und brachten es zum Oktober 1998 auf eine Bilanzsumme von exakt 22.474,8 Milliarden Luxemburger Francs.[126]

Für das Geschäftsjahr 1998 wiesen die Banken (rund 30 der 50 größten Banken der Welt sind im Großherzogtum angesiedelt) einen Nettogewinn von umgerechnet etwa 5,4 Milliarden DM aus. Die Aufsicht über das Bankwesen obliegt der „Commission de surveillance du secteur financier" (CSSF), die durch Gesetz vom 23. Dezember 1998 gegründet wurde. Niederlassungen ausländischer Banken aus Ländern der Europäischen Union unterliegen den jeweiligen Aufsichtsorganen ihrer Herkunftsländer.

2. Schwarzgeldkonten und Kontolegitimation

a) Luxemburger Schwarzgeldkonten

(i) Nummern- und Pseudonymkonten

Erst kürzlich mußte sich wieder ein 55jähriger Bankier vor dem Landgericht Bochum wegen Beihilfe zur Steuerhinterziehung verantworten.[127] Der Banker soll zwischen 1992 und 1997 unter dem Decknamen „Peter Meyer" für seine wohlhabende Kundschaft Wertpapierkonten in Luxemburg eingerichtet und geholfen haben, insgesamt 3,2 Millionen Mark an Steuern „zu sparen".

Der Banker benutzte Konten, die nur auf Nummer oder Pseudonym lauteten. Das Pseudonym lautete in diesem Fall „Peter Meyer". Die Luxemburger Bankenaufsicht „Commission de Surveillance du Secteur Financier" erlaubt die Führung von Nummern- und Pseudonymkonten. Die Eröffnung und Verwaltung solcher Konten vollzieht sich allerdings nach Maßgabe der Bestimmungen, die für Namenskonten gelten.[128] Luxemburger Geheimkonten schützen so letztlich nicht vor einer Aufdeckung von Schwarzgeld, da der Name des Kontoinhabers der Bank bekannt sein muß; und gegebenenfalls ist auch der wirtschaftlich Berechtigte gesondert festzustellen. Die Legitimation – und das ist der einzige Unterschied zu Namenskonten – vollzieht sich nur gegenüber Führungskräften

[126] 1976 belief sich die Bilanzsumme der damals 78 Banken auf nur 1.709 Milliarden Luxemburger Francs (Quelle: Bulletin trimestriel 1998/3–4 Banque Centrale du Luxembourg).
[127] Süddeutsche Zeitung vom 3.2.1999.
[128] Vgl. unten D.IV.2.b).

oder besonders bevollmächtigten Mitarbeitern, die als künftige Berater, Ansprechpartner und Verwalter des Nummern- oder Pseudonymkontos fungieren. Der bürgerliche Name eines Geheimkontoinhabers ist daher nur diesen bekannt, gegenüber sonstigen Mitarbeitern erscheint nur eine Nummer (im französischen Sprachgebrauch „code" genannt) oder eben ein Pseudonym. Die Führung eines Nummernkontos kostet etwa 5.000 Luxemburger Francs (ca. 250 DM) im Jahr, hinzu kommen noch ca. 2.000 Luxemburger Francs/Jahr (ca. 100 DM) für die banklagernde Korrespondenz.

(ii) Treuhandkonten

Voraussetzung für die Begründung einer Geschäftsbeziehung durch die Eröffnung von Treuhandkonten ist, daß der Bank der wirtschaftlich Berechtigte (Treugeber) genannt wird. Im Bedarfsfall haben die Kreditinstitute entsprechende Maßnahmen zur Identifizierung des Treugebers zu treffen (Art. 39 Abs. 3, Gesetz v. 5. April 1993). Der Treugeber bzw. wirtschaftlich Berechtigte ist in Fällen, in denen der Treuhänder selbst erklärt, für fremde Rechnung zu handeln, oder in Fällen, in denen Zweifel bestehen, ob der Kontoinhaber auch der wirtschaftlich Berechtigte ist, wie der Kontoinhaber selbst zu identifizieren. Die Bank wendet sich hier an den Treuhänder und verlangt Ausweiskopien sowie ein authentisches Schriftstück des wirtschaftlich Berechtigten zur Bestätigung des vom Kontoinhaber vorgetragenen Sachverhalts. In Luxemburg wird der wirtschaftlich Berechtigte also wie ein Kontoinhaber identifiziert. Eine bloße Feststellung auf Basis des vom Kontoinhaber Erklärten (wie beispielsweise in der Schweiz oder Liechtenstein) genügt im Großherzogtum nicht.[129]

(iii) Goldkonten

Luxemburger Goldkonten entsprechen im Wesen den Kontokorrentkonten, nur daß anstatt eines Geldbetrages eine bestimmte Menge Edelmetall (z. B. Krügerrand, Maple Leaf oder Gramm Fein-

---

[129] Bei Anderkonten darf die Bank regelmäßig davon ausgehen, daß der Anwalt oder Notar auf eigene Rechnung handelt. Verweigert ein Antragsteller etwa unter Berufung auf seine berufliche Schweigepflicht gem. Art. 458 code pénal (StGB) diesbezügliche Informationen, darf die Bank das Treuhandkonto nicht eröffnen.

gold 999,9) bei Kauf/Verkauf gutgeschrieben bzw. belastet werden. Die Kontoführung erfolgt in aller Regel gebührenfrei. Luxemburger Banken erheben zuzüglich zum offiziellen Fixingpreis eine Provision von 0,4 Prozent, mindestens jedoch 100 bis 120 DM. Der Goldkauf ist in Luxemburg mehrwertsteuerfrei.

b) Identifizierungs- und Legitimationspflichten bei Kontoeröffnung

Die dem Luxemburger Finanzsektor auferlegten Legitimationspflichten ergeben sich einerseits aus der deutschen Abgabenordnung, die dem Großherzogtum während des Zweiten Weltkriegs von den deutschen Besatzungsmächten aufgezwungen wurde und damals wie heute das Unterhalten anonymer Konten, Depots und Safes verbietet, und andererseits aus dem Gesetz vom 5. April 1993, das im wesentlichen die Identifikations- und Legitimationsvorschriften der EG-Geldwäsche-Richtlinie enthält.[130] Die oben bereits genannte Commission de surveillance du secteur financier (CSSF), das staatliche Aufsichtsorgan über den Luxemburger Finanzsektor, hat darüber hinaus einschlägige Akzente in Richtung verschärfter Legitimationspflichten gesetzt.

Um zu garantieren, daß das Bank- und Finanzwesen nicht zum Transfer von aus kriminellen Handlungen stammenden Geldern mißbraucht wird, sind die Banken dazu aufgefordert, eine Legitimation von allen Klienten zu verlangen, die mit ihnen in Geschäftsbeziehung treten wollen. Ohne Ausnahme gilt, daß sich jede natürliche oder juristische Person, die mit einer Luxemburger Bank in Geschäftsbeziehungen treten möchte, bei Eröffnung von Konten aller Art, Sparbüchern, oder wenn komplette Depot- und Vermögensverwaltungsverträge angeboten werden (Art. 39 Abs. 1), gegenüber dieser auszuweisen hat. Identitätsprüfungen sind vom Bankangestellten stets selbst durchzuführen; sie sind nicht delegierbar. Als offizielles Ausweisdokument gelten Reisepaß, Personalausweise oder Führerschein.

Die Legitimationspflicht bezieht sich dabei nicht ausschließlich auf denjenigen, der das Konto einrichtet. Der im Gesetz gebräuch-

[130] EG-Geldwäsche-Richtlinie, abgedruckt im Anhang V.

liche Begriff „Klient" umfaßt vielmehr sämtliche Kontomitinhaber und Treuhänder. Luxemburger Banken verlangen außerdem eine schriftliche Erklärung, ob das Konto zur Anlage eigener Geldmittel verwendet wird oder ob es sich bei den eingebrachten Geldmitteln um Vermögen Dritter handelt. Erklärt der Kunde, nicht im eigenen Namen zu handeln, bzw. besteht die Gewißheit, daß der Kunde für fremde Rechnung handelt, ist die Identität derjenigen Personen einzuholen, für die der Kunde handelt (Art. 39 Abs. 3). Für die Identifizierung dieses sogenannten wirtschaftlich Berechtigten gelten dieselben Regeln wie für die Identifizierung des Kontoinhabers.[131] Lautet das Konto auf den Namen einer Holding, einer Anstalt oder eines Trusts, muß der Bankier entweder die schriftliche Erklärung des Kontoinhabers einholen, daß dieser auf eigene Rechnung handelt, oder den hinter solchen Gebilden stehenden wirtschaftlich Berechtigten – wie dargelegt – identifizieren.

Eine bloße „Feststellung" des wirtschaftlich Berechtigten, basierend auf den Angaben des Kontoinhabers, genügt in Luxemburg nicht. Für Schwarzgeldanleger, die sich hinter einem Trust versteckt halten wollen oder Wert auf den anonymen Kauf von Wertpapieren im „Tafelgeschäft"[132] legen, was in Luxemburg nicht zulässig ist,[133] ist das Großherzogtum wenig geeignet.

3. Kassageschäfte als Schwarzgeldgeschäft

Die Identität sonstiger Gelegenheitskunden (Schalter- und Laufkunden) ist bei allen Transaktionen ab einem Wert von 500.000 Luxemburger Francs (ca. 24.000 DM) festzustellen, und zwar unabhängig davon, ob der Betrag mit einem einzigen Vorgang oder durch Addition mehrerer Vorgänge, zwischen denen eine Verbindung zu bestehen scheint, erreicht oder überschritten ist (Art. 39 Abs. 2). Ist die Höhe der Transaktion zum Zeitpunkt ihrer Durchführung nicht bekannt, stellt das betreffende Kredit- oder Finanzinstitut die Identität des Kunden fest, sobald der Betrag bekannt ist oder festgestellt werden kann, daß die genannte Schwelle erreicht ist.

---

[131] IML Circulaire 94/112; vgl. auch oben D.IV.2.a)(ii).
[132] D.II.3.
[133] Vgl. nachfolgend D.IV.3.

Anonyme Tafelgeschäfte können von Luxemburger Banken und sonstigen Financiers nicht praktiziert werden, *und zwar auch dann nicht,* wenn sich das Wertpapiergeschäft unterhalb der für Schaltertransaktionen geltenden Legitimationsgrenze von 500.000 Luxemburger Francs bewegt. Der anonyme Handel mit Inhaberpapieren (Tafelgeschäft) verstößt gegen die Legitimationspflichten des Gesetzes vom 3. September 1996 (loi, concernant la dépossession involontaire de titres au porteur). Luxemburger Kreditinstitute und alle im Finanzsektor professionell Tätigen müssen demnach Aufzeichnungen über Name, Wohnsitz und Beruf derjenigen führen, mit denen sie im Wertpapiergeschäft operieren. Die Vorschrift gilt für alle Wertpapiertransaktionen und die damit zusammenhängenden Nebengeschäfte, wie beispielsweise die Einlösung der Coupons. Auch der Ankauf von Gold und/oder Silber ist in Luxemburg legitimationspflichtig, unabhängig von der Höhe der Transaktion (also auch wenn es nur eine Goldmünze ist).

4. Der fast perfekte Schwarzgeldtransfer deutscher Banken nach Luxemburg (und wie es letztlich zur Aufdeckung kam)

Auszahlungen von einem Luxemburger Schwarzgeldkonto können mittels anonymem Barscheck bewerkstelligt werden. Die anschließende Barauszahlung des Schecks erfolgt in Form einer ausgeschriebenen Angabe des Luxemburger Nummernkontos auf dem Kassenbeleg.

Solche Barauszahlungen sind nach den Worten der Dresdner Bank der absolut übliche Weg, wenn der Kunde selbst nicht namentlich in Erscheinung treten und die Herkunft des Geldes verdeckt halten will. Das mit einer Bilanzsumme von über 700 Mrd. Mark drittgrößte deutsche Geldinstitut hat so in einem Zivilrechtsstreit argumentiert, der 1994 im Zusammenhang mit der von der Bank angestrebten Verfassungsbeschwerde gegen die Durchsuchung ihrer Düsseldorfer und Frankfurter Geschäftsräume wieder aufgegriffen wurde.[134]

[134] Nachzulesen im BVerfG-Beschluß vom 23. März 1994, S. 7.

Die Dresdner Bank hatte im übrigen folgendes „Schwarzgeldtransfer-System" nach Luxemburg entwickelt: Kunden hoben Bargeld von ihrem Konto ab und zahlten es in kleineren Teilbeträgen auf Nostrokonten ein, also auf Konten, die die Luxemburg-Tochter des Instituts bei Banken in Deutschland unterhält. Hierbei wurden Barauszahlungen aus einem oder mehreren Konten getätigt, denen Einzahlungen eines glatten Betrages nach Luxemburg folgten, und – um die Verwirrung perfekt zu machen – bestimmte Restbeträge wieder bar ausbezahlt. Die Namen der Kunden auf den Einzahlungsbelegen wurden dabei frei erdichtet.

Auf diese Weise ließen sich – bis das Transfersystem 1994 enttarnt wurde – Schwarzgelder von und nach Luxemburg bequem hin- und hertransferieren. Der Schwarzgeldtransfer von und nach Luxemburg durch Auszahlung des Geldbetrags und anschließender Wiedereinzahlung auf ein inländisches Verrechnungskonto des Luxemburger Instituts funktioniert heute wohl nicht mehr. Modernste Computertechnik sowie die ständige Fortentwicklung der Fahndermethoden[135] erlauben mittlerweile die Personifizierung von Einzelbuchungen. Fahnder finden heute den Eingang eines Überweisungsbetrages unter der ausländischen Referenznummer (Kontonummer) spielend leicht heraus. Anschließend erfährt der Fahnder aus den Überweisungsbelegen u. a. das Datum, die Uhrzeit und die genaue Bezeichnung der Kasse, auf deren Kassenstreifen der Vorgang aufgezeichnet ist. Ein Kassenkontrollstreifen stellt eine oft unterschätzte Verbindung des Einzahlers zur Bank dar, auch wenn sich der Einzahler nicht legitimiert hat. Die Nummer des belasteten Kontos ist nämlich bei jeder Buchung auf dem Kassenkontrollstreifen vermerkt. Und Schecks lassen sich im allgemeinen gut zurückverfolgen, weil auf dem Kassenkontrollstreifen das Konto des Ausstellers vermerkt ist.

Verdächtige Buchungen erkennen Fahnder daran, daß ungerade Beträge unmittelbar hintereinander erfaßt sind, unmittelbare Gegenbuchungen auftreten, sehr hohe und sehr krumme Beträge aufeinanderfolgen, größere Beträge gestückelt sind oder der Kassierer Vermerke angebracht hat, die auf eine Addition schließen lassen, oder wenn der stornierten Buchung eine anonymisierte folgt. Steuer-

[135] Vgl. E.V.6.

fahnder werden auch aufmerksam, wenn unmittelbar vor oder hinter einer Einzahlungsbuchung ein betragsidentischer Auszahlungsvorgang folgt.

Auswertungsergebnisse über verdächtige Buchungen gehen an die örtlichen Steuerfahndungsstellen. Der zuständige Fahndungsbeamte weiß dann bereits, wo er suchen muß: Er verlangt die Vorlage der Kassenkontrollstreifen von genau bestimmten Kassen zum genau bestimmten Tag. Werden ihm die Unterlagen vorgelegt, sieht er darauf zunächst das Verrechnungskonto, die ausländische Kontonummer und die im Regelfall unmittelbar folgenden Aus- und Einzahlungsvorgänge. Der Beamte hat damit den Steuerpflichtigen, der sein Geld spurenlos nach Luxemburg transferieren wollte, mit Name und Anschrift. Der Schutz von Bankkunden[136] hilft diesem dann nicht mehr, höchstens noch die Selbstanzeige, sofern die Tat in diesem Stadium noch nicht als entdeckt angesehen werden kann.[137]

5. Das Luxemburger Bankgeheimnis

a) Rechtsgrundlage

Das Luxemburger Bankgeheimnis ist in Art. 41 des Gesetzes vom 5. April 1993 „relative au secteur financier“[138] gesetzlich verankert. Artikel 41 lautet:[139]

> *„(1) Direktoren, Mitglieder des Vorstandes und der Aufsichtsräte, leitende Angestellte, Beschäftigte und sonstige Personen, die im Dienste eines Kreditinstituts oder einer sonstigen im Finanzsektor berufsmäßig tätigen Person gemäß Teil I dieses Gesetzes stehen, sind zur Geheimhaltung von Tatsachen verpflichtet, die ihnen im Rahmen ihrer beruflichen Tätigkeit anvertraut worden sind. Die Bekanntgabe solcher Tatsachen wird nach Maßgabe des Artikels 458 Code pénal bestraft.*

[136] Vgl. E.V.4.c).

[137] Vgl. Abschnitt F. Die Steuerhinterziehung gilt in dem Zeitpunkt als entdeckt, in dem der Fahndungsbeamte die Steuerakten des Schwarzgeldanlegers eingesehen und dabei festgestellt hat, daß die Zinsen nicht in der Einkommensteuererklärung enthalten sind.

[138] Mémorial A-Nr. 27 v. 10.4.1993, Gesetz revidiert durch Gesetz v. 11. August 1998, Mémorial A-Nr. 73 vom 10. September 1998.

[139] Freie Übersetzung des Autors.

(2) Die Geheimhaltungspflicht endet, wenn die Bekanntgabe durch oder wegen einer gesetzlichen Bestimmung, auch aus vorherigen Gesetzen, erlaubt ist oder verlangt wird.

(3) Keine Geheimhaltungspflicht besteht gegenüber den mit der Überwachung des Finanzsektors beauftragten in- und ausländischen Institutionen, sofern diese im Rahmen ihrer gesetzlich festgelegten Kompetenzen zum Zwecke der Überwachung handeln und diese Information unter das Berufsgeheimnis der Aufsichtsbehörde fällt, die die Informationen erhält. Die erforderlichen Informationen dürfen ausschließlich über die Hauptverwaltung des dieser Aufsicht unterstellten Instituts oder die Gesellschafter übermittelt werden.

(4) Keine Geheimhaltungspflicht besteht gegenüber Hauptaktionären und bedeutend beteiligten Gesellschaftern für Informationen, die diese zur Ausübung einer den kaufmännischen Sorgfaltspflichten entsprechenden Geschäftsführung benötigen, wenn daraus keine näheren Zusammenhänge bezüglich der von Privatkunden mit der Institution getätigten Geldgeschäfte oder Angaben über Art und Höhe der von Privatkunden unterhaltenen Guthaben ersichtlich sind.

(5) Unter Vorbehalt der strafrechtlichen Regelungen dürfen die in Abs. 1 genannten Tatsachen, sofern sie einmal bekanntgegeben worden sind, nur für Zwecke verwertet werden, für die das Gesetz die Bekanntgabe zuläßt.

(6) Jeder, der der Geheimhaltungspflicht des Abs. 1 unterliegt und Tatsachen, die unter diese Vorschrift fallen, auf legale Weise bekanntgegeben hat, kann weder strafrechtlich noch zivilrechtlich verfolgt oder belangt werden."

Art. 41 läßt die Durchbrechung des Bankgeheimnisses ausschließlich dann zu, wenn gesetzliche Bestimmungen dies verlangen oder einer der in Art. 41 genannten Ausnahmetatbestände erfüllt ist. Im Rahmen eines konzerninternen Informationsflusses, bei ausländischen Geschäftsbanken notwendigerweise auch über die Grenzen Luxemburgs hinausgehend, ist die Durchbrechung des Bankgeheimnisses nur insoweit zulässig, als dies zur Durchführung und Aufrechterhaltung einer den Sorgfaltspflichten eines ordentlichen Geschäftsleiters entsprechenden Betriebsführung notwendig ist und die Geheimsphäre der Luxemburger Privatkundschaft geschützt bleibt. Bankkunden in Luxemburg erfahren dadurch einen gesteigerten Anlegerschutz. Denn das Luxemburger Bankenrecht trägt dem Umstand Rechnung, daß in den jeweiligen Ländern, in denen sich die Hauptsitze der in Luxemburg tätigen Auslandsbanken befinden, Bankgeheimnisse und Auskunftspflichten der Banken und Bankaufsichtsbehörden unterschiedlich streng geregelt sind.

b) Personeller und territorialer Geltungsbereich

Die Geheimhaltungspflicht erstreckt sich auf im Finanzsektor beruflich tätige Personenkreise wie Direktoren, Mitglieder der Vorstände und Aufsichtsräte, leitende Angestellte, Beschäftigte und sonstige für Finanzdienstleister tätige Mitarbeiter, deren Aufgabe darin besteht, Einlagen oder sonstige rückzahlbare Fonds entgegenzunehmen oder auf eigene Rechnung Kredite zu gewähren. Hierunter fallen ausschließlich inländische Kreditinstitute und Luxemburger Niederlassungen ausländischer Banken sowie ausländische Niederlassungen oder Repräsentanzbüros Luxemburger Kreditinstitute. Für die Einhaltung des Bankgeheimnisses durch Niederlassungen, Filialen oder Repräsentanzbüros im Ausland haftet stets die im Großherzogtum ansässige Zentrale. Dieser kommt diesbezüglich eine Überwachungspflicht zu (Art. 38 Abs. 2).

Der Geheimhaltungspflicht unterliegen darüber hinaus auch alle sonstigen als Finanzdienstleister professionell tätigen Personen wie Finanzmakler, Kommissionäre oder Vermögensverwalter; von der Schweigepflicht erfaßt sind hier auch sonstige Finanzdienstleistungsunternehmen nach ausländischem Recht. Die Geheimhaltungspflicht beginnt bereits ab der ersten Geschäftsanbahnung und umfaßt alle Tatsachen und Vorgänge, die ein „Geheimnis“[140] darstellen und von denen der Geheimnisträger im Rahmen seiner Berufsausübung Kenntnis erlangt hat.

Grundsätzlich ist das Luxemburger Bankgeheimnis auf Luxemburger Territorium begrenzt. Dem Schwarzgeldanleger, der ein Konto bei einer Auslandstochter seiner Inlandsbank eröffnet, kann es zum Verhängnis werden, wenn die Bankangestellten privat überwiegend im Inland wohnen. Gerade die Angestellten der deut-

[140] Vgl. D.II.4.a).

schen Niederlassungen haben ihre privaten Wurzeln vielfach in Deutschland. Was liegt daher näher, als das Luxemburger Bankgeheimnis zu umgehen, indem man die Banker gleich hierzulande über das Luxemburger Geschäft vernimmt.

Das Luxemburger Bankgeheimnis können diese dann freilich nicht entgegenhalten. Weder das deutsche Strafprozeßrecht noch das deutsche Abgabenrecht erkennen ausländische Geheimhaltungspflichten an. Denkbar ist, daß der Bankangestellte die Aussage verweigern kann, wenn ihm – und das ist sicher – in Luxemburg ein Strafverfahren droht (§§ 55 StPO, 103 AO). Fraglich und streitig ist hier aber, ob die Auskunftsverweigerungsrechte von § 55 StPO und § 103 AO voraussetzen, daß die Gefahr der Verfolgung wegen einer Straftat besteht, oder ob es ausreicht, daß eine Strafverfolgung wegen der Aussage droht.[141] Was das Abgabenrecht betrifft, so muß es sich hier regelmäßig um eine der Aussage vorangehende Straftat handeln. Es gibt hier wenig Rechtsschutz für den Luxemburger Bankangestellten.[142]

c) Grenzen der Geheimhaltungspflicht

Die Aufzählungen der in den Abs. 2, 3 und 4 des Art. 41 genannten Ausnahmetatbestände sind abschließend und stellen das Ergebnis grundsätzlicher Überlegungen des Gesetzgebers dar, zwischen den hier auftretenden Interessengegensätzen, dem Schutz des Vertrauensverhältnisses zwischen Bank und Kunde einerseits und dem öffentlichen Interesse andererseits hinsichtlich einer jeweiligen Vorrangigkeit objektiv abzuwägen.

Art. 41 Abs. 2 läßt die Preisgabe geheimnisgeschützter Daten zu, wenn dies dem Geheimnisträger durch ein anderes Gesetz entweder angeordnet oder zur Wahl gestellt wird. Teilweise durchbrochen werden darf das Bankgeheimnis nach Art. 41 Abs. 3 gegenüber Mitarbeitern in- und ausländischer Aufsichtsbehörden. Luxemburger Tochtergesellschaften von Kreditinstituten aus Ländern der Europäischen Union sind gemäß der zweiten Bankenkoordinierungsrichtlinie[143] und der Wertpapierdienstleistungsricht-

---

[141] Streck/Mack, Banken und Bankkunden im Steuerfahndungsverfahren, Betriebs-Berater 1995, S. 2137 ff.
[142] Ebendort.
[143] Zweite Richtlinie 89/646 EWG vom 15.12.1989, Abl. Nr. L 386 vom 30.12.1989.

linie[144] nicht der Luxemburger „Commission de surveillance du secteur financier“ (CSSF) unterstellt, sondern ausschließlich der Aufsichtsbehörde ihres Herkunftslandes (sogenannte Mutterlandkontrolle).

Folglich darf das Bankgeheimnis nicht nur gegenüber der CSSF, sondern auch ausländischen Aufsichtsbehörden gegenüber nur insoweit gelten, als eine effiziente Überwachung und Prüfung des Finanzsektors noch gewährleistet ist. Diesem Umstand trägt Art. 41 Abs. 3 Satz 1 Rechnung, der bestimmt, daß sich ausländische Bankaufsichtsbehörden direkt an Luxemburger Zweigniederlassungen ausländischer Banken adressieren und Auskünfte einholen dürfen, die diese im (öffentlichen) Interesse der Wahrnehmung ihrer Aufsichtspflicht zwingend benötigen.

Das Bundesaufsichtsamt für das Kreditwesen kann beispielsweise im Rahmen ihrer Mutterlandkontrollbefugnisse bei Zweigniederlassungen[145] deutscher Banken und Wertpapierfirmen bestimmte Direktauskünfte, beispielsweise über die Größenordnung gewährter Kredite, einzuholen; ggf. auch Vor-Ort-Kontrollen durchzuführen. Die Luxemburger Zweigniederlassung darf in solchen Fällen nach Art. 41 Abs. 3 Satz 2 nur unter Zwischenschaltung ihrer deutschen Hauptverwaltung Auskünfte erteilen. Art. 41 Abs. 3 Satz 2 soll die Luxemburger Niederlassungen ausländischer Banken vor einer übermäßigen Auskunftserteilung schützen. Die Niederlassungen unterhalten oftmals keine eigene Rechtsabteilung. Die Hauptverwaltung ist im Regelfall mehr in der Lage, die Rechtmäßigkeit von Auskunftsbegehren zu prüfen. Diesem Umstand trägt Art. 41 Abs. 3 Satz 2 zum Schutz des Geldanlegers Rechnung.

---

[144] 93/22/EWG v. 10. Mai 1993, Abl. Nr. L 141/27.

[145] Selbständige Tochterbanken deutscher Banken in Luxemburg werden von der konsolidierten Aufsicht der Aufsichtsbehörden der Muttergesellschaft erfaßt vgl. RL 92/30 EWG v. 6.4.1992, Abl. Nr. L 110 v. 28.4.1992.

V. Schwarzgeldanlage in Österreich

1. Kurzcharakteristik der Alpenrepublik

Die 83.857 qkm große und in neun Bundesländer gegliederte Republik Österreich genießt in Finanz- und Anlegerkreisen einen hohen Stellenwert. Auf über 40 Mrd. DM summiert sich das von ausländischen Investoren offiziell auf legitimierten österreichischen Konten unterhaltene Geldvermögen. Ein Großteil davon dürfte noch aus dem Jahr 1992 stammen, als die deutsche Bundesregierung die Einführung einer Vorwegbesteuerung für Zinserträge (die sogenannte Zinsabschlagsteuer) beschloß. Anlagegeld, das in Abwendung dieser Steuer nach Österreich fließt, fühlt sich angesichts des gesetzlich verankerten Bankgeheimnisses, das nahezu Verfassungsrang genießt und dessen Mißachtung mit Geld- oder Freiheitsstrafe geahndet wird, sicher. Im Hinblick auf die bevorstehende Halbierung der Sparerfreibeträge zur Jahrtausendwende hin dürfen sich die Österreicher wohl noch in diesem Jahr auf einen neuen Geldsegen freuen, zumal sich die Staatsgrenzen – inzwischen auf EU-Ebene ausgeweitet – ungehindert passieren lassen.

Im Jahr 1993 traten bedeutende Gesetze gegen das „Schwarzgeld-Recycling" und andere Wirtschaftsstraftaten in Kraft. Erwähnenswert ist insbesondere das zum 1. Januar 1994 in Kraft getretene Bankwesengesetz (BWG)[146] und die Änderung des Strafgesetzbuches durch die Strafgesetznovelle 1993.[147] Das Bankwesengesetz brachte u. a. Verbesserungen in bezug auf die Sorgfaltspflicht bei Geldwäscherei, schärfere Identifizierungspflichten sowie Melde- und Auskunftspflichten gegenüber dem Bundesministerium für Inneres, der mit der Bekämpfung von Geldwäsche und Wirtschaftskriminalität betrauten „Behörde". Das Bankwesengesetz enthält auch Regelungen über die Einlagensicherung. Geldeinlagen bei österreichischen Geschäftsbanken sind durch verbandsmäßige Ein-

[146] Auszugsweise abgedruckt im Anhang XII.
[147] Strafgesetznovelle 1993, BGBl. Nr. 527 v. 30. Juli 1993, mit 1. Oktober 1993 in Kraft getreten.

lagensicherungseinrichtungen vor Insolvenzen geschützt (bis zu maximal 270.000 Schilling pro natürliche Person, nicht pro Konto). In den Strafrechtsänderungsgesetzen 1993–1998 wurde der Straftatbestand der „Geldwäscherei" gesetzlich definiert, mit entsprechendem Strafmaß versehen und die Aufhebung des Bankgeheimnisses für Geldwäschedelikte bzw. für den Vollzug von Geldwäscheverdachtsmeldungen festgeschrieben.

Zu den Attraktivitäten des Finanzplatzes Österreich gehören auch die Exklaven Jungholz/Tirol und Mittelberg/Vorarlberg (Kleines Walsertal), die nur von deutscher Seite aus erreichbar sind. Die Gemeinden sind nach dem Zollgesetz österreichische Gebietsteile, die aufgrund von Staatsverträgen und Übereinkommen dem deutschen Zollgebiet angegliedert wurden.

2. Schwarzgeldkonten und Kontolegitimation

a) Österreichische Schwarzgeldkonten

(i) Anonyme Sparbücher

• Allgemeines

Die Möglichkeit, Geldanlagen so anonym zu tätigen, daß das Kreditinstitut den Eigentümer der Vermögenswerte nicht namentlich kennt, besteht gegenwärtig nur noch in Österreich – und zwar in Form anonymer Sparbücher. Anonyme Sparbücher gehören dort zur fest etablierten „Sparkultur". Mehr als 70 Prozent der Österreicher halten die Möglichkeit, Vermögenswerte anonym anlegen zu können, für „wichtig" bis „sehr wichtig".[148] Damit steht die Anonymität in der Gunst der Österreicher nach der Neutralität des Landes an zweiter Stelle.

Anonyme Sparbücher sollten ursprünglich die Volkswirtschaft ankurbeln und Anlagegelder ins Land locken. Heute ziehen sie Schwarzgelder an. So dienen anonyme Sparbücher mitunter zur Einlage von in Deutschland schwarz kassierten Provisionen. Hierbei werden Überbringerschecks verwendet, aus denen der Provi-

[148] Ergebnis einer Meinungsumfrage des Instituts „Spectra", Salzburger Nachrichten, 27. April 1993.

sionsempfänger nicht hervorgeht. Es handelt sich dabei „um in Österreich bankübliche Geschäfte", wie aus einem Urteil des Obersten Gerichtshofs in Wien[149] hervorgeht.

Anonyme Sparbücher wurden erstmals 1819 durch das Sparkassenstatut der „Ersten Österreichischen Sparcasse" ermöglicht. Die Kasse zahlte nach ihrem Gründungsgesetz Sparguthaben „ohne Rücksicht auf den Namen des Erlegers, welcher daher nach Willkür eingetragen werden kann, an den Inhaber des Buches (§ 1)" aus, „den sie so lange für den rechtmäßigen Eigentümer ansieht, als das Gegenteil nicht rechtsbeständig erwiesen und ihr nicht förmlich angezeigt ist; weshalb jeder Besitzer eines solchen Buches dieses sorgsam aufzubewahren angewiesen wird".

Heute gestattet § 31 des Bankwesengesetzes (BWG) die Entgegennahme und Führung anonymer Spareinlagen gegen Ausfolgung einer Sparurkunde, welche nach § 31 Abs. 1 Satz 2 BWG „auf Überbringer oder auf eine bestimmte Bezeichnung, insbesondere auf Namen, lauten" darf. Das Sparbuch ist also anonym, weil es eben auf Überbringer, auf eine bestimmte Bezeichnung oder auf (frei erfundene) Namen lautet. So gesehen stellt § 31 Abs. 1 Satz 2, zusammen mit § 40 Abs. 1 Nr. 1 BWG, der Sparbücher von der bei Anknüpfung einer dauernden Geschäftsbeziehung grundsätzlich geltenden Identitätsfeststellungspflicht freistellt, die die „Anonymität" gewährleistende Gesetzespassage im BWG dar. Die österreichische Bundesabgabenordnung (BAO) steht anonymen Geldanlagen insofern nicht entgegen, als diese keine dem § 154 der deutschen Abgabenordnung (dem Gebot der Kontenwahrheit) vergleichbare gesetzliche Regelung enthält.

Das Wort „Anonymität" sucht der Anleger in österreichischen Gesetzen – damals wie heute – freilich vergebens. Auch der bereits erwähnte § 31 BWG enthält den Terminus nicht. Die Vorschrift erklärt und ermöglicht zwar in Zusammenwirkung mit § 40 BWG die „Anonymität", schützt diese aber nicht oder spricht gar einem Überbringer Recht auf Schadenersatz zu, wenn der Kassierer nach mehreren Ein- und Auszahlvorgängen den einen oder anderen „vom Sehen her" kennt und dies unvorsichtigerweise einmal ausplaudert.

---

[149] OGH v. 9.4.1991, 4 Ob 504/91.

Das österreichische Bankgeheimnis dagegen sichert dem Anleger „Diskretion“ zu, deren Nichteinhaltung in aller Regel zivil- und strafrechtliche Konsequenzen für den Geheimnisträger hat. Das Bankgeheimnis wäre bereits verletzt, wenn der Kassierer die Aussage, den Sparbuchinhaber „vom Sehen her“ zu kennen, nicht anläßlich eines eingeleiteten Finanzstrafverfahrens tätigen würde. Das Bankgeheimnis darf allerdings nicht als „Versicherung gegen Anonymitätsverletzungen“ aufgefaßt werden; im Gegenteil: Für anonyme Sparbücher gibt es nach Ansicht des österreichischen VwGH kein Bankgeheimnis, weil es am „Geheimnisherrn“ fehlt. Das Bankgeheimnis würde sich bei anonymen Geldanlagen allerdings auch ohne Richterspruch erübrigen – aus der logischen Überlegung heraus, daß ein Geheimnisträger kein Geheimnis wahren kann (braucht), wenn er keinen Geheimnisherrn (und folglich also keine Geheimnisse) kennt.

Bei Spareinlagen handelt es sich um „Geldeinlagen bei Kreditinstituten, die nicht dem Zahlungsverkehr, sondern der Anlage dienen und als solche nur gegen die Ausfolgung von besonderen Urkunden (Sparurkunden) entgegengenommen werden dürfen.“ Nicht als Spareinlage anerkannt sind beispielsweise Bausparverträge und Lebensversicherungspolicen, letztere auch dann nicht, wenn ein gewisser Ansparcharakter nachgewiesen werden kann.

Sparurkunden tragen die gesetzlich geschützte Bezeichnung „Sparbuch“ oder „Sparbrief“. § 31 Abs. 2 Satz 2 BWG läßt darüber hinaus auch sonstige Wortverbindungen gelten, die den Bestandteil „spar“ enthalten. Auf der Sparurkunde ist grundsätzlich jede Transaktion in Form einer Ein- und Auszahlung zu vermerken (§ 32 Abs. 1 BWG). Die Sparurkunde, in Form des Sparbuches, ist bei jeder Verfügung über die Spareinlage vorzulegen. Schon daraus ergibt sich die Unmöglichkeit der Verwendung von Spareinlagen für den laufenden Zahlungsverkehr. Denn, wollte man beispielsweise über das Sparguthaben mittels Überweisung verfügen, müßte zeitgleich mit Ausstellung des Überweisungsträgers das Sparbuch vorgelegt werden. Bei Einzahlungen läßt das BWG allerdings formale Erleichterungen in der Weise zu, daß Einzahlungen auch mittels Überweisung und ohne Vorlage der Sparurkunde getätigt werden können, wenn bei der nächsten Vorlage ein Nachtrag erfolgt (§ 32 Abs. 3 Satz 2 und Abs. 2 Satz 2 BWG).

Sparurkunden (Sparbücher) können auf *Überbringer* oder auf eine *bestimmte Bezeichnung,* insbesondere auf *Namen,* lauten (§ 31 Abs. 1 Satz 2 BWG). Der Name kann dabei willkürlich gewählt sein. Bürgerliche Namen, egal ob sie wahr oder erdichtet sind, sagen über die jeweiligen Besitzverhältnisse nichts aus. Nach Auffassung des österreichischen OGH reicht „die bloße Namensbezeichnung ... für die Zuordnung einer Sparurkunde an eine bestimmte Person nicht aus, weil ein Sparkonto selbst mit einem falschen oder erdichteten Namen eröffnet werden kann".[150]

Österreichische Kreditinstitute sehen als Eigentümer einer Spareinlage nicht denjenigen, der das Sparbuch hat und das Losungswort nennen kann (bei vinkulierten Sparbüchern). Für sie gilt stets derjenige als rechtmäßiger Eigentümer, der die Einlage geleistet hat. Das ist in aller Regel der Ersteinzahler.[151] Steuerrechtlich allerdings ist das Sparbuch – einhergehend mit der Steuerschuld – demjenigen zuzuordnen, bei dem es gefunden wird. Zur Begründung einer Steuerschuld reicht auch, daß Initialen, auf die das Sparbuch lautet, mit dem bürgerlichen Namen einer Person zufällig übereinstimmen.

Anonyme Sparbücher dürfen ausschließlich für Deviseninländer eingerichtet und geführt werden. Denn gemäß Ziff. 8.2.1 der devisenrechtlichen Kundmachung DL 2/91-99 der Oesterreichischen Nationalbank sind Guthaben von *Devisenausländern*[152] ausschließlich als freie Euroguthaben (freie Eurokonten) oder als Fremdwährungsguthaben, in keinem Fall aber als anonyme Spareinlagen zu führen. Als *Deviseninländer* gelten „natürliche und juristische Personen, die ihren Wohnsitz oder gewöhnlichen Aufenthalt, Sitz oder Ort der Leitung im Inland", also in Österreich haben. Andere Personen können den Deviseninländerstatus erwerben, wenn sie

---

150 OGH v. 24.9.1987, 7 Ob 690/87 bezugnehmend auf: NZ 1984, 129: Avancini, Die Sparurkunde in zivil- und strafrechtlicher Sicht, in ÖJZ 1986, S. 356.

151 Rechtsauffassung bestätigt durch OGH v. 22.6.1988, 3 Ob 503/88.

152 Als Devisenausländer gelten gemäß den Begriffsbestimmungen der Oesterreichischen Nationalbank alle natürlichen Personen, die nicht Inländer sind, d. h. sich nicht über drei Monate in Österreich aufhalten und auch keinen Wohnsitz in Österreich haben. Als Devisenausländer gelten auch juristische Personen, die ihren „Sitz oder Ort der Leitung im Ausland haben"; ausländische Niederlassungen inländischer Unternehmungen gelten als Ausländer, wenn sich der Ort ihrer Leitung im Ausland befindet. Devisenausländer ist der Schwarzgeldanleger also deshalb, weil er sich eben nicht für die vorgegebene Mindestzeit in Österreich aufgehalten hat. Daß er – sofern er aus Euroland kommt – dieselbe Währung (den Euro) hat, spielt keine Rolle.

sich über drei Monate in Österreich aufhalten und über entsprechende Nachweise verfügen. Als Deviseninländer gelten auch österreichische Niederlassungen eines ausländischen Unternehmens und österreichische Betriebe eines Ausländers.

Seit Oktober 1997 ist eine Klage der Kommission der Europäischen Union beim Europäischen Gerichtshof gegen anonyme Sparbücher anhängig. Aus Brüsseler Sicht widersprechen anonyme Sparbücher den Grundregeln der Geldwäscherei-Richtlinie. Auf österreichischer Seite stellt man sich weiterhin auf den Standpunkt, daß die österreichischen Kreditinstitute ja schließlich vor Eröffnung eines solchen Sparbuches den devisenrechtlichen Status zu klären hätten, und außerdem seien die österreichischen Banken sowieso verpflichtet, bei Verdacht auf Geldwäsche Identitätsfeststellungen zu treffen. Bleibt also abzuwarten, wie lange es anonyme Sparbücher für Österreicher noch gibt und ob die übrigen FATF-Staaten der Empfehlung 21 der über 40 Punkte umfassenden Liste folgen und administrative Einschränkungen im Kapital- und Bankenverkehr mit Österreich erlassen. Österreichs Spitzenpolitiker bleiben jedenfalls hart; müssen auch hart bleiben. Denn schließlich haben sie es ihren Wählern vor der Abstimmung zum EU-Beitritt ganz fest versprochen, daß das „Austriacum Sparbuch" gegenüber Brüssel standhalten werde.

• Vinkulierung durch Losungswort oder Unterschriftsleistung

Jeder Inhaber eines anonymen Sparbuches kann gegenüber seinem Kreditinstitut den Vorbehalt erklären, daß Verfügungen über seine Spareinlage „nur gegen Abgabe seiner Unterschrift oder gegen Angabe eines von ihm bestimmten Losungswortes vorgenommen werden dürfen" (§ 31 Abs. 3 BWG). Werden Verfügungen über anonyme Sparbücher an bestimmte Voraussetzungen geknüpft, spricht man von einer „vinkulierten" Sparurkunde. Vinkulierte Sparurkunden enthalten einen entsprechenden Vermerk; das vereinbarte Losungswort wird in den Aufzeichnungen des Kreditinstituts festgehalten.

Werden Sparbücher nicht vinkuliert, sind Verfügungen über die Einlage allein durch Vorlage der Urkunde, ohne Unterschriftsleistung und Angabe eines Losungswortes möglich. Die Bank ist bei nicht vinkulierten Sparbüchern nicht verpflichtet, ja oftmals gar nicht in der Lage, die materielle Berechtigung des Vorlegers zu überprüfen. Die Legitimationswirkung nicht vinkulierter Sparurkunden ergibt sich im Umkehrschluß aus § 31 Abs. 3 BWG, der bestimmt, daß bei Vinkulierung, also wenn der Ersteinzahlende bei Eröffnung des Sparbuches gegenüber der Bank einen Vorbehalt erklärt, nur dann über die Einlage verfügt werden kann, wenn die Unterschrift geleistet, das Losungswort richtig genannt oder der Vorleger sein Verfügungsrecht über die Spareinlage in geeigneter Weise nachweisen kann. Bei nicht vinkulierten Sparurkunden ist daher kein besonderer Nachweis zu führen; die Bank leistet an Inhaber nicht vinkulierter Sparurkunden mit befreiender Wirkung, d. h. daß im Fall eines Mißbrauchs der wirkliche Eigentümer einer nicht vinkulierten Sparurkunde seine Ansprüche gegen die Bank, z. B. auf Doppelleistung, verloren hat.

Die Vinkulierung einer Sparurkunde schränkt ihren Inhaberpapiercharakter insoweit ein, als die Bank ohne ordnungsgemäße Legitimierung keine Behebungen ausführen darf. Bei vereinbarter Unterschriftsleistung kann nur noch der Inhaber selbst über das Sparbuchguthaben verfügen. Diebe können aus einem durch Unterschrift vinkulierten Überbringersparbuch auch dann keine Behebungen tätigen, wenn sie die Unterschrift des rechtmäßigen Inhabers bzw. des Berechtigten auf gesondertem Papier vorweisen können, da die Unterschriftsleistung vor der Bank – also unmittelbar am Schalter – zu erfolgen hat. Die Übertragung einer durch Unterschriftsleistung vinkulierten Überbringersparurkunde ist nur noch durch formelle Abtretung möglich, wobei die Anonymität aufgehoben wird.

Die alleinige Vereinbarung eines Losungswortes schwächt dagegen die Inhaberpapiere charakterisierende, eigenständige Legitimationswirkung nur ab. Denn im Gegensatz zum Besitz der Unterschrift kann jeder Leistungen aus dem Sparbuchguthaben in Empfang nehmen, der im Besitz des Losungswortes ist. Ein Losungswort stellt keinen mit einer bestimmten Person untrennbar verknüpften Legitimationsnachweis dar. Sparurkunden, die durch Unterschrift vinkuliert sind, bieten somit nicht nur eine höhere Sicherheit gegen Mißbrauch; es lassen sich auch Besitzverhältnisse nachträglich besser klären, was insbesondere bei Familienstreitigkeiten oder in Fällen, in denen Dritte (Fremde) ihren Anspruch auf das Sparbuch erklären, vorteilhaft sein kann.

• Verfügung über das Guthaben und Leistungspflicht der Bank

Bei Namenssparurkunden (Sparbücher, die auf einen Namen lauten) ist das kontoführende Kreditinstitut grundsätzlich nicht verpflichtet, sondern nur berechtigt, Zahlungen an den Vorleger zu leisten, und zwar unbeschadet eines Verfügungsvorbehalts nach § 31 Abs. 3, also unabhängig von einer Vinkulierung. Ist das Namenssparbuch als verloren gemeldet oder hemmt ein behördliches Verbot oder eine behördliche Sperre die Auszahlung, dürfen keine Zahlungen angewiesen werden (§ 32 Abs. 4 Halbsatz 2 BWG). Dasselbe gilt bei begründetem Verdacht auf Geldwäsche (§ 41 BWG), es sei denn, die Strafverfolgungsbehörde hat sich nicht innerhalb der gesetzlich festgelegten Frist geäußert.

Für nicht vinkulierte Überbringersparurkunden, also für Sparbücher, die nicht auf eine bestimmte Bezeichnung oder einen bestimmten Namen, sondern nur auf „Überbringer" lauten und für die kein gesonderter Legitimationsnachweis erforderlich ist, räumt das BWG der Bank kein Leistungswahlrecht ein (§ 32 Abs. 4 gilt nur für Namenssparurkunden), d. h. daß die Bank gegenüber dem Vorleger einer Überbringersparurkunde leisten muß, wenn das Sparbuch nicht als verloren oder gestohlen gemeldet wurde oder Verdacht auf Geldwäsche besteht.[153] Verpflichtet zur Auszahlung des Sparguthabens ist die Bank also allein gegenüber dem Vorleger einer Überbringersparurkunde, gegenüber dem Vorleger einer Namenssparurkunde ist die Bank zwar berechtigt, aber nicht verpflichtet; auch dann nicht, wenn das Losungswort korrekt genannt und niedergeschrieben wird.

Wer ein Sparbuch unter Angabe des Losungswortes vorlegt, „um vom Sparkonto abzuheben, weist damit nicht nur seine formelle Legitimation nach; dieses Verhalten schließt auch die stillschweigende Behauptung ein, zur Verfügung über die Spareinlage berechtigt zu sein. Daß diese Behauptung in der Praxis nur selten überprüft wird, ändert nichts an ihrer entscheidenden Bedeutung für die Einwilligung der Kreditunternehmung in die begehrte Auszah-

[153] Fremuth/Laurer/Linc/Pötzelberger/Ruess, BWG §§ 31,32, Rz. 5, 9.

lung. Wer – wenn auch durch Vorlage des Sparbuches und Angabe des Losungswortes legitimiert – seine Verfügungsberechtigung über das Sparguthaben konkludent vortäuscht, suche den für die Auszahlung Verantwortlichen hiedurch in einen Irrtum zu führen, der für das die Vermögensschädigung bewirkende Verhalten des Getäuschten ursächlich ist". Der OGH[154] sah in diesem Fall das Tatbild des Betrugs als erfüllt an.

Die Bank braucht bzw. darf dann kein Geld mehr zu Lasten eines anonymen Sparbuchs auszahlen, wenn sich dem äußeren Anschein nach Bedenken gegen die materielle Berechtigung des Vorlegers ergeben. Das bedeutet, daß die Bank davon überzeugt sein muß, daß dem Vorleger die Einlagen auch rechtmäßig zustehen. Hat die Bank Zweifel über die ihr vorgegebenen Besitzverhältnisse, braucht bzw. darf sie keine Auszahlungen anordnen, selbst wenn der Vorleger im Besitz des richtigen Losungswortes ist. Auf Auszahlung eines anonym angelegten Guthabens kann der rechtmäßig Verfügungsberechtigte nur hoffen, wenn ihn die Bank als Eigentümer (als Ersteinzahler) identifiziert. Dann allerdings war die Spareinlage niemals anonym.

„Jede Einzahlung auf eine Spareinlage und jede aus einer Spareinlage geleistete Auszahlung sind auf der Sparurkunde zu vermerken" (§ 32 Abs. 1 BWG). Auszahlungen dürfen dabei nur gegen Vorlage der Sparurkunde geleistet werden. Gemäß § 32 Abs. 2 Satz 1 BWG gilt: keine Auszahlung ohne Sparbuch und – im Fall einer Vinkulierung – Angabe des Losungswortes oder Unterschriftsleistung. Einzahlungen können dagegen auch ohne Sparurkunde entgegengenommen werden, wenn ein entsprechender Eintrag bei nächster Gelegenheit nachgeholt wird (§ 32 Abs. 2 Sätze 2 u. 3 BWG). Die Verfügung über Spareinlagen durch Überweisung oder Scheck ist untersagt; eine (anonyme) Überweisung zugunsten der Spareinlage dagegen zulässig (§ 32 Abs. 3 BWG).

Wie bereits erwähnt, kann ein behördliches Verbot oder eine behördliche Sperre die Auszahlung anonymer Sparguthaben blockieren (§ 32 Abs. 4 BWG). Die Vorschrift selbst enthält ihrerseits keine materiellen und formellen Voraussetzungen für eine solche behördliche Anordnung, ist also allein keine hinreichende

[154] OGH v. 31.3.1982 11 Os 12/82-9.

Rechtsgrundlage für eine Kontosperre, wie sie etwa zum Zweck der Sicherung von Geld- und Wertersatzstrafen angeordnet werden kann. Eine Kontosperre ist aber auch durch die bloße Inbeschlagnahme der Sparurkunde erreicht, da österreichische Banken ohne Sparbuch nicht zur Vornahme von Auszahlungen berechtigt sind (§ 31 Abs. 1 BWG) und Kreditinstitute die Sparurkunde den Behörden so zu übergeben haben, wie sie sie vom meist ahnungslosen Kunden vorgelegt erhalten (sich das Beschlagnahmebegehren also auf das Sparbuch in jener Beschaffenheit erstreckt, in der es vom Kunden erstmals nach der Beschlagnahmeanordnung vorgelegt wird). Die Beschlagnahme eines Sparbuches, dessen Zulässigkeit nach den Bestimmungen der StPO zu beurteilen ist, kann durchaus dann in Betracht kommen, wenn das Sparbuch für eine Untersuchung wegen eines Finanzvergehens von Bedeutung sein könnte (wenn z. B. aus dem Sparbuch sachdienliche Rückschlüsse auf den Täterkreis gezogen werden können). Nach Ansicht des OGH[155] sind Untersuchungsrichter – bereits im Rahmen einer Voruntersuchung – jederzeit berechtigt („... dazu legitimiert ..."), zum Zweck der Beweissicherung die Beschlagnahme eines derzeit nicht greifbaren verdächtigen Sparbuches anzuordnen.[156]

Die Tatsache, daß der Einblick bzw. die Durchforstung aller Geldbewegungen (die Geldbewegungen eines Tages werden in Tagesstrazzen aufgezeichnet, die auch Namen von Kunden, Beträge und zuordenbare Kontonummern enthalten und dem Bankgeheimnis unterliegen) gegen das Bankgeheimnis verstoßen, verhindert die Beschlagnahme des Sparbuches nicht. Ganz abgesehen davon, daß für anonyme Sparbücher mangels Geheimnisherrn kein Bankgeheimnis existiert, ist die Beschlagnahme jener Teile der Tagesstrazzen zulässig, die in unmittelbarem Zusammenhang mit dem aufzuklärenden Finanzvergehen stehen. Damit würde nach Ansicht des VwGH[157] der Geheimnisschutz anderer Kunden nicht verletzt.

---

[155] OGH v. 23.1.1992, 12 Os 95/91-12.

[156] Originaltext des vorgenannten Urteils: „... ist der Untersuchungsrichter entgegen der in einer Äußerung der betroffenen Kreditunternehmung zur Wahrungsbeschwerde vertretenen Rechtsansicht nach § 143 Absatz 2 erster Satz StPO sehr wohl auch dazu legitimiert, die Bank für den Fall der (anläßlich der Vorlage von Sparbüchern regelmäßig aktuell werdenden) Erlangung eines die Herausgabe der in Beschlag zu nehmenden Urkunde ermöglichenden Gewahrsams daran zu deren Ausfolgung an das Gericht zu verpflichten."

[157] Urt. v. 17.9.1991, 91/14/0118, Folgeurteil aus Urt. v. 29.1.1991, 90/14/0112.

Werden anonyme Spareinlagen von Todes wegen erworben, kann darüber auch ohne Losungswort verfügt werden (§ 31 Abs. 3 Satz 4 BWG). Der rechtmäßige Erwerb einer Sparurkunde von Todes wegen setzt aber einen gerichtlichen Beschluß voraus, der als Nachweis für den Vermögensübergang gilt und die Bank in der Frage der Eigentumszuordnung entlastet. Regelmäßig haben sich Erben eines anonymen Sparbuches – wenn sie das Losungswort nicht wissen – zu legitimieren, um ihre erbrechtlichen Ansprüche nachweisen zu können.

Über Guthaben auf anonymen Sparbüchern, die nach dem Tod eines Erblassers nicht aufgefunden werden können, kann von seiten der Erben nicht verfügt werden. Finden die Erben ein Sparbuch nicht, von dem sie aber wissen, daß es existiert, wird angenommen, daß es am Todestag nicht im Besitz des Erblassers gewesen ist. Es stellt dann keinen Bestandteil des Nachlasses dar.[158] Die Bank, von der der Erbberechtigte weiß, daß sie die Einlage verwaltet, ist selbst dann nicht verpflichtet, das von Todes wegen erworbene Sparguthaben auszuzahlen, wenn der Erbe zum Nachweis seiner Erbberechtigung zwar Erbschein und Personalausweis, jedoch nicht das Sparbuch selbst vorlegen kann.

Das Fehlen eines Sparbuchs stellt nach Ansicht des VwGH keinen Beweis dafür dar, daß ein solches nicht wirklich existiert.[159] Hat ein Erblasser seinem Finanzamt gegenüber Spareinlagen geheim gehalten, kann der rechtmäßige Erbe zwar, wenn er das Sparbuch nicht findet und vorlegen kann, an das Guthaben nicht mehr heran, erbt dafür aber die vom Erblasser verursachten Einkommensteuerschulden, wenn das Finanzamt von der Existenz dieses Sparbuches gewußt hat. So wurde eine junge Erbin, die das Erbe ihres verstorbenen Vaters ahnungslos antrat, kurz nach dem Begräbnis von der Finanzverwaltung mit Steuernachforderungen aus einer anonymen Spareinlage überrascht, von deren Existenz sie erst durch Zustellung dieses Steuerbescheides erfahren hatte. Die Finanzbehörde erlangte Kenntnis über das anonyme Sparbuch durch den Erblasser selbst, der kurz vor seinem Tod zugab, das von seinem Onkel geerbte und unversteuerte Schwarzgeld auf

[158] Landesgericht für Zivilrechtssachen (LGZ), Urt. v. 4.10.1990, 47 R 736/90.

[159] VwGH, Urt. v. 14.5.1991, 91/14/0039: „... sodaß das Fehlen eines Sparbuches keinen Beweis dafür darstelle, daß ein solches auch in den Jahren 1983 bis 1987 nicht vorhanden gewesen sei."

anonymen Sparbüchern angelegt zu haben. Die Erbin konnte das Büchlein nicht finden; das vermutlich die Einlage verwaltende Kreditinstitut verweigerte jede Auskunft, und das vom Erblasser angemietete Bankschließfach war leer gewesen. Das Finanzamt stellte eine geschätzte Verbrauchsrechnung auf und erhob dementsprechend Einkommen- und Vermögensteuer nach; allerdings zu Lasten der jungen Frau, die vergeblich Beschwerde beim VwGH einlegte.

Einlagen nicht mehr auffindbarer anonymer Sparbücher werden in aller Regel ca. 30 Jahre als „herrenlose Einlage" verzinst und gehen schließlich in das Eigentum der Bank über. Es ist aber auch möglich, daß unberechtigte Dritte an das Sparbuch geraten, das Losungswort herausfinden und das Guthaben abräumen. Pkt. 31 der AGB-KU verpflichtet österreichische Banken zwar, Verfügungen über Konten und Depots nur aufgrund eines Beschlusses des Abhandlungsgerichts oder der Einantwortungsurkunde zuzulassen, sobald sie vom Ableben eines Kunden Kenntnis erlangt haben, die Vorschrift kann aber auf anonyme Spareinlagen keine Anwendung finden, da Banken anonyme Sparbücher nicht dem Vermögen eines Verstorbenen zuordnen können; können sie es doch, war das Sparbuch niemals anonym.

• Zivil- und steuerrechtliche Zuordenbarkeit

Die Frage der Zuordenbarkeit von Vermögenswerten stellt sich zwangsweise nur bei anonymen Sparbüchern, bei denen die Bank selbst nicht in der Lage ist, den rechtmäßigen Besitzer der Einlage hinreichend zu bestimmen.

Hinsichtlich der gesetzlichen Zuordnung anonymer Vermögenswerte vertritt die österreichische Rechtspraxis eine in sich widersprüchliche Auffassung. Während aus zivilrechtlicher Sicht ein anonymes Sparbuch auch dann anonym ist, wenn es auf einen Namen lautet, genügen auf steuerrechtlicher Ebene bereits einige Buchstaben, die zufälligerweise mit den Initialen eines Steuerpflichtigen übereinstimmen, um das Vermögen steuerrechtlich zuzuordnen und eine Steuerforderung, ggf. auch ein Finanzstrafverfahren begründen zu können.

So hat beispielsweise der OGH[160] in einem Zivilrechtsfall durch Beschluß entschieden, daß „die Angaben des Namens, auf den das Sparbuch lautet“, für dessen Zuordnung zu einer bestimmten Person nicht ausreicht, „weil ein Sparkonto selbst mit einem falschen oder erdichteten Namen eröffnet werden kann“, so daß „der Name, auf den das Sparbuch lautet“ kein „verläßlicher Hinweis dafür“ ist, „daß sich das Sparbuch im Eigentum oder Besitz desjenigen befindet, auf dessen Namen es ausgestellt ist“. Dagegen gab der VwGH[161] der „freien Beweiswürdigung“ eines österreichischen Finanzamts statt, das die auf die Bezeichnungen „A“, „H“ und „AH“ lautenden 109 von 119 anonymen Sparbüchern von denen die Steuerfahndung in den Wiener Räumlichkeiten eines italienischen Kunsthändlerehepaares eine Aufstellungsliste gefunden hat, den Ehegatten allein aus der Tatsache heraus zugeordnet hatte, daß diese Buchstaben zufälligerweise die Initialen der Vornamen des Ehepaares (Amadeo und Hildegard) darstellten.[162] Das Kunsthändlerehepaar hatte keine Steuererklärungen abgegeben, aufgrund beschlagnahmter Unterlagen wurden Umsätze in Höhe von über 4.000.000 S festgestellt.

Steuerrechtlich gehört ein anonymes Sparbuch grundsätzlich demjenigen, der darüber Verfügungen trifft oder bei dem es gefunden wird,[163] es sei denn, es kann ein entsprechender Entlastungsbeweis (beispielsweise unter Bekanntgabe der Namen der Besitzer) geführt werden. So sprach der VwGH[164] einem GmbH-Geschäftsführer, der in letzter Zeit größere Geldbeträge abgehoben hatte, ein anonymes Sparbuch zu (der Verdacht einer „verdeckten Gewinn-

[160] OGH, Beschluß v. 30.11.1983, 1 Ob 773/83. In diesem Fall verlor der Sohn das Sparbuch seiner verstorbenen Mutter, auf dem sich ein Guthaben von über 70.000 Schilling befand. Der Sohn argumentierte der Bank gegenüber, daß das Sparbuch auf den Namen seiner Mutter lautete. Tatsächlich existierte auch ein Sparbuch auf diesen Namen, die Bank zahlte aber trotzdem nicht.

[161] VwGH, Urt. v. 27.3.1985, 84/13/0199, 0201, 0203.

[162] Zitat aus vorgenanntem Urteil: „Wenn bei dieser Sachlage die belangte Behörde die auf den Sparbüchern aufscheinenden Buchstaben A, H, AH als die Anfangsbuchstaben der Vornamen der beiden Beschwerdeführer [Amadeo und Hildegard] deutete und daraus den Schluß zog, daß die streitgegenständlichen Sparbücher diesen zuzurechnen seien, so kann ihr nicht mit Erfolg entgegengetreten werden.“

[163] VwGH, Urt. v. 27.5.1987, 84/13/0232: „Kann doch von einem Sparbuch, das auf den Namen einer bestimmten Person lautet, in deren Wohnung verwahrt wurde und auf das Einzahlungen getätigt werden, die betragsmäßig mit Abbuchungen von anderen Sparguthaben dieser Person übereinstimmen, bis zum Beweis des Gegenteils unbedenklich angenommen werden, daß es im Eigentum dieser Person steht.“

[164] VwGH, Urt. v. 9.4.1986, 84/13/0258.

ausschüttung" lag hier nahe); in einem anderen Fall[165] wurde ein in den Räumen eines Steuerberaters aufgefundenes Sparbuch diesem zugerechnet. Einem Versicherungsvertreter, der die Namen seiner Klienten nicht preisgeben wollte, rechnete der VwGH[166] alle von ihm verwalteten Spareinlagen steuerrechtlich zu. Im Zuge einer Verkehrskontrolle stellten Polizeibeamte beim Beschwerdeführer, dem Versicherungsvertreter, mehrere anonyme Sparbücher sicher. Das von den Sicherheitsbeamten verständigte Finanzamt ordnete mangels Bekanntgabe der Eigentümer der Sparbücher diese nach „freier Beweiswürdigung" dem Versicherungsvertreter zu. Der VwGH war nicht davon überzeugt, daß die Finanzbehörde „ihre Beweiswürdigung in einer Weise vorgenommen hätte, welche den angefochtenen Bescheid als rechtswidrig erkennen ließe".

Wer also fremdes Vermögen auf anonymen Sparbüchern für Dritte verwaltet, muß damit rechnen, daß ihm die Finanzbehörde treuhänderisch verwaltete Vermögenswerte steuerlich zuordnet. Dies ist übrigens auch in Deutschland so. In Deutschland gibt es zwar keine anonymen Sparbücher, dafür aber § 159 AO. Nach dieser Vorschrift muß derjenige, der behauptet, daß er Rechte, die auf seinen Namen lauten, oder Sachen, die er besitzt, nur als Treuhänder, Vertreter eines anderen oder Pfandgläubiger innehabe oder besitze, auf Verlangen nachweisen, wem die Rechte oder Sachen gehören. Andernfalls werden sie ihm regelmäßig zugerechnet.

Der VwGH hält dabei die Begründung, man wolle aus Vertrauensgründen die Namen der rechtmäßigen Eigentümer nicht bekanntgeben, für unverständlich. Schließlich, so die Richter, „widerspricht es jeder Lebenserfahrung, steuerliche Konsequenzen in bedeutendem Ausmaß nur deswegen auf sich zu nehmen, um Vertrauen nicht zu mißbrauchen".

[165] VwGH, Urt. v. 9.11.1988, 87/13/0154. Der Steuerberater hatte bestritten, daß das Sparbuch ihm gehöre, und behauptete, es handle sich hier um treuhänderisches Vermögen, und legte als Beweisstück ein privat abgefaßtes Schreiben vor, aus dessen „allgemeinen Ausführungen" sich nach Meinung des VwGH kein bestehendes Treuhandverhältnis ableiten ließe. Für die Annahme, daß das in den Räumen des Steuerberaters gefundene Sparbuch ihm gehöre, sprach auch, daß er einen namhaften Betrag von dem in diesem Sparbuch ausgewiesenen Guthaben zur Abdeckung seiner eigenen Abgabenrückstände angeboten bzw. verwendet hat.

[166] Urt. v. 14.5.1991, 89/14/0195.

Der Nachweis über die Zuordenbarkeit anonymer Geldanlagen wird gerne auch über die Erstellung von „Schriftgutachten" geführt. Kreditinstitute geben sich i.d.R. nicht nur mit der mündlichen Nennung des Losungswortes zufrieden, sondern verlangen – was bei Fremdwörtern u.U. zum Fiasko werden kann – zusätzlich noch die richtige Niederschrift. Österreichische Finanzbehörden haben im Jahre 1989 einem Kärntner Ex-Hotelier durch fünf Schriftgutachten Verfügungen über ein anonymes Sparbuch mit einer Einlage von 3 Mio. Schilling nachgewiesen. Das Sparbuch wurde anläßlich einer Betriebsprüfung aufgefunden. Die Einlage, so das Finanzamt, stammte aus der Auflösung unversteuerter stiller Reserven aus dem Verkauf seines Anwesens. Dem VwGH[167] genügte dabei, daß sich zwei von fünf Gutachtern über die Niederschrift des Losungswortes auf die Auszahlungsbelege durch den Ex-Hotelier einig waren.

- **Diebstahl und Verlust**

Der Verlust eines anonymen Sparbuchs ist dem kontoführenden Institut sofort anzuzeigen. Die Verlustanzeige muß unter Angabe von Sparbuchnummer/Losungswort, des Namens, der Anschrift und des Geburtsdatums des Verlustträgers erfolgen (§ 31 Abs. 4 BWG), wobei der Name des Verlustträgers nicht identisch sein muß mit dem Namen des Ersteinzahlers der Sparurkunde (sofern für die Bank überhaupt feststellbar). Der Name muß jedoch dem bürgerlichen entsprechen, so daß mit Verlust des Sparbuchs auch die Anonymität verloren ist, zumindest für den gegenwärtigen Inhaber. Nach Eingang einer Verlustanzeige wird die Bank verpflichtet, innerhalb eines Zeitraumes von vier Wochen keine Auszahlungen aus der betreffenden Spareinlage mehr zu leisten; das Sparbuch ist sozusagen gesperrt. Die Bank wird von ihrer Leistungspflicht frei; selbst bei Vorlage einer nicht vinkulierten Überbringersparurkunde, bei der sie gegenüber jedem Vorleger leistungspflichtig ist.

Parallel zum Leistungsverbot der Bank können verlorene oder gestohlene Sparbücher durch Amortisation (Kraftloserklärung nach § 9 des Kraftloserklärungsgesetzes) für ungültig erklärt werden. Das Kraftloserklärungsverfahren ist neben dem Leistungs-

[167] Urt. v. 28.2.1989, 88/14/0052.

verbot somit das zweite Hilfsmittel zur Eingrenzung von Mißbrauchsgefahren bei Diebstahl und Verlust anonymer Sparurkunden.

Nach Eingang der Verlustanzeige eines Sparbuchinhabers, der Kontonummer und Losungswort nennen kann, leitet die Bank für den Verlustträger ein Kraftloserklärungsverfahren ein (die Bank tritt regelmäßig – aus Anonymitätsüberlegungen heraus – als Antragsteller auf). Sobald die Bank als Bevollmächtigte und Treuhänderin des Verlustträgers die Kraftloserklärung erwirkt hat (der entsprechende gerichtliche Beschluß über die Kraftloserklärung ersetzt dann das verlorengegangene Sparbuch), wird sie *an diesen* und an niemand anderen das Sparguthaben (eben aufgrund des erwirkten gerichtlichen Kraftloserklärungsbeschlusses) auszahlen.

Finanzbeamte, die Kraftloserklärungsanzeigen lesen, hätten in ihren Ermittlungen nur Aussicht auf Erfolg, wenn eine natürliche Person (der Verlustträger) ein Kraftloserklärungsverfahren einleiten würde. Da solche Verfahren aber – wie bereits aufgezeigt – stets unter dem Namen der betreibenden Bank geführt werden, der Verlustträger also zu keinem Zeitpunkt namentlich in Erscheinung tritt, erfahren außenstehende Dritte und Finanzbehörden nicht, wem das verlorene Sparbuch gehört hat.

Die als Bevollmächtigte und Treuhänderin agierende Bank muß zwar jede Anfrage durch die Finanzverwaltung mit Hinweis auf das Bankgeheimnis ablehnen. Doch könnte sie den Namen des Verlustträgers nur bekanntgeben, wenn das Bankgeheimnis rechtmäßig durchbrochen werden dürfte, so etwa bei einem eingeleiteten Finanzstrafverfahren. Gegen Eigentümer eines anonymen Sparbuchs kann jedoch – schon allein aus Unkenntnis des bürgerlichen Namens – kein Finanzstrafverfahren eingeleitet werden.

Kommen schwarze Sparbücher durch Diebstahl abhanden, ist es ausreichend, das betreffende Kreditinstitut zu informieren und eine Sperrung zu veranlassen. Eine darüber hinausgehende Diebstahlsanzeige ist weder nötig noch empfehlenswert. Denn der Gang zur Polizei bewirkt keine Kontosperrung, hat dafür aber zur Folge, daß die Finanzbehörden von der Existenz schwarzer Sparbücher Kenntnis erlangen.

Ein solches Schicksal ist einem Pensionisten widerfahren, der nach einem Wohnungseinbruch dem örtlichen Bezirkskommissariat den Verlust seiner Sparbücher, Silbermünzen und seines Bargeldes anzeigte. Dabei gab er den Behörden die Sparbuchnummern und die Losungswörter bekannt. Das Finanzamt, das von der Anzeige unverzüglich Kenntnis erlangte, forderte den Pensionisten auf, die Guthabenstände der Jahre 1979 bis 1983 sowie die Höhe der gutgeschriebenen Zinsen bekanntzugeben. Der Bestohlene kam dem Auskunftsbegehren der Finanzbehörde nicht nach. Nach Einleitung eines Finanzstrafverfahrens (als Voraussetzung für die Aufhebung des Bankgeheimnisses) mußte das Geldinstitut, das die Einlagen führte, Kopien der Spar-Jahreskonto-Auswertungen sowie eine Kontoaufstellung hinsichtlich des Girokontos des Pensionisten vorlegen. Daraufhin veranlagte das Finanzamt den Steuerpflichtigen für die Jahre 1978 bis 1982 neu. Der Pensionist erhob Beschwerde vor dem VwGH, und zwar mit der Begründung, daß die Steuergesetze „sparfeindlich" seien und daß er zusammen mit einer Zeugin der Meinung gewesen sei, „anonym gelte auch gegenüber dem Finanzamt". Hier ist der Rentner allerdings einem teuren Irrtum aufgesessen.

(ii) Österreichs diskrete Wertpapierkonten

Genau bis zum 31. Juli 1996 gab es in Österreich für den Wertpapierkauf eine im Vergleich zum gewöhnlichen Tafelgeschäft viel elegantere Methode, die in Sachen Anonymität keine Wünsche übrig ließ: das Effektenkassageschäft. Bei einem Effektenkassageschäft kam der Anleger anonym in den Besitz von Wertpapieren, ohne daß er sich diese wie beim Tafelgeschäft in Mantel und Bogen aushändigen lassen mußte. Zur Beurkundung solcher Geschäfte und als Verfügungsnachweis übergaben die Österreich-Banker dem anonymen Käufer einen Wertpapierkassabon, auch Juxtenbon genannt. Solche Bons waren an jedermann übertragbare „Inhaberpapiere". Wer im Besitz dieser Bons war und das Losungswort wußte, konnte über das anonyme Depot verfügen. Die Ausstellung solcher Bons hat der österreichische Bundesfinanzminister per 1. August 1996 verboten; er kam dabei einer Forderung aus Brüssel entgegen. Und mit dem Verbot der Juxtenbons war auch das Effektenkassageschäft gestorben.[168]

An die Stelle des Effektenkassageschäftes ist heute das – allerdings voll legitimierte – Nummernkonto mit Nummernwertpapierdepot getreten, also diejenige Variante diskreter Wertpapiergeschäfte, die der deutsche Anleger von Liechtenstein oder der Schweiz her kennt. Bei Eröffnung eines solchen Geheimkontos muß sich der Schwarzgeldanleger der Bank gegenüber zwar legitimieren, allerdings nur auf dem ersten Kundenaktblatt. Die Bank legt hier zwei Kundenakte an. Das „erste" Dossier mit den Kontoeröffnungsunterlagen, den persönlichen Daten und den Originalunterschriften sämtlicher Kontoinhaber und Zeichnungsberechtigten unterliegt der sogenannten „Leitungsverwahrung", d. h. die Dokumente werden in einer Security-Zone unter Verschluß aufbewahrt. Zutrittsberechtigung zu dieser Security-Zone haben nur bestimmte Führungskräfte und mit besonderen Vollmachten ausgestattete Mitarbeiter.

Nur der in der zweiten Kontoakte vermerkte Wortlaut der Pseudonym-Unterschrift sowie das Abbild der Pseudonymunterschrift selbst ist allen Mitarbeitern zugänglich und wird EDV-mäßig erfaßt. Dieses Dossier enthält aber außer den Pseudonymen der jeweiligen Zeichnungsberechtigten mit der dazugehörigen Kontonummer nichts.

In aller Regel können bis zu maximal vier Personen als Kontoinhaber (Zeichnungsberechtigte) über das Depot allein oder gemeinsam jeweils unter ihren eigenen Pseudonymen verfügen. Das ausgeschriebene Pseudonym ersetzt die Originalunterschrift des Kunden. Das Pseudonym kann mit dem Losungswort für das Wertpapierdepot übereinstimmen, muß aber nicht. Nach Nennung der Kontonummer, des vereinbarten Losungswortes und der geleisteten Pseudonym-Unterschrift können Wertpapieraufträge und Auszahlungen vom Basiskonto sowie von allen Unterkonten durch jeden Zeichnungsberechtigten veranlaßt werden. Die Kontodokumentationen sowie alle Wertpapierabrechnungen erfolgen selbst-

[168] Allerdings nur für Neuanleger. Vor dem 1. August 1996 begründete anonyme Alt-Effektenkassageschäfte müssen nicht nachlegitimiert werden. Wer sich also noch kurz vor dem Stichtag Langläufer ins anonyme Depot hat legen lassen, bleibt noch weit bis über die Jahrtausendwende hinaus anonym. Auch die Zinsen werden bis zur Endfälligkeit des Wertpapiers weiterhin ohne Namenserfassung gutgeschrieben. Nur nachkaufen kann der Schwarzgeldanleger nichts mehr anonym. Er kann aber den bestehenden „Eisberg" in Ruhe anonym abschmelzen.

verständlich ohne Namenseindruck. Zur zusätzlichen Sicherheit wird bei Kontoeröffnung in aller Regel „banklagernde Post" vereinbart, so daß keine Briefsendungen an eine deutsche Adresse notwendig sind.

Einem diskreten Nummernwertpapierdepot können auch Tafelpapiere gutgeschrieben werden. Das Kreditinstitut übernimmt in diesem Fall die komplette Depotverwaltung sowie die Gebühren für die Versicherung des Bestandes und schreibt Zins- oder Tilgungserträge fristgemäß gut. Die Wiederanlage der Erlöse erfolgt automatisch.

(iii) Freie Euro-Konten und Freie Euro-Sparbücher

Devisenrechtliche Vorschriften der Oesterreichischen Nationalbank[169] erfordern die Führung von Guthaben für Ausländer (Devisenausländer) ausschließlich als „Freie Euroguthaben" oder als Fremdwährungsguthaben. Freie Euroguthaben sind „auf Euro lautende Guthaben von Ausländern bei ermächtigten Banken und ermächtigten Finanzinstitutionen". Zur Anlage und Verwaltung solcher Euroguthaben bieten Österreichs Banken ihrer ausländischen Klientel „Freie Euro-Konten" und „Freie Euro-Sparbücher" an. Sie stellen für *Devisenausländer*[170] in aller Regel die einzige Möglichkeit dar, in Österreich Konten zu unterhalten.

Freie Euro-Konten dienen als Verrechnungskonten, beispielsweise für den Verkauf jeder Fremdwährung, zur Abwicklung von Wertpapiertransaktionen oder zur Gutschrift von Einzahlungen oder Überweisungen aus Österreich. Laufende Guthaben werden KESt-frei verzinst. Verfügungen über das gesamte Guthaben sind jederzeit möglich. Auf ein Euro-Konto können ohne devisenrechtliche Beschränkungen die auf Euro lautenden Gegenwerte aus allen frei konvertierbaren Währungen eingelegt werden. Euro-Sparbücher dienen dagegen ausschließlich der Vermögensanlage. Die Verzinsung laufender Guthaben richtet sich nach dem jeweils geltenden Eckzinssatz.

[169] Devisenrechtliche Kundmachung DL 2/91-99 Ziff. 8.2.1.

[170] Nochmals zur Erinnerung: Als Devisenausländer gilt man in Österreich, wenn man weder Wohnsitz noch gewöhnlichen Aufenthalt in Österreich hat und sich auch nicht über drei Monate in Österreich aufhält. Daß man beispielsweise als deutscher Schwarzgeldanleger dieselbe Währung wie Österreich hat – den Euro – spielt hier keine Rolle!

Freie Euro-Konten und Sparbücher sind keine anonymen Konten. Sie können nur unter Berücksichtigung der bei Anknüpfung dauernder Geschäftsbeziehungen geltenden Identitätsfeststellungspflichten des Bankwesengesetzes sowie unter Einhaltung devisenrechtlicher Vorschriften (Klärung des devisenrechtlichen Status und Feststellung des Namens, Wohnorts und der Art des Personaldokumentes, mit dem sich der Kontoeröffner ausgewiesen hat) eröffnet werden. Nur im Außenverhältnis ist gewisse Anonymität gegeben, weil Euro-Sparbücher – wie die bereits dargestellten anonymen – auf „Überbringer" oder auf einen „Namen" oder eine „Nummer" lauten und durch Losungswort vinkuliert werden können. Bankintern ist der Schwarzgeldanleger aber bekannt.

(iv) Treuhand- und Anderkonten

In Österreich kann jeder ein Treuhandkonto eröffnen. Dagegen dürfen Anderkonten ausschließlich von Deviseninländern, die besonderen Berufsgruppen angehören, unterhalten werden. Gemäß § 40 Abs. 2 BWG haben Kredit- und Finanzinstitute die Inhaber von Treuhand- und Anderkonten aufzufordern, die Identität des Treugebers in schriftlicher Form bekanntzugeben, und zwar mit Vor- und Zunamen, Geburtsdatum sowie dem devisenrechtlichen Status. Auch für nicht dauernde Geschäftsbeziehungen, sofern bei diesen der Treuhandbetrag von 200.000 Schilling oder Gegenwert in Fremdwährung erreicht wird, haben die Treuhänder die Identität des Treugebers dem Kreditinstitut in der Form bekanntzugeben, daß sie bei natürlichen Personen Vor- und Zunamen, Geburtsdatum und die Tatsache, ob es sich um einen Devisenin- oder -ausländer handelt, in schriftlicher Form mitteilen.[171]

Handelt es sich bei dem Treugeber um einen Ausländer (Devisenausländer), ist die namentliche Nennung des wirtschaftlich Berechtigten auch aus devisenrechtlicher Sicht erforderlich.[172] Der Identitätsnachweis des ausländischen wirtschaftlich Berechtigten muß dessen Namen, Wohnort oder Firmensitz beinhalten. Der Treu-

[171] Gemeinsame Interpretationen der österreichischen Kreditwirtschaft aufgrund der Rechtsäußerung des Bundesministeriums für Finanzen vom 18.9.1997 zur Neuregelung der Identifikationspflichten bei Anderkonten.

[172] Kundmachung DL 2/91-99 Ziff. 8.2.3.

händer hat außerdem die Vertretungsbefugnis durch eine vom ausländischen Treugeber ausgestellte Vollmacht oder durch Vertrag nachzuweisen. Die Daten der Vollmacht sowie die Namen, Wohnorte bzw. Firmensitze der ausländischen wirtschaftlich Berechtigten und des Einzahlers/Erlegers (Treuhänders) unterliegen dem Bankgeheimnis und sind mindestens fünf Jahre lang aufzubewahren.

b) Identifizierungs- und Legitimationspflichten bei Kontoeröffnung

Österreichische Kredit- und Finanzinstitute haben nach dem Bankwesengesetz die Identität des Kunden bei Anknüpfung einer *dauernden Geschäftsbeziehung,* d. h. bei Eröffnung von Konten und Depots aller Art, festzustellen. Ausgenommen von der Identitätsfeststellung ist die Eröffnung anonymer Sparbücher für Deviseninländer. Die Begründung einer anonymen Spareinlage darf aber nicht mit der Eröffnung eines Kontos gleichgesetzt werden. Beide Rechtshandlungen stellen zwar zweiseitige Rechtsgeschäfte dar, d. h. sie bedürfen jeweils der Einwilligung der Bank und des Kunden, unterscheiden sich jedoch im Leistungsverhältnis zwischen den Parteien. Während das Unterhalten einer anonymen Spareinlage für den Einlagengläubiger normalerweise keine Leistungspflichten hervorruft, begründet das Rechtsgeschäft der Eröffnung von Kontokorrent-, Giro-, Treuhand-, Nummern- oder Anderkonten für den Bankkunden sehr wohl rechtliche Pflichten. Diese können beispielsweise in der Zahlung einer laufenden Kontoführungsgebühr, einer Überziehungsprovision oder in der Rückzahlung eines Kontokorrentkredits bestehen. Der Bank steht demzufolge ein berechtigtes und auch notwendiges Interesse zu, ihre Vertragspartner namentlich zu kennen.

Einschlägige Vorschriften für die Identifizierung der Kontoinhaber und Zeichnungsberechtigten ergeben sich aus dem Bankwesengesetz (BWG), dem Devisenrecht (Feststellung des devisenrechtlichen Status) sowie den Allgemeinen Geschäftsbedingungen für das Kreditwesen. Gemäß § 40 Abs. 1 Nr. 1 BWG bedarf es bei Anknüpfung einer dauernden Geschäftsbeziehung in Form der Eröffnung eines Bankkontos oder Depots grundsätzlich der Legitimation jedes Antragstellers. Pkt. 1 Abs. 1 der AGB-KU[173] sieht vor, daß bei Konto- bzw. Depoteröffnung die Person, „die aus dieser Geschäftsverbindung der Kreditunternehmung gegenüber berechtigt oder verpflichtet sein soll, mit ihrem Namen (Firma) zu bezeichnen und ihre Identität nachzuweisen" ist. Konten, die dem laufenden Zahlungsverkehr dienen oder dienen können und im Regelfall auch überzogen werden dürfen, können deshalb nur unter dem Namen bzw. unter der Firmenbezeichnung des Kontoinhabers geführt werden.

Ungeachtet der Legitimationspflichten nach dem Bankwesengesetz oder den Allgemeinen Geschäftsbedingungen sehen devisenrechtliche Vorschriften[174] bei Eröffnung bzw. Begründung von Konten und Depots aller Art durch einen *Devisenausländer* oder bei der Eröffnung von Fremdwährungskonten durch einen Deviseninländer die schriftliche Feststellung und Festhaltung von Namen, Wohnort (Firmensitz) und Personaldokument zwingend vor, mit dem sich der Kunde ausgewiesen hat.

Kredit- und Finanzinstitute haben außerdem jeden Kunden vor Eröffnung eines Kontos zu fragen, ob er für eigene oder fremde Rechnung tätig wird. Gibt der Kunde zu erkennen, daß er ein Konto auf fremde Rechnung eröffnen will (z. B. bei Eröffnung eines Treuhand- oder Anderkontos), ist er nach § 40 Abs. 2 Satz 2 BWG verpflichtet, dem Kreditinstitut gegenüber die Identität des Treugebers (des wirtschaftlich Berechtigten) nachzuweisen.[175] Werden über das neu eingerichtete Konto sowohl Treuhandgelder als auch eigenes Vermögen verwaltet, ist dieser Umstand dem Kreditinstitut ebenfalls bekanntzugeben, wie auch bekannte Treugeber. „Der Kunde muß dann aber nicht von sich aus tätig werden, so daß dem Gesetzeszweck nur dadurch Rechnung getragen werden kann, daß das Kreditinstitut bei Aufnahme einer dauernden Geschäftsbeziehung den Kunden auch verpflichtet, weitere Treu-

[173] Die Vorschrift lautet: „Bei Konto- bzw. Depoteröffnung ist die Person (physische, juristische Person oder Personenhandelsgesellschaft), die aus dieser Geschäftsverbindung der Kreditunternehmung gegenüber berechtigt oder verpflichtet sein soll, mit ihrem Namen (Firma) zu bezeichnen und ihre Identität nachzuweisen. Sie ist der Kontoinhaber; Konten und Depots werden unter dem Namen oder der Firma des Kontoinhabers geführt. Jedes Konto und Depot erhält ferner eine Kontonummer."

[174] Devisenrechtliche Kundmachung DL 2/91-99 der OeNB, Ziff. 8.2.2 i.V.m § 20 DevisenG.

[175] Vgl. oben D.V.2.a)(iv).

geber, für die er allenfalls in der Zukunft tätig werden wird, dem Kreditinstitut bei der ersten Transaktion für diesen Treugeber bekanntzugeben."[176]

Auch die Bereitstellung bzw. Anmietung eines Banksafes stellt die Anknüpfung einer dauernden Geschäftsbeziehung dar und bedarf der Feststellung der Identität des Anmieters. Die Anmietung eines Schließfachs zur sicheren Verwahrung anonymer Sparbücher ist daher auf anonymer Basis nicht möglich. Vielmehr ist die Identität des Kunden nach Maßgabe des § 40 Abs. 1 Nr. 1 BWG zwingend festzuhalten. Für den Schwarzgeldanleger gilt es hier, zwischen sicherer Aufbewahrung oder absoluter Anonymität zu wählen, wobei letztere in der Praxis dadurch wieder annähernd hergestellt wird, daß Schließfächer bei einem anderen als dem kontoführenden Kreditinstitut angemietet werden. Zutrittsberechtigte zu Schrank- oder Schließfächern müssen sich dagegen nicht mit ihrem bürgerlichen Namen, sondern nur mit einem Losungswort (sofern vereinbart) gegenüber der Bank legitimieren und den Safeschlüssel vorlegen.

3. Kassageschäfte als Schwarzgeldgeschäft

Bei allen nicht in den Rahmen einer dauernden Geschäftsbeziehung fallenden Transaktionen (das sind Bar-, Tafel- oder sonstige Geldwechsel-, Überweisungs- und Schaltergeschäfte) ist die Identität des Kunden (hier auch Schalter- oder Laufkunde genannt) dann festzustellen, wenn sich der Betrag dieser Schaltertransaktion auf mindestens 200.000 S oder Schilling-Gegenwert beläuft (§ 40 Abs. 1 Nr. 2 BWG). Der Schalter- oder Laufkunde ist außerdem zu befragen, ob er das Bareinzahlungs-, Tafel- oder Geldwechselgeschäft für eigene oder fremde Rechnung tätigt; ggf. ist er nach dem Namen des Treugebers (wirtschaftlich Berechtigten) zu befragen bzw. aufzufordern, die Identität des Treugebers nachzuweisen (§ 40 Abs. 2 BWG).

Die 200.000-Schilling-Legitimationsgrenze gilt unabhängig davon, ob die Transaktion in einem einzigen Vorgang oder in mehreren Teilen, zwischen denen eine Verbindung offenkundig gegeben

---

[176] Fremuth/Laurer/Linc/Pötzelberger/Ruess, Kurzkommentar zum Bankwesengesetz, Wien 1995, § 40, Rz. 8.

ist, getätigt wird. „Offenkundigkeit kann entweder darin bestehen, daß Kassageschäfte in zeitlich äußerst kurzen Abständen bei einer Zweigstelle eines Kreditinstituts abgewickelt werden oder daß die entsprechenden Transaktionen mit nur wenigen Tagen Zeitdifferenz vom gleichen Bankplatz aus ausgeführt werden."[177]

4. Der Schwarzgeldtransfer

Angesichts der in Deutschland geltenden Devisenfreiheit können DM-Beträge in beliebiger Höhe nach Österreich transferiert werden. Überweisungen ab einem Betrag von über 5.000 DM sind allerdings meldepflichtig (§§ 59 ff. AWV). Bis zur Einführung des Euro als gesetzliches Zahlungsmittel können nur Schillinge auf einem anonymen Sparbuch angelegt werden. Der Geldwechsel stellt eine Schaltertransaktion dar, die ab einem Gegenwert von 200.000 S nicht mehr anonym abgewickelt werden kann. Der Schwarzgeldanleger, dem es mehr auf die Anonymität als auf eine maximale Effektivverzinsung ankommt, gerät diesbezüglich in Bedrängnis. Denn hat er erst einmal einen Deviseninländer gefunden, der ihm, als Strohmann fungierend, ein anonymes Sparbuch einrichtet, kann er weitere Einlagen bis Anfang 2002 nur in Schillingen leisten, die er in aller Regel erst umtauschen muß. Dasselbe Problem ergibt sich bei Behebung eines Sparbuchs und Umtausch des Schilling-Guthabens in andere Währungen, solange es noch keine Euronoten gibt.

Des weiteren muß der deutsche Schwarzgeldanleger seine nach Österreich bar transferierten Gelder auf Verlangen dem deutschen Zoll mitteilen, wenn es mehr als 30.000 DM sind (gleichgestellt sind andere Wertgegenstände wie Tafelpapiere, Schecks, Wechsel, Edelmetalle oder Edelsteine). Zwar gibt es zwischen Deutschland und Österreich keine Landesgrenzen mehr. Dafür aber ist der Zoll mit mobilen Kontrollgruppen im Einsatz, die den grenzüberschreitenden Warenverkehr überwachen, und zwar nicht nur im nahen Grenzgebiet. Zur diskreten Überweisung von Geldern auf österreichische Konten bieten diverse Banken „diskrete Überweisungsträger" in Form von vorgedruckten Zahlscheinen an, auf denen

[177] Fremuth/Laurer/Linc/Pötzelberger/Ruess, BWG § 40, Rz. 3.

unter „Verwendungszweck" bereits die Nummer des anonymen Sparkontos eingetragen ist. Die Sparbuchnummer vermittelt nach außen hin den Eindruck der gewöhnlichen Girokontonummer eines Namenskontos. Unter „Auftraggeber/Einzahler" erscheint ein Phantasiename.

5. Transfer von Tafelpapieren und Hinterlegung auf ein österreichisches Nummerndepot

Unter der Bezeichnung „Übernahme von Tafelpapieren auf EDV-mäßige Depotverwahrung" bieten Österreichs Banken speziell für den deutschen Privatanleger die Einlieferung von Tafelpapieren auf ein österreichisches Wertpapierdepot (legitimiertes Namensdepot oder – im Außenverhältnis – anonymes Nummerndepot) an.

Für die Einlieferung von DM-Tafelpapieren werden einmalige Gebühren von 80 bis 100 DM pro Position berechnet. Für Fremdwährungsdepotwerte (DM-Papiere u. a., keine Schilling-Papiere) wird vom Coupon- oder Tilgungserlös eine Inkassogebühr in Höhe von 0,25 Prozent abgezogen. Für reine Schilling-Titel werden 1,25 Promille des Kurs- bzw. Depotwerts an Jahresgebühren erhoben. Das Fremdwährungstitel-Depot kostet in etwa fünf Promille. Für zum Zeitpunkt der Einlieferung bereits fällige Coupons berechnen österreichische Kreditinstitute ein zusätzliches Inkasso von drei bis fünf Prozent vom Couponerlös. Tafelpapiere sollten deshalb schon sechs bis acht Wochen vor dem Coupontermin eingeliefert werden.

Coupon- und Dividendenzahlungen sowie Tilgungs- und Verlosungserlöse fordert das depotführende Kreditinstitut automatisch an und legt die Beträge bis zum Datum der Behebung verzinslich an. Erklärt der Einlieferer, in Österreich keinen Wohnsitz zu unterhalten (Abgabe einer Wohnsitzerklärung), erhält er Zinsen ohne Abzug der österreichischen Kapitalertragsteuer gutgeschrieben. Voraussetzung ist allerdings, daß die den Coupons zugehörigen Papiere einem österreichischen Depot gutgeschrieben sind. Andernfalls fällt die österreichische Kapitalertragsteuer an, auch wenn der Vorleger alle Freistellungsvoraussetzungen erfüllen würde.

6. Besteuerung der Kapitalerträge

a) Steuersätze

Gemäß § 93 EStG ergeben sich für die Kapitalertragsteuer folgende Steuersätze:

Anlageart	Höhe der Kapitalertragsteuer (Prozent)	
	Inländer	Ausländer
GELDEINLAGEN:		
Sparbücher, verzinst zum Eckzinssatz und höher	25	0*
Sichtguthaben		
• Zinssatz bis 1 Prozent	0	0
• über 1 Prozent	25	0*
Bausparzinsen	25	–
Prämiensparzinsen	25	0*
FESTVERZINSLICHE WERTPAPIERE (Zahlstelle im Inland)		
Schillingwährung (in- oder ausländischer Emittent)		
• Ausgabe bis 31.12.1983	0	0
• Ausgabe ab 1.1.1984	25	0*
Auslandswährung (in- oder ausländischer Emittent)		
• Ausgabe bis 31.12.1988	0	0
• Ausgabe ab 1.1.1989	25	0*
FESTVERZINSLICHE WERTPAPIERE (Zahlstelle im Ausland)		
Schilling oder Auslandswährung unabhängig vom Ausgabezeitpunkt	0	0
SONSTIGE KAPITALANLAGEN		
begünstigt angeschaffte junge Aktien und Genußscheine	0	0
Forderungswertpapiere supranationaler Finanzinstitutionen (Weltbank, Europäische Investitionsbank, u. a.);		
• Ausgabe vor dem 1.10.1992	0	0
• Ausgabe ab dem 1.10.1992	25	0*
Dividenden österreichischer Aktiengesellschaften und Gewinnausschüttungen österr. GmbHs	25	25**
Partizipationsscheine	25	25

* Wenn die Ausländereigenschaft nachgewiesen wird, mittels Vermerk von Namen und Adresse des Anlegers sowie Festhalten der Reisepaßdaten durch die Bank. Anleger, die österreichische Staatsbürger oder Staatsbürger der Nachbarstaaten Österreichs sind, müssen zusätzlich schriftlich erklären, daß sie in Österreich keinen Wohnsitz bzw. gewöhnlichen Aufenthalt haben.

** Anrechnung/Rückerstattung gem. geltendem DBA.

Die österreichische Kapitalertragsteuer stellt im Gegensatz zur in Deutschland praktizierten Zinsabschlagsteuer nicht nur eine Vorwegbesteuerung für Zinserträge dar, sondern eine „echte Endbesteuerung", d. h. die für die Besteuerung der Kapitalerträge maßgeblichen Steuersätze für Zins- und Dividendeneinkünfte i. H. v. 25 Prozent erhöhen sich auch dann nicht, wenn der Kapitalanleger mit der Summe seiner sonstigen Einkünfte einer höheren Steuerprogression unterliegt. Mit dem Steuerabzug gleichzeitig abgegolten ist ferner die Erbschaft- und Schenkungsteuer.

Nicht abgegolten ist allerdings die für das angelegte Kapital geschuldete Einkommensteuer. So müssen beispielsweise Erben eines anonymen Sparbuchs die Steuerschulden des Erblassers tragen, wenn dieser dem Sparbuch unversteuertes Schwarzgeld gutgebracht und das Finanzamt von der Existenz des Sparbuches Kenntnis erlangt hat. Die Erben haften zwar nicht für die auf den Zinsertrag entfallende Kapitalertragsteuer oder für die auf das Kapital entfallende Erbschaftsteuer. Sie haften jedoch für die weitaus größere Steuerschuld aus dem Anlagekapital selbst, das in aller Regel aus mindestens einer steuerpflichtigen Einkunftsquelle herstammen mußte.[178]

b) Befreiung von der österreichischen Kapitalertragsteuer durch Wohnsitzerklärung oder Ansässigkeitsbescheinigung

Bei Zins- und zinsähnlichen Erträgen aus Kapitalvermögen, also für alle Kapitaleinkünfte, die keine Dividenden sind (und damit nicht unter Art. 10 a des DBA-Österreich fallen), kann die konto- und depotführende Bank als „Steuerabzugspflichtige" eine Steuerentlastung bereits im Zeitpunkt des Zuflusses herbeiführen (d. h.

[178] Vgl oben D.V.2.a)(i).

die vollen Zins- und zinsähnlichen Erträge ohne Abzug gutschreiben)[179], wenn ihr der ausländische Einkünfteempfänger mittels einer formlosen Wohnsitzerklärung schriftlich bestätigt, in Österreich keinen Wohnsitz oder gewöhnlichen Aufenthalt i. S. von § 26 Abs. 1 und 2 der Bundesabgabenordnung (BAO) zu haben.

Bei Abgabe einer *Wohnsitzerklärung* entfällt die 25prozentige Kapitalertragsteuer für:

- Zinserträge aus Geldeinlagen (Sicht- und Spareinlagen),
- Zinserträge aus festverzinslichen Wertpapieren, die ab dem 1.1.1984 bzw. ab dem 1.1.1989 emittiert worden sind,
- Zinserträge aus nach dem 30.9.1992 ausgegebenen Forderungswertpapieren supranationaler Emittenten oder
- Zinserträge aus Garantie-[180] oder Investmentzertifikaten.

Die Abgabe einer Wohnsitzerklärung verlangt allerdings die Offenlegung der Identität gegenüber der konto- und depotführenden Stelle, so daß *anonyme Schwarzgeldanlagen* nur steuerfrei sind, wenn sie aus Sicht des Inländers mit keinem Steuerabzug belastet sind.[181]

Deutsche Schwarzgeldanleger erfüllen die Voraussetzung zur Begründung einer unbeschränkten Steuerpflicht in Österreich jedoch dann, wenn sie dort einen *Zweitwohnsitz* innehaben. Deutsche Staatsbürger mit einer österreichischen Ferienwohnung können somit ihrer Bank gegenüber keine Wohnsitzerklärung erteilen, so daß das kontoführende österreichische Kreditinstitut grundsätzlich zum Steuerabzug an der Quelle verpflichtet ist. Voraussetzung hierfür ist allerdings, daß die in Österreich befindliche Zweitwohnung als der *steuerbegründende* Wohnsitz i. S. des DBA-Österreich anzusehen ist. Nach den DBA-Bestimmungen (Art. 16) gilt in Fällen, in denen sowohl in Deutschland als auch in Österreich ein Wohnsitz besteht, derjenige als „Wohnsitz im Sinne des Abkommens", an dem sich der Mittelpunkt der Lebensinteressen befin-

[179] Bei Einlösung von Coupons aus Tafelpapieren ist neben der Abgabe einer Wohnsitzerklärung auch Voraussetzung, daß die den Coupons zugrunde liegenden Wertpapiere in einem bei der Zahlstelle eingerichteten Wertpapierdepot erlegt sind. Andernfalls fällt die Kapitalertragsteuer grundsätzlich an, wenn die Forderungswertpapiere nicht von der KESt befreit sind.

[180] Vgl. D.V.8.c)(vi).

[181] Vgl. Übersicht oben D.V.6.a).

det. Der Mittelpunkt der Lebensinteressen befindet sich stets dort, wo die stärksten persönlichen (familiären, gesellschaftlichen, kulturellen) und wirtschaftlichen Beziehungen sind. Lebt und arbeitet der Schwarzgeldanleger in Deutschland, liegt der Mittelpunkt seiner Lebensinteressen regelmäßig dort.

Das depotführende österreichische Kreditinstitut kann für deutsche Geldanleger mit Zweitwohnsitz in Österreich die volle Steuerentlastung aller Zinseinkünfte herbeiführen, wenn ihr gegenüber bestätigt wird, daß sich der *Mittelpunkt der Lebensinteressen* nicht in Österreich, sondern in Deutschland befindet. Als Nachweis hat der deutsche Konto- und Depotinhaber eine ordnungsgemäß ausgefüllte und von seinem Wohnsitzfinanzamt bestätigte *Ansässigkeitsbescheinigung* auf Vordruck ZS-D1 vorzulegen.

Die Bestätigung durch die deutsche Steuerverwaltung muß dabei „zeitnah" vor oder nach dem Bezug der Einkünfte ausgestellt werden. Sofern keine Umstände erkennbar sind, die auf eine ungerechtfertigte Steuerentlastung hindeuten, gilt die Bescheinigung innerhalb eines Jahres noch als „zeitnah" ausgestellt. Stellt die österreichische Bank einen deutschen Geldanleger mit Ansässigkeitsbescheinigung nicht frei, kann dieser gemäß § 6 der Durchführungsverordnung die Rückerstattung der Kapitalertragsteuer unter Beifügung dieser Bescheinigung und der Belege über den KESt-Abzug bei dem für die Steuerveranlagung der Bank zuständigen österreichischen Finanzamt beantragen.

Keine Befreiungsmöglichkeit mittels Wohnsitzerklärung oder Ansässigkeitsbescheinigung besteht für Gewinnausschüttungen österreichischer Aktiengesellschaften und GmbHs. Die Kapitalertragsteuer auf Dividendeneinkünfte wird ungeachtet einer österreichischen Steuerpflicht im Abzugsverfahren erhoben. Es besteht aber – wie nachfolgend noch dargestellt – die Möglichkeit der Antragstellung auf Teilrückerstattung sowie die Berücksichtigung der gezahlten Steuer im Anrechnungs- bzw. Abzugsverfahren.

Die im Zusammenhang mit Wohnsitzerklärungen erforderlichen Angaben zur Person unterliegen dem *Bankgeheimnis.* Die Identitätsfeststellungen erfolgen ausschließlich durch das kontoführende Kreditinstitut. Wohnsitzerklärungen und Kontounterlagen werden getrennt aufbewahrt; Wohnsitzerklärungen dürfen nur von besonders Bevollmächtigten eingesehen werden. Die Betriebsprüfer der österreichischen Abgabenbehörden dürfen nur untersuchen, ob das Kreditinstitut keinen steuerpflichtigen Österreicher oder einen Ausländer mit österreichischem Zweitwohnsitz freigestellt hat (letzterer muß, wie bereits erläutert, eine amtliche Ansässigkeitsbescheinigung vorlegen). Weitergehende Rechte (z. B. zur Abschrift oder Anfertigung einer Kopie von Wohnsitzerklärungen) haben die Steuerbeamten nicht.

c) Rückerstattung der österreichischen Kapitalertragsteuer

(i) Rückerstattung von Kapitalertragsteuer auf Zinsen

Hat die österreichische Depotbank für Zinserträge Kapitalertragsteuer einbehalten, weil der im Ausland ansässige Kapitalanleger und Einkünfteempfänger wegen eines österreichischen Zweitwohnsitzes keine Wohnsitzerklärung abgeben konnte oder aus Gründen der Anonymität eine solche nicht abgeben wollte, kann der durch ein Doppelbesteuerungsabkommen zur Entlastung berechtigte ausländische Einkünfteempfänger eine Rückerstattung beim zuständigen österreichischen Finanzamt beantragen. Der ausländische Einkünfteempfänger hat einen Rückerstattungsanspruch dann, wenn er in Österreich keinen Wohnsitz oder gewöhnlichen Aufenthalt innehat bzw. einen Zweitwohnsitz in Österreich hat, sich aber der Mittelpunkt der Lebensinteressen (maßgeblicher Wohnsitz im Sinne des Doppelbesteuerungsabkommens) nicht innerhalb der Republik Österreich befindet.

Zum Nachweis eines ausländischen Hauptwohnsitzes müssen deutsche Kapitalanleger eine amtliche Ansässigkeitsbestätigung von ihrem zuständigen Wohnsitzfinanzamt auf Vordruck ZS-D1 einholen.[182] Die Antragstellung selbst kann formfrei unter Beifügung von Belegen über den Bezug der Einkünfte und über die Höhe des vorgenommenen Steuerabzugs erfolgen.

[182] Erhältlich bei: Drucksortenverwaltung der Finanzlandesdirektion für Wien, Niederösterreich und Burgenland, Vordere Zollamtstraße 3, A-1031 Wien.

(ii) Rückerstattung von Kapitalertragsteuer auf Dividenden

Für Dividenden *österreichischer* Aktiengesellschaften und Gewinnausschüttungen österreichischer GmbHs sieht das DBA-Österreich vom 4. Oktober 1954 einen zunächst ungeachtet der Einkommensteuerbestimmungen zwingenden *Kapitalertragsteuerabzug* in voller Höhe vor. Ein Abzugsrecht besitzt Österreich auch für aus sonstigen Gesellschaftsanteilen stammende Einkünfte, die nach ausländischem Steuerrecht den Einkünften aus Aktien gleichgestellt sind. Nach deutschem Einkommensteuerrecht wäre dies beispielsweise bei Einkünften aus Wandelanleihen und Gewinnobligationen der Fall.

Dividenden und Gewinnausschüttungen werden in Österreich einheitlich mit einem Steuersatz von 25 Prozent besteuert. Nach Art. 10 a Abs. 2 Buchst. b des Doppelbesteuerungsabkommens darf aber die Kapitalertragsteuer auf Dividenden und Gewinnausschüttungen 15 Prozent des Bruttoausschüttungsbetrages nicht übersteigen. Ausländische Anteilseigner, die beispielsweise in Deutschland ansässig sind und bei denen sich der Mittelpunkt der Lebensinteressen auch dort befindet, haben einen Rückerstattungsanspruch in Höhe der Differenz zwischen der Ist-Besteuerung in Höhe von 25 Prozent und der im DBA festgesetzten Besteuerungshöchstgrenze von 15 Prozent. Zur Vermeidung einer Doppelbesteuerung können die in Österreich verbleibenden 15 Prozent auf die deutsche Einkommensteuer wahlweise angerechnet oder bei der Ermittlung der Einkünfte abgezogen werden (Anrechnungs- bzw. Abzugsverfahren; § 34 c Abs. 1 und 2 EStG).[183]

Die Rückerstattung kann gegenüber den österreichischen Steuerbehörden bis zum Ablauf des fünften Kalenderjahres, das auf das Jahr der Einbehaltung folgt, beantragt werden. Für deutsche Kapitalanleger ist hierzu der Vordruck ZS-D2 aufgelegt worden.[184] Der Vordruck ist in zweifacher Ausfertigung beim zuständigen deutschen Wohnsitzfinanzamt einzureichen. Dieses bestätigt dem Abgabepflichtigen auf der Rückseite des Vordrucks, daß er seinen Wohnsitz im Sinn des deutsch-österreichischen DBA in Deutschland hat und daß auch seine übrigen Angaben mit dem vorliegen-

[183] Vgl. unten D.V.6.d) und D.V.6.e).
[184] Bezugsquelle vgl. Fn.182.

den Aktenstand übereinstimmen. Der Kapitalanleger reicht dieses Formular dem zuständigen österreichischen Finanzamt weiter.

d) Anrechnung der österreichischen Kapitalertragsteuer

Das DBA-Österreich sieht für deutsche Kapitalanleger eine steuermindernde Berücksichtigung der in Österreich gezahlten und nicht erstattungsfähigen Kapitalertragsteuer nach Maßgabe des § 34 c deutsches EStG vor.

§ 34 c Abs. 1 Satz 1 EStG bestimmt, daß bei in Deutschland unbeschränkt Steuerpflichtigen, die mit ausländischen Einkünften in dem Staat, aus dem die Einkünfte stammen, zu einer der deutschen Einkommensteuer entsprechenden Steuer herangezogen werden, die festgesetzte, gezahlte und keinem Ermäßigungs- bzw. Erstattungsanspruch mehr unterliegende ausländische Steuer auf die deutsche Einkommensteuer anzurechnen ist. Deutsche Anleger können sich den anrechnungsfähigen Höchstbetrag der in Österreich gezahlten und nicht rückerstattungsfähigen Kapitalertragsteuer nach folgender Formel errechnen:

$$\text{anrechenbare Steuer} = \text{inländische Einkommensteuer} \times \frac{\text{ausländische Kapitaleinkünfte}}{\text{Summe der Einkünfte (Welteinkommen)}}$$

Die auf die deutsche Einkommensteuer anrechenbare österreichische Kapitalertragsteuer ist dabei in der Weise zu ermitteln, daß die sich aus dem zu versteuernden Einkommen (aus dem Welteinkommen) ergebende deutsche Einkommensteuer im Verhältnis der ausländischen Einkünfte zur Summe der Einkünfte (dem Welteinkommen) aufzuteilen ist.

Beispiel:

Schritt 1: Ermittlung der Summe der Einkünfte (des Welteinkommens)

Inländische Einkünfte	120.000 DM
Ausländische Einkünfte	20.000 DM
Summe der Einkünfte (Welteinkommen)	140.000 DM

Schritt 2: Ermittlung der inländischen Einkommensteuer

Summe der Einkünfte	140.000 DM
./. Sonderausgaben	10.000 DM
zu versteuerndes Einkommen	130.000 DM
Einkommensteuer nach Grundtabelle	46.002 DM

Schritt 3: Berechnung der anrechenbaren österreichischen Kapitalertragsteuer

$$46.002\text{ DM} \times \frac{20.000\text{ DM}}{140.000\text{ DM}} = 6.571{,}71\text{ DM}$$

Schritt 4: Berechnung der verbleibenden deutschen Einkommensteuer

Einkommensteuer nach Grundtabelle	46.002,00 DM
Maximal anrechenbare österreichische Steuer	6.571,71 DM
Tatsächlich gezahlte und anrechenbare österreichische Steuer (15 Prozent von 20.000)	3.000,00 DM
Verbleibende deutsche Einkommensteuer	43.002,00 DM

e) Abzug der österreichischen Kapitalertragsteuer bei der Einkünfteermittlung

Anstelle einer Anrechnung auf die Einkommensteuerschuld können gezahlte und keinem Ermäßigungsanspruch mehr unterliegende österreichische Kapitalertragsteuern auch bei der Ermittlung des zu versteuernden Einkommens abgezogen werden. Im allgemeinen mindert aber der Abzug der ausländischen Steuer die inländische Einkommensteuer weniger als die Anrechnung.

Beispiel:

Summe der in- und ausländischen Einkünfte	140.000 DM
./. in Österreich gezahlte und keinem Ermäßigungsanspruch mehr unterliegende Kapitalertragsteuer	3.000 DM
= Gesamtbetrag der Einkünfte	137.000 DM

./. Sonderausgaben	10.000 DM
zu versteuerndes Einkommen	127.000 DM
Einkommensteuer nach Grundtabelle	44.399 DM

7. Das österreichische Bankgeheimnis

a) Rechtsgrundlage

§ 38 des österreichischen Bundesgesetzes über das Bankwesen (BWG) lautet:

„(1) Kreditinstitute, ihre Gesellschafter, Organmitglieder, Beschäftigte sowie sonst für Kreditinstitute tätige Personen dürfen Geheimnisse, die ihnen ausschließlich auf Grund der Geschäftsverbindungen mit Kunden oder auf Grund des § 75 Abs. 3 anvertraut oder zugänglich gemacht worden sind, nicht offenbaren oder verwerten (Bankgeheimnis). Werden Organen von Behörden sowie der Oesterreichischen Nationalbank bei ihrer dienstlichen Tätigkeit Tatsachen bekannt, die dem Bankgeheimnis unterliegen, so haben sie das Bankgeheimnis als Amtsgeheimnis zu wahren, von dem sie nur in den Fällen des Abs. 2 entbunden werden dürfen. Die Geheimhaltungsverpflichtung gilt zeitlich unbegrenzt.

(2) Die Verpflichtung zur Wahrung des Bankgeheimnisses besteht nicht

1. *im Zusammenhang mit eingeleiteten gerichtlichen Strafverfahren gegenüber den Strafgerichten und mit eingeleiteten Strafverfahren wegen vorsätzlicher Finanzvergehen, ausgenommen Finanzordnungswidrigkeiten, gegenüber den Finanzstrafbehörden;*
2. *im Falle der Verpflichtung zur Auskunftserteilung nach § 41 Abs. 1 und 2, § 61 Abs. 1, § 93 und § 93a;*
3. *im Falle des Todes des Kunden gegenüber dem Abhandlungsgericht und Gerichtskommissär;*
4. *wenn der Kunde minderjährig oder sonst pflegebefohlen ist, gegenüber dem Vormundschafts- oder Pflegschaftsgericht;*
5. *wenn der Kunde der Offenbarung des Geheimnisses ausdrücklich und schriftlich zustimmt;*
6. *für allgemein gehaltene bankübliche Auskünfte über die wirtschaftliche Lage eines Unternehmens, wenn dieses der Auskunftserteilung nicht ausdrücklich widerspricht;*

7. *soweit die Offenbarung zur Klärung von Rechtsangelegenheiten aus dem Verhältnis zwischen Kreditinstitut und Kunden erforderlich ist;*
8. *hinsichtlich der Meldepflicht des § 25 Abs. 1 des Erbschafts- und Schenkungsteuergesetzes.*

(3) Ein Kreditinstitut kann sich auf das Bankgeheimnis insoweit nicht berufen, als die Offenbarung des Geheimnisses zur Feststellung seiner eigenen Abgabepflicht erforderlich ist.

(4) Die Bestimmungen der Abs. 1 bis 3 gelten auch für Finanzinstitute und Unternehmen der Vertragsversicherung bezüglich § 75 Abs. 3 und für Einlagensicherungseinrichtungen, ausgenommen die Zusammenarbeit mit anderen Einlagensicherungseinrichtungen gemäß § 93 Abs. 3, 7 und 10 und § 93a.

(5) (Verfassungsbestimmung) Die Abs. 1 bis 4 können vom Nationalrat nur in Anwesenheit von mindestens der Hälfte der Abgeordneten und mit einer Mehrheit von zwei Dritteln der abgegebenen Stimmen abgeändert werden."

Das österreichische Bankgeheimnis steht über der Ebene der sonstigen Bundesgesetze und ist durch die in Abs. 5 enthaltene Verfassungsbestimmung, nach der die Absätze 1 bis 4 (die die Geheimhaltungs- und Auskunftspflichten der Normadressaten des BWG enthalten) „vom Nationalrat nur in Anwesenheit von mindestens der Hälfte der Abgeordneten und mit einer Mehrheit von zwei Dritteln der abgegebenen Stimmen abgeändert werden" können, vor Verwässerungen aller Art weitestgehend geschützt. Das österreichische Bankgeheimnis genießt verfassungsähnlichen Rang.

b) Personeller und territorialer Geltungsbereich

§ 38 Abs. 1 BWG nennt als Geheimnisträger die Kreditinstitute, ihre Gesellschafter, Organmitglieder, Beschäftigte sowie sonst für Kreditinstitute tätige Personen. Die an alle Mitarbeiter von Kredit- und Finanzinstituten adressierte Geheimhaltungspflicht verdeutlicht, daß der Individualkunde nur dann vor einer Geheimnisschutzdurchbrechung bewahrt werden kann, wenn die Schweigepflicht alle in einem Bankgefüge integrierten Mitarbeiter erfaßt und nicht nur auf Einzelpersonen beschränkt bleibt.

Geheimnisträger nach § 38 BWG sind Kredit- und Finanzinstitute i. S. des § 1 BWG bzw. deren Mitarbeiter. Dazu zählen u. a. auch Devisenhändler und Wechselstuben. Dem österreichischen Bankgeheimnis unterliegen auch inländische Zweigniederlassungen ausländischer Banken und Geschäftsstellen österreichischer Banken im Ausland, soweit zwingendes Recht des ausländischen Staates nichts anderes bestimmt.

§ 38 BWG bezieht auch sonst für Kreditinstitute tätige Personen in die Geheimhaltungspflicht ein. Eine genaue Definition, wer als „sonst für Kreditinstitute tätige Person" anzusehen ist, kann aus § 38 allerdings nicht abgeleitet werden. Nach der dem § 23 Kreditwesengesetz (dem Vorreiter des § 38 BWG) entnommenen Rechtsauffassung sind insbesondere gemeint: Rechtsanwälte, Wirtschaftstreuhänder und sonstige Sachverständige, die eben nicht in einem Dienstverhältnis zum Kreditunternehmen stehen.[185] Umgekehrt läßt sich allerdings erkennen, daß diesen gegenüber geheimhaltungspflichtige Tatsachen mitgeteilt werden dürfen.[186] Denn die Interessen des Individualkunden bleiben gewahrt, da die genannten Personen ihrerseits einer Berufsschweigepflicht unterliegen und an Informationen, die eine individuelle Zurechnung zu einzelnen Kontoinhabern ermöglichen würden, nicht interessiert sind.

§ 38 Abs. 1 führt die *Organmitglieder* der Bank gesondert auf. Als Organmitglieder werden stets alle im BWG oder in der Satzung vorgesehenen Stellen anzunehmen sein, die in irgendeiner Weise an der Vertretung und Leitung der Bank teilnehmen. Entscheidend für die Begründung der Geheimhaltung ist bei diesem Personenkreis allein die Pflicht einer Teilnahme am Geschäftsprozeß, nicht das tatsächliche Engagement. So unterliegt ein passives Aufsichtsratsmitglied im selben Umfang der Geheimnispflicht wie der Vorstandsvorsitzende einer Bank.

c) Umfang, Beginn und Ende der Geheimhaltungspflicht

Dem Bankgeheimnis unterliegen Informationen, die der Bankier im Rahmen seiner beruflichen Tätigkeit über seine Kunden erhält. Dabei spielt es keine Rolle, ob das Rechtsgeschäft, aus dem die In-

---

185 Fremuth/Laurer/Linc/Pötzelberger/Ruess, BWG § 38, Rz. 3.
186 Fremuth/Laurer/Linc/Pötzelberger/Ruess, BWG § 38, Rz. 4.

formationen stammen, ein typisches Bankgeschäft ist oder nicht. Auch Rechtsverhältnisse und Tatsachen aus einer *vorvertraglichen Geschäftsanbahnung* sind einzubeziehen. Die Geheimhaltungspflicht gilt zeitlich unbegrenzt. Sie wird nicht dadurch aufgehoben, daß der Geheimnisträger seine Tätigkeit bei der Bank aufgibt, der Geheimnisherr (Kunde) seine Geschäftsbeziehungen beendet oder das Kreditinstitut seine Geschäftsbetätigung einstellt.

d) Grenzen der Geheimhaltungspflicht

Auskunftsansprüche des bürgerlichen Rechts durchbrechen das Bankgeheimnis grundsätzlich nicht. Der Tod des Bankkunden macht hier aber eine Ausnahme: § 38 Abs. 2 Nr. 3 BWG läßt die Durchbrechung des Bankgeheimnisses gegenüber Abhandlungsgericht und Gerichtskommissär zu, wenn ein Kontoinhaber verstorben ist. Das Bankgeheimnis steht so der Informationsbeschaffung zur Abwicklung und Aufklärung von Nachlaßangelegenheiten nicht entgegen. Die Begriffe „Abhandlungsgericht" und „Gerichtskommissär" sind feststehende Begriffe des österreichischen Rechts. § 38 Abs. 2 Nr. 3 BWG ermächtigt in Verlassenschaftsangelegenheiten somit nur diese Instanzen zur Aufnahme diesbezüglicher Ermittlungen.

Die Auskunftsansprüche zur Klärung des Nachlasses werden zwar von der herrschenden Rechtsprechung ausschließlich auf das zur Zeit des Ablebens vorhandene Guthaben auf Konten und Depots begrenzt. Frühere Dispositionen des Kontoinhabers können aber überall dort eine Rolle spielen, wo sie zur Bestimmung von Pflichtteilsergänzungsansprüchen herangezogen werden müssen. Den Gerichten und Gerichtskommissären ist es daher nicht ausdrücklich untersagt, ihre Ermittlungen auch auf zu Lebzeiten bestandene Geschäftsverbindungen auszudehnen, wenn dies zur Klärung des Nachlasses notwendig erscheint. Der Mitteilungspflicht unterliegen außerdem alle Kontobuchungen, die zur Errechnung des Endsaldos notwendig sind.

Nach § 25 Abs. 1 des Erbschaft- und Schenkungsteuergesetzes sind Kreditinstitute verpflichtet, innerhalb eines Monats ab Kenntnisnahme vom Todesfall eines Kunden das auf seinen Konten und Depots hinterlassene Vermögen dem Finanzamt für Gebühren und

Verkehrssteuern anzuzeigen. § 38 Abs. 2 Nr. 8 BWG läßt zur Wahrnehmung dieser Meldepflichten die Durchbrechung des Bankgeheimnisses ausdrücklich zu. Die Meldungen umfassen alle Gemeinschaftskonten und -depots, die der Verstorbene als Kontoinhaber innehatte; ihr Inhalt ist freilich nur dort relevant, wo die Erbschaftsteuer nicht bereits durch die KESt abgegolten ist.[187]

Österreichische Kreditinstitute geben solche Todesmeldungen zwar nur für verstorbene *inländische* Kontoinhaber ab. Meldepflichtig ist jedoch auch das Ableben eines ausländischen Kontoinhabers, wenn dieser in Österreich steuerpflichtig war.

Gemäß § 38 Abs. 2 Nr. 5 BWG wird der Bankberater von seiner Geheimnispflicht befreit, wenn „der Kunde der Offenbarung des Geheimnisses ausdrücklich und schriftlich zustimmt". Willigt der Kunde ein, wirkt die Befreiung gegenüber jedermann, d. h. das Bankgeheimnis ist in diesem Fall auch gegenüber der Finanzverwaltung aufgehoben. Wünscht ein Unternehmerkunde nicht, daß seine Bank zum Zweck der Kreditwürdigkeitsprüfung, „allgemein gehaltene bankübliche Auskünfte" an Geschäftspartner gewährt, muß er dies schriftlich und ausdrücklich anzeigen.

Stehen sich Bank und Kunde einander als Prozeßparteien gegenüber, darf das Bankgeheimnis nach § 38 Abs. 2 Nr. 7 BWG aufgehoben werden, wenn und soweit dies zur Klärung der Rechtsangelegenheit notwendig ist. Die drohende Preisgabe von bankgeheimnisgeschützten Daten in öffentlichen Gerichtsprozessen ist für den Bankkunden regelmäßig ein unberechenbares Unterfangen und hält diesen wohl oftmals davon ab, Ansprüche gegen die Bank gerichtlich durchzusetzen. Die Vorschrift soll aber dem Umstand Rechnung tragen, daß im allgemeinen nicht damit zu rechnen ist, daß der als Kläger auftretende Kunde der Offenbarung von Tatsachen, die zu seinem Rechtsnachteil sein könnten, zustimmt. § 38 Abs. 2 Nr. 7 BWG ist daher zum Schutz der Kreditinstitute geboten.

Ist der Kunde minderjährig oder pflegebedürftig, sind Auskünfte gegenüber dem Vormundschafts- oder Pflegschaftsgericht zulässig (§ 38 Abs. 2 Nr. 4 BWG). Zulässig ist auch die Durchbrechung des Bankgeheimnisses im Fall der Verpflichtung zur Auskunftsertei-

[187] Fremuth/Laurer/Linc/Pötzelberger/Ruess, BWG § 38, Rz. 18.

lung gegenüber der jeweils zuständigen Einlagensicherungseinrichtung (§ 38 Abs. 2 Nr. 2 i.V.m. § 93 Abs. 2 letzter Satz BWG).

Gemäß § 38 Abs. 3 BWG kann sich die Bank „auf das Bankgeheimnis insoweit nicht berufen, als die Offenbarung des Geheimnisses zur Feststellung ihrer eigenen Abgabepflicht erforderlich ist". Gemeint sind hier in erster Linie die richtige Vergebührung und die Abführung der von der Bank zu entrichtenden Steuern. Eine Individualisierung auf einzelne Kundenkonten ist hier kaum denkbar.

Weichen muß das Bankgeheimnis schließlich bei gerichtlichen Straf- und Finanzstrafverfahren wegen vorsätzlicher Finanzvergehen im Rahmen der Verpflichtung des Finanzsektors zur Zusammenarbeit mit der zur Bekämpfung der Geldwäsche eingesetzten Behörde (dem Bundesministerium für Inneres) sowie im Bereich der internationalen Rechtshilfe.[188]

e) Strafrechtliche Sanktionen und Schadenersatz

Das Bankwesengesetz sieht die Verletzung des Bankgeheimnisses als eine *gerichtlich strafbare Handlung* an. Die im Strafrecht eine Verfolgung begründende Tathandlung ist hier in der Offenbarung oder Verwertung von unter dem Schutz des Bankgeheimnisses stehenden Tatsachen zu sehen. „Die Tathandlung des *Offenbarens* besteht in der Mitteilung an einen Dritten oder im Zugänglichmachen für einen Dritten, die des *Verwertens* in der Ausnutzung des Geheimnisses im wirtschaftlichen Interesse."[189] Die Tathandlung erfordert zur Komplettierung einen besonderen Vorsatz oder die Absicht, einem anderen einen Vermögensvorteil zuzuwenden oder einen Nachteil zuzufügen (auf die Vermögensvorteilszuwendung bzw. Nachteilszufügung kommt es an). Die Tathandlung kann auch in Form einer pflichtwidrigen Unterlassung begangen worden sein, beispielsweise dann, wenn ein Bankangestellter es unterlassen hat, einen Betriebsprüfer, der eigentlich nur die steuerlichen Verhältnisse der Bank prüfen müßte, am Zugriff kundenspezifischer Kontounterlagen zu hindern.

---

[188] Vgl. E.VIII.

[189] Fremuth/Laurer/Linc/Pötzelberger/Ruess, BWG § 101, Rz. 2.

Für strafrechtliche Sanktionen genügt bereits das Vollbringen eines Teilaktes in Österreich, „also etwa die Absendung einer Kopie eines Kreditvertrags ins Ausland mit der Absicht, den Kunden der Verfolgung durch Finanzbehörden seines Heimatstaates auszusetzen"[190]. Auch das Offenbaren im Ausland in der Erwartung, das Geoffenbarte werde auch in Österreich publik werden, hat dieselben strafrechtlichen Konsequenzen wie ein diesbezügliches Handeln im Inland. Die in ausländischen Filialen österreichischer Kreditinstitute Tätigen werden dadurch ihren inländischen Kollegen gleichgestellt. Schließlich ist es unbedeutend, ob der Erfolg, also das Tätigwerden der Steuerfahnder, und die Belangung des Geheimnisherrn in Österreich oder im Ausland eintritt.

8. Geldanlage in den österreichischen Zollausschlußgebieten Jungholz und Kleinwalsertal

a) Der Status

Die Gemeinden Jungholz/Tirol und Mittelberg/Vorarlberg (Kleines Walsertal) befinden sich entlang des südwestlichen Grenzstreifens zwischen Bayern (Allgäu) und Österreich. Beide Gebiete sind nur über das deutsche Straßennetz erreichbar. Bedingt durch die besondere geographische Gegebenheit gab es in der Geschichte ständig Streit zwischen den Diözesen Augsburg und Tirol über die Zugehörigkeit der beiden Dörfer. Im Jahr 1453 wurde schließlich zwischen dem Bischof von Augsburg und Siegmund dem Münzreichen vereinbart, die beiden Exklaven dem österreichischen Staatsgebiet zuzuordnen. Aufgrund zweier Staatsverträge (vom 3. Mai 1868 und 2. Dezember 1890) wurden die beiden Grenzgebiete wirtschaftlich an Bayern angeschlossen.

Trotz wirtschaftlicher Angliederung der Gemeinden an Bayern sind Jungholz und das Kleine Walsertal Bestandteile des österreichischen Hoheitsgebietes und gelten als österreichisches Zollausschluß- bzw. deutsches Zollanschlußgebiet. Es gilt österreichisches Recht, somit auch das *Bankwesengesetz* mit sämtlichen Sorgfaltspflichten und dem strengen österreichischen Bankgeheimnis. So

[190] Fremuth/Laurer/Linc/Pötzelberger/Ruess, BWG § 101, Rz. 5.

sind die dort agierenden Kreditinstitute – wie innerösterreichische Banken – zur Einhaltung der verkehrsüblichen Sorgfaltspflichten eines ordentlichen und gewissenhaften Geschäftsleiters nach den Vorschriften des Bankwesengesetzes verpflichtet. Bei Anknüpfung einer dauernden Geschäftsbeziehung ist die Identität des Kunden festzuhalten; für Einzeltransaktionen gilt auch in den Exklaven die 200.000-Schilling-Legitimationsgrenze (hier im entsprechenden DM-Gegenwert von ca. 28.500 DM). Die anonyme Anmietung von Banksafes ist aufgrund einer damit verbundenen Anknüpfung einer dauernden Geschäftsbeziehung nicht zulässig.

Keine Anwendung finden aber das österreichische Devisengesetz und die devisenrechtlichen Kundmachungen der Oesterreichischen Nationalbank.[191] Die Exklavenbanken sind daher in der Kontoführung für ausländische Anleger nicht nur auf freie Eurokonten oder Fremdwährungsguthaben beschränkt. Als „Landeswährung" gilt die Deutsche Mark und nicht der österreichische Schilling (hierin unterscheiden sich die Zollausschlußgebiete von Innerösterreich freilich nur noch bis zur Einführung der Euronoten Anfang 2002).

Die Banken sind mit den deutschen Börsen direkt verbunden. Im Gegensatz zu Innerösterreich fallen in den deutschen Zollanschlußgebieten keine zusätzlichen Auslandsspesen beim An- und Verkauf deutscher Wertpapiere an. Ferner ist die Zeichnung von Daueremissionen des Bundes über die Exklavenbanken möglich, wogegen die Einschaltung gebietsfremder Kreditinstitute (z. B. schweizerische, luxemburgische, liechtensteinische oder innerösterreichische Kreditinstitute) beim Kauf und bei der Verwahrung von Finanzierungsschätzen, Bundesobligationen (vor Börseneinführung) und Bundesschatzbriefen nicht zulässig ist.

Die Gemeinden sind im deutschen Gironetz integriert; Überweisungsaufträge zugunsten von Konten bei Exklavenbanken gelten als Inlandsüberweisungen und unterliegen keiner Meldepflicht. Die Zollausschlußgebiete sind an das deutsche Telefonnetz angeschlossen. Telefonische Kauf- und Verkaufsaufträge können somit zum Inlandstarif erteilt werden. Auch „Discount-Broking" ist in den Exklaven unter dem Schutz des strengen österreichischen Bankgeheimnisses zu Inlandskonditionen möglich.[192]

---

[191] Vgl. oben D.V.2.a)(i).
[192] Vgl. D.V.8.c)(xii).

b) Der Weg in die Zollexklaven führt nur über das deutsche Straßennetz

Das nahe Pfronten gelegene Jungholz erreicht man am besten über die Bundesstraßen 309/310 Pfronten – Nesselwang – Oberjoch. Nach Nesselwang und linker Abzweigung auf die B 310 Richtung Oberjoch geht's nach ca. 10 km links nach Jungholz. In das hinter Oberstdorf gelegene Kleine Walsertal gelangt man am schnellsten über die Autobahn A7 bis Allgäu-Kreuz, Abfahrt Waltenhofen und dann weiter auf der B 19 Richtung Oberstdorf. Von Oberstdorf aus über die Bundesstraße 201 Richtung Kleinwalsertal. Nach der Walserschanz eröffnet sich für den Besucher in einer 3–4 km breiten und 15 km langen Talsohle die reizvolle Landschaft des 97 qkm umfassenden Kleinwalsertals. Das Tal endet am großen Widderstein in 2536 m Gipfelhöhe. Ein Kurztrip in die Exklaven zur Kontoeröffnung ist obligatorisch. Die Exklavenbanken legen Wert auf persönliches Erscheinen.

c) Die Exklavenbanken und ihre Angebote

Erstklassige Beratung und Betreuung, kombiniert mit hoher Diskretion und fachlicher Kompetenz prägen das Firmenporträt der in den Exklaven ansässigen Kreditinstitute. Neben der automatischen Freistellung von der österreichischen Quellensteuer (sofern die Voraussetzungen vorliegen und der Kontoinhaber weder Wohnsitz noch gewöhnlichen Aufenthalt in Österreich hat) ist die kostenlose schalterlagernde Aufbewahrung aller Kontounterlagen (wie Abrechnungen, Konto- und Depotauszüge usw.) bis zur nächsten Abholung selbstverständlich. Auf Wunsch erfolgt eine „Dauerverwahrung" sämtlicher Kontounterlagen gegen Gebühr, was die Mitnahme von Kontounterlagen überflüssig macht.

Geldanlegern stehen in den Exklaven folgende, jeweils im Außenverhältnis anonyme Anlageformen zur Wahl:

(i) Diskrete Spar- und Festgeldkonten in DM/Euro

Das diskrete DM/Euro Spar- und Festgeldkonto entspricht in Ablauf und Beurkundung einem in Innerösterreich üblichen anonymen Sparbuch und ist für Festgeldanlagen mit Laufzeiten zwischen ein bis

Tabelle 4: Ausgewählte empfehlenswerte Banken in den Zollausschlußgebieten Jungholz und Kleinwalsertal

Jungholz	Postadresse	Telefon	Internet
Raiffeisenbank in Jungholz, Zweigniederlassung der Raiffeisenbank Reutte regGenmbH	Jungholz 20 87491 Jungholz	08365/800-0	www.jungholz.at*
Bank der Tiroler Sparkasse in Jungholz AG	Jungholz 47 87491 Jungholz	08365/8241	www.tispa.at
Volksbank Tirol AG	Jungholz 56 87491 Jungholz	08365/8271-0	–
Kleinwalsertal			
Raiffeisenbank Kleinwalsertal AG PRIVATE BANKING	Walserstr. 43–45 87567 Riezlern	08329/6580-0	www.raiba.KWT.com
Sparkasse Riezlern	Walserstr 74 87567 Riezlern	08329/5233-0	www.sparkasse-Riezlern.at
Volksbank im Kleinwalsertal (Filiale der Vorarlberger Volksbank)	Walserstr. 37 87567 Riezlern	08329/6767-0	www.kleinwalsertal.vvb.at
Vorarlberger Landes- und Hypothekenbank AG	Walserstr. 31 87567 Riezlern	08329/5001-0	www.hypo-Kleinwalsertal.de
Bank Austria AG	Walserstr. 36 87567 Riezlern	08329/3248-0	www.bankaustria.com

* Auch Kunden- und Vermögensberatung „live“ mittels Videokonferenz via Internet möglich.

zwölf Monaten konzipiert. Es wird durch Ausfolgung eines auf „Überbringer" lautenden Sparbuches beurkundet. Die Identität des Anlegers wird bankintern festgehalten. Im Außenverhältnis ist das Konto anonym. Über das DM/Euro-Festgeldkonto kann unter Nennung des Losungswortes und Vorlage des Sparbuches verfügt werden. Zinserträge aus Spar- und Festgeldanlagen sind in Verbindung mit einer Wohnsitzerklärung von der österreichischen Kapitalertragsteuer befreit. Alle Angaben im Zusammenhang mit einer Wohnsitzerklärung unterliegen dem strengen österreichischen Bankgeheimnis.

Diskrete DM/Euro-Spar- und Festgeldkonten werden in folgenden Sparbuchvariationen angeboten:

a) Gesetzliches Sparbuch mit täglicher Verfügbarkeit über die Einlage (Zinssatz ca. 1,5 Prozent).

b) Spareinlagen mit Festzinsvereinbarung (1 bis 12 Monate), auch *Fixzinssparbuch* genannt. Beim Fixzinssparbuch ist der Zins für die vereinbarte Laufzeit garantiert.

c) Spareinlagen mit variablem Zinssatz (bis zu 48 Monaten), auch *Floater-Sparbuch* genannt. Beim Floater-Sparbuch erfolgt eine vierteljährliche Zinsanpassung an die aktuellen Geldmarktverhältnisse. Diverse Banken bieten ein Floater-Sparbuch als Alternative zum Wertpapier mit variablen Zinsen mit einer Laufzeit von 5 Jahren und einer vierteljährlichen Zinsanpassung an (Rendite inkl. Zinseszins ca. 3,4 Prozent).

d) Vermögenssparbuch mit Festzins mit Laufzeiten von 12 bis 60 Monaten (bei Laufzeit von beispielsweise 3 Jahren mit garantierter Verzinsung je nach Kreditinstitut von 2,875 Prozent bis 3,125 Prozent, was unter Berücksichtigung von Zinseszinsen Renditen von 2,958 Prozent bis 3,22 Prozent entspricht).

e) Zuwachssparbuch als Sparbuch mit steigendem Zinssatz (Gesamtlaufzeit ca. 6 Monate, Gesamtrendite ca. 3,3 Prozent).

f) Goldenes Kapitalsparbuch mit einer Laufzeit von maximal 6 Jahren und einem Maximalertrag von 3,53 Prozent bei jederzeitiger Verfügbarkeit. Auch Teilbehebungen sind möglich. Bei Auflösung gilt der Jahreszins rückwirkend für die gesamte Laufzeit. Zinszahlungen erfolgen jeweils am Ende der Laufzeit bzw. bei Auflösung.

Am Nummernkonto oder Sparkonto kann ab einem Mindestbetrag von in der Regel 10.000 DM oder Gegenwert in Euro eine Festzinsvereinbarung getroffen werden. Zinswirksame Einzahlungen können ab einem Betrag von 10.000 DM oder Gegenwert in Euro während der vereinbarten Zinsfestschreibungszeit vorgenommen werden. Sofern der am Beginn der Zinsfestschreibungszeit vorhandene Anlagebetrag im Laufe der Anlagezeitspanne durch Auszahlungen reduziert wird, erfolgt allerdings nur noch eine Verzinsung zum Mindestzinssatz (Nummernkonto 0,5 Prozent, Sparbuch 1,5 Prozent). Es kommt, sofern der Anleger keine andere Weisung erteilt, zu einer automatischen Prolongation der Anlage zu den aktuellen Konditionen. Die Zinsgutschrift erfolgt beim Sparkonto jeweils zum 31.12.; am Nummernkonto mit Ende der Zinsfestschreibungszeit. Die Zinsen werden jeweils dem Anlagebetrag zugeschlagen.

(ii) Diskretes Nummernkonto mit Nummernwertpapierdepot

Seit 1. August 1996 wird ausschließlich das diskrete Nummernkonto mit Nummernwertpapierdepot angeboten. Das Nummernkonto ist kein anonymes Konto. Egal, ob das Nummernkonto ohne Dokumente oder in Sparbuchform geführt wird: Es wird stets eine bankinterne Legitimation vorgenommen, ein Unterschriftsprobenblatt erstellt und ein Losungswort (je nach Kreditinstitut auch Stichwort genannt) vereinbart. Dispositionen über das diskrete Nummernkonto mit Depot kann treffen, wer als Eigentümer (Kontoinhaber) identifiziert ist oder dem Personenkreis der Zeichnungsberechtigten angehört. Wird das Nummernkonto in Sparbuchform geführt (Nummernkonto mit Dokument), ist derjenige verfügungsberechtigt, der das Sparbuch vorlegt und das Losungswort nennt. Bei Verfügungen ist – wie auch in Innerösterreich – eine weitere Legitimationsprüfung durch Originalunterschrift oder Ausweisvorlage nicht notwendig. Wertpapierüberträge und Auszahlungen vom Basisnummernkonto sowie von allen Unterkonten erfolgen anhand einer vereinbarten Pseudonymunterschrift (Kennwortunterschrift). Die Pseudonymunterschrift kann gleich lauten wie das Losungswort und umfaßt in aller Regel mindestens fünf, maximal 15 Buchstaben. Bei mehreren Verfügungsberechtigten ist für jede zeichnungsberechtigte Person eine Pseudonymunterschrift zu vereinbaren.

Das Nummernkonto eröffnet auch die Möglichkeit, Tafelpapiere diskret zu hinterlegen und verwalten zu lassen. Der Wertpapierbestand ist dadurch versichert, und es fällt keine Zinsabschlagsteuer an. Die Exklavenbanken berechnen bei der Einlieferung effektiver Stücke ca. 0,10–0,25 Prozent, berechnet jeweils vom Kurswert der Papiere zzgl. 16 % MwSt.

(iii) Das Goldfinger-Nummernkonto für höchste persönliche Sicherheit und Diskretion

Bei der Raiffeisenbank in Jungholz genießt privates Geldvermögen mit dem nur für Kunden der Bank entwickelten und weltweit einzigartigen „Goldfinger-Nummernkonto" absolute Diskretion. Das Goldfinger-Nummernkonto beugt außerdem Unterschriftsfälschungen vor und macht die Vorlage eines Lichtbildausweises überflüssig. Die Verfügungsberechtigung wird statt dessen mittels eines vollelektronischen Fingerabdruck-Scanners geprüft. Das „Biometrische System zur Personenidentifikation" verwendet keinen herkömmlichen Fingerabdruck, aus dem etwa die Steuerfahndung die Identität eines diskreten Anlegers feststellen könnte. Das Fingermuster kann nicht mit einem bestehenden Original-Abdruck verglichen werden. Die Speicherung erfolgt elektronisch und ist nur mit dem bankinternen Goldfinger-System zu entschlüsseln.

Das Goldfinger-Nummernkonto dient als Basiskonto für sämtliche Anlagevarianten, z. B. als Kontokorrentkonto, als Festgeldkonto oder als Wertpapier- und Edelmetalldepot. Bei Transaktionen nennt der Kontoinhaber – und nur dieser – einfach sein Losungswort (falls ein solches festgelegt worden ist) und quittiert mit seinem Fingermuster und Pseudonymunterschrift. Das System gewährt auch einen optimalen Schutz vor Datenveruntreuung, da die persönlichen Daten des Anlegers nicht in der EDV gespeichert sind.

(iv) Diskrete Fremdwährungskonten

Dieses Konto eignet sich zur Anlage von Fremdwährungsfestgeld, als Verrechnungskonto für Fremdwährungs-Wertpapiere oder als Fremdwährungs-Kontokorrentkonto. Das Fremdwährungskonto wird durch ein Sparbuch beurkundet. Verfügungsberechtigt ist jeder, der das Sparbuch vorlegt und das vereinbarte Losungswort nennen kann. Kein Sparbuch wird ausgestellt, wenn der Nummernkontotyp gewählt wird. Die Führung als Nummernkonto ist empfehlenswert, wenn über das Konto mittels Scheck oder Kreditkarte verfügt werden soll. Das Konto ist bei Führung als Nummernkonto mit Wertpapier- und Devisengeschäften kombinierbar.

(v) Diskrete Fondsanlagen, professionell gemanagt und analysiert

Die Raiffeisenbank in Jungholz bietet ihren Kunden den Service des Fonds-Shoppings an. Die Bank versteht unter dem Begriff „Fonds-Shopping" eine unabhängige Produktauswahl und verzichtet unter diesem Gesichtspunkt auf die Ausgabe eigener Produkte. Spezialisten der Bank analysieren u. a. Kontinuität des Fondsmanagements, Bonität, Investitionsrisiken und Anlageerfolge der ca. 3.100 in Deutschland zum Vertrieb zugelassenen Investmentfonds. Die leistungsstärksten Anbieter werden in der vierteljährlich erscheinenden Broschüre „Fonds-Shopping" vorgestellt. Im Rahmen des Fonds-Shoppings werden auch ausgewählte Anteilsscheine ausländischer Investmentgesellschaften analysiert.

(vi) Garantiezertifikate

Garantiezertifikate sind ab einer Mindesteinlage von etwa 25.000 DM erhältlich. Die Einlagen sind für eine feste Laufzeit angelegt, sind aber jederzeit kündbar und garantieren dennoch eine Mindestverzinsung (bei Anlagesummen bis 100.000 DM ca. 2 Prozent). Der Kauf ist gebührenfrei. Österreichische Kapitalertragsteuer fällt bei Abgabe einer Wohnsitzerklärung nicht an.

(vii) Euro-Anleihen

Euro-Anleihen können bei den Exklavenbanken spesenfrei außerbörslich geordert und ins diskrete Wertpapiernummerndepot hinterlegt werden. Bei Abgabe einer Wohnsitzerklärung sind die Zinserträge kapitalertragsteuerfrei.

(viii) Individuelle Geldanlagen in Edelmetallen

In den beiden Zollanschlußgebieten ist der Kauf von Gold-, Silber- und Platinmünzen mehrwertsteuerfrei möglich. Die Abwicklung des Edelmetallkaufs erfolgt über ein diskretes Nummernkonto.

(ix) Diskrete Schließfächer und Nummernsafes

Für die sichere Aufbewahrung von Sparbüchern und sonstigen Kontounterlagen stellen die Exklavenbanken Schließfächer – im Regelfall mietfrei – zur Verfügung. Unter dem strengen Schutz des österreichischen Bankgeheimnisses kann in den Exklaven ein Nummernsafe geführt werden. Zutrittsberechtigt ist jede Person, die den Safeschlüssel vorlegt und das Losungswort nennen kann. Der Zutritt verlangt also keine Ausweispflicht und/oder Unterschriftsleistung.

(x) Kompetente Vermögensverwaltung

Ab einem Anlagevolumen von ca. 500.000 DM können Anleger den Exklavenbanken Vermögensverwaltungsmandate erteilen und dabei sämtliche Anlageentscheidungen einem Expertenteam des jeweiligen Kreditinstituts übertragen. Der diskretionsbedürftige Anleger erspart sich hiermit nicht nur eine Vielzahl von telefonischen Auftragserteilungen. Er profitiert insbesondere vom Know-how hauseigener Research-Spezialisten und erfährt eine stetige Depotanalyse mit der Garantie, daß Wertpapierfälligkeiten, Zinszahlungen und sonstige freiwerdende Beträge unverzüglich reinvestiert werden.

Das Vermögensverwaltungsmandat richtet jede Exklavenbank individuell nach den Bedürfnissen und Wünschen ihrer Anleger aus. Im Regelfall wählt der Kunde aus unterschiedlich gewichteten Portfolios dasjenige aus, das seinem persönlichen Ertrags-/Wachstumsdenken gerecht wird. Bei der *Raiffeisenbank Kleinwalsertal* können Anleger wählen zwischen Depotstrukturen wie „Wachstum", „Wachstum und Ertrag" oder „Rendite", wobei jede Depotstruktur unterschiedliche Gewichtungen zwischen Anleihen und Aktien aufzeigt. So enthält das Depot „Wachstum" einen Aktienanteil von mindestens 50 Prozent, das Depot „Wachstum und Ertrag" einen Anteil von 20 bis 50 Prozent. Im „Renditedepot" sind hingegen nur maximal 20 Prozent Aktien enthalten.

Die *Volksbank im Kleinwalsertal* stellt ihrer Klientel fünf verschiedene Musterportfolios mit jeweils unterschiedlichen Anlagestrategien zur Auswahl. Wer kein Substanzrisiko eingehen möchte, wählt das „Sicherheits-Portfolio". Und wer überdurchschnittliche Wertzuwächse erzielen will und bereit ist, ein hohes Risiko einzugehen, entscheidet sich für das „Zuwachs-Portfolio". Bei der *Raiffeisenbank in Jungholz (RBJ)* gibt es keine standardisierten Depots. Die Zweigniederlassung der Raiffeisenbank Reutte erstellt auf Grundlage ausführlicher persönlicher Kundengespräche individuelle Risiko-/Ertragsprofile auf nationaler oder internationaler Basis. Kunde und RBJ-Portfoliomanager definieren gemeinsam das der Risikobereitschaft des Anlegers entsprechende Anlageziel. Auf Grundlage dieser Vorgaben richtet der Portfoliomanager seine Anlagepolitik aus.

Tabelle 5: Vermögensverwaltungsgebühren ausgewählter Exklavenbanken

	Depotstruktur bzw. festgestelltes Gesamtvermögen	Verwaltungsgebühr p.a. in Prozent vom festgestellten Gesamtvermögen*
Raiffeisenbank in Jungholz	Bis 1 Mio. DM 1–5 Mio. DM Ab 5 Mio. DM	0,5 % 0,4 % 0,3 %
Tiroler Sparkasse Jungholz	Anleihenportfolio Ertragsorientiertes Portfolio Dynamisches Portfolio	0,6 % 0,6 % 0,8 %
Raiffeisenbank Kleinwalsertal	Depot Wachstum Depot Wachstum/Ertrag Depot Rendite	1,0 % 1,0 % 0,5 %
Vorarlberger Landes- und Hypothekenbank	Anleihedepot Anleihen/Aktiendepot Aktiendepot	0,5 % 0,5 % 0,5 %
Volksbank im Kleinwalsertal	Konzeption Rendite Konzeption Mix Konzeption Zuwachs	0,5 % 0,5 % 0,5 %

* jeweils zzgl. gesetzlicher Mehrwertsteuer

(xi) Stiftungen

Die Exklavenbanken bieten auch die Gründung von Stiftungen liechtensteinischen Rechts an.[193] Die Einbringung des Vermögens in eine solche Stiftung empfehlen die Exklavenbanken aus Kostengründen ab einem Anlagevolumen von 1.000.000 DM.

(xii) Discount-Broking in Jungholz

Mit der *Direkt-Anlage in Österreich* bietet die Raiffeisenbank Reutte einen diskreten Wertpapier-Discount-Broker, der Anlegern den Kauf- und Verkauf von an allen Weltbörsen notierten Wertpapieren zu günstigen Konditionen auf einem zinsabschlagsteuerfreien Nummernkonto und Nummernwertpapierdepot ermöglicht; alles selbstverständlich ohne Namenseindruck auf den Auszügen und Wertpapierabrechnungen und unter dem Schutz des strengen österreichischen Bankgeheimnisses. Die Direkt-Anlage verrechnet beispielsweise für DM/Euro-Anleihen Depotgebühren von 0,1 Prozent + 20 Prozent MwSt. Während der Anleger in Innerösterreich für eine DM/Euro-Anleihe von z. B. 100.000 DM Depotgebühren von 600 DM zahlen muß, fallen bei der Direkt-Anlage lediglich 120 DM an. Die Transaktionspreise für Aktien und Optionsscheine belaufen sich von 0,6 Prozent (ab 7.644 Euro) bis 0,3 Prozent (bei 127.000 Euro und mehr) der jeweiligen Transaktionshöhe. Für den Kauf von Anleihen werden Transaktionsgebühren zwischen 0,4 Prozent und 0,25 Prozent der jeweiligen Transaktionshöhe (Börsenkurswert, nicht Nominalwert!) berechnet. Die Ordererteilung via Internet kostet bei Aktien 0,3 Prozent vom Gesamtkurswert (mindestens 60 DM) und bei Renten 0,25 Prozent des Transaktionsvolumens (mindestens 50 DM). Diese günstigen Gebührensätze gelten auch für Direktkonten, die eine liechtensteinische Stiftung bei der Direkt-Anlage unterhalten kann.

Die Direktbank hält ca. 1.100 rabattierte Fonds im Angebot, bietet einen außerbörslichen Optionsscheinhandel mit allen Emissionshäusern und sofortiger Kursausführungsgarantie. Auf ein diskretes Discount-Nummernwertpapierdepot können auch Tafelpapiere zur Verwahrung eingeliefert werden. Der Broker berechnet 0,2 Prozent

[193] Zu den liechtensteinischen Stiftungen vgl. unten D.VI.5.

vom Kurswert des Wertpapiers zzgl. 20 Prozent MwSt, mindestens aber 100 DM pro Einlieferung. Für das Inkasso von bereits fälligen Coupons werden 3 Prozent zzgl. 20 Prozent MwSt erhoben. Kontaktadresse: Direkt-Anlage in Österreich, Telefon: 01802-121314, Fax: 08365-8355, Internet: www.daio.at, e-mail: info@daio.at.

VI. Schwarzgeldanlage in Liechtenstein

1. Kurzcharakteristik des Fürstentums

Mit einer Länge von 25 km, einer Breite von 6 km und rund 30.000 Einwohnern auf einer Fläche von 160 qkm macht Liechtenstein eine wahrhaft winzige Figur. Wer über die Schweiz auf der Autostraße „E 43", schweiz-intern „N 13" genannt, in Richtung Chur fährt, gelangt, von der Autobahn abzweigend, ganz beiläufig nach Liechtenstein. Der Schwarzgeldanleger kommt nicht in Freizeitkleidung mit Skiern und Wanderstiefel, sondern im dezenten Anzug vom Bodensee her über St. Margrethen. Von dort aus nimmt er die E 43 bzw. N 13 Richtung Chur und in Höhe Buchs links Richtung Schaan und dann weiter nach Vaduz.

Näher wäre es von Deutschland aus selbstverständlich über das österreichische Feldkirch. Doch das Zollamt Schaanwald hat einen sehr schlechten Ruf. Die Schweizer kontrollieren hier knallhart. Daß Schweizer Zollbeamte den Grenzübergang Schaanwald kontrollieren, geht auf den über 75jährigen Zollvertrag Liechtensteins mit der Schweiz zurück. Das Fürstentum ist mit der Schweiz in einer Wirtschafts-, Zoll- und Währungsunion verbunden. Daß der Schweizer Franken offizielle Landeswährung ist, und daß alle währungspolitischen Beschlüsse seit dieser Zeit der Schweizerischen Nationalbank obliegen, beruht auf diesem Zollvertrag.

Eine von Anlegern sehr geschätzte, stabile Sozial-, Rechts- und Wirtschaftsordnung garantiert das Fürstentum durch ein hohes Maß an politischer Kontinuität und Stabilität, verbunden mit einer strengen konservativ-liberalen Einstellung von Regierung und Bevölkerung. Liechtenstein ist nach der neuen Verfassung von

1921 eine konstitutionelle Erbmonarchie auf demokratischer und parlamentarischer Grundlage. Die Staatsgewalt ist im Fürsten und im Volke verankert und wird von beiden nach Maßgabe der Verfassung ausgeübt.

Seit dem 1. Mai 1995 gehört Liechtenstein dem Europäischen Wirtschaftsraum (EWR) an. Das liberale Steuer- und Gesellschaftsrecht sowie der in der liechtensteinischen Rechtsordnung umfassend ausgebaute Geheimnisschutz blieben trotz Beitritt erhalten. Zweifel und Befürchtungen der Bankiers und Treuhänder scheinen sich zwischenzeitlich gelegt zu haben. Der EWR wird heute von einschlägigen Fachkreisen auch als vorteilhafter „fiskalischer Nichtangriffspakt" gesehen.[194]

Mit dem EWR und der Umsetzung der EU-Richtlinie zur „Koordinierung der Rechts- und Verwaltungsvorschriften betreffend bestimmte Organismen für gemeinsame Anlagen in Wertpapiere (OGAW)" präsentiert sich das Fürstentum heute als attraktiver Fondsplatz. Mit dem EWR hat Liechtenstein außerdem eine europakonforme Versicherungsaufsichtsgesetzgebung geschaffen und Versicherungsunternehmen mit Sitz in Liechtenstein einen freien Zugang zum europäischen Markt geschaffen. Deutsche Anleger können über Liechtenstein Schweizer Lebensversicherungen abschließen oder ihre Gelder in liechtensteinische Versicherungsprodukte investieren.

Das liechtensteinische Versicherungsaufsichtsgesetz enthält einen „ausgedehnteren" Versicherungsbegriff, als dies in anderen Ländern der Fall ist. So können in Liechtenstein „Lebensversicherungen" abgeschlossen werden, die mit der traditionellen Todesfallpolice wenig gemeinsam haben. Ein weiterer Vorteil des Versicherungsstandortes Liechtenstein ist, daß die Versicherer nur wenig Steuern zahlen müssen, was sich für den einzelnen Versicherungsnehmer überall dort positiv auswirkt, wo die vom Versicherer erwirtschafteten Überschüsse in die Tarife einfließen. Mit niedrigen Steuern fallen die Überschüsse entsprechend höher aus.

Niedrige bzw. Null-Steuern auf Kapitalerträge sind es auch, die aus Liechtenstein eine Steueroase für Kapitalanleger machen. Zins-

---

[194] Neue Zürcher Zeitung, Int. Ausgabe vom 18. Mai 1999, S. 26.

und Dividendenerträge unterliegen im Fürstentum keiner Quellensteuer, und es sind auch keine Bestrebungen in Richtung „EU-Steuerharmonisierung" erkennbar. Lediglich auf Dividendenausschüttungen liechtensteinischer Aktiengesellschaften wird eine nicht rückforderbare Couponsteuer in Höhe von vier Prozent einbehalten. Doch auf solche Papiere kann der Anleger leicht verzichten.

Ein Doppelbesteuerungsabkommen hat Liechtenstein nur mit Österreich abgeschlossen. Dies wird im allgemeinen als Zeichen äußerster Diskretion gewertet. Denn wo kein Informationsaustausch stattfinden kann, können auch keine Geheimnisse durchsickern.[195] Das Finanzdienstleistungsgewerbe hat maßgebliche Bedeutung für das kleine Fürstentum. Mehr als die Hälfte der Staatseinnahmen stammen aus dem Treuhand- und Bankgewerbe. Und die Steuerquellen sprudeln so kräftig, daß die Hauhaltsrechnung 1998 mit einem Bruttoergebnis von knapp 160 Mio. Franken abschloß.[196] Fürst Hans Adam II. denkt daher schon längere Zeit laut über die Abschaffung bestimmter Steuern nach. Die Regierung hat bereits Arbeitsgruppen zur Überprüfung von möglichen Steuerreduktionen eingesetzt. Für Steuerflüchtlinge und Geldanleger aus den angrenzenden Ländern dürfte dies wohl ein unvorstellbarer Vorgang sein.

Liechtenstein ist ein Finanzplatz von hohem Niveau, der neben dem Banken-, Versicherungs- und Investmentbereich auch sogenannte Offshore-Produkte anbietet. Das Fürstentum verfügt über ein leistungsfähiges Bankensystem, gestützt auf ein strenges Bankgeheimnis. Liechtensteins Banken verwalteten 1998 insgesamt 89,5 Milliarden Schweizer Franken an Kundenvermögen. Die Bilanzsumme der Banken ist mittlerweile auf 30,38 Milliarden Franken angewachsen.[197] Die Bonität der liechtensteinischen Banken ist durch die von der Schweizerischen Nationalbank wahrgenommene Funktion als „lender of last resort" (Liquiditätshilfe der Notenbank im Krisenfall) tendenziell gestiegen. Das liechtensteinische Bankenwesen ist daher – bei aller Eigenständigkeit – eng mit dem schweizerischen Finanzplatz verbunden. Liechtenstein ist

---

195 Zur Problematik des Informationsaustausches im DBA vgl. E.V.7.c.)
196 Neue Zürcher Zeitung, Int. Ausgabe vom 5. Mai 1999, S. 26.
197 Quelle: Bankenstatistik 1998, Amt für Volkswirtschaft, Vaduz.

aber mit der Schweiz nicht so nahe verbunden, daß auch die von der Schweiz mit anderen Staaten abgeschlossenen Übereinkommen über den gegenseitigen Informationsaustausch, wie beispielsweise das zwischen der Schweiz und den USA maßgebende „United States Swiss bilateral exchange of information agreement" (Swiss Convention 16), gegenüber Liechtenstein Anwendung finden würden.

In Liechtenstein trifft der Anleger auf eine breite Mischung von Universal- und Privatbanken. Die Geschäftstätigkeit der Privatbanken liegt primär in der Vermögensverwaltung. Je nach Institut zählen zum Kundenkreis ausschließlich vermögende Kunden als auch Kunden, welche mittel- bzw. langfristig ein Depot aufbauen wollen. Privatbanken unterhalten keine Schalterhallen und betätigen sich nicht im traditionellen Kredit-, Giro- oder Geldwechselgeschäft.

2. Schwarzgeldkonten und Kontolegitimation

a) Liechtensteinische Schwarzgeldkonten

(i) Nummern- und Pseudonymkonten

Für den etwas „sensiblen" Investor bieten die liechtensteinischen Banken sogenannte Nummern- und Pseudonymkonten an. Die Geldgeschäfte werden hier ausschließlich von Führungskräften oder besonders bevollmächtigten Mitarbeitern der Bank unter Vereinbarung eines Kennwortes abgewickelt. Die Geheimkonten können ab einer Anlagesumme von 500.000 Franken eröffnet und unterhalten werden. Mittels einer Bleibeposterklärung kann der Kontoinhaber die Bank anweisen, sämtliche Korrespondenz in einem Postfach oder einer Postmappe zu sammeln.

(ii) Treuhandkonten

Treuhandkonten können in Liechtenstein ohne Identifizierung oder Feststellung des Treugebers (des wirtschaftlich Berechtigten) durch das kontoführende Kreditinstitut eröffnet und unterhalten werden, wenn der Treuhänder – was der Normalfall ist – als Berufsgeheimnisträger dem Sorgfaltspflichtgesetz unterstellt ist und demzufolge seinen Vertragspartner, welcher der wirtschaftlich Berechtigte ist, bereits nach Maßgabe des Gesetzes identifiziert hat. Die Bank kann in solchen Fällen nach Art. 6 Abs. 1 Buchst. d des Sorgfaltspflichtgesetzes[198] von weiteren Legitimationshandlungen absehen.

(iii) Das Investmentkonto in Liechtenstein

Liechtenstein präsentiert sich dem Anleger seit der Schaffung des eigenen Gesetzes über die Investmentunternehmen mit drei Kategorien von Investmentunternehmen (der liechtensteinische Begriff für „Fonds"):

- Investmentunternehmen für Wertpapiere,
- Investmentunternehmen für Immobilien und
- Investmentunternehmen für andere Werte.

Das Gesetz sieht auch die Möglichkeit vor, Investmentunternehmen in Segmente aufzuteilen, sofern für alle Segmente die gleiche Verwaltung, die gleiche Depotbank und die gleiche Revisionsstelle verantwortlich ist (sogenannte segmentierte Investmentunternehmen oder Umbrella Fonds). Der Fondsplatz Liechtenstein bürgt hierbei für höchsten Anlegerschutz durch strenge Zulassungsvoraussetzungen, strikte Vorschriften zur Geschäftstätigkeit und zur Risikoverteilung auch oder durch die Verpflichtung zur Herausgabe eines Anlagereglements. Daneben bestehen verschiedene Meldepflichten an die Aufsichtsbehörden. Die Investmentunternehmen müssen der Aufsichtsbehörde vierteljährlich über die Anlageergebnisse berichten.

Die Steuerbelastung liechtensteinischer Investmentunternehmen ist sehr gering und wirkt sich daher kaum auf die Ausschüttungen aus. Bei Investmentunternehmen in Form eines vertraglichen Anlagefonds (Form der Treuhänderschaft) zahlt der Fonds als Sitzunternehmen eine Kapitalsteuer von 0,1 Prozent auf das Fondsvermögen. Die Fondsleitungsgesellschaft – in Form einer Aktiengesellschaft oder Anstalt ein eigenes Steuersubjekt – zahlt eine

[198] Auszugsweise abgedruckt im Anhang XV.

Kapitalsteuer von 2 Prozent und Ertragssteuer zwischen 7,5 und 15 Prozent. Bei der Form einer Anlagegesellschaft zahlt die Aktiengesellschaft eine Kapitalsteuer von 0,1 Prozent.

Couponsteuer wird im Regelfall nur bei Ausschüttungen der Fondsleitungsgesellschaft als Aktiengesellschaft erhoben. Darüber hinaus belasten nur ausländische Steuern, die der Fonds abführen muß, die Ausschüttungen der Anteilseigner. Ausländische Steuern können nicht wieder zurückgeholt werden, weil Liechtenstein (außer mit Österreich) keine Doppelbesteuerungsabkommen abgeschlossen hat.

b) Identifizierungs- und Legitimationspflichten bei Kontoeröffnung

In Liechtenstein ist die Pflicht zur Identifizierung eines jeden Konto- und Depoteröffners sowie – allgemein gehalten – die „Identifizierung des Vertragspartners" bei der „Entgegennahme von Vermögenswerten" seit Inkrafttreten des *Gesetzes über die beruflichen Sorgfaltspflichten bei der Entgegennahme von Vermögenswerten (SPG)*[199] zum 1.1.1997 und der die Art und Weise der Identifizierung näher bestimmenden *Sorgfaltspflichtverordnung*[200] für alle auf dem Gebiet der Vermögensverwaltung tätigen natürlichen und juristischen Personen rechtsverbindlich geworden. Dem Sorgfaltspflichtgesetz unterstehen alle im Fürstentum tätigen Banken und Finanzgesellschaften, alle zur Vermögensverwaltung berechtigten Berufsgeheimnisträger wie Rechtsanwälte, Treuhänder und Mitglieder der Geschäftsleitung oder Vertreter einer Stiftung oder Treuhänderschaft (Trust), Versicherungsgesellschaften und Anlagefonds.

Die Pflicht zur Identifizierung des Vertragspartners erstreckt sich auf die Aufnahme von Geschäftsbeziehungen jeglicher Art, wenn sie dem Zweck der „Entgegennahme von Vermögenswerten" dienen. Hierunter fällt neben der Eröffnung eines Kontos/Depots bei einer liechtensteinischen Bank auch die Vornahme von Treuhandgeschäften, die Vermietung von Schrankfächern sowie die Abwicklung von Kassageschäften ab einem bestimmten Grenzbetrag.[201]

---

[199] LGBl. Nr. 116 v. 22. August 1996, auszugsweise abgedruckt im Anhang XV.
[200] LGBl. Nr. 64 v. 28. Februar 1997.
[201] Vgl. unten D.VI.3.

Die Identifizierung der Vertragspartner ist durch Vorlage eines beweiskräftigen Dokuments (amtlicher Ausweis) und Festhalten der wesentlichen persönlichen Daten durchzuführen. Bei Eröffnung eines Kontos auf dem Postweg ist der Vertragspartner anhand einer Paßkopie mit beglaubigter Unterschrift und Angaben über Geburtsdatum, Wohnsitz und Beruf des Antragstellers zu identifizieren.

Bestehen bei Kontoeröffnung bzw. bei der „Entgegennahme von Vermögenswerten" Zweifel, daß es sich bei dem eingebrachten Vermögen um dasjenige des Erschienenen handelt – etwa weil das mitgebrachte Bargeld nicht in den persönlichen Rahmen des Betreffenden paßt –, ist dieser zu befragen, ob die eingebrachten Werte ihm oder einem Dritten gehören. Erklärt der Vertragspartner, für Rechnung einer oder mehrerer Person(en) zu handeln, ist derjenige, für den der Erschienene tätig wird, festzustellen und mit Namen und Adresse in den Akten festzuhalten. Die hinter einem treuhänderisch tätigen Vertragspartner stehende Person bezeichnet das Gesetz als die „wirtschaftlich Berechtigte" oder als die „Begünstigte" der in Frage stehenden Güter und Geldmittel. In aller Regel ist ein Stifter oder der Settlor eines Liechtenstein-Trusts wirtschaftlich Berechtigter.

Die Feststellung des wirtschaftlich Berechtigten kann in Fällen unterbleiben – und dies ist eine Besonderheit der Liechtensteiner –, in denen der Treugeber bereits einem dem Sorgfaltspflichtgesetz unterstehenden Finanzintermediär als Eigentümer der Vermögenswerte hinreichend bekannt ist oder bereits durch einen anderen – gleichfalls dem Gesetz unterstehenden – Wirtschaftsakteur festgestellt worden ist.[202] Nach Art. 6 Abs. 1 Buchst. d SPG ist der gesamte Geschäftsverkehr zwischen Personen, die der besonderen beruflichen Sorgfaltspflicht unterstehen, von der Verpflichtung zur Feststellung des wirtschaftlich Berechtigten befreit. Errichtet beispielsweise ein Mitglied des Stiftungsrates ein Konto/Depot, auf dem Vermögenswerte der Stiftung eingebracht werden, ist der Stifter (Treugeber) bereits gegenüber dem Treuhandunternehmen, d. h. einem dem Gesetz unterstehenden Berufsgeheimnisträger legitimiert. Die Liechtenstein-Bank (aber nur diese!) braucht dies demzufolge nicht auch noch zu tun.

---

[202] Vgl. oben zu Treuhandkonten D.VI.2.a)(ii).

c) Dokumentationspflichten

Zur Erfüllung gesetzlicher Auskunftspflichten sind Unterlagen und Belege über Geschäftsbeziehungen zu Kunden und getätigte Geldgeschäfte zu erstellen. Die Aufzeichnungen müssen dabei so detailliert erfolgen, daß Vermögensbewegungen ausreichend nachvollzogen werden können und es fachkundigen Dritten möglich ist, sich über die Einhaltung der Sorgfaltspflichten bei der Identifizierung von Dauer- und Schalterkunden ein zuverlässiges Urteil bilden zu können. Die Führung eines „Zentralregisters der Vertragspartner und der wirtschaftlich Berechtigten", so wie es das Schweizer Recht vom Banken- und Finanzsektor verlangt, ist liechtensteinischen Banken zwar nicht vorgeschrieben. Dennoch hält das Sorgfaltspflichtgesetz an einer zehnjährigen Frist zur Aufbewahrung von Kontoeröffnungs-, Transaktions- und Identifikationsunterlagen fest.

3. Kassageschäfte als Schwarzgeldgeschäft

Die Identifizierung des Vertragspartners ist nicht auf die Entgegennahme von Vermögenswerten zur längerfristigen Verwaltung, Verwahrung und Anlage begrenzt. Das Sorgfaltspflichtgesetz verlangt auch die Identifizierung der Vertragspartner bei einmaliger Ausführung eines „Kassageschäftes". Unter einem Kassageschäft ist jede Art von Schalterbargeschäft mit Personen zu verstehen, mit denen keine dauernden Geschäftsbeziehungen unterhalten werden und die Abwicklung nicht über ein bestehendes, legitimiertes Konto oder Depot erfolgen kann. Beispiele: Geldwechselgeschäfte, der Kauf und Verkauf von Edelmetall, die Barzeichnung von Kassa- und Anleihensobligationen oder das Einlösen von Schecks aller Art. Die Identität eines Schalterkunden (Laufkunden) ist hier festzustellen und aktenkundig zu machen, sofern das Kassageschäft einen Betrag von 25.000 Franken überschreitet. Unerheblich ist, ob der Betrag mit nur einer Transaktion oder im Zeitverlauf durch mehrere miteinander verbunden erscheinende Bargeschäfte überschritten wird.

4. Der Schwarzgeldtransfer

Schwarzgeldanleger können Geldbeträge in beliebiger Höhe nach Liechtenstein transferieren und dort direkt gutschreiben lassen. Bei Überweisungen nach Liechtenstein müssen die für alle Auslandsüberweisungen geltenden Meldevorschriften nach Außenwirtschaftsgesetz und Außenwirtschaftsverordnung beachtet werden.[203] Anleger transferieren deshalb ihr Geld selten „per Draht" ins Fürstentum, sondern physisch. Werden mehr als 30.000 DM über die Grenze gebracht (Schwarzgeldern gleichgestellt sind andere Wertgegenstände wie Tafelpapiere, Schecks, Wechsel, Edelmetalle oder Edelsteine), muß dem Zoll gegenüber auf Verlangen eine Deklaration abgegeben werden. Gegebenenfalls ist auch die Herkunft der Gelder, der wirtschaftlich Berechtigte und der Verwendungszweck darzulegen (§ 12a Abs. 2 Gesetz über die Finanzverwaltung). Der Umtausch von DM-Noten in die gewünschte Anlagewährung ist ab einem Gegenwert von über 25.000 Franken nicht anonym möglich, sofern der Umtausch nicht im Rahmen der üblichen Geldanlagegeschäfte in Verbindung mit einem legitimierten Konto erfolgt.

5. Vermögensverwaltung über liechtensteinische Verbandspersonen und besondere Vermögenswidmungen

1996 waren etwa 75.500 Gesellschaften im liechtensteinischen Handelsregister eingetragen, von denen aber nur etwa 1.800 kommerziell tätig waren. Der Rest bestand aus Sitzgesellschaften wie Anstalten (ca. 22.000), Stiftungen (ca. 37.000) und Treuhänderschaften. Rund 2,5 Sitzgesellschaften kamen bei der damaligen Erhebung auf einen Liechtensteiner. Heute dürften es bedeutend mehr sein.

[203] Vgl. D.III.5.

a) Liechtensteinische Verbandspersonen

Verbandspersonen genießen in Liechtenstein den gleichen Persönlichkeitsschutz wie natürliche Personen, soweit sich nicht aus der Beschränkung ihrer Rechts- und Handlungsfähigkeit oder aus der Natur der Verhältnisse eine Einschränkung ergibt.

Das liechtensteinische Personen- und Gesellschaftsrecht unterscheidet zwischen folgenden Verbandspersonen:

- **Die Aktiengesellschaft**

Die Aktiengesellschaft nach liechtensteinischem Recht besitzt im wesentlichen dieselben Rechtszüge wie deutsche Aktiengesellschaften. Sie ist eine Gesellschaft mit eigener Rechtspersönlichkeit und Mitgliedern (Aktionären). Sie kann jeden beliebigen wirtschaftlichen oder nicht-wirtschaftlichen Zweck verfolgen.

- **Die Anstalt**

Anstalt oder „Etablissement" im Sinne des liechtensteinischen Personen- und Gesellschaftsrechts ist ein „rechtlich verselbständigtes und organisiertes, dauernden wirtschaftlichen oder anderen Zwecken gewidmetes, ins Öffentlichkeitsregister als Anstaltsregister eingetragenes Unternehmen, das einen Bestand von sachlichen, allenfalls persönlichen Mitteln aufweist und nicht öffentlich-rechtlichen Charakter hat oder eine andere Form der Verbandsperson aufweist"[204]. Anstalten haben im Gegensatz zu Aktiengesellschaften keine Anteilseigner oder Teilhaber. Die Anstalt hat – wie die anschließend dargestellte Stiftung – Begünstigte und ist ein „verselbständigtes Vermögen mit eigener Rechtspersönlichkeit"[205].

Zur Gründung einer Anstalt bedarf es eines vom Gründer beglaubigt unterzeichneten Gründungsaktes. In dieser Gründungsurkunde (Statuten) sind Angaben enthalten über den Namen der Anstalt, über Sitz, Zweck und Höhe des Anstaltskapitals sowie über die Personen, die für Verwaltung, Vertretung und Kontrolle zuständig sind (im Regelfall mit dem Treuhänder identisch). Der Ver-

---

[204] Art. 534 Abs. 1 liechtensteinisches Personen- und Gesellschaftsrecht (PGR).

[205] Marxer/Goop/Kieber, Gesellschaften und Steuern in Liechtenstein, Vaduz 1991, S. 131: Nur das verselbständigte Anstaltsvermögen haftet für Verbindlichkeiten der Gesellschaft.

waltungsrat ist mit der Geschäftsführung betraut und vertritt die Anstalt gerichtlich und außergerichtlich. Nur ein Mitglied muß – wie bei der Stiftung – Liechtensteiner mit Wohnsitz im Fürstentum sein und die berufliche Zulassung als Rechtsanwalt, Rechtsagent, Treuhänder oder Buchprüfer oder eine von der Regierung anerkannte kaufmännische Befähigung besitzen. Dieses Mitglied stellt in aller Regel wiederum das mit der Gründung und Verwaltung der Anstalt betraute Treuhandunternehmen.

- **Die Stiftung**

Die Liechtenstein-Stiftung ist eine juristische Person ohne Mitglieder, jedoch mit eigener Organisation, die durch Widmung von Vermögen zu einem bestimmten Zweck errichtet wird. Stiftungen werden im Normalfall stets als Holdinggesellschaften errichtet, wenn der Stiftungszweck – wie in den meisten Fällen – in der Anlage und Verwaltung von Vermögenswerten liegt.

Werden Vermögenswerte zum Zweck der Vermögensverwaltung auf eine Stiftung übertragen, scheiden diese Mittel zivilrechtlich aus dem Eigentum des Stifters aus. Liechtenstein-Stiftungen werden in aller Regel treuhänderisch errichtet, d. h. das In-Erscheinung-Treten des wirtschaftlichen Stifters (des Geldgebers) ist nicht erforderlich. Als Treuhänder treten ausschließlich liechtensteinische Rechtsanwälte oder behördlich konzessionierte Treuhänder auf, welche – als (rechtliche) Stifter fungierend – die Ausarbeitung der Stiftungsstatuten übernehmen, diese mit ihrer beglaubigten Unterschrift versehen und in der Eigenschaft als *Stiftungsrat* und *Repräsentant* beim Öffentlichkeitsregister einreichen. Stiftungsräte müssen über eine Bestätigung der kaufmännischen Befähigung durch die Regierung nach Art. 180a PGR verfügen; sie unterliegen den Vorschriften des Sorgfaltspflichtgesetzes (Art. 2 Abs. 1 Buchst. c SPG). Eine Pflicht zur namentlichen Feststellung des Stifters (wirtschaftlich Berechtigter i. S. von Art. 5 Abs. 3 SPG) besteht für die Bank bei Kontoeröffnung somit nicht (Art. 6 Abs. 1 Buchst. d SPG).

Die Diskretion wird ferner dahingehend vervollständigt, daß für vermögensverwaltende Familienstiftungen, welche kein nach kaufmännischer Art geführtes Gewerbe betreiben, die bloße Anmeldung zur Eintragung ins Öffentlichkeitsregister genügt. Die normalerweise eintragungspflichtigen Daten und Akten müssen dann beim Registergericht nur abgegeben (hinterlegt) werden. Darüber hinaus läßt es das liechtensteinische Personen- und Gesellschaftsrecht (PGR) zu, die Begünstigten bzw. die Rechte und Pflichten derselben nur im Beistatut namentlich zu nennen. Die Statuten enthalten in solchen Fällen nur den folgenden Hinweis: „Stiftungsbegünstigte sind die vom Stiftungsrat bezeichneten Personen". Geheimer geht's fast nicht mehr!

Das Registergericht gibt keine Auskünfte über hinterlegte Stiftungen. Erfragt werden kann lediglich die Tatsache, daß diese Gesellschaft nicht im Register eingetragen ist. Der einzige Nachweis über die Existenz solcher Stiftungen besteht also in der amtlichen Bestätigung ihrer Entstehung, die das Öffentlichkeitsregister dem Hinterleger aushändigt. Nur der Hinterleger selbst, seine Gesamtrechtsnachfolger und Bevollmächtigten sowie die Teilhaber an gemeinsamen Urkunden haben ein Recht auf Einsichtnahme. Anfragen deutscher Finanzbehörden über eine hinterlegte Stiftung würden dahingehend beantwortet werden, daß diese nicht im Register eingetragen ist.

b) Besondere Vermögenswidmungen

Als „besondere Vermögenswidmung" bezeichnet werden im Fachjargon das *Treuunternehmen* und die *Treuhänderschaft.* Ob Treuunternehmen oder Treuhänderschaft: In beiden Fällen wendet ein Treugeber einem Treuhänder Vermögen mit der Verpflichtung zu, dieses künftig als Treugut nach einer bestimmten Treusatzung im eigenen Namen als selbständiger Rechtsträger zugunsten eines oder mehrerer Begünstigter mit Wirkung gegen jedermann zu verwalten oder zu verwenden (Art. 897 PGR).

Mit der Gründung eines Treuunternehmens überträgt der Schwarzgeldanleger sein Vermögen einem Treuhänder, der gemäß gemeinsamer Treusatzung (der Statuten) ein mit dem Vermögen ausgestattetes Unternehmen zugunsten diverser Begünstigter führt. Die Ausgestaltung eines Treuunternehmens entspricht im wesentlichen derjenigen der *Anstalt.* Ein kleiner Unterschied zwischen Anstalt und Treuunternehmen besteht allerdings darin, daß die Verwaltung bei der Anstalt vom Verwaltungsrat und beim Treuunternehmen vom Treuhänderrat ausgeübt wird. Die Besetzung der Organe ist allerdings identisch.

Geht der Schwarzgeldanleger mit einem Liechtenstein-Treuhänder eine Treuhänderschaft ein, hat er eine Art „Trust" gegründet. Die Treuhänderschaft nach liechtensteinischem Personen- und Gesellschaftsrecht kann so konzipiert werden, daß sie einem Trust angelsächsischen Ursprungs entspricht. Liechtensteinische Treuhänderschaften sind sehr flexibel und können auch in den angelsächsischen Raum übertragen werden. Hierfür faßt man die Treuhänderurkunde – die Trust Deed – bereits in englischer Sprache ab. Wie der Trustee eines angelsächsischen Trusts tritt auch der liechtensteinische Treuhänder gegenüber der Vermögensverwaltungsbank und nach außen als selbständiger Vollrechtsträger auf. Der Schwarzgeldanleger selbst erscheint nach außen hin nicht, sofern der Treuhänder ein liechtensteinisches Kreditinstitut mit der Vermögensverwaltung beauftragt. Denn dann muß er als wirtschaftlich Berechtigter nicht festgestellt werden.

Ein Rücktritt oder Widerruf der Treuhänderschaft ist zulässig, sofern dieses Recht in der Treuhandurkunde ausdrücklich vorbehalten wurde. Ein Rücktrittsvorbehalt sollte unbedingt erklärt werden. Die Treuhänderschaft gilt sonst unbegrenzt. Wird die Treuhänderschaft auf eine Dauer von mehr als zwölf Monaten begründet, ist die Treuhandurkunde (eine Ausfertigung oder beglaubigte Abschrift) beim Öffentlichkeitsregister hinterlegungspflichtig. Streng genommen müßte der „Trust" sogar zur Eintragung in das Öffentlichkeitsregister angemeldet werden. Die Eintragungspflicht wird aber durch Hinterlegung der Treuhandurkunde abgewendet. Die Treuhänderschaft ist so – was die Eintragung im Registergericht betrifft – genauso anonym wie die Stiftung.

6. Lebensversicherungen

Schwarzgeldanleger, die in eine liechtensteinische Lebensversicherung investieren, brauchen selbst kein Konto bei einer Liechtenstein-Bank eröffnen. Bei Abschluß einer Lebensversicherung eröffnet nämlich nicht der Schwarzgeldanleger, sondern der Versicherer ein Konto bei einer liechtensteinischen Depotbank, das beispielsweise lautet auf: „XX Versicherung, Pol. Nr. 0815/000xx". Auf dieses Konto bringt der Schwarzgeldanleger seine Einmaleinlage oder seine monatlichen Prämien ein. Auch Barzahlungen werden entgegengenommen. Legitimieren muß sich der Schwarzgeldanleger lediglich gegenüber der Versicherungsgesellschaft, da sämtliche in Liechtenstein agierenden und niedergelassenen Lebensversicherer gemäß Versicherungsaufsichtsgesetz wie Banken und Finanzdienstleister dem Sorgfaltspflichtgesetz unterliegen und dadurch verpflichtet sind, ihre Vertragspartner zu identifizieren und ggf. auch den wirtschaftlich Berechtigten an der Police festzustellen (Art. 2 Abs. 1 Buchst. e SPG).

Die persönlichen Daten der Versicherten sind bei der Liechtensteiner Assekuranz allerdings streng gehütet und durch das im Versicherungsaufsichtsgesetz statuierte Versicherungsgeheimnis geschützt.

Art. 44 Versicherungsaufsichtsgesetz lautet[206]:

„(1) Die Mitglieder der Organe von Versicherungsunternehmen und ihre Mitarbeiter sowie sonst für solche Gesellschaften tätige Personen sind zur Geheimhaltung von nicht öffentlich bekannten Tatsachen verpflichtet, die ihnen auf Grund der Geschäftsverbindungen mit Kunden anvertraut oder zugänglich gemacht worden sind. Die Geheimhaltungspflicht gilt zeitlich unbegrenzt.

(2) Werden Behördenvertretern bei ihrer dienstlichen Tätigkeit Tatsachen bekannt, die dem Versicherungsgeheimnis unterliegen, so haben sie das Versicherungsgeheimnis als Amtsgeheimnis zu wahren.

(3) Vorbehalten bleiben die gesetzlichen Vorschriften über die Zeugnis- oder Auskunftspflicht gegenüber Gerichtsbehörden. Ebenso werden die Versicherungsunternehmen durch die Geheimhaltungspflicht in der Wahrnehmung ihrer gesetzlichen und vertraglichen Aufgaben nicht eingeschränkt.

(4) Die Aufsichtsbehörde kann vom Versicherungsgeheimnis entbinden, sofern dafür ein ausgewiesenes Interesse, namentlich zur Erfassung und Überprüfung von Versicherungsrisiken, besteht. Die Aufsichtsbehörde nimmt in einem solchen Fall Rücksprache mit dem Datenschutzbeauftragten."

[206] I. d. F. v. 6. Dezember 1995 LGBl. 1996, Nr. 23. v. 22. Februar 1996.

Das Versicherungsgeheimnis entspricht in Wesen und Umfang dem liechtensteinischen Bankgeheimnis. Schwarzgeldanlagen in liechtensteinischen Lebensversicherungen sind also sozusagen „zweimal" geheimnisgeschützt. Begünstigend für Schwarzgeldanleger wirkt, daß die Beaufsichtigung der Lebensversicherungsgesellschaften mit Sitz in Liechtenstein ausschließlich durch die liechtensteinische Aufsichtsbehörde erfolgt (sogenanntes single-licence- und home-country-control-Prinzip). Der *Vorteil für Schwarzgeldanleger:* Es sickert nichts ans deutsche Bundesaufsichtsamt für das Versicherungswesen durch.

Das liechtensteinische Versicherungsaufsichtsgesetz erlaubt Geldanlagen in „Lebensversicherungen", die eigentlich gar keine sind. So sind sogenannte *Kapitalisationsversicherungen* reine Sparversicherungen mit garantierten Erlebensfalleistungen ohne Todesfallschutz. Als Kapitalisationsgeschäfte gelten Geschäfte, denen ein mathematisches Verfahren zugrunde liegt, wobei gegen im voraus festgesetzte einmalige oder regelmäßig wiederkehrende Zahlungen bestimmte Verpflichtungen übernommen werden, „deren Dauer und Höhe genau festgelegt sind"[207]. Der Wortlaut des Art. 4 der Versicherungsaufsichtsverordnung läßt erkennen, daß es sich bei der Kapitalisationsversicherung um eine reine Sparversicherung handelt, die keinen Todesfallschutz enthält.

Stirbt der Schwarzgeldanleger während der Vertragsdauer, erhalten seine Hinterbliebenen lediglich das jeweilige Inventardeckungskapital. Das Inventardeckungskapital ist die von der Versicherungsaufsichtsbehörde verlangte Sicherstellung des Kapitals, das benötigt wird, um jederzeit die Verpflichtung gegenüber den Versicherungsnehmern erfüllen zu können. Im Klartext heißt dies, daß die Hinterbliebenen des Schwarzgeldanlegers nur das bis dato mit dem garantierten (technischen) Zinssatz verzinste Sparkapital zurückerwarten können.

Selbstverständlich offerieren die Liechtensteiner auch *fondsgebundene Kapitalisationsversicherungen.* Der Schwarzgeldanleger wählt hier zwischen unterschiedlichen Anlageplänen und Anlagefonds aus. Bei Vertragsablauf (im Erlebensfall) wird das angesam-

[207] Art. 4 Abs. 3 VersAV. LGBl. 1997, Nr. 41 v. 24. Januar 1997.

melte Anteilguthaben ausbezahlt. Bei fondsgebundenen Lebensversicherungen bestimmt sich das Anteilguthaben immer durch Multiplikation der Anzahl der der Versicherung zuordenbaren Fondsanteile mit dem Rücknahmepreis des jeweiligen Fondsanteils am Stichtag. Im Todesfall erhalten die Begünstigten entweder das aktuell vorhandene Anteilguthaben (Gesamtwert der Fonds) oder aber mindestens das Inventardeckungskapital einer analogen, nicht fondsgebundenen Versicherung.

Bei einer *fondsgebundenen Lebensversicherung auf den Erlebens- und Todesfall* läuft es analog. Der Anleger wählt vor Vertragsbeginn zwischen diversen Anlageplänen aus, die der Versicherer zusammengestellt hat. Aus dem Anlageplan bestimmt sich dann das Quotenverhältnis, nach welchem die Prämien aufgeteilt werden. Änderungen der Anlage sind jederzeit möglich, wobei die gegenwärtigen Fonds zum Rücknahmepreis veräußert und die neuen Fonds zum Ausgabepreis ins Depot genommen werden können. Im Erlebensfall zahlt der Versicherer das gegenwärtige Anteilguthaben aus.

Versicherungsnehmer und versicherte Person müssen bei liechtensteinischen Lebensversicherern nicht identisch sein! Versicherungsnehmer ist derjenige, der gegenüber der Versicherung auftritt. Versicherungsnehmer ist also der Vertragspartner der Versicherung. Versicherte Person ist hingegen jene Person, auf deren Leben die Versicherung abgeschlossen worden ist. Bekannt und dem Versicherer gegenüber legitimiert ist der Versicherungsnehmer. Wird die Versicherung fällig, kann der Versicherer vom Versicherungsnehmer ein amtliches Lebensattest über die versicherte Person verlangen bzw. die versicherte Person vorsprechen lassen.

Ist der Schwarzgeldanleger Versicherungsnehmer und zugleich versicherte Person, zahlt der Versicherer Leistungen im Todesfall entweder nach Weisung des Anlegers aus oder – sofern keine anderslautende Erklärung vorliegt – an seinen Ehegatten, bei dessen Fehlen an die Kinder und bei deren Fehlen an sonstige Erben. Sofern der Anleger nicht zugleich die versicherte Person ist, erhält er die Todesfalleistung als Versicherungsnehmer. Im Todesfall ist dem Versicherer die Police und ein amtlicher Todesschein vorzulegen.

Muß die Versicherungspolice dringend liquidiert werden, kann dies im Regelfall nach drei Jahren erfolgen. Der Anleger kann den

Rückkauf oder die Umwandlung der Versicherung verlangen. Der Rückkauf erfolgt zum aktuellen Rückkaufswert, welcher sich aus dem aktuellen Inventardeckungskapital, gekürzt um einen entsprechenden Rückkaufsabzug, errechnet. Der Rückkaufswert ist stets sehr niedrig und für den Versicherten ein schlechtes Geschäft. In vielen Fällen mag es daher vorteilhafter sein, die Versicherungssumme zu beleihen. Im Regelfall können bis zu 90 Prozent des Rückkaufswerts beliehen werden.

Will der Schwarzgeldanleger seine Versicherung umwandeln lassen, wird der Rückkaufswert (Anteilguthaben, gekürzt um einen entsprechenden Rückkaufsabzug) als Einlage für eine andere prämienfreie Versicherung verwendet, z. B. in eine prämienfreie, nicht fondsgebundene, lebenslänglich zahlbare Leibrente mit demselben Rentenzahlungsbeginn.

Bei Versicherungen auf den Erlebens- und Todesfall tritt bereits provisorischer Versicherungsschutz ein, sobald der ausgefüllte und unterzeichnete Antrag beim Versicherungsunternehmen eingegangen ist. Der provisorische Versicherungsschutz beträgt im Höchstfall 200.000 Franken pro versicherte Person. Der Versicherungsantrag kann binnen 14 Tagen nach seiner Einreichung schriftlich widerrufen werden. Kosten darf das Unternehmen hierfür nicht berechnen.

Liechtensteinische Versicherungsprodukte können auch über die Schweiz bezogen werden. Zwar gehört die Schweiz nicht zum Europäischen Wirtschaftsraum, aber um eine Benachteiligung der in Liechtenstein tätigen Schweizer Versicherer zu vermeiden, wurde zwischen Liechtenstein und der Eidgenossenschaft ein bilaterales Versicherungsabkommen abgeschlossen, das die Schweiz gegenüber Liechtenstein einem EWR-Land gleichstellt. Schweizer Lebensversicherer mit Sitz in Vaduz dürfen somit ihre Produkte auch in der Schweiz vertreiben.

Kontaktadresse:

Liechtensteinischer Versicherungsverband e.V.
Per Adresse: CapitalLeben Versicherung AG,
Herrengasse 21a, FL-9490 Vaduz
Telefon: 0042-3-2374837
Fax: 0042-3-2374848
E-mail: office@capitalleben.li
Internet: www.versicherungsverband.lol.li

7. Das liechtensteinische Bankgeheimnis

Rechtsgrundlage für das liechtensteinische Bankgeheimnis bildet Art. 14 des Gesetzes vom 21. Oktober 1992 über die Banken und Finanzgesellschaften (Bankengesetz).[208]

Die Vorschrift lautet[209]:

„(1) Die Mitglieder der Organe von Banken und Finanzgesellschaften und ihre Mitarbeiter sowie sonst für solche Gesellschaften tätige Personen sind zur Geheimhaltung von Tatsachen verpflichtet, die ihnen auf Grund der Geschäftsverbindungen mit Kunden anvertraut oder zugänglich gemacht worden sind. Die Geheimhaltungspflicht gilt zeitlich unbegrenzt.

(2) Werden Behördenvertretern bei ihrer dienstlichen Tätigkeit Tatsachen bekannt, die dem Bankgeheimnis unterliegen, so haben sie das Bankgeheimnis als Amtsgeheimnis zu wahren.

(3) Widerhandlungen werden gemäß Art. 63 Abs. 1 geahndet.

(4) Vorbehalten bleiben die gesetzlichen Vorschriften über die Zeugnis- oder Auskunftspflicht gegenüber den Strafgerichten.

(5) Bei dringendem Verdacht strafbarer Handlungen nach § 165 oder 278a StGB besteht Meldepflicht an die Dienststelle für Bankenaufsicht. Es besteht darüber hinaus ein Melderecht an die Staatsanwaltschaft."

Nach Art. 14 unterliegen der Geheimhaltungspflicht alle Tatsachen, die Organmitgliedern, Mitarbeitern und allen sonstigen Personen, die für Banken oder Finanzgesellschaften[210] tätig sind, aufgrund der Geschäftsverbindungen mit Kunden anvertraut oder zugänglich gemacht wurden. Hierunter fallen: die Annahme von Einlagen und anderer rückzahlbarer Gelder, die Ausleihung frem-

---

[208] LGBl. 1992 Nr. 108.

[209] I. d. F. des Gesetzes vom 21. März 1996 über die Abänderung des Gesetzes über die Banken und Finanzgesellschaften (Bankengesetz), LGBl. Nr. 63 vom 24. Mai 1996.

[210] Finanzgesellschaften unterscheiden sich von Banken dadurch, daß ihnen das Depotgeschäft versagt ist und sie weder Einlagen noch andere rückzahlbare Gelder annehmen dürfen.

der Gelder an einen unbestimmten Kreis von Kreditnehmern, das Depotgeschäft und die Teilnahme an Wertpapieremissionen sowie die damit verbundenen Dienstleistungen. Zuwiderhandlungen gegen die Geheimhaltungspflichten werden nach Maßgabe des Art. 63 Abs. 1 des Bankengesetzes als „Vergehen" mit Freiheitsstrafen bis zu sechs Monaten oder mit einer Geldstrafe bis zu 360 Tagessätzen bestraft.

Mitglieder der Organe von Investmentunternehmen und ihre Mitarbeiter unterstehen ihrem „eigenen Bankgeheimnis". Art. 10 des Gesetzes über die Investmentunternehmen (IUG)[211] verpflichtet die in einem Investmentunternehmen tätigen Personen zur Geheimhaltung von Tatsachen, „die ihnen aufgrund der Geschäftsbeziehungen mit Kunden anvertraut oder zugänglich gemacht worden sind".

Durchbrechungen des Bankgeheimnisses sind nur insoweit gestattet, als gesetzliche Vorschriften über die Zeugnis- oder Auskunftspflicht dies bestimmen, sowie für die Wahrnehmung der Meldepflichten gegenüber der Dienststelle für Bankenaufsicht oder des Melderechts gegenüber der Staatsanwaltschaft bei Verdacht auf Geldwäsche (Art. 14 Abs. 4 u. 5 Bankengesetz). Die Dienststelle für Bankenaufsicht darf amtliche Auskünfte an ausländische Bankaufsichtsbehörden nur insoweit erteilen, als dadurch weder das Bankgeheimnis noch die öffentliche Ordnung oder andere wesentliche Landesinteressen verletzt werden (Art. 36 Abs. 1 Buchst. a Bankengesetz). Nach Art. 59 IUG ist die Auskunftserteilung an ausländische Aufsichtsbehörden von Investmentunternehmen nur zulässig, wenn die öffentliche Ordnung und das Bankgeheimnis dadurch nicht verletzt werden, der ersuchende Staat Gegenrecht gewährt und gewährleistet ist, daß die Auskünfteempfänger einem

[211] LGBl. Nr. 89 vom 10. Juli 1996, Art.10 IUG lautet: „(1) Die Mitglieder der Organe von Investmentunternehmen und ihre Mitarbeiter sowie sonst für solche Gesellschaften tätige Personen sind zur Geheimhaltung von Tatsachen verpflichtet, die ihnen auftrund der Geschäftsbeziehungen mit Kunden anvertraut oder zugänglich gemacht worden sind. Die Geheimhaltungspflicht gilt zeitlich unbegrenzt. (2) Werden Behördenvertretern bei ihrer dienstlichen Tätigkeit Tatsachen bekannt, die dem Geheimnisschutz gemäß Abs. 1 unterliegen, so haben sie dieses Geheimnis als Amtsgeheimnis zu wahren. (3) Widerhandlungen werden gemäß Art. 66 Abs. 1 Bst. a geahndet [Anm. des Autors: Freiheitsstrafe bis zu sechs Monaten oder Geldstrafe bis zu 360 Tagessätzen]. (4) Vorbehalten bleiben die gesetzlichen Vorschriften über die Zeugnis- oder Auskunftspflicht gegenüber den Strafgerichten."

Amts- oder Berufsgeheimnis unterliegen und die übermittelten Auskünfte zweckgebunden verwenden (Spezialitätsprinzip).

Nicht dem Bankgeheimnis unterliegen selbständig tätige und unabhängige Vermögensverwalter, sofern sich ihre Geschäftstätigkeit auf die reine Anlageberatung beschränkt. Liechtensteinische Treuhänder sind aber einerseits nach dem Treuhändergesetz zur Verschwiegenheit verpflichtet, und andererseits untersagt Treuhändern auch das Staatsschutzgesetz (vormals „Spionagegesetz") die Weiterleitung von Informationen an ausländische Behörden.

VII. Schwarzgeldanlage auf den Kanalinseln

1. Kurzcharakteristik des Inselreiches

Mit einer Fläche von 116 qkm und etwa 85.000 Einwohnern ist Jersey der größte und zugleich am südlichsten gelegene Part des etwa 22 km von der Nord-West-Küste Frankreichs entfernten Archipels. Guernsey, die zweitgrößte Insel, liegt nord-westlich von Jersey und hat eine Fläche von nur 63 qkm und zählt etwa 58.000 Einwohner. Ein ausgeglichenes Staatsbudget, keine öffentlichen Schulden und eine Arbeitslosenrate von unter 1 Prozent prägen das wirtschaftliche Umfeld beider Inseln.

Der Schwarzgeldanleger erreicht die Kanalinseln von London in etwa 40 Flugminuten. Sie bestehen für ihn eigentlich nur aus den beiden Inseln Jersey und Guernsey. Nur dort trifft er auf einen gut ausgebauten Finanzsektor. Auf den drei weiteren zum Archipel gehörenden Inseln Alderney, Herm und Sark findet der Schwarzgeldanleger überwiegend Einöde.

Wer allerdings die Statistiken der Inselgruppe genauer betrachtet, müßte Sark – ein Nullsteuerparadies – eigentlich als großes internationales Wirtschaftszentrum einschätzen. Nachgewiesenermaßen geben mindestens 15.000 Firmen einen Einwohner von Sark als ihren Direktor an.[212] Der Wahrheit näher kommt man

[212] Der Spiegel 48/1998, S. 232.

aber eher mit einer weiteren Null, die man dieser Zahl hinzufügt. Die Gesellschaften mit Sark-Direktoren an der Spitze sind in Steueroasen wie der Insel Man, Irland, Virgin Islands oder Panama registriert. Ein Sark-Direktor bringt solchen Firmen zusätzliche Steuervorteile. Steuervorteile, weil er eben nicht am Registrierungssitz, sondern in einer Nullsteueroase wie Sark ansässig ist. Des weiteren – was Geldgeschäfte betrifft – bürgt der Sark-Direktor für Anonymität. Großbritannien und die Geldwäsche-Bekämpfungsbehörde der OECD, die „Financial Action Task Force" (FATF), verlangen seit Jahren strenge gesetzliche Regeln, die Sark-Direktoren verpflichten, die wahren Eigner ihrer Firmen zu kennen. Auf Sark sieht man Direktorenschaften aber als ganz normale Dienstleistungen an.

Sark, Jersey, Guernsey sowie Alderney und Herm sind weder Bestandteil Großbritanniens noch im britischen Parlament vertreten. Die Inselgruppe steht im Besitz der britischen Krone und genießt in inländischen Angelegenheiten und Gesetzgebung vollständige Autonomie. Britisches Recht ist auf den Inseln nur maßgebend, sofern bilaterale Abkommen dies bestimmen. Beispielsweise dürfen die Inseln britischen Steuerpflichtigen nicht bei der Steuerhinterziehung behilflich sein. Gegen einen Sark-Insulaner als Direktor, der für seine Scheintätigkeiten „Gehälter" von ca. 150 Pfund im Jahr bekommt (was sich bei einigen Tausend Direktorenposten pro Kopf auf einen ganz schönen Betrag aufsummiert), hat niemand etwas, jedenfalls noch nicht!

Die Kanalinseln sind nicht Mitglied der Europäischen Union. Beziehungen zwischen den Inseln und der EU beschränken sich seit 1971 ausschließlich auf den freien Transport und Handel mit Industrie- und Agrargütern. Colin Powell, Jersey's Chief Advisor, unterstrich den sicheren Status der Inseln auf einer kürzlich stattgefundenen Konferenz des Offshore Training Consortiums auf Jersey mit folgenden Worten: „Es ist wichtig, sich vor Augen zu führen, wie sicher die Position der Inseln ist. Die Treaty kann nur im Einvernehmen mit allen Ländern geändert werden."[213] Sicherlich hatte er wohl die Zustimmungsverweigerung von Großbritannien im Auge, und er sieht auch keinen Grund für die Annahme, „daß

213 Freie Übersetzung des Autors.

das UK-Government einen Wechsel in der verfassungsrechtlichen Stellung der Inseln entgegen dem Willen der Insulaner befürworten würde".

Was die Steuergesetzgebung betrifft, so ist diese völlig unabhängig von Großbritannien und weder von dort noch von der EU-Kommission beeinflußbar. Eine von Großbritannien und der EU unabhängige Steuergesetzgebung wurde durch ein Schreiben des „Minister of State for the Treasury" am 22. September 1976 wie folgt verdeutlicht: *„Alles was wir in diesem Bereich bezüglich der Inseln unternehmen, muß durch unser eigenes Steuersystem gehen, weil die Kanalinseln und die Insel Man dem Britischen Territorium nicht angehören, sondern Hoheitsgebiet der britischen Krone mit eigener Gesetzgebung und eigenem Rechts-, Steuer- und Verwaltungssystem sind. Es würde gegen die verfassungsrechtlichen Beziehungen der Inseln mit Großbritannien verstoßen, würden auf dem allgemeinen Weg Gesetze jeder Art erlassen, die innerstaatliche Angelegenheiten und insbesondere die Steuergesetzgebung der Inseln betreffen."*[214]

Der Standardsteuersatz auf Jersey/Guernsey beträgt 20 Prozent; die Sark-Direktoren zahlen gar nichts. Für den Schwarzgeldanleger gibt es keine Quellensteuern. Das Inselreich kennt auch keine Umsatzsteuer, keine Kapitalzuwachssteuer, keine Grund- oder Grunderwerbsteuer, keine Vermögensteuer, keine Erbschaft- und Schenkungsteuer (mit Ausnahme der „probate duty" i. H. v. 0,5 Prozent für sonstige Hinterlassenschaften und ein Prozent bei Immobilien). Beschränkt Steuerpflichtige ohne Wohnsitz, gewöhnlichen Aufenthalt oder Firmensitz auf Jersey/Guernsey zahlen Steuern nur auf Einkommen, das aus Quellen bzw. aus Aktivitäten auf den Inseln herrührt. Hiervon ausgenommen sind Zinserträge aus Bankeinlagen.

Besonders niedrige Steuersätze gelten für „captive and offshore" Versicherungsgesellschaften, sogenannten „exempt companies" (diese zahlen nur ein jährliches Fixum von 500 £), Investmentfonds, Trusts und „International Business Companies". Seit Anfang 1993 können Unternehmen den begehrten „IBC-Status" beantragen. Solche Unternehmen können dann von Jersey/Guernsey aus geführt werden (dürfen also den Sitz der Geschäftsleitung auf

[214] Freie Übersetzung des Autors. Quelle: „The Channel Islands, A Background", Abacus Financial Services Ltd., Abacus Publications Channel Islands, A Background, 23/3/94.

den Inseln haben). Voraussetzung ist allerdings, daß kein auf Jersey/Guernsey unbeschränkt Steuerpflichtiger Anteilseigner dieser „International Business Company" ist. Die Steuersätze betragen je nach Gewinn zwischen 0,5 und zwei Prozent.

Die Inseln geben ihre eigenen Banknoten aus, die im Wert mit dem britischen Pfund identisch sind. Das Recht, eigene Banknoten auszugeben, bleibt den Insulanern auch, wenn sich Großbritannien früher oder später für den Euro entscheidet. Angesichts der Tatsache, daß 65 Prozent der Exportgüter nach Großbritannien verschifft und mehr als die Hälfte der Finanzgeschäfte mit der Londoner City abgewickelt werden und die Inseln über 90 Prozent ihrer Gebrauchsgüter von Großbritannien importieren, zweifelt freilich niemand, daß die Kanalinseln den Euro – wenn auch in Form eigener Noten mit unterschiedlichem Design – einführen werden, wenn Großbritannien sich der Eurozone anschließt.

Die Insulaner, die ihren Archipel gerne als „little Switzerland" bezeichnen, werden auch künftig die Dinge so handhaben, wie sie es wollen, und „not necessarily the Brussels way". Daß die Insulaner auch künftig nach ihrem eigenen Kopf schalten und walten können, zeigte der Regierungswechsel 1997 in Großbritannien. Die Position der Inseln unter Labour ist so stark wie nie, was auch ein Dokument vom 17. November 1998 unterstreicht, das die britische Regierung jener mit der Steuerharmonisierung und einer Eliminierung von störendem Steuerwettbewerb beauftragten EU-Kommission vorgetragen hat. Die Regierungsvertreter betonten, Großbritannien sei zwar zuständig für die Verteidigung und die außenpolitische Vertretung, die Krone aber allein verantwortlich für eine gute Regierung. Nachdem die Insulaner an den Wahlen des britischen Parlaments nicht teilnehmen können, würde es für die britische Regierung geradezu anmaßend wirken, wenn diese über die Steuergesetze und andere inländische Angelegenheiten selbstherrlich entschieden. Die Steuerpolitik wurde bislang immer von der Legislative der Inseln betrieben. Und es spricht derzeit nichts dafür, daß es künftig anders sein sollte.[215]

[215] Quelle: Jersey Financial Focus, Issue One, „OECD and EU Proposals on Harmful Tax Competition".

2. Offshore-Konten

Neben den üblichen Bankkonten, welche bereits in den Ausführungen zu Luxemburg, der Schweiz, Liechtenstein und Österreich näher erläutert wurden, bieten namhafte Rechtsanwaltskanzleien, Buchführungs- und Wirtschaftsprüfungsgesellschaften deutschen Anlegern in Zusammenarbeit mit englischen und amerikanischen Banken sogenannte zentralisierte Bankkonten *(„centralised bank accounts")* an. Bei diesem Kontotyp handelt es sich im Grunde um ein Festgeldkonto, jedoch mit dem wesentlichen Vorteil, daß die Gelder dennoch täglich verfügbar sind und bei Behebung keine „Strafzinsen" anfallen. Die Kontoinhaber partizipieren außerdem an besseren Konditionen. So liegt der Tagesgeldsatz dieser „Pooling funds" im Sterling Bereich nur um 0,25 Prozent unter der maßgeblichen London Interbank Rate (LIBID) und übersteigt hiermit die 30-Tage-Festgeldsätze. Des weiteren entfällt die separate Eröffnung und Unterhaltung von Giro- und Festgeldkonten.

Zinsen werden per Quartal gutgeschrieben, jedoch auf Tagesbasis berechnet, so daß Einzahlungen sofort verzinst und Abhebungen incl. der Zinsen jederzeit möglich sind. Centralised bank accounts lauten auf den Namen der den Treuhändern gehörenden Tochterfirma und werden in Pfund-Sterling oder US-Dollar angeboten. Nur diese als „Nominee" tätige Gesellschaft (in aller Regel eine „Limited") tritt den Poolbanken gegenüber als Kontoinhaber auf. Kontodispositionen werden ausschließlich über die Nominees getätigt. An Kontoführungsgebühren fallen ca. $^1/_8$ bis $^1/_4$ Prozent der Zinsen an. Bei den von den Nominees ausgewählten Korrespondenzbanken handelt es sich ausschließlich um Institute erster Bonität.

Außer den Centralised bank accounts werden in gewissem Rahmen auch komplette „Nominee" (Strohmann-)Dienstleistungen offeriert. Allerdings sollte man hier Skepsis walten lassen. Die Zwischenschaltung von Strohmännern ist schon wegen der quasi gegen Null tendierenden Bereitschaft zur Leistung von Rechtshilfe überflüssig.

3. Kontoeröffnung und Legitimation

Die Kanalinseln sind zwar diskret; aber die dort eröffneten Nummernkonten nicht anonym. Anonym geht auf den Inseln gar nichts – schon allein aus der Notwendigkeit der Geldwäschebekämpfung heraus. Zwar gehören die Inseln nicht der FATF, der Geldwäschebekämpfungs-Sondergruppe der OECD, an, weil die Inseln Dependenzen der britischen Krone sind; halten sich aber dennoch an die 40 Empfehlungen der FATF.[216]

Die Channel-Islands-Banken verfolgen insbesondere das „Know your customer"-Prinzip. Die „Proceeds of Crime (Jersey) Law"[217] sieht ein vierstufiges System der Customer-Identifizierung vor: „Identification", „record-keeping", „internal reporting procedures" und sonstige Verfahrensweisen der internen Kontrolle und Kommunikation.

Dies gilt ganz unabhängig davon, ob es nun ein Schweizer Kreditinstitut oder eine deutsche Bank ist: Da nach den Regeln des Baseler Komitees nationale Bankaufsichtsbehörden das Recht haben, jede ausländische Filiale oder Niederlassung einer nationalen Bank zu prüfen, kann z. B. das deutsche Bundesaufsichtsamt für das Kreditwesen Channel-Island-Filialen und Niederlassungen von deutschen Banken unter die Lupe nehmen. Schon aus diesen Gründen werden sich Auslandsbanken penibel genau an die Identifizierungsregeln ihrer Vertragspartner bei der Kontoeröffnung halten.

Und aus diesen Gründen gibt es auf den Inseln keine starre Legitimationsgrenze für Schaltertransaktionen. Die „Proceeds of Crime (Jersey) Law"[218] sieht für Jersey eine Legitimationsgrenze von 10.000 britischen Pfund vor.[219]

Jersey hat ihren Investment Business Sektor durch Gesetz strenger reguliert. Jeder, der auf Jersey Geld anlegen will und dort eine Bank aufsucht, kann einen unter der „Investment Business (Jersey) Law 1998" registrierten „financial advisor" erwarten. Artikel 17 des

[216] Vgl. E.III.1 sowie Fn. 242.
[217] Bei Drucklegung nur im Entwurf vorliegend.
[218] Ebendort.
[219] Sogenanntes Szenario 3 („any case where, in respect of any one-off transaction, payment is to be made by or to the applicant for business of not less than £ 10.000.").

Gesetzes setzt – zum Schutz der Anleger – bestimmte Standards in puncto Qualifikation und Erfahrung, Eigenkapital (bei kleineren Institutionen und Trust Companies relevant), Haftpflichtversicherung und – was insbesondere für das Trust-Business zutrifft – Art. 17 verlangt eine strikte Trennung der verwalteten Kundengelder vom operativen Vermögen der Bank bzw. des Trustee. Außerdem setzt die Investment Business (Jersey) Law 1998 für den Zugriff auf Kundengelder (beispielsweise im Rahmen eines Vermögensverwaltungsmandats) das sogenannte „six-eyes-principle" voraus, d. h. die Verfügung und Verwaltung von Kundeneinlagen erfordert mindestens drei Unterschriften.

4. Schwarzgeldtransfer

Im Gegensatz zu den klassischen kontinentaleuropäischen Steuerfluchtburgen erreicht man die Kanalinseln auf bequeme Weise praktisch nur mit dem Flugzeug. Schwarzgeld in barer Form im Handgepäck fällt jeder Flughafensicherungskontrolle auf. Die Geldscheine sind schon wegen der Silberstreifen auf dem Röntgenschirm gut erkennbar. Zwar ist es keineswegs untersagt, größere Mengen Bargeld im Flugkoffer mitzunehmen, doch werden die Sicherheitsbeamten den Zoll hinzuziehen. Dann muß das ausgeführte Geld, so wie oben mehrmals dargestellt, deklariert werden. Die Wohnsitzfinanzämter werden manchem Geldtouristen die Frage stellen, woher denn der große Reichtum stammt. Der Transfer größerer Mengen Schwarzgelds ist auch insofern problematisch, als man weder auf Jersey noch auf Guernsey eine Bank oder einen Trustee finden wird, der größere Mengen von Bargeld ungeprüft annimmt.

5. Das Bankgeheimnis

Auf Jersey gibt es keine gesetzliche Regelung für ein Bankgeheimnis. Die Geheimhaltung kundenspezifischer Daten wird durch den Bankvertrag privatrechtlich garantiert; zählt sozusagen zu den „stillschweigenden Bedingungen", welche auch von öffentlichen Ämtern respektiert werden. Auch Guernsey hat niemals ein Gesetz geschaffen, das die Wahrung von Geheimnissen im Zusammenhang mit Bankgeschäften und ähnlichen Handlungen sicherstellt. Die Banken handhaben ihre Kundenaffären mit demselben Grad an Diskretion, wie dies in Großbritannien die Regel ist.

Die Offenlegung von Konten und Depots kann nur erzwungen werden, wenn gesetzliche Bestimmungen oder zwingende moralische Verpflichtungen der Öffentlichkeit gegenüber („ordre public") es erforderlich erscheinen lassen. Dies ist u. a. der Fall, wenn die Bank verdächtigt wird, Drogengelder gewaschen zu haben, oder wenn die Bank Forderungen gegen einen Kunden einklagt. Jersey/Guernsey-Advokaten und -Treuhänder können sich auf ihre berufliche Schweigepflicht berufen.

6. Anlage über einen angelsächsischen Vermögenstrust

a) Was ist ein Trust?

Ein Trust ist – ganz einfach gesagt – entstanden, wenn jemand das Eigentum an einem Gut jeglicher Art an eine Person seines Vertrauens überträgt, die diese Vermögenswerte zugunsten des Gebers hält und verwaltet. Derjenige, der die Eigentumsübertragung veranlaßt und die Vermögenswerte in den Trust einbringt, wird formal richtig als „Settlor" (Errichter) bezeichnet. Inoffiziell wird der Settlor als Schwarzgeldanleger auftreten. Diejenige Person, die das Geldvermögen übernimmt und verwaltet, ist der „Trustee". Und schließlich fehlt noch jemand, der aus dem Geldvermögen begünstigt werden soll. Dies ist aber nicht etwa der Trustee. Es gibt darüber hinaus noch eine dritte Person bzw. einen dritten Personenkreis: die Begünstigten, auch „Beneficiaries" genannt. Settlor und Beneficiary können identisch sein, was bei der Schwarzgeldanlage auch vielfach der Fall ist. Der Schwarzgeldanleger ist Trusterrichter und einziger Begünstigter in einer Person. Ein Beneficiary genügt zur Gründung eines Trusts.[220]

---

220 Zu den einzelnen Befugnissen, Rechten und Pflichten von Settlor, Trustee und Beneficiary siehe: Götzenberger, Anton-Rudolf, Diskrete Geldanlagen, Wien 1999.

b) Was macht den Trust für Schwarzgeldanleger so interessant?

Gründe und Verwendungsmöglichkeiten für die Errichtung von Trusts können verschiedenartig sein. Unter dem Gesichtspunkt der Erbfolgeplanung kann mit dem Trust erreicht werden, daß mehr als nur eine Generation an einem bestimmten Vermögen, das man in einen Trust einbringt, partizipieren kann (sogenannte Interest-in-Possession-Trusts). Der Trust kann auch als eine Art Testamentsvollstreckungsvehikel fungieren. Der Trust erlaubt es einem Erblasser, genau zu bestimmen, wie und wann sein Vermögen nach seinem Ableben verteilt werden soll. Ein Trust schützt Familienvermögen vor verschwenderischen Familienangehörigen, weil er ihnen die Verfügungsgewalt über das Vermögen entzieht. Ein Trust kann zur finanziellen Absicherung behinderter Personen errichtet sein. Ein Trust kann auch zur Umgehung von Pflichtteilsrechten lästiger Erben gegründet werden[221] oder eben nur, um weltweit gestreutes Vermögen an einem Punkt zu koordinieren und zusammenzufassen.

Für den Schwarzgeldanleger ist der Trust vor allem wegen der im Außenverhältnis gegebenen Anonymität interessant. Der Trust erlaubt es, Vermögenswerte zu nutzen und Früchte aus ihnen zu ziehen, ohne selbst rechtlicher Eigentümer zu sein und das Vermögen steuerlich deklarieren zu müssen. So lautet das Schwarzgeldkonto mit Depot nicht auf Namen des Schwarzgeldanlegers (Settlors), sondern auf Namen des Trust. Der Trust kann dabei einen beliebigen Namen haben. Nachdem der Trustee oftmals auch die Vermögenverwaltungsbank ist, ist der Kontoinhaber „Trust" vielfach die Bank selbst.

Des weiteren muß ein Trust weder öffentlich registriert sein, noch besteht die Notwendigkeit zur Vorlage der Gründungsurkunde (den „Trust-Deed") gegenüber Dritten oder Behörden (lokalen Steuerbehörden). Die Anonymität eines Trusts ist auch auf dem Corporate-Sektor sehr geschätzt. Im Innenverhältnis ist der Schwarzgeldanleger dem Trustee gegenüber aber selbstverständlich legitimiert, gemäß den auf Jersey und Guernsey geltenden „Gui-

[221] Vgl. hierzu „Der Jersey Trust geht andere Wege" in Teil VII Seiten 295ff., in: Götzenberger, Anton-Rudolf, Diskrete Geldanlagen, Wien 1999.

dance Notes on the Prevention of Money Laundering" und dem „Know your customer"-Prinzip. Weil aber der rechtliche Eigentümer eines Unternehmens oder eines Kapitalanteils nach außen hin ein Trust ist, bleibt der Anteilseigner gegenüber Dritten dennoch anonym.

Sofern der Trust keine Begünstigten hat, die auf der Insel unbeschränkt steuerpflichtig sind, besteht auf Jersey oder Guernsey keine Steuerpflicht. Dem Schwarzgeldanleger eröffnet dies die Möglichkeit, Kapitaleinkünfte quellensteuerfrei und anonym zu vereinnahmen und das Vermögen im Trust steuerfrei zu halten. Sofern ein Begünstigter aber auf den Inseln ansässig ist, muß der Trustee 20 Prozent Steuern für den auf den Begünstigten entfallenden Teil des Gesamteinkommens entrichten. Verlegt der Schwarzgeldanleger seinen Wohnsitz dorthin, muß er also 20 Prozent Steuern zahlen; für jemanden, der schon einmal in deutsche Steuermühlen gelangt ist, sicherlich noch verkraftbar. Gehört der Schwarzgeldanleger selbst als Settlor nicht zu den Begünstigten eines Trusts, ist sein Wohnsitz oder gewöhnlicher Aufenthalt für die Begründung der Steuerpflicht irrelevant.

c) Wem gehört das in den Trust eingebrachte Schwarzgeld?

Um es in einem Satz auszudrücken: Das Schwarzgeld gehört nach Einbringung in einen Trust formalrechtlich dem Trustee. Die Bank bzw. der Trustee wird durch die Übertragung Inhaber der eigentlichen juristisch-formellen Eigentumsrechte („legal interest" oder „legal title" genannt). Doch dies heißt nicht, daß der Trustee bzw. die Bank sich das Schwarzgeld als Eigenvermögen einverleiben darf. Der Schwarzgeldanleger behält nämlich das wirtschaftlich-materielle Eigentumsrecht.

Der Schwarzgeldanleger verfügt als Trustbegünstigter mit dem sogenannten „equitable title" über ein auf Billigkeitsrecht gestütztes, wirtschaftlich-materielles Eigentumsrecht. Dem Trustee steht hingegen der Besitz, die Verwaltung und die Entscheidung über die Verwendung des Trustvermögens (wie der Trust das Schwarzgeld investiert) nach formellem Recht zu. Das gleichzeitig bestehende Nebeneinander von formellem und materiellem Eigentumsrecht wird im angelsächsischen Recht als „Eigentumsdualismus“ bezeichnet.

Um das gleichzeitige Bestehen von formellem und materiellem Eigentum zu verstehen, muß etwas in der Geschichte zurückgegangen und vorausgeschickt werden, daß der Trust schon für unsere Vorfahren ein vitales und effizientes Instrument zur Verschleierung der wahren Herkunft von Vermögenswerten darstellte und sich mit dem Trust schon immer gesetzmäßige Einschränkungen und Auflagen gut umschiffen ließen. Der Trust bot in Umgehung des geltenden Common law die einzige Möglichkeit, jemandem Grundbesitz in Abwendung des Vererbungsverbots für Grundbesitztum zuzuwenden oder sich sonstigen lehensrechtlichen Bindungen zu entziehen, um so etwaige Ansprüche von Lehensherrn (der Lords) abzuwenden. Die Kirchenoberhäupter bedienten sich des Trusts, um sich die Herrschaft über Besitztum zu sichern, das sie „offiziell“ gar nicht halten durften. Dasselbe galt für Zuwendungen an Mönchsorden, die aufgrund ihrer Armutsgelübde offiziell kein eigenes Vermögen haben durften. Wer damals den Geistlichen Zuwendungen machen wollte, brachte Vermögen in einen Trust ein, dessen Nutznießer eben die Geistlichen waren.

Probleme bereitete zu jener Zeit aber die Vorstellung, daß der Trustee letztlich nur eine moralische Verpflichtung gegenüber seinem Treugeber (Settlor) hatte und diesem „nichts in der Hand“ blieb, sollte der Trustee sich der Vermögenswerte einmal eigenmächtig bedienen wollen. Der Trustee war ja schließlich der rechtliche Eigentümer und das damalige Common law erfaßte die Treuhänderschaft nicht. Die Kirchen versuchten stets, ihre Trustees unter Androhung geistlicher Strafen in die Gewissenspflicht zu nehmen, bis schließlich der königliche Lordkanzler (chancellor) Settlor und Beneficiary eines Trusts Schutz nach „Billigkeitsrecht“ zusprach. Settlor und Beneficiary konnten sich an den Kanzler wenden, welcher daraufhin untreue Trustees vorladen ließ und sie unter Androhung ernster Konsequenzen zur Pflichterfüllung zwang. Im Zug der Zeit entstand daraus eine eigene (Kanzler-) Rechtsprechung, die sogenannte „equity jurisdiction“, welche gleichwertig neben das Common law trat.

Die Billigkeitsrechtsprechung des Lordkanzlers (also die „equity jurisdiction“) stärkte mehr und mehr die Rechtsstellung von Settlor und Beneficiary gegenüber dem Trustee. Dem Trustee wurde zwar das alleinige Eigentumsrecht am Trustgut nicht abgesprochen, doch stellte der Lordkanzler diesem mit dem „equitable title" ein „eigentumsähnliches" Recht gegenüber, welches den rechtlichen Verfügungsrahmen des Trustee entsprechend einschränkte. Diese doppelten dinglichen Rechtsansprüche („duality of ownership") am Trustgut klassifizieren den angelsächsischen Trust und ermöglichen es dem Schwarzgeldanleger, sein Vermögen in einen Trust zu geben, sich des Eigentums (und der Steuerpflicht) formell zu entledigen und doch weiterhin die Herrschaft über das Vermögen innezuhaben.

Gehört dem Trustee das Trustvermögen also nur insoweit, daß er darüber disponieren, sich aber nicht bereichern kann, erfordert dies eine strikte Trennung des Trustvermögens (bzw. der Kundeneinlagen) von dem eigenen Vermögen des Trustee bzw. dem Vermögen einer Bank. Art. 19 der „Fiduciary and Administration Business (Jersey) Law 1998" trägt diesem Erfordernis Rechnung und macht den Trustee verantwortlich für die Kundeneinlage, welche er zur treuhänderischen Verwaltung entgegengenommen hat und verlangt eine strikte Trennung und Kennzeichnung von Trustvermögen.[222]

d) Die Einbringung von Schwarzgeld in einen Trust unterliegt seit 1999 der Schenkungsteuer

(i) Rechtsgrundlagen im Überblick

Gemäß § 7 Abs. 1 Nrn. 8 und 9 ErbStG gilt als Schenkung unter Lebenden u. a.:

„8. der Übergang von Vermögen auf Grund eines Stiftungsgeschäfts unter Lebenden. Dem steht gleich die Bildung oder Ausstattung einer Vermögensmasse ausländischen Rechts, deren Zweck auf die Bindung von Vermögen gerichtet ist;

[222] Art. 19 Abs. 1 lautet: „Where a registered person has client property vested in him or otherwise controls or is responsible for client assets which he is required to safeguard, he shall arrange proper protection for them by way of segregation an identification of the assets or otherwise in accordance with the responsibilities he has accepted."

9. was bei Aufhebung einer Stiftung oder bei Auflösung eines Vereins, dessen Zweck auf die Bindung von Vermögen gerichtet ist, erworben wird. Dem steht gleich der Erwerb bei Auflösung einer Vermögensmasse ausländischen Rechts, deren Zweck auf die Bindung von Vermögen gerichtet ist, sowie der Erwerb durch Zwischenberechtigte während des Bestehens der Vermögensmasse;".

§ 15 Abs. 2 Satz 2 ErbStG bestimmt folgendes:

„In den Fällen des § 7 Abs. 1 Nr. 9 Satz 1 gilt als Schenker der Stifter oder derjenige, der das Vermögen auf den Verein übertragen hat, *und in den Fällen des § 7 Abs. 1 Nr. 9 Satz 2 derjenige, der die Vermögensmasse im Sinne des § 3 Abs. 2 Nr. 1 Satz 2 oder § 7 Abs. 1 Nr. 8 Satz 2 gebildet oder ausgestattet hat."*

§ 20 Abs. 1 ErbStG lautet:

„(1) Steuerschuldner ist der Erwerber, bei einer Schenkung auch der Schenker, bei einer Zweckzuwendung der mit der Ausführung der Zuwendung Beschwerte und in den Fällen des § 1 Abs. 1 Nr. 4 die Stiftung oder der Verein. *In den Fällen des § 3 Abs. 2 Nr. 1 Satz 2 und § 7 Abs. 1 Nr. 8 Satz 2 ist die Vermögensmasse Erwerber und Steuerschuldner, in den Fällen des § 7 Abs. 1 Nr. 8 Satz 2 ist Steuerschuldner auch derjenige, der die Vermögensmasse gebildet oder ausgestattet hat."*

(ii) Erläuterungen

§§ 7, 15 und 20 ErbStG dehnen die Schenkungsteuerpflicht für Vermögensübertragungen auf Stiftungen, welche bislang schon immer gegeben war, auch auf Trusts aus. Obwohl Trusts nicht mit Stiftungen gleichgestellt werden können, wird eine solche Gleichstellung ungeachtet dessen mittels der Gesetzesfiktion in § 7 Abs. 1 Nrn. 8 und 9 ErbStG („dem steht gleich") einfach geschaffen.

Wie bei Gründung einer Auslandsstiftung und anschließender Ausstattung mit Vermögen unterliegt auch die „Gründung", „Bildung" und „Ausstattung" eines Trusts der Schenkungsteuer. Der maßgebliche Steuertarif bestimmt sich nach der Steuerklasse III, weil Trusts mit ihrem Gründer (dem Schenker) niemals verwandt sein können. Derselben Besteuerung unterliegt selbstverständlich auch eine spätere Vermögensübertragungen auf einen Trust, also eine Zuwendung während des Bestehens.[223]

Doch nicht nur das in den Trust früher oder später eingebrachte Vermögen unterliegt dort der Schenkungsteuer. Auch Erwerbe während des Bestehens des Trusts (also Ausschüttungen) müssen nach § 7 Abs. 1 Nr. 9 Satz 2 ErbStG als freigebige Zuwendung versteuert werden. Bei Stiftungen ist dies nicht der Fall. Bei Stiftungen wird regelmäßig angenommen, daß Zuwendungen an Begünstigte auf einem satzungsmäßigen Anspruch beruhen und so keine Schenkung im Sinne des Schenkungsteuerrechts sein können. Beim Trust stellt der Gesetzgeber nicht ab, ob Zuwendungen vom Trust geschuldet sind oder nicht. Der Gesetzgeber spricht einheitlich von steuerpflichtigen Erwerben eines *Zwischenberechtigten* während des Bestehens.

Die Finanzverwaltung sieht regelmäßig den Anleger selbst als Begünstigten und Drittbegünstigte als Zwischenberechtigte an. Rein formal handelt es sich bei einem Trustbegünstigten zwar nicht um einen „Zwischenberechtigten", sondern um einen Bezugs- und/oder Anfallsberechtigten (je nachdem ob er nur an den laufenden Erträgen oder auch am Trustvermögen selbst begünstigt sein soll).

Im Ergebnis, also an der Steuerpflicht, ändert dies freilich nichts. Wenn nun schon Zwischenausschüttungen der Schenkungsteuer unterliegen – ganz egal, ob man sie als freigebige Zuwendungen betrachten kann oder nicht –, dann muß selbstverständlich auch eine Steuerpflicht für die mit Auflösung des Trusts erfolgende letzte „Endausschüttung" gelten. Es werden also auch bei Auflösung und Auskehrung der Vermögenswerte aus dem Trust erneut Schenkungsteuern fällig.

Bei Zwischen- und Endausschüttungen läßt der Gesetzgeber allerdings das für Stiftungen geltende Privileg auch für den Trust zu, daß diejenige Steuerklasse zum Tragen kommt, die im Verhältnis des Stifters zu den Zuwendungsempfängern gilt (§ 15 Abs. 2 Satz 2 ErbStG).

---

[223] Andernfalls könnte man ja einen Trust mit 10.000 DM steuerfrei errichten (Freibetrag in Steuerklasse III) und das eigentlich dem Trust zu widmende Vermögen erst später von Luxemburg nach Jersey verlagern und steuerfrei in einen Trust einbringen. Solche Möglichkeiten hat der Gesetzgeber selbstverständlich erkannt. In § 7 Abs. 1 Nr. 8 Satz 2 ErbStG spricht er deshalb von „Bildung oder Ausstattung".

Brachte beispielsweise Vater V 1999 sein Luxemburger Barvermögen in einen Jersey Trust ein, so zahlte er für die Errichtung Schenkungsteuer nach Steuerklasse III. Bei Auflösung des Trusts und Auskehrung des Trustvermögens an den erbberechtigten Sohn würde dagegen nur mit Steuerklasse I und einem Freibetrag von 400.000 DM besteuert. Der begünstigte Sohn versteuert die Zuwendung also so, als hätte er sie im Rahmen eines „normalen" Erbgangs erhalten. Die dem Verwandtschaftsverhältnis des Bezugsberechtigten zum Trusterrichter entsprechende Steuerklasse gilt auch für Zwischenausschüttungen.

Keine Regelung sieht der Gesetzgeber aber für den Fall vor, daß das Trustvermögen an den Schwarzgeldanleger selbst wieder zurückfällt. Sofern in der Trusturkunde ein Rückfallanspruch oder eine Anfallsberechtigung für den Settlor bezüglich des Vermögens bei Auflösung des Trusts vorgesehen ist und auch nachgewiesen werden kann, liegt keine freigebige Zuwendung des Trusts an den Trusterrichter vor. Zu einer Besteuerung als „freigebige Zuwendung" darf es hier also nicht kommen.

Mehreinnahmen in Höhe von 150 Millionen Mark erhoffen sich Deutschlands Steuerhäscher aus der seit 1999 neu geltenden Trustbesteuerung. Ob die erhofften Mehreinnahmen auch wirklich fließen werden, ist mehr als zweifelhaft, denn die neue Besteuerung ändert nichts an der seit Jahrhunderten bewährten Verschwiegenheit angelsächsischer Trusts.

E. Schwarzgeld-Aufdeckung

I. Der Schwarzgeld-Euro-Tausch: Wird aus schwarzer Mark ein schwarzer Euro oder geht die schwarze Mark unter?

Geht es nach dem Willen einzelner Politiker, soll die Umstellung von D-Mark in Euro so gehandhabt werden wie die einstige Umstellung der Ostmark in die D-Mark. Bei der Umstellung der Ostmark in D-Mark mußte jeder Kontoinhaber einen Umstellungsantrag stellen. Auf Schwarzgelder bezogen, würde ein solches Umstellungsverfahren bedeuten, daß solche Guthaben praktisch verloren wären, es sei denn, der Anleger liefert mit dem Umstellungsantrag gleich eine Selbstanzeige mit.

Ob sich eine solche Umtauschaktion durchsetzen läßt, ist aber schon wegen des enormen Verwaltungsaufwands mehr als fraglich. Bei Tafelpapieren wäre eine solche Deklarierungspflicht aus heutiger Sicht zumindest nicht durchsetzbar. Denn dafür wäre eine Gesetzesgrundlage notwendig, die alle Anleiheemittenten von der Pflicht zur Rückzahlung ihrer Schulden gegenüber solchen Gläubigern befreit, die sich aus Furcht vor der Steuerfahndung nicht getraut haben, einen Umstellungsantrag zu stellen.

Im Idealfall, und dieser dürfte der Wahrscheinlichere sein, werden alle Konten spätestens im Jahr 2002 automatisch auf Euro umgestellt. Und niemand fragt, um welche Guthaben es sich dabei handelt oder wie die Gelder verdient worden sind und es gehen so auch keine Schwarzgelder unter. Nur der Bartausch von schwarzer D-Mark oder anderen Währungen in Euro kann selbstverständlich ab einem Betrag von 30.000 DM bzw. 15.338 Euro in Deutschland wegen des Geldwäschegesetzes nicht mehr anonym erfolgen. Hier kann der Schwarzgeldanleger, der viel Schwarzgeld in physischer Form hortet, in Bedrängnis geraten, wenn die derzeitigen Pläne des Bonner Finanzministeriums umgesetzt und der Euro die D-Mark bereits zum 1. Januar 2002, mit nur noch einer kurzen Übergangsfrist bis Ende Februar 2002, ablösen soll. Laut den Verträgen zur Gründung der Europäischen Union können die Teilnehmerstaaten eine Übergangsfrist von sechs Monaten für die Umstellung der nationalen Währungen beanspruchen, müssen dies aber nicht. Offizielle Begründung dieses Schrittes ist, Verbraucher, Handel und Banken nicht länger als notwendig den Belastungen des doppelten Geldumlaufs auszusetzen.

Entsprechende Legitimationsgrenzen gelten auch in anderen Euro-Ländern. Gleichwohl sind Diskussionen über eine Deklarierungspflicht für Altwährungen in die neue Euro-Währung derzeit nur in Deutschland auszumachen, was wohl auch am Steuersystem liegt. Österreich hätte für derartige Maßnahmen keinen Bedarf. Dort sind nämlich sämtliche Steuern auf Kapitaleinkünfte durch die 25prozentige Kapitalertragsteuer abgegolten. Selbst Guthaben auf anonymen Sparbüchern düften – sofern die Bücher in 2002 noch existieren – ohne Formalität umgestellt werden.

Es bleibt dem Schwarzgeldanleger stets vorbehalten, seine schwarze Mark im Ausland in Euro zu tauschen. Das einzige „Risiko", das er dabei eingeht, ist die Umgehung der Meldepflichten gegenüber den Zollbehörden, wenn es sich um DM-Beträge von 30.000 und mehr handelt.[224] Der Transport von Schwarzgeld wird mit der Einführung des Euro als gesetzliches Zahlungsmittel nicht schwieriger. Auch im Euro-Zeitalter verfügt der Schwarzgeldanleger mit den geplanten 500er Euro-Noten über ein den alten Tausendern äquivalentes Barzahlungsmittel. Des weiteren ist zu erwarten, daß die durch den Euro bewirkte Transparenz die Verlagerung von Anlagekapital in zunehmendem Maße verstärkt und mehr Spielraum für steuerliche Überlegungen bis hin zur Steuerhinterziehung schafft. Der Euro dürfte als Beschleuniger wirken, wodurch die Hochsteuerländer in ihren Möglichkeiten, Anlagekapital hoch zu besteuern, noch mehr beschnitten werden und ihnen noch mehr Steuergelder entrinnen dürften.

[224] Vgl. insbesondere oben D.III.5.

II. Wie Schwarzgeldanleger mit modernen Abhörtechniken enttarnt werden können

Der in den Jahren 1997/1998 vieldiskutierte „große Lauschangriff" sollte die Strafverfolgungsbehörden vordergründig nur mit zusätzlichen Kompetenzen ausstatten, um effizienter gegen die organisierte Kriminalität vorzugehen. Tatsächlich aber brachte das Gesetzeswerk[225] einschneidende Änderungen im Geldwäschegesetz, wie beispielsweise eine Beweislastumkehr: Weil Geldwäscheverdachtsanzeigen für Steuerzwecke ausgewertet werden können, kann es passieren, daß der Steuerbeamte die steuerpflichtigen Einkünfte einfach höher festsetzt. In solchen Fällen muß dann der Schwarzgeldanleger selbst den Gegenbeweis antreten und darlegen, diese Einnahmen gar nicht gehabt zu haben.

Vielfach bedarf es aber gar nicht einer Geldwäscheverdachtsanzeige durch eine Bank, um Schwarzgeldanleger als Steuerbetrüger herauszufiltern. Auch muß kein äußerst „großer Lauschangriff" angestrengt werden. Digitale Telekommunikationssysteme, wie die moderne ISDN-Technik, liefern den Nachrichtendiensten alles „frei Haus". ISDN schickt Sprache in Form von Datenpaketen durch die Leitung. Wer heute als Schwarzgeldanleger auf ein verräterisches Knacken in der Leitung wartet, wartet vergebens. Eine „Dreierkonferenz" gehört beispielsweise zum Standard von Telefon-Komfortanlagen. Findet ein „Dritter" heraus, wie der Warnton zu unterdrücken ist, der sein Einschalten signalisiert, kann er munter mithören.

Bei ISDN findet die Digitalisierung der Sprache bereits in den Endgeräten statt, was digitale Übertragungstechnik höchstens für gewöhnliche Bastler abhörsicher macht. Für die Behörden, genauer gesagt für die Nachrichten- und Geheimdienstbehörden, hat sich mit der digitalen Übertragungstechnik ein neues Feld der unbegrenzten Möglichkeiten eröffnet. Vielfach nicht bekannt ist, daß in das internationale CCITT-Protokoll entsprechende Möglichkei-

[225] In der Form des Gesetzes zur Verbesserung der Bekämpfung der Organisierten Kriminalität, BGBl. 1998 I, S. 845.

ten eingebaut sind, um es innerhalb des Integrated Services Digital Network (ISDN) zu ermöglichen, Gespräche in der Nähe eines ISDN-Telefons von außen mitzuhören (via D-Kanal), ohne daß es der Nutzer merkt und selbstverständlich ohne den Telefonhörer abzuheben.[226]

Der Schwarzgeldanleger praktiziert es vielleicht schon im kleinen Stil selbst: Er ruft seinen mit Soundkarte und Mikrofon ausgestatteten Computer zum Diktat. Moderne Spracherkennungssysteme ermöglichen dies heute schon mehr oder weniger genau. Ähnlich, aber mit Supercomputern ausgestattet, geht die National Security Agency (NSA), der aggressivste US-Geheimdienst, vor. Ob in Elm, einem waldreichen Höhenzug in der Nähe von Braunschweig, in Frankfurt oder im oberbayerischen Bad Aibling: Überall ragen geriffelte Aluminiumkuppeln „wie riesige Golfbälle" aus der Ebene heraus.[227] Die abgeschirmten Anlagen sind Knotenpunkte eines unsichtbaren Netzes – der amerikanische Geheimdienst lauscht weltweit, rund um die Uhr. Die riesigen Antennenschüsseln der Lauschstationen sind nicht nur auf die Satellitenübertragung getrimmt, sondern auch präzise auf die Richtfunkfrequenzen ausgerichtet, die die Deutsche Telekom zur Übermittlung für nahezu jedes dritte Telefongespräch nutzt.

Natürlich müssen die Horcher angesichts der Menge an Kommunikation, die über Richtfunkstationen[228] läuft, schon das „Richtige" herausfiltern. Doch dies ist durch die digitale Verschlüsselung und die Computertechnologie weniger problematisch geworden; allerdings bei weitem nicht so einfach wie das Computerdiktat. Das Problem, das die Geheimdienste (zum Vorteil des Schwarzgeldanlegers) mit solchen Worterkennungssystemen haben, ist, daß sie sich mit ihren großen Ohren in einem mehrsprachigen Sektor mit einer Vielzahl unterschiedlicher Stimmen und Sprecher bewegen. Jeder Telefonteilnehmer hat eine andere Artikulation,

---

226 Beispielsweise das System X in Großbritannien (Quelle: Wright, Steve, An appraisal of the technology of political control, Januar 1998, Page 19); vgl. auch Leprevot, Franck, Development of surveillance technology and risk of abuse of economic information, part 3, p. 3.

227 Der Spiegel 8/89, S. 30ff.

228 Wer als Schwarzgeldanleger glaubt, seine Telefonverbindung geht dem Kabel unter der Erde entlang und wäre abhörsicher, täuscht sich gewaltig. Es ist nur die sogenannte „letzte Meile", also die Strecke vom Hausanschluß zur Ortsvermittlung, die über Kabel verläuft. Die längste Strecke bei Auslandsgesprächen geht aber über Richtfunk; und das unverschlüsselt.

einen unterschiedlichen Sprachausdruck, den der Computer erst einmal lernen muß. So verlangt das Spracherkennungssystem, das der Schwarzgeldanleger nutzt, monatelanges Training. Der PC des Schwarzgeldanlegers muß dabei aber nur eine Stimme, die Stimme „seines Herrn“ lernen. Der Computer der Geheimdienste hat es dagegen mit Tausenden zu tun, die er aus dem Telefonsprechkanal herausfiltern soll.[229]

Doch die Technik ist dieselbe. So, wie der Schwarzgeldanleger eben seinem Computer diktiert, filtert die NSA Ferngespräche nach „Schlüsselwörtern“. Die Sicherheitsbehörde erstellt sogenannte „Wortbanken“. Nur Gewünschtes soll so aufgefangen und zu einem Operator-Arbeitsplatz durchgeschaltet werden. Im von der NSA/CIA in den USA und den britischen Geheimdiensten GCHQ[230] und MI6 weltumspannend betriebenen ECHELON-Netz[231] liefert jede Teilnehmernation „Wörterbücher“ für Kennwörter oder bestimmte Sätze. Die so herausgefilterten Gespräche werden an das entsprechende Teilnehmerland weitergeleitet.[232] Legt der Schwarzgeldanleger z. B. in der für Geldwäscher signifikanten Dollar-Währung an und fällt der Begriff „Dollar“ im Telefongespräch mit dem Anlageberater der Schweizer Bank, vielleicht auch noch im Zusammenhang mit „Steuern“ und „Bankgeheimnis“, kann er schon ausgefiltert sein, vorausgesetzt das „intelligence collection system“ erkennt seine Worte. Ein solches System kann eine Million Inputs in jeder halben Stunde generieren. Nur ca. 1.000 Inputs erfüllen die vorgegebenen Kriterien und nur ca. 10 Inputs werden von Analysten ausgewählt.[233]

Wenn auch die US-Geheimdienste (noch) nicht über absolut treffsichere „voice keyword recognition systems“ verfügen dürften, so ist der Schwarzgeldanleger in vielen Fällen dennoch enttarnt. Mit seinem Gespräch wird nämlich quasi als Huckepacksignal gleichzeitig auch die Anschlußnummer des Teilnehmers mitübertragen. Der Schwarzgeldanleger kann die Rufnummernanzeige

---

[229] Zur Problematik von Speech recognition systems vgl. Campbell, Duncan, Development of surveillance technology and risk of abuse of economic information, Part 4, technical annex.

[230] Government Communications Headquarters der britischen Regierung.

[231] Überwiegend verwendet zur Überwachung der Intelsat-Satelliten, welche zur Übermittlung von Telefongesprächen, E-Mails, Faxen, Telexen usw. verwendet werden.

[232] Wright, Steve, a.a.O., p. 20.

[233] Campbell, Duncan, a.a.O.

zwar unterdrücken lassen, indem er an seinem Telefon eine entsprechende Taste drückt oder dies bei der Telekom beantragt. Die Anschlußnummer wird aber dennoch übertragen, und der Unterdrückungsbefehl kann sehr leicht wieder aufgehoben werden bzw. muß sogar wieder aufgehoben werden, wenn Überwachungsorgane dies verlangen. Die Fernmeldeverkehr-Überwachungs-Verordnung FÜV[234] verlangt von den Betreibern von Fernmeldeanlagen, den sogenannten „Bedarfsträgern", den jeweiligen Überwachungsbehörden, die vom überwachten Anschluß gewählten Rufnummern sowie die Rufnummern der Anschlüsse, die den überwachten Anschluß gewählt haben, mitzuteilen (§ 3 Abs. 2 Nrn. 1 u. 2 FÜV).

Ganz egal, ob es nur Details aus dem Privatleben bestimmter Prominenter sind oder ob nähere Informationen über bestimmte Finanztransaktionen gewünscht werden: die NSA verfügt über die präzisen Daten. „Wenn wir Schweizer Bankauszüge verlangten, haben wir sie von dem Dienst auch bekommen",[235] erinnerte sich ein ehemaliges Mitglied der Regierung Reagan. Die Abwicklung von Wertpapiertransaktionen und des internationalen Zahlungsverkehrs konzentriert sich auf diverse Clearing-Häuser, die man in der Abhörbranche eben kennt und anzapft.

Das GSM-Handy, welches vielfach als „abhörsicher" gepriesen wird, ist dies keinesfalls. Es nützt dem Schwarzgeldanleger nichts, wenn er seinen Banker in der Schweiz mit dem Handy anruft. Dies zu empfehlen, wäre ein fataler Rat. Telefoniert der Schwarzgeldanleger im Netz, sucht sich sein Handy immer die nächstliegende und am besten empfangbare Funkzelle[236] aus und nimmt Kontakt mit der dazugehörigen Basisstation auf. Um dem Schwarzgeldanleger aber das Telefonieren während des Autofahrens zu ermöglichen, werden dem Handy ständig Alternativfrequenzen zugesandt, die es unentwegt abscannt und bei Bedarf wechselt. Wenn man nun einen Mobilfunktransceiver in die Nähe des abzuhörenden Handys bringt und ein starkes Funksignal aussendet, dessen Frequenz einer der ständig abgescannten Alternativfrequenzen ent-

[234] BGBl. 1995 I, S. 722, regelt die Anforderungen und das Verfahren zur technischen Umsetzung von Überwachungsmaßnahmen in Fernmeldeanlagen, die für den öffentlichen Verkehr bestimmt sind.

[235] Der Spiegel 36/96, S. 203.

[236] Die Funkzellen müssen bei einem überwachten Anschluß übrigens den „Bedarfsträgern" gemeldet werden (§ 3 Abs. 2 Nr. 4 FÜV).

spricht, erkennt das Handy diesen Transceiver als die bessere Funkverbindung und schaltet um. Es findet ein sogenanntes Handover auf den Transceiver der Lauscher statt. Das Gespräch des Schwarzgeldanlegers ist unbemerkt umgeleitet. Es tritt kein Knistern auf, es kommt zu keiner Sprachverzögerung. Nur die Betriebsdaten des Handys, wie Arbeitskanal, Zeitschlitz oder Timing-Advance, ändern sich.[237] Aber gewöhnliche Handys, die der Schwarzgeldanleger in jedem D-Netz-Laden kauft, zeigen dergleichen nicht an.

In der Praxis brauchen sich Geheimdienste und Strafverfolgungsbehörden aber gar nicht um einen Mobilfunktransceiver zu bemühen. Verstrebt mit der dritten Säule des Maastricht-Vertrags, auf welcher die Zusammenarbeit in der Innen- und Justizpolitik der EU-Staaten lastet,[238] wurde im Oktober 1995 die Erstellung eines europaweiten Abhörnetzes beschlossen, wonach Fernmeldebehörden und private Telekommunikationsanbieter per Gesetz gezwungen werden, „zur Überwachung der Telekommunikation berechtigten Stellen auf deren Anforderung einen Netzzugang für die Übertragung der im Rahmen einer Überwachungsmaßnahme anfallenden Informationen unverzüglich und vorrangig bereitzustellen" (§ 88 Abs. 4 Telekommunikationsgesetz – TKG)[239]. Bedarfsträgern i. S. der FÜV ist sogar ein eigener Anschluß zu dem Zweck zu überlassen, die technische Umsetzung der Überwachungsmaßnahmen unter sämtlichen Betriebsbedingungen zu erproben (§ 4 Abs. 4 FÜV). Zur Verfügung zu stellen sind sogenannte „technische Schnittstellen", welche nicht schlechter sein dürfen als diejenigen, die dem überwachten Teilnehmer geboten werden (§ 8 Abs. 1 FÜV).

Die Kosten der „Privatleitung" für Geheimdienste sind hoch. Allein für den Mobiltelefonteil dieses Überwachungspakets werden sie auf 4 Milliarden Mark geschätzt. § 88 Abs. 1 TKG bestimmt, daß die technischen Einrichtungen zur Überwachung von dem Betreiber der TK-Anlage zu zahlen sind. Diese geben die Kosten selbstverständlich an diejenigen weiter, die im Auge des Gesetzes und hinter ihrem Rücken abgehört werden: die Telefonkunden. Das Abhören muß dabei „unverändert" erfolgen, wie § 11 FÜV be-

[237] Vgl. Serie: Der kleine Lauschangriff, Teil 4 in: Radio-Scanner 4/98, S. 41ff.

[238] Asylpolitik, Außengrenzen, Einwanderungspolitik, Kampf gegen Drogenabhängigkeit, Bekämpfung des organisierten Verbrechens, justitielle Zusammenarbeit in Zivil- und Strafsachen, Polizeiliche Zusammenarbeit (Quelle: EU Informationen April/Mai 1994).

[239] BGBl. 1996 I, S. 1120.

stimmt. Unverändert heißt, daß die Überwachungsmaßnahmen technisch so einwandfrei gestaltet sein müssen, daß die zahlenden Telefonkunden davon nichts merken. Dafür liefert man aber ihre Anschlußdaten wie Name und Anschrift, Rufnummern und Rufnummernkontingente usw. „frei Haus" und ebenfalls lautlos ohne Knacken an Gerichte, Staatsanwaltschaften, an die Polizei, die Zollfahndungsämter und selbstverständlich an den Bundesnachrichtendienst (§ 90 Abs. 1 u. 3 TKG).

III. Wie Schwarzgeldanleger in die Maschen internationaler Geldwäschefahnder geraten

1. Erscheinungsformen der Geldwäsche und Bestrebungen zur Bekämpfung auf internationaler Ebene

Allein in Nordamerika werden nach Schätzungen des Europarats jährlich Schwarzgelder aus dem Drogen- und Waffenhandel im Wert von 60 bis 80 Mrd. Dollar gewaschen. Die Pariser Sondereinheit gegen internationale Geldwäsche, die „Financial Action Task Force on Money Laundering" (FATF) – auch „Groupe d'Action Financière" (GAFI) genannt – spricht von „hundreds of billions of US dollars". Das deutsche Bundesamt für Verfassungsschutz beziffert die jährlichen Erlöse aus illegalen Rüstungs-, Technologie- und Drogengeschäften, die „gereinigt" und unbemerkt in die Volkswirtschaften der EU-Mitgliedsländer einfließen, auf ca. 800 Mrd. DM. An dritter Stelle folgen Gewinne aus dem illegalen Handel mit kostbaren Tierprodukten (Felle, Elfenbein), Schutzgelderpressungen innerhalb ethnischer Gemeinschaften, Autoschiebereien, Entführungen und Erlöse aus gewöhnlicher Wirtschaftskriminalität.

Geldwäsche tritt in unzählig vielen Erscheinungsformen auf. Die EG-Geldwäsche-Richtlinie[240] nennt u. a.: Umtausch oder Trans-

[240] Abgedruckt im Anhang V.

fer von Vermögensgegenständen aus einer kriminellen Tätigkeit, das Verheimlichen oder Verschleiern der wahren Natur, Herkunft oder Lage von Vermögensgegenständen, den Erwerb, Besitz oder die Verwendung von Vermögensgegenständen, die bekannterweise aus kriminellen Tathandlungen stammen. Von der Geldwäsche besonders betroffen sind in erster Linie Staaten mit Finanzsystemen, die sich durch ein hohes Maß an Liberalität und ein Minimum an staatlichen Kontrollen auszeichnen. Zu diesen Staaten gehören insbesondere alle Offshore-Finanzplätze, die USA, die Schweiz, Liechtenstein, Österreich, Luxemburg und Deutschland. Gefährdet sind aber auch solche Staaten, die sich aufgrund ihrer geografischen Lage besonders gut als Drogenumschlagplatz eignen. Die FATF-Gruppe nennt insbesondere Portugal („gateway for drugs in Europe"), Singapur („Golden Triangle"), die Türkei („part of the Balkan route") und die niederländischen Antilleninseln („increasingly important transit point for cocaine smuggling").

Ziel aller Geldwäschetransaktionen ist es, die aus den illegalen Geschäften erzielten Erlöse möglichst bald in das organisierte Verbrechernetz reinvestieren zu können. Für die Rückführung illegaler Vermögenswerte, beispielsweise zur Aufrechterhaltung eines auf Dauer angelegten und mehrere Staaten umfassenden Drogendistributionsnetzes, ist es stets erforderlich, diesen Vermögenswerten den Anstrich des „legal Erworbenen" zu vermitteln. Der Geldwäsche kommt demzufolge eine existenznotwendige Schlüsselrolle zu. Die Begehung weiterer Verbrechen sowie die Aufrechterhaltung eines grenzüberschreitenden Organisationsnetzes ist nur so lange möglich, als Schwarzgeld durch Geldwäsche in legales Reinvestitionskapital verwandelt werden kann. Bemühungen zur Unterbindung von Geldwäsche zielen deshalb darauf ab, der kriminellen Organisation ihr notwendiges Betriebskapital zu entziehen, damit weitere Straftaten mangels Liquidität nicht verübt werden können.

Die Praxis hat gezeigt, daß sich Geldwäsche ausschließlich auf globaler Ebene bekämpfen läßt. Nur durch die enge Zusammenarbeit aller Staaten können international tätige Strohmänner gefaßt und die wahren Besitzverhältnisse von oft bis zur Unkenntlichkeit verschachtelten Gesellschaftsstrukturen entschlüsselt werden. Als Beispiel sei hier das weitverzweigte Kontennetz des in Amerika

1989 ausgehobenen Geldwäscherings „La Miña“ genannt. Es wurden bei 173 Banken 754 Konten in 23 Staaten, u. a. in New York, Florida, Kalifornien eröffnet und die Gelder anschließend auf Konten von Banken in Panama, Uruguay, Kolumbien, Frankreich, den Commonwealth Staaten, Aruba, Luxemburg, Spanien, Deutschland und der Schweiz überwiesen.[241] Erste Ansätze in Richtung einer effizienten internationalen Kooperation wurden durch das am 19. Dezember 1988 in Wien einstimmig angenommene „Übereinkommen der Vereinten Nationen gegen den unerlaubten Verkehr mit Suchtstoffen und psychotropen Stoffen“ erkennbar. Darauf aufbauend, erarbeitete die Arbeitsgruppe „Financial Action Task Force on Money Laundering“ (FATF)[242], die im Rahmen des Weltwirtschaftsgipfels 1989 eingesetzt worden war, ein 40-Punkte-Programm gegen die Geldwäsche, das den Ausarbeitungen zur EG-Geldwäsche-Richtlinie zugrunde gelegt wurde. Weitere Schritte folgten 1990 mit der Konvention 141 des Europarates vom 8. November 1990 über die „Geldwäscherei sowie Ermittlung, Beschlagnahme und Einziehung von Erträgen aus Straftaten“. Die Schweiz hat als einziger Nicht-EU- und Nicht-EWR-Staat die Konvention am 1. September 1993 unterzeichnet und ratifiziert.[243]

Die Konvention 141 ist für die Praxis besonders bedeutend, weil sie die Rechtshilfe auf den Stufen der Ermittlungen, der vorläufigen Sicherung und der definitiven Einziehung detailliert regelt, Spontanauskünfte ausdrücklich ermöglicht und die Vertragsstaaten verpflichtet, entweder selbst ein Einziehungsverfahren einzuleiten oder aber Rechtshilfe zu gewähren. Die Rechtshilfe sieht u. a. die permanente Überwachung eines Bankkontos über einen bestimmten Zeitraum vor, verlangt jedoch – um Beweisausforschungen zu verhindern – genaue Angaben, wie Kontonummer und die kontoführende Filiale des Kreditinstituts. Bankgeheimnisse stehen der Rechtshilfe nach der Konvention nicht entgegen.

241 Schwander-Auckenthaler, Katharina, Mißbrauch von Bankgeschäften zu Zwecken der Geldwäscherei, Bern 1995, S. 76.

242 Der FATF gehören als Mitglieder alle Vollmitglieder der Organisation für wirtschaftliche Zusammenarbeit und Entwicklung (OECD) an, welche sind: Australien, Belgien, Dänemark, Deutschland, Finnland, Frankreich, Griechenland, Irland, Island, Italien, Japan, Kanada, Luxemburg, Neuseeland, Niederlande, Norwegen, Österreich, Portugal, Schweden, Schweiz, Spanien, Türkei, Vereinigtes Königreich, USA, Hongkong und Singapur.

243 Botschaft 92.068 vom 19. August 1992.

Zur Verfolgung der Geldwäsche auf nationaler Ebene haben fast alle Staaten mit international operierenden Finanzplätzen in den vergangenen Jahren neue Strafnormen geschaffen, die, einhergehend mit einem total revidierten Einzugsrecht, bereits die Beteiligung an einer kriminellen Organisation oder deren Unterstützung als Straftatbestand genügen lassen. So hat beispielsweise die Schweiz mit den am 1. August 1990 neu in Kraft getretenen Strafnormen Art. 305bis und 305ter im Strafgesetzbuch (Geldwäscherei und mangelnde Sorgfalt bei Finanzgeschäften) einen wichtigen ersten Schritt getan. Weitere folgten im August 1994 durch die Einführung des Melderechts des Financiers (Art. 305ter Abs. 2 StGB) und durch das Geldwäschereigesetz zum 1. August 1998.

Deutschland schloß sich den Bestrebungen an durch Gesetz vom 15. Juli 1992 zur Bekämpfung des illegalen Rauschgifthandels und anderer Erscheinungsformen der Organisierten Kriminalität und das Gesetz zur Verbesserung der Bekämpfung der Organisierten Kriminalität sowie das Gesetz über das Aufspüren von Gewinnen aus schweren Straftaten vom Oktober 1993. Das *Gesetz über das Aufspüren von Gewinnen aus schweren Straftaten* (Geldwäschegesetz – GwG)[244] schließt den Finanzsektor in der Weise in die Maschen der Geldwäschefahnder ein, daß Banken, Beteiligungs-, Factoring- und Leasinggesellschaften, Kreditkartenunternehmen, Geldwechsler, Wertpapierhandelshäuser, Broker, Terminhändler sowie Kreditvermittler und Versicherungsunternehmen verpflichtet werden, ihre Geschäftspartner zu identifizieren und alle Tatsachen, die auf Geldwäsche schließen lassen, entweder dem Landeskriminalamt, einer besonderen Staatsanwaltschaft für Wirtschaftsstrafsachen oder der örtlichen Staatsanwaltschaft melden müssen.[245] Um hier eine effiziente Überwachung aller Schwarzgeldanleger zu erreichen, sieht das Kreditwesengesetz (KWG) für das betreffende Bundesaufsichtsamt die Pflicht vor, neben den wirtschaftlichen Verhältnissen eines Kreditinstituts auch die zur Verhinderung der Geldwäsche erforderlichen internen Sicherungseinrichtungen mit in die Jahresabschlußprüfung einzubeziehen.

---

[244] BGBl. 1993 I, S. 1770 als Ergebnis der Umsetzung der Richtlinie 91/308/EWG des Rates vom 10. Juni 1991 zur Verhinderung der Nutzung des Finanzsystems zum Zwecke der Geldwäsche (EG-Geldwäsche-Richtlinie) in nationales Recht, jeweils abgedruckt im Anhang V und VII.

[245] Die Zuständigkeit der Strafverfolgungsbehörden für die Entgegennahme von Verdachtsanzeigen ist in den einzelnen Bundesländern unterschiedlich geregelt.

In Österreich erfolgte 1993 die Umsetzung der EG-Geldwäsche-Richtlinie in nationales Recht durch das Bundesgesetz über das Bankwesen (BWG), das seit Inkrafttreten die Melde- und Legitimationspflichten des Banken- und Finanzsektors regelt. Des weiteren prägten einschlägige Reformen und Anpassungen des Strafgesetzbuches durch die Strafrechtsänderungsgesetze 1993 bis 1998 das Geldwäsche-Gesetzgebungsverfahren in Österreich.

In Luxemburg erfolgte eine Regulierung des Bankensektors durch das Gesetz vom 5. April 1993 „relative au secteur financier". Das Fürstentum Liechtenstein hat mit Gesetz vom 21. März 1996 über die Abänderung des Strafgesetzbuches[246] das Strafgesetzbuch durch die §§ 20a ff. (Bereicherungsabschöpfung, Einziehung, Verfall), 165 (Begriffsdefinition der Geldwäscherei) und 278a (Begriffsdefinition und Abgrenzung der kriminellen Organisation) ergänzt sowie für den Banken- und Finanzsektor ein neues Sorgfaltspflichtgesetz erlassen.[247]

Auch auf den Kanalinseln nimmt man es mit der Geldwäschebekämpfung sehr ernst. Obwohl Jersey nicht Mitglied der FATF-Gruppe sein kann (weil die Insel eben eine Dependenz der britischen Krone ist), harmoniert die Insel mit den 40 Empfehlungen der FATF aus 1996. Jerseys Banker verfolgen strikt das „Know your customer"-Prinzip, verfolgen alle verdächtigen Transaktionen, zeichnen diese auf und erstatten Meldung an den jeweiligen Geldwäschebeauftragten. Diese sogenannten Internal Reporting Procedures sind bankintern zu regeln und müssen den Vorgaben der „Proceeds of Crime (Jersey) Law" entsprechen.[248]

Jerseys Banken arbeiten nach den von Repräsentanten der Industrie und Polizei sowie von den Aufsichtsbehörden entwickelten „Money Laundering Guidance Notes" und haben ein Reporting-System für verdächtige Transaktionen nach britischem Vorbild errichtet, welches durch die All Crimes Money Laundering Legislation unterstrichen wurde. Die Pflicht zur Mitteilung geldwächeverdächtiger Transaktionen ergibt sich aus der Drug Trafficking Offences (Jersey) Law aus 1988 (für Jersey) bzw. aus der Criminal Justice

---

246 LGBl. Nr. 64 v. 24. Mai 1996.

247 Gesetz vom 22. Mai 1996 über die beruflichen Sorgfaltspflichten bei der Entgegennahme von Vermögenswerten, LGBl. Nr. 116 vom 22. August 1996.

248 Bei Drucklegung lediglich im Entwurf vorhanden.

(Proceedings of Crime) (Bailiwick of Guernsey) Law 1998 (für Guernsey), welche der UK All Crimes Money Laundering Legislation gleicht und den Erfordernissen der EG-Geldwäsche-Richtlinie gerecht wird. Die Money Laundering (Disclosure of Information) (Guernsey) Law 1995 befreit den Banker von seiner Geheimhaltungspflicht in einer breiten Palette unterschiedlicher krimineller Aktivitäten. Die in 1999 verhandelte All Crimes Money Laundering Legislation dehnte den Kreis der anzeigepflichtigen kriminellen Aktivitäten auf *Betrugsdelikte aller Art* aus, also auch auf Steuerbetrug.

2. Wie aus Bankkunden organisierte Kriminelle werden

Im Zuge einer Intensivierung der Geldwäschebekämpfung unterscheidet selbstverständlich niemand zwischen „Schwarzgeldern", die aus legalen Einkunftsquellen stammen, und solchen Geldern, die Betriebskapital des organisierten Verbrechens darstellen. Schwarzgeld ist eben Schwarzgeld. Während Steuerdelikte nach schweizerischem und liechtensteinischem Recht noch keine Vortaten zur Geldwäscherei darstellen, und demzufolge Geldwäscheverdachtsanzeigen nicht zur Verfolgung solcher Taten verwendet werden dürfen, fungiert das *österreichische Strafgesetzbuch* in Richtung einer Gleichstellung als Vorreiter: Es dehnt in § 165 StGB[249] den Geldwäschebegriff ausdrücklich auf „Finanzvergehen" des Schmuggels oder der Hinterziehung von Eingangs- oder Ausgangsabgaben aus (Straftatbestand des § 35 FinStrG). Für die Strafbarkeit eines österreichischen Bankiers genügt bereits das Wissen um die Tatsache, daß bestimmte Gelder eines Kunden aus solchen Finanzvergehen stammen. Diese Erweiterung des Vortatbestandes für Geldwäsche wurde trotz massiver Kritik seitens der Kreditwirtschaft vollzogen und bestätigt die Tendenz einer gewollten Verrin-

[249] § 165 StGB neu gefaßt durch Strafrechtsänderungsgesetz 1998 BGBl. Nr. 153/1998, S. 1825. Eingangsabgaben sind die Zölle und alle anderen Abgaben wie Einfuhrumsatzsteuer, Außenhandelsförderungsbeitrag, Verbrauchsteuern, die von den Zollämtern anläßlich der Wareneinfuhr erhoben werden.

gerung der Kluft zwischen „echter" Geldwäsche und bloßer Steuerhinterziehung auf internationaler Ebene.[250]

Je näher künftige Gesetzesinitiativen die Straftaten Geldwäsche und Steuerhinterziehung zusammenführen, desto höher wird für den Kundenberater einer Bank das Risiko der Einleitung eines Strafverfahrens wegen Geldwäsche, wenn der Anleger als langjähriger Kunde ihm gegenüber während eines Gesprächs steuerliche Aspekte für eine Vermögensdisposition erwägt, und der Berater es unterläßt, eine Verdachtsanzeige zu erstatten. Die Pflicht, Verdachtsmeldungen bei möglichen Steuerhinterziehungen zu erstatten, macht aus Bankkunden, die möglicherweise ihren Abgabenpflichten nicht ordnungsgemäß nachkommen, organisierte Kriminelle.

Banker, Treuhänder oder Anlageberater sind heute bereits so getrimmt, daß sie sofortigen Verdacht schöpfen und Meldung erstatten, wenn Schwarzgelder kurz nach ihrem Eingang wieder abgezogen werden, die Verbuchung von Transaktionen ohne plausiblen Grund über Durchlaufkonten, Nostro- oder CpD-Konten gewünscht wird, es sich um eine Laufkundschaft handelt, die nicht zum Bild der üblichen Kundschaft paßt, inaktive Konten plötzlich sehr aktiv werden, häufig Geld in wesentlichem Umfang ohne Verbuchung auf ein Kundenkonto gewechselt wird, übertrieben viel Liquidität unverzinst auf einer großen Anzahl von Konten gehalten wird oder der Kunde falsche oder irreführende Auskünfte erteilt hat.[251]

Schalterbargeschäfte legen nach Art und Umstand stets den Verdacht auf Geldwäsche nahe, wenn sie den Anschein des „Structuring" erwecken. Unter „Structuring", benannt nach dem von den amerikanischen Zollbehörden entwickelten Drei-Phasen-Modell,

---

250 Die Vorschrift wird allerdings dahingehend etwas entschärft, als Geldwäscheverdachtsanzeigen dort einer engeren Verwertungsbegrenzung unterstehen, vgl. E.III.6.

251 Neben diesen Beispielen nennen die Richtlinien der Eidgenössischen Bankenkommission zur Bekämpfung und Verhinderung der Geldwäscherei u. a. folgende Anhaltspunkte: Einlösung größerer Beträge mittels Schecks einschließlich Travellerschecks, Kauf oder Verkauf größerer Mengen von Edelmetallen durch Laufkunden, Kauf von Bankschecks in wesentlichem Umfang durch Laufkunden, Überweisungsaufträge ins Ausland durch Laufkunden ohne plausiblen Grund, mehrmaliger Abschluß von Kassageschäften knapp unterhalb der Identifikationslimits, Stellung von Sicherheiten durch der Bank unbekannte Dritte, Überweisungen von und nach Drogenproduktionsländern ohne Empfängerangaben oder mit der Auflage, den Betrag dem Empfänger in bar auszuzahlen, Verwendung von Pseudonym- oder Nummernkonten für die Abwicklung kommerzieller Transaktionen, treuhänderisches Halten von nicht börsennotierten Gesellschaften, in deren Tätigkeit die Bank keinen Einfluß nehmen kann.

versteht man das Aufsplitten der Geldmittel in Beträge jeweils unterhalb der geltenden Legitimationsgrenzen, verbunden mit der gezielten Außerkraftsetzung der Abwehrmechanismen des Finanzsektors.

Tatsächliche Anhaltspunkte für solches „Structuring“ liegen regelmäßig dann vor, wenn eine Verbindung „offenkundig“ ist. Sie muß sich dem Bankangestellten „aufdrängen“. Dies ist in aller Regel der Fall, wenn innerhalb eines kurzen Zeitraums Transaktionen auftreten, die durch ihre Gleichartigkeit im Hinblick auf Gegenstand und Abwicklung (gleiches Tafelpapier, gleiche Bargeldsumme, gleiche Währungseinheit, gleicher Schalterkunde usw.) besonders ins Auge fallen. „Diese relativ hohe Anforderung an die Wahrnehmbarkeit der Verbindung stellt das erforderliche Korrektiv gegenüber dem notwendig unscharfen Begriff der Verbindung dar“[252] und verdeutlicht, daß das deutsche Geldwäschegesetz keine Verpflichtung zur Überprüfung aller durchgeführten Schalterbargeschäfte auf mögliche Zusammenhänge mit ähnlich gelagerten Geschäftsfällen vorsieht. Werden aber Schaltertransaktionen bewußt und offensichtlich in mehrere jeweils den Mindestwert knapp unterschreitende Einzeltransaktionen unterteilt, muß eine Geldwäscheverdachtsmeldung folgen.

In *Deutschland* macht sich der Schwarzgeldanleger der Geldwäsche verdächtig, wenn er Bar-, Wertpapier- oder Edelmetallgeschäfte im Gesamtvolumen von mindestens 30.000 DM oder DM-Gegenwert in mehrere Einzelgeschäfte unterteilt abwickelt oder tatsächliche Anhaltspunkte dafür vorliegen, daß zwischen den Einzeltransaktionen eine Verbindung besteht. In solchen Fällen kann er die Identifizierungspflicht nicht umgehen (§ 2 Abs. 2 GwG) und wird in jedem Fall identifiziert, unabhängig davon, ob er letztlich die 30.000 DM Schwelle wirklich erreicht.

Auch *Schweizer Banken* obliegt von Gesetzes wegen eine Abklärungspflicht der wirtschaftlichen Hintergründe und des Zwecks diverser größerer Bartransaktionen mit Banknoten, Edelmetallen und Wertschriften und für alle Transaktionen und Geschäftsbeziehungen, bei welchen Anhaltspunkte für eine mögliche Geldwäscherei bestehen, insbesondere wenn sie der Form oder dem Betrag

[252] Begründung der Bundesregierung zu § 2 Abs. 2 GwG, BTDrucks 12/2704, S. 12.

nach ungewöhnlich sind und der wirtschaftliche Zweck und die Rechtmäßigkeit nicht ohne weiteres erkennbar sind.

Luxemburger Kreditinstitute melden dem „Procureur" sämtliche Tatsachen und Beobachtungen, welche ihnen als ein Indiz für Geldwäsche erscheinen (Art. 40 Gesetz vom 5. April 1993). Der Luxemburger „Procureur d'Etat" unterliegt dabei keinerlei Beschränkung hinsichtlich der Verwertung der Geldwäscheverdachtsanzeigen der Banken; er ist insbesondere nicht verpflichtet, die Informationen ausschließlich für Zwecke der Geldwäschebekämpfung zu verwenden. Der Procureur kann jede Geldwäscheverdachtsanzeige als Grundlage zur Erforschung von Steuerbetrugsdelikten verwerten, wenn die Bank „zu gutgläubig" umfassende Sachverhaltsdarstellungen der Anzeige beifügt.

Luxemburgs vormalige Bankaufsichtsbehörde, das Institut Monétaire Luxembourgeois, hat in einem Rundschreiben[253] diverse allgemeine und besondere Indizien aufgelistet, wann der Luxemburg-Banker Schwarzgeldtransaktionen mit Geldwäscheverdacht zu vermuten hat. Sind

- Sinn und Zweck für die Kontoeröffnung nicht einleuchtend,
- diverse Kontobewegungen mysteriös und bei wirtschaftlicher Betrachtung nicht nachvollziehbar,
- Einlagen ohne driftige Gründe unmittelbar nach Kontoeröffnung und Einzahlung wieder abgehoben worden,
- keine Gründe erkennbar, warum der Klient gerade diese Bank gewählt hat,
- „stille" Konten durch eine plötzliche Wiederbelebung besonders aufgefallen,

oder hat der Schwarzgeldanleger dem Kreditinstitut gegenüber gar falsche Informationen geliefert, erstattet der Luxemburg-Banker eine Geldwäscheverdachtsanzeige. Zu einer solchen führt auch die Einlösung von Travellerschecks in hohen, „nicht urlaubsüblichen" Beträgen oder der Wechsel von kleinen Banknoten in große Scheine oder der Wunsch, Gelder auf Nostrokonten anderer Banken oder auf CpD-Konten zu buchen.

---

[253] Circulaire IML 94/112 vom 25.11.1994.

Das Gefährliche für den Schwarzgeldanleger ist dabei, daß das Luxemburger Kreditinstitut ihm gegenüber keinerlei Mitteilung machen darf, daß es eine Meldung an den Procureur erstattet hat und ob ein Verfahren wegen Geldwäsche anhängig ist (Art. 40 Abs. 3 u. 4 des Gesetzes vom 5. April 1993).

Für Aufsehen in Luxemburgs Bankenwelt sorgen auch stets Geschäfte, die in US-$ abgewickelt werden. Solche Geschäfte sind ab einem Betrag von 10.000 $ als „signifikant“ anzusehen, und damit legitimationspflichtig (obwohl die Legitimationspflicht generell erst ab 500.000 Luxemburger Francs beginnt). Experten erwarten, daß Geldwäscher häufiger vom Dollar (also einer Währung, mit der europäische Schwarzgeldanleger bislang wenig zu tun hatten) in den Euro wechseln. Die „Vorteile“ des Euro für Geldwäscher liegen auf der Hand: Während die größte US-Dollar-Note der sich Geldwäscher bedienen können, die 100-$-Note ist, offeriert ihnen die Euro-Währung mit der 500-€-Note weitaus größere Möglichkeiten. Mit den vorgesehenen 500-€-Noten lassen sich im 9-kg-Handgepäck – so rechnet die Financial Action Task Force on Money Laundering vor – Schwarzgelder im Wert von 25 Mio. DM ausfliegen. Grenzkontrollen, besonders auf Flughäfen, werden sich daher verstärkt auf die Überprüfung von Euro-Bargeldtransfers in physischer Form spezialisieren und ein Kontrollnetz spannen, in das dann auch der Schwarzgeldanleger tappt.

Erregt der Schwarzgeldanleger in *Liechtenstein* einen Verdacht auf Geldwäsche, etwa durch die mehrmalige Vornahme von wirtschaftlich unsinnigen Transaktionen oder dadurch, daß er unwahre wirtschaftliche Besitzverhältnisse dargelegt hat, verlangt Art. 9 des Liechtensteinischen Sorgfaltspflichtgesetzes (SPG) die Abklärung der wirtschaftlichen Hintergründe und des Zwecks der Transaktion sowie die Herkunft der Vermögenswerte. Sofern die Verdachtsmomente nicht ausgeräumt werden können, ist die Dienststelle für Bankenaufsicht umgehend zu unterrichten. Die Dienststelle ergreift daraufhin „besondere Maßnahmen“, wie die Sperrung von Konten für längstens vier Wochen, oder erstattet Mitteilung an die Staatsanwaltschaft. Darüber hinaus kann sich der Liechtenstein-Banker auch direkt an die Staatsanwaltschaft wenden. Er darf hierfür das Bankgeheimnis durchbrechen.

3. Wenn österreichische Geldwäschefahnder das anonyme Sparbuch einziehen

Schwarzgeldanleger geraten mit anonymen Sparbüchern viel leichter in die Netze der Geldwäschefahnder, der Strafverfolgungs- oder Finanzstrafbehörden. Das Bundesministerium für Innere Angelegenheiten kann als oberstes „Geldwäscheorgan" nämlich jederzeit die Beschlagnahme eines anonymen Sparbuches anordnen, das ihnen bei Ermittlungen besonders aufgefallen ist (etwa weil zufälligerweise ein Geldbetrag einbezahlt wurde, der nahezu identisch mit geschätzten Erlösen aus Schwarzgeschäften ist).

Unbeachtlich ist, ob im Zeitpunkt der Beschlagnahmeanordnung schon erwiesen ist, daß der Eigentümer des gesperrten anonymen Sparbuches – sofern dieser überhaupt festgestellt werden kann – mit den gesuchten Straftätern oder Steuerhinterziehern etwas gemeinsam hat. Einem vom Obersten Gerichtshof in Wien[254] entschiedenen Beschlagnahmefall lagen illegale Goldgeschäfte zugrunde. Die Strafverfolgungsbehörden konnten Ort, Zeit und Höhe der Schwarzgeschäfte ziemlich genau beziffern; der Deal wurde auf ca. 20 Mio. Schilling geschätzt. Die Beamten durchforsteten daraufhin alle an dem Tag angefallenen Geldbewegungen bei allen in Frage kommenden Banken und fanden eine Sparbucheinzahlung in Höhe von 20.816.952 Schilling. Die wegen Steuerhinterziehung ermittelnde Finanzstrafbehörde verfügte über zwei verdächtige Rechnungen, die sich zusammen auf einen Betrag von 21.972.000 Schilling aufsummierten. Gesucht wurde also nach den Teilbeträgen oder nach einem Geldbetrag, der der Summe der beiden Teilbeträge entsprach. Die Finanzstrafbehörde regte daraufhin an, „einen Beschluß zu erlassen, um die Realisierung des gegenständlichen Sparbuchs bis zur endgültigen Feststellung, ob das Guthaben einer in der (sogenannten) Golddukatenstrafsache involvierten Person zuzurechnen ist, zu verhindern". Die Staatsanwaltschaft begründete die Anordnung dieser Kontosperre zuerst mit einer „anders nicht erklärbaren", annähernd übereinstimmenden Größenordnung der in der Buchhaltung des

[254] OGH v. 23.1.1992, 12 Os 95/91-12.

Beschuldigten und auf dem Sparkonto ausgewiesenen Geldbewegungen und besserte später nach, „daß mit der Sperre die Beschlagnahme des Überbringersparbuches zum erwähnten Konto aus dem Besitz von jedermann als Beweismittel zur Feststellung der näheren Umstände der Innehabung, der materiellen Herkunft der Mittel und der Geltendmachung der Forderung auf die Einlage angeordnet und der Bank jegliche weitere Verfügung über diese Urkunde in vollem Umfang ... verboten werde". Der OGH ordnete eine neuerliche Entscheidung unter Berücksichtigung dieser Präzisierung (Beschlagnahme anstatt Sperrung) an und führte somit die Sperrung des Sparbuchs über die Beschlagnahme wieder ein. Denn Kreditinstitute dürfen Auszahlungen nur gegen Vorlage der Sparurkunde vornehmen, welche notwendigerweise in jener Beschaffenheit den Gerichtsbehörden zu übergeben ist, in der sie der Überbringer, welcher in die Straftat verwickelt sein kann oder nicht, bei nächster Gelegenheit vorlegt.

4. Wann Schwarzgeldanleger mit Lebensversicherungen unter Geldwäscheverdacht geraten können

Um sich in der Versicherungsbranche geldwäscheverdächtig zu machen, bedarf es keines Extremfalls wie des Optima-Modells, bei dem zu versichernde Personen regelmäßig mit einem extrem niedrigen Lebensalter benannt wurden.[255] Schwarzgeldanleger gelangen in den Daten-Fundus der Strafverfolgungsbehörden,

- weil sie als „Bevollmächtigte" für mehrere Versicherungsnehmer auftreten, für die sie jeweils gleichwertige Kapitallebensversicherungen mit einer Einmalprämie unter 5.000 DM abschließen möchten,
- weil sie keine Einzugsermächtigung erteilen, sondern die Prämien auf ein Verrechnungskonto des Versicherers bar einzahlen möchten,

[255] Vgl. C.II.2.

- weil sie als Empfänger der Versicherungsleistungen andere Personen als die Versicherungsnehmer benennen, meistens noch mit ausländischer Staatsangehörigkeit,
- weil sie mehrere Versicherungsverträge gegen Einmalprämie abschließen oder eine Einmalversicherung gegen Beitragsdepot abschließen wollen, die einmalige Beitragsprämie aber außerhalb der objektiven finanziellen Belastbarkeit des Antragstellers liegt,
- weil sie sich bei Abschluß des Vertrags weder für Rendite noch Versicherungsschutz interessieren, sondern bereits vor Vertragsabschluß wissen wollen, wie hoch der Rückkaufswert nach einigen Jahren ist und unter welchen Voraussetzungen der Vertrag vorzeitig gekündigt werden kann,
- weil sie die Ablösung eines laufenden Vertrags mit niedrigen Prämien gegen einen neuen Vertrag mit hoher Einmalprämie ohne Rücksicht auf finanzielle Einbußen und Steuernachteile wünschen, und schließlich
- weil sie keinen Bezugsberechtigten für den Todesfall benennen.

Das deutsche Geldwäschegesetz wirkt der mißbräuchlichen Nutzung von Kapitallebensversicherungen zur Schwarzgeldanlage dergestalt entgegen, daß es in § 4 Abs. 1 in- und ausländische Versicherungsunternehmen verpflichtet, alle Antragsteller bereits vor Begründung des Versicherungsverhältnisses zu identifizieren, wenn die zu zahlenden periodischen Vertragsprämien im Laufe eines Jahres 2.000 DM übersteigen oder die Einmalprämie (bei den bevorzugten „Depotlösungen") mehr als 5.000 DM beträgt oder im Laufe eines Jahres mehr als 5.000 DM auf das Beitragsdepot eingezahlt werden. Auch für Lebensversicherungsverträge mit automatischer Beitragsanpassung tritt – sofern das Vertragsverhältnis zum Zeitpunkt des Inkrafttretens noch keine Identifizierungspflicht begründet, weil die vereinbarten Monats-, Viertel- oder Halbjahresprämien die 2.000-DM-Grenze zunächst nicht erreichen – eine Identifizierungspflicht zu Beginn des Jahres ein, in dem durch die automatische Beitragserhöhung die Betragsgrenze erstmals erreicht oder überschritten wird.

Äquivalente Vorschriften über die Identifizierungspflicht bei Lebensversicherungen finden sich auch in anderen Ländern; u. a. in Liechtenstein. Das Sorgfaltspflichtgesetz schreibt in Art. 4 Nr. 2 Buchst. b) und c) die Legitimierung des Vertragspartners ab 1.500 Franken bei laufenden Beiträgen und ab 4.000 Franken beim Prämiendepot vor. In der Schweiz muß die Versicherungseinrichtung den Vertragspartner wie folgt identifizieren: beim Abschluß eines Einzel-Lebensversicherungsvertrages, wenn die Einmalprämie oder die periodischen Prämien den Betrag von 25.000 Franken pro Vertrag innert fünf Jahren übersteigt oder wenn mehr als 25.000 Franken auf ein Prämienkonto eingezahlt werden und noch kein Versicherungsvertrag vorliegt; außerdem beim Verkauf von Fondsanteilen.

Schwarzgeldanleger, die größere Summen auf mehrere Beitragsdepots aufteilen, bringen die Finanzämter oft mit folgendem simplem Trick zu Fall: Sie teilen dem Steuerpflichtigen nur mit, daß Zinsen aus einem Lebensversicherungs-Beitragsdepot offensichtlich nicht deklariert worden sind, machen dabei aber keine näheren Angaben zum Depot selbst. Kann der Schwarzgeldanleger nicht feststellen, welches von seinen Depots den Beamten zwischenzeitlich bekannt ist, verrät er weitere praktisch selbst.

Der Nachweis über Beitragszahlungen aus Schwarzvermögen ist aber dennoch schwer zu führen. In aller Regel sind auch die Versicherer nicht interessiert, nachzuforschen, aus welcher Geldquelle die Prämie stammt. Im Gegensatz zu den nur selten bis zur Quelle rückverfolgten laufenden Zahlungen werden Beitragsdepots von Außenprüfern regelmäßig durch Kontrollmitteilungen an die zuständigen Wohnsitzfinanzämter weitergemeldet. Unter dem Vorwand der ordnungsgemäßen Versteuerung der Depotzinsen erkundigen sich die Beamten dann auch nach der Herkunft der Barmittel.

5. Wenn auch gesetzlich verankerte Bankgeheimnisse nicht mehr halten

Bankgeheimnisse verhindern die Gewährung von Rechtshilfe im Rahmen der Convention 141 des Europarates vom 8. November 1990 „on Laundering, Search, Seizure and Confiscation of the Proceeds from Crime" nicht.[256] Denn nach Art. 4 Ziff. 1 dieser Anti-Geldwäsche-Konvention trifft jede Vertragspartei die erforderlichen Maßnahmen, um den Gerichten oder anderen zuständigen Behörden die Befugnis für die Beschlagnahme von Bank-, Finanz- oder Geschäftsunterlagen zu erteilen. Die Zusammenarbeit von EU- und dritte Unterzeichnerstaaten auf Basis der Convention erstreckt sich schwerpunktmäßig auf die ständige Überwachung spezifischer Bankkonten (Art. 4 Ziff. 2) sowie auf den gegenseitigen permanenten Austausch von Spontanauskünften (Art. 10). Nach Art. 18 Ziff. 7 und Art. 4 Ziff. 1 Satz 2 dürfen die Vertragsstaaten hierbei Rechtshilfe nicht aufgrund von Bankgeheimnissen verweigern.

In der Schweiz ist die Konvention 141 seit dem 1. September 1993 in Kraft.[257] Die Eidgenossen lüften ihr Bankgeheimnis uneingeschränkt im Zusammenhang mit Geldwäscheverdachtsmeldungen. Der dem Art. 305ter StGB angefügte zweite Absatz[258] räumt dem Bankier/Financier das *Recht* ein, „den inländischen Strafverfolgungsbehörden und den vom Gesetz bezeichneten Bundesbehörden Wahrnehmungen zu melden, die darauf schließen lassen, daß Vermögenswerte aus einem Verbrechen herrühren". Des weiteren verpflichtet Art. 9 des Bundesgesetzes zur Bekämpfung der Geldwäscherei im Finanzsektor[259] den Bankier/Financier bei begründetem Verdacht auf Geldwäsche zur Unterrichtung der zuständigen Meldestelle für Geldwäscherei. Zur Erstattung solcher Verdachtsmeldungen darf das Bankgeheimnis auf Grundlage von Art. 47 Abs. 4 BaG durchbrochen werden.

Luxemburger Kreditinstitute sind von Gesetzes wegen zur engen Zusammenarbeit mit der Luxemburger Staatsanwaltschaft verpflichtet. Das Gesetz vom 5. April 1993 – es beinhaltet die Umsetzung der EG-Geldwäsche-Richtlinie in nationales Recht – verpflichtet Luxemburger Kreditinstitute und alle anderen im Finanzsektor tätigen Personen, „rechtmäßig gestellten Auskunftsbegehren von Behörden, die mit der Anwendung dieses Gesetzes beauftragt sind, mit größtmöglicher Sorgfalt zu entsprechen sowie mit

256 Auszugsweise abgedruckt in engl. Originalfassung im Anhang VI.
257 Botschaft 92.068 vom 19. August 1992.
258 Absatz 2 ergänzt durch das zweite Maßnahmenpaket zur Bekämpfung der neuen Formen von Wirtschaftskriminalität (Botschaft BBl. 1993 III, S. 277 ff., in Kraft seit 1. August 1994).
259 Auszugsweise abgedruckt im Anhang IX.

diesen Behörden unter Ausschöpfung aller zur Verfügung stehenden Möglichkeiten praxisnah zu kooperieren" (L'obligation de coopérer avec les autorités)[260]. Mit „Behörden, die mit der Anwendung dieses Gesetzes beauftragt sind", ist der „procureur d'Etat luxembourgeois" gemeint. Nur der Luxemburger Staatsanwaltschaft gegenüber ist das Bankgeheimnis zu lüften, wenn sich Indizien für eine bereits begangene oder bevorstehende Geldwäsche ergeben.

Die österreichische Kreditwirtschaft ist gemäß dem mit „Sorgfaltspflicht und Geldwäscherei" überschriebenen X. Abschnitt des Bankwesengesetzes[261] verpflichtet, unter rechtmäßiger Durchbrechung des Bankgeheimnisses (§ 38 Abs. 2 Nr. 2 BWG) in Verdachtsfällen die Generaldirektion für öffentliche Sicherheit im Bundesministerium für Innere Angelegenheiten in Wien (BMI) zu benachrichtigen (§ 41 Abs. 1 Nr. 1 BWG). Neben diese Mitteilungspflicht tritt die Aufgabe, dem BMI alle Auskünfte zu erteilen, die zur Verhinderung oder erfolgreichen Verfolgung von Geldwäschedelikten erforderlich erscheinen (§ 41 Abs. 2 BWG). Eine Benachrichtigungspflicht ist hier stets gegeben, wenn den Verpflichtungen zur Offenlegung von Treuhandbeziehungen nicht nachgekommen wird oder der Kunde wahrheitswidrige Erklärungen abgegeben hat. Hierbei spielt es keine Rolle, ob der Kunde von der kriminellen Herkunft der Gelder weiß oder nicht, denn durch die bewußte Verschleierung wahrer Vermögensverhältnisse nimmt der Kunde bewußt in Kauf, daß Vermögenswerte als Eigenvermögen anstatt als Treugut angesehen werden. Die Kredit- und Finanzinstitute dürfen den Schwarzgeldanleger nicht über die Benachrichtigung des Bundesinnenministeriums informieren (§ 41 Abs. 4 BWG). Dadurch soll verhindert werden, daß dieser zwischenzeitlich Gegenmaßnahmen ergreift. Der Schwarzgeldanleger tappt also auch in Österreich im dunkeln.

Liechtensteinische Banken, Treuhänder und sonstige im Finanzsektor tätige Personen müssen bei Verdacht auf Geldwäsche eine Meldung an die Dienststelle für Bankenaufsicht erstatten. Zu diesem Zweck darf das Bankgeheimnis gem. Art. 14 Abs. 5 durchbro-

---

260 Freie Übersetzung des Autors.

261 Auszugsweise abgedruckt im Anhang XII.

chen werden.[262] In den Jahren 1997 und 1998 zählte die Dienststelle 46 Geldwäscheverdachtsanzeigen, von denen sie 40 zur Anzeige brachte.

6. Die Verwendung von Geldwäscheverdachtsanzeigen für steuerliche Zwecke

Geldwäscheverdachtsanzeigen sind sowohl hinsichtlich der Geldwäschebekämpfung als auch der Schwarzgeldaufdeckung sehr effizient, da die Staatsanwaltschaft, die nach Erstattung einer solchen Verdachtsanzeige regelmäßig die Verfolgung aufnimmt, gegenüber dem Treuhänder, Strohmann oder Vertreter des Schwarzgeldanlegers schärfere Mittel einsetzen kann, um letzteren namentlich ermitteln zu können. Während nun in Liechtenstein Informationen aus Geldwäscheverdachtsanzeigen, die nach Art. 14 Abs. 3 SPG der Dienststelle für Bankenaufsicht zu erstatten sind, nur zur Bekämpfung der Geldwäscherei verwendet werden dürfen, sieht man es besonders in Deutschland damit nicht so eng. Der Inhalt solcher Anzeigen darf hier im Besteuerungsverfahren und im Strafverfahren wegen Steuerstraftaten verwendet werden (§ 11 Abs. 5 GwG).

Die Ermächtigung in § 11 Abs. 5 des Geldwäschegesetzes, Verdachtsanzeigen auch für das Besteuerungsverfahren und in Strafverfahren wegen Steuerstraftaten zu verwenden, ohne daß es zu einer vorherigen Verurteilung des Betreffenden wegen Geldwäsche gekommen oder die Geldwäschestraftat erwiesen ist, zeigt, daß es dem deutschen Fiskus nicht nur darum geht, Mafiosigelder einzusammeln. Diese überdimensionierte Steuerkontrolle wirkt vielmehr auf den Normalbürger hin. Wohl wissend, daß die Mehrzahl der deutschen Sparer mit Geldwäsche oder organisierter Kriminalität nichts zu tun haben wird, landet jeder Geldanleger im Daten-Fundus der Banken (auf den die Steuerfahnder unbeschränkten Zugriff haben), der so mit Tausendern jongliert, daß er sich verdächtig macht. Mit einer angemessenen staatlichen Maßnahme gegen die Geldwäsche hat dies jedenfalls wenig zu tun.

[262] I.d.F. des Gesetzes vom 21. März 1996 über die Abänderung des Gesetzes über die Banken und Finanzgesellschaften (Bankengesetz) LGBl. 1996 v. 24. Mai 1996, vgl. D.VI.7.

Österreichische Bankkunden sollen die Sicherheit haben, durch das Offenbaren gegenüber ihrem Kreditinstitut nicht der Gefahr einer finanzstrafrechtlichen Verfolgung ausgesetzt zu werden. In Österreich besteht für Geldwäscheverdachtsanzeigen daher eine engere Verwertungsbegrenzung. § 41 Abs. 6 BWG bestimmt, daß Daten, die von der Behörde ermittelt wurden, bei sonstiger Nichtigkeit (wenn sich also letztlich der Verdacht auf Geldwäsche nicht erhärtet hat) in einem ausschließlich wegen eines Finanzvergehens, mit Ausnahme der in die Zuständigkeit der Gerichte fallenden Finanzvergehen des Schmuggels oder der Hinterziehung von Eingangs- oder Ausgangsabgaben, geführten Verfahren *nicht zum Nachteil des Beschuldigten* oder der Nebenbeteiligten verwendet werden dürfen. Diese wirkungsvolle Nichtigkeitssanktion schließt die Verwendung der Meldedaten zur Verfolgung von Steuerdelikten oder für Zwecke der Steuerfestsetzung oder Steuerberichtigung im Besteuerungsverfahren weitgehend aus. Auch eine Anzeige an die zuständige Bezirksstaatsanwaltschaft sowie Mitteilungen an die Finanzstrafbehörde hat die Einlaufstelle für Geldwäschemeldungen in bloßen Verdachtsfällen zu unterlassen (§ 41 Abs. 6 Satz 2 BWG).

7. Wie Schweizer Staatsanwälte zu Vermögensverwaltern werden

Wer in der Schweiz in die Maschen der Geldwäschefahnder geraten ist, dürfte nur noch über seinen Anwalt dem Staatsanwalt gegenüber Wünsche äußern können, wie er sein eingefrorenes Schwarzgeld zu verwalten wünscht. Schweizer Staatsanwälte mußten sich schon vor Inkrafttreten des Geldwäschereigesetzes als gute Vermögenverwalter erweisen. Bereits vor 13 Jahren hatte die Zürcher Bezirksanwaltschaft die rund 350 Millionen US-Dollar, die der 1989 verstorbene philippinische Staatschef Marcos in die Schweiz geschafft hat, gewinnbringend anzulegen; und sie tat es auch. Als die Gelder der neuen Regierung 1998 freigegeben werden konnten, hatten sie sich mehr als verdoppelt. Die Strafverfolgungsbehörden sollen nach Empfehlungen der Schweizerischen Bankiervereinigung betreffend die Verwaltung gesperrter Vermögenswerte das gesperrte Kapital verwalten und einen regelmäßigen Ertrag erzielen, wobei selbstverständlich konservative Anlageformen zu bevorzugen sind.

Leider führt die Schweiz keine Statistiken darüber, wieviel eingefrorene Schwarzgelder als Geldwäscherei von den einzelnen Kantonen eingezogen werden. Erst kürzlich waren es wieder einmal 90 Millionen Dollar. Sie stammten von Raul Salinas, dem Bruder des ehemaligen mexikanischen Präsidenten Carlos Salinas. Die Gelder werden meist zwischen der Schweiz und anderen Ländern aufgeteilt, die bei gemeinsamen Ermittlungen beteiligt waren. Unverständlich ist, daß arme Länder oder die Ursprungsländer, von denen die Gelder verschoben worden sind, immer leer ausgehen.

IV. Wenn Schwarzgeldanleger über Chiffre inserieren

Gemäß § 102 Abs. 1 Nr. 4 AO können „Personen, die bei der Vorbereitung, Herstellung oder Verbreitung von periodischen Druckwerken oder Rundfunksendungen berufsmäßig mitwirken oder mitgewirkt haben, über die Person des Verfassers, Einsenders oder Gewährsmanns von Beiträgen und Unterlagen sowie über die ihnen im Hinblick auf ihre Tätigkeit gemachten Mitteilungen, soweit es sich um Beiträge, Unterlagen und Mitteilungen für den redaktionellen Teil handelt", die Auskunft verweigern.

Der Wortlaut der Nr. 4 deckt sich mit § 53 Abs. 1 Nr. 5 StPO sowie mit Art. 3 des „Gesetzes über das Zeugnisverweigerungsrecht der Mitarbeiter von Presse und Rundfunk". Aus den identischen Gesetzestexten geht klar hervor, daß das Pressegeheimnis nur den *redaktionellen* Teil[263] umfaßt und daß der Anzeigenteil mit den dort enthaltenen Chiffre-Anzeigen nicht dem Geheimnisschutz unterliegt. Von der Geheimhaltungspflicht kann nicht entbunden werden, sie besteht selbst dann, wenn der Informant die Aussage wün-

[263] Kleinknecht/Meyer, Strafprozeßordnung, Kommentar, 40. Auflage, § 53, Rz. 40; Tipke/Kruse, AO, 14. Aufl., § 102 AO Tz. 4.

schen würde.[264] Zwar schließt das Grundrecht der Pressefreiheit (Art. 5 Abs. 1 Satz 2 GG) auch den Anzeigenteil mit ein, Satz 2 erfährt jedoch insoweit eine Einschränkung, als Abs. 2 bestimmt, daß die Pressefreiheit ihre Schranken u. a. in den Vorschriften der allgemeinen Gesetze findet. Um ein allgemeines Gesetz handelt es sich bei der AO ohne Zweifel.

Die Rechtsprechung[265] vertritt allerdings die Auffassung, daß das Interesse der Öffentlichkeit an den Auskünften Dritter zur Durchführung der Besteuerung weniger wiegt als das Interesse des Inserenten einer Chiffre-Anzeige an der Geheimhaltung seiner persönlichen Daten. Diese Auffassung „entschärft" die Situation dergestalt, daß sich die Steuerfahndung nicht willkürlich, sondern nur bei *hinreichendem Anlaß*[266] an den Zeitungsverlag wenden kann, um die Herausgabe von Namen und Anschrift des unter einer Chiffre-Nummer agierenden Inserenten zu verlangen, der z. B. ausländische Immobilien zum Verkauf angeboten hat.[267]

Ein hinreichender Anlaß zum Tätigwerden ist bei Chiffre-Anzeigen, deren Aufgeber u. a. Kfz-Händler, Telefonverkäufer oder sonstige Anbieter von Luxusobjekten, gewerblichen oder freiberuflichen Diensten sind, immer gegeben, denn für einen „normalen" Kaufmann ist der Wunsch, anonym zu bleiben, äußerst untypisch. Dieses widersprüchliche Verhalten von Chiffre-Inserenten gibt den Finanzbehörden das Recht, die wahren Hintergründe der Anonymität zu erforschen; ein hinreichender Anlaß ist somit gegeben. Das Inserieren unter einer geheimen Handy-Nummer schützt übrigens ebensowenig vor einer Aufdeckung und Enttarnung wie die Chiffre-Nummer. Daten von Mobilfunkteilnehmern sind nicht geschützt. Die bittere Konsequenz daraus ist, daß der Mobilfunkbetreiber jeden Handynutzer an die Steuerfahndung weitergeben muß.[268]

---

[264] Kleinknecht/Meyer, a.a.O., § 53, Rz. 26.

[265] BFH, Urt. v. 28.6.1980, VII R 42/80 BStBl. 1980 II, S. 699. Eine Ausnahme gilt auch nach Meinung des BVerfG, wenn dem Anzeigenteil gleiche oder ähnliche Funktion wie Beiträgen des redaktionellen Teils zukommt; Kleinknecht/Meyer, a.a.O., § 53 Rz. 40.

[266] Vgl. E.V.6.a).

[267] BFH, Urt. v. 29.10.1986, BStBl. 1988 II, S. 359; bestätigt durch BVerfG, HFR 89, 440.

[268] Hessisches Finanzministerium, Erlaß vom 29.1.1997 S 0256 A 2-IIA1a.

V. Aufdeckung von Schwarzgeldern in und von Deutschland aus

1. Der Informationsaustausch der Finanzbehörden untereinander

a) Allgemeines

Der fünfte Unterabschnitt der deutschen Abgabenordnung (§§ 111 bis 117) spricht einheitlich von „Rechts- und Amtshilfe", wohl deshalb, weil auch Justizbehörden gegenüber den Finanzbehörden zur Auskunft verpflichtet sind. § 111 Abs. 1 Satz 1 AO nennt die Hilfe durch Gerichte auch Amtshilfe. Während aber *Rechtshilfe* aufgrund von Staatsverträgen, bi- und multilateralen Abkommen gewährt wird und sich auf Gerichtsebene vollzieht, ist *Amtshilfe* die Hilfe, „die eine Behörde (ersuchte Behörde) einer anderen Behörde (ersuchende Behörde) zur Erfüllung von Aufgaben der öffentlichen Verwaltung gewährt"[269]. Amtshilfe ist gegeben, wenn ein inländisches Finanzamt einer ausländischen Finanzbehörde auf Anfrage (Ersuchen) Informationen beschafft oder in deren Auftrag im Inland ermittelt. Amtshilfe kann auch zwischen inländischen Behörden geleistet werden, wenn beispielsweise ein Wohnsitzfinanzamt das Bundesamt für Finanzen um Amtshilfe ersucht. Die Amtshilfe unterscheidet sich von der Mitteilungspflicht insofern, als erstere grundsätzlich nur auf Ersuchen erfolgen muß, Mitteilungen den Finanzbehörden dagegen unaufgefordert (spontan) zuzusenden sind. Keine Amtshilfeleistung liegt dagegen vor, wenn Behörden im Rahmen eines bestehenden Weisungsverhältnisses Informationen austauschen oder die Hilfeleistung in Handlungen besteht, die die ersuchte Behörde sowieso hätte durchführen müssen (§ 111 Abs. 2 Nrn. 1 und 2 AO).

b) Kontrollmitteilungen

Kontrollmitteilungen können wohl als das wichtigste Informationsmittel der Finanzbehörden untereinander bezeichnet werden.

[269] Tipke/Kruse, a.a.O., § 111 Tz. 1.

Sie „funktionieren" nach dem simplen Prinzip, daß steuermindernde Ausgaben eines Steuerpflichtigen zu steuererhöhenden Einnahmen eines anderen Steuerpflichtigen führen müssen. Rechtsgrundlage für die Erstellung von Kontrollmitteilungen jeglicher Art ist § 30 Abs. 4 Nr. 1 der Abgabenordnung. Die Vorschrift läßt die Durchbrechung des Steuergeheimnisses zu, wenn dies der Durchführung eines Verwaltungsverfahrens, eines gerichtlichen Verfahrens in Steuersachen, eines Strafverfahrens wegen einer Steuerstraftat oder eines Bußgeldverfahrens wegen einer Steuerordnungswidrigkeit dient.

Das Ausschreiben von Kontrollmitteilungen kann sich neben den o. g. Rechtsgrundlagen auch aus der Notwendigkeit der Generalklausel des § 85 AO (Legalitätsprinzip) ergeben, wonach die Finanzbehörden verpflichtet sind, „die Steuern nach Maßgabe des Gesetzes gleichmäßig festzusetzen und zu erheben". Die Kontrollmitteilung stellt eine Art ressortinterne Amtshilfe dar; ihr kommt eine Überwachungsfunktion zu, ohne die eine gesetzeskonforme und gleichmäßige Besteuerung – wie von § 85 AO gefordert – nicht gewährleistet werden könnte.

Für das Ausschreiben einer Kontrollmeldung bedarf es keines hinreichenden Anlasses zum Tätigwerden. Mit der Anfertigung ist noch kein Verwaltungsakt i. S. von § 9 VwVfG und § 118 Satz 1 AO (keine unmittelbare Rechtswirkung nach außen) eingeleitet. Unerheblich ist auch, ob ein Anhaltspunkt für die Begründung einer Steuerpflicht oder ein Verdacht auf Steuerverkürzung vorliegt. Durch Kontrollmitteilungen dürfen beliebige Stichproben gemacht werden, die Vorschriften der §§ 93 Abs. 1 Satz 3 und 97 Abs. 2 Satz 1 AO (Subsidiaritätsprinzip) gelten nicht.

Kontrollmitteilungen fallen regelmäßig im Rahmen einer Außenprüfung an. Nach § 194 Abs. 3 AO[270] dürfen Kontrollmitteilungen nur „anläßlich" einer Außenprüfung erstellt werden. Anläßlich bedeutet, daß die Außenprüfung nicht zum Zweck des Ausschreibens von Kontrollmitteilungen angeordnet werden darf.[271]

[270] § 194 Abs. 3 AO lautet: „Werden anläßlich einer Außenprüfung Verhältnisse anderer ... Personen festgestellt, so ist die Auswertung der Feststellungen insoweit zulässig, als ihre Kenntnis für die Besteuerung dieser anderen Personen von Bedeutung ist oder die Feststellungen eine unerlaubte Hilfeleistung in Steuersachen betreffen."

[271] Tipke/Kruse, a.a.O., § 194 AO Tz. 8.

Entdeckt der Außenprüfer während seiner Tätigkeit Fälle, welche darauf schließen lassen, daß ein Dritter einen steuerpflichtigen Tatbestand erfüllt haben könnte, kann er eine Kontrollmitteilung anfertigen.

Gegenstand der Kontrollmitteilung können steuerliche (tatsächliche und/oder rechtliche) Verhältnisse sein, „deren Kenntnis für die Besteuerung anderer Personen von Bedeutung ist, genauer: möglicherweise (das ist gemeint) von Bedeutung ist".[272] Kontrollmitteilungen werden bei „verdächtigen Geschäftsvorfällen" ausgeschrieben. Als „verdächtige" Geschäftsvorfälle gelten in erster Linie Buchungen, die unüblich abgewickelt wurden bzw. bei denen angenommen werden muß, daß sie beim Empfänger nicht als Einkünfte deklariert wurden, oder bei denen nach dem Wissen um branchen- oder betriebsspezifische Besonderheiten die Möglichkeit gegeben ist, daß die steuerlichen Verhältnisse eines Dritten nicht, nicht vollständig bzw. ohne das Kontrollmaterial nicht richtig ermittelt werden können.

Beispiele:

- Festgestellte Abfindungen, Einmalzahlungen, Zuschüsse,
- vermutete fingierte Vorgänge mit Scheinfirmen und erkennbaren „kurzlebigen" Betrieben,
- Geschäfte, die nicht branchentypisch sind,
- vom Erscheinungsbild her ungewöhnliche Rechnungen oder Zahlungs- und Abwicklungsmodalitäten,
- Geldschenkungen und Übertragung von Bank- und Sparguthaben sowie Wertpapieren,
- Schwarz-, Schmiergeld- und Vermittlungsprovisionszahlungen und größere Bargeldzahlungen,
- Preisnachlässe, Beziehungen zu Steueroasenländern oder auch Schenkungen, wenn diese nicht ordnungsgemäß angezeigt wurden.

[272] Tipke/Kruse, a.a.O., § 194 AO Tz. 8 Buchst. d.

Neben den Außenprüfungsstellen ergehen innerhalb der Finanzverwaltung Kontrollmitteilungen insbesondere von den Erbschaftsteuerstellen, den Grunderwerbsteuerstellen oder den Zolldienststellen aus. Das für die *Erbschaftsteuer* zuständige Finanzamt erhält von bundesdeutschen Banken gemäß § 33 ErbStG Meldungen über das Vermögen verstorbener Kunden.[273] Diesen Daten-Fundus wertet die Behörde zusammen mit anderen Informationen aus und erteilt Kontrollmitteilungen an die jeweiligen Einkommensteuerstellen, sofern der Nachlaß folgende Mindestbeträge übersteigt:[274]

Kontrollmitteilung für die Steuerakten	Bruttowert/Reinwert des Nachlasses	zum Nachlaß/ Erwerb gehörendes Kapitalvermögen
des Erblassers	mehr als 500.000 DM	mehr als 100.000 DM
des Erwerbers	mehr als 500.000 DM	mehr als 100.000 DM

Die Kontrollmitteilungen werden unabhängig davon erteilt, ob es zu einer Steuerfestsetzung gekommen ist oder nicht. Den Erbschaftsteuerstellen bleibt es vorbehalten, Kontrollmitteilungen auch bei niedrigeren Beträgen oder bei gegebenem Anlaß zu übersenden, z. B. wenn eine Schenkung erst im Rahmen einer Außenprüfung oder Fahndung aufgedeckt wurde.

Die Grunderwerbsteuerstelle teilt den für die Besteuerung des Veräußerers sowie des Erwerbers zuständigen Finanzämtern mittels Kontrollmitteilung den Verkauf von Immobilien und sonstigem Grundbesitz mit. Die Grunderwerbsteuerstelle erfährt von der Übertragung durch die den Gerichten, Behörden und Notaren auferlegte Anzeigepflicht (§ 18 GrEStG). Der Zoll berichtet den Finanzämtern beispielsweise über festgestellte Überfakturierungen, die bei der Eingangsabfertigung festgestellt werden, oder über Unterfakturierungen von Anlagegütern bei Geschäften gesellschaftlich untereinander verbundener Unternehmen oder aber auch über den Transfer von Bargeld ins Ausland, wenn er darüber Kenntnis erlangt.[275] Umgekehrt

---

[273] Vgl. E.V.4.a).

[274] Quelle: Gleichlautende Erlasse der obersten Finanzbehörden der Länder vom 25.3.98, BStBl. 1998 I, S. 357.

[275] Vgl. D.III.5.

teilen die Finanzämter dem Zoll per Kontrollmitteilung Verstöße gegen die zoll- und verbrauchsteuerrechtlichen Bestimmungen mit sowie sonstige steuerrechtlich relevante Tatbestände, wie z. B. Abweichungen zwischen Original- und „unterfakturierten Zollrechnungen", Provisionszahlungen an Vermittler von Importgeschäften, außergewöhnlich hohe Handelsspannen von Importeuren usw.

c) Die Amtshilfe des Bundesamts für Finanzen und die Informationszentrale Ausland

Zum Aufgabengebiet des Bundesamts für Finanzen (BfF) gehört neben der Mitwirkung an Außenprüfungen (das Bundesamt kann hier nach § 19 Abs. 1 Satz 2 FVG verlangen, daß „ausgewählte Betriebe" zu bestimmten Zeitpunkten überprüft werden) auch die Durchführung der steuerlichen Rechts- und Amtshilfe sowie die Sammlung und Auswertung von Unterlagen über steuerliche Auslandsbeziehungen und die Kapitalertragsteuerprüfung.

Die Kapitalertragsteuerprüfung (Prüfungsrecht nach § 50b EStG) deckt schwarzvereinnahmte Dividendenerträge auf. Schwarzgeldanleger beantragen nämlich bei ihrem Wohnsitzfinanzamt eine Nichtveranlagungsbescheinigung (NV-Bescheinigung[276]), legen diese der Bank vor (kassieren daraufhin die gesamte ungeschmälerte Bruttodividende, einschließlich der Körperschaft- und Kapitalertragsteuer) und deklarieren die Erträge selbstverständlich nicht.

In solchen Fällen berechtigt § 50b EStG das Bundesamt für Finanzen, „Verhältnisse, die für die Anrechnung oder Vergütung von Körperschaftsteuer oder für die Anrechnung oder Erstattung von Kapitalertragsteuer sowie für die Nichtvornahme des Steuerabzugs von Bedeutung sind oder der Aufklärung bedürfen, bei den am Verfahren Beteiligten zu prüfen". § 50b EStG geht hier über die sonstige Außenprüfungspraxis insoweit hinaus, als dieser die Rechtsgrundlage für eine gesonderte Außenprüfung ist und somit auch Prüfungen zu Kontrollzwecken gegenüber „anderen Perso-

[276] Gemäß § 36 b Abs. 2 Satz 1 EStG hat der Anteilseigner „durch eine Bescheinigung des für ihn zuständigen Wohnsitzfinanzamts nachzuweisen, daß er unbeschränkt einkommensteuerpflichtig ist und daß für ihn eine Veranlagung zur Einkommensteuer voraussichtlich nicht in Betracht kommt". Diese Bescheinigung wird Nichtveranlagungs-Bescheinigung (NV-Bescheinigung) genannt. Sie hat dieselbe Wirkung wie ein Freistellungsauftrag.

nen" zuläßt. Als Adressaten kommen sowohl Bankkunde als auch die Bank in Betracht.

Der Prüfung nach § 50b EStG kommt eine größere Bedeutung zu, als vielfach angenommen. In der Praxis wird nämlich neben der Bank in erster Linie der Bankkunde geprüft (eine solche Prüfung schließt sich meist an die Prüfung bei einer Bank an). Die Erfordernisse des § 93 Abs. 1 Satz 3 AO (Subsidiaritätsprinzip) müssen dabei nicht erfüllt sein, da ja der Bankkunde selbst keine „andere Person" i. S. des § 93 AO ist. Ferner ist es für die Prüfung selbst unerheblich, ob ein hinreichender Anlaß zum Tätigwerden vorliegt oder der zur Prüfung ausgewählten Gruppe bereits Steuerstraftaten nachgewiesen werden konnten. Die Prüfung kann sich vielmehr auf alle Personen erstrecken, die zur Anrechnung, Erstattung oder Vergütung von Körperschaft- und/oder Kapitalertragsteuer berechtigt sind oder in diesem Verfahren mitwirken.

Schließlich ist das gleichzeitige Vorliegen beider in § 193 Abs. 2 Nr. 2 AO genannten Voraussetzungen (daß „die für die Besteuerung erheblichen Verhältnisse der Aufklärung bedürfen und eine Prüfung an Amtstelle nach Art und Umfang des zu prüfenden Sachverhaltes nicht zweckmäßig ist") nicht Bedingung. Der zu prüfende Sachverhalt muß entweder (nur) von Bedeutung sein (also steuerlich erheblich) oder (nur) der Aufklärung bedürfen (wenn er zweifelhaft ist).[277]

Anteilseigner einer Kapitalgesellschaft, die zur Einkommensteuer veranlagt werden (und deshalb nicht zur Vorlage einer NV-Bescheinigung berechtigt sind), können sich die im voraus bezahlte Körperschaft- und Kapitalertragsteuer auf ihre Einkommensteuerschuld anrechnen lassen (§ 36 Abs. 2 Nr. 2 u. 3 EStG). Der Anspruch auf Anrechnung ist im Rahmen der Einkommensteuererklärung geltend zu machen. Als Nachweis ist eine von der Bank oder der ausschüttenden Körperschaft ausgestellte *Steuerbescheinigung* beizulegen. Kreditinstitute müssen nach § 45 Abs. 2 KStG Dividendenpapiere, die sich „im Zeitpunkt des Zufließens der Einnahmen nicht in einem auf den Namen des Empfängers der Bescheinigung lautenden Wertpapierdepot" befinden, gesondert aus-

[277] Das Gesetz läßt einen Umstand genügen, was bedeutet, daß alle von einer Bank ausgestellten Steuerbescheinigungen für verschiedene Inhaber von Dividendenpapieren ungeachtet dessen überprüft werden können, ob berechtigte Zweifel an der Richtigkeit bestehen.

weisen und die Steuerbescheinigung entsprechend kennzeichnen (z. B. mit dem Vermerk „kein Depot"). Über die ausgestellten Bescheinigungen hat das Kreditinstitut Aufzeichnungen zu führen (§ 45 Abs. 3 KStG). Überprüft nun das Bundesamt für Finanzen die vom Kreditinstitut geführten Aufzeichnungen, können alle mit Schwarzgeld erworbenen und in privaten Safes lagernden Aktien aufgespürt werden.

Da die Unterlagen des Kreditinstituts überprüft werden, führt der Verzicht auf die Anrechnung des Steuerguthabens zu keinem Erfolg. Das Wohnsitzfinanzamt erfährt dann zwar nicht unmittelbar aus der Steuererklärung von der Existenz der „schwarzen" Aktien, jedoch in jedem Fall mittels Kontrollmitteilung vom BfF.

Zum Aufgabenbereich des Bundesamts für Finanzen gehört außerdem die Sammlung und Auswertung von Unterlagen über steuerliche Auslandsbeziehungen. Diese Aufgabe fällt dem Geschäftsbereich „IZA" im Bundesamt für Finanzen zu. IZA steht für *Informationszentrale für steuerliche Auslandsbeziehungen.* Zum Aufgabenbereich der IZA gehört die Erforschung von Geschäftsbeziehungen mit Steueroasenländern oder ausländischen Scheinfirmen zur Gewinnverlagerung (§ 5 Abs. 1 Nr. 6 FVG). Hierzu erfaßt der Arbeitsbereich IZA alle sachdienlichen Informationen, die für die Tätigkeit der Steuerverwaltungen von Bund und Ländern von Bedeutung sein können. Die IZA sammelt und erteilt u. a. Informationen über:[278]

- natürliche und juristische Personen im Ausland, insbesondere auch über ausländische Briefkastenfirmen (Domizil-, Sitz-, Offshore-Gesellschaften);
- die Rechtsprechung und Kommentierung zur steuerlichen Beurteilung der Beziehungen von Steuerinländern zu ausländischen Basis- oder Briefkastengesellschaften;
- Steueroasen- bzw. Niedrigsteuerländer;
- Vergleichswerte für Lizenzgebühren;
- Zinsdaten und Devisenkurse im Ausland.

[278] BMF 28.4.1997, IV C 7 – S 1300 – 69/97, BStBl. 1997 I, S. 541.

Die IZA sammelt alle Informationen, analysiert und archiviert diese in verschiedenen Karteien, die den jeweils zuständigen Finanzämtern und auch der Steuerfahndung zugänglich sind. Die IZA unterstützt die zuständigen Finanzämter auch durch Hinweise auf bereits laufende oder abgeschlossene Verfahren, Parallelfälle und ähnliche Beobachtungen bei der steuerrechtlichen Beurteilung von Auslandssachverhalten. Die IZA bietet folgende Leistungen an:[279]

- Informationen über Rechtsträger im Ausland (z. B. Qualifizierung von Gesellschaften als Briefkastenfirmen) mit entsprechenden Hinweisen auf Rechtsprechung und Literatur zur steuerlichen Beurteilung des Sachverhalts; die Einschätzung der IZA wird durch Unterlagen belegt; ggf. werden von Steuerpflichtigen zum Zweck des Gegenbeweises vorgelegte Unterlagen überprüft;
- Überprüfung der Angemessenheit von Lizenzgebühren oder Zinsen;
- allgemeine Informationen zu wirtschaftlichen und steuerrechtlich relevanten Verhältnissen im Ausland, wie steuer-, handels-, gesellschafts- und registerrechtliche Gegebenheiten.

Die IZA kann selbstverständlich nur dann umfassende Informationen anbieten, wenn sie von den Finanzbehörden des Bundes und der Länder laufend und vollständig über sachdienliche Beobachtungen und Feststellungen unterrichtet wird. Die Finanzämter melden der IZA u. a.

- Auslandssachverhalte, die nach § 138 Abs. 2 AO meldepflichtig sind,
- juristische Personen mit Sitz in Steueroasenländern, die als beschränkt Steuerpflichtige aufgenommen werden sollen,
- Gesellschaftsbeziehungen zwischen Steuerinländern (auch juristische Personen) und Rechtsträgern aus Steueroasenländern, oder
- auffällige Rechtsbeziehungen mit Auslandsbezug.

Die Steuerfahndungs- und Außenprüfungsstellen melden Auslandssachverhalte, insbesondere in Verbindung mit natürlichen oder juristischen Personen in Steueroasenländern; u. a. auch aus

[279] Ebendort.

dem eigenen Daten-Fundus heraus. Die Steuerfahndung verfügt nämlich über ihre eigene Informationszentrale, die *IZ-Steufa*. Die Informationszentrale für den Steuerfahndungsdienst bearbeitet Fahndungsfälle, die von besonderer Bedeutung sind, archiviert die Daten und erteilt jedem Finanzamt Amtshilfe.

2. Der Informationsaustausch der Finanzbehörden mit sonstigen Behörden

§§ 93 a und 111 bis 115 AO verpflichten sonstige Behörden zur Amtshilfe sowie zur Übermittlung von Mitteilungen über steuerrelevante Sachverhalte an Finanzbehörden. Zur „Sicherung der Besteuerung" wurde die Bundesregierung durch § 93 a Satz 1 AO ermächtigt, sonstige Behörden durch Rechtsverordnung mit Zustimmung des Bundesrats zu verpflichten, Verwaltungsakte, die die Versagung oder Einschränkung einer steuerlichen Vergünstigung zur Folge haben oder dem Betroffenen steuerpflichtige Einnahmen ermöglichen, Subventionen und ähnliche Förderungsmaßnahmen sowie Anhaltspunkte für Schwarzarbeit, unerlaubte Arbeitnehmerüberlassung oder unerlaubte Ausländerbeschäftigung den Finanzbehörden mitzuteilen. Die im Rahmen des § 93 a ergangene „Verordnung über Mitteilungen an die Finanzbehörden durch andere Behörden und öffentlich-rechtliche Rundfunkanstalten (Mitteilungsverordnung – MV)" vom 7. September 1993 verpflichtet Behörden und öffentlich-rechtliche Rundfunkanstalten, die Finanzämter unaufgefordert über besondere Geschäftsfälle in Kenntnis zu setzen, beispielsweise über Zahlungen, wenn der Zahlungsempfänger nicht im Rahmen einer land- und forstwirtschaftlichen, einer gewerblichen oder freiberuflichen Haupttätigkeit gehandelt hat, oder soweit die Zahlung nicht auf das Geschäftskonto des Zahlungsempfängers erfolgt. Zahlungen sind auch mitzuteilen, wenn zweifelhaft ist, ob der Zahlungsemfpänger im Rahmen der Haupttätigkeit gehandelt hat oder zweifelhaft ist, ob die Zahlung überhaupt auf das Geschäftskonto erfolgt (§ 2 MV). Mitzuteilen sind außerdem sämtliche Honorarzahlungen der Rundfunkanstalten an freie Mitarbeiter (§ 3 MV), oder über den Wegfall oder die Einschränkung steuerlicher Vergünstigungen (§ 4 MV).

Nach §§ 111 ff. AO haben „alle Gerichte und Behörden die zur Durchführung der Besteuerung erforderliche Amtshilfe zu leisten". Amtshilfe der Gerichtsbehörden, der Forstbehörden, der Berufs- und Handelskammern usw. an Finanzbehörden ist in den Fällen rechtmäßig, in denen letztere den Sachverhalt nicht eigenständig lösen können oder dies für sie besonders unwirtschaftlich wäre (§ 112 Abs. 1 Nrn. 1 bis 5 AO). Amtshilfe nach §§ 111 ff. AO darf – anders als nach § 116 AO – nur auf Ersuchen gewährt werden. Diverse Amtsverschwiegenheitspflichten gelten für Auskunfts- und Vorlagepflichten gegenüber den Finanzbehörden nicht (§ 105 Abs. 1 AO).

§ 116 AO ist in den Bereich der „Spontanauskünfte" einzureihen. Die Vorschrift verpflichtet Gerichte und Behörden, Tatsachen, die sie dienstlich erfahren und die den Verdacht einer Steuerstraftat begründen, den Finanzbehörden mitzuteilen. § 116 AO hat insbesondere im Zusammenhang mit § 10 Abs. 2 Geldwäschegesetz Bedeutung, nach dem die zur Verfolgung von Geldwäschestraftaten zuständigen Behörden zur Unterrichtung der Finanzbehörden nach Maßgabe des § 116 AO verpflichtet werden. § 116 AO unterscheidet sich von den übrigen Vorschriften der nationalen Amtshilfe (§§ 111 bis 115) insofern, als die genannten Institutionen von sich aus tätig werden müssen, wenn gewisse Verdachtsmomente gegeben sind. So gibt es beispielsweise in Berlin eine „Gemüsepolizei", welche der dortigen Steuerfahndungsstelle im Finanzamt für Fahndung und Strafsachen ständig Meldungen über „fliegende Händler" erteilt. Aber auch der Richter, der einen Unterhaltsverpflichteten wegen einer Gehaltserhöhung zu entsprechenden höheren Zahlungen verurteilt, gehört zu den Informanten der Steuerfahndung.

„Die Mitteilungspflicht nach § 116 AO besteht, ohne daß es auf die Einleitung eines strafrechtlichen Ermittlungsverfahrens ankommt. Auslöser der Mitteilungspflicht ist lediglich das Bestehen des Verdachts einer Steuerstraftat." Unter diesem Aspekt hatte das OLG Frankfurt am Main[280] die Weitergabe von sechs Beweismittelordnern an die Steuerfahndungsbehörden als rechtmäßig erkannt, welche u. a. die namentliche Erfassung von ca. 1.600 Kunden der

---

[280] Beschluß vom 20. Dezember 1995, 3 Vas 25+26/95.

Luxemburger Commerzbank-Tochter sowie dazugehörige Konten, Kontosalden und bankinterne Vermerke enthielten. Zum Bestehen eines „begründeten Anfangsverdachts" auf Steuerhinterziehung führte das Gericht aus, es sei allgemein bekannt, „daß es im Staat Luxemburg ein gesetzlich verankertes Bankgeheimnis gibt, das die Verschwiegenheitspflicht deutscher Bankangestellter bei weitem übertrifft", es sei weiter allgemein bekannt, „daß der Staat Luxemburg eine Zinsabschlagsteuer nicht kennt" und daß nach Einführung dieser Zinsabschlagsteuer „in verstärktem Maße gerade im Staat Luxemburg" Kapital angelegt worden ist. Somit habe die Staatsanwaltschaft beim Landgericht Frankfurt als Behörde des Landes Hessen aufgrund erfolgter Beschlagnahme dienstlich Tatsachen erfahren, die den Verdacht von Straftaten, nämlich solche der Steuerhinterziehung nach § 370 AO begründeten. Unerheblich war, daß zum Zeitpunkt der Weiterleitung gegen keinen der betroffenen Commerzbank-Kunden ein Ermittlungsverfahren eingeleitet war. Der begründete Anfangsverdacht erfuhr dahingehend „Rückendeckung", daß bereits kurze Zeit nach Bekanntgabe der Erpresseraffäre über 50 Commerzbank-Kunden Selbstanzeige erstattet haben.

Gerichte, Behörden und Notare haben nach dem Grunderwerbsteuergesetz (GrEStG) dem zuständigen Finanzamt Anzeige über alle Rechtsvorgänge zu erstatten, die ein im Inland befindliches Grundstück betreffen. Anzuzeigen sind u. a. Beurkundungen (§ 18 Abs. 1 Satz 1 Nr. 1 GrEStG), Grundbuchberichtigungen und Zuschlagsbeschlüsse im Zwangsversteigerungsverfahren (§ 18 Abs. 1 Satz 1 Nrn. 2 und 3 GrEStG). Die Finanzbehörden werten diese Anzeigen zur Kontrolle der ordnungsgemäßen Versteuerung der Einkünfte aus Kapitalvermögen aus. Ferner wird beim Erwerber nachgefragt, mit welchen Mitteln (Schwarzgeldern) er das Grundstück finanziert hat.

Notare sind nach § 54 der Einkommensteuer-Durchführungsverordnung (EStDV) verpflichtet, dem jeweils zuständigen Betriebsstättenfinanzamt „eine beglaubigte Abschrift aller aufgrund gesetzlicher Vorschrift aufgenommenen oder beglaubigten Urkunden" zu übersenden, „die die Gründung, Kapitalerhöhung oder -herabsetzung, Umwandlung oder Auflösung von Kapitalgesellschaften oder die Verfügung über Anteile an Kapitalgesellschaften zum Gegenstand haben". Die Vorschrift soll zur Feststellung und Überwachung der steuerpflichtigen Veräußerungsgewinne von Anteilen an Kapitalgesellschaften bei wesentlicher Beteiligung (§ 17 EStG) dienen.

Das Erbschaftsteuergesetz (§ 34 ErbStG) verpflichtet Gerichte, Behörden, Beamte und Notare, alle ausgeführten Beurkundungen, Zeugnisse und sonstige Anordnungen, „die für die Festsetzung einer Erbschaftsteuer von Bedeutung sein können", der jeweiligen Erbschaftsteuerstelle anzuzeigen. Insbesondere erwähnt sei die Anzeigepflicht der Sterbefälle nach § 34 Abs. 2 Nr. 1 ErbStG. Hierzu müssen die Standesämter eine monatliche Totenliste führen. Erfassungspflichtig sind auch Ausländer, wenn sie einen Wohnsitz oder ihren gewöhnlichen Aufenthalt im Bezirk des Standesamtes hatten (§ 9 Abs. 1 Satz 2 Nr. 2 ErbStDV). Ferner sind anzeigepflichtig die Erteilung von Erbscheinen, Testamentsvollstreckerzeugnissen und Zeugnissen über die Fortsetzung der Gütergemeinschaft, die Beschlüsse über Todeserklärungen sowie die Anordnung von Nachlaßpflegschaften und Nachlaßverwaltungen.

Den Finanzämtern nicht verborgen bleiben schließlich auch die eröffneten Verfügungen von Todes wegen, die abgewickelten Erbauseinandersetzungen, die beurkundeten Vereinbarungen der Gütergemeinschaft und die beurkundeten Schenkungen und Zweckzuwendungen, welche nach § 34 Abs. 2 Nr. 3 ErbStG i. V. m. § 8 ErbStDV anzeigepflichtig sind. Notare müssen hier mitteilen: den Verkehrswert des übertragenen Vermögens, den Geschäftswert, das Verwandtschaftsverhältnis, den Einheitswert und den Grundbesitzwert, den Wert der übernommenen Leistung und die Höhe der notariellen Kostenrechnung.

Kürzlich erweitert wurden die Anzeigepflichten der Versicherungsunternehmen nach § 3 ErbStDV.[281] Lebensversicherer müssen Meldung erstatten bei einem Wechsel des Versicherungnehmers vor Eintritt des Versicherungsfalles. Hierbei sind der Rückkaufswert der Police und die bis zum Wechsel eingezahlten Prämien oder Kapitalbeträge sowie der Name und die Anschrift des neuen Versicherungsnehmers anzuzeigen. Diese Tatsachen geben den Finanzämtern insbesondere einen Überblick über Schenkungen unter Lebenden, beispielsweise wenn der Vater einen Lebensversicherungsvertrag auf sein eigenes Leben abschließt und als Begünstigten den

[281] Neu gefaßt durch ErbStDV vom 8.9.1998, BGBl. I, S. 2568.

Sohn einsetzt, so daß im Versicherungsfall die Versicherungssumme beim Sohn steuerpflichtig ist. Die Erbschaftsteuer ist hier vermeidbar, wenn der Sohn als Versicherungsnehmer eingesetzt wird. Daher tauschen gewiefte Schwarzgeldanleger den Versicherungsnehmer oftmals während der Laufzeit aus.[282] Die Übertragung der Rechte stellt aber eine Schenkung unter Lebenden dar. Die Anzeigepflicht soll hier sicherstellen, daß der Staat zu seinem Geld kommt!

Private Geschäftsbanken haben dem *Bundesaufsichtsamt für den Wertpapierhandel* (eine dem Geschäftsbereich des Bundesfinanzministeriums unterstellte selbständige Bundesoberbehörde) Einzelheiten über alle im Eigen- oder Kundengeschäft durchgeführte Wertpapiertransaktionen mitzuteilen, und zwar die nationale oder internationale Kennummer und Bezeichnung des ge- oder verkauften Wertpapiers, Datum und Uhrzeit der Transaktion, die entsprechende Handelsbörse sowie Kurs, Stückzahl und Nennbetrag der Wertpapiere oder Derivate.[283] Nicht meldepflichtig sind Name, Anschrift oder sonstige persönliche Daten der Anleger bzw. Kunden des Kreditinstituts. Das Bundesfinanzministerium kann jedoch durch Rechtsverordnung und ohne Zustimmung des Bundesrats die Meldung weiterer Angaben bestimmen, soweit dies zur Überwachung des Wertpapierhandels erforderlich ist.

Einer Verwertung von im Rahmen der Aufsichtstätigkeit erlangten Kenntnissen zur Ermittlung und Festsetzung der Einkommensteuer und für sonstige Besteuerungszwecke wirkt § 8 Abs. 2 Satz 1 WpHG entgegen. Nach dieser Vorschrift gelten die §§ 93, 97, 105 Abs. 1 i. V. m. 111 Abs. 5 und 116 Abs. 1 AO nicht für Bedienstete des Bundesaufsichtsamtes. Ein für steuerliche Zwecke geltendes Verwertungsverbot besteht nach § 8 Abs. 2 Satz 2 WpHG dann aber nicht mehr, wenn Finanzbehörden Einzelheiten über Wertpapiertransaktionen im Rahmen eines inländischen *Steuerstrafverfahrens* benötigen, an dessen Durchführung ein öffentliches Interesse besteht. Dementsprechend finden im Steuerstrafverfahren die Vorschriften der Abgabenordnung über die Auskunftspflicht anderer Personen sowie über die Amtshilfepflichten sonstiger Behörden an Finanzbehörden uneingeschränkt Anwendung.

[282] Vgl. ausführlich: Götzenberger, Anton-Rudolf, Alleinerbe Finanzamt, Wien 1998, E II.

[283] Verordnung über die Meldepflichten beim Handel mit Wertpapieren und Derivaten (WpHMV), BGBl. 1995 I, S. 2094.

Tabelle 6: Anzeigepflichten nach der Erbschaftsteuer-Durchführungsverordnung

Rechtsgrundlage	Meldepflichtige(r)	anzeigepflichtige Meldetatbestände
§ 1 ErbStDV	Testamentvollstrecker/ Vermögensverwalter	• Versicherungswert von Schließfächern • Zinsen für Forderungen und Wertpapiere
§ 2 ErbStDV	Wertpapieremittenten	• Verwandtschaftsverhältnisse • Kennummern von Aktien
§ 3 ErbStDV	Versicherungsunternehmen	• Verwandtschaftsverhältnisse beim Versicherungsnehmerwechsel • Name und Anschrift des neuen Versicherungsnehmers • Eingezahlte Prämien oder Kapitalbeträge • Rückkaufswerte
§ 7 ErbStDV	Gerichte	• Beruf und Familienstand des Erblassers • Anschriften der Beteiligten und Verhältnis zum Erblasser • Höhe und Zusammensetzung des Nachlasses
§ 9 ErbStDV	Standesämter	• Durchschriften von Eintragungen in das Sterbebuch

3. Spontanauskünfte (anonyme Anzeigen)

Wenn auch nur etwa drei Prozent aller anonymen Anzeigen zu sogenannten „Vorfeldermittlungen" durch die Steuerfahndung führen, so erhalten die Finanzbehörden dennoch wichtige Hinweise von Privatpersonen über bisher unbekannte steuerrelevante Sachverhalte. Für jede anonyme Anzeige wird zumindest eine *Plausibilitätsprüfung* durchgeführt. Zeigt jemand seinen Nachbarn an, weil er einen teureren Wagen fährt als er, werden die Finanzbehörden beim Kraftfahrtbundesamt in Flensburg oder bei der Kraftfahrzeugsteuerstelle zunächst einmal Rückfrage halten. Handelt es sich bei diesem PKW um eine teure Nobelmarke, wird das Wohnsitzfinanzamt die letzten Steuererklärungen nochmals gründlich unter die Lupe nehmen. Ermittlungen wird man aber erst dann anstellen, wenn dieser Nachbar ein als arbeitslos gemeldeter Handwerker ist, aber nach Angabe des Denunzianten seine Wohnung werktäglich schon um 6.00 Uhr mit Arbeitsmantel und Werkzeug verläßt.

Anonyme Anzeigen sind ergiebige Informationsquellen, so ergiebig, daß Bund und Länder schon einmal offen über die Zahlung von „Fangprämien" nachdachten; dies trotz leerer Staatskassen. Aktueller Anlaß hierfür war ein offenkundig aus Frankfurt stammender und bei einer Luxemburger Bank arbeitender anonymer Informant, welcher der Steuerfahndung Saarbrücken Unterlagen von 270 deutschen Kontoinhabern für eine halbe Million Mark andienen wollte. Letztlich kam es aber zu keinem Deal und – bis heute – auch zu keiner konkreten „Fangprämienregelung". Offensichtlich befürchtete man eine riesige Denunziationslawine. Außerdem wäre wohl ein solcher Aufruf der Untreue und dem Diebstahl gleichgekommen. Der Staat hätte sich sozusagen selbst zum Straftäter gemacht.

Da Finanzbehörden bei der Aufdeckung und Verfolgung von Steuerstraftaten auf Spontanauskünfte und auf anonyme Anzeigen mehr oder minder angewiesen sind, scheint es dem Grundsatz der gleichmäßigen Besteuerung entsprechend geboten, Informanten – sofern sie sich namentlich zu erkennen geben – durch das Steuergeheimnis zu schützen. Denn das Steuergeheimnis dient ja gerade dem Zweck, die Offenlegung steuerrelevanter Tatbestände zu fördern, um das Steuerfestsetzungsverfahren zu erleichtern und eine gleichmäßige Besteuerung sicherzustellen. Wendet sich der entlassene Arbeitnehmer des Unternehmers U an die Finanzverwaltung mit der Behauptung, sein ehemaliger Chef hätte ein Schwarzgeldkonto in der Schweiz und außerdem seine Einnahmen nicht versteuert, kann der „Freizeitdenunziant" nicht auf das Steuergeheimnis vertrauen, wenn U seine namentliche Nennung verlangt, weil sich die Behauptungen als falsch herausstellten und U zu Unrecht strafrechtlichen Ermittlungen ausgesetzt wurde.

Zwar hat der BFH[284] zum Anspruch auf Benennung eines Denunzianten entschieden, daß dessen Name zu den durch das Steuergeheimnis (§ 30 Abs. 2 Nr. 1 AO) geschützten „Verhältnissen eines anderen" gehöre, die im Rahmen eines „Verwaltungsverfah-

[284] Urt. v. 8.2.1994, VII R 88/92, BStBl. 1994 II, S. 552.

rens oder eines gerichtlichen Verfahrens in Steuersachen" bekanntgeworden und somit durch das Steuergeheimnis geschützt seien, betonte jedoch, daß der „Einfluß des grundrechtlich verbürgten allgemeinen Persönlichkeitsrechts eines Angezeigten in Ausnahmefällen doch zu einer anderen Beurteilung führen" kann, „wenn auch die Beachtung des Steuergeheimnisses die Ablehnung eines Antrags auf Nennung einer Informationsperson regelmäßig nicht fehlerhaft macht" (das Steuergeheimnis den Denunzianten also grundsätzlich schützen mag)[285].

Sinn und Zweck des Steuergeheimnisses ist der Schutz der aufgrund der weitgehenden Mitwirkungs- und Offenbarungspflichten der Beteiligten und Dritter bekanntgewordenen Informationen. Unter dieses Schutzbedürfnis fallen aber keine Tatsachen, die den Finanzämtern von Denunzianten freiwillig herangetragen worden sind. Erweisen sich solche Beschuldigungen noch dazu als falsch, ist die Offenbarung des Namens der Informationsperson sowohl nach § 30 Abs. 4 Nr. 4 AO als auch nach § 30 Abs. 5 AO zulässig. Eine Offenbarungspflicht nach § 30 Abs. 4 Nr. 4 AO besteht, soweit der Name des Denunzianten der Durchführung eines Strafverfahrens wegen einer nichtsteuerlichen Straftat dient, die der Denunziant in der Beschaffung der Informationen begangen hat. Denkbar wären hier Diebstahl (§ 242 StGB), Hausfriedensbruch (§ 123 StGB), Urkundenunterdrückung (§ 274 StGB) oder die Verletzung des Briefgeheimnisses (§ 202 StGB). Nach § 30 Abs. 5 AO ist die Namensnennung geboten, wenn der Denunziant vorsätzlich unwahre Tatsachen behauptet hat und dem Angeschwärzten die Eröffnung eines Strafverfahrens wegen falscher Verdächtigungen ermöglicht werden soll.[286]

Ebenfalls unter dem Blickwinkel der Offenbarungsbefugnisse nach § 30 Abs. 4 Nr. 4 und Abs. 5 AO räumte der BFH im vorge-

---

[285] Die Auffassung von Literatur und Rechtsprechung (u. a. Streck/Olbig, Der beim Finanzamt angezeigte Steuerbürger: Auskunftsanspruch contra Steuergeheimnis, Betriebs-Berater 1994, Heft 18, S. 1267), daß der Name des Denunzianten nicht zu dem Kreis der durch das Steuergeheimnis gemäß § 30 Abs. 2 Nr. 1 AO geschützten „Verhältnisse eines anderen" gehört, teilt der BFH im Urteil vom 8. Februar 1994 nicht. „Falls die Informationspersonen Gefahr liefen, daß Ihre Namen, die Tatsache der Information durch sie und der Inhalt ihrer Mitteilung grundsätzlich weitergegeben würden, ließe die Bereitschaft zur Informationserteilung höchstwahrscheinlich erheblich nach", so der BFH.

[286] Das Steuergeheimnis läßt eine Offenbarung ausdrücklich nur gegenüber den Strafverfolgungsbehörden zu, jedoch hat der BFH die Nennung des Denunzianten auch gegenüber dem zu Unrecht angeschwärzten Steuerpflichtigen für möglich gehalten (BFH, Urt. v. 7. Mai 1985 – VII R 25/82, BStBl. 1985 II, S. 571).

nannten Urteil zum Anspruch eines Steuerpflichtigen auf Benennung des Denunzianten demjenigen ein berechtigtes Interesse an der Bekanntgabe ein, dem kein steuerliches Fehlverhalten nachgewiesen werden konnte und der deshalb gegen den Anzeigenden ein Strafverfahren anstrengen will. „Insoweit zielen die erlaubten Durchbrechungen des Steuergeheimnisses bereits auf den Schutz des Persönlichkeitsrechts eines Betroffenen ab“ und müssen „im Lichte dieser grundrechtlichen Verbürgung“ die Offenbarungsbefugnisse gesehen und angewendet werden, so der BFH. Um einen effektiven Grundrechtsschutz zu gewähren, ist die Offenbarung einer Informationsperson im Rahmen des § 30 Abs. 4 Nr. 4 und Abs. 5 AO „nicht nur zulässig, sondern sogar geboten“.

4. Anzeige- und Auskunftspflichten der deutschen Kreditinstitute

a) Die Anzeigepflichten der Privatbanken beim Tod des Kontoinhabers

Gemäß § 33 ErbStG muß jede natürliche oder juristische Person, die „sich geschäftsmäßig mit der Verwahrung oder Verwaltung fremden Vermögens befaßt“, diejenigen „in seinem Gewahrsam befindlichen Vermögensgegenstände und diejenigen gegen ihn gerichteten Forderungen, die beim Tod eines Erblassers zu dessen Vermögen gehörten oder über die dem Erblasser zur Zeit seines Todes die Verfügungsmacht zustand, dem für die Verwaltung der Erbschaftsteuer zuständigen Finanzamt“ anzeigen.

Dieser Anzeigepflicht unterliegen in erster Linie Kreditinstitute; erfaßt sind aber auch private Vermögensverwalter oder Versicherungsunternehmen. Durch die Anzeigepflicht nach § 33 ErbStG kommt es in allen Fällen zur Aufdeckung von Schwarzgeldern. Der Informationsweg vollzieht sich dabei so, daß das Kreditinstitut den Erbschaftsteuerstellen der Finanzämter innerhalb eines Monats nach Kenntniserlangung vom Tod eines Kunden Angaben erteilt über:

- Höhe der Guthaben und anderer Forderungen (Nennbeträge), einschließlich der Guthaben auf Gemeinschaftskonten sowie die jeweiligen Kontonummern,

- Zinsen und Stückzinsen für das Jahr des Todes bis zum Todestag,
- Nennbetrag, Kurswert bzw. Rücknahmepreis von Wertpapieren, Anteilen, Genußscheinen des Erblassers; auch solche in Gemeinschaftsdepots,
- die Tatsache, daß der Erblasser ein Schließfach unterhalten hat sowie den Versicherungswert, sofern der Bank bekannt.

Maßgebend ist der jeweilige Kontostand zu Beginn des Todestags.[287] Dadurch soll verhindert werden, daß Verfügungsberechtigte am Todestag die Konten plündern, ehe dem Kreditinstitut der Todesfall bekannt wird. Über den Inhalt eines Schließfachs braucht die Bank nichts mitzuteilen. Die Finanzverwaltung bringt hierzu Näheres bei den Erben in Erfahrung.

Zur Abgabe der Anzeige durch das Kreditinstitut wird die Durchbrechung des Bankgeheimnisses zugelassen. Der BFH hat diesen Standpunkt durch Beschluß vom 2. April 1992[288] bekräftigt und gleichzeitig die in diesem Verfahren von der Klägerin aufgeworfene Frage, ob das Finanzamt bei seiner Veranlagungstätigkeit die persönlichen Daten des Verstorbenen, die der Erbschaftsteuerstelle für Zwecke der Erhebung der Erbschaftsteuer bekanntgeworden seien, für die Besteuerung auswerten darf, als *nicht klärungsbedürftig* – weil zu bejahen – zurückgewiesen. Nach den Ausführungen des BFH ist die von den Erbschaftsteuerstellen geübte Verwaltungspraxis, Erkenntnisse über das Vermögen des Erblassers den für die Einkommensteuerveranlagung zuständigen Bezirken mitzuteilen, nicht zu beanstanden. Danach dürfen Finanzämter trotz Bestehens des § 30a AO (Schutz von Bankkunden) die Kontrollmitteilungen der Erbschaftsteuerstellen auswerten.

Die Erben eines Schwarzgeldkontos sind als Gesamtrechtsnachfolger verpflichtet, die dem Finanzamt bisher verschwiegenen Einkunftsquellen unverzüglich vor Ablauf der Festsetzungsfrist anzuzeigen und die erforderliche Richtigstellung vorzunehmen (§ 153 Abs. 1 Satz 1 AO). Eine Berichtigungspflicht besteht hier grundsätzlich für die Steuerbescheide der letzten vier Jahre, da die Festsetzugsverjährung vier Jahre beträgt (§ 169 Abs. 2 Satz 1 Nr. 2 AO).

---

[287] Schreiben BdF IV C 3-S.3844-1206/88 v. 2.3.1989.

[288] VIII B 129/91

Praktisch kann es jedoch zu einem Berichtigungszeitraum von bis zu sieben Jahren kommen, wenn der Erblasser die Steuererklärungen jeweils erst in dem dem Veranlagungsjahr folgenden Jahr abgegeben hat und deshalb die Festsetzungsfrist verspätet begonnen hat. Die Finanzämter werden im Regelfall versuchen, dem Erblasser Steuerhinterziehung nachzuweisen (ihnen obliegt die Beweislast), da dann die verlängerte Frist für die Festsetzungsverjährung von fünf (bei leichtfertiger Steuerverkürzung) bzw. von zehn Jahren (bei Steuerhinterziehung) gilt (§ 169 Abs. 2 Satz 2 AO). § 169 AO stellt nicht darauf ab, daß der Steuerschuldner die Steuerhinterziehung bzw. leichtfertige Steuerverkürzung begangen hat, es kommt nur darauf an, daß eine solche begangen wurde. Infolgedessen läuft auch gegen den Schuldner – der hier der Erbe, nicht der Steuerpflichtige (Erblasser) ist – die zehn- bzw. fünfjährige Festsetzungsfrist.

Da der Erbe die Steuerhinterziehung nicht persönlich begangen hat, kann er sich durch einen Exkulpationsbeweis (Entlastungsbeweis) die kürzere Verjährungsfrist von vier Jahren sichern, wenn er nachweislich keinen Vermögensvorteil erlangt hat, Täter der Steuerhinterziehung eine andere Person ist als der Erblasser und die Tat nicht darauf beruht, daß er oder der Erblasser die im Verkehr erforderlichen Vorkehrungen zur Verhinderung von Steuerverkürzungen unterlassen hat (§ 169 Abs. 2 Satz 3 AO). Eine Exkulpation ist daher nicht möglich, wenn die Steuerhinterziehung von einer Person begangen worden ist, deren sich der Erblasser zur Erfüllung seiner steuerlichen Pflichten bediente,[289] oder wenn gar – was bei Gemeinschaftskonten ja regelmäßig der Fall ist – der Erbe Kontomitinhaber war und vom Schwarzgeld wußte.

b) Deutsche Kreditinstitute als auskunftspflichtige „andere Personen"

Führt die Sachverhaltsaufklärung durch die Beteiligten nicht zum Ziel, etwa weil der Schwarzgeldanleger nicht willens ist, diverse Unterlagen vorzulegen, können Kreditinstitute im Rahmen des § 93 AO als andere Personen zur Auskunft und zur Vorlage von Urkunden angehalten werden. Darüber hinaus kann die Finanz-

[289] BFH, Urt. v. 30.10.1990 VII R 18/88 BFH/NV 1991, S. 721.

behörde nach § 92 Satz 2 Nr. 1 AO nach pflichtgemäßem Ermessen „Auskünfte jeder Art von den Beteiligten und anderen Personen einholen".

Die Anwendung des § 93 AO ist in § 30a Abs. 5 Satz 1 AO (der Rechtsgrundlage für den „Schutz von Bankkunden")[290] ausdrücklich erwähnt. Die Auskunftspflichten bestehen nicht nur im Steuerermittlungsverfahren (Besteuerungsverfahren), sondern auch im Rahmen einer Außenprüfung (§§ 90 Abs. 1, 93 Abs. 1, 97, 200 Abs. 1 AO). Wie es der BFH in diversen Urteilen[291] hervorgehoben hat, ist das Auskunftsrecht der Finanzbehörden nach § 93 AO grundsätzlich nicht auf diejenigen Fälle beschränkt, in denen bereits konkrete Anhaltspunkte für die Annahme vorliegen, daß wahrscheinlich eine Steuerschuld entstanden ist und die betreffenden Steuern verkürzt worden sind. Die Finanzbehörden können vielmehr von den Beteiligten und anderen Personen schon dann Auskünfte einholen, wenn sie im Rahmen ihrer – sei es „aufgrund konkreter Momente oder aufgrund allgemeiner Erfahrung"[292] getroffenen – Prognoseentscheidung zu dem Ergebnis gelangen, daß die Auskünfte zur Aufdeckung steuererheblicher Tatsachen führen können.

Die Anforderung von Auskünften setzt also nicht voraus, daß bereits eine lückenhafte oder zu Zweifeln Anlaß gebende Steuererklärung vorliegt. Ein Auskunftsersuchen ist nach diesen Grundsätzen nur dann unzulässig, wenn jedwede Anhaltspunkte für steuererhebliche Umstände fehlen, wie etwa bei Rasterfahndungen oder Ermittlungen „ins Blaue hinein".

Kreditinstitute als „andere Personen" sollen aber erst dann in Anspruch genommen werden, wenn „die Sachverhaltsaufklärung durch die Beteiligten nicht zum Ziel führt oder keinen Erfolg verspricht" (§ 93 Abs. 1 Satz 3 AO).[293] Die Beschränkung des § 93 Abs. 1 Satz 3 AO, auch *Subsidiaritätsprinzip* genannt, ist als *Schutzvorschrift* für alle am Auskunftsverfahren Beteiligten anzusehen.

[290] Vgl. E.V.4.c).

[291] U. a. im Urt. v. 23. Oktober 1990 VIII R 1/86, BStBl. II, 1991, S. 277, unter 2. b der Gründe.

[292] BFH, Beschluß v. 13. Februar 1968 GrS 5/67, BStBl. II, 1968, S. 365.

[293] § 93 Abs. 1 Satz 3 AO ist keine „Muß-Vorschrift" („... die Beteiligten sollen erst dann ..."), aber auch keine reine Ermessens- oder Kann-Vorschrift. Die Finanzbehörde soll immerhin die vorgeschriebene Reihenfolge einhalten und nur in atypischen Fällen (wenn sich der Schwarzgeldanleger in keiner Weise kooperationsbereit zeigt) davon abweichen.

In erster Linie schützt das Subsidiaritätsprinzip die Interessen des Schwarzgeldanlegers, indem es verhindert, daß Dritten seine steuerlichen Verhältnisse unnötigerweise bekanntgegeben werden. Der Subsidiaritätsgrundsatz soll aber auch die auskunftspflichtigen anderen Personen vor einer unnötigen Inanspruchnahme und den damit verbundenen Unannehmlichkeiten bewahren.

Freilich entfällt ein derartiger Begründungszwang, wenn „gegen Unbekannt" ermittelt wird. Besteuerungsverfahren können auch „gegen Unbekannt" eingeleitet werden. Der Steuerfahndung steht es per Gesetz zu (§ 208 Abs. 1 Nr. 3 AO), gegen Unbekannt zu ermitteln, wenn ein hinreichender Anlaß zum Tätigwerden gegeben ist. Dementsprechend können Kreditinstitute über zunächst unbekannte Bankkunden im Rahmen des § 93 AO auskunftspflichtig werden, wenn Geldtransferbuchungen, die entweder anonym über betriebsinterne Konten oder unter Phantasienamen auf CpD-Konten gebucht wurden (für die es keinen Bankkundenschutz gibt), Verdachtsmomente auslösen.

Widersprüche gegen die Ermessensentscheidung der Verwaltung sind zwecklos. So blieb auch die Klage eines Schwarzgeldanlegers bezüglich der gegen seine zwei Banken gerichteten Auskunftsersuchen ohne Erfolg.[294] Die Banken wurden aufgefordert, Wertpapierunterlagen für mehrere Jahre sowie Kontoauszüge mit Überweisungsbelegen für ein Jahr vorzulegen, nachdem der Anleger vergeblich aufgefordert wurde, bestimmte Kontoauszüge und Unterlagen über Wertpapiergeschäfte vorzulegen. Der Schwarzgeldanleger und seine Ehefrau hatten ein Haus gekauft und keine plausible Finanzierung des Kaufpreises nachgewiesen. Die von dem Prüfungsbeamten erstellte, nicht unbedingt erforderliche Geldverkehrsrechnung[295] widerlegte der Schwarzgeldanleger durch Hinweis auf Schenkungen und Darlehensgewährungen von Verwandten sowie durch einen überhöhten Ansatz der Lebensführungskosten. Außerdem verwies er auf Einnahmen aus Wertpapiergeschäften; ein Fehler, den er später bitter bereute. Denn diesem letzten Hinweis sind die Prüfungsbeamten selbstverständlich nachgegangen.

---

[294] FG München 16.10.1996, 1 K 983/92 EFG 1997, S. 42.
[295] Vgl. E.V.5.d).

Existieren Kontounterlagen und sonstige Dokumente bei dritten Personen und können sie für die Besteuerung von Bedeutung sein, steht einem Auskunfts- und Vorlageersuchen nicht entgegen, daß der Schwarzgeldanleger als „Privatmann" selbst nicht aufzeichnungs- und aufbewahrungspflichtig ist. Entscheidend ist, daß er der an ihn gerichteten Vorlageaufforderung nicht nachgekommen ist.

Die Finanzbehörde kann von der Bank aufgrund der Ermächtigung in § 92 AO auch (wiederum nach pflichtgemäßem Ermessen) die Vorlage von Büchern, Aufzeichnungen, Geschäftspapieren und anderen Urkunden zur Einsicht und Prüfung verlangen. Die Inanspruchnahme eines Kreditinstituts ergibt sich hier insbesondere aus § 97 Abs. 1 Satz 1 AO.

Vorlageersuchen, die einen besonders langen Zeitraum umfassen, werden von den Finanzgerichten generell als „rechtlich bedenklich" verworfen. So hat der VIII. Senat des BFH[296] zur Frage der Zulässigkeit eines Auskunftsersuchens an eine Sparkasse bei hohen Entnahmen zur Überprüfung *privater Kontenbewegungen* das Vorlageverlangen eines Finanzamts bezüglich der Auszüge eines privaten Bankkontos über einen Zeitraum von vier Jahren für unzulässig erklärt. Das Vorlageersuchen entsprach nach Ansicht des BFH nicht dem Grundsatz der Verhältnismäßigkeit. Das Finanzamt hätte sich bei Beachtung dieses Grundsatzes mit der Vorlage sämtlicher Kontoauszüge zunächst über einen Zeitraum von höchstens einem Jahr begnügen müssen und erst dann, wenn sich aus der Sichtung der Kontoauszüge weitere Indizien hinsichtlich nichterklärter Vermögensbildung ergeben hätten, den Untersuchungszeitraum auf mehrere Jahre ausweiten dürfen.

Vorlageersuchen müssen „inhaltlich hinreichend bestimmt" sein (§ 119 Abs. 1 AO); die Finanzbehörde hat dem Kreditinstitut genau mitzuteilen, welche Akten und Unterlagen sie einsehen möchte. Dem Kreditinstitut ist mitzuteilen, daß die Unterlagen für die Besteuerung eines seiner Bankkunden benötigt werden (§ 97 Abs. 1 Satz 2 AO).

Bezüglich der Auskunfts- und Vorlagepflichten einer Bank ergibt sich unter Berücksichtigung des Subsidiaritätsprinzips folgende Reihenfolge:[297]

---

[296] Urt. v. 23.10.1990 VIII R 1/86, BStBl. 1991 II, S. 277.

[297] Hamacher, Rolfjosef, Spitz, Helmut, Auskunftsbegehren der Finanzbehörden, Stuttgart 1988, S. 45.

„1. Auskünfte des Beteiligten (Institutskunden)
2. Vorlage von Urkunden durch den Beteiligten, sofern dies erforderlich oder sachdienlich ist
3. Auskünfte anderer Personen (z. B. Kreditinstitute)
4. Vorlage von Urkunden durch andere Personen in den in § 97 Abs. 2 AO genannten Fällen".

Für die Finanzbehörde ist die Einhaltung der vorgegebenen Rangfolge zwingend. Verstößt sie dagegen, liegt ihrerseits ein Ermessensfehler vor, der zur Folge hat, daß das Kreditinstitut dem Verwaltungsakt nicht uneingeschränkt Folge leisten muß.

c) Der Schutz von Bankkunden (§ 30a AO)

(i) Allgemeines

Führt man sich allein die verführerische Überschrift „Schutz von Bankkunden" vor Augen, unter der sich ein § „30a" in der Abgabenordnung tummelt, könnte man darunter so etwas wie ein steuerrechtliches Bankgeheimnis vermuten und glauben, die Vorschrift schütze vor der Aufdeckung von Schwarzgeldern und den damit verbundenen strafrechtlichen Konsequenzen. Wer in der Vergangenheit so dachte, wurde durch die zahlreichen Großrazzien, die die Bankenwelt durch die 90er Jahre begleiteten, eines Besseren belehrt. Denn in Wirklichkeit ist in dieser Vorschrift nichts anderes zu sehen als eine Art „Selbstbeschränkung der Finanzverwaltung" in ihren Ermittlungsbefugnissen. Mit einem gesetzlich verankerten Bankgeheimnis hat § 30a jedenfalls nichts zu tun; ein solches existiert in Deutschland nicht.

Die der Finanzbehörde durch § 30a AO auferlegte Selbstbeschränkung erschöpft sich überwiegend in bloßen „formellen Kleinigkeiten", die im übrigen auch an anderer Gesetzesstelle gefordert werden. Teilweise ist § 30a AO also überflüssig. Für einen Schweizer oder Luxemburger Banker wird es unbegreiflich sein, daß die Vorschrift, die oftmals als Rechtsgrundlage für ein „Bankgeheimnis" gehalten wird, Einzelauskunftsersuchen gegen Banken bereits im Besteuerungsverfahren ausdrücklich zuläßt (§ 30a Abs. 5 AO) und deutsche Banken wie „andere Personen" zur Auskunft herangezogen werden können, wenn der Sachverhalt allein durch Mitwirkung des Schwarzgeldanlegers nicht ausreichend geklärt werden kann. Noch unverständlicher ist, daß die Steuerfahndung im Rahmen einer „Vorfeldermittlung“ uneingeschränkt tätig werden kann.

Schließlich hat das „Vertrauensverhältnis zwischen Kunde und Kreditinstitut“ auch in einer Verfassungsbeschwerde der Dresdner Bank im Jahr 1994 wenig Beachtung gefunden. Die Verfassungsrichter räumten zwar ein, daß durch die Beschlagnahmehandlungen „das achtungswürdige Vertrauen redlicher Kunden in den Geschäftsbetrieb der Beschwerdeführerin berührt werden kann,“ dies aber „in der Natur der Sache“ liegt und „zulässige Ermittlungsmaßnahmen“ nicht zu hindern vermag.[298] Nach Einleitung eines Steuerstrafverfahrens – sei es gegen Mitarbeiter oder Kunden einer Bank – hat § 30a AO sowieso keine Bedeutung mehr.

Daß dennoch Kapitalerträge nicht der Einkommensteuer unterworfen werden und sich Schwarzgeldanleger dabei ziemlich „sicher“ fühlen, ist eher auf die mangelnde Mitwirkungsbereitschaft der Banken zurückzuführen, die – nicht wegen § 30a AO, sondern des bankvertraglichen Bankgeheimnisses wegen – Auskunftsverlangen über Kundenkonten und -depots durch Rechtsbehelf als unzulässig zurückweisen (z. B. bei berechtigtem Zweifel an der Einhaltung des „Subsidiaritätsprinzips“) und die Ermittlungsbehörden gezwungen sind, ein Steuerstrafverfahren zu eröffnen. Eine Mitte der 90er Jahre eingesetzte Expertenkommission „Arbeitsgruppe Steuerausfälle“ der Finanzverwaltung Nordrhein-Westfalen forderte in ihrem über 80seitigen Bericht die totale Aufhebung des § 30a AO, dessen „negative Auswirkungen [noch] über das Problem der vollständigen Besteuerung der Zinsen weit hinaus [gehen]“. Indem keine Prüfungsmaßnahmen – noch nicht einmal stichprobenweise – an der Stelle durchgeführt werden dürfen, wo die Früchte vieler Mißbräuche sichtbar werden könnten, ist – so die Kommission – „eine der wirkungsvollsten Mißbrauchsbekämpfungsmöglichkeiten insbesondere zur Aufdeckung von Schwarzgeldern verschenkt“. § 30a AO schütze nach Meinung der Arbeitsgruppe einen Bereich, „der es nicht verdient hat“. Leider ist diese Auffassung ziemlich weit an der Realität vorbei. Denn § 30a ist ein „trojanisches Pferd“. Die Vorschrift „blendet nur“, schützt aber niemanden, und schon gar nicht Schwarzgeldanleger.

---

[298] Beschluß v. 13. Dezember 1994 2 BvR 894/94.

(ii) § 30a AO im einzelnen

§ 30a Abs. 1 AO (Vertrauensverhältnis Kunde und Kreditinstitut) lautet:

„Bei der Ermittlung des Sachverhalts (§ 88) haben die Finanzbehörden auf das Vertrauensverhältnis zwischen den Kreditinstituten und deren Kunden besonders Rücksicht zu nehmen."

§ 30a Abs. 1 AO spiegelt Bankkunden eine Art finanzbehördliches Bankgeheimnis vor und „zielt im Grunde auf das Vertrauen, Guthabenkonten und Depots seien vor Ermittlungsmaßnahmen der Finanzbehörden geschützt"[299]. In der Tat dürfen nach § 30a Abs. 1 AO Auskünfte von Banken über deren Kunden erst dann verlangt werden, wenn Umstände vorliegen, die zu der Annahme berechtigen, daß die Angaben in der Steuererklärung des Schwarzgeldanlegers falsch sind. Auf den ersten Blick deutet dies auf eine ungerechtfertigte Bevorteilung von Bankkunden hin. Bei näherer Betrachtung stellt Abs. 1 durch Bezug auf § 88 AO nur eine deklaratorische Wiedergabe des in E.V.6.a) näher beschriebenen Untersuchungsgrundsatzes dar (AEAO Ziff. 1 u. 2 zu § 88 AO), welcher einerseits schon an anderer Stelle genannt wurde und andererseits für jedermann gilt.

§ 30a Abs. 2 AO (Kontomitteilungen) lautet:

„Die Finanzbehörden dürfen von den Kreditinstituten zum Zwecke der allgemeinen Überwachung die einmalige oder periodische Mitteilung von Konten bestimmter Art oder bestimmter Höhe nicht verlangen."

Abs. 2 hat nur deklaratorische Bedeutung. Er richtet sich gegen Ermittlungen ins Blaue hinein, wobei die Vorschrift nur dasjenige verbietet, was auch ohnehin nicht erlaubt wäre. Abs. 2 verwehrt den Finanzbehörden im Rahmen der allgemeinen Überwachung – d. h. soweit keine besonderen Anhaltspunkte für ein Auskunftsersuchen i. S. von § 93 AO vorliegen – von den Kreditinstituten Mitteilungen über Konten zu verlangen. Liegen dagegen die Voraussetzungen der §§ 93 (Auskunftsersuchen) und 208 Abs. 1 Nr. 3 AO (Vorfeldermittlung) vor, dürfen die Finanzbehörden Auskünfte – auch Sammelauskünfte – bei den Kreditinstituten einholen, wobei – wegen des Verbots von Ermittlungen ins Blaue hinein – Auskunftsersuchen an eine Bank nur dann rechtmäßig sind, wenn sie

[299] Tipke/Kruse, Kommentar zur Abgabenordnung, 14. Aufl., § 30a Tz. 4.

sich gegen Einzelpersonen oder gegen eine besonders zur Steuerhinterziehung geneigte Gruppe richten und ein hinreichender Anlaß zum Tätigwerden gegeben ist.

§ 30a Abs. 3 AO (Kontrollmitteilungen) lautet:

„Die Guthabenkonten oder Depots, bei deren Errichtung eine Legitimationsprüfung nach § 154 Abs. 2 vorgenommen worden ist, dürfen anläßlich der Außenprüfung bei einem Kreditinstitut nicht zwecks Nachprüfung der ordnungsmäßigen Versteuerung festgestellt oder abgeschrieben werden. Die Ausschreibung von Kontrollmitteilungen soll insoweit unterbleiben."

Die Vorschrift wendet sich gegen das Abschreiben von Guthabenkonten und Wertpapierdepots und soll dem schutzwürdigen „Bank-Kunde-Verhältnis" Rechnung tragen. Zu Kontrollmitteilungen bei Banken äußerte sich das Bundesverfassungsgericht im legendären „Zinsbesteuerungsurteil" vom 27. Juni 1991, dem Schwarzgeldanleger die Einführung der Zinsabschlagsteuer in 1992 zu verdanken hatten, so: „Vor allem mit dem Verbot der Kontrollmitteilungen ... wird der Finanzverwaltung eines der wirksamsten Mittel zur Sachverhaltsaufklärung genommen. Das Verbot schirmt Konten der Bankkunden und damit einen wesentlichen Bereich, in dem die Finanzverwaltung Erkenntnisse über die Bezieher von Kapitaleinkünften gewinnen kann, vor Ermittlungen der Steuerbehörden ab und enthebt dadurch die Bezieher von Kapitalerträgen weitgehend des Risikos, bei der Steuerverkürzung entdeckt zu werden. Diese Regelung des Bankenerlasses wird teilweise sogar dahin verstanden, daß die Finanzverwaltung selbst bei begründetem Anlaß gehindert sein soll, Kontrollmitteilungen auszuschreiben ..."

Doch damit ist es weit gefehlt. Der § 30a AO ist, wie der BFH[300] betont, verfassungskonform einschränkend in der Weise auszulegen, daß er der vom Grundgesetz gebotenen, gleichmäßigen Erhebung der Steuer auf Zinseinkünfte nicht entgegensteht. Somit hindert § 30a Abs. 3 AO in keiner Weise die Fertigung und Auswertung von Kontrollmitteilungen anläßlich einer Außenprüfung bei Kreditinstituten, wenn hierfür ein hinreichend begründeter Anlaß besteht.

§ 30a Abs. 3 schränkt § 194 Abs. 3 AO ein, wonach die anläßlich einer Außenprüfung festgestellten Verhältnisse anderer Perso-

[300] Urt. vom 18. Februar 1997, VIII R 33/95 BStBl. 1997 II, S. 499.

nen insoweit ausgewertet werden können, als dies für die Besteuerung dieser Personen von Bedeutung ist.[301] Diese Einschränkung gilt zunächst schon nach dem eindeutigen Wortlaut der Vorschrift, welche nur von Guthabenkonten spricht, *nicht* für debitorisch geführte Konten (Kreditkonten).[302] Die Einschränkung gilt ferner *nicht* für solche Guthabenkonten und Depots, hinsichtlich derer eine Identitätsprüfung („Legitimationsprüfung") i. S. von § 154 AO (Gebot der Kontenwahrheit) unterblieben ist.

Konten, zu denen auch Eigenkonten der Kreditinstitute und CpD-Konten gehören, können anläßlich der Außenprüfung bei einem Kreditinstitut zwecks Nachprüfung der ordnungsgemäßen Versteuerung festgestellt und abgeschrieben werden. Eine weitere wesentliche Reduktion erfährt § 30a Abs. 3 AO dadurch, daß *Zufallserkenntnisse,* die den Verdacht einer Steuerverkürzung im Einzelfall begründen, auch hinsichtlich solcher Guthabenkonten und Depots dem zuständigen Wohnsitzfinanzamt des Schwarzgeldanlegers mitgeteilt werden können, bei deren Errichtung eine Identitätsprüfung i. S. von § 154 AO vorgenommen wurde.

Schließlich dürfen Kontrollmitteilungen durch den Außenprüfer dann gefertigt und ausgeschrieben werden, wenn dazu ein *hinreichender Anlaß* besteht. Ein solcher hinreichender Anlaß[303] ist nicht erst dann gegeben, wenn der Betriebsprüfer Zufallserkenntnisse gewinnt, die den Verdacht einer Steuerverkürzung im Einzelfall begründen. Für das Vorliegen eines hinreichenden Anlasses genügt nach Auffassung des VIII. Senats vielmehr, daß der Außenprüfer im Rahmen einer aufgrund allgemeiner Erfahrung getroffenen Prognoseentscheidung im Wege vorweggenommener Beweiswürdigung zu dem Ergebnis kommt, daß eine Kontrollmitteilung zur Aufdeckung steuererheblicher Tatsachen zu führen vermag.[304] Schon aus dem eindeutigen Wortlaut des Satz 2 („soll") ergibt sich, daß § 30a Abs. 3 AO kein generelles – ausnahmsloses – Verbot zur Ausschreibung von

---

301 Tipke/Kruse, a.a.O., § 30a.

302 Schwarz, Kommentar zur Abgabenordnung, § 30a Rdnr. 18; AEAO zu § 30a AO 1977 Tz. 1 Abs. 3, Nieders. FG, Beschluß v. 30. September 1998 X 437/98 V EFG 1999, 10.

303 Hinreichender Anlaß im Anwendungsfeld des § 30a Abs. 3 AO meint folglich dasselbe wie der hinreichende Anlaß für ein Auskunftsersuchen i. S. von § 93 Abs. 1 AO oder für ein Tätigwerden der Steuerfahndungsbehörden zur Aufdeckung und Ermittlung unbekannter Steuerfälle (Vorfeldermittlungen, § 208 Abs. 1 Nr. 3 AO).

304 Urt. vom 18. Februar 1997, VIII R 33/95 BStBl. 1997 II, S. 499.

Kontrollmitteilungen statuiert.[305] Der vorausgehende Satz 1 des § 30a Abs. 3 AO steht diesem Ergebnis nicht entgegen, sondern bezieht sich mit seinem absoluten Verbot („dürfen nicht") lediglich auf solche Maßnahmen des Außenprüfers, die stichprobenweise, d. h. *ohne begründeten Anlaß*, getroffen werden. Bei hinreichend begründetem Anlaß hingegen steht § 30a Abs. 3 Satz 1 der Feststellung und dem Abschreiben von Konten und Depots nicht entgegen.

Der eine Ausschreibung von Kontrollmitteilungen rechtfertigende, *hinreichende Anlaß* darf allerdings nach Ansicht des VII. BFH-Senats nicht so niedrig ausgelegt werden, daß § 30a Abs. 3 überhaupt nicht mehr über das hinausgeht, was schon die allgemeine Norm des § 194 Abs. 3 AO[306] verbietet. Mit einem solchen durch Interpretation hergestellten „Gleichklang" der beiden Vorschriften wird nach Auffassung des VII. Senats verkannt, daß § 30a Abs. 3 AO eine bewußte und zielgerichtete Einschränkung durch den Gesetzgeber für Prüfungen im Bankenbereich sein soll.[307] Folglich müssen auch die Befugnisse der Prüfer entsprechend eingeschränkt sein, sonst wäre § 30 a Abs. 3 AO ohne jeden Sinn.

Der VII. Senat gab der Klage einer Bank statt, die sich gegen das Notieren und Festhalten steuerlich erheblicher Vorgänge aus dem Schriftverkehr mit ihren Kunden und der Anfertigung von Kontrollmitteilungen wehrte. Die Durchsuchung wurde damit begründet, daß in einem anderen Ermittlungsverfahren zahlreiche Ein- und Auszahlungsbelege über Kapitalanlagen in Luxemburg sichergestellt worden sind, die wegen der Anonymisierung den Verdacht einer Steuerhinterziehung sowie bezüglich der Bankbediensteten den Verdacht der Beihilfe zur Steuerhinterziehung begründet hatten. Steuerfahnder stießen bei der Durchsicht des alphabetisch abgelegten allgemeinen Schriftverkehrs auf andere möglicherweise steuerlich erhebliche Sachverhalte nicht verfahrensbeteiligter Bankkunden (Kapitalanlagen, Kapitalerträge, Banküberweisungen in das Ausland), die in keinem Zusammenhang mit Geldanlagen in Luxemburg standen und hinsichtlich derer keine Umstände

[305] BFH v. 18. Februar 1997, a.a.O.
[306] Vgl. E.V.1.b).
[307] BFH, Beschluß v. 28. Oktober 1997, VII B 40/97 BFH/NV 1998, S. 424.

auf die Verübung einer anderen Steuerstraftat hindeuteten. Der Senat vertrat die Ansicht, der Ermittlungsauftrag sei keine Rechtfertigung dafür gewesen, tatsächliche und rechtliche Verhältnisse von Personen, die vom Verfahren nicht betroffen sind, aber die der Steuerfahndung bei ihren Ermittlungen im Bankenbereich zwangsläufig zur Kenntnis kommen, durch Aufzeichnungen besonders festzuhalten und später näher zu erforschen. Der Senat räumte aber gleichzeitig ein, daß auf das Vertrauensverhältnis zwischen der Bank und ihrem Kunden *keine* Rücksicht zu nehmen ist, wenn die erlangten Kenntnisse einen *Anfangsverdacht* (nach Auffassung des VII. Senats nicht nur einen hinreichenden Anlaß) dahingehend begründen, daß die Bank oder der betreffende Bankkunde eine Steuerverkürzung herbeigeführt hat.

§ 30a Abs. 4 AO (Angabe von Kontonummern und Wertpapierdepots) lautet:

„In Vordrucken für Steuererklärungen soll die Angabe der Nummern von Konten und Depots, die der Steuerpflichtige bei Kreditinstituten unterhält, nicht verlangt werden, soweit nicht steuermindernde Ausgaben oder Vergünstigungen geltend gemacht werden oder die Abwicklung des Zahlungsverkehrs mit dem Finanzamt dies bedingt."

Auch Abs. 4 hat lediglich rechtsbestätigenden Charakter. Die Vorschrift verbietet den Finanzbehörden, auf Steuerformularen Angaben über Konten und möglicherweise angeschlossene Wertpapierdepots zu erfragen. Die Nummern von Bankkonten und Depots sind für die Besteuerung grundsätzlich unerheblich und deshalb nicht aufklärungsbedürftig.[308] Ist die Nummer eines Bankkontos oder Depots ausnahmsweise besteuerungsrelevant und besteht deshalb im Einzelfall ein hinlänglicher Anlaß zur Ermittlung dieser Nummer, so steht die – im übrigen lediglich als Sollvorschrift statuierte – Regelung des § 30a Abs. 4 AO einem auf § 93 AO gestützten Informationsverlangen nicht im Wege.

§ 30a Abs. 5 AO (Pflicht zur Einhaltung des Subsidiaritätsprinzips bei Auskunftsersuchen an Kreditinstitute) lautet:

„Für Auskunftsersuchen an Kreditinstitute gilt § 93. Ist die Person des Steuerpflichtigen bekannt und gegen ihn kein Verfahren wegen einer

[308] BFH, Urt. vom 18. Februar 1997, VIII R 33/95 BStBl. 1997 II, S. 499.

Steuerstraftat oder einer Steuerordnungswidrigkeit eingeleitet, soll auch im Verfahren nach § 208 Abs. 1 Satz 1 ein Kreditinstitut erst um Auskunft und Vorlage von Urkunden gebeten werden, wenn ein Auskunftsersuchen an den Steuerpflichtigen nicht zum Ziele führt oder keinen Erfolg verspricht."

Spätestens jetzt dürfte auch der letzte Schwarzgeldanleger erkannt haben, daß es gegenüber Finanzbehörden kein Bankgeheimnis gibt. Satz 1 der Vorschrift betont deutlich, daß bei Auskunftsersuchen an Kreditinstitute § 93 AO gilt und stellt damit klar, daß das schutzwürdige Vertrauensverhältnis zwischen Bank und Kunde nicht so weit führt, daß Kreditinstitute in Besteuerungsverfahren ihrer Kunden die gestellten Auskunftsersuchen nicht beantworten müssen. Eine Verpflichtung zur Auskunftserteilung ergibt sich auch aus Nr. 123 Abs. 1 AStBV.

§ 30a Abs. 5 Satz 2 AO stellt klar, daß das „Subsidiaritätsprinzip" (wenn der Bankkunde bekannt und gegen ihn kein Verfahren wegen einer Steuerstraftat oder -ordnungswidrigkeit eingeleitet ist, soll das Kreditinstitut erst dann um Auskunft und Vorlage von Urkunden gebeten werden, wenn ein Auskunftsersuchen an den Steuerpflichtigen nicht zum Ziel führte oder keinen Erfolg verspricht) auch für die Steuerfahndung bei Vorfeldermittlungen (Verfahren nach § 208 Abs. 1 Satz 1 Nr. 3) gelten soll. Die Vorschrift betrifft Fälle, in denen der Steuerpflichtige namentlich bekannt ist, nicht aber der steuerliche Sachverhalt.

§ 30a Abs. 5 Satz 2 AO schränkt die Kompetenzen der Fahndungsbeamten dergestalt ein, daß auch diese den Steuerpflichtigen zuerst befragen *sollen*, bevor sie sich an seine Hausbank wenden. Satz 2 ist aber lediglich eine *Sollvorschrift* und behindert in keinster Weise die Maßnahmen der Steuerfahndungsstellen im Rahmen der allgemeinen Steueraufsicht, d. h. die Erforschung von Steuerstraftaten und Steuerordnungswidrigkeiten oder die Aufdeckung und Ermittlung unbekannter Steuerfälle.[309]

[309] Vgl. im einzelnen E.V.6.c) und E.V.6.d).

d) Die Zulässigkeit von Sammelauskunftsersuchen, Raster- und Flächenfahndungen

Ist die gesamte Organisationsstruktur einer Bank in das Strafverfahren involviert oder richet sich der Anfangsverdacht gegen eine Vielzahl noch unbekannter Kunden, die der Steuerhinterziehung verdächtigt werden, ist eine exakte Eingrenzung von Durchsuchungshandlungen, beispielsweise auf bestimmte Räumlichkeiten oftmals nicht möglich, weil nicht hinreichend bestimmt werden kann, in welchen Niederlassungen oder Zweigstellen eines Kreditinstituts sich die Unterlagen mit Sicherheit nicht finden lassen. Sind sowohl die Personenkreise, gegen die sich eine Zwangsmaßnahme richtet, als auch die Orte, an denen sich diese Zwangsmaßnahme vollziehen soll, weit gefaßt, spricht man von Sammelauskunftsersuchen, Raster- und Flächenfahndungen.

Während Sammelauskunftsersuchen für rechtmäßig erachtet werden, wenn ein hinreichender Anlaß zum Tätigwerden gegeben ist (wenn „konkrete Anhaltspunkte" oder diverse „belegbare und darzulegende Erfahrungswerte" für Steuerunregelmäßigkeiten innerhalb einer bestimmten Personengruppe sprechen und die aufzuklärende Straftat keineswegs nur belanglos ist), fehlt ein solcher bei Raster- und Flächenfahndungen regelmäßig. Raster- und Flächenfahndungen dienen lediglich dazu, eine Gruppe von Schwarzgeldbesitzern oder Steuerhinterziehern herauszufiltern, für die sich die Einleitung gezielter Ermittlungen lohnt. Der hinreichende Anlaß soll hier erst gewonnen werden.

Raster- oder Flächenfahndungen sind daher sowohl rechts- als auch verfassungswidrig.[310] Der Fall Dresdner Bank zeigte aber, wie schwierig und weitläufig die Abgrenzung zwischen einem zulässigen Auskunfts- und Durchsuchungsbegehren (das bei Adressierung an einen breitgefächerten Personenkreis in ein Sammelauskunftsverfahren mündet) und einer gesetzeswidrigen Flächenfahndung sein kann. Obwohl der Anfangsverdacht auf eine Vielzahl noch unbekannter Kunden der Dresdner Bank gerichtet war, die vermutlich auf diese Weise Steuern hinterzogen haben, waren die Ermittlungen als verhältnismäßig anzusehen. Denn es war den Ermitt-

[310] U. a BFH, Urt. v. 29.10.86, BStBl. 1988 II, S. 359. Unzulässig aber nur, weil rechts- und verfassungswidrig. Der Bankkundenschutz allein verhindert keine Flächenfahndung.

lungsbehörden nicht möglich, die Durchsuchungen räumlich einzugrenzen, da davon auszugehen war, daß die gesamte Organisationsstruktur des Kreditinstituts in die Tatbegehung involviert war, so daß nicht festgestellt werden konnte, in welchen Niederlassungen und Geschäftsstellen sich die zu suchenden Unterlagen mit Sicherheit nicht auffinden lassen.

Weder als Rasterfahndung noch als Ermittlungen ins Blaue sah das Niedersächsische Finanzgericht[311] das Vorgehen von Außenprüfern bei 1.185 sehr mysteriösen Geschäftsfällen eines Kreditinstituts mit mehr als 120 Filialen. Die Vorgänge waren alle auf CpD-Konten verbucht und wiesen die Besonderheit auf, daß auf den Überweisungsträgern in der Rubrik Verwendungszweck entweder „Theo Waigel"[312] oder „Herzblatt" angegeben war. Name und Anschrift der Kunden waren erst aus weiteren angeforderten Belegen erkennbar. Nach Auswertung des Belegmaterials fertigten die Außenprüfer rund 600 Kontrollmitteilungen für Wohnsitz- und Veranlagungsfinanzämter an.

Die Fertigung dieser Kontrollmitteilungen war zulässig, die Klage der Bank ohne Erfolg. Trotz der über 1.000 Vorgänge, die überprüft worden sind, handelte es sich hier weder um eine Rasterfahndung noch um sogenannte Ermittlungen ins Blaue hinein. „Wenn es sich um Zahlungen in einer Größenordnung von mehr als 50.000 DM handelt, im Einzelfall sogar von 200.000 DM, und als Verwendungszweck auf dem Überweisungsträger Namen wie Theo Waigel bzw. Herzblatt angegeben werden und diese Geldflüsse ferner auf internen Konten der Bank erscheinen, wird deutlich, so dic Finanzrichter, daß in diesen Fällen mindestens ein hinreichender Anlaß, wenn nicht sogar ein hinreichender Anfangsverdacht auf eine Steuerverkürzung gegeben ist", so die Richter.

Der Fall unterstreicht wieder einmal den Grundsatz, daß bankinterne Konten mit „Papierspuren" zu legitimierten Kundenkonten nicht dem Schutzbereich des § 30a AO unterfallen.

---

311 Beschluß vom 30. September 1998 X 437/98 V EFG 1999,10.

312 Ehem. Deutscher Finanzminister.

5. Aufdeckung von Schwarzgeld durch die Außenprüfung (Betriebsprüfung)

a) Allgemeines

Durchschnittlich 16,4 Milliarden Mark spielen die über 12.500 Betriebsprüfer im Jahr an Mehrsteuern ein. Diese Zahl ist um so bemerkenswerter, als über die Hälfte dieses Geldes wohl sonst niemals in die Staatskassen geflossen wäre. Jeder Prüfer bringt dem Staat im Durchschnitt Mehreinnahmen von weit über einer Million Mark.

Außenprüfungen werden bei Gewerbebetrieben und freiberuflich Tätigen nach freiem Ermessen (d. h. ohne besondere Voraussetzungen und in unregelmäßigen Zeitabständen) durchgeführt (§ 193 Abs. 1 AO). Während sich bei Großbetrieben[313] ein Prüfungszeitraum dem anderen anschließt, beträgt der Prüfungsturnus je nach Personallage und Größenklasse bei Mittelbetrieben[314] durchschnittlich 11,5 Jahre, bei Kleinbetrieben[315] sogar nur 24,2 Jahre, und Kleinstbetriebe werden schließlich nur alle 63,8 Jahre geprüft.[316] Kapitalanleger und Einkunftsmillionäre mit Überschußeinkünften von über 1 Mio. DM im Jahr werden in der Betriebskartei als Großbetriebe erfaßt und entsprechend geprüft.

Die Außenprüfung löst u. a. folgende Rechtsfolgen aus:

- Aufhebung des Vorbehalts der Nachprüfung (§ 164 Abs. 3 Satz 3),
- Ablaufhemmung der Festsetzungsfrist (§ 171 Abs. 4),
- eingeschränkte Berichtigungsmöglichkeit (§ 173 Abs. 2) sowie eine
- Sperrwirkung für die strafbefreiende Selbstanzeige (§ 371 Abs. 2 Nr. 1a AO)

Der Betriebsprüfer kann seine Prüfungsschwerpunkte nach den sich durch Sichtung von Kontrollmaterial ergebenden Erkenntnis-

[313] Handelsbetriebe: Gesamtumsatz über 11,8 Mio. DM oder steuerlicher Gewinn über 460.000 DM; Freie Berufe: Gesamtumsatz über 6,7 Mio. DM oder steuerlicher Gewinn über 875.000 DM. Größenklassen, aus Richtsatz-Sammlung 1999, BStBl. 1999 I, S. 526.

[314] Handelsbetriebe: Gesamtumsatz über 1,4 Mio. DM oder steuerlicher Gewinn über 90.000 DM; Freie Berufe: Gesamtumsatz über 1,25 Mio. DM oder steuerlicher Gewinn über 200.000 DM.

[315] Handelsbetriebe: Gesamtumsatz über 250.000 DM oder steuerlicher Gewinn über 48.000 DM; Freie Berufe: Gesamtumsatz über 250.000 DM oder steuerlicher Gewinn über 48.000 DM.

[316] 1992 in NRW, Quelle: Bericht Arbeitsgruppe „Steuerausfälle", FVerw. Nordrhein-Westfalen, S. 33.

sen ausrichten und die Aufdeckung von Schwarzgeld gezielt vorbereiten und planen. In aller Regel prüft er folgende Bereiche:

- Vollständigkeit der Betriebseinnahmen,
- ungeklärte Vermögenszuwächse,
- Abgrenzungen zwischen Betriebs- und Privatvermögen, zwischen Privateinlagen und -entnahmen,
- Verträge zwischen nahestehenden Personen, Grundstückskäufe und -verkäufe,
- Finanzanlagen, Beteiligungen und Wertpapiere sowie Auslandsbeziehungen.

Die Ermittlungsrechte der Finanzbehörden und die Mitwirkungspflichten des Steuerpflichtigen gehen bei Außenprüfungen weiter als bei sonstigen Einzelermittlungen. Gemäß § 200 Abs. 1 Satz 1 AO hat der Steuerpflichtige „bei der Feststellung der Sachverhalte, die für die Besteuerung erheblich sein können, mitzuwirken". Der Umfang der Inanspruchnahme des Auskunftspflichtigen liegt im pflichtgemäßen Ermessen des Außenprüfers. Der Steuerpflichtige hat „Auskünfte zu erteilen, Aufzeichnungen, Bücher, Geschäftspapiere und andere Urkunden zur Einsicht und Prüfung vorzulegen und die zum Verständnis der Aufzeichnungen erforderlichen Erläuterungen zu geben" (§ 200 Abs. 1 Satz 2 AO). Die Verletzung abgabenrechtlicher Mitwirkungspflichten hat neben einer Entlastung der Finanzbehörde hinsichtlich ihrer Beweisführung auch zur Folge, daß aus dem Verhalten des Steuerpflichtigen für ihn nachteilige Schlüsse gezogen werden dürfen, die sich nicht nur auf bezifferbare Besteuerungsgrundlagen beschränken.[317]

Mitwirkungspflichten des Steuerpflichtigen bestehen auch für Belange aus dem Privatbereich. Dies bedeutet aber nicht, daß der Steuerbürger über seine privaten Einnahmen und Ausgaben Aufzeichnungen oder gar eine komplette Buchführung zu führen hat. Weder muß er dem Prüfer bis ins Detail vorrechnen, wie er seine private Lebensführung gestaltet und finanziert, noch kann die Vorlage solcher Nachweise verlangt werden, wenn sie sich nicht mehr im Besitz des Steuerpflichtigen befinden. Wurden Unterlagen

---

[317] BFH, Urt. v. 15.2.1989 X R 16/86, BStBl. 1989 II, S. 462.

aus dem Privatbereich, für die keine gesetzlichen Aufbewahrungspflichten bestehen, bereits vernichtet oder befinden sie sich im Gewahrsam eines Dritten, der die Herausgabe verweigert (z. B. die Ehefrau eines Selbständigen, der geprüft wird, verweigert als Mitunterzeichnende die Herausgabe von Unterlagen eines Und-Kontos), kann die Vorlage auch durch Androhung von Zwangsmaßnahmen aus tatsächlichen Gründen nicht erreicht werden.

Im Gegensatz zu den allgemeinen Beweiserhebungen im Besteuerungsverfahren nach §§ 88, 92 ff. AO (Einzelermittlungen), in denen sich die Ermittlungstiefe meist im Lauf des Verfahrens aus der Auswertung des gesichteten Datenmaterials ergibt, müssen die für die Durchführung der Außenprüfungen zuständigen Finanzbehörden den Umfang der Außenprüfung in einer schriftlich zu erteilenden Prüfungsanordnung genau abgrenzen (§ 196 AO). Die Prüfungsanordnung ist Voraussetzung für eine Verwertbarkeit der Außenprüfungsergebnisse und soll dem Steuerpflichtigen die Möglichkeit geben, sich bereits vor Beginn auf die bevorstehende Prüfung einzustellen und ggf. Überlegungen zur Erstattung einer Selbstanzeige anzustellen, solange der Prüfer noch nicht erschienen ist. Die Prüfungsanordnung muß neben einer Begründung (§ 121 Abs. 1 AO) auch Angaben zum sachlichen und zeitlichen Umfang der Außenprüfung enthalten (welche Steuerarten, welche Besteuerungszeiträume).

Den zeitlichen Umfang der Betriebsprüfung kann der Betriebsprüfer aber grundsätzlich nach seinem Ermessen bestimmen, unabhängig von dem in der Prüfungsanordnung angegebenen Zeitraum. Und im allgemeinen empfiehlt es sich auch nicht, sich genau auf die in der Prüfungsanordnung genannten Prüfungsjahre zu berufen. In einem Fall[318] leitete das Finanzamt für die Jahre 1992 bis 1994 eine Betriebsprüfung gegen einen selbständigen Betreiber eines Serviceunternehmens ein. In deren Verlauf bat die Prüferin um Einsicht in die Buchhaltung 1988 und 1989, weil sie überprüfen wollte, ob der Kläger Umsätze aus Metallieferungen versteuert hatte. Sie legte zwei Schreiben des Betreibers vor, in denen dieser bestätigt, für die Lieferungen 1988 33.093,35 DM und 1989 90.144,51 DM einschließlich Mehrwertsteuer erhalten zu haben. Weder der Kläger noch sein Steuerberater waren bereit,

[318] BFH 19.8.1998, XI R 37/97 BStBl. 1999, S. 7.

der Prüferin die begehrte Einsicht zu gewähren. Darauf leitete das Finanzamt gegen den Kläger ein Strafverfahren wegen des Verdachts ein, die Umsätze aus den Metallieferungen nicht versteuert und damit Steuern für den Zeitraum 1988 und 1989 verkürzt zu haben. Der BFH hat die Revision des Betreibers zurückgewiesen, und sah es als erwiesen an, daß aufgrund des dem Finanzamt vorgelegenen Kontrollmaterials und der Weigerung des Geschäftsmanns, Einsicht zu gewähren, mit ausreichender Wahrscheinlichkeit die Möglichkeit bestand, daß Steuern verkürzt worden sind.

Vielfach ist es so, daß sich im Lauf einer Außenprüfung der Verdacht auf eine begangene Steuerstraftat einstellt. Erweisen sich die Buchführungstricks als so gravierend, daß von einem „Versehen" nicht mehr gesprochen werden kann, ergibt sich spätestens ab hier ein Anfangsverdacht. Leitet der Außenprüfer diesen Sachverhalt dann gemäß §§ 9, 10 BpO an die Bußgeld- und Strafsachenstelle (Bustra)[319] seiner Dienststelle weiter, muß er den Steuerpflichtigen hierüber informieren. Kommt der Betriebsprüfer dieser Pflicht nicht nach, kann die weitere Mitwirkung des Steuerpflichtigen – soweit sie die fragliche Steuerart und den Besteuerungszeitraum tangiert – nicht verwertet werden (Täuschung i. S. des § 136a StPO).

Außenprüfungen können auch bei Privatpersonen durchgeführt werden. Der Gesetzgeber will dadurch sicherstellen, daß bei Privatpersonen das Prüfungsbedürfnis im Einzelfall bejaht werden kann, während bei Unternehmern und Freiberuflern ein Prüfungsbedürfnis unterstellt wird. Nach § 193 Abs. 2 Nr. 2 AO bedürfen solche Außenprüfungen aber der Begründung, weshalb die für die Besteuerung erheblichen Verhältnisse der Aufklärung bedürfen und eine Prüfung an Amtsstelle nicht zweckmäßig ist. Die Anordnung einer auf § 193 Abs. 2 Nr. 2 AO gestützten Außenprüfung ist nur dann rechtmäßig, wenn ein Verdacht auf die Abgabe einer unvollständigen oder unrichtigen Steuererklärung begründet werden kann (so auch AEAO zu § 193 Nr. 3), bzw. wenn Anhaltspunkte vorliegen, die es nach den Erfahrungen der Finanzverwaltung als möglich erscheinen lassen, daß ein Besteuerungstatbestand erfüllt ist.[320] Die Prüfungsanordnung zur Prüfung eines Gewerbetreibenden, Landwirts oder Freiberuflers muß gleichzeitig auf § 193 Abs. 1

[319] Vgl. E.V.6.b).
[320] Urt. v. 9.11.1994 XI R 16/94, BFH/NV 1995, S. 578.

und § 193 Abs. 2 Nr. 2 AO gestützt sein, wenn auch der Privatbereich in die Prüfung einbezogen werden soll.

b) Außenprüfung und Prüfungsrecht nach § 50b EStG

Die Außenprüfung erfährt durch die Einbindung des § 50b EStG[321] eine Erweiterung in dreifacher Hinsicht und wird, z. B. im Hinblick auf die Aufdeckung von mittels Schwarzgeld erworbener Aktienbeständen, aus drei Gründen gefährlicher:

1. Während § 193 Abs. 1 AO, wie gesehen, das Prüfungsrecht nur auf die steuerlichen Verhältnisse des Steuerpflichtigen, dessen Buchhaltung geprüft wird, beschränkt, dehnt § 50b das Prüfungsrecht beispielsweise auch auf Unternehmen aus, deren steuerliche Verhältnisse bereits abgeklärt sind, die aber am Verfahren der Vergütung von Körperschaftsteuer bzw. der Erstattung von Kapitalertragsteuer beteiligt waren (z. B. Banken).
2. Während die Vorschriften der AO (§§ 193 Abs. 2 Nr. 1 i. V. m. § 194 Abs. 1 Satz 4 AO) nur die Prüfung der für den Gläubiger einzubehaltenden und abzuführenden Kapitalertragsteuer vorsehen, ermöglicht § 50b die Ausdehnung der Prüfungen auch auf die anrechenbare Körperschaftsteuer.
3. Die in § 193 Abs. 2 Nr. 2 AO genannten Voraussetzungen brauchen bei einer Prüfung nach § 50b nicht vorzuliegen.

In Verbindung mit § 50b kann bei anderen Personen eine Außenprüfung somit auch dann durchgeführt werden, wenn die für die Besteuerung erheblichen Verhältnisse nicht der Aufklärung bedürfen und eine Prüfung an Amtsstelle auch zweckmäßig wäre.

c) Gewinnschätzung und Widerlegbarkeit der Buchführung

(i) Klassische Schätzungs- und Verprobungsmethoden

Eine den Grundsätzen ordnungsmäßiger Buchführung (GOB) entsprechende Bilanz oder Gewinn- und Verlustrechnung hat zunächst grundsätzlich einmal den Anschein der sachlichen Richtigkeit, welche vom Prüfer zu widerlegen ist. Diese aus § 158 AO ab-

[321] Vgl. E.V.1.c).

geleitete *Anscheinsvermutung* verliert allerdings ihre Wirksamkeit, „wenn es nach Verprobung usw. unwahrscheinlich ist, daß das ausgewiesene Ergebnis mit den tatsächlichen Verhältnissen übereinstimmt" (AEAO zu § 158).

Mit der Verprobung wird zunächst nur geprüft, ob die sich aus der Buchführung ergebenden Besteuerungsgrundlagen sachlich bedenklich sind. Die eigentliche Feststellung der Höhe des zu versteuernden Gewinns geschieht durch die spätere Schätzung. Die Verprobung erfolgt allerdings nach denselben Schritten wie die Schätzung. Man überprüft praktisch die Richtigkeit der Buchführungsergebnisse mit denselben Methoden, mit denen man diese Zahlenwerte schätzt; die Schätzungsbefugnis wird paradoxerweise durch eine Schätzung erlangt.

Außenprüfer verproben Betriebe entweder durch Nachkalkulation, Richtsatzvergleich oder mit Hilfe des neueren graphischen Zeitreihenvergleichs.[322] Die Anwendung einer geeigneten Methode genügt. Ist die Finanzbehörde durch Anwendung einer Schätzungsmethode zu einem Ergebnis gekommen, braucht sie dieses nicht mehr durch die Anwendung einer weiteren Schätzungsmethode zu überprüfen.[323]

Die Nachkalkulation – sie wird überwiegend bei Handelsbetrieben angewendet, deren Wareneinsatz sich leicht ermitteln läßt – zeigt anhand des „wirtschaftlichen Umsatzes"[324], welcher Warenumschlag unter optimalen Bedingungen hätte erzielt werden können. Die Nachkalkulation bezieht sich ausschließlich auf innerbetriebliches Zahlenmaterial und ist eine Verprobungsmethode des inneren Betriebsvergleichs. Der Richtsatzvergleich zeigt dagegen, welche Umsätze bzw. Gewinne in einer definierten Zeitperiode unter den für den Normalbetrieb[325] geltenden Umständen hätten erzielt werden müssen.

Das Ergebnis einer Nachkalkulation bzw. eines Richtsatzvergleichs sind Optimalwerte, deren Aussagekraft stark von der Qua-

322 Näher dargestellt unter E.V.5.c)(ii).

323 BFH, Beschluß v. 3. September 1998 XI B 209/95, BFH/NV 1999, S. 290.

324 Der wirtschaftliche Umsatz errechnet sich aus dem Wareneinsatz zuzüglich eines durchschnittlichen Rohgewinnaufschlags und spiegelt Leistungen wider, die der Betrieb zu Nettoverkaufspreisen erbringt.

325 Das ist ein Einzelunternehmen mit Gewinnermittlung durch Bestandsvergleich mit einem wirtschaftlichen Umsatz von bis zu 1,2 Mio. DM.

lität der Berechnungen und der Verwertbarkeit des zugrunde gelegten Zahlenmaterials abhängig ist. Wesentlicher Mangel der Nachkalkulation ist, daß der Prüfer die Art des Betriebs nie genau kennen und exakt feststellen kann, welcher Einsatz an Material und Arbeitsleistung tatsächlich erbracht wird. Obwohl die Nachkalkulation – richtig angewendet – so zuverlässig ist, „daß sie die Beweiskraft einer formell ordnungsmäßigen Buchführung widerlegen und in Höhe der errechneten Fehlbeträge nicht verbuchte Betriebseinnahmen nachweisen kann"[326], läßt die BFH-Rechtsprechung[327] eine Abweichung des wirtschaftlichen Umsatzes von 3 Prozent des in der Buchführung ausgewiesenen Umsatzes als unwesentlich und vernachlässigbar erachten. Des weiteren stellt nach Ansicht des BFH[328] allein die Unterschreitung des untersten Rohgewinnsatzes (Aufschlagsatz) bei einer formell ordnungsmäßigen Buchführung noch keine Rechtfertigung für eine Schätzung dar.

Die Differenz des durch Verprobung ermittelten Optimalbetrags zum Buchführungsergebnis des Steuerpflichtigen stellt einen Sollbetrag dar, der von der Finanzverwaltung stets als der zu wenig erklärte steuerpflichtige Gewinn interpretiert wird. Dieser Sollbetrag sagt aber nichts darüber aus, warum und durch welche Umstände der Steuerpflichtige einen so ungewöhnlich niedrigen Gewinn erzielt hat. Ein vom Üblichen abweichender Jahresüberschuß muß nicht ausschließlich aus einer beabsichtigten, mit einer Steuerhinterziehung einhergehenden Gewinnverkürzung resultieren, er kann auch auf Kundendiebstähle, Veruntreuungen, Schenkungen, Eigenverbrauch oder Personalverpflegung zurückzuführen sein.[329] Nachkalkulation und Richtsatzvergleich versagen beispielsweise in Gaststätten- und Beherbergungsbetrieben, in denen es üblich ist, den Mitarbeitern freie Kost und Wohnung zur Verfügung zu stellen. Nachkalkulation und Richtsatzvergleich versagen auch bei „doppelter Verkürzung" auf der Ein- und Ausgabenseite (nicht gebuchte Bargeldentnahmen bei gleichzeitiger Verkürzung des Wareneinsatzes).

---

[326] BFH, Urt. v. 8. September 1994, IV R 6/93 BFH/NV 1995, 573, Urt. v. 8.11.1989 X R 178/87 BStBl. 1990 II, S. 268.

[327] Urt. v. 26. April 1983, BStBl. 1984 II, S. 618.

[328] Urt. v. 18. Oktober 1983, BStBl. 1984 II, S. 88.

[329] Assmann, Eberhard, Die Geldverkehrsrechnung in der Außenprüfungspraxis, in: Die steuerliche Betriebsprüfung 11/89, S. 256.

(ii) Der graphische Zeitreihenvergleich

Der zunehmende Computereinsatz und moderne Grafikprogramme ermöglichen es, die Plausibilität einer vom Steuerpflichtigen vorgelegten Rechnungslegung durch graphische Gegenüberstellungen von Umsatz-, Wareneinsatz-, Energie-, Personal- oder sonstiger Kosten zu überprüfen. Verlaufen alle zueinander abhängigen Kostenkurven gleich, ist eine Gewinnverkürzung durch fiktive Kosten wenig wahrscheinlich. Störungen im Gleichlauf weisen den Prüfer dagegen auf Buchführungsmanipulationen durch den Ausweis fiktiver Kosten hin.

Abbildung 2: Der graphische Zeitreihenvergleich

Die Abbildung zeigt folgende Fehlerquelle: Trotz steigender Energie- und Lohnkosten ergeben sich nicht plausible Umsatzschwankungen. Der Unternehmer hat hier zwar an die „doppelte Verkürzung" bei Umsatz und Wareneinsatz gedacht (erkennbar am Gleichlauf der Umsatz- und Wareneinsatzkurve), und damit auch den der klassischen Verprobung dienenden amtlichen Rohgewinnaufschlagsatz erreicht. Die steigenden Energie- und Personalkosten, einhergehend mit sinkenden Umsätzen, weisen aber auf Unregelmäßigkeiten hin.

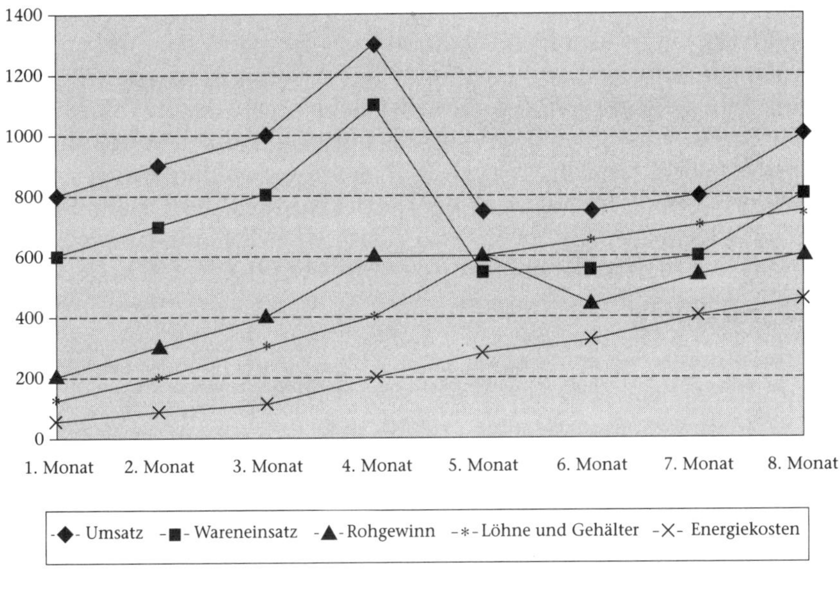

Die Effizienz des graphischen Zeitreihenvergleichs[330] liegt darin, daß Steuerhinterzieher die Jahreswerte einzelner für den gesamten Wareneinsatz benötigter Warensortimente mit dem gebuchten Jahresumsatz wegen des hohen Arbeitsaufwandes (und wohl auch aus Nachlässigkeit) nur annähernd abstimmen. Eine exakte Angleichung der einzelnen Warenarten untereinander mit dem erklärten Umsatz ist meist auch nicht konsequent durchzuhalten.

Der graphische Zeitreihenvergleich macht diese „Schwäche des Schwarzunternehmers“ transparent, indem er das Zahlenmaterial durch kurze Vergleichszeiträume wie Monate oder Wochen unter konsequenter Aufteilung des Wareneinsatzes in zeitlicher, sorten- und mengenmäßiger Hinsicht aufzeigt und manipulationsbedingte Unterbrechungen in der Regelmäßigkeit proportional abhängiger Betriebskostenarten sichtbar macht.

d) Nachweis von Schwarzgeld durch die Vermögenszuwachsrechnung

(i) Allgemeines

Die Vermögenszuwachsrechnung, kurz VZR[331] genannt, und die Geldverkehrsrechnung (GV), eine Variante der VZR, sind in der Außenprüfungspraxis die wirksamsten und zuverlässigsten Revisionsmethoden zur Widerlegung der Beweiskraft der Buchführung. Die Stärke von Vermögenszuwachs- und Geldverkehrsrechnungen liegt in der Erfassung von privaten Vermögensveränderungen und des privaten Verbrauchs, in den ja bekanntlich der Großteil aller Schwarzgelder fließt. Die VZR/GV ist eine *Geldflußrechnung.* Sie stellt den betrieblichen und/oder privaten Geldverkehr[332] kon-

[330] Capital 7/95, S. 166

[331] Die VZR ist unter einer Vielzahl von Namen bekannt. Der BFH spricht z. B. von Vermögensvergleich. Des weiteren existieren Begriffe, wie z. B. Geldverkehrsrechnung (die gebräuchlichste Bezeichnung, die der VZR als Geldflußrechnung nahekommt), Geldverbrauchsrechnung, Geldverwendungsrechnung, Gesamtvermögensvergleich oder Einnahmen-Ausgaben-Deckungsrechnung. In der Rechtsprechung haben sich die Begriffe Geldverkehrsrechnung, Vermögensvergleich und der Überbegriff Vermögenszuwachsrechnung durchgesetzt. Die Gerichte differenzieren zwar im einzelnen zwischen VZR auf der einen und GV auf der anderen Seite. Beide Methoden basieren jedoch auf demselben System der Gegenüberstellung von verfügbaren Mitteln und der Mittelverwendung.

[332] Zum Geldverkehr gehören nicht steuerliche Abschreibungen, der Eigenverbrauch, der Wert der privaten Nutzung von notwendigem oder gewillkürtem Betriebsvermögen sowie Kursänderungen bei Wertpapieren.

tomäßig als Einnahmen-Ausgaben-Rechnung dar. Den Einnahmen entsprechen dabei die „verfügbaren Mittel", die Ausgaben werden in Form der „Mittelverwendung" erfaßt. Die Berücksichtigung von Vermögen findet hier nur im Rahmen der Bildung von Korrekturposten (beispielsweise in Form der Anfangs- und Endbestände der vom Steuerpflichtigen unterhaltenen Konten) statt. Die VZR/GV kann entweder den Gesamtbereich (Gesamtgeldverkehrsrechnung) oder nur Teilbereiche (private und betriebliche Geldverkehrsrechnung) erfassen.

Welche Variante der Geldverkehrsrechnung letztlich geeignet ist, entscheidet sich nach der Gewinnermittlungsart des Steuerpflichtigen. Erfolgt die Feststellung des steuerpflichtigen Gewinns durch Betriebsvermögensvergleich und ist die Buchführung verwertbar, bedarf es in diesen Fällen nur noch der näheren Betrachtung des Privatbereichs. Bei Einnahmen-Überschußrechnern (§ 4 Abs. 3 EStG) sind allerdings sowohl der Betriebs- als auch der Privatbereich einzubeziehen. Bei Kapitalgesellschaften ist streng zu trennen zwischen den jeweiligen Bereichen der Gesellschaft und der Gesellschafter. Ist die Buchführung einer GmbH formell ordnungsgemäß, rechtfertigt eine private Geldverkehrsrechnung in bezug auf den Alleingesellschafter jedenfalls nicht eine Zuschätzung von Gewinnen bei der GmbH.[333]

(ii) Grundgedanke und Funktion

Vermögenszuwachsrechnungen beruhen auf dem eigentlich sehr einfachen Grundgedanken, daß niemand in einem abgegrenzten Zeitraum mehr Geld ausgeben kann, als ihm für diesen Zeitraum zur Verfügung stand. Ist dies dennoch geschehen, liegt die Vermutung nahe, daß sich der Steuerpflichtige auch anderer „schwarzer" Geldquellen bedient haben muß, die er dem Finanzamt gegenüber bisher verschwiegen hat. Gelder, die der Steuerpflichtige für die Lebenshaltung oder Vermögensbildung ausgeben kann, die ihm also zur Verfügung stehen, werden *verfügbare Mittel* genannt. Dazu zählen z. B. das eigene Vermögen, alle steuerpflichtigen (erklärten) Einkünfte i. S. des § 2 Abs. 1 Satz 1 Nrn. 1 bis 7 EStG, alle steuerfreien Einnahmen i. S. von § 3 EStG, sonstige Vermögenszuflüsse

[333] FG Rheinland-Pfalz 12.2.1996, 1 K 2212/92 (rkr.), EFG 1996, S. 834.

sowie die bis zum Ende des Vergleichszeitraumes in Anspruch genommenen Kredite. Als verfügbar gelten jeweils nur die verwendbaren Beträge. So sind beispielsweise Rentenbezüge mit dem Bruttobetrag und nicht nur in Höhe ihres steuerpflichtigen Ertragsanteils anzusetzen. Einkünfte aus nichtselbständiger Arbeit dürfen dagegen nur in Höhe des Nettobetrags zugrunde gelegt werden.

Mittelverwendung stellt alle für Konsum und Vermögensbildung tatsächlich aufgewendeten Gelder dar, wobei diese nur einmal erfaßt werden dürfen, entweder im Konsumbereich oder als Vermögensbildung. Für die Berechnung der Vermögensbildung sind die Anschaffungs- oder Herstellungskosten anzusetzen, die der Steuerpflichtige tatsächlich aufgewendet hat, ohne Abzug steuerlicher Abschreibungen. So sind beispielsweise Aktien nicht mit dem Börsenwert zum Zeitpunkt der Aufstellung der Vermögenszuwachsrechnung, sondern mit dem Kurswert zzgl. der Ankaufspesen zu erfassen, den bzw. die der Steuerpflichtige am Kauftag entrichtet hat. Das Bild der Vermögensbildung wird durch Tafelpapiere, die eine für den Prüfer „unsichtbare Vermögensbildung" darstellen, verfälscht. Den wichtigsten und für den Betriebsprüfer nur schwer schätzbaren Posten der Mittelverwendung stellt der Privatverbrauch dar. Die Aussagekraft einer VZR/GV hängt in aller Regel allein von der richtigen Einschätzung des Privatverbrauchs ab.

In Anlehnung an den eingangs erwähnten Grundgedanken der VZR kann folgende Gleichung aufgestellt werden (Grundgleichung der VZR):

Verfügbare Mittel = Mittelverwendung

Entsprechen die verfügbaren Mittel der Mittelverwendung, wurden alle Einkünfte richtig erfaßt und der Besteuerung zugrunde gelegt. Der anfängliche Verdacht auf Schwarzgeld hat sich in diesem Fall nicht bestätigt, und es kommt zu keiner anschließenden Schätzung. Dieser Idealzustand ist allerdings die Ausnahme. Im Regelfall treten Differenzen auf, es entstehen „Verwendungsüberhänge". Ein Verwendungsüberhang könnte sich beispielsweise wie folgt errechnen:

Verfügbare Geldmittel nach den dem Betriebsprüfer vorliegenden Unterlagen	– 40.000 DM
Mittelverwendung für Konsum und Geldanlage	+ 60.000 DM
Verwendungsüberhang	+ 20.000 DM

Tritt ein Verwendungsüberhang auf, deutet dieser auf eine unvollständige Erfassung der verfügbaren Mittel, d. h. auf gegenüber der Finanzbehörde verschwiegene schwarze Geldquellen hin. Nach BFH-Rechtsprechung[334] sind Vermögenszuwachs- und Geldverkehrsrechnungen als Schätzungs- und Verprobungsmethode so zuverlässig, daß sie ein Buchführungsergebnis widerlegen und in Höhe der errechneten Fehlbeträge nicht verbuchte Betriebseinnahmen bzw. einen Saldo nicht verbuchter Betriebseinnahmen/-ausgaben nachweisen können. Verwendungsüberhänge, errechnet mit Hilfe einer VZR/GV, bringen somit die Beweiskraft der Buchführung zu Fall und führen sowohl zu einer Beweislastumkehr als auch zur Schätzung.

(iii) Anforderungen und Zulässigkeit

Aufgrund der Erfassung privater Vermögensveränderungen stellt die Vermögenszuwachsrechnung das für Betroffene unangenehmste Verprobungsmittel dar. Wie für alle Außenprüfungsmaßnahmen gelten auch hier die Grundsätze der Verhältnismäßigkeit der Mittel und des geringstmöglichen Eingriffs (§ 2 Abs. 3 BpO). Verprobungen durch VZR/GV sind aus diesen Grünen nicht willkürlich zulässig. Sofern die Voraussetzungen des § 162 AO nicht gegeben sind, der Steuerpflichtige also seine Mithilfe nicht verweigert und die Buchführung verwertbar ist, bedarf die VZR/GV einer den Ermessensgrundsätzen des § 5 AO entsprechenden, ausreichenden Begründung. Hierfür reichen allerdings bereits besondere Vorkommnisse oder Umstände aus, auf die der Prüfer während seiner Tätigkeit gestoßen ist. *Assmann*[335], führt u. a. an:

- geringe ungebundene Privatentnahmen,
- im Vergleich zu den Richtsätzen unerklärbar niedrige Rohgewinne,

[334] Urt. v. 2. März 1982, BStBl. 1984 II, S. 504.

[335] Assmann, Eberhard, Die Geldverkehrsrechnung in der Außenprüfungspraxis, in: Die steuerliche Betriebsprüfung 12/89, S. 269.

- verzögerndes bzw. verschleierndes Verhalten des Steuerpflichtigen,
- hinsichtlich ihrer Herkunft unklare Einlagen bzw. Geldzugänge auf privaten Konten,
- Scheckeinreichungen auf privaten Konten,
- größere private Vermögenszugänge und fragwürdige Darlehen,
- Abschirmung des Steuerpflichtigen durch den Berater oder Mängel in der Einnahmeerfassung.

Die Ermittlung der beiden Gleichungsgrößen „verfügbare Mittel" und „Mittelverwendung" ist unter Berücksichtigung folgender, vom BFH[336] aufgestellter Grundsätze durchzuführen: „Überschaubarer Vergleichszeitraum, Ansatz von Anfangs- und Endbeständen, keine Berücksichtigung von Verhältnissen außerhalb des Vergleichszeitraums, Unterscheidung zwischen Gesamt- und Teilrechnung, Vollständigkeit." Der BFH sah einen Vergleichszeitraum von zehn und sieben Jahren für bedenklich an, da „die Verteilung eines festgestellten Fehlbetrags auf die Veranlagungszeiträume des Vergleichszeitraums" um so ungenauer ist, „je größer der Vergleichszeitraum gewählt wird". Auch die von Betriebsprüfern praktizierte gleiche Verteilung von Fehlbeträgen auf verschiedene Veranlagungszeiträume wird von der Rechtsprechung als wenig geeignet angesehen. Da diese Vorgehensweise gleichbleibende Ertragsverhältnisse über Jahre hinaus unterstellt, ist sie vom BFH nur bis zu einem Zeitraum von maximal drei Jahren als vertretbar gehalten worden. Verprobungen über einen Zeitraum von mehreren Jahren weisen stets Zurechnungsprobleme auf, die die Schätzungsberechtigung der Behörde in Frage stellen können. Eine GV über einen Zeitraum von z. B. vier Kalenderjahren weist lediglich darauf hin, daß innerhalb dieser vier Veranlagungszeiträume umfassenden Zeitperiode Einkünfte verkürzt worden sind. Die GV gibt aber keine Auskunft darüber, in welchem VZ dies geschah.

Die Verwertbarkeit einer VZR/GV hängt schließlich ganz wesentlich vom richtigen Ansatz des Privatverbrauchs ab. Wird dieser zu hoch angesetzt, kann die ganze VZR/GV zu Fall gebracht wer-

[336] Urt. v. 2. März 1982, BStBl. 1984 II, S. 504.

den; eine zu niedrige Einschätzung des Privatverbrauchs könnte umgekehrt sogar dazu führen, daß der vom Steuerpflichtigen erklärte Gewinn noch unterschritten wird. Privatverbrauch stellen alle tatsächlichen Aufwendungen des Steuerpflichtigen für Kleidung, Verpflegung, Wohnen, Urlaub, Hobbys, Versicherungen usw. dar. Da für den privaten Verbrauch weder Aufzeichnungs- noch Aufbewahrungspflichten gelten, kann der Prüfer in aller Regel auf kein brauchbares Zahlenmaterial zurückgreifen. Auch vom Steuerpflichtigen selbst kann keine besondere Mitarbeit, wie etwa die Vorlage von Kontounterlagen, erwartet oder verlangt werden. Dem Betriebsprüfer bleibt in aller Regel nur der Weg der Schätzung. Die Schätzung des Privatverbrauchs ist immer mit Unsicherheiten behaftet, denn das Konsumverhalten eines Menschen ist stets individuell zu beurteilen und läßt sich niemals typisieren. Als Richtschnur können z. B. Sozialhilfesätze oder die von der Deutschen Bundesbank jährlich veröffentlichten Angaben über das Konsumverhalten der Bundesbürger dienen.

(iv) Vorlagepflicht privater Kontounterlagen

Eine Vermögenszuwachs- oder Geldverkehrsrechnung ist als Nachweis für schwarze Geldquellen nur unter der Voraussetzung verwendbar, daß neben dem Betriebsbereich auch private Vermögensverhältnisse eines Steuerpflichtigen vollständig erfaßt worden sind bzw. erfaßt werden konnten. Der BFH hat deshalb in den Urteilen vom 5. und 17. November 1981[337] klargestellt, daß der Betriebsprüfer auch in den Privatbereich eines Steuerpflichtigen eindringen darf, er sich also außer der Buchführung weitere Unterlagen vorlegen lassen kann, sofern diese für die Ermittlung der steuerlichen Verhältnisse eines Steuerpflichtigen von Bedeutung sein können. Der Privatbereich eines Steuerpflichtigen kann beispielsweise relevant sein hinsichtlich einer Aufteilung der Wirtschaftsgüter in notwendiges oder gewillkürtes Betriebsvermögen und Privatvermögen, hinsichtlich der Beurteilung der steuerrechtlichen Verhältnisse bei Einkünften, die aus dem Privatbereich erzielt werden (z. B. Einkünfte aus Vermietung und Verpachtung, Einkünfte aus Kapitalvermögen usw.) oder zum Nachvollzug von als steuermin-

[337] BStBl. 1982 II, S. 208 bzw. S. 430.

dernd geltend gemachten Sonderausgaben, Werbungskosten und außergewöhnlichen Belastungen. Die Rechtsprechung erklärt somit den Steuerpflichtigen auch bezüglich des Privatbereichs nach Maßgabe der §§ 90 ff. bzw. 200 AO für mitwirkungspflichtig.

Für den Prüfer zur Berechnung des privaten Konsums von besonderem Interesse sind Sparbücher sowie Depot- und Kontoauszüge privater Giro- und Festgeldkonten. Im Rahmen einer Außenprüfung kann die Vorlage dieser Unterlagen jedoch nur insoweit verlangt werden, als hierfür Aufbewahrungspflichten bestehen. Aufzubewahren sind gem. § 147 Abs. 1 AO u. a. Bücher und Aufzeichnungen, Inventare, Jahresabschlüsse, Lageberichte, die Eröffnungsbilanz sowie die zu ihrem Verständnis erforderlichen Arbeitsanweisungen und sonstigen Organisationsunterlagen, die empfangenen und abgesandten Handels- oder Geschäftsbriefe, Buchungsbelege und sonstige Unterlagen, soweit sie für die Besteuerung von Bedeutung sind. Private Sparbücher, Konto- oder Depotauszüge fallen nicht unter die Vorschrift des § 147 AO, auch nicht unter die für die Besteuerung bedeutsamen sonstigen Unterlagen.

Wurden private Kontounterlagen nicht aufbewahrt, erlischt die Vorlagepflicht. Der Betriebsprüfer kann sein Recht auf Einsichtnahme auch nicht durch Zwangsmittel durchsetzen, da ein solcher Verwaltungsakt – weil auf Unmögliches gerichtet – nichtig wäre (§ 125 Abs. 2 Nr. 2 AO). Im Umkehrschluß kann der Prüfer Einsicht in private Kontounterlagen sehr wohl dann verlangen, wenn sich die Unterlagen (noch) im Besitz des Steuerpflichtigen befinden. Da der Betriebsprüfer im einzelnen nicht weiß und auch nicht feststellen kann, welche Unterlagen vom Steuerpflichtigen aufbewahrt werden, dürften Vorlageersuchen hinsichtlich privater Kontounterlagen nicht vielversprechend sein, es sei denn, es kann allgemein angenommen werden, daß solche Urkunden und Dokumente aufbewahrt werden. Angenommen werden kann dies beispielsweise für Sparbücher, die im allgemeinen nicht weggeworfen werden.

Vom Steuerpflichtigen kann zu keiner Zeit verlangt werden, an der Aufstellung einer Vermögenszuwachsrechnung „freiwillig" mitzuarbeiten. Der Steuerbürger weiß, daß er mit nachhaltigen Informationen, Auskünften und schriftlichen Nachweisen die Rechtsposition des Betriebsprüfers nur stärken würde (die Verwertbarkeit einer VZR/GV steht und fällt ja gerade mit einer sorgfältigen Ermittlung des Privatverbrauchs). Erhält der Prüfungsbeamte vom Steuerpflichtigen keine Informationen über die private Mittelverwendung, kann er der VZR/GV nur vage Schätzungen zugrunde legen, die der Steuerpflichtige später jederzeit durch Nachweise widerlegen kann. In diesem Zusammenhang kommt *Assmann* zu Recht zu folgendem Erfahrungssatz: „Mitarbeiten wird meist nur der Dumme und der Ängstliche.“[338]

e) Aufklärung eines durch die Vermögenszuwachsrechnung nachgewiesenen Verwendungsüberhangs

(i) Objektive Beweislast (Feststellungslast)

Ein mittels Vermögenszuwachsrechnung nachgewiesener Verwendungsüberhang stellt die widerlegbare Anscheinsvermutung auf, daß dem Steuerpflichtigen neben den dem Betriebsprüfer bekannten, versteuerten Einkünften auch Mittel aus bisher verschwiegenen, schwarzen Quellen zugeflossen sein müssen. Finanzbeamte werden hellhörig, wenn zur Finanzierung eines teuren Immobilienobjekts ein nur geringer Teil an Fremdkapital notwendig war und in den vergangenen Jahren extrem niedrige Einkünfte erklärt wurden.

Beispiele:

- Ein Ehepaar mußte für den Kauf einer 400.000 DM teuren Doppelhaus-Hälfte nur 130.000 DM Kredit aufnehmen, erklärte aber bisher keine Einkünfte aus Kapitalvermögen. Nähere Nachforschungen ergaben, daß das Ehepaar 180.000 DM auf Sparkonten, verzinst mit durchschnittlich 6,5 Prozent, angelegt hatte. Die Zinserträge (11.700 DM jährlich) lagen zwar seit 1993 über dem Ehegatten-Sparer-Freibetrag von 12.200 DM, Steuernachzahlung und ein Strafverfahren wegen Steuerhinterziehung drohten den Ehegatten aber für die Jahre 1992 und früher.

[338] A.a.O., S. 271.

- Ein Vater unterstützte seinen Sohn beim Hausbau mit 300.000 DM. Dafür hatte er Tafelpapiere versilbert. Ergebnis: Der Sohn mußte zunächst Schenkungsteuer in Höhe von 12.600 DM nachzahlen, und dem Vater drohte ein Steuerstrafverfahren.
- Eheleute finanzierten ein 900.000 DM teures Einfamilienhaus genau mit 203.000 DM Eigenkapital. Bei einem angenommenen Referenzzins von 6 Prozent lagen sie mit den Zinserträgen noch genau unter dem damaligen Sparer-Freibetrag von 12.200 DM. Bei diesem Betrag lohnten sich auch Nachforschungen hinsichtlich einer Schenkungsteuer nicht, weil der Ehegatten-Freibetrag zum Erwerbszeitpunkt bei 250.000 DM lag.

Der letzte Fall wurde nur deshalb aufgedeckt, weil das Ehepaar die Zinsbelastung für die aufgenommenen 697.000 DM zu früh mit Sondertilgungen mildern wollte. Die Sonderzahlungen wurden zum Verhängnis, weil die Eheleute bereits während der ersten drei Jahre außerplanmäßige Tilgungen geleistet hatten. Hätte sich das Ehepaar länger Zeit gelassen, wäre der Steuertrick möglicherweise aufgegangen. Denn das Finanzamt prüft Darlehens-Auszüge nicht über die gesamte Kreditlaufzeit und interessiert sich in aller Regel auch wenig dafür, aus welcher Quelle laufende Zins-, Tilgungs- und Sondertilgungsraten entstammen.

Verwendungsüberhänge oder ungeklärte Vermögenszuwächse deuten darauf hin, daß höhere Betriebseinnahmen erzielt und höhere Privatentnahmen getätigt wurden als gebucht oder Ausgaben entweder aus fremden Mitteln (Kredite, Schulden), aus anderen, bei Aufstellung der VZR bisher nicht berücksichtigten, steuerpflichtigen oder steuerfreien Einkunftsquellen, aus Ersparnissen (deren Zinseinkünfte bisher verschwiegen wurden) oder aus einmaligen Vermögenszuflüssen (Verkäufe privater Wirtschaftsgüter, Glücksspiele, Schenkungen etc.) finanziert worden sein müssen. Können Verwendungsüberhänge nicht zufriedenstellend geklärt werden, geht die Finanzverwaltung in aller Regel davon aus, daß die Ausgabenüberschüsse aus nicht versteuerten Einkünften stammen.

Der Grad der Aufklärung eines errechneten Verwendungsüberhangs, verbunden mit der Widerlegung der für den Steuerpflichtigen höchst negativen Schwarzgeld-Vermutung, ist abhängig von der jeweils für Finanzverwaltung oder Steuerpflichtigen geltenden

Beweismittelbeschaffungspflicht. Sowohl der für die Finanzbehörden bindende Untersuchungsgrundsatz als auch die Mitwirkungspflichten des Steuerpflichtigen haben hier jeweils gewisse Grenzen. Kann ein steuerlich relevanter Sachverhalt auch unter Beachtung der Regeln der Sachaufklärung (der Steuerpflichtige ist also seinen Mitwirkungspflichten nachgekommen) nicht durchschaubar gemacht werden, trägt die Folgen der Ungeklärtheit diejenige Seite, der die *objektive Beweislast* (Feststellungslast) obliegt. Das ist stets die Partei, die ohne Berücksichtigung des Sachverhalts schlechter dastehen würde.

Für steuerbegründende oder steuererhöhende Tatsachen hat demzufolge die Finanzbehörde die Beweislast zu tragen. Diese kann beispielsweise vom Steuerpflichtigen nicht die Vorlage eines „Negativnachweises" für das Nichtbestehen eines Schwarzgeldkontos mit der Begründung verlangen, der Steuerpflichtige sei gesehen (und vielleicht sogar fotografiert) worden, als er die Bank X in Y betreten hat. Die Finanzverwaltung müßte hier schon den zwischenstaatlichen Amts- und Rechtshilfeweg beschreiten und Schwarzgelder tatsächlich nachweisen.

Für durch VZR/GV aufgedeckte, ungeklärte Vermögenszuwächse ergibt sich allerdings folgende Besonderheit: Ist die Buchführung des Steuerpflichtigen sachlich und formell richtig, obliegt die Beweislast – wie gesehen – dem Finanzamt (Beweiskraft der Buchführung, § 158 AO). Der Steuerpflichtige trägt die objektive Beweislast jedoch dann, „wenn mit einer dem Einzelfall angepaßten Vermögenszuwachs- und Geldverkehrsrechnung ein ungeklärter Vermögenszuwachs oder Ausgabenüberschuß aufgedeckt wird"[339].

Soweit also der Steuerpflichtige seine Mitwirkungspflichten ordnungsgemäß erfüllt, insbesondere seine Buchführung keinen Anlaß zur Beanstandung gibt, hat er dennoch den Entlastungsbeweis bezüglich der Existenz schwarzer Geldquellen zu führen, wenn ihm mittels einer dem Einzelfall angepaßten VZR/GV ein Verwendungsüberhang nachgewiesen worden ist. Somit räumt die höchstrichterliche Rechtsprechung dieser Schätzungs- und Verprobungsmethode einen deutlich höheren Stellenwert ein als beispielsweise der Nachkalkulation oder Richtsatzschätzung.

[339] BFH, Urt. v. 28.5.1986, BStBl. 1986 II, S. 723; Urt. v. 18.9.1986, VI R 185/81 NV; Urt. v. 28.2.1990, I R 164/85 NV.

Abschließend zu diesem Themenkomplex lassen sich aus den BFH-Urteilen vom 28. Mai 1986, 18. September 1986 und 28. Februar 1990 folgende Leitsätze ableiten:

1. „Ein Steuerpflichtiger ist nicht verpflichtet, für seine privaten Sparkonten eine Buchführung, woher die Einzahlungen stammen, einzurichten noch einen namentlichen Nachweis hierüber zu erbringen.
2. Der Steuerpflichtige ist nach der Abgabenordnung zur Auskunftserteilung und zur Mitwirkung bei der Klärung von Steuerfragen verpflichtet. Ihn trifft jedoch nicht die Verpflichtung, einen in sich geschlossenen Nachweis über die Herkunft seines Privatvermögens zu führen.
3. In der Regel muß das Finanzamt und nicht der Steuerpflichtige beweisen, daß auf Privatkonten eingezahlte Beträge aus nicht versteuertem Einkommen stammen.
4. Es besteht keine Rechtsgrundlage und kein Erfahrungssatz dahingehend, daß die Mittel für Einzahlungen auf private Sparkonten, für die kein Buchnachweis erbracht wird und die im einzelnen nicht aufgeklärt sind, nur aus nicht gebuchten betrieblichen Einnahmen stammen können."

(ii) Klärungsmöglichkeiten

Ungeklärte Vermögenszuwächse (Verwendungsüberhänge) veranlassen die Finanzverwaltung nach der ihr zustehenden freien Beweiswürdigung grundsätzlich zu der Annahme, daß höhere Betriebseinnahmen erzielt und höhere Privatentnahmen getätigt worden sind. Der BFH hatte im Urteil vom 25. Juli 1991[340] für den bei einem arbeitslosen Fliesenleger aufgedeckten, ungeklärten Vermögenszuwachs angenommen, daß dieser aus selbständiger Schwarzarbeitertätigkeit stamme. Die Finanzverwaltung nimmt die Existenz schwarzer Geldquellen regelmäßig an, wenn die Erklärungsversuche des Steuerpflichtigen unglaubwürdig sind oder Widersprüche aufweisen. Das Verlangen der Finanzbehörde nach Aufklärung eines Verwendungsüberhangs stellt keinen Verwal-

[340] XI R 27/89.

tungsakt i. S. des § 118 AO dar, nach Ansicht des BFH zählt dies zu den allgemeinen Mitwirkungspflichten des Steuerpflichtigen. Maßnahmen einer Behörde, die einem Bürger ein bestimmtes Verhalten auferlegen, sind keine Verwaltungsakte, wenn dadurch seine schon nach allgemeinen Rechtsgrundsätzen bestehende Mitwirkungspflicht an der Aufklärung eines Sachverhalts konkretisiert wird und das auferlegte Verhalten im Fall einer Verweigerung nicht zwangsweise durchgesetzt werden kann.[341]

Im Normalfall wird man der Ansicht der höchstrichterlichen Rechtsprechung folgen können, daß Vermögen in aller Regel nur durch die im Einkommensteuerrecht geregelten Einkünfte gemehrt wird und daß es sich bei sonstigem hinzuerworbenem Vermögen nur um einmalige, leicht feststellbare und in der Erinnerung des Steuerpflichtigen haften gebliebene Sachverhalte handeln kann. Es dürfte somit dem Steuerpflichtigen keine große Mühe bereiten, den Sachverhalt zufriedenstellend aufzuklären. Dem Aufklärungsbedürfnis der Finanzbehörde ist jedoch um so intensiver nachzukommen, je komplizierter sich der Sachverhalt darstellt und je weiter entfernt die Behauptungen von den Erfahrungen des täglichen Lebens sind. Die Finanzverwaltung muß nach den Grundsätzen der objektiven Beweiswürdigung jede vom Steuerpflichtigen abgegebene Erklärung sorgfältig prüfen, gewissen Anhaltspunkten von Amts wegen nachgehen und auf diese Weise versuchen, die Wahrheit herauszufiltern. Gelangt die Finanzverwaltung zu der Auffassung, daß die vom Steuerpflichtigen vorgetragenen Umstände nicht richtig sein können, lebt die anfänglich aufgestellte Anscheinsvermutung hinsichtlich möglicher schwarzer Geldquellen wieder auf, obwohl der Steuerpflichtige seiner Klärungspflicht – wenn auch nach Ansicht der Finanzverwaltung unzureichend – nachgekommen ist.

Häufig von Steuerpflichtigen abgegebene Erklärungen für ungeklärte Vermögenszuwächse sind:

- Die Gelder stammen aus über Jahre hinweg angesammelten und im häuslichen Tresor aufbewahrten Barmitteln.
- Der Verwendungsüberhang resultiert aus (noch) nicht in der Buchhaltung erfaßten Auslandsgeschäften.

[341] BFH, Urt. v. 20.4.1988, BStBl. 1988 II, S. 927.

- Die Mittel stammen aus der Veräußerung von Wertgegenständen des Privatvermögens.
- Nahe Angehörige und Verwandte haben Zuwendungen gewährt.
- Die Finanzierung stammt aus Erbschaften oder Vermächtnissen.
- Das in Frage stehende Bargeld stammt aus Glücksspielen und Spielbankgewinnen.
- Es wurde ein Barkredit oder ein Darlehen aufgenommen.

Die Erklärung, der „spektakuläre Vermögenszuwachs" stamme aus *Ersparnissen,* die (zinslos!) zu Hause im Safe, unter dem Kopfkissen oder gar im Sparstrumpf aufbewahrt wurden, wird die Finanzbehörde nur selten und schon gar nicht dann als ausreichend ansehen, wenn der Steuerpflichtige im übrigen Bankkonten unterhält und vielleicht sogar Überziehungszinsen zahlen muß. Die Behauptung, man habe dem Betrieb Barmittel entzogen, um dadurch dem Betrieb steuermindernde Zinsaufwendungen zu verursachen, klingt wenig plausibel.

Die Berufung auf *ausländische Geschäftsbeziehungen* bewirkt, daß den Steuerpflichtigen erhöhte Mitwirkungspflichten treffen. Der Steuerpflichtige hat mit dieser Behauptung am eigenen Ast gesägt. Er ist jetzt nicht nur verpflichtet, eine plausible Erklärung für die fraglichen Mehraufwendungen abzugeben. Er hat darüber hinaus auch noch den Sachverhalt aufzuklären und die erforderlichen Beweismittel zu beschaffen.

Außerordentliche Mittelzuflüsse aus der *Versilberung* diverser Gegenstände des Privatvermögens müssen in Form von Verträgen, Rechnungen oder Quittungen nachgewiesen werden. Handelt es sich bei den versilberten Gegenständen um teure Antiquitäten, Teppiche oder Ölbilder, wird meist noch zusätzlich die Vorlage von Echtheitszertifikaten verlangt, um den Marktwert entsprechend einschätzen zu können.

Behauptet der Steuerpflichtige, seinen Lebensunterhalt aus *Zuwendungen* von *Angehörigen* und *Verwandten* bestritten zu haben, muß er diese Personen namentlich nennen. Die Finanzbehörden sind dann verpflichtet, diese Personen zu hören. Der Steuerpflichtige kann sich seiner Mitwirkungspflichten nicht mit der Behauptung entziehen, „das Vermögen gehöre ihm nicht oder es handle sich um fremde Gelder von Leuten, denen er sich durch Ehrenwort verpflichtet habe, ihre Namen dem Finanzamt nicht zu benennen"[342]. Benennt der Steuerpflichtige seine privaten Geldgeber nicht, geht dies zu seinen Lasten. Häufig wird versucht, durch unter Freunden ausgestellte Bescheinigungen über Geldschenkungen Ausgabenüberschüsse glaubwürdig zu machen. Derartige Bescheinigungen haben nur untergeordnete Bedeutung, wenn der Schenkungsvorgang nicht durch entsprechende Kontobewegungen nachgewiesen werden kann. Sofern es sich um hohe Geldsummen handelt, werden die Aussteller solcher Bescheinigungen in Steuerstrafverfahren regelmäßig vorgeladen, und sie müssen dort zumindest den Nachweis führen, daß sie über die fraglichen Geldsummen überhaupt verfügen können.

Die Berufung auf Zuwendungen aus *Erbschaften* und sonstigen Vermächtnissen greift äußerst selten und ist wohl die am schlechtesten gewählte Ausrede. Sterbefälle, Nachlaß- und Erbschaftsangelegenheiten lassen sich von Amts wegen sehr leicht nachvollziehen. Auch sämtliche Geschäfte und Geschäftspartner des Erblassers könnten überprüft werden. Meistens jedoch folgt einer solchen Aussage eine Veranlagung zur Erbschaftsteuer und – sofern auch die Verblichenen Steuern hinterzogen haben – eine Einkommensteuernachzahlung.

Bei Gewinnen aus *Glücksspielen* ist zu unterscheiden, ob die Gelder aus Toto, Lotto, sonstigen Preisausschreiben oder aus Spielgewinnen in Spielcasinos stammen. Lotteriegewinne lassen sich stets nachvollziehen. Es existiert zumindest ein Einzahlungsbeleg bzw. der Spielschein, anhand dessen die Glücksnummern nachgeprüft werden können, und der Schriftverkehr (Gewinnbenachrichtigung) der Lotteriegesellschaft. Gewinne aus Lotteriespielen werden auch in aller Regel nicht bar ausbezahlt, es müssen also Kontobewegungen vorhanden sein, die leicht kontrolliert werden können. Über *Spielbankgewinne* vertritt der BFH die Auffassung, daß über einen längeren Zeitraum keine Spielgewinne durch eine nicht leicht nachweisbare Betätigung erzielt werden können und daß es als statistisch erwiesen gilt, daß ein Spielbankbesucher mehr ver-

[342] Assmann, a.a.O., Teil III S. 2 Fn. 68.

liert als gewinnt. Für Gewinne am Roulettetisch hat der BFH[343] „einen Nachweis mit strengen Anforderungen" verlangt. Bietet ein Steuerpflichtiger den Beweis zum Nachweis von Spielbankgewinnen an, muß er darlegen, welchen Überschuß aus dem Glücksspiel er in welchem Zeitpunkt oder Zeitraum erzielt hat, indem er sowohl die Gewinne als auch die getätigten Einsätze darlegt.[344]

Der Zeugenbeweis für die Tatsache, daß Spielgewinne gemacht worden sind, genügt zum Nachweis von Vermögenszuflüssen aus Spiel nicht. Als nicht ausreichend gelten auch Eintrittskarten, handschriftliche Aufzeichnungen über den Spielverlauf oder eine Bescheinigung der Spielbank über eingetauschte Spielchips. Letztere wird vor allem deshalb nicht anerkannt, weil dadurch kein Nachweis geführt werden kann, ob eine wirkliche Teilnahme am Spieltisch erfolgte, die Spielmarken also gewonnen wurden oder es sich lediglich um einen Tausch von Bargeld in Spielmarken und zurück handelte. Verwendungsüberhänge können schließlich auch nicht durch mittels eines bestimmten Spielsystems erzielte Gewinne oder Aussagen von Zeugen geklärt werden, die Spielbankbesuche oder gelegentliche Gewinne ohne Berücksichtigung der Einsätze bestätigen.

Vorgetäuschte Spielbankgewinne haben vor der Steuerfahndung sowieso sehr kurze Beine. Führt der Steuerpflichtige an, in der Spielbank den großen Coup gelandet zu haben, kann das sehr schnell überprüft werden. Die Fahnder prüfen hier „vor Ort", und zwar mit einem von den Einwohnermeldestellen ausgehändigten Paßfoto.

Woher hat die Einwohnermeldestelle Paßfotos, wird sich der Schwarzgeldanleger jetzt fragen. Nun, jeder, der einen Personalausweis oder einen Reisepaß braucht, muß ein Paßfoto abgeben. Dieses Foto wird aber nur auf die Ausweispapiere kopiert und von den Behörden auch nicht zurückgegeben. Und dieses Foto holt sich die Steuerfahndung, geht dann in die Spielbank und fragt nach, ob man den Steuerhinterziehungsverdächtigten dort kennt. Knackte der Steuerpflichtige wirklich den Tresor, wird er dort nicht in Vergessenheit geraten sein.

---

[343] Urt. v. 13. November 1969, BStBl. 1970 II, S. 189; Urt. v. 3. August 1966, BStBl. 1966 III, S. 650.
[344] FG Baden-Württemberg 17.3.1998, 1 K 39/96 (rkr.), EFG 1998, S. 919.

Der oft praktizierte Versuch, Schwarzgelder als *fiktive Darlehen* zu tarnen, um sie wieder in den Wirtschaftskreislauf einschleusen zu können, ist den Betriebsprüfern bestens bekannt. Darlehen werden häufig auch zur Verschleierung von Erlösen mißbraucht. „Echte" Darlehen werden im Geschäftsleben fast ausnahmslos durch Verträge beurkundet. Relativ unüblich sind Bardarlehen „aus dem Aktenkoffer" und ohne Nachweise. Ein derartiges Darlehen wird der Steuerpflichtige den Finanzbehörden meist vorspielen wollen.

Legt der Steuerpflichtige allerdings einen mit einer Bank abgeschlossenen, rechtmäßigen Kreditvertrag vor, hätte er seiner Nachweispflicht genügt. Ob er dann die Kreditraten aus dem Schwarzgeldtopf finanziert oder den Kredit vorzeitig mit Schwarzgeld tilgt, vermag das Finanzamt nur selten festzustellen. Insbesondere bei Darlehen mit langen Laufzeiten wird es den Finanzbehörden aus rechtlichen und tatsächlichen Gründen kaum möglich sein, jede Tilgungsrate auf Schwarzgeld zu überprüfen. Analoges gilt im Zusammenhang mit Darlehen auf der Basis von Kapitallebensversicherungen.

6. Fahndung nach Schwarzgeldern in Deutschland

a) Die geballte Macht der Steuerfahnder

(i) Steuerfahnder spielen eine Doppelrolle

Die Macht der Steuerfahndung ist mit keiner anderen Behörde gleichzusetzen. In einem Satz ausgedrückt, könnte man den Machtbereich der „Staatsmacht Steuerfahndung" etwa so formulieren: Die Steuerfahnder erhalten alle Befugnisse, die den Finanzämtern im Besteuerungsverfahren zustehen, zuzüglich der Rechte und Pflichten, die die Behörden und Beamten des Polizeidienstes innehaben, erweitert um die strafprozessualen Zwangsbefugnisse der Hilfsbeamten der Staatsanwaltschaft und außerdem noch die Befugnis zur Durchsicht der Papiere. Eine derartige Konzentration „gigantischer Kräfte" läßt erkennen, wie wachsam der Staat bezüglich seiner Steuereinnahmen ist.

Seit den 80er Jahren sammeln die Steuerfahnder regelmäßig Proben von Kugelschreiberpasten. Die Minenhersteller wechseln nämlich von Zeit zu Zeit die Zusammenstellung ihrer Schreibpasten. Der entsprechende Kupfer- oder Vanadiumgehalt von auf rückdatierten Verträgen befindlichen Kugelschreiberpasten erlaubt es den Fahndern so, auf das „richtige Datum" der Vereinbarung zu schließen. Denn schließlich läßt sich ein Vertrag nicht mit einem Kugelschreiber unterschreiben, der die Fabrik zu dieser Zeit noch gar nicht verlassen hat. So dürfte bei manchem rückdatierten Vertrag in Verbindung mit einer verdeckten Gewinnausschüttung der Kupfergehalt schon des öfteren zu hoch gewesen sein.

Ein Vergleich mit der Kriminalpolizei – so kriminalistisch obiges Beispiel auch klingt – zeigt dennoch folgenden Unterschied auf: Während die Kompetenzen der Kriminalpolizei klar abgegrenzt sind, nimmt die Steuerfahndung in der Erforschung von Steuerstraftaten und Steuerordnungswidrigkeiten eine *Doppelrolle* ein. Die Doppelrolle der Steuerfahnder ergibt sich aus der in § 208 AO festgelegten „besonderen Rechtsstellung". Die Vorschrift spricht den Fahndern Ermittlungsbefugnisse zu, die normalerweise zwei getrennt tätige Behörden innehaben, woraus sich im wesentlichen die gegenüber der „normalen Polizei" bestehende *Übermacht* ergibt.

Gemäß § 208 Abs. 1 Satz 1 Nr. 1 AO ist es Aufgabe der Steuerfahndung, Steuerstraftaten und Steuerordnungswidrigkeiten zu erforschen. Gleichzeitig aber bestimmt Nr. 2, daß die Steuerfahndung die Besteuerungsgrundlagen für die nach Nr. 1 zu erforschenden Steuerstraftaten und Steuerordnungwidrigkeiten gleich mitermitteln soll. Den Dienststellen stehen in diesem Aufgabenbereich grundsätzlich dieselben Befugnisse zu, die den Finanzämtern im Besteuerungsverfahren zustehen, wie Auskunftsrechte, Urkundenvorlage, Augenschein, Betreten von Grundstücken oder die Wertsachenvorlage; nur mit den paar „feinen" Unterschieden, daß sich die Steuerfahnder nicht zuerst an den Steuerpflichtigen wenden müssen, bevor sie Dritte befragen, es sei denn, es handelt sich bei der anderen Person um ein Kreditinstitut (Subsidiaritätsprinzip, vgl. oben E.V.4.b) und E.V.4.c)(ii)). Durch die Aufhebung der Einschränkung des § 93 Abs. 2 Satz 2 AO müssen Auskunftsersuchen der Steuerfahndung *nicht schriftlich* ergehen. Die Steuerfahndung kann die Vorlage von Büchern, Aufzeichnungen, Geschäftspapieren und anderen Urkunden an Amtsstelle verlangen oder sie beim Vorlagepflichtigen auch dann einsehen, wenn dieser nicht einverstanden ist oder die Urkunden für eine Vorlage an Amtsstelle geeignet wären (§ 97 Abs. 3 AO).

Das Ermitteln der Besteuerungsgrundlagen im Zusammenhang mit der Erforschung von Steuerstraftaten – praktisch in einem Arbeitsgang – bedeutet im Ergebnis, daß die Steuerfahndung einmal als *Strafermittlungsorgan* und einmal als *Steuerermittlungs- oder Steueraufsichtsbehörde* tätig werden kann. Dem Schwarzgeldanleger mögen diese Unterschiede und die Gefahren, die sich daraus für ihn ergeben, geringfügig erscheinen. Steuerstrafverteidiger dürften dagegen über die aus dieser Parallelität entstehenden Praxisprobleme eingehend zu berichten wissen. So kommt es regelmäßig vor, daß die Steuerfahndungsbeamten nach ihrem Belieben entweder als Strafverfolgungs- oder als Steuerermittlungsbehörde auftreten, um sich die gerade passende Rechtsposition zu sichern.

Für den Außenstehenden und Betroffenen ist es schwierig, die beiden Ermittlungsfelder scharf zu trennen und den Steuerfahndungsbeamten unangemessenes Handeln nachzuweisen; insbesondere dann, wenn die Steuerfahndung als „Steueraufsichtsorgan" i. S. von § 85 AO[345], also im Besteuerungsverfahren, Schwarzgeldfälle ermittelt, aus denen (noch) nicht genau hervorgeht, ob sich ein Tatverdacht zur Einleitung eines Steuerstrafverfahrens herauskristallisiert oder nicht. Vielfach setzt ja die Beurteilung, ob eine Steuerstraftat begangen wurde, die Ermittlung der Besteuerungsgrundlagen geradezu voraus.

Je nachdem, ob die Steuerfahndung im Besteuerungs- oder im Steuerstrafverfahren tätig wird, ergeben sich sowohl für die Fahnder als auch für den Schwarzgeldanleger unterschiedliche Rechte und Pflichten. Dem Steuerpflichtigen obliegt im Besteuerungsverfahren eine umfassende Auskunfts- und Mitwirkungspflicht, während er als Beschuldigter im Steuerstrafverfahren ein Zeugnisverweigerungsrecht genießt. Des weiteren kann die Steuerfahndung im Stadium des Steuerstrafverfahrens vom Steuerpflichtigen die Vorlage von Urkunden nicht mehr erzwingen, im Besteue-

[345] Auf der Besteuerungsseite gilt das Legalitätsprinzip des § 85 AO, nach dem die Finanzbehörden die Steuer gleichmäßig festzusetzen haben.

rungsverfahren wäre dies sehr wohl beispielsweise durch die Verhängung von Zwangsgeld (§ 328 AO) möglich.

In der von der Steuerfahndung geübten Praxis des „Hin- und Herspringens" wird allgemein ein Verstoß gegen den *Grundsatz der Rechtsstaatlichkeit* (Art. 20 Abs. 3 GG) gesehen. Dieser Grundsatz erfordert die Möglichkeit einer genauen Voraussehbarkeit und Berechenbarkeit der steuerlichen Schuld, was automatisch beinhaltet, daß der Steuerpflichtige stets ein Recht auf Aufklärung hat, in welcher Situation er sich gerade befindet.

Der Gesetzgeber versucht, die Doppelmacht seines Steuerapparates durch § 393 AO abzumildern, um nicht offen gegen das Grundgesetz zu verstoßen. Gemäß § 393 Abs. 1 Satz 1 AO richten sich die Rechte und Pflichten der Steuerpflichtigen und der Finanzbehörde im Besteuerungsverfahren und im Strafverfahren nach den für das jeweilige Verfahren geltenden Vorschriften. Ist bereits ein Steuerstrafverfahren eingeleitet worden, sind nach § 393 Abs. 1 Satz 2 AO Zwangsmittel gegen den Steuerpflichtigen im Besteuerungsverfahren unzulässig, „wenn er dadurch gezwungen würde, sich selbst wegen einer von ihm begangenen Steuerstraftat oder Steuerordnungswidrigkeit zu belasten".

Im Klartext heißt dies, daß der Schwarzgeldanleger im Besteuerungsverfahren zwar nicht zu einer Auskunft gezwungen werden darf, wenn wegen derselben Angelegenheit ein Steuerstrafverfahren eingeleitet worden ist. Die Vorschrift verbietet es aber nicht, beide Verfahren nebeneinander durchzuführen. Nach höchstrichterlicher Rechtsprechung[346] ist es grundsätzlich nicht zu beanstanden, wenn die Steuerfahndung bei der Erfüllung ihrer gesetzlichen Aufgaben „doppelfunktional" tätig wird, d. h. anläßlich eines konkreten Einsatzes sowohl straf- als auch steuerverfahrensrechtliche Ermittlungen durchführt, auch wenn diese Ermittlungen sich gegen unterschiedliche Personen richten und im Laufe des Einsatzes, etwa bei der Durchsicht von Geschäftsunterlagen, fortlaufend Aufgabe und Ermittlungsziel gewechselt werden.

So kann es dem Schwarzgeldanleger regelmäßig passieren, daß er Tatsachen im Rahmen seiner allgemeinen Mitwirkungs- und Auskunftspflicht im „Besteuerungsverfahren" mitteilt, die dann – wenn

---

[346] BFH, Beschluß v. 28. Oktober 1997, VII B 40/97 NV 1998, 424.

die Beamten wieder umswitchen – im Strafverfahren gegen ihn verwendet werden können. Das in § 393 Abs. 2 Satz 1 AO ausgesprochene *spezifische* Verwendungsverbot sollte solche Situationen unterbinden. § 393 Abs. 2 Satz 1 AO verbietet aber nur die Verwendung von vor Einleitung des Strafverfahrens oder in Unkenntnis der Einleitung des Strafverfahrens offenbarten Tatsachen oder Beweismittel für die Verfolgung einer Tat, die *keine Steuerstraftat* ist. Für den Schwarzgeldanleger bleibt so die Gefahr einer Selbstbezichtigung latent erhalten.

(ii) Die Steuerfahnder als Hilfsbeamte des Staatsanwalts

Im Steuerstrafverfahren nehmen die Steuerfahndungsbeamten in erster Linie die Rechte und Pflichten nach den Vorschriften der StPO wahr, die den Behörden und Beamten des Polizeidienstes zustehen (§ 404 Satz 1 AO). Die Steuerfahndung ist gem. § 404 Satz 2 i. V. m. § 399 Abs. 2 Satz 2 AO berechtigt, „Beschlagnahmen, Notveräußerungen, Durchsuchungen, Untersuchungen und sonstige Maßnahmen nach den für *Hilfsbeamte der Staatsanwaltschaft* geltenden Vorschriften der Strafprozeßordnung" anzuordnen.[347] Die Rechte des Steuerfahnders als Hilfsbeamten sind auf der Rückseite seines Ausweises kurz wiedergegeben. Außerdem weist die Dienstmarke auf der Rückseite den Aufdruck „Hilfsbeamter der Staatsanwaltschaft" auf.

Die Qualifikation als Hilfsbeamter der Staatsanwaltschaft verleiht dem Steuerfahnder *strafprozessuale Zwangsbefugnisse.* Hilfsbeamte der Staatsanwaltschaft können:

- den ersten Zugriff tätigen (§ 163 Abs. 1 StPO),
- bei Gefahr im Verzug an Stelle des Richters oder Staatsanwalts Ergreifungs- und Ermittlungsdurchsuchungen sowie die Beschlagnahme der aufgefundenen Beweisgegenstände anordnen (§§ 98 Abs. 1, 105 Abs. 1, 111 e Abs. 1 Satz 2 StPO),
- Beschuldigte vernehmen (§§ 161, 163a Abs. 4 StPO),

[347] Der Begriff „Hilfsbeamte der Staatsanwaltschaft" ist in § 152 des Gerichtsverfassungsgesetzes geregelt. Im Polizeidienst ist diese „Hilfsbeamtenschaft" an besondere Qualifikationen gebunden und durch Rechtsverordnung der jeweiligen Landesregierungen festgelegt. In jedem Fall muß ein Polizist das 21. Lebensjahr vollendet haben und mindestens zwei Jahre in den bezeichneten Beamten- oder Angestelltengruppen tätig gewesen sein (§ 152 Abs. 2 Satz 2 GVG).

- Zeugen vernehmen,
- die körperliche Durchsuchung von Zeugen veranlassen (§ 81 c Abs. 5 StPO),
- die Entnahme einer Blutprobe anordnen (§ 81 a Abs. 2 StPO),
- Festnahmen tätigen (§ 127 Abs. 2 StPO; auch Störer!)
- sowie die Einrichtung einer Kontrollstelle (§ 111 Abs. 2 StPO) anordnen.

Außerdem ist die Steuerfahndung zur Durchsicht der während einer Durchsuchung aufgefundenen Papiere berechtigt.

(iii) Was die Steuerfahndung nicht darf

Die Steuerfahndung darf:

- keine Beschlagnahmeanordnungs-/Durchsuchungsbeschlüsse selbständig beantragen, außer bei Gefahr im Verzug (§§ 98, 105 StPO);
- keine Anträge auf Erlaß eines Strafbefehls oder auf Einziehung oder Verfall stellen (§§ 400, 401 AO);
- nicht die Rechte der Finanzbehörde im gerichtlichen Strafverfahren wahrnehmen, d. h. keine Gesichtspunkte vorbringen, die für die Entscheidung von Bedeutung sein können (kein Anwesenheitsrecht, § 407 AO);
- nicht von der Verfolgung der Straftat nach den §§ 153b (Einstellung bei Absehen von Strafe), 153c StPO (Nichtverfolgung von Auslandstaten), 154 StPO (Einstellung des Verfahrens beim Mehrfachtäter), 154b StPO (Auslieferung des Täters) oder 154c StPO (wenn Nötigung oder Erpressung strafwürdiger ist als die Tat des Erpreßten) absehen oder die Verfolgung auf einzelne Tatteile beschränken (§ 154a StPO);
- ein Steuerstrafverfahren nicht selbständig wegen Geringfügigkeit (§ 153 Abs. 1 StPO) oder nach Maßgabe der §§ 153a StPO (Einstellung nach Erfüllung von Auflagen), 154d StPO (Einstellung des Verfahrens bei Vergehen, wenn in erster Linie Zivil- oder Verwaltungsrecht betroffen ist) und 170 Abs. 2 StPO (Einstellung des Verfahrens mangels genügenden Anlasses) *einstellen*.

Es ist deshalb völlig zwecklos und dem Schwarzgeldanleger keinesfalls nützlich, Geständnisse zu machen oder bei einer Hausdurchsuchung „mitzuhelfen“, indem Unterlagen freiwillig auf den Tisch gelegt werden. Ein Geständnis kommt nur dem Steuerfahnder zugute, weil er sich dann den dezidierten Schuldnachweis und die heikle Beweismittelauswertung sparen kann. Der Schwarzgeldanleger hat aber dadurch keine strafmildernden Umstände zu erwarten.

Gerade was die Beweismittelauswertung betrifft, so wird sich der Fahnder nach Beschlagnahme und Sichtung der „Beute“ schnell wieder einem anderen Steuersünder widmen. Auch hier wird wieder kistenweise Material angeschleppt, das ausgewertet werden muß; und zwar so, daß der Fahndungsbericht den wissenschaftlich fundierten finanzgerichtlichen Anforderungen standhält. Wenn sich der Fahnder irgendwann später wieder mit dem Fall befaßt und den Fahndungsbericht erstellen soll, wird dieser häufig Mängel aufweisen. Auch kann es sein, daß sich die steuerliche Rechtslage zwischenzeitlich geändert hat und der Schuldvorwurf im Zeitpunkt, in dem es zur Anklage kommt, ein anderer ist als im Zeitpunkt, in dem der Fahnder geklingelt hat.

Der Fall eines Schwarzgeldanlegers geht durch viele Hände, von der Steuerfahndung an die Staatsanwaltschaft und ans Finanzgericht, Amts- oder Landgericht usw. Nicht selten dürfte dort ein Fall „auf der Strecke bleiben“. Mit einer langen Verfahrensdauer wechselt auch das Personal. Ein neuer Beamter muß sich in den Fall des Schwarzgeldanlegers erst einarbeiten. Er übersieht dabei Einzelheiten; es schleichen sich Fehler ein, die ein gewiefter Strafverteidiger erkennt und für eine detaillierte Verteidigungsstrategie nützt. Die geballte Macht der Steuerfahndung weist hier Schwächen im eigenen System auf, die der Schwarzgeldanleger dann aber nicht nützt, wenn er verschreckt reagiert und möglichst bald nach der Durchsuchung auf eine Verständigung drängt.

b) Die Bustra

Der Finanzbehörde obliegt nach § 386 Abs. 2 AO das alleinige Ermittlungsrecht, „wenn die Tat ausschließlich eine Steuerstraftat darstellt oder zugleich andere Strafgesetze verletzt und deren Verletzung Kirchensteuern oder andere öffentlich-rechtliche Abgaben betrifft, die an Besteuerungsgrundlagen, Steuermeßbeträge oder Steuerbeträge anknüpfen". Die Finanzbehörde wird auch tätig, wenn die Tat wie eine Steuerstraftat zu bezeichnen ist. Wie eine Steuerstraftat zu bezeichnen sind z. B. ungerechtfertigte Bereicherungen durch Zulagen und Prämien oder der Subventionsbetrug nach § 264 StGB.

Die Schwarzarbeit stellt eine zugleich andere Strafgesetze verletzende Steuerstraftat dar. Hinterzieht ein Schwarzarbeiter Einkommensteuer, wovon ausnahmslos ausgegangen werden kann, wird regelmäßig auch Kirchensteuer hinterzogen, was den Straftatbestand des Betrugs (§ 263 StGB) erfüllt. Handelt es sich bei dem erwähnten Schwarzarbeiter um einen Handwerker, ist zugleich noch ein dritter Straftatbestand erfüllt, nämlich der der Verkürzung „öffentlich-rechtlicher Abgaben" (z. B. Pflichtbeiträge an die Industrie-, Handels- und Handwerkskammern). Die Finanzbehörde würde in den beiden Fällen selbständig – also in einer von der Staatsanwaltschaft völlig unabhängigen Rechtsstellung – ermitteln können, da die Verletzung anderer Strafgesetze durch die Schwarzarbeit mit der Hinterziehung von Kirchensteuern bzw. anderen öffentlich-rechtlichen Angaben in Tateinheit mit Steuerhinterziehung erfolgt. In allen anderen Fällen obliegt die Ermittlungskompetenz aber der Staatsanwaltschaft.[348]

Zur Verfolgung von Steuerzuwiderhandlungen haben die Finanzämter „Bußgeld- und Strafsachenstellen" geschaffen. Eine „Bustra" (oder „StraBu", so die Bezeichnung in Baden-Württemberg, Brandenburg, Nordrhein-Westfalen und Sachsen-Anhalt) ist eine unselbständige Dienststelle innerhalb eines Finanzamts. Die Bustra bzw. StraBu ist die Staatsanwaltschaft der Finanzverwaltung. In Berlin und in Niedersachsen besteht die Bustra sogar aus einem eigenen Finanzamt für Fahndung und Strafsachen. In Nordrhein-Westfalen heißt es Finanzamt für Steuerstrafsachen und Steuerfahndung. Von der Errichtung eines Spezial-Finanzamts versprechen sich die Finanzbehörden vor allem einen schnelleren Zugriff auf Schwarzgelder zur Sicherung der Steueransprüche, eine bessere

[348] Wenn außer Steuergesetzen noch andere Strafgesetze verletzt worden sind, wenn gegen den Beschuldigten ein Haftbefehl oder Unterbringungsbefehl erlassen worden ist (§ 386 Abs. 3 AO), wenn die Finanzbehörde die Strafsache an die Staatsanwaltschaft abgibt (§ 386 Abs. 4 Satz 1 AO) oder die Staatsanwaltschaft die Strafsache an sich zieht (§ 386 Abs. 4 Satz 2 AO).

Aufdeckung und Verfolgung steuerlicher Wirtschaftskriminalität und eine schnellere Entdeckung von dem Finanzamt bisher unbekannten Steuerquellen.

Die Bustra ist die Staatsanwaltschaft in einem Steuerstrafverfahren und „Herr des Ermittlungsverfahrens". Die Bustra gibt Ermittlungsaufträge an die Steuerfahndung und erteilt dieser Weisungen. Ca. 20 Prozent der Ermittlungsanlässe für die Steuerfahndung kommen von der Bustra.[349] Es handelt sich hier um selbst von der Steuerfahndung aufgegriffene Fälle, die an die Bustra weitergeleitet wurden, und um Fälle, die die Finanzämter an die Bustra zur strafrechtlichen Würdigung weitergeleitet haben. Alles was nach einer Steuerverkürzung von unter 200.000 DM[350] aussieht, geht an die Bustra; die signifikanteren Fälle an die Staatsanwaltschaft. Die Bustra entscheidet über den Verfahrensverlauf und -abschluß und beantragt auch die Durchsuchungsbeschlüsse beim zuständigen Richter. Zeugen und Sachverständige müssen der Bustra gegenüber erscheinen (nicht aber gegenüber der Steuerfahndung). Behördliche Auskünfte müssen möglichst umfangreich sein, sie können unmittelbar eingeholt werden, „selbst wenn die geforderten Nachrichten erst noch durch (zumutbare) Materialsammlung oder Beobachtung dienstlicher Vorgänge gewonnen werden müssen"[351].

Führt die Bustra das Ermittlungsverfahren selbständig durch, nimmt sie die Rechte und Pflichten wahr, die der Staatsanwaltschaft im Ermittlungsverfahren zustehen (§ 399 Abs. 1 AO). Die Bustra kann beispielweise von allen öffentlichen Behörden Auskünfte nach § 161 StPO[352] verlangen, die Beschuldigten, Zeugen und Sachverständige vernehmen (es besteht insoweit auch eine Erscheinungspflicht geladener Bankrepräsentanten) und bei Gefahr im Verzug Durchsuchungen und Beschlagnahmehandlungen anordnen und vollziehen. Die Bustra bearbeitet auch Selbstanzeigen. Entscheidungen über die Zulässigkeit und die Anträge der Verteidigung trifft ebenfalls die Bustra. Die Ermittlungstätigkeit der Bustra

---

[349] Dörn, in: Flore/Dörn/Gillmeister, Steuerfahndung und Steuerstrafverfahren, Neuwied/Berlin 1998, S. 96.

[350] Ebendort.

[351] Kleinknecht/Meyer, a.a.O., § 161, Rz. 4.

[352] § 161 StPO ist als Ergänzung zu Art. 35 GG zu sehen, der eine Rechts- und Amtshilfepflicht zwischen Behörden des Bundes und der Länder vorsieht (Kleinknecht/Meyer, a.a.O., § 161, Rz. 1).

endet nach § 400 AO mit der Feststellung, ob ein genügender Anlaß zur Erhebung der öffentlichen Klage gegeben ist. In diesem Fall beantragt die Bustra beim Richter den Erlaß eines Strafbefehls (§ 407 StPO).

c) Die Erforschung von Steuerstraftaten und Ermittlung der Besteuerungsgrundlagen

Die Erforschung von Steuerstraftaten und Steuerordnungswidrigkeiten gehört wie die Aufdeckung und Ermittlung unbekannter Steuerfälle zum in § 208 Abs. 1 Satz 1 der Abgabenordnung definierten primären Aufgabengebiet der Steuerfahndung.

Die Erforschung von Steuerstraftaten und Steuerordnungswidrigkeiten beginnt, sobald ein konkreter *Anfangsverdacht* vorliegt. § 163 Abs. 1 StPO knüpft insofern an § 152 Abs. 2 StPO an, als der Verfolgungszwang nach § 208 Abs. 1 Satz 1 Nr. 1 AO nur bei zureichenden tatsächlichen Anhaltspunkten besteht, die den Verdacht einer Straftat begründen. Ein solcher Verdacht kann hervorgerufen werden durch *anonyme Anzeigen* entlassener Mitarbeiter oder zerstrittener Ehepartner, durch *Presseberichte* über gestohlene Wertsachen oder durch die *Außenprüfung.* Häufig bildet aber auch die Abgabe einer unglaubwürdigen und (in den Augen der Finanzbehörden) unvollständigen *Selbstanzeige* oder deren Widerruf Anlaß für die Einleitung von Ermittlungen.

Neben der Erforschung von Steuerstraftaten und Steuerordnungswidrigkeiten hat die Steuerfahndung auch die Aufgabe, die für diese Untersuchungsfälle relevanten *Besteuerungsgrundlagen* gleich mit zu ermitteln (§ 208 Abs. 1 Satz 1 Nr. 2 AO). Dadurch kann sich die Steuerfahndung sowohl der Ermittlungsbefugnisse, die den Finanzämtern im Besteuerungsverfahren zustehen, als auch deren der Behörden und Beamten des Polizeidienstes bedienen.[353] Die Ermittlung der Besteuerungsgrundlagen steht in unmittelbarem Zusammenhang mit der Erforschung von Steuerstraftaten. Erfaßt von Nr. 2 ist die Ermittlung von Besteuerungsgrundlagen für Fälle, für die wegen einer Steuerstraftat oder Steuerordnungswidrigkeit ermittelt wird, d. h. die Nrn. 1 und 2 sind insoweit miteinander verknüpft, als die Steuerfahndung in ihrem Aufgabenbereich „Erfor-

[353] Zur Problematik dieser Doppelfunktion vgl. E.V.6.a)(i).

schung von Steuerstraftaten" usw. tätig sein muß. Eine weitergehende innere Verknüpfung dergestalt, daß die Steuerfahndung von einer Ermittlung der Besteuerungsgrundlagen absehen muß, wenn Strafverfolgungsverjährung eingetreten ist, ist nicht gegeben.[354]

Ist die Straftat bereits verjährt, und kann deshalb keine Steuerstraftat mehr erforscht werden, heißt dies noch lange nicht, daß die verstrickten Besteuerungswege eines Schwarzgeldanlegers nicht doch noch entschleiert werden können. Und selbst wenn die Besteuerungsgrundlagen auch nach Nr. 2 nicht ermittelt werden könnten, sind Schwarzgeldanleger in keinem Fall vor der Steuerfahndung sicher. Den Fahndern ist nämlich noch ein drittes Aufgabengebiet zugewiesen: die „Aufdeckung und Ermittlung unbekannter Steuerfälle".

d) Die Aufdeckung und Ermittlung unbekannter Steuerfälle (Vorfeldermittlungen)

Zu den primären Aufgaben der Steuerfahndung gehört außer der Erforschung von Steuerstraftaten mit den Besteuerungsgrundlagen auch die *Aufdeckung und Ermittlung unbekannter Steuerfälle* (§ 208 Abs. 1 Satz 1 Nr. 3 AO). Dieser Aufgabenbereich soll sicherstellen, daß Steuern nicht verkürzt werden. Ein *unbekannter* Steuerfall ist dann gegeben, wenn sich – anders als in den Fällen der Erforschung von Steuerzuwiderhandlungen – die Anhaltspunkte noch nicht zu einem steuerstrafrechtlichen Verdacht verdichtet haben und sich demzufolge noch kein konkreter Anfangsverdacht für das Vorliegen einer Steuerstraftat oder Steuerordnungswidrigkeit herleiten läßt, sich aber nach den Umständen des Falls die Möglichkeit einer Steuerverkürzung nicht ganz ausschließen läßt (sogenannter hinreichender Anlaß zum Tätigwerden)[355]. Ein weiteres Indiz für einen unbekannten Steuerfall kann darin begründet sein, daß bekannte oder unbekannte Personen unbekannte Wertsachen oder sonstige unbekannte Gegenstände besitzen.

Ein „besonders ergiebiger" unbekannter Steuerfall kam 1995 an die Steuerfahnder heran, als der Staatsanwaltschaft Frankfurt am Main sechs Beweismittelordner in die Hände fielen, die neben

[354] BFH, Beschluß v. 16.12.1997, VII B 45/97 BStBl. 1998 II, S. 231.

[355] Vgl. anschließend E.V.6.e)(i).

„CISAL"-Meldewesen und Projektunterlagen auch Namen und Kontonummern von ca. 1.600 Kunden der Luxemburger Commerzbank-Tochter enthielten. Die Staatsanwaltschaft gab diese Beweismittelordner gemäß ihrer Amtshilfepflicht nach § 116 AO an die Steuerfahndung mit der Bitte weiter, im Rahmen einer Vorfeldermittlung zu prüfen, ob sich aus den Unterlagen der Verdacht einer Steuerstraf- oder -ordnungswidrigkeit ergibt. Die Weitergabe wurde für rechtmäßig erachtet[356] und die Möglichkeit, daß verfolgbare Steuerstraftaten vorliegen können, dahingehend gesehen, daß Luxemburg als Steuerfluchtburg allgemein bekannt sei.[357] Dieser unbekannte Steuerfall – zunächst noch unter die Rubrik „Vorfeldermittlungen nach § 208 Abs. 1 Satz 1 Nr. 3 AO" fallend – mündete nach Feststellung der vollständigen Anschriften der Kapitalanleger in eine Primäraufgabe nach § 208 Abs. 1 Satz 1 Nr. 1 der Steuerfahndung: nämlich die Erforschung von Steuerstraftaten und Steuerordnungswidrigkeiten.

Die Vorfeldermittlung gehört zu den gefährlichsten Instrumenten der Steuerfahndung zur Aufdeckung von Schwarzgeld. Sie ist Teil der allgemeinen Überwachungsaufgaben, die die Steuerfahndung als Steueraufsichtsorgan wahrzunehmen hat. Demzufolge sind an den Beginn der Ermittlungen viel geringere Anforderungen gestellt. Vorfeldermittlungen können die Steuerfahnder schon dann anstellen, wenn wenigstens objektiv die Möglichkeit auf begangene Steuerverkürzungen besteht.[358]

Das *Subsidiaritätsprinzip* (§ 93 Abs. 1 Satz 3 AO), das für die Finanzbehörde im Besteuerungsverfahren verbindlich ist, braucht die Steuerfahndung bei Vorfeldermittlungen nicht einzuhalten (§ 208 Satz 3 AO). Sie kann sich praktisch ohne vorherige Ermittlungen bei den Beteiligten (die ja unbekannt sein können) gleich an andere Personen wenden. Sofern die andere Person allerdings ein *Kreditinstitut* ist, ist das Subsidiaritätsprinzip durch § 30a Abs. 5 Satz 2 AO auch für die Steuerfahndung verbindlich.[359]

---

[356] OLG Frankfurt, Beschluß v. 20.12.1995, 3vas 25+26/95.

[357] OLG Frankfurt, a.a.O.: „Unter diesen Umständen bestand für die Staatsanwaltschaft bei dem Landgericht Frankfurt am Main der begründete Anfangsverdacht, daß zahlreiche Kunden der … ihr Kapital in den Staat Luxemburg transferiert hatten, um der in der Bundesrepublik Deutschland geltenden Besteuerungspflicht zu entgehen."

[358] BFH, BStBl. 1988 II, S. 359.

[359] Vgl. E.V.4.c)(ii).

Das Subsidiaritätsprinzip ändert aber auch nichts daran, daß die Steuerfahndung ihre Ermittlungstätigkeiten bei Banken auf den § 208 Abs. 1 Satz 1 Nr. 3 AO – der Rechtsgrundlage für Vorfeldermittlungen – stützen kann, wenn wegen eingetretener Strafverfolgungsverjährung nicht mehr nach Nrn. 1 und 2 ermittelt werden kann. Die Aufgabenzuweisung des § 208 Abs. 1 Satz 1 Nr. 3 AO – nämlich unbekannte Steuerfälle aufzudecken und zu ermitteln – erlaubt es der Steuerfahndung stets, über den Horizont der Erforschung von Steuerstraftaten und den damit zusammenhängenden Besteuerungsgrundlagen hinauszugehen, sofern die begründete Annahme auf Steuerverkürzung besteht. Steuerstraftaten verjähren nach fünf Jahren, wobei ein Fortsetzungszusammenhang in jedem Fall ausgeschlossen ist.[360] Auf Grundlage von Vorfeldermittlungen hat das Hessische Finanzgericht[361] ein auf § 93 AO gestütztes Auskunftsersuchen an die Bank eines Schwarzgeldanlegers wegen nicht erklärter Kapitalerträge selbst unter dem Aspekt für rechtmäßig erklärt, daß für die betreffenden Veranlagungszeiträume bereits Strafverfolgungsverjährung eingetreten ist und die Steuerfahndung so nicht mehr im Rahmen des § 208 Abs. 1 Satz 1 Nrn. 1 und 2 AO tätig werden konnte.

„§ 208 Abs. 1 Satz 1 Nr. 3 AO räumt der Steuerfahndung ein originäres Ermittlungsrecht ein, das in keinem Zusammenhang mit der Frage zu sehen ist, ob die Bestrafung eines Steuerpflichtigen wegen Steuerhinterziehung aussichtsreich erscheint."[362] Gegen die Steuerfahndung ist auch kein Kraut gewachsen, wenn Festsetzungsverjährung nach § 169 Abs. 2 Satz 1 Nr. 2 AO eingetreten ist (die Festsetzungsverjährungsfrist beträgt vier Jahre). Zur Überwachungsaufgabe der Steuerfahndung gehört es auch, festzustellen, ob eine – auch verfolgungsverjährte – Steuerhinterziehung vorliegt, die die Festsetzungsverjährung von vier auf zehn Jahre verlängert.

---

360 Vgl. F.III.1.b).

361 Beschluß v. 8. November 1996, 4 V 3735/96 EFG 1997, 196.

362 Ebendort.

e) Wenn die Steuerfahndung kommt

(i) Der hinreichende Anlaß zum Tätigwerden

Damit die Steuerfahndung kommen kann, braucht sie mindestens einen *hinreichenden Anlaß zum Tätigwerden.* Diese Hürde – sie ist zugegebenermaßen nicht gerade hoch – soll verhindern, daß Steuerfahnder Schnüffeleien oder unbegründete Ermittlungen ins Blaue hinein durchführen. Nach der BFH-Rechtsprechung liegt ein solcher Anlaß vor, wenn aufgrund konkreter Anhaltspunkte (z. B. wegen der Besonderheit des Objekts oder der Höhe des Werts) oder aufgrund allgemeiner Erfahrung (auch konkreter Erfahrungen für bestimmte Gebiete) die Möglichkeit einer Steuerverkürzung in Betracht kommt und daher eine Anordnung bestimmter Art angezeigt ist.[363] Selten ist es dabei die Auslandsüberweisung allein. Es kommen immer weitere Umstände hinzu, etwa eine aufs Verdecken abzielende Unüblichkeit. Einen hinreichenden Anlaß für ein Tätigwerden der Steuerfahndung (Auskunftsersuchen gemäß § 93 Abs. 1 Satz 1 AO) sah der BFH überwiegend in Fällen, in denen ein einziges, von außen an die Steuerfahndung herangetragenes Ereignis ein Tätigwerden bot, wie Chiffre- oder Verkaufsanzeigen, Bekanntwerden, daß Vermittlungsprovisionen in Steuererklärungen nicht deklariert worden sind, usw.

Der hinreichende Anlaß darf nicht mit dem „konkreten Tatverdacht" gleichgesetzt werden, der Voraussetzung für die Einleitung eines *Steuerstrafverfahrens* ist. An den „konkreten Tatverdacht" oder „Anfangsverdacht" werden allerdings ebenso geringe Anforderungen gestellt; er muß nur „in konkreten Tatsachen bestehen"[364]. Das LG Braunschweig hat in einem Urteil[365] zwar eingeräumt, daß „der bloße Umstand, daß Kunden des Betroffenen [gemeint war hier der beschuldigte Bankangestellte] über ihn Gelder nach Luxemburg transferiert haben", zwar *nicht* für einen Anfangsverdacht einer Steuerhinterziehung genüge. Im Urteilsfall kam aber der Umstand hinzu, daß diese Gelder in zeitlichem Zusammenhang mit einem Inkrafttreten des Zinsabschlagsteuergesetzes zum 1.1.1993 nach Luxemburg gebracht wurden. Und dies allein kam den Rich-

---

[363] BFH, Beschluß v. 28. Oktober 1997, VII B 40/97 NV 1998, 424.
[364] Kleinknecht/Meyer, a.a.O., § 152, Rz. 4.
[365] Vom 3.5.1993, 36 Qs 3 u. 4/93.

tern steuerhinterziehungsverdächtig vor. Denn für einen gesetzestreuen Anleger bestehe schließlich kein Anlaß, gerade zu diesem Zeitpunkt Gelder nach Luxemburg zu transferieren.

Getreu diesem Urteil macht sich also jeder Schwarzgeldanleger und auch jeder Bankangestellte, der zeitgleich oder zeitnah mit einer bevorstehenden Gesetzesänderung bei der Besteuerung von Kapitaleinkünften Gelder ins Ausland überweist, der Steuerhinterziehung bzw. der Beihilfe verdächtig. Im Regelfall kommt zur Auslandsüberweisung (sie ist es selten allein, die eine Durchsuchung auslöst) noch eine unübliche Verschleierungstaktik hinzu.

Kommt die Steuerfahndung, ist die Hürde des Tatverdachts im Regelfall bereits genommen, so daß Beschwerden seitens der Bank wenig Aussicht auf Erfolg haben. Die Bank wird dennoch Beschwerde einlegen, dem Kunden zuliebe. Denn sonst könnte dieser ja behaupten, seine Bank hätte sich nicht gewehrt. Beschwerden gegen Durchsuchungs- und Beschlagnahmebeschlüsse wegen fehlenden Tatverdachts etc. entfalten daher nur psychologische Wirkung und helfen, dem Bankkunden zu belegen, man hätte alles getan, um die Ermittlungen abzuwehren.

(ii) Durchsuchungshandlungen beim Schwarzgeldanleger

Durchsuchungshandlungen in den Privaträumen des Schwarzgeldanlegers setzen voraus, daß dieser eine Steuerhinterziehung mit größter Wahrscheinlichkeit begangen und nicht nur straflos vorbereitet hat. Hierfür müssen konkrete Indizien vorhanden sein.[366] Haben Steuerfahndungsbeamte mittels Kassenkontrollstreifen[367] einmal den Kontoinhaber mit Namen und Anschrift ermittelt, schließt sich dem ein Abgleich mit den Steuerakten an. Ist der festgestellte Vorgang in den Steuerakten nicht vermerkt, dürfte es nicht mehr lange dauern, bis die Steuerfahndung beim Schwarzgeldanleger klingelt.

Zur geplanten Durchsuchung wird zunächst die Bustra oder die Staatsanwaltschaft unterrichtet, die beim zuständigen Amtsgericht einen Durchsuchungs- und Beschlagnahmebeschluß beantragt. Danach erstellt der Fahndungsbeamte einen Einsatzplan und läu-

---

[366] Kleinknecht/Meyer, a.a.O., § 102, Rz. 2.
[367] Vgl. oben D.IV.4.

tet mit seinen Kollegen, meistens in den Morgenstunden, ab ca. 7.00 Uhr: „Eiliges Telegramm", murmelt einer in die Gegensprechanlage.

Die Steuerfahndung gibt sich nämlich in den seltensten Fällen bei der Zutrittverschaffung zum Objekt als solche zu erkennen.[368] Die Steuerfahnder weisen sich nach der Zutrittverschaffung durch Dienstausweis und Dienstmarke aus. Hierbei ist darauf zu achten, daß die Nummer auf der Dienstmarke mit derjenigen des Dienstausweises übereinstimmt. Es folgt das Vorzeigen des Durchsuchungsbeschlusses und die Belehrung des Beschuldigten. Das Telefonieren wird untersagt. Die Verbindung zum Verteidiger oder Steuerberater stellen die Fahnder meist selbst her; die Telefonnummer ist ihnen bekannt.

Es folgt die eigentliche Durchsuchung. Durchsucht wird zeitgleich im Betrieb, in der Privatwohnung, beim Steuerberater und bei der Bank des Steuerpflichtigen. Der Schwarzgeldanleger wird erstaunt sein, was der Fahnder bereits über ihn weiß. Er kennt sein Vorstrafenregister, seine Telefonanschlüsse, die Kraftfahrzeuge mit Kennzeichen, die auf seinen Namen zugelassen sind, die Beteiligungsverhältnisse bei Gesellschaften und alle seine Bankverbindungen. Der Fahnder kennt sich über das zu durchsuchende Objekt genau aus, weiß über die Örtlichkeiten wie Keller, Garage, Tiefgarage usw. Bescheid und weiß, ob der Schwarzgeldanleger bei verbundenen Unternehmen im In- oder Ausland dabei ist, und er kennt seinen Familienstand sowie seinen Steuerberater genau.

Der beratene Schwarzgeldanleger wird den Fahndern nicht bei der Suche nach Unterlagen helfen. Er kann sich völlig passiv verhalten und braucht zu seiner Überführung nichts beizutragen; er ist insoweit nicht herausgabepflichtig.[369]

Der Durchsuchung folgt die Anfertigung eines Durchsuchungsvermerks und einer *Nachweisung.* Jeder Betroffene erhält nach Abschluß der Hausdurchsuchung eine Nachweisung über die von der Steuerfahndung mitgenommenen Unterlagen. Der Durchsuchung schließt sich die Auswertung mit weiteren Ermittlungen an. Bis es dazu kommt, können allerdings Jahre vergehen.

---

[368] Flore, in: Flore/Dörn/Gillmeister, a.a.O., S. 111.

[369] Vgl. E.V.6.a)(iii).

Da eine Durchsuchung bereits sehr massiv in die Individualsphäre des Betroffenen eingreift, muß eine diesbezügliche Anordnung ausreichend konkretisiert sein. Ein Durchsuchungsbeschluß im Rahmen eines Steuerstrafverfahrens ist als verfassungswidrig anzusehen, wenn eine zeitliche Eingrenzung der Steuerverkürzung fehlt, er keine Angaben über die verkürzten Steuerarten enthält oder eine detaillierte Beschreibung (Art, denkbarer Inhalt, beispielhafte Aufzählungen) der aufzufindenden Beweismittel fehlt. Floskelhafte Formulierungen, z. B. die Wiedergabe des § 370 AO oder der Beschlagnahmevorschriften sowie allgemeine Angaben über die Beweismittel oder die bloße Vermutung, solche beim Betroffenen zu finden,[370] genügen ohne Bezug auf konkrete Anhaltspunkte nicht. Bei der zeitlichen Eingrenzung ist insbesondere darauf zu achten, daß die Steuerfahnder nicht Unterlagen für Zeiträume mitnehmen, für die überhaupt noch keine Steuererklärungen abgegeben worden sind.

Die Sicherstellung und Beschlagnahme von Geldscheinen während einer Durchsuchungsmaßnahme scheidet grundsätzlich aus, weil Banknoten zur Beweiseignung für die Steuerhinterziehung keine Bedeutung haben können. Finden Fahnder ein Bündel (Schwarz)Geld in der Privatschublade, können die Scheine höchstens die Vermutung belegen, daß sich der Betreffende in den letzten Jahren viel Steuern gespart hat. Diese Vermutung rechtfertigt freilich noch keine Beschlagnahme. Zur Beweissicherung ist es ausreichend, daß das Vorfinden des Geldes dokumentiert und das Geld gezählt wird.

Um Schwarzgeld einem dinglichen Arrest zu unterstellen, müssen Gründe dafür sprechen, daß ohne einer Sicherstellung die Gefahr des Untergangs oder der Vereitelung gegeben wäre und ohne Verhängung eines Arrests die Vollstreckung vereitelt oder wesentlich erschwert würde. Des weiteren muß der Arrestantrag einen genauen Steuerforderungsbetrag enthalten. Eine Bezifferung diverser Steuerschulden aus Schwarzgeschäften dürfte aber in keinem Fall möglich sein, wenn nur ein Anfangsverdacht auf Steuerhinterziehung besteht.

[370] Ordnet das Amtsgericht wegen einer Steuerstraftat die Durchsuchung der Wohnung und anderer Räume des Beschuldigten sowie der ihm gehörenden Bankschließfächer an, weil „nach den bisherigen Ermittlungen zu vermuten ist, daß die Durchsuchung zur Auffindung von Beweismitteln führen werde", ist dies nach Ansicht des BVerfG nicht ausreichend (BVerfG, Beschluß v. 23.6.1990 – 2 BvR 910/88).

Nimmt die Steuerfahndung sämtliches Bargeld, und vielleicht auch noch den Schmuck der Ehefrau mit (was sicherlich nicht so weit hergeholt ist), handelt sie also gesetzeswidrig. Selbst wenn sich die hinterzogenen Steuern im Vorfeld beziffern lassen, so liegt wohl nur in den seltensten Ausnahmefällen ein unmittelbarer Zusammenhang zwischen dem erlangten Vermögensvorteil (dem Schwarzgeld) und der Tathandlung vor. Denn nachdem einem Anfangsverdacht bereits Steuerzuwiderhandlungen vorangegangen sein müssen, liegt zwischen der Beschlagnahme von Schwarzgeld und der Steuerhinterziehung im Regelfall ein so großer Zeitraum, daß sich der für den strafprozessualen und dinglichen Arrest erforderliche plausible Zusammenhang nicht konstruieren läßt. Tafelpapiere können dagegen als Beweismittel beschlagnahmt werden.[371]

Zufallsfunde dürfen nach § 108 StPO einstweilig in Beschlag genommen werden. Es soll dadurch der Staatsanwaltschaft (nicht der Steuerfahndung) die Prüfung ermöglicht werden, „ob ein neues Ermittlungsverfahren gegen den von der Durchsuchung Betroffenen oder einen Dritten einzuleiten und der Gegenstand in diesem zu beschlagnahmen oder ob die Beschlagnahme in einem bereits anhängigen Verfahren geboten ist, das die Durchsuchenden nicht oder nicht näher kennen“[372]. Die Inbeschlagnahme von Zufallsfunden ist keine Beschlagnahme i. S. der §§ 94, 98 StPO, sie kann deshalb auch von der Steuerfahndung vollzogen werden, ohne daß Gefahr im Verzug vorliegen muß.[373]

Ein systematisches Suchen nach Beweisgegenständen, die die Verhältnisse Dritter tangieren oder den Betroffenen zusätzlich belasten, wie z. B. das in einer Kommode aufgefundene Sparbuch einer österreichischen Bank, ist durch § 108 StPO nicht gedeckt. Die Beweismaterialien müssen vielmehr zufällig („bei Gelegenheit einer Durchsuchung“) aufgefunden werden. Das Sparbuch müßte also gewissermaßen unter den Geschäftspapieren versteckt gewesen sein.

Gegen § 108 StPO würde auch eine über den Durchsuchungsbeschluß hinausgehende Suche nach zusätzlichen Bankverbindun-

---

[371] Flore, a.a.O., S. 124.
[372] Kleinknecht/Meyer, a.a.O., § 108 Rz. 1.
[373] Kleinknecht/Meyer, a.a.O., § 108 Rz. 6.

gen des Betroffenen verstoßen, da nach der Vorschrift Gegenstände nur dann einstweilig beschlagnahmt werden können, „wenn sie auf die Begehung einer anderen Tat hindeuten, die bisher unbekannt war oder derentwegen ein anderes Verfahren anhängig ist“[374].

Früher oder später – so rechnet man in internen Steuerfahndungskreisen – sind alle Kunden, die an den „bewährten“ Referenzkontoüberweisungssystemen bestimmter Kreditinstitute teilgenommen haben, vollständig enttarnt und identifiziert. Dann werden die Steuerfahnder vor jeder Wohnungstüre der Kunden klingeln und ein „eiliges Telegramm“ anmelden.

Ob die Maßnahmen der Steuerfahnder rechtmäßig waren, können Schwarzgeldanleger jetzt auch nachträglich prüfen lassen. Das Bundesverfassungsgericht[375] hat die nachträgliche Klärung der Rechtmäßigkeit von Durchsuchungen für zulässig erklärt. Eine gegen eine Durchsuchung eingelegte Beschwerde darf nach Meinung der Verfassungsrichter nicht allein deswegen als unzulässig verworfen werden, weil die Durchsuchung vollzogen ist und sich die Maßnahme deshalb erledigt hat. Bisher war es so, daß der Betroffene zwar Beschwerde einlegen konnte, während der Durchsuchung aber keine gerichtliche Entscheidung herbeizuführen war und man die Beschwerde nach Abschluß der Durchsuchungshandlungen als erledigt betrachtete.

Mit einem weiteren Beschluß[376] machten die Verfassungsrichter sogenannten „Blankettermächtigungen“ ein Ende. Bislang besorgten sich Staatsanwälte Durchsuchungsanordnungen auf Vorrat und verwendeten diese dann, wenn der Zeitpunkt genehm war. Solchen zeitlich unbefristeten Blankovollmachten haben die Verfassungshüter einen Riegel vorgeschoben. Eine erst in großem zeitlichem Abstand vollzogene Durchsuchung spiegelt nicht mehr den Entscheidungsgegenstand wider, für den der Richter die Verantwortung übernimmt, so die Verfassungsrichter.

---

[374] Kleinknecht/Meyer, a.a.O., § 108 Rz. 2.
[375] Beschluß v. 30.4.1997, 2 BvR 817/90.
[376] Beschluß v. 27.5.1997, 2 BvR 1992/92.

(iii) Durchsuchungshandlungen bei der Bank des Schwarzgeldanlegers

Wird in Steuerstrafverfahren gegen Kunden von Banken die Herausgabe der Kontounterlagen begehrt, wenden sich die Steuerfahnder in aller Regel mit folgendem Beschlagnahmeanordnungs- und Durchsuchungsbeschluß an die Hausbank des Beschuldigten:[377]

> *„In dem Steuerstrafverfahren gegen ..., geboren am ..., wohnhaft in ... wegen Verdacht der Verkürzung von Umsatz-, Einkommen-, Gewerbe- und Vermögensteuer, Straftaten nach § 370 AO wird auf Antrag der Staatsanwaltschaft ... die Beschlagnahme aller Bankunterlagen, die sich auf die Geschäftsbeziehungen mit dem Beschuldigten, seiner Ehefrau ... und deren Kinder ... beziehen, bei dem Kreditinstitut ... in ... angeordnet, weil zu vermuten ist, daß die Unterlagen für die Untersuchung als Beweismittel von Bedeutung sind.*
> *Die Anordnung bezieht sich auf alle vorhandenen oder vorhanden gewesenen Konten des Beschuldigten, und zwar gleich welcher Art (Sparkonten, Konten in laufender Rechnung, Scheckkonten, Darlehens-, Hypotheken- oder sonstige Kreditkonten), Kreditakten, Wertpapierdepots sowie auch etwaige auf andere Namen lautende Konten, über die der Beschuldigte verfügungsberechtigt ist oder war, aus Mietdepots, Schließfächern, die Benutzung von Sammeldepots sowie auch Geldbewegungen über ein „Conto pro Diverse".*
> *Mit der Durchführung der Beschlagnahme sind Beamte der Steuerfahndungsstelle ... beauftragt. Die Beschlagnahme der Originalunterlagen kann durch Hergabe übereinstimmender Ablichtungen abgewendet werden."*

Die Anordnung steuerstrafrechtlicher Maßnahmen wie die Durchsuchung von Geschäftsräumen einer Bank ist – wenn Steuerhinterzieher unter der Kundschaft vermutet werden – nach § 103 Abs. 1 Satz 1 StPO zulässig. Die Vorschrift läßt „bei anderen Personen" (also bei der Bank) „Durchsuchungen zur Ergreifung des Beschul-

[377] Müller-Brühl, Franz Josef, Ermittlungen bei Kreditinstituten in Steuerverfahren ihrer Kunden, Bielefeld 1990, S. 108.

digten oder zur Verfolgung von Spuren einer Straftat oder zur Beschlagnahme bestimmter Gegenstände" zu, „wenn Tatsachen vorliegen, aus denen zu schließen ist, daß die gesuchte Person, Spur oder Sache sich in den zu durchsuchenden Räumen befindet".

Für die Durchsuchung von Geschäftsräumen einer an der Straftat *nicht beteiligten* Bank muß die Annahme, daß die Durchsuchung zur Auffindung von Beweismitteln führt, auf *bestimmten bewiesenen Tatsachen* beruhen.[378] Ferner muß die Ermittlungsdurchsuchung auf das Auffinden bestimmter Beweismittel (z. B. die Zins- und Dividendengutschriften eines Steuerpflichtigen) ausgerichtet sein.

Wird indessen den Mitarbeitern einer Bank Gehilfen- oder Mittäterschaft vorgeworfen, reicht die bloße Vermutung aus, daß die Durchsuchung von Geschäftsräumen zur Auffindung von belastenden Beweismitteln führt. Dies ist auch häufig der Grund, daß Steuerstrafverfahren wegen Gehilfen- und Mittäterschaft verstärkt gegen Bankmitarbeiter geführt werden. Denn im Regelfall fehlt es den Steuerfahndern an bestimmten bewiesenen Tatsachen.

Der Tatbestand der *Beihilfe* setzt einerseits immer eine Haupttat seitens des Bankkunden voraus. Dieser erweckt bei den Finanzbehörden regelmäßig dann einen Beihilfeverdacht seitens des Bankangestellten, wenn er sich zu seiner Entlastung darauf beruft, den Empfehlungen des Bankangestellten gefolgt und dabei von Steuerlegalität ausgegangen zu sein. Mittäterschaft ist gegeben, wenn die Steuerhinterziehung gemeinschaftlich begangen wurde und auf Grundlage des gemeinsamen Wollens geschehen ist (§ 25 Abs. 2 StGB).

Um gegen einen Bankangestellten wegen Beihilfe ermitteln zu können, muß also zuerst die Haupttat des Bankkunden – die Steuerhinterziehung – erwiesen sein. Hier kommt es vor allem auf die Frage an, ob der Kunde die Zinsen bloß vergessen hat (dann liegt keine Beihilfe vor, weil es keine Beihilfe für eine nicht-vorsätzliche Tat geben kann), oder ob der Kunde bewußt aus Frust gegen den geldfressenden Staat die Zinsen und das Kapital nicht deklariert hat. Des weiteren bedarf es des sogenannten *„doppelten Gehilfen-Vorsatzes"*. Danach muß der Bankangestellte gewußt und gewollt haben, daß der Kunde Steuern hinterzieht bzw. hinterziehen kann.

---

[378] Kleinknecht/Meyer, a.a.O., § 103, Rz. 6.

Der Angestellte muß also insoweit von seiner banküblichen Tätigkeit abgewichen sein, daß er bewußt Manipulationen oder Anonymisierungen vorgenommen hat. Dies ist aber mit einer bloßen anonymen Geldüberweisung nach Luxemburg nicht der Fall. Schließlich muß der Banker sich dessen bewußt gewesen sein, eine Beihilfehandlung zu begehen.

Indizien, die auf Beihilfe hindeuten, sind:

- Der Bankangestellte gibt „technischen Rat", wie Geldtransfers ins Ausland durchzuführen sind, ohne daß irgend etwas auffliegt;
- der Bankangestellte nimmt Buchungen über CpD- oder betriebsinterne Konten vor, obwohl geeignete personifizierte Verrechnungskonten vorhanden sind;
- der Kunde hebt Schwarzgelder bar ab und zahlt sie anschließend in Raten auf betriebsinterne Sammelkonten unter Verwendung von Phantasienamen wie Theo Waigel oder Herzblatt auf den Einzahlungsbelegen wieder ein;
- der Bankangestellte nimmt einen mit einer ausgeschriebenen Nummer unterschriebenen Beleg entgegen, anhand derer die Transaktion betriebsintern namentlich zugeordnet werden kann;
- die Anlageberaterin macht persönliche Aufzeichnungen in ihrer „Kladde", anhand deren sie die für ihre Luxemburger Kunden eingerichteten Nummernkonten mit Name und Betrag zuordnet und außerdem ihren Teil vom Provisionskuchen sichert (Dresdner-Bank-Fall).

Der Nachweis eines doppelten Gehilfen-Vorsatzes scheitert aber regelmäßig daran, daß der Kunde im Zeitpunkt der „Unterstützungshandlung" durch den Bankangestellten (also im Zeitpunkt der Verschiebung der Gelder ins Ausland oder des Kaufs von Tafelpapieren) noch gar keine falsche Steuererklärung abgegeben hat. Aus der Sicht des Bankers kann es sich in solchen Fällen gar nicht um eine Beihilfehandlung handeln, da dieser ja durchaus davon ausgehen konnte, daß der Kunde noch eine wahrheitsgemäße Steuererklärung abgibt.

Die ordnungsgemäße Abwicklung eines „echten Tafelgeschäfts“ über betriebsinterne Konten stellt darüber hinaus noch keine Beihilfe dar. Hierzu müßte der Bankangestellte schon ganz genau wissen (und man müßte ihm dies auch nachweisen können), daß der Kunde die Zinseinkünfte aus den Coupons nicht deklariert. Vielfach braucht es aber beim Tafelgeschäft gar nicht des Vorwurfs einer Gehilfen- oder Mittäterschaft. Der Banker „redet“ oftmals schon, wenn der Steuerfahnder § 159 AO zitiert. § 159 AO bestimmt, daß derjenige, der behauptet, Rechte oder Sachen eines anderen zu besitzen, sozusagen als Treuhänder zu fungieren, den Treugeber namentlich nennen muß, wenn er verhindern will, daß die Vermögenswerte ihm steuerlich zugerechnet werden. Zahlt nun ein Schwarzgeldanleger Gelder ein, die anonym verbucht werden, oder verkauft ihm der Banker Tafelpapiere anonym, so droht die Steuerfahndung, diese Vermögenswerte regelmäßig dem Bankangestellten selbst zuzurechnen, wenn er den wahren Besitzer nicht benennt. Der alleinige Druck reicht, um den Angestellten zum Plaudern zu bringen.

Beschlagnahmt werden können alle Geschäftsunterlagen, „die als Beweismittel für die Untersuchung von Bedeutung sein können“ (§ 94 StPO); auch solche, die sich auf dem Postweg befinden. Unerheblich ist dabei, ob aus den Unterlagen Namen und Anschriften von Kunden des Instituts oder andere Daten hervorgehen, die normalerweise durch das Bankgeheimnis geschützt wären. Das Bundesverfassungsgericht[379] hielt im Fall „Dresdner Bank“ die Beschlagnahme von Einzahlungsbelegen und Scheckkopien (insgesamt etwa 40.000 Belege), die den Einzahler bzw. den Scheckaussteller oder -nehmer namentlich, zum Teil unter Adressenangabe bezeichneten, für zulässig.

Das Augenmerk der Steuerfahnder richtet sich hauptsächlich auf:

- Kontobelege (Giro-, Festgeld-, Spar-, Darlehens-, Hypotheken- und Kreditkonten),
- Unterlagen über bankinterne Sammel- oder Verrechnungskonten (welche sowieso nicht dem Bankgeheimnis unterliegen),

[379] Beschluß v. 13. Dezember 1994, 2 BvR 894/94.

- den Schriftverkehr mit Kunden und den von diesen eingereichten Unterlagen und
- Schließfächer oder Belege über den Auslandszahlungsverkehr.

Kredit- und Handakten gehören zur besonderen Fundgrube der Steuerschnüffler. Denn jeder Kunde, der Kredit beantragt, offenbart seine Vermögensverhältnisse der Wahrheit entsprechend. Bestehende Konten und Depots bei anderen Banken kommen dabei oft ans Tageslicht oder werden bewußt nicht oder nur mit ein paar Erinnerungsbuchstaben in der Kreditakte aufgeführt. Eingehende Hinweise ergeben sich fast immer aus Notizen, bankinternen Vermerken oder Vermögensaufstellungen, die während eines Kreditgesprächs angefertigt oder vorgelegt wurden. Die Steuerfahnder sehen in solchen Fällen regelmäßig ein „System der Nichterwähnung von Sicherheiten" und werten dies als Beihilfe durch Unterlassung (wobei es hier allerdings an der Garantenstellung des Bankangestellten für die Steuerehrlichkeit seines Kunden fehlen dürfte).[380]

Ein Zeugnisverweigerungsrecht haben Bankbedienstete trotz beruflich bedingter Diskretion nicht. § 53 StPO, der das Zeugnisverweigerungsrecht für alle dort genannten Berufsgeheimnisträger abschließend regelt, bezieht den Bankangestellten nicht ein. Ihm steht auch kein Zeugnisverweigerungsrecht als Berufshelfer zu (§ 53a StPO), wenn er das Geschäftskonto eines Anwalts oder Arztes führt. Rechtlich gesehen, fehlt es hier am zwingenden unmittelbaren Zusammenhang zwischen der Tätigkeit des Hauptberufsträgers und der des Gehilfen.[381]

Verlangt die Strafverfolgungsbehörde (bzw. die Steuerfahndung als „verlängerter Arm") die Herausgabe bankgeheimnisgeschützter Unterlagen, verstößt eine freiwillige Herausgabe von Kontounterlagen nicht gegen das vertragliche Bankgeheimnis. Einem Kreditinstitut ist es in solchen Fällen gestattet, im Wege der sogenannten *Abwendungsbefugnis* die durch eine Durchsuchung hervorgerufene empfindliche Störung des Geschäftsbetriebs durch die freiwillige Herausgabe der begehrten Unterlagen zu verhindern. Die Zulässigkeit einer solchen „Abwendungsbefugnis" leitet sich zum einen

[380] Spörlein/Dörn, Steuerstrafrecht A–Z, Bankenfahndung Rz. 28.
[381] Kleinknecht/Meyer, a.a.O., § 53a, Rz. 2.

aus dem *Übermaßverbot,* zum anderen aus dem bereits erwähnten *Verhältnismäßigkeitsgrundsatz* ab.

Die Abwendungsbefugnis ist im Verwaltungsrecht u. a. als „Austauschbefugnis" bekannt, wonach eine durch Verwaltungsakt angeordnete Maßnahme durch eine gleichwertige – vom Betroffenen vorgeschlagene – ersetzt werden muß, wenn sie diesen weniger belastet und zum gleichen Ergebnis führt. Die freiwillige Herausgabe belastet die Bank schon aus dem Grund weniger, weil dadurch die Tagesarbeit weniger beeinträchtigt wird. Steuerfahndung und Bank stehen sich in Durchsuchungs- und Beschlagnahmeaktionen in einem Spannungsverhältnis gegenüber. Die Steuerfahndung hat alle Rechte, die Bank keine. Die Bank verfügt dafür aber über die Eigenschaft, die begehrten Informationen leicht und schnell finden zu können. Der Steuerfahndung ist es dagegen unmöglich, alle Kunden zu überprüfen.

Am Verhältnismäßigkeitsgrundsatz hat auch die Steuerfahndung festzuhalten. So bestimmt beispielsweise die die Stellung von Auskunftsersuchen an Kreditinstitute im Straf- und Bußgeldverfahren betreffende Nr. 124 der AStBV, daß vor Stellung eines Antrags auf richterliche Anordnung einer Durchsuchung oder Beschlagnahme zu prüfen ist, „ob sich mit weniger einschneidenden Maßnahmen derselbe Erfolg erreichen läßt" und bei Beantragung eines Durchsuchungs- oder Beschlagnahmebeschlusses dem Kreditinstitut die Möglichkeit einzuräumen ist, „die Durchsuchung oder Beschlagnahme durch eine Auskunft, durch Gewährung von Einsicht in Belege oder durch Anfertigung und Herausgabe von Fotokopien abzuwenden".

Die Durchsuchungsaktionen bei Banken und Sparkassen im Raum Hessen haben bis zum 1. Oktober 1998 rund 15.000 Fälle nichtversteuerter Zinseinkünfte ans Licht gebracht und 3.500 Bürger zur Selbstanzeige getrieben. Mitte Dezember 1998 teilte das hessische Finanzministerium mit, daß die Durchsuchungsaktionen der hessischen Steuerfahndung bei zahlreichen Banken dem Fiskus bisher zusätzliche Steuereinnahmen von rund 170 Millionen DM bescherten.[382]

[382] Vgl. Süddeutsche Zeitung vom 18.12.1998.

Die Frankfurter Fahnder waren nicht weniger erfolgreich. Mehr als 10.000 Bankkunden hatten sie 1998 im Visier. Allein bei der Commerzbank haben die Fahnder 7.000 Kunden namentlich ausfindig gemacht, die Schwarzgelder nach Luxemburg transferiert und bei der luxemburgischen Commerzbank-Tochter angelegt haben sollen; 15 Beschuldigte gibt es bei der Bank selbst. Insgesamt 2.000 Steuersünder werden bei der Dresdner Bank vermutet; 600 Kunden sind bereits enttarnt, und gegen knapp 400 Kunden laufen Verfahren. Bei der Hessischen Landesbank, die erst im Dezember 1998 durchsucht wurde, ist man bereits auf 1.000 mutmaßliche Haupttäter gestoßen.[383]

Bei der Deutschen Bank waren die Fahnder Anfang 1999 zwar noch nicht so weit. Rund 500.000 Datensätze mußten sie noch sichten. Doch auch bei der Deutschen Bank dürfte es noch eine Frage der Zeit sein, zumal gegen sechs Manager des größten deutschen Kreditinstituts im Juni 1999 ermittelt wurde.[384] 400 Kunden der Bank sind vor gut einem Jahr in die Offensive gegangen und haben Selbstanzeige erstattet. Und auch einige Mitarbeiter haben sich offenbart.

Zur Enttarnung aller Kunden der Deutschen Bank, die Gelder nach Luxemburg und in die Schweiz transferiert haben, bedarf es sicherlich noch umfangreicher Vorbereitungen und spezieller EDV-Programme. Doch die Steuerfahndung wird moderner. Seit kurzer Zeit verfügen die Steuerfahndungsstellen über ein außerordentlich leistungsfähiges EDV-Suchsystem mit dem Namen „Bingo“.

Beispiel:[385]

Kundin K läßt sich von ihrer Bank sämtliche im Depot befindlichen Wertpapiere aushändigen und kündigt anschließend das Depot. Sie glaubt so, alle Spuren verwischt zu haben. Tatsächlich ist es aber so, daß die Bank selbstverständlich sämtliche Wertpapiere mit Nummern auf einem Aushändigungsbeleg aufgeführt hat, den die Kundin nach Inempfangnahme der Wertpapiere auch quittieren muß.

[383] Süddeutsche Zeitung vom 8. April 1999.
[384] Süddeutsche Zeitung vom 17. Juni 1999, S. 25.
[385] In Anlehnung an Feldhausen, Dr. Peter, Strafbefreiende Selbstanzeige mit Blick auf Steuerfahndungen in Kreditinstituten, Praxis Steuerstrafrecht 1/98, S. 12.

Kundin K scheut den weiten Weg nach Luxemburg und auch das Risiko, die Inhaberpapiere durch Diebstahl verlieren zu können. Im selben Monat liefert Kundin K genau dieselben Papiere bei derselben Filiale unter Angabe eines Referenzkontos zugunsten der Luxemburger Filiale dieser Bank ein. Hierüber wird wiederum ein Beleg angefertigt, der zwar nicht den Namen der Kundin K, dafür aber die Wertpapiernummern enthält.

Beide Belege gelangen nun in die Hände verschiedener Steuerfahnder. Beide geben sämtliche Daten in das Suchprogramm Bingo ein. Das Programm führt beide Belege zusammen, so daß die Person, die die Papiere eingeliefert hat, als diejenige enttarnt werden kann, die die Papiere einst im Depot hatte.

(iv) Durchsuchungshandlungen beim Steuerberater des Schwarzgeldanlegers

Gegenstände, die sich im Besitz des zeugnisverweigerungsberechtigten Steuerberaters befinden, sind beschlagnahmefähig, sofern sie nicht unter die Beschlagnahmefreiheit des § 97 StPO fallen.[386] Als beschlagnahmefreie Gegenstände nach § 97 StPO kommen in Betracht:

- Handakten, schriftliche Mitteilungen zwischen dem Steuerberater und dem Beschuldigten;
- Aufzeichnungen, die der Steuerberater über seinen Mandanten gefertigt hat;
- Gesprächsnotizen und sämtlicher Schriftverkehr.

Bei diesen Dokumenten handelt es sich um Unterlagen, die in engem Zusammenhang mit der Beratertätigkeit angefallen sind und als schutzwürdige „schriftliche Mitteilungen" oder „Aufzeichnungen" gelten. Die Beschlagnahmefreiheit ist dabei an die Voraussetzung gebunden, daß sich die Gegenstände im Gewahrsam des zur Verweigerung des Zeugnisses berechtigten Steuerberaters befinden (§ 97 Abs. 2 Nr. 1 StPO). Danach dürfen Gegenstände, die

[386] An dieser Stelle sei ausdrücklich betont, daß § 97 StPO nicht für Gegenstände gilt, die sich im Besitz des Beschuldigten befinden (selbst dann, wenn der Teilnahmeverdächtige Berufsgeheimnisträger ist), da dieser kein Zeugnisverweigerungsrecht nach §§ 52, 53 StPO, sondern, wie gesehen, lediglich ein Aussageverweigerungsrecht gem. §§ 136, 243 StPO besitzt.

der Schwarzgeldanleger (wieder) selbst im Gewahrsam hat oder die an einen nichtzeugnisverweigerungsberechtigten Dritten weitergegeben wurden, beschlagnahmt werden.

Eine weitere Einschränkung der Beschlagnahmefreiheit ergibt sich aus der *Teilnehmerklausel* des § 97 Abs. 2 Satz 3 StPO. Beschlagnahmefreie Gegenstände dürfen demnach beschlagnahmt werden, wenn sie sich im Besitz des Steuerberaters befinden, der selbst als tatverdächtig gilt, oder „wenn es sich um Gegenstände handelt, die durch eine Straftat hervorgebracht oder zur Begehung einer Straftat gebraucht oder bestimmt sind oder die aus einer Straftat herrühren". Zur Begründung der Teilnehmerklausel gilt bereits der einfache Tatverdacht nach § 152 Abs. 2 StPO („zureichende tatsächliche Anhaltspunkte"), so daß die Steuerfahndung das Beschlagnahmeprivileg bei Steuerberatern leicht umgehen kann, indem der Verdacht der Steuerhinterziehung auf den Berater erweitert wird. Die dazu benötigten zureichenden tatsächlichen Anhaltspunkte lassen sich leicht konstruieren.

Die vom Steuerberater erstellten Jahresabschlüsse und Steuererklärungen fallen nicht unter die Beschlagnahmefreiheit. Gleiches gilt für Buchführungs- und Geschäftsunterlagen, die dem Steuerberater zur Erstellung der Steuererklärung zur Verfügung gestellt wurden. Begründet wird diese Auffassung u. a. damit, daß das Erstellen einer Buchführung nicht unter die berufsspezifischen Aufgaben eines Steuerberaters fällt, das Beschlagnahmeprivileg des § 97 Abs. 1 StPO daher auch nicht durchbrochen werden kann.

In der Praxis ist es in vielen Fällen so, daß der Steuerberater die Buchführung nicht selbst erstellt, sondern sich geeigneter Hilfskräfte bedient. Damit können die Buchungsbelege nicht als dem Steuerberater anvertraut angesehen werden, sie sind vielmehr für das Finanzamt bestimmt. Das Beschlagnahmeprivileg kann hierdurch nicht greifen.[387]

Bilanzentwürfe können dagegen zu den beschlagnahmefreien Gegenständen gezählt werden, da diese zumindest den Charakter von Aufzeichnungen i. S. des § 97 Abs. 1 Nr. 2 StPO haben. Solange nämlich die Jahresabschlüsse und Steuererklärungen noch nicht endgültig fertiggestellt sind, werden diese Aufzeichnungen

[387] Andere Auffassung: Streck, Michael, Die Steuerfahndung, Köln 1993, Rz. 602 ff.

noch benötigt, so daß diese noch vom Vertrauensverhältnis zwischen Berufsgeheimnisträger und Mandant erfaßt sind. Grundsätzlich steht jedoch das gesetzliche Zeugnisverweigerungsrecht des Steuerberaters weder einer Durchsuchung der Kanzleiräume zur Auffindung von Mandantenunterlagen noch deren Beschlagnahme entgegen.[388]

7. Fahndung nach Schwarzgeld auf ausländischen Bankkonten im Wege der internationalen Amts- und Rechtshilfe

a) Allgemeines

Die Inanspruchnahme zwischenstaatlicher Amtshilfe durch die deutsche Steuerverwaltung regelt sich nach den Grundsätzen des § 117 Abs. 1 AO. Gemäß dieser Vorschrift können deutsche Finanzbehörden bei der Sachverhaltsermittlung zwischenstaatliche Amtshilfe „nach Maßgabe des deutschen Rechts in Anspruch nehmen". Das bedeutet, daß die zwischenstaatliche Amtshilfe zur Sachverhaltsaufklärung oder zur Klärung der steuerrelevanten Verhältnisse eines Steuerpflichtigen (§§ 85, 88 AO) *erforderlich* sein muß.

Gemäß § 112 Abs. 1 AO kann die deutsche Finanzbehörde eine ausländische Behörde ersuchen:

1. wenn sie aus rechtlichen oder tatsächlichen Gründen die Amtshandlung nicht selbst vornehmen kann,
2. wenn sie nicht über die erforderlichen Dienstkräfte oder Einrichtungen verfügt,
3. wenn sie zur Durchführung der Aufgabe auf die Kenntnis von Tatsachen angewiesen ist, die ihr unbekannt sind und die sie selbst nicht ermitteln kann,
4. wenn sie zur Durchführung ihrer Aufgaben Urkunden oder sonstige Beweismittel benötigt, die sich im Besitz der ersuchten Behörde befinden,

[388] LG München I, Urt. v. 3.8.1984, 27 QS 8/84.

5. weil sie die Amtshandlung im Vergleich zur ersuchten Behörde nur mit wesentlich größerem Aufwand selbst vornehmen könnte.

Zwischenstaatliche Amtshilfe soll also erst dann in Anspruch genommen werden, wenn die Sachverhaltsaufklärung im Inland (durch den Steuerpflichtigen, § 90 Abs. 2 AO) entweder nicht zum Ziel geführt hat oder wenig erfolgversprechend ist. Die inländischen Aufklärungsmittel müssen also ausgeschöpft sein, ehe von der Amtshilfe Gebrauch gemacht wird (Subsidiaritätsprinzip).

Daß die deutsche Steuerbehörde gegen das Subsidiaritätsprinzip verstoßen wird, ist kaum anzunehmen, da der Dienstweg der zwischenstaatlichen Amtshilfe über den Bundesminister der Finanzen weitaus umständlicher ist als die Aufklärung im Inland. Und außerdem kommt die Finanzverwaltung mit den Mitteln der Abgabenordnung im Inland im Regelfall weiter, weil es für viele Schwarzgeldanleger offensichtlich wichtig ist, ihr ausländisches Konto in Deutschland auch schriftlich dokumentiert vorzufinden und die Konto- und Depotauszüge täglich betrachten zu können. Nur so kann eine Erklärung dafür gefunden werden, weshalb die Finanzverwaltung immer wieder einzelne Kontoauszüge findet. Die internationale Amtshilfe ist dann überflüssig. Die Finanzverwaltung wird vielmehr die Vorlage sämtlicher Kontounterlagen verlangen. Kommt der Schwarzgeldanleger dem nicht nach, gilt er zwar nicht automatisch als Steuerstraftäter, wird aber geschätzt. Die Schätzung fällt dann so hoch aus, daß dem Betreffenden wohl gar nichts anderes übrig bleibt, als alles offenzulegen.

Deutsche Steuerbehörden dürfen bei der Fahndung nach Schwarzgeldern in der Schweiz, in Luxemburg oder anderen Steueroasen nicht selbständig auf fremdem Territorium ohne ausdrückliche Genehmigung der betreffenden ausländischen Behörden agieren (Territorialitätsprinzip; für Deutschland siehe Art. 20 Abs. 2 Satz 1 GG). Fotografiert beispielsweise ein deutscher Steuerfahnder ohne Einvernehmen mit den zuständigen Schweizer Behörden bestimmte aus Deutschland eingereiste Touristen (denen er vom Grenzübertritt bis nach Zürich gefolgt ist), die die Schalterhalle einer Schweizer Bank betreten, oder notiert er sämtliche Kennzeichen der in Deutschland zugelassenen Kraftfahrzeuge, die vor der Schalterhalle parken, nimmt er Ermittlungshandlungen vor, die normalerweise einer Behörde oder einem Beamten in der Schweiz zukommen. Derartig eigenmächtiges Handeln kann nach Art. 271 des schweizerischen Strafgesetzbuches mit Freiheitsstrafe geahndet werden.

Dennoch soll es aber vorkommen, daß deutsche Steuerfahnder in privater Mission insbesondere in Luxemburg ermitteln, Autokennzeichen notieren und ihren Kollegen von der Zollfahndung „Tips" geben. Europa und Schengener Abkommen hin und her; die Autos werden an der Grenze oder von mobilen Einsatzgruppen herausgewunken, eventuelle Bankauszüge werden kopiert und gehen an die Finanzverwaltung. Selbstverständlich wird man bei der Finanzverwaltung nicht offen zugeben, sich so mit dem Zoll abgesprochen zu haben. Denn die Rechtmäßigkeit solcher Zollamtshilfehandlungen ist strittig. Der Zollbeamte beschlagnahmt hier Unterlagen für die Finanzverwaltung. Normalerweise wäre ihm das nur gestattet, sofern er selbst einen Tatverdacht hat. Auch das Kopieren der Kontounterlagen setzt einen Tatverdacht voraus.[389] An diesem mangelt es hier regelmäßig. Denn die bloße Vermutung ersetzt einen solchen nicht. So war es eben immer der „Zufall", der die Sache ins Rollen gebracht hat.[390]

Kenntnisse, die unter Verletzung des Territorialitätsprinzips erlangt worden sind, unterliegen zwar einem strengen Verwertungsverbot. Es stellt sich hier die Frage, ob dieses Beweismittelverwertungsverbot auch *Fernwirkung* hat. Die Fernwirkung macht solche Beweismittel unverwertbar, die erst *durch die unverwertbaren Beweismittel* gewonnen worden sind. Die Frage der Fernwirkung richtet sich nach der Sachlage und der Art des Verbots. Grundsätzlich besteht keine Fernwirkung, d. h. das Verwertungsverbot hindert die Finanzbehörde nicht, weitere Ermittlungen zur Untermauerung der nicht verwertbaren Beweismittel anzustellen.[391] Die „Früchte des vergifteten Baums" dürfen also genossen werden[392].

Ein Beweisverwertungsverbot besteht auch nicht für Informationen, die von einer ausländischen Steuerbehörde übermittelt wurden und deren Erteilung nach dem betreffenden Abkommen unzulässig war.

---

389 Streck/Mack, Banken und Bankkunden im Steuerfahndungsverfahren, Betriebs-Berater 1995, S. 2137ff.

390 Der Schwarzgeldanleger, dem solches widerfährt, sollte wissen, daß eine Selbstanzeige hier noch möglich ist (vgl. Streck/Mack, a.a.O., Tz. 3).

391 Kleinknecht/Meyer, a.a.O., Einl. Rz. 57.

392 Streck, Michael, Die Steuerfahndung, Köln 1993, Rz. 910.

Möglichkeiten, sich Informationen über das Vermögen inländischer Steuerpflichtiger aus dem Ausland zu beschaffen, und das Territorialitätsprinzip zu überwinden, bestehen einerseits in der internationalen Zusammenarbeit zwischen Aufsichtsbehörden im Wege des Informationsaustausches *(Amtshilfe)* oder in der Stellung von *Rechtshilfeersuchen* nach den Vorschriften von bilateralen und multilateralen Übereinkommen. Daneben besteht noch die Möglichkeit, ausländischen Aufsichtsbehörden die direkte Prüfung von ausländischen Niederlassungen des jeweiligen Gewerbes zu gestatten, sogenannte *Vor-Ort-Kontrollen* durchzuführen, wie dies ja bereits im Bankensektor praktiziert wird.

Der Umfang der Amtshilfe hängt unmittelbar davon ab, wieviel an Informationsmaterial der ersuchten Behörde zur Verfügung steht und wieviel sie von der anderen, ersuchenden Behörde bekommen würde (sogenanntes Gegenrecht). So fließen nationale Beschränkungen durch restriktive, innerstaatliche Amtshilfevorschriften oder Bankgeheimnisse automatisch in die internationale Amtshilfe ein. Denn einerseits werden Informationen für ersuchende Staaten in Anwendung innerstaatlicher Amtshilfevorschriften beschafft. Und andererseits wird ein Staat dem anderen Staat nur solche Informationen übermitteln, die er von diesem im umgekehrten Fall erhalten würde. Sperrt im einen Staat ein striktes Bankgeheimnis die Heranziehung von Banken als Auskunftspersonen, wird der andere Staat mangels Gegenseitigkeit keine Informationen von Banken übermitteln, auch wenn dieser vielleicht kein Bankgeheimnis hat.

b) Rechtshilfeverträge, Direktiven und der Vertrag von Maastricht

Auf EU-Ebene wurden erstmals – zurückgehend auf einen Beschluß vom 10. Februar 1975 – Ende der 70er Jahre zwei Direktiven zur Zusammenarbeit auf dem Gebiet der direkten und indirekten Steuern erlassen: Die Verordnungen vom 17. Dezember 1977 und vom 6. Dezember 1979, welche allerdings bis heute keine praktische Bedeutung erlangt haben. Weitere Versuche in Richtung einer internationalen Kooperation in Steuersachen startete die OECD mit der „Europäischen Konvention über die Amtshilfe in Steuersachen" vom 25. Juni 1987. Diese – auf der Europarat-Direktive Nr. 833 zur

Bekämpfung von Fiskaldelikten vom 24. April 1978 basierend – lag seit 25. Januar 1988 zur Zeichnung auf.

Erst im April 1995 konnte die Konvention in Kraft treten, nachdem die vier skandinavischen Staaten und die USA die Konvention unterzeichnet und ratifiziert hatten. Die Konvention findet nur im zwischenstaatlichen Auskunftsverkehr unter den Unterzeichnerstaaten Anwendung und regelt die Zusammenarbeit der Behörden bei der Festsetzung der Einkommen- und Körperschaftsteuern, der Kapitalertrag- und Vermögensteuern, der Beiträge zur gesetzlichen Sozialversicherung, der Grund-, Erbschaft- und Schenkungsteuern, der Mehrwertsteuer, der Kraftfahrzeugsteuer sowie für alle sonstigen länderspezifischen Steuern und Abgaben. Der Informationsaustausch braucht nicht nur auf Ersuchen, er kann sogar *automatisch* oder, wenn sich gewisse Verdachtsmomente ergeben, auch spontan erfolgen. Rechtshilfeersuchen aufgrund dieser Konvention bedürfen keiner Begründung, es ist nicht einmal das Vorliegen gewisser Verdachtsmomente nötig.

Artikel 209a des Maastricht-Vertrags[393] über die Europäische Union sieht vor, daß die Mitgliedstaaten „zur Bekämpfung von Betrügereien, die sich gegen die finanziellen Interessen der Gemeinschaft richten", die gleichen Maßnahmen ergreifen, „die sie auch zur Bekämpfung von Betrügereien ergreifen, die sich gegen ihre eigenen finanziellen Interessen richten" und daß die Mitgliedstaaten zu diesem Zweck für eine enge „regelmäßige Zusammenarbeit zwischen den zuständigen Dienststellen ihrer Behörden" sorgen. Artikel „K 1" der im sechsten Titel des Vertrags enthaltenen „Bestimmungen über die Zusammenarbeit in den Bereichen Justiz und Inneres" bezeichnet als „Angelegenheiten von gemeinsamem Interesse" die justitielle Zusammenarbeit in Zivil- und Strafsachen sowie die Zusammenarbeit im Zollwesen. Im übrigen aber klammerte der Vertrag von Maastricht das Thema „Internationale Rechtshilfe im Zivil- und Strafrecht" aus der Liste der wichtigsten Fragen der Union aus. Und schließlich fiel auch der Steuerbetrug, der im Vertragsentwurf ursprünglich enthalten war, in der Endfassung der Zensur zum Opfer.

Ergänzend sei angemerkt, daß die Europäische Union bisher in keiner Beitrittsurkunde irgendwelche speziellen Normen steuer-

---

[393] Amtsblatt der Europäischen Gemeinschaften Nr. C 224 vom 31. August 1992.

licherseits als prinzipielle Zugangsbedingungen („acquis communautaire pertinent") vorausgesetzt hat. So waren auch in den vertraglichen Ausfertigungen zum geplanten Beitritt der Schweiz (welcher bekannterweise 1992 durch Volksentscheid abgeblockt wurde) keine Bestimmungen über die Zusammenarbeit in Steuersachen enthalten.

c) Doppelbesteuerungsabkommen

Eine Doppelbesteuerung ist gegeben, wenn zwei Staaten von demselben Steuerpflichtigen für denselben Erhebungszeitraum und Steuergegenstand Steuern erheben. Zu einer Doppelbesteuerung kommt es beispielsweise dann, wenn Vermögensgegenstände aufgrund unterschiedlicher Gesetzesbestimmungen im Land A dem zivilrechtlichen und im Land B dem wirtschaftlichen Eigentümer zugerechnet werden. Solche Doppelbesteuerungen können nun durch Abkommen vermieden werden, indem einer der beteiligten Staaten seinen Steueranspruch freistellt oder die bereits an den anderen Staat entrichtete Steuer auf seinen Steueranspruch anrechnet.

Doppelbesteuerungsabkommen sind völkerrechtliche Verträge, deren Zustandekommen und Wirkung sich nach den Regeln des Wiener Übereinkommens über das Recht der Verträge (WÜRV) vom 23. Mai 1969 bestimmt. Sie basieren überwiegend auf Musterabkommen der OECD von 1963 und 1977 (OECD-MA 63/77). Die Gewährleistung einer reibungslosen Abwicklung der DBA bedingt notwendigerweise einen ausreichenden Informationsfluß zwischen den für das Besteuerungsverfahren zuständigen Behörden. Artikel 26 des OECD-MA bestimmt dazu folgendes:

„1. Die zuständigen Behörden der Vertragsstaaten tauschen die Informationen aus, die zur Durchführung dieses Abkommens oder des innerstaatlichen Rechts der Vertragsstaaten betreffend die unter das Abkommen fallenden Steuern erforderlich sind, soweit die diesem Recht entsprechende Besteuerung nicht dem Abkommen widerspricht. Der Informationsaustausch ist durch Artikel 1 nicht eingeschränkt. Alle Informationen, die ein Vertragsstaat erhalten hat, sind ebenso geheimzuhalten wie die auf Grund des innerstaatlichen Rechts dieses Staates beschafften Informationen und dürfen nur den Personen oder Behörden (einschließlich der Gerichte und der Verwaltungsbehörden) zugänglich gemacht werden,

die mit der Veranlagung oder Erhebung, der Vollstreckung oder Strafverfolgung oder mit der Entscheidung von Rechtsmitteln hinsichtlich der unter das Abkommen fallenden Steuern befaßt sind. Diese Personen oder Behörden dürfen die Informationen nur für diese Zwecke verwenden. Sie dürfen die Informationen in einem öffentlichen Gerichtsverfahren oder in einer Gerichtsentscheidung offenlegen.

2. Absatz 1 ist nicht so auszulegen, als verpflichte er einen Vertragsstaat,

a) Verwaltungsmaßnahmen durchzuführen, die von den Gesetzen und der Verwaltungspraxis dieses oder des anderen Vertragsstaates abweichen;

b) Informationen zu erteilen, die nach den Gesetzen oder im üblichen Verwaltungsverfahren dieses oder des anderen Vertragsstaates nicht beschafft werden können;

c) Informationen zu erteilen, die ein Handels-, Industrie-, Gewerbe- oder Berufsgeheimnis oder ein Geschäftsverfahren preisgeben würden oder deren Erteilung der öffentlichen Ordnung widerspräche."

Artikel 26 Abs. 1 des OECD-MA regelt den Informationsfluß zwischen den Steuerbehörden der beteiligten Staaten, soweit diese zur ordnungsmäßigen Anwendung der Artikel des Abkommens und des innerstaatlichen Rechts der Vertragsstaaten betreffend die unter das Abkommen fallenden Steuern erforderlich sind. Um den Informationsaustausch im Rahmen des Abkommens zu halten, wird bestimmt, daß die Informationen nur insoweit zu geben sind, als die in Betracht kommende Steuer unter das Abkommen fällt und die Besteuerung nach dem in Betracht kommenden innerstaatlichen Steuerrecht dem Abkommen nicht widerspricht. Rechts- oder Amtshilfe in Form von Beschlagnahmen, Durchsuchungen, Auslieferung oder Vollstreckung regelt Art. 26 nicht.

Ziff. 9 des OECD-MA 77 Kommentars zu Art. 26 Abs. 1 sieht im einzelnen drei mögliche Arten des Auskunftsverkehrs vor:

„a) Auf Ersuchen, und zwar für einen bestimmten Fall, wobei vorausgesetzt wird, daß die Informationsquellen, die üblicherweise im innerstaatlichen Besteuerungsverfahren zur Verfügung stehen, zunächst auszuschöpfen sind, bevor der andere Staat um Auskunft ersucht wird;

b) automatisch, z. B. wenn Mitteilungen über eine bestimmte Art oder mehrere Arten von Einkünften, die aus einem Vertragsstaat in den anderen Vertragsstaat fließen, dem anderen Staat regelmäßig gegeben werden;

c) unaufgefordert, z. B. wenn ein Staat, der im Verlauf eines Verfahrens Kenntnis von Umständen erlangt hat, die nach seiner Auffassung auch für den anderen Staat von Interesse sind."

Besonders in den Punkten b) und c) wird deutlich, daß das MA nicht nur einen Informationsaustausch zur Durchführung des Abkommens, sondern auch zur Durchführung des innerstaatlichen Steuerrechts vorsieht. Man unterscheidet hier zwischen dem sogenannten *kleinen Auskunftsverkehr,* auch *kleine Auskunftsklausel* genannt, nach der nur Auskünfte erbeten oder übermittelt werden können, die zur Durchführung der DBA selbst notwendig sind,[394] und dem sogenannten *großen Auskunftsverkehr,* auch *große Auskunftsklausel* genannt, der bzw. die nicht mehr ausschließlich zur Vermeidung der Doppelbesteuerung dient, sondern auch nationale Interessen der Vertragsstaaten in den Vordergrund stellt.

Eine Auskunft im Rahmen des kleinen Auskunftsverkehrs ist beispielsweise dann nötig, wenn ein Vertragsstaat zu entscheiden hat, ob er diverse Einkünfte zu besteuern oder freizustellen hat. Eine Auskunft im Rahmen des *großen Auskunftsverkehrs* liegt vor, wenn Informationen betreffend die Höhe und das Bestehen eines Steueranspruchs (also zur Besteuerung im Rahmen nationaler Interessen) begehrt werden. Auskünfte können z. B. über die Richtigkeit von Tatsachenbehauptungen oder über Beweismittel angefordert werden, die zur steuerlichen Beurteilung erforderlich sind.[395] Auskünfte im Rahmen des großen Auskunftsverkehrs können auch aufgrund eines im Inland rechtshängigen Steuerstrafverfahrens angefordert werden. Art. 26 bestimmt nicht ausdrücklich, daß der DBA-Informationsaustausch nur zur ordnungsmäßigen Abwicklung des Besteuerungsverfahrens gewählt werden darf.

---

[394] Dazu gehören: Informationen über Tatsachen, deren Kenntnis für eine zutreffende Abgrenzung der Besteuerungsrechte der beiden Vertragsstaaten erforderlich ist, sowie Informationen, die der Vermeidung einer dem Abkommen widersprechenden Doppelbesteuerung oder doppelten Steuerbefreiung dienen (vgl. Merkblatt zur zwischenstaatlichen Amtshilfe durch Auskunftsaustausch in Steuersachen, BStBl. 1999 I, S. 228, Tz. 1.5.1.2, abgedruckt im Anhang II).

[395] Merkblatt, a.a.O., Tz. 1.5.1.1, abgedruckt im Anhang II.

Die rechtmäßige Anwendung des Art. 26 richtet sich demzufolge allein nach den nationalen Vorschriften des ersuchten Staates, d. h. daß dieser zuerst zu prüfen hat, ob das Auskunftsbegehren nach seinen Rechtsvorschriften zulässig ist. Nach deutschem Recht steht beispielsweise einem betroffenen Steuerpflichtigen die Möglichkeit zu, die Rechtmäßigkeit eines ausländischen Auskunftsbegehrens bzw. die Rechtmäßigkeit der Ermessensausübung der deutschen Steuerbehörde gerichtlich prüfen zu lassen (§§ 349 AO, 40 FGO). Die deutsche Steuerverwaltung ist nach Art. 19 Abs. 4 GG dazu verpflichtet, dem Steuerpflichtigen die Gelegenheit zur Klage einzuräumen bzw. sie muß ihm den notwendigen Zeitraum zu einem Antrag auf Aussetzung der Vollziehung (§§ 361 AO, 69 FGO) einräumen, bevor sie Informationen an DBA-Vertragsstaaten weiterleitet. Ferner hat die Finanzverwaltung den Betroffenen gem. § 117 Abs. 4 Satz 3 AO anzuhören.

Art. 26 Abs. 2 Buchst. a und b verpflichtet einen um Auskunft ersuchten Vertragsstaat nicht zur Lieferung von Informationen, wenn er dafür „Verwaltungsmaßnahmen" durchzuführen hätte, „die von den Gesetzen und der Verwaltungspraxis dieses oder des anderen Vertragsstaates abweichen". Des weiteren besteht keine Verpflichtung, „Informationen zu erteilen, die nach den Gesetzen oder im üblichen Verwaltungsverfahren dieses oder des anderen Vertragsstaates nicht beschafft werden können".

„Gesetze" sind alle Vorschriften, an die die innerstaatliche Behörde gebunden ist. Als wichtigstes Gesetz sei hier das Auskunftsverweigerungsrecht der Bankbeschäftigten (Bankgeheimnis) genannt. Informationen lassen sich danach nicht beschaffen, wenn nationale Auskunftsverweigerungsrechte des Bankiers oder des Steuerpflichtigen dem entgegenstehen.

Gemäß Art. 26 Abs. 2 Buchst. c ist es einem Vertragsstaat gestattet, dem Auskunftsbegehren nicht zu entsprechen, wenn ein Handels-, Industrie-, Gewerbe- oder Berufsgeheimnis oder ein Geschäftsverfahren bekanntgegeben werden müßte. Diese Klausel bezieht sich nicht auf ein einzelnes Geheimnis, sondern umfaßt ein Gesamtgefüge von wirtschaftlichen Geheimnissen, innerhalb dessen dem einzelnen Geheimnisbegriff keine eigenständige Bedeutung zukommt. So enthält beispielsweise die französische Fassung zur Umschreibung des Gesamtgefüges nur drei Bezeichnungen (secret commercial, industriel, professionel), die englische dagegen fünf (trade, business, industrial, commercial or professional secret) und die deutsche vier.

Doppelbesteuerungsabkommen bilden eine wichtige Grundlage des internationalen Wirtschaftens. Das Vertrauen in sie gehört mit zu den rechtlichen Grundlagen der heute bestehenden globalen Wirtschaftsverflechtung. Dennoch können im Wege des Informationsaustausches keine Hinweise über die Existenz von Schwarzgeldkonten in Ländern mit gesetzlich verankertem Bankgeheimnis erlangt werden.

Der Auskunftsverkehr führt aber nicht selten zu „wertvollen" Hinweisen, die es inländischen Steuerfahndern ermöglichen, im Rahmen ihrer Ermittlungen auf deutschem Boden gezielter vorzugehen. Liechtenstein ist sich dessen bewußt und hat außer mit Österreich kein Doppelbesteuerungsabkommen abgeschlossen. Über Österreich können deutsche Steuerbehörden keine Informationen aus Liechtenstein erhalten. Art. 26 Abs. 1 S. 3 und 4 des MA untersagt den sogenannten Dreiecksauskunftsverkehr.

d) Zwischenstaatliche Rechtshilfe in Strafsachen

Auskünfte nach den Vorschriften der zwischenstaatlichen Rechtshilfe in Strafsachen kommen dann zur Anwendung, wenn die Finanzbehörde als *Strafverfolgungsbehörde* in einem *Steuerstrafverfahren* wegen Steuerhinterziehung ermittelt oder als zuständige Verwaltungsbehörde in einem Bußgeldverfahren zur Ermittlung einer Steuerordnungswidrigkeit tätig ist.

Der im Bereich der Rechtshilfe bedeutendste Staatsvertrag ist das Europäische Übereinkommen über die Rechtshilfe in Strafsachen (EuRHÜK)[396], das in Straßburg am 20. April 1959 abgeschlossen und den europäischen Staaten zur Unterzeichnung und Ratifizierung aufgelegt wurde. Das Übereinkommen verkörpert *Staatsvertragsrecht* und geht innerstaatlichem Rechtshilfe-, Verwaltungs- und Prozeßrecht vor. Innerstaatliches Recht fließt überall dort ein, wo das EuRHÜK „Kann-Bestimmungen" enthält (was – wie weiter unten noch erörtert wird – bei Fiskaldelikten der

[396] BGBl. 1964 II, S. 1369, auszugsweise abgedruckt im Anhang III.

Fall ist) oder auf nationale Rechtshilfeerlasse ausdrücklich Bezug nimmt.

Für strafbare Handlungen, für die ein Unterzeichnerstaat um Rechtshilfe nach dem EuRHÜK ersucht, müssen die Justizbehörden des ersuchenden Staates zuständig sein (in Deutschland: der Bundesminister der Justiz, die Justizministerien der Länder, der Bundesgerichtshof, die Oberlandes- und Landgerichte, die Amtsgerichte und Staatsanwaltschaften). Rechtshilfeersuchen werden jeweils vom Justizministerium des ersuchenden Staates dem Justizministerium des ersuchten Staates übermittelt (Art. 15 Abs. 1 EuRHÜK). In dringenden Fällen wird auch ein unmittelbarer Geschäftsverkehr zwischen den o. g. deutschen Justizbehörden und den Justizbehörden der Vertragsstaaten für zulässig erklärt (Art. 15 Abs. 2 EuRHÜK).

Gemäß Art. 2 Buchst. a des Abkommens können die Vertragsstaaten Rechtshilfe verweigern, „wenn sich das Ersuchen auf strafbare Handlungen bezieht, die vom ersuchten Staat als politische, als mit solchen zusammenhängende oder als fiskalische strafbare Handlungen angesehen werden". Art. 2 ist Beispiel einer sogenannten „Kann-Bestimmung", die sich nach Maßgabe innerstaatlichen Rechts näher bestimmt.

Die Mehrzahl aller nationalen Rechtshilfeerlasse schloß die Gewährung von Rechtshilfe bei Fiskaldelikten in der Vergangenheit entweder aus oder enthielt keine diesbezüglichen Regelungen. Im Juni 1970 wurde deshalb anläßlich einer Europaratskonferenz der Wunsch geäußert, den Anwendungsbereich des 59er Übereinkommens auch auf Steuerstrafdelikte auszudehnen. Dem Begehren des Europarats folgte acht Jahre später die Abfassung eines Zusatzprotokolls, das den Mitgliedstaaten des Europarats am 17. März 1978 zur Unterzeichnung und Ratifizierung aufgelegt wurde.[397]

Zum Rechtshilfeverweigerungsrecht des Art. 2 Buchst. a EuRHÜK enthält Art. 1 des Zusatzprotokolls folgende Klausel:

„Die Vertragsparteien üben das in Artikel 2 Buchstabe a des Übereinkommens vorgesehene Recht zur Verweigerung der Rechtshilfe nicht allein aus dem Grund aus, daß das Ersuchen eine strafbare Hand-

[397] Auszugsweise abgedruckt im Anhang IV.

lung betrifft, welche die ersuchte Vertragspartei als eine fiskalische strafbare Handlung ansieht."

Unterzeichnerstaaten des Zusatzprotokolls können die Rechtshilfe bei Fiskaldelikten nicht allein deshalb verweigern, weil es sich bei der dem Ersuchen zugrundeliegenden Straftat um ein Fiskaldelikt handelt. Rechtshilfe für ein Steuerstrafverfahren kann auch nicht deshalb abgelehnt werden, weil der ersuchte Staat eine den hinterzogenen Steuern vergleichbare Abgabenart nicht kennt und es deshalb an der Voraussetzung der beidseitigen Strafbarkeit fehlt (Art. 2 Abs. 2 des Protokolls).

Zu Kapitel I des Zusatzprotokolls haben die Unterzeichnerstaaten Österreich und Luxemburg diverse Vorbehalte erklärt. So beschränkt beispielsweise Luxemburg die Anwendung des Zusatzprotokolls – aus berechtigten Gründen der Verhältnismäßigkeit und der Verfahrensökonomie – auf den Straftatbestand des einem gewissen Mindeststrafmaß unterliegenden „auslieferungsfähigen Steuerbetrugs". Österreich behält sich regelmäßig vor, Rechtshilfe nur in Verfahren zu leisten, „die auch nach österreichischem Recht strafbare Handlungen betreffen, zu deren Verfolgung in dem Zeitpunkt, in dem um Rechtshilfe ersucht wird, die Justizbehörden zuständig sind". Österreich gewährt daher im Rahmen des EuRHÜK Rechtshilfe nur in Angelegenheiten, die sowohl in Österreich als auch im ersuchenden Staat gerichtlich strafbar sind (beidseitig gerichtlich strafbare Delikte).

Art. 2 Buchst. b des EuRHÜK räumt einem um Rechtshilfe ersuchten Staat die Möglichkeit ein, diese zu verweigern, wenn er der Ansicht ist, daß „die Erledigung des Ersuchens geeignet ist, die Souveränität, die Sicherheit, die öffentliche Ordnung (ordre public) oder andere wesentliche Interessen seines Landes zu beeinträchtigen". Zu den wesentlichen Interessen eines Landes gehört auch das Bankgeheimnis. Insbesondere trifft dies für die Unterzeichnerstaaten Luxemburg, Österreich, Schweiz und Liechtenstein zu.

Rechtshilfe nach dem EuRHÜK schließt Durchsuchungen und Beschlagnahmehandlungen (beispielsweise bei Banken) nicht aus. Die Unterzeichnerstaaten können aber die Durchführung solcher Zwangsmittel durch Vorbehalte an die Voraussetzung(en) knüpfen,

- daß die dem Rechtshilfeersuchen zugrundeliegende strafbare Handlung sowohl nach dem Recht des ersuchenden als auch nach dem des ersuchten Staates strafbar ist,
- daß die dem Rechtshilfeersuchen zugrundeliegende strafbare Handlung im ersuchten Staat auslieferungsfähig sein muß (Luxemburg hat beispielsweise diesen Vorbehalt erklärt)
- oder daß die Erledigung des Rechtshilfeersuchens mit dem Recht des ersuchten Staates vereinbar sein muß (Art. 5 EuRHÜK).[398]

Diese im Übereinkommen enthaltenen Vorbehalte finden auch auf das Zusatzprotokoll Anwendung.

e) Das Europäische Polizeiamt Europol

Der sechste Titel des Maastricht-Vertrags vom 7. Februar 1992 enthält die Intention zum „Aufbau eines unionsweiten Systems zum Austausch von Informationen im Rahmen eines Europäischen Polizeiamtes" (Europol). Drei Jahre nach Unterzeichnung des Maastricht-Vertrags, genauer gesagt durch Rechtsakt vom 26. Juli 1995, hat der Europarat den Botschaftern der Mitgliedstaaten ein Übereinkommen über die Errichtung eines Europäischen Polizeiamtes (Europol-Übereinkommen) zur Unterzeichnung aufgelegt.[399] Aufgabe von Europol ist es u. a.:[400]

- den Informationsaustausch zwischen den Mitgliedstaaten zu erleichtern,
- Informationen und Erkenntnisse zu sammeln, zusammenzustellen und zu analysieren,
- automatisierte Informationssammlungen zu unterhalten sowie
- strategische Erkenntnisse zu übermitteln, um einen wirksamen und rationellen Einsatz der auf nationaler Ebene für operative Aufgaben vorhandenen Ressourcen zu erleichtern und zu fördern.

---

398 Zu Art. 5 hat die Bundesrepublik Deutschland folgenden Vorbehalt erklärt: „Die Durchsuchung und die Beschlagnahme von Gegenständen ist nur zulässig, wenn die Voraussetzungen des Artikels 5 Abs. 1 Buchstaben a und c des Europäischen Übereinkommens über die Rechtshilfe in Strafsachen vorliegen."

399 Amtsblatt der Europäischen Gemeinschaften Nr. C 316 vom 27.11.95.

400 Vgl. Art. 2 Europol-Übereinkommen.

Die automatisiert geführten Informationssammlungen von Europol werden unmittelbar von den Mitgliedstaaten gespeist (Art. 6, 7 Europol-Übereinkommen); in „Arbeitsdaten zu Analysezwecken", wie es der Rechtsakt des Rates vom 3. November 1998 bezeichnet.[401] Die Mitgliedstaaten (auch Deutschland) haben das uneingeschränkte Recht, Daten aus diesem Informationssystem abzurufen (Art. 9 Europol-Übereinkommen). Und Europol kann den Verbindungsstellen der Mitgliedstaaten auch Erkenntnisse über andere Straftaten zukommen lassen, die von erheblicher Bedeutung sind und die Europol bei der Wahrnehmung seiner Aufgaben bekanntgeworden sind (Art. 13 Europol-Übereinkommen). Als Europol-Verbindungsstelle richtet jeder Mitgliedstaat „nationale Stellen" ein (Art. 4 Europol-Übereinkommen). Diese übermitteln Europol spontan und ohne Aufforderung brauchbare Informationen und Kenntnisse.

Europol stellt in keiner Weise eine echte europäische Polizeibehörde dar. Europol ist bis dato nur eine polizeiliche Informationsstelle, ein „Europool", allerdings ein sehr gefährlicher. Ziel von Europol nach Art. 2 ist es, die Leistungsfähigkeit der Strafverfolgungsbehörden der EU-Mitgliedstaaten und ihre Zusammenarbeit zu verbessern im Hinblick auf die Verhütung und die Bekämpfung des Terrorismus, des illegalen Drogenhandels und sonstiger schwerwiegender Formen der internationalen Kriminalität, sofern tatsächliche Anhaltspunkte für eine kriminelle Organisationsstruktur vorliegen und von den genannten Kriminalitätsformen zwei oder mehr Mitgliedstaaten in einer Weise betroffen sind, die aufgrund des Umfangs, der Bedeutung und der Folgen der strafbaren Handlungen ein gemeinsames Vorgehen der Mitgliedstaaten erfordert. Nur für solche Zwecke dürfen die Mitgliedstaaten die Dateien des Super-Computers abrufen und nutzen (Art. 17 Abs. 1). Steuerbetrüger fallen hierunter (noch) nicht.[402].

In Theorie kann Europol Millionen von Eurobürgern unter Polizeiaufsicht stellen. Denn nach Art. 8 des Übereinkommens dürfen

[401] Amtsblatt der Europäischen Gemeinschaften Nr. C 026 vom 30.1.1999.

[402] Wohl aber werden sonstige Betrugsdelikte aller Art von Art. 2 des Übereinkommens erfaßt. Ferner: organisierter Diebstahl, illegaler Kunsthandel, Erpressung und Schutzgelderpressung, Nachahmung und Produktpiraterie, Geldfälschung, Computerkriminalität, Korruption usw. (Anhang betreffend Art. 2 des Europol-Übereinkommens, Amtsbl. Nr. C 316 vom 27.11.95, S. 30).

auch Daten von Personen gespeichert und analysiert werden, „die nach Maßgabe des nationalen Rechts des betreffenden Mitgliedstaats einer Straftat oder der Beteiligung an einer Straftat, für die Europol ... zuständig ist, *verdächtigt* werden ...“. Doch gespeichert werden nicht nur Straftäter oder solche, die es vermutlich einmal werden könnten. Soweit erforderlich, kann Europol nach Art. 10 des Übereinkommens auch Daten über Personen speichern und nutzen, die bei einer künftigen Strafverfolgung als Zeuge in Betracht kommen könnten oder Opfer von Straftaten waren bzw. werden könnten. Kontakt- und Begleitpersonen sowie Personen, die Informationen über die betreffende Straftat liefern können, können sich ebenfalls im Super-Computer der Behörde mit Sitz in Den Haag wiederfinden. Jeder Steuerflüchtling, Schmiergeldzahler oder Schwarzgeldempfänger, der für mindestens drei Jahre (der Mindestspeicherungsfrist nach Art. 21 Abs. 1 des Übereinkommens) ins System gerät, darf mit Schwierigkeiten rechnen. Wenn er Glück hat, muß er lediglich beweisen, daß er „nur“ steuerpflichtige Einnahmen verkürzt hat und nicht derjenige ist, für den man ihn hält.

VI. Fahndung nach Schwarzgeldern in der Schweiz

1. Aufhebung des Bankgeheimnisses auf der Suche nach Schwarzgeld

Das Schweizer Bankgeheimnis stellt für dortige Finanz- und Justizbehörden bei der Fahndung nach Schwarzgeldern keineswegs eine unüberwindbare Hürde dar. Gesetzlich geregelte Verschwiegenheitspflichten, wie Art. 47 BaG, entbinden einen Berufsgeheimnisträger nicht von jenen allgemeinen Zeugnispflichten, die er als natürliche Person gegenüber der Justiz wahrzunehmen hat. So bestimmt auch Art. 47 Abs. 4 BaG, daß „eidgenössische und kantonale Bestimmungen über die Zeugnispflicht und über die Auskunftspflicht gegenüber einer Behörde“ vorbehalten bleiben.

Gehen also öffentliche (übergeordnete) Interessen dem Schutz der Privatsphäre eines Individualkunden vor (was u. a. dadurch zum Ausdruck kommt, daß der Bankier in der Schweiz nicht als „der klassische Berufsgeheimnisträger" nach Art. 321 des Schweizerischen Strafgesetzbuches anerkannt ist), ist der Bankier kraft Gesetzes offenbarungspflichtig.

Soll eine Schweizer Bank als „dritte" Auskunftsquelle verpflichtet werden, ist es freilich zunächst einmal Sache der auskunftsersuchenden Stelle (gleiches gilt im übrigen für ausländische Justizbehörden im Fall eines Rechtshilfebegehrens), nachzuweisen, daß eine Bankverbindung besteht.[403] Ein sogenannter „Negativbeweis", daß der betreffende (deutsche) Steuerpflichtige nicht Kunde einer Bank ist, deren Schalterhalle er einmal betreten hat, kann weder von in- noch von ausländischen Finanzbehörden verlangt werden. Die Eidgenössische Steuerverwaltung darf keine „relativen Negativbescheinigungen" verlangen, wonach ein Konto nicht auf den Namen des Steuerpflichtigen lautet.

Grundsätzlich ist zu unterscheiden, ob das an die Bank gerichtete Auskunftsbegehren der Gewinnung von Informationen zur Steuerfestsetzung (Besteuerungsverfahren) dienen soll oder ob gegen den Bankkunden bereits ein Verfahren wegen Steuerbetrugs gemäß Art. 186 des Bundesgesetzes über die direkte Bundessteuer (DBG) oder Abgabebetrugs nach Art. 14 Abs. 2 des Bundesgesetzes über das Verwaltungsstrafrecht (bei ausländischen Rechtshilfeverfahren) anhängig ist.[404]

Geht es um die Festsetzung von Steuern (Besteuerungsverfahren) von in der Schweiz ansässigen und steuerpflichtigen Bankkunden, können Kreditinstitute (nicht so die sonstigen Treuhänder und Vermögensverwalter, sofern sie keine Berufsgeheimnisträger sind) unter Berufung auf das Bankgeheimnis jegliche Auskünfte verweigern. Das Bundesgericht hat hierzu ausgeführt, daß sich die Steuerbehörde an den Bankkunden selbst zu wenden hat, dem die Bank zur Auskunft und Urkundenvorlage verpflichtet ist. So-

[403] Der wirtschaftlich Berechtigte hat wie der Nichtkunde weder Anspruch auf eine positive noch auf eine negative Bescheinigung (Rundschreiben 6743 der Schweizerischen Bankiervereinigung vom 19. Mai 1993, S. 2: „Eine Bescheinigung an den wirtschaftlich Berechtigten könnte vielmehr als Bankgeheimnisverletzung qualifiziert werden.").

[404] Zum Abgabebetrug vgl. E.VI.3.

fern dieser den Fiskalbehörden die Unterlagen nicht aushändigt, ist die Steuerbehörde nicht in der Lage, die Schriftstücke direkt beim Kreditinstitut anzufordern.[405]

Bei einfacher Steuerverkürzung, welche sich noch im Bereich des Besteuerungsverfahrens, also auf Verwaltungsebene, vollzieht, verfügen die Schweizer Steuerbehörden somit über keine weitergehenden Befugnisse, Beweismittel direkt von der Bank einzufordern. Die Bank ist aber als „ausstellungspflichtige Dritte" nach Art. 90 Abs. 5 DBG verpflichtet, einem Kunden Steuerbescheinigungen zu erteilen, die dieser dann an die Steuerverwaltung weiterzugeben hat. Zur Steuereinschätzung eines Bankkunden hat die Eidgenössische Steuerverwaltung standardisierte Auskunftsformulare, sogenannte „Vollständigkeitsbescheinigungen" aufgelegt und das Bankgewerbe unter Androhung einer Ordnungsbuße verpflichtet, darin sämtliche Geschäftsbeziehungen mit steuerpflichtigen Kontoinhabern offenzulegen.

Die Vollständigkeitsbescheinigung ist ein *subsidiäres Zwangsmittel* der Steuerverwaltung und hat nur dann praktische Bedeutung, wenn

- der Steuerpflichtige keine Nachweise über Mittelherkunft oder Mittelverwendung dargelegt hat (bisher also jegliche Mitwirkung verweigert hat),
- eine Geschäftsverbindung zu der betreffenden Bank nachgewiesen werden kann und
- ein konkreter *Tatverdacht auf Steuerhinterziehung* besteht.

Der Nachweis über die Bankverbindung muß diejenige Geschäftsstelle beinhalten, in welcher der Kunde die vermuteten und der Besteuerung vorenthaltenen Vermögenswerte unterhält. Gerade hier entpuppen sich die Vollständigkeitsbescheinigungen oft als bloßer Papiertiger (und wohl auch an der Weigerung des Kontoinhabers, die Vollständigkeitsbescheinigung der Steuerverwaltung zu überreichen).

[405] BGE 108 Ib. 210ff.

Abbildung 3: Vollständigkeitsbescheinigung

DIREKTE
BUNDESSTEUER

VOLLSTÄNDIGKEITS-BESCHEINIGUNG

Vollständigkeitsbescheinigung gestützt auf Artikel 127 Absatz 1 in Verbindung mit Artikel 126 Absatz 2 des Bundesgesetzes über die direkte Bundessteuer (DBG).

Bank
Adresse ____________________

____

____

____

____

Auf der Rückseite nennen wir die auf den Namen, auf eine Nummer oder ein Kennwort lautenden Hefte, Guthaben- und Schuldenkonti (Metallkonten, Treuhandanlagen, Termingelder usw.), Depots (Wertschriften usw.), sowie andere vertragliche Beziehungen (Treuhandgeschäfte, Vermietung von Schrankfächern usw.), welche wir für

____

____

____

____

als Vertragspartner allein oder gemeinsam mit seinem Ehepartner oder mit Drittpersonen

in der Zeit vom ____________ bis ____________ geführt haben.

Die im gleichen Jahr eröffneten und aufgehobenen Konti, Depots und anderen vertraglichen Beziehungen sind ebenfalls enthalten.

Strafen bei Widerhandlungen

Für den Steuerpflichtigen

Weigert sich der Steuerpflichtige, diese Bescheinigung von der Bank zu verlangen bzw. diese der zuständigen Steuerbehörde auszuhändigen, so wird er gemäss Artikel 174 DBG mit einer Ordnungsbusse bis zu 1000 Franken, in schweren Fällen oder bei Rückfall bis zu 10 000 Franken belegt.

Der Gebrauch unvollständiger oder falscher Bescheinigungen wird als Steuerbetrug mit Gefängnis oder mit Busse bis zu 30 000 Franken geahndet; die Bestrafung wegen Steuerhinterziehung bleibt vorbehalten (Art. 186, Art. 175 und Art. 176 DBG).

Ausserdem kann der Steuerpflichtige ermessensweise veranlagt werden (Art. 130 Abs. 2 DBG). Gleiches gilt, wenn die Bank sich weigert, dieses Formular auszufüllen.

Für die Bank

Weigert sich die Bank, dieses Formular auszufüllen oder füllt sie dieses aus Fahrlässigkeit unvollständig oder falsch aus, so wird ihr gemäss Artikel 174 in Verbindung mit Artikel 181 Absatz 1 DBG eine Ordnungsbusse bis zu 1000 Franken, in schweren Fällen oder bei Rückfall bis zu 10 000 Franken auferlegt.

Füllt die Bank die Bescheinigung vorsätzlich oder eventualvorsätzlich falsch oder unvollständig aus, so wird sie nach Artikel 177 in Verbindung mit Artikel 181 Absatz 2 DBG mit einer Busse bis zu 10 000 Franken, in schweren Fällen oder bei Rückfall mit einer Busse bis zu 50 000 Franken belegt.

Formular 13 B / 1995 11.95 30403/1

Vollständigkeitsbescheinigung

Hefte; Konten wie Kontokorrente, Metallkonten, Treuhandanlagen, Termingelder; Depots; Treuhandgeschäfte; Schrankfächer usw.		Währungseinheit[2]	Gemeinsam[3]	Eröffnungsdatum	Aufhebungsdatum
Nummer	Bezeichnung[1]				

[1] Bei Treuhandanlagen, Termingeldern und Treuhandgeschäften ist zusätzlich noch der Betrag anzugeben.

[2] Währungseinheit angeben z.B. SFR, DM, US $ usw.

[3] Private und geschäftliche (Konten von Kollektivgesellschaften, von Konsortien usw.) Beziehungen, welche der Steuerpflichtige gemeinsam mit seinem Ehepartner bzw. mit Drittpersonen unterhält, sind mit einem «G» zu kennzeichnen.

Ort und Datum

Rechtsgültige Firma-Unterschrift

Geht es aber letztlich um *Steuerbetrug* (gemäß Art. 186 DBG liegt ein solcher vor, wenn eine Täuschung der Steuerbehörden durch gefälschte, verfälschte oder inhaltlich unwahre Urkunden wie Geschäftsbücher, Bilanzen, Erfolgsrechnungen, Lohnausweise oder andere Bescheinigungen Dritter gegeben ist), ist die Bank zur Auskunftserteilung verpflichtet. Bei Steuerbetrug verhindert das Bankgeheimnis auch richterliche Zwangsmaßnahmen wie die Durchsuchung und die Beschlagnahme nicht. Sofern also geltendes Strafprozeßrecht für Personen, die dem Bankgeheimnis unterworfen sind, nichts anderes bestimmt, sind diese als Zeugen zur Aussage auch über Tatsachen verpflichtet, die unter das Bankgeheimnis fallen.

Auf Strafrechtsebene ist der Bankrepräsentant dann auch zur Mitteilung aller Tatbestände verpflichtet, die er über einen Kontoinhaber und dessen Verhältnis mit Dritten (wirtschaftlich Berechtigten) kennt. Eine Schweizer Bank darf aber nicht unter Hinweis auf die Existenz wahrer wirtschaftlich Berechtigter hinter dem Kontoinhaber Auskünfte über den deshalb nur „formellen" Kontoinhaber an Strafverfolgungsbehörden erteilen.

„Vorbehältlich anders lautender Vorschriften des kantonalen Strafprozeßrechts sind Organe und Angestellte von Banken gehalten, als Zeugen auszusagen und Dokumente zur Verfügung zu stellen."[406] Sämtliche *kantonalen Strafprozeßordnungen* verfahren hier analog und gewähren ein Zeugnisverweigerungsrecht ausschließlich den klassischen Berufsgruppen des Art. 321 StGB, zu denen der Banker aber nicht zählt. Im Interesse einer „schnellen Erledigung" kann die schriftliche Auskunft anstelle der Zeugenvernehmung (Art. 49 BZP) und der Herausgabebefehl[407] anstelle der Hausdurchsuchung treten.

Selbstverständlich ist, daß der Bankier auch in schriftlichen Stellungnahmen wahrheitsmäßig über „geheime" Transaktionen, abgewickelt über Nummernkonten, bankinterne Verrechnungskonten oder Nostrokonten sowie über die Existenz von Unter- und Durchlaufkonten zu berichten hat. Dementsprechend sind alle

[406] BGE 1 P 460.

[407] Die Bank kann in allen Fällen Durchsuchungs- und Beschlagnahmehandlungen durch Befolgung des vorhergehenden Herausgabebefehls abwenden und so wenigstens Dritte vor Zufallsfunden schützen.

Konten anzugeben, für die der Betreffende gemäß Formular A als wirtschaftlich Berechtigter festgestellt wurde oder zeichnungsberechtigt ist, auch wenn es sich hierbei nur um Gemeinschaftskonten oder Treuhandkonten handelt. Die Schließfächer betreffenden Mietverträge oder Zugangsberechtigungen sind ebenso offenzulegen.

In diesem Zusammenhang ist es zulässig, die Informationen zur Besteuerung Dritter auszuwerten. Voraussetzung hierfür ist allerdings, daß ausreichende Anhaltspunkte bereits aktenkundig sind, die auf Steuerunregelmäßigkeiten eines Dritten hindeuten (dies nicht zuletzt, um Beweisausforschungen entgegenzutreten). Als beteiligter Dritter gilt auch derjenige, der mit dem Beschuldigten im Zahlungsverkehr in Verbindung stand, etwa weil er vom Beschuldigten Schwarzgeld auf sein Konto überweisen ließ. Die Behörden haben hier das Recht, nach sämtlichen sonstigen Transaktionen zu fragen, die der Dritte direkt mit der Bank getätigt hat.

Liegt schließlich ein *Abgabebetrug* eines ausländischen Kontoinhabers vor und ist nach Maßgabe des innerstaatlichen Rechtshilferechts (IRSG) Rechtshilfe zu gewähren, steht das Bankgeheimnis dem nicht entgegen, auch nicht unter dem Aspekt, mit der Preisgabe bankgeheimnisgeschützter Informationen an ausländische Behörden eines der wesentlichen Interessen der Eidgenossenschaft zu gefährden. Zum Bankgeheimnis als „wesentliches Interesse" der Eidgenossenschaft vertritt der Schweizer Bundesrat folgende Auffassung: „Es läßt sich nicht bestreiten, dass gerade das Bankgeheimnis eine Stütze des schweizerischen Wirtschaftssystems ist, die in ihrer Bedeutung weit über private Sonderinteressen hinausragt. Es trägt zweifellos in wesentlichem Mass dazu bei, dass der Schweiz das für eine moderne Volkswirtschaft unentbehrliche Kapital in genügendem Ausmass zur Verfügung steht. Der Schutz des Bankgeheimnisses ist daher eine Aufgabe, die mindestens indirekt erhebliche wirtschaftliche Interessen des Staates berührt."[408]

Allerdings kann nach Ansicht des Bundesgerichts das Bankgeheimnis nur unter bestimmten Voraussetzungen zu den wesentlichen Interessen der Schweiz zählen. Grundsätzlich aber kommt dem Bankgeheimnis nach Ansicht der obersten Richter nicht der

408 Bundesrat, Schrift vom 23. September 1957, JAAC 27 (1957), S. 11ff., 32–33, zitiert in: Aubert/Kernen/Schönle, a.a.O., S. 95.

Rang eines verfassungsmäßigen Rechts zu, dem bei Kollision mit anderen Interessen stets Vorrang einzuräumen wäre: „Es muß sich bei der von einem um Rechtshilfe ersuchenden Staat verlangten Auskunft um eine solche handeln, deren Preisgabe das Bankgeheimnis geradezu aushöhlen oder die der ganzen schweizerischen Wirtschaft Schaden zufügen würde", um die Rechtshilfe aus wesentlichem Interesse verweigern zu können.[409]

2. Amtshilfe durch Informationsaustausch im DBA

Das deutsch-schweizerische Abkommen zur Vermeidung der Doppelbesteuerung auf dem Gebiet der Steuern vom Einkommen und vom Vermögen vom 11. August 1971[410] sieht in Art. 27 über den Informationsaustausch folgendes vor:

„(1) Die zuständigen Behörden der Vertragsstaaten können auf Verlangen diejenigen Auskünfte (gemäß den Steuergesetzgebungen der beiden Staaten im Rahmen der normalen Verwaltungspraxis erhältlichen) austauschen, die notwendig sind für eine richtige Durchführung dieses Abkommens. Dies gilt auch für Auskünfte zur Feststellung der Voraussetzung für die Besteuerung nach Artikel 15a. Jede auf diese Weise ausgetauschte Auskunft soll geheimgehalten und niemandem zugänglich gemacht werden, der sich nicht mit der Veranlagung, der Erhebung, der Rechtsprechung oder der Strafverfolgung hinsichtlich der unter dieses Abkommen fallenden Steuern befaßt. Auskünfte, die irgendein Handels- oder Bank-, gewerbliches oder Berufsgeheimnis oder ein Geschäftsverfahren offenbaren würden, dürfen nicht ausgetauscht werden.*

(2) Die Bestimmungen dieses Artikels dürfen auf keinen Fall dahin ausgelegt werden, daß sie einem der Vertragsstaaten die Verpflichtung auferlegen, Verwaltungsmaßnahmen durchzuführen, die von seinen eigenen Vorschriften oder von seiner Verwaltungspraxis abweichen oder die seiner Souveränität, seiner Sicherheit, seinen allgemeinen Interessen oder dem Ordre public widersprechen, oder Angaben zu vermitteln, die

[409] BGE 115 Ib 83, E.4.b, vgl. auch E.VI.4.

[410] In der Fassung der Änderungsprotokolle vom 30. November 1978, 17. Oktober 1989 und 21. Dezember 1992.

nicht auf Grund seiner eigenen und auf Grund der Gesetzgebung des ersuchenden Staates beschafft werden können."

* Zweiter Satz eingefügt durch Art. IV des Prot. vom 21. Dez. 1992, in Kraft seit 29. Dez. 1993.

Das DBA-Schweiz sieht einen Auskunftsaustausch *auf Ersuchen,* namentlich „auf Verlangen" des anderen Vertragsstaates vor, und nur in dem Umfang als „für eine richtige Durchführung dieses Abkommens" notwendig. Ein „automatischer" und „spontaner" Auskunftsverkehr zur Übermittlung steuerrelevanter Tatbestände wird nicht praktiziert. Der mit der Eidgenossenschaft durchgeführte Auskunftsaustausch entspricht in seinem Umfang dem *kleinen Auskunftsverkehr.*

Die Reduzierung des Informationsaustausches auf den kleinen Auskunftsverkehr läßt erkennen, daß die Eidgenössische Steuerverwaltung nicht die Absicht verfolgt, Auskünfte zu erteilen, die eine bessere Durchsetzung der Besteuerungsgrundlagen in Deutschland ermöglichen, was im übrigen auch durch folgenden Vorbehalt zum Ausdruck kommt:

> *„Die Schweiz vertritt die Auffassung, daß der Zweck eines Doppelbesteuerungsabkommens in der Vermeidung der internationalen Doppelbesteuerung besteht; die für die richtige Anwendung und die Vermeidung des Mißbrauchs eines Abkommens benötigten Informationen können schon auf Grund der bestehenden Vertragsbestimmungen über das Verständigungsverfahren, die Herabsetzung der an der Quelle erhobenen Steuern usw. ausgetauscht werden. Die Schweiz erachtet daher eine besondere Bestimmung über den Austausch von Informationen als überflüssig; denn selbst eine ausdrückliche Bestimmung könnte wegen des Zwecks des Abkommens nur den Austausch von Informationen vorsehen, die zur richtigen Anwendung und zur Vermeidung der mißbräuchlichen Inanspruchnahme eines Abkommens notwendig sind. Aus diesem Grund macht die Schweiz einen ausdrücklichen Vorbehalt zum Artikel über den Informationsaustausch."*

Angesichts dieser Äußerung ist in den Augen der Schweiz die Notwendigkeit eines Auskunftsverkehrs im DBA nur in der korrekten Anwendung der Abkommensvorschriften zu sehen, jedoch nicht in der Interessenverfolgung innerstaatlichen Rechts oder in der

Aufklärung von Steuerdelikten. Konkretisierend sind als Auskunftsgegenstand nur solche Sachverhalte zugelassen, die das Abkommen als Voraussetzungen für diverse Schutz- und Entlastungsansprüche aufstellt.

Art. 27 Abs. 2 der DBA-Schweiz-Informationsklausel bezieht das *Bankgeheimnis* ausdrücklich in die Reihe der Wirtschaftsgeheimnisse ein, untersagt den Austausch von Informationen, die irgendein Handels- oder Bank-, gewerbliches oder Berufsgeheimnis oder ein Geschäftsverfahren offenbaren würden, und steht der Weitergabe bankgeheimnisgeschützter Daten entgegen.

Der ersuchende Staat kann ferner nicht *mehr* an Auskunft erwarten, als er gewillt bzw. in der Lage ist, an die Schweiz zu erbringen (Gegenseitigkeitsprinzip). Absatz 2 stellt klar, daß die Schweiz nur Informationen übermittelt, die sie ohne Verletzung ihrer eigenen Gesetzgebung unter Wahrung ihrer Souveränität, ihrer Sicherheit, ihrer allgemeinen Interessen oder der „Ordre public" im Rahmen der üblichen Verwaltungspraxis beschaffen kann.

Das DBA-Schweiz beinhaltet im Gegensatz zum IRSG (Bundesgesetz über internationale Rechtshilfe in Strafsachen), das im Blickpunkt der folgenden Ausführungen zur internationalen Rechtshilfe steht, keine Zwangsmaßnahmen, die gegen Banken angeordnet werden könnten. Das Rechtshilfegesetz sieht im Gegensatz dazu Zwangsmaßnahmen im Fall beidseitiger Strafbarkeit vor. Beidseitige Strafbarkeit wäre beispielsweise bei *Abgabebetrug* gegeben. Liegen die Voraussetzungen für die Begründung von Abgabebetrug vor (u. a. Arglist), geht das IRSG weiter. Bei Abgabebetrug ist infolgedessen generell die *große Amtshilfe* zu leisten, d. h. es sind auch Auskünfte auszutauschen, die sich nicht nur auf die Durchführung des DBA beziehen. In den Fällen von Abgabebetrug wäre hier nach IRSG zu verfahren, obwohl nach Staatsvertragsrecht (also nach dem DBA) kein Anspruch auf Rechtshilfe besteht. Im Zusammenwirken mit dem DBA kommt dem IRSG, das in anderen Fällen gegenüber dem Staatsvertragsrecht nachrangig ist, eine Sonderstellung zu.[411]

---

[411] Durch den MA 77 Kommentar, welcher auch Auskünfte zur Durchführung innerstaatlichen Rechts (IRSG) innerhalb des kleinen Auskunftsverkehrs zuläßt.

3. Der Schwarzgeldanleger als Abgabebetrüger

Steuerhinterziehung ist in der Schweiz nicht gleich Steuerhinterziehung. Die Bundesgericht-Rechtsprechung unterscheidet hier zwischen der einfachen Steuerverkürzung und dem Steuer- bzw. Abgabebetrug. Beide Formen führen freilich zum selben Ziel, nämlich zu einer unrechtmäßigen „Reduzierung der Steuerschuld". Nur die Mittel sind verschieden: Eine Bundessteuer ist umgangen (verkürzt), wenn die Besteuerung nicht durchgeführt oder ein neu eintretender Besteuerungstatbestand nur unzureichend erfaßt wurde, weil der Steuerpflichtige seine Einkünfte und sein Vermögen nicht vollständig deklariert (oder auch nur „vergessen") hat.

Einen Steuer- bzw. Abgabebetrug begeht dagegen derjenige, der Steuerbehörden arglistig und gezielt täuscht und sich dabei betrügerischer Mittel bedient, um eine Steuerreduzierung herbeizuführen. Strafbar ist in beiden Fällen die Steuerverkürzung durch betrügerische Machenschaften. Art. 186 des Bundesgesetzes über die direkten Bundessteuern spricht beim *Steuerbetrug* von Täuschung durch gefälschte, verfälschte oder inhaltlich unwahre Urkunden. Art. 14 Abs. 2 des Bundesgesetzes über das Verwaltungsstrafrecht (VStR) charakterisiert das Tatbild des *Abgabebetrugs* so:

> *„Bewirkt der Täter durch sein arglistiges Verhalten, daß dem Gemeinwesen unrechtmäßig und in einem erheblichen Betrag eine Abgabe, ein Beitrag oder eine andere Leistung vorenthalten oder daß es sonst am Vermögen geschädigt wird, so ist die Strafe Gefängnis bis zu einem Jahr oder Buße bis zu 30.000 Franken."*

Durch Bezug auf die Vorschrift des VStR wird deutlich, daß für die Auslegung des zweiten Teilbegriffs „Betrug" nicht auf den speziellen Begriff des *Steuerbetrugs* im engeren Sinn, d. h. auf den Betrug *nur zum Schaden des Fiskus,* sondern auf die Betrugsbegriffsdefinition des Art. 146 StGB (gemeinrechtlicher Betrug) und der hierzu bestehenden bundesgerichtlichen Rechtsprechung zurückgegriffen werden muß. Das Tatbild des Abgabebetrugs ist insoweit umfassender als dasjenige des Steuerbetrugs, als der Schwarzgeldanleger mit einem Abgabebetrug nicht bloß die Steuerbehörden täuscht, sondern dem *Gemeinwesen* schadet. Der Abgabebetrug erfaßt nicht nur den Betrug zum Schaden des Fiskus, sondern schließt auch den Betrug zum Schaden anderer Einrichtungen des Staates, wie z. B. im Zoll- und Subventionsbereich, ein.

Als Abgabebetrug ist ein „Verhalten des Steuerpflichtigen zu betrachten, der die Steuerbehörde aufgrund von falschen, gefälschten oder inhaltlich unwahren *Urkunden* über die für die Quantifizierung des Steueranspruchs erheblichen Tatsachen täuscht, um auf diese Weise eine unrichtige, für ihn zu günstige Einschätzung zu erreichen"[412]. Strafbares „arglistiges Irreführen" bzw. „arglistiges Verhalten" wird in der Praxis häufig durch gefälschte Bilanzen, Gewinn- und Verlustrechnungen, Kundenkonten, überfakturierte Rechnungen für Fabrikate einer Drittfirma,[413] fiktiv ausgestellte Lohnabrechnungen, Quittungen und Handelskorrespondenzen, kurz gesagt, durch Fälschung der Dokumente, die Bestandteil der Buchführung sind, erreicht. Ein Instrument für arglistiges Irreführen der Behörden wäre auch die *doppelte Buchführung,* eine Einrichtung, die mittels Vertuschung von Einnahmen und der Schaffung „künstlicher Ausgaben" den steuerpflichtigen Gewinn schmälert.

Für arglistiges Handeln sprechen immer besondere Machenschaften und Kniffe, ganze Lügengebäude wie besondere Erfindungen, Vorkehrungen sowie das Ausnützen von Begebenheiten, die allein oder gestützt durch Lügen oder Kniffe geeignet sind, das Opfer irrezuführen oder es in seinem Irrtum zu bestärken. Selbst bloßes Schweigen des Schwarzgeldanlegers kann arglistig sein, wenn er dadurch erreicht, daß seine Belege nicht weiter überprüft werden oder mit Rücksicht auf ein besonderes Vertrauensverhältnis von einer Prüfung abgesehen wird.[414]

Die zur Erstellung einer Buchführung verwendeten Belege stellen im allgemeinen *Urkunden* i. S. von Art. 110 Ziff. 5 StGB dar. Urkunden sind Dokumente, die bestimmt und geeignet sind, eine Tatsache von rechtlicher Bedeutung zu beweisen (Art. 110 Ziff. 5 Abs. 1 StGB). Urkunden wird gerade wegen ihrer Eignung und Bestimmung zum Beweis ein höheres Vertrauen entgegengebracht als anderen Unterlagen. Auch Steuerbehörden sehen aufgrund der erhöhten Glaubwürdigkeit bei Urkunden häufiger von Kontrollen

[412] BGE 115 Ib 77, 111 Ib 247, E.4.b, 110 IV 28.
[413] BGE 111 Ib 249, E.5.b.
[414] Belegefälschungen können auch in Deutschland mit erheblichen Strafen geahndet werden, vgl. F.VI.

ab. Die der Buchführung beigefügten Belege prüft die Eidgenössische Steuerverwaltung (nicht anders als das deutsche Wohnsitzfinanzamt) nur auf ihren Wahrheitsgehalt hin. Demnach handelt arglistig, wer die Steuerbehörden täuscht, indem er seiner Steuererklärung unrichtige oder unvollständige Unterlagen beilegt, die Urkundscharakter besitzen. In solchen Fällen liegt regelmäßig Steuer- bzw. Abgabebetrug vor.[415]

Sind die einer Steuererklärung beigefügten Unterlagen aber keine Urkunden, wie beispielsweise eine unvollständige Einnahmen-Überschußrechnung eines deutschen Schwarzgeldanlegers, der seinen Gewinn nach § 4 Abs. 3 EStG ermittelt, gilt der Tatbestand des Steuer- oder Abgabebetrugs als nicht erfüllt. Das Schweizer Bundesgericht[416] sieht eine falsche Einnahmen-Überschußrechnung (selbst wenn es, wie im Fall, um Gewinnverkürzungen von mehreren zehntausend Mark geht) nicht als Urkunde i. S. des Schweizerischen Strafrechts an, weil es nach deutschem Einkommensteuerrecht bestimmten Berufsgruppen nicht auferlegt ist, ihren Gewinn durch Überschuß der Einnahmen über die Ausgaben zu errechnen. § 4 Abs. 3 EStG ist insoweit eine „Kann-Vorschrift".

Zwar können auch freiwillig verfaßte und dem Finanzamt eingereichte Dokumente unter den Urkundsbegriff des schweizerischen Rechts fallen. Doch dies setzt nach geltender Rechtsprechung voraus, daß diese freiwillig verfaßten Unterlagen im Steuerverfahren zum Beweis bestimmt und geeignet sind. § 4 Abs. 3 EStG schreibt aber deutschen Steuerpflichtigen gerade nicht vor, daß sie das Ergebnis ihrer Rechnung mit einer schriftlichen Einnahmen-Überschußrechnung belegen.

Deutsche Schwarzgeldanleger, die nach deutschem Einkommensteuerrecht nicht buchführungspflichtig sind, sind den buchführungspflichtigen gegenüber bessergestellt. Denn mit einer Einnahmen-Überschußrechnung belegt der Schwarzgeldanleger nur, aus welchen einzelnen Posten er den in seiner Steuererklärung genannten Gewinn zusammengerechnet hat. Seine Aufzeichnungen sind so weder bestimmt noch geeignet, zu beweisen, daß der

[415] BGE 1A 4/1999 vom 19. April 1999.
[416] Ebendort.

Schwarzgeldanleger genau den in der Steuererklärung aufgeführten Gewinn erzielt hat. Seine Einnahmen-Überschußrechnung beweist daher nicht mehr und nicht weniger, als seine Steuererklärung für sich allein beweisen würde, wenn ihr keine solche Rechnung beigelegt wäre. Es kann sich daher bei der Einnahmen-Überschußrechnung des Steuerpflichtigen nicht um eine Urkunde i. S. des schweizerischen Strafgesetzbuches handeln.

Während also Buchführungspflichtige bei Gewinnverkürzungen um die Aufdeckung ihrer schwarzen Konten in der Schweiz bangen müssen, kann sich ein Einnahmen-Überschußrechner ruhig zurücklehnen, wenn sich das deutsche Finanzamt seines Schwarzgeldkontos wegen mit einem Rechtshilfegesuch an die Schweiz wendet. Denn wie bei dem Musikkünstlerehepaar, das im betreffenden Fall mehrere zehntausend Mark unter den Tisch fallen ließ, dürfte die Staatsanwaltschaft auch über das Konto desjenigen Schwarzgeldanlegers nichts herausbekommen, der seine Einnahmen-Überschußrechnung lieber etwas kürzer ausfallen läßt und dafür den „Rest" in die Schweiz trägt. Allerdings, so betonte das Schweizer Bundesgericht, wären die Aufzeichnungen „Urkunden" und das Verhalten des Ehepaares ohne weiteres als „arglistig" zu beurteilen, wenn die beiden eine Buchhaltung geführt hätten.

Neben Arglistigkeit setzt Abgabebetrug voraus, daß dem Gemeinwesen ein *erheblicher Betrag* an Abgaben vorenthalten wurde. Unter „Abgaben" versteht das Schweizer Recht jeden Betrag oder jede andere Leistung, die dem Gemeinwesen geschuldet wird. Der Begriff „erheblicher Betrag" bezieht sich dabei nicht auf die Summe der in der Schweiz angelegten Schwarzgelder[417], sondern nur auf den Steueranteil, der auf das Vermögen selbst in Form von Einkommen- oder Vermögensteuer oder auf den daraus erzielten Ertrag (Steuern auf Zinsen und Dividenden) erhoben wird. So können beispielsweise große Bargeldsummen, die in Deutschland ordnungsgemäß versteuert wurden und erst mit dem Transfer in die Schweiz zu Schwarzgeldern geworden sind (dadurch, daß Steuern aus den laufenden Zinserträgen nicht deklariert wurden), von der Rechtshilfe ausgeschlossen sein, wenn die auf den Ertrag entfallen-

---

417 Bernasconi, Finanzunterwelt, a.a.O., S. 133, spricht von der Besteuerung „vorenthaltener Elemente".

de Steuer nicht „erheblich“ ist. Dagegen können kleinere, beispielsweise durch Schwarzarbeit, Schwarzmarkthandel oder Buchführungsmanipulationen erzielte Beträge, die bereits in Deutschland Schwarzgelder darstellten, von der Rechtshilfe erfaßt werden, weil der Betrag an Abgaben, der auf das Gesamtvermögen entfällt, „erheblicher“ ist als das, was dem Fiskus vom Ertrag aus dem Schwarzgeldvermögen zusteht.

Die auf das VStR Bezug nehmende Begriffsdefinition des Abgabebetrugs bewirkt die Anwendbarkeit der allgemeinen Vorschriften des StGB, da Art. 2 VStR darauf hinweist. Nach den Vorschriften des StGB machen sich neben dem Steuerpflichtigen auch Dritte strafbar, die zugunsten des Steuerpflichtigen gehandelt haben. Strafbar ist auch die Teilnahme am Abgabebetrug selbst, wobei hier, abhängig vom Mitwirkungsgrad, entweder von Mittäterschaft oder Gehilfenschaft gesprochen wird.

Auch schon der Versuch des Abgabebetrugs ist strafbar (Art. 21 u. 22 StGB). Ein (vereitelter) Abgabebetrugsversuch liegt beispielsweise dann vor, wenn die Steuerbehörde die Machenschaften des Steuerpflichtigen aufdeckt, bevor der Erfolg eingetreten ist.

4. Internationale Rechtshilfe bei Abgabebetrug

Im internationalen Rechtshilfeverkehr mit der Schweiz kommt das Europäische Übereinkommen über die Rechtshilfe in Strafsachen (EuRHÜK) zur Anwendung.[418] Im Rechtshilfeverkehr mit Deutschland wird dieses Abkommen durch den Vertrag vom 13. November 1969 über die Ergänzung des Europäischen Übereinkommens und die Erleichterung seiner Anwendung ergänzt.[419] Dieser Vertrag sieht u. a. Erleichterungen zu Art. 1 des EuRHÜK vor. So leisten beide Staaten gem. Art. I Buchst. a auch Rechtshilfe „in Verfahren wegen Handlungen, die nach dem Recht eines oder beider Staaten nur mit Geldbuße bedroht sind, soweit mindestens in einem der beiden Staaten ein auch für Strafsachen zuständiges Gericht angerufen werden kann“.

---

[418] Vgl. E.V.7.d) sowie Anhang III.

[419] BGBl. 1975 II, S. 1169, Bekanntmachung durch BGBl. 1976 II, S. 1818; Bemerkungen zum EuRHÜK und zum Zusatzvertrag siehe BGBl. 1976 II, S. 1822.

Nach Art. 2 Buchst. a des für den Rechtshilfeverkehr mit Deutschland maßgeblichen Europäischen Übereinkommens kann die Rechtshilfe verweigert werden, wenn sich die Ersuchen auf strafbare Handlungen beziehen, die vom ersuchten Staat als Fiskaldelikte angesehen werden. Hierzu sieht Art. 3 Abs. 3 des Bundesgesetzes über internationale Rechtshilfe in Strafsachen (IRSG)[420] vor, daß Rechtshilfebegehren grundsätzlich abzulehen sind, wenn „Gegenstand des Verfahrens eine Tat ist, die auf eine Verkürzung fiskalischer Abgaben gerichtet erscheint oder Vorschriften über währungs-, handels- oder wirtschaftspolitische Maßnahmen verletzt". Diese insbesondere im Bereich des Bankauskunftsverfahrens zum Tragen kommende Klausel erfährt jedoch eine Einschränkung durch den ihr folgenden Satz 2, der bestimmt, daß einem Ersuchen um Rechtshilfe *nach dem dritten Teil* des Gesetzes entsprochen werden kann, wenn Gegenstand des Verfahrens ein *„Abgabebetrug"* i. S. von Art. 14 Abs. 2 des Bundesgesetzes über das Verwaltungsstrafrecht (VStR) ist.

Die schweizerischen Behörden unterstützen bei vorliegendem *Abgabebetrug* die Institutionen des ersuchenden Staates bei Verfahren in strafrechtlichen Angelegenheiten im Rahmen der sogenannten „kleinen", „akzessorischen" oder „anderen" Rechtshilfe, indem sie adäquate und nach schweizerischem Recht zulässige Amtshandlungen vornehmen und das daraus gewonnene Ergebnis der Behörde des ersuchenden Staates mitteilen. Als Rechtshilfemaßnahmen kommen namentlich in Betracht (Art. 63 Abs. 2 IRSG):

- die Zustellung von Schriftstücken,
- die Beweiserhebung, insbesondere die Durchsuchung von Personen und Räumen,
- die Beschlagnahme, der Herausgabebefehl, die Einvernahme und Gegenüberstellung von Personen,
- die Herausgabe von Akten und Schriftstücken,
- die Herausgabe von Gegenständen oder Vermögenswerten zur Einziehung oder Rückerstattung an den Berechtigten.

[420] I. d. F. vom 4. Oktober 1996, auszugsweise abgedruckt im Anhang X.

Unwahre Steuererklärungen stellen die typische Steuerhinterziehung dar, die weder Abgabebetrug darstellt noch rechtshilfefähig ist, auch wenn das ausländische Recht sie anders qualifiziert und sogar mit Freiheitsstrafe ahndet. Steuererklärungen sind keine *Urkunden,* sondern lediglich als „bloße schriftliche Erklärungen" zu qualifizieren. Auch Einnahmen-Überschußrechnungen sind keine Urkunden; sagen sie doch lediglich etwas darüber aus, daß der Steuerpflichtige behauptet, den in der Steuererklärung aufgeführten Gewinn erzielt zu haben. Schwarzgeldanleger, die sich als Einnahme-Überschußrechner lediglich darauf beschränken, in ihrer Rechnung Einkünfte nicht vollständig aufzuführen, begehen keinen rechtshilfefähigen Abgabebetrug.[421] Das Erfordernis der Arglist bewirkt außerdem den Ausschluß aller Ordnungswidrigkeiten von der Rechtshilfe.

Zentrale Einlaufstelle für ausländische Rechtshilfeersuchen ist das Bundesamt für Polizeiwesen des Eidgenössischen Justiz- und Polizeidepartements (EJPD). Das EJPD entscheidet darüber, ob die Rechtshilfeleistung die Hoheitsrechte, die Sicherheit oder andere wesentliche Interessen der Schweiz gefährden könnte.

Das Bundesamt prüft im Rahmen einer Vorprüfung (Art. 80 IRSG) alle eingehenden Gesuche auf die erforderlichen Formvorschriften des IRSG oder des anwendbaren Staatsvertrags,[422] holt eine Gegenrechtszusicherung (Art. 8 Abs. 1, 17 Abs. 3 Buchst. a IRSG) ein und leitet den Antrag an die zuständige kantonale Justizbehörde weiter, falls die Rechtshilfeleistung nicht schon offensichtlich unzulässig erscheint (Art. 78 Abs. 1, 17 IRSG). Ist die Kantonalbehörde Vollzugsbehörde, erläßt sie eine „summarisch begründete Eintretensverfügung" und ordnet die Rechtshilfehandlungen an.

Zur Anordnung und Durchsetzung von Zwangsmaßnahmen ist nach Art. 64 Abs. 1 IRSG Voraussetzung, „daß die im Ausland verfolgte Handlung die objektiven Merkmale eines nach schweizerischem Recht strafbaren Tatbestandes aufweist". Erforderlich ist nicht, daß der ersuchende und der ersuchte Staat das Delikt in

---

421 BGE 1A 4/1999 vom 19.4.1999, siehe auch E.VI.3.

422 Die ersuchte Behörde beschränkt sich ausschließlich auf die Einhaltung der Formvorschriften und geht nicht der materiellen Fragestellung auf den Grund. Rechtshilfe kann deshalb unabhängig davon gewährt werden, ob der Betreffende schuldig ist oder nicht. Die Schuldfrage soll sich vielmehr mit Hilfe des Rechtshilfeersuchens erst herausstellen.

ihren Gesetzgebungen unter demselben rechtlichen Blickwinkel erfassen.[423] Ob deutsche Behörden den Abgabebetrug nicht als solchen, sondern als „Steuerhinterziehung" qualifizieren, ist gleichgültig, solange der Sachverhalt die für den Abgabebetrug erforderlichen Merkmale erkennen läßt. Der Abgabebetrug muß ausreichend begründet und nachgewiesen worden sein, wobei allerdings die Anforderungen an den Sachverhalt nicht übermäßig hoch sind. Zur klaren Unterscheidung des Abgabebetrugs vom Tatbild einer nicht rechtshilfefähigen, „einfachen" Steuerhinterziehung ist es lediglich geboten, „hinreichende Verdachtsmomente für das Vorliegen dieses Straftatbestandes darzulegen".[424] „Damit soll verhindert werden, daß die ersuchende Behörde sich unter dem Deckmantel eines von ihr ohne Vorhandensein von Verdachtsmomenten lediglich behaupteten Abgabebetruges Beweise verschafft, die zur Ahndung anderer Fiskaldelikte dienen sollen, für welche die Schweiz keine Rechtshilfe gewährt".[425] Es dürfen vor allem „keine strafprozessualen Untersuchungshandlungen zur Auffindung von Belastungsmaterial zwecks Begründung eines Verdachts durchgeführt werden ohne vorhergehende konkrete Anhaltspunkte nach Gegenstand und Person".[426]

Die Schweiz verlangt zur Feststellung, ob die Grundvoraussetzungen zur Gewährung von Rechtshilfe (wie beidseitige Strafbarkeit, Verhältnismäßigkeit und daß kein die Rechtshilfe ausschließendes Delikt nach Art. 3 vorliegt) erfüllt sind, eine *Sachverhaltsdarstellung*. Die Schweizer Behörden haben sich beim Entscheid über ein Rechtshilfebegehren nicht dazu auszusprechen, ob die darin angeführten Tatsachen zutreffen oder nicht. Sie sind vielmehr an die Darstellung des Sachverhalts des ersuchenden Staates gebunden, soweit diese nicht offensichtliche Fehler, Lücken oder Widersprüche enthält.

Wie das Bundesgericht im Entscheid über die Gewährung von Rechtshilfe im Zusammenhang mit den Schmiergeldermittlungen

---

423 Aubert/Kernen/Schönle, a.a.O., S. 474 und dortige Rechtsprechung.

424 BGE 116 Ib 103: „Es ist dabei an Indizien – z. B. Zeugenaussagen, Urkunden – zu denken, welche geeignet sind, die Angaben im Ersuchen wenigstens in dem Sinne objektiv zu erhärten, daß diese nicht völlig haltlos erscheinen, sondern eben einen hinreichenden Verdacht der den Beschuldigten angelasteten Straftaten zu begründen vermögen."

425 BGE 115 Ib 78, BGE 114 Ib 60 E. 3c, BGE 1 A 4/1999.

426 Bodmer/Kleiner/Lutz, a.a.O., Nov. 1990, Art. 47, Rz. 61a.

der Mailänder Staatsanwaltschaft gegen den früheren italienischen Ministerpräsidenten Silvio Berlusconi[427] erkennen läßt, dürfen die Anforderungen an eine Sachverhaltsdarstellung nicht überbewertet werden. Es ist stets auf die Dringlichkeit der Ahndung der Straftat abzustellen, wobei zu berücksichtigen ist, daß Untersuchungsbehörden zu Beginn ihrer Ermittlungen noch nicht über ausreichendes Beweismaterial verfügen können, eine Straftat nachzuweisen. Das Rechtshilfeersuchen soll ja gerade der Beweisaufnahme dienen, um den Verdacht zu erhärten. Im genannten Fall hat das Bundesgericht die Rechtshilfe an Italien in Form der Auslieferung von Bank- und Firmendokumenten trotz teilweiser lückenhafter Sachverhaltsdarstellung zugelassen.

Bei Rechtshilfeleistungen wegen Abgabebetrug muß gemäß den Grundsätzen des Bundesamtes für Polizeiwesen (Wegleitung zum IRSG) aus der Sachverhaltsdarstellung zweifelsfrei hervorgehen, „daß die Tatbestandselemente dieser Straftat nach schweizerischem Recht erfüllt wären". Es muß u. a. erkennbar sein, daß *Arglist* gegeben ist. Dazu ist zwar der Nachweis über die Verwendung gefälschter Urkunden oder über die Anstiftung Dritter zur Ausstellung falscher Dokumente erforderlich. Da aber die Anforderungen an den Nachweis eines Abgabebetrugs nicht sonderlich hoch sind, reicht es, wenn sich aus der Schilderung mindestens hinreichende Verdachtsmomente auf Abgabebetrug ergeben. Beschränkt sich, wie in einem vom Schweizer Bundesgericht behandelten Fall, die Staatsanwaltschaft Freiburg i. Br. allerdings lediglich auf die Behauptung, daß Einkünfte in einer Einnahmen-Überschußrechnung nicht vollständig aufgeführt wären, ist daraus keine Arglist erkennbar.[428]

Erscheinen auf den rechtshilfeweise herauszugebenden Unterlagen Namen von Personen, die weder im Ersuchen genannt sind noch mit den Ermittlungen in irgendeiner Weise in Verbindung stehen (sogenannte unbeteiligte Dritte), unterliegen diese Namen keinem besonderen Schutz. Einerseits soll den Strafverfolgungsbehörden – insbesondere zur Bekämpfung von Geldwäsche – die

---

[427] Berlusconi-Schmiergeldaffäre, BGE 1A.11/1994. Die Mailänder Staatsanwälte vermuteten, daß Berlusconis Fininvest-Konzern Schwarzgeldzahlungen über ein Netz von Konten und Offshore-Firmen in Panama und auf den Virgin Islands abgewickelt hat. Vgl. auch NZZ, int. Ausg. vom 21. Dezember 1995, S. 11.

[428] BGE 1 A 4/1999 vom 19. April 1999, S. 47.

Zurückverfolgung der Papierspur, also des Geldflusses, nicht durch lückenhafte Unterlagen erschwert werden. Andererseits deckt die Schweiz auch keine Komplizen oder Strohmänner, die im Rechtshilfeantrag nicht genannt sind, weil sie der Behörde nicht bekannt waren.

„Wesentliche Interessen" der Schweiz, zu denen vordergründig das Bankgeheimnis zählt, sind aber dann nicht betroffen, wenn die Rechtshilfe nur dazu führt, eine Auskunft über die Bankbeziehungen einiger weniger in- oder ausländischer Kunden zu erteilen.[429] Ebenso dürften die wesentlichen Interessen der Schweiz nicht als beeinträchtigt gelten, wenn ein Rechtshilfeersuchen der USA zur Ahndung von „Insider-Trading" in der Finanzwelt den Eindruck eines schwachen Bankgeheimnisses entstehen ließe. Ein „erheblicher Nachteil" und eine Gefährdung der wesentlichen Interessen wäre nur dann gegeben, wenn alle oder ein Großteil der Kundenbeziehungen einer Bank oder für die schweizerische Volkswirtschaft bedeutende Transaktionen bekanntgegeben werden müßten oder einem bedeutenden Industriezweig Schaden entstehen würde.

Es ist hier auf die Schwere des Eingriffs (qualitativer Aspekt) und nicht nur auf quantitative Elemente abzustellen. In jedem Fall aber, so die Tendenz der höchstrichterlichen Schweizer Rechtsprechung, würde das Ansehen der Schweiz im Ausland weit mehr geschädigt werden, wenn das Land ihre staatsvertraglichen Pflichten nicht erfüllen würde. „Besonders betroffen wird das Ansehen der schweizerischen Banken, wenn Geldbeträge, die durch Straftaten erworben wurden, in der Schweiz angelegt werden können, ohne daß die ausländischen Behörden davon erfahren könnten", so das Bundesgericht.[430] Es läßt sich daraus eine ganz klare Tendenz erkennen, daß das Schweizer Bankgeheimnis Straftäter nicht zu schützen vermag.

[429] BGE 1 A 33/1997 vom 8. April 1997.
[430] Ebendort.

5. Die Schweiz übermittelt auch unaufgefordert

Art. 67a des Bundesgesetzes über internationale Rechtshilfe in Strafsachen bestimmt, daß eine Strafverfolgungsbehörde Beweismittel, die sie für ihre eigene Strafuntersuchung erhoben hat, unaufgefordert an eine ausländische Strafverfolgungsbehörde übermitteln kann, wenn diese Übermittlung aus ihrer Sicht geeignet ist, ein Strafverfahren einzuleiten oder eine hängige Strafuntersuchung zu erleichtern. Art. 67a geht hier mit diversen Vertragswerken zur Geldwäschebekämpfung, wie beispielsweise der UN-Konvention 141, gleich, wonach der Informationsaustausch ohne vorheriges Ersuchen möglich ist.

Art. 67a IRSG fällt allerdings weit weniger „wagemutig" aus als die Spontanauskunftsklausel der UN-Konvention. Die Vorschrift ist bei näherer Betrachtung zweigeteilt: Sie unterscheidet zwischen der „Übermittlung von Beweismitteln" (Art. 67a Abs. 1 und 3) und der „Übermittlung von Informationen" (Art. 67a Abs. 5), wobei mit der Übermittlung von Informationen an mündliche Hinweise gedacht ist. Die spontane Übermittlung von Beweismitteln, die einen Geheimbereich betreffen, also unter den Schutzbereich eines Fabrikations-, Geschäfts- oder Bankgeheimnisses fallen, ist nach Art. 67a Abs. 4 IRSG untersagt, soweit es die „Übermittlung von Beweismitteln" betrifft. Die spontane Übermittlung von Informationen ist aber erlaubt, sofern sie geeignet sind, einem ausländischen Staat zu ermöglichen, ein Rechtshilfeersuchen an die Schweiz zu stellen (Art. 67a Abs. 5).

Art. 67a Abs. 5 schützt das Bankgeheimnis zwar in der Weise, daß solche Informationen nur mündlich übermittelt werden dürfen. Die Vorschrift bewirkt aber im Ergebnis, daß diejenige Behörde, die auf diese Weise von der Existenz des Kontos eines ausländischen Schwarzgeldanlegers erfährt, über ein Rechtshilfegesuch an die förmlichen Beweismittel herankommt, die ihr des vierten Absatzes des Art. 67a wegen zunächst nicht direkt zugesandt werden konnten. Findet beispielsweise die Schweizer Strafverfolgungsbehörde in einem Safe, den sie gewaltsam aufbrechen läßt, neben Wertsachen auch Kontounterlagen über das Schwarzgeldkonto eines Deutschen, können den deutschen Strafverfolgungsbehörden mündliche Informationen zusammen mit der Empfehlung übermittelt werden, doch ein Rechtshilfeersuchen zu stellen.

6. Wenn Neider und rachsüchtige Ehefrauen um Schwarzgeld streiten

In Erb-, Familien- und sonstigen Zivilrechtsstreitigkeiten wird dem Schweiz-Banker gleichfalls kein dem Zeugnisverweigerungsrecht eines Berufsgeheimnisträgers gleichstehendes Äquivalent zuerkannt. Die Bundeszivilprozeßordnung (BZP) ermächtigt den Richter, „die Offenbarung anderer Berufsgeheimnisse, zu denen auch das Bankgeheimnis gehört, zu erlassen“[431]. Art. 77 des Bundesgesetzes über die Bundesstrafrechtspflege (BStrP) enthält darüber hinaus einen eigenständigen Katalog geschützter Berufsgeheimnisse. Das Bankgeheimnis ist darin nicht enthalten.

Die Schweiz ist – was die Zeugnispflicht des Bankiers im zivilrechtlichen Bereich betrifft – dreigeteilt: In den Kantonen Bern, Genf, Neuchâtel, St. Gallen, Wallis und Waad ist der Bankier durch *Generalklausel* von seiner Schweigepflicht entbunden und demzufolge uneingeschränkt *aussagepflichtig.* In den Kantonen Aargau, Appenzell-Ausserrhoden, Graubünden, Freiburg, Nidwalden, Tessin, Uri und Zug ist *der Richter frei* in der Entscheidung, den Bankier von seiner Schweigepflicht zu entbinden. Anerkennung als Geheimnisträger erfährt der Bankier in den Kantonen Thurgau, Appenzell-Innerrhoden, Schaffhausen, Glarus, Basel-Stadt, Basel-Land, Luzern, Obwalden und Solothurn, wobei dies – wenn man die Rechtsprechung näher betrachtet – für die vier letztgenannten nur noch sehr eingeschränkt bzw. nicht mehr zutreffen kann. So verneinten die Obergerichte in Luzern und Basel-Land die Gleichstellung des Bankiers mit klassischen Berufsgeheimnisträgern nach Art. 321 StGB. Obwalden hat nach der letzten Zivilprozeßrechtsreform dem Bankier kein Zeugnisverweigerungsrecht mehr zuerkannt. Ebenso erlaubt § 172 des Solothurner Zivilprozeßrechts dem Bankier nicht, sich auf sein Bankgeheimnis zu berufen. Nur in den übrigen fünf Kantonen Thurgau, Appenzell-Innerrhoden, Schaffhausen, Glarus, Basel-Stadt ist der Bankier als Geheimnisträger respektiert. Schwarzgeld, das vor Neidern und rachsüchtigen Ehefrauen ferngehalten werden soll, fühlt sich dort am wohlsten.

[431] Bodmer/Kleiner/Lutz, a.a.O., Nov. 1990, Art. 47 Rz. 40.

VII. Fahndung nach Schwarzgeldern in Luxemburg

1. Aufhebung des Bankgeheimnisses auf der Suche nach Schwarzgeld

In Luxemburg gibt es nicht nur „eine" Finanzbehörde, sondern drei: die „Administration des Contributions Directes" (für alle direkten Steuern), die „Administration de l'Enregistrement" (für die Erhebung von Eintragungsgebühren bei privatrechtlichen Urkunden und Verträgen, Hypotheken- und Überschreibungsgebühren, für die Erbschaft- und Nachlaßsteuer sowie für die Mehrwertsteuer) sowie die „Administration des Douanes et Accises" (zur Erhebung von Zollabgaben aller Art und für bestimmte Verbrauchsteuern).

Alle drei Luxemburger Finanzbehörden[432] verfügen über keine oder nur stark limitierte Auskunftsrechte gegenüber den Kreditinstituten. Artikel 1[433] des großherzoglichen Reglements vom 24. März 1989[434] untersagt es der Steuerverwaltung, im Besteuerungsverfahren von den Kreditinstituten Informationen über bestimmte Kunden und deren Konten zu verlangen. Gemäß Artikel 2[435] darf die *Administration des Contributions Directes* auch nicht nach bestimmten Kontenkategorien oder Umsätzen fragen. Die Vorschrift wendet sich gegen die Einholung von allgemein gehaltenen Auskünften und verhindert, daß die Finanzverwaltung den umgekehrten Weg geht und aus allgemein gehaltenen Informationen auf bestimmte Kunden und Kundenkonten schließt.

Ferner verbietet Artikel 3 des Reglements die Verwertung von Informationen, die im Rahmen einer gegen die Bank gerichteten Außenprüfung zugänglich werden und über die steuerliche Situation von Kontoinhabern Aufschluß geben. Artikel 3 wendet sich in

---

[432] Auf die Auskunftsrechte der Administration des Douanes et Accises wird nicht weiter eingegangen.

[433] Art. 1 des Reglements lautet (nach freier Übersetzung des Autors): „Die Finanzverwaltungen sind nicht ermächtigt, von den Kreditinstituten Informationen betreffend ihres Kundenkreises zu verlangen, außer, wenn vorgesehen, durch das Gesetz vom 28. Januar 1948 zum Zweck der Sicherung eines genauen und exakten Vollzugs der Register- und Erbrechte."

[434] Mémorial A Nr. 15 vom 28. März 1989.

[435] Art. 2 des Reglements vom 24.3.1989 lautet (nach freier Übersetzung des Autors): „Die Finanzverwaltungen sind nicht autorisiert, für Steuerkontrollzwecke nach Konten einer Kategorie oder einer bestimmten Größenordnung zu fragen."

erster Linie an die für die Einkommen- und Körperschaftsteuern zuständige Administration des Contributions Directes. Die Vorschrift soll verhindern, daß die Behörde unter dem Vorwand einer notwendigen steuerlichen Kontrolle der Bank eine Betriebsprüfung anordnet und dabei ausschließlich auf Kundenkonten abzielt. Artikel 3 schließt freilich die Erlangung von Zufallserkenntnissen über einen bestimmten Bankkunden nicht aus, wenn die Behörde die Bank prüft. Obwohl solche Zufallserkenntnisse einem Verwendungsverbot bereits durch Artikel 3 des Reglements unterliegen, verbietet Artikel 8[436] – als Generalklausel für die gesamte Steuerverwaltung verbindlich – die Verwertung und Weitergabe aller in Umgehung dieses Reglements erlangten Daten und Informationen nochmals explizit.

Das großherzogliche Reglement vom 24. März 1989 versteht sich als „Gegenwehr" zur Direktive 77/799/EWG[437], welche die Steuerbehörden der EU-Mitgliedsländer zu einer umfassenden Auskunftspflicht in Steuersachen verpflichtete. Diesen auch für Luxemburg verbindlichen neuen Auskunftspflichten konnte das EU-Mitgliedsland nur entgegentreten, indem es seinen eigenen Steuerbehörden jegliche Informationsbeschaffung über die Bank als auskunftspflichtige Drittperson untersagte, und zwar auch für eigene Steuerzwecke. Was die eigenen Steuerbehörden nicht wissen oder nicht ermitteln dürfen, können und müssen sie schließlich nicht an ihre Kollegen aus anderen EU-Staaten weitergeben, auch wenn sie hierzu nach der Amtshilferichtlinie verpflichtet wären.

Nur der *Administration de l'Enregistrement* räumte man im Großherzogtum umfangreichere Auskunftsrechte ein. Für Zwecke der Mehrwertsteuer, der Erbschaft- und Nachlaßsteuern oder der Erhebung von Eintragungsgebühren etc., also für „innerluxemburgische" Steuerarten, für die das Großherzogtum das alleinige Besteuerungsrecht hat (und sich ausländische Steuerbehörden daher gar nicht interessieren), kann das Bankgeheimnis nach Maßgabe des Artikel 6 des großherzoglichen Reglements vom 24. März 1989 durchbrochen werden. Das Auskunftsrecht der Behörde ist hier allerdings auf dasjenige Niveau begrenzt, welches zur Sicherung und

[436] Art. 8 des Reglements vom 24.3.1989 lautet (nach freier Übersetzung des Autors): „Illegal erworbene Informationen dürfen weder verwendet noch weitergegeben werden."
[437] Zum Inhalt vgl. EG-Amtshilfe-Gesetz vom 19. Dezember 1985, BGBl. I S. 2436.

Beitreibung der Eintragungsgebühren für privatrechtliche Urkunden und Verträge, für Hypotheken- und Überschreibungsgebühren, für die Erbschaft- und Nachlaßsteuer sowie für die Mehrwertsteuer unerläßlich ist.

Das Luxemburger Bankgeheimnis versteht sich weder als Deckmantel für Steuerstraftäter, noch soll es die Aufdeckung strafbarer Handlungen verhindern. Art. 41 Abs. 2 des Gesetzes vom 5. April 1993 „relative au secteur financier" bestimmt, daß die Geheimhaltungspflicht endet, sobald die Bekanntgabe geheimnisgeschützter Informationen durch Gesetz oder Rechtsverordnung geboten ist. Eine auf Strafrechtsebene generell geltende Aussagepflicht leitet sich auch aus Art. 458 code pénal ab, der einen Geheimnisträger dann nicht sanktioniert, wenn er als Zeuge geladen oder per Gesetz zur Aussage verpflichtet ist.[438]

Weichen muß das Bankgeheimnis somit dann, wenn der Luxemburger Schwarzgeldanleger einen sogenannten „Steuerbetrug" begangen hat. Hat er einen solchen im Ausland begangen, muß es sich zusätzlich um einen Steuerbetrug handeln, der nach dem Europäischen Auslieferungsübereinkommen auslieferungsfähig ist.[439] Es könnte auch der – für die Steuerbehörde – glückliche Umstand eintreten, daß sich ein deutscher Steuerpflichtiger in Luxemburg wegen einer anderen Straftat verantworten muß (beispielsweise der Geldwäsche) und anläßlich der Untersuchungen dessen Schwarzgeldkonten aufgedeckt werden. Auch davor schützt das Bankgeheimnis nicht.[440]

2. Amtshilfe durch Informationsaustausch im DBA

Art. 23 des Deutsch-Luxemburgischen Doppelbesteuerungsabkommens vom 23. August 1958 (in der geänderten Fassung des Ergänzungsprotokolls vom 15. Juni 1973) bestimmt über den Informati-

---

[438] Originaltext: „... hors le cas où ils sont appelés à rendre témoinage en justice et celui où la loi les oblige à faire connaître ces secrets ...".

[439] Vgl. E.VII.3.

[440] Der „Procureur d'Etat", Adressat von Geldwäscheverdachtsanzeigen, unterliegt keinerlei Beschränkungen hinsichtlich der Auswertung der Meldedaten. Geldwäscheverdachtsanzeigen können auch zur Verfolgung von Steuerstraftaten verwertet werden.

onsaustausch der deutschen Finanzbehörden mit der Luxemburger Steuerverwaltung folgendes:

„(1) Die beiden Vertragstaaten werden sich bei der Veranlagung und Erhebung der in Artikel 1 genannten Steuern gegenseitig Amts- und Rechtshilfe gewähren.

(2) Zu diesem Zweck werden sich die zuständigen Behörden der Vertragstaaten die Mitteilungen machen, die zur Durchführung dieses Abkommens, insbesondere zur Vermeidung von Steuerverkürzungen notwendig sind. Die zuständigen Behörden können Auskünfte ablehnen, die nicht auf Grund der bei den Finanzbehörden vorhandenen Unterlagen gegeben werden können, sondern ausgedehnte Ermittlungen notwendig machen würden.

(3) Der Inhalt der auf Grund dieses Artikels zur Kenntnis der zuständigen Behörden gelangten Mitteilungen ist geheim zu halten, unbeschadet der Befugnis, ihn Personen zugänglich zu machen, die nach den gesetzlichen Vorschriften bei der Veranlagung oder der Erhebung der Steuern im Sinne dieses Abkommens mitwirken. Diese Personen haben die gleiche Verpflichtung wie die zuständigen Behörden.

(4) Absatz 1 ist in keinem Falle so auszulegen, daß einem der Staaten die Verpflichtung auferlegt wird,

a) verwaltungstechnische Maßnahmen durchzuführen, die den Vorschriften der beiden Vertragstaaten oder ihrer Verwaltungspraxis widersprechen;

b) Einzelheiten mitzuteilen, deren Angabe nach den gesetzlichen Vorschriften der beiden Vertragstaaten nicht gefordert werden kann.

(5) Mitteilungen, die ein gewerbliches oder berufliches Geheimnis offenbaren würden, dürfen nicht gegeben werden.

(6) Mitteilungen können aus Gründen allgemeiner Staatsführung versagt werden."

Nach Art. 23 Abs. 2 DBA dürfen Auskünfte jeder Art übermittelt werden, solange sie anlaßbezogen sind – also keine Ermittlungen „ins Blaue hinein" darstellen – und zur Durchführung der Besteuerung, d. h. mitunter auch zur Wahrung nationaler Interessen, erforderlich sind.

Luxemburg erteilt keine Auskünfte, wenn dies ausgedehnte Ermittlungen voraussetzen würde (Art. 23 Abs. 2 Satz 2). Gemäß Abs. 5 darf Luxemburg keine Informationen übermitteln, die ein gewerbliches oder berufliches Geheimnis offenbaren würden. Die Vorschrift wird in bezug auf die Weitergabe bankgeheimnisgeschützter Daten durch Nummer 27 des Schlußprotokolls wie folgt ergänzt:

„Die Verpflichtung der zuständigen Behörden, Auskünfte zu erteilen, bezieht sich nicht auf Tatsachen, deren Kenntnis die Finanzbehörden von Banken erlangt haben. Soweit die Kenntnis von Tatsachen auch aus anderen Quellen stammt, können Auskünfte erteilt werden."

3. Internationale Rechtshilfe bei Steuerbetrug

Luxemburg leistet Rechtshilfe nach Maßgabe des Europäischen Übereinkommens über die Rechtshilfe in Strafsachen vom 20. April 1959[441] mit Zusatzprotokoll vom 17. März 1978[442], wobei sich Luxemburg in bezug auf Kapitel I[443] des Zusatzprotokolls vorbehalten hat, Rechtshilfe nur in Fällen zu leisten, in denen:

- ein *Steuerbetrug* nach Luxemburger Abgabenrecht vorliegt,
- die Bedeutung der Tat die Durchführung des Verfahrens rechtfertigt (Schutz vor übermäßiger Belastung des Staatsapparates in Bagatellfällen),
- Hoheitsrechte oder wesentliche Interessen nicht gefährdet sind (beispielweise durch Übermittlung von bankgeheimnisgeschützten Daten).

Des weiteren knüpft Luxemburg Durchsuchungs- oder Beschlagnahmebegehren an Handlungen, die nach dem *Europäischen Übereinkommen über die Auslieferung vom 13. Dezember 1957*[444], auslieferungsfähig sind, und führen diese nur unter der Bedingung aus,

---

[441] Vgl. E.V.7.d) und Anhang III.

[442] Ratifiziert in nationales Recht durch Gesetz vom 27. August 1997 und Anhang IV.

[443] Zur Erinnerung: Kapitel I dieses Zusatzprotokolls bestimmt, daß Rechtshilfe nach dem Rechtshilfeübereinkommen nicht ausschließlich aus dem Grund verweigert werden darf, daß es sich bei der Straftat um ein Fiskaldelikt handelt.

[444] BGBl. 1964 II, S. 1369.

daß der Richter einer Erledigung nach luxemburgischem Recht zugestimmt hat.[445] Nach dem europäischen Auslieferungsübereinkommen sind nur solche Delikte auslieferungsfähig, die „sowohl nach dem Recht des ersuchenden als auch nach dem des ersuchten Staates mit einer Freiheitsstrafe oder die Freiheit beschränkenden Maßregel der Sicherung und Besserung im Höchstmaß von mindestens einem Jahr oder mit einer schwereren Strafe bedroht sind".

Das Luxemburger Steuerrecht unterscheidet zwischen einfacher Steuerhinterziehung, als „fraude fiscale simple" bezeichnet, und der „escroquerie fiscale", dem „Steuerbetrug". Als einfache Steuerhinterziehung bezeichnet werden kann z. B. eine inexakte Deklaration, hervorgerufen durch:

- die Angabe zu niedriger Einkünfte,
- durch Nichterklärung bestimmter Einkunftsarten (z. B. Zinseinkünfte),
- durch die Verwertung falscher Informationen oder
- durch Versäumnisse fester Zahlungsfristen.

Einfache Steuerhinterziehung wird in Luxemburg nicht mit Freiheitsstrafen von mindestens einem Jahr geahndet. Es drohen in aller Regel nur Geldstrafen, die allerdings bis zum Vierfachen der hinterzogenen Steuern festgesetzt werden können.

Um einen *Steuerbetrug* handelt es sich im Unterschied hierzu, wenn

- die Steuerhinterziehung durch systematische Verwendung betrügerischer Machenschaften vollzogen wird und
- es sich hierbei um beachtliche Beträge handelt, die dem Fiskus vorenthalten werden.

Der Begriff „Steuerbetrug" wurde erstmals durch Gesetz vom 22. Dezember 1993 in den – direkte Steuern betreffenden – dritten Teil der „Luxemburger Abgabenordnung" – „loi générale des impôts"- (§ 396 Abs. 5 LGI) mit folgendem Wortlaut eingefügt:[446]

---

[445] Luxemburg hält hier lediglich an Art. 5 des Auslieferungsübereinkommens nicht fest, d. h. gewährt einem Staat auch dann Rechtshilfe, wenn dieser mit Luxemburg kein Auslieferungsabkommen abgeschlossen hat (Art. 2 Nr. 2 Gesetz vom 27. August 1997).

[446] § 396 Abs. 5, eingefügt durch Gesetz vom 22. Dezember 1993 „sur l'escroquerie en matière d'impôts", Mémorial A Nr. 99 vom 24. Dezember 1993; § 396 Abs. 5 in freier Übersetzung des Autors.

„Wenn eine Steuerhinterziehung zur Verkürzung erheblicher Beträge führt, sei es in Form eines absoluten Betrages, sei es im Verhältnis zur Höhe der geschuldeten Jahressteuern, und wurde dies allein dadurch erreicht, daß die Abgabenbehörde durch taktisches und systematisches Vorgehen über steuerlich erhebliche Tatbestände in Unkenntnis gelassen wurde oder dieser gegenüber steuerlich erhebliche Tatsachen bewußt unrichtig oder unvollständig dargestellt wurden, ist sie als Steuerbetrug mit Freiheitsstrafe von einem Monat bis zu fünf Jahren und einer Geldstrafe von 50.000 Franken bis zu maximal dem Zehnfachen des hinterzogenen Steuerbetrages zu bestrafen."

Steuerbetrug wird nicht allein durch den Versuch begangen, Steuervorteile geltend zu machen, die die Abgabenbehörde bei der Veranlagung letztlich nicht anerkennt. Aus dem Schwarzgeldanleger wird auch dann kein Steuerbetrüger, wenn dieser versucht, einen steuerrelevanten Sachverhalt zu seinen Gunsten darzustellen, letztlich aber gegenüber der Steuerbehörde nicht glaubhaft wirkt. Steuerbetrug begeht nicht schon derjenige, der eine inexakte Einkommensteuererklärung nur deshalb abgegeben hat, weil er wider besseres Wissen diverse Einkünfte nicht erklärt oder schlichtweg vergaß.

Des Steuerbetrugs macht sich vielmehr derjenige schuldig, der dem Fiskus ein aus mehreren sich ergänzenden Einzelelementen zusammengesetzes Lügengebäude aufzutischen wagt, das zu einer Verkürzung hoher Steuerbeträge führt.[447] Als Beispiel für ein solches Lügengebäude kann jede Art der Belege- und Urkundenfälschung, einhergehend mit einer auf Gewinnverkürzung abzielenden doppelten Buchführung, bezeichnet werden, durch die auf entsprechende Weise künstliche Ausgaben geschaffen und Einkünfte entweder nicht oder falsch – durch Kettenbuchungssätze vertuscht – erfaßt werden.

Steuerbetrug liegt auch in allen „Modellfällen" des fiktiven Vorsteuerabzugs vor.[448] Reicht ein Unternehmer fiktive, von einer Scheingesellschaft ausgestellte Rechnungen zum Vorsteuerabzug ein (la fraude des „taxis"), erfüllt er den Straftatbestand des Steuer-

---

[447] Im Kommentar zur neuen Gesetzesinitiative heißt es dazu wörtlich: „Ces manœuvres doivent avoir été empolyées de facon systématique ce qui renvoie à une combinaison d'éléments qui se coordonnent pour concourir au résultat ou de manière à former un ensemble."

[448] Vgl. C.II.5.

betrugs. Steuerbetrug liegt überall dort vor, wo „Dritte" in die Machenschaften einbezogen werden, wie beispielsweise eine fiktive, ausschließlich zur Scheinfakturierung dienende Briefkastenfirma („taxi").

Schließlich ist die Hinterziehung eines verhältnismäßig hohen Betrags an Steuergeldern erforderlich. Das Gesetz spricht hier von einem „montant significatif d'impôt, soit en montant absolu soit en rapport avec l'impôt annuel dû". Hier handelt es sich zweifelsohne um einen dehnbaren Begriff, der dem Ermessen der Ermittlungsbehörden und Gerichte unterliegt. Anhaltspunkt für die Qualifizierung der hinterzogenen Steuern als „montant significatif" kann entweder die absolute Höhe der Steuerhinterziehung oder das Verhältnis der hinterzogenen Steuern zur Jahressteuerschuld sein, wobei im letzteren Fall die persönlichen Verhältnisse des Betreffenden berücksichtigt werden.

Luxemburger Justizbehörden unterstützen die Suche nach ausländischen Schwarzgeldkonten aber nur dann, wenn dem Rechtshilfeersuchen ein *auslieferungsfähiger* Steuerbetrug zugrunde liegt. Konkret bedeutet dies, daß ein in Deutschland begangenes Steuerdelikt nach Luxemburger Abgabenrecht mit mindestens einem Jahr Freiheitsentzug bestraft werden müßte, um die Durchsuchung von Geschäftsräumen eines in Luxemburg tätigen Kreditinstituts oder die Beschlagnahme von Kontounterlagen erreichen zu können.

„Fraude fiscale simple" ist weder auslieferungs- noch rechtshilfefähig, und wird es auch dann nicht, wenn sich das Rechtshilfebegehren auf das Zusatzprotokoll zum 59er Rechtshilfeübereinkommen bezieht. Luxemburg hat im Gesetz vom 27. August 1997 deutlich gemacht, daß das 59er Rechtshilfeübereinkommen in Erweiterung des Zusatzprotokolls aus Gründen der Verfahrensökonomie nicht anzuwenden und Rechtshilfe zu verweigern ist, wenn es – wie beim „fraude fiscale simple" – offensichtlich ist, daß die eingesetzten Mittel unverhältnismäßig sind oder wesentliche Interessen des Großherzogtums (hierzu zählt auch das Bankgeheimnis) gefährdet würden.

So paradox es erscheinen mag, die Kriminalisierung von Steuerstraftaten als „Steuerbetrug" hat letztlich zur Absicherung des strengen Luxemburger Bankgeheimnisses beigetragen, indem eine klare Linie zwischen leichtfertiger Steuerhinterziehung und Steuerbetrug gezogen wurde. Gäbe es den Steuerbetrug nicht, müßte Luxemburg nach Unterzeichnung des Zusatzprotokolls praktisch jedem Rechtshilfeersuchen in Steuerangelegenheiten entsprechen. So aber rechtfertigt nur der Steuerbetrug eine Aufhebung des Bankgeheimnisses, und ausländische Staatsbürger mit Konten in Luxemburg bleiben vor bloßen Schnüffeleien ihrer heimischen Finanzämter bestens geschützt.

VIII. Fahndung nach Schwarzgeldern in Österreich

1. Aufhebung des Bankgeheimnisses auf der Suche nach Schwarzgeld

Zur Suche nach Schwarzgeld läßt das Bankwesengesetz in § 38 Abs. 2 Nr. 1[449] die Durchbrechung des Bankgeheimnisses im Zusammenhang mit eingeleiteten gerichtlichen Strafverfahren sowie bei vorsätzlichen Finanzvergehen zu. Ausgenommen hiervon sind Finanzordnungswidrigkeiten. Der Unterschied zwischen einem vorsätzlichen *Finanzvergehen* und einer bloßen *Ordnungswidrigkeit* besteht zunächst für das verwaltungsbehördliche Finanzstrafverfahren. So sind Strafgerichte für die Verfolgung von Finanzordnungswidrigkeiten i. S. der §§ 49 bis 51 FinStrG nicht zuständig (§ 53 Abs. 5 FinStrG). Die Durchbrechung des Bankgeheimnisses darf aber gerade nur gegenüber den Strafgerichten und Finanzstrafbehörden erfolgen, nicht beispielsweise gegenüber der Staatsanwaltschaft oder den Sicherheitsbehörden, selbst wenn diese im Auftrag der Strafgerichte tätig werden.

Die *Finanzordnungswidrigkeit* entspricht nach der Legaldefinition des § 1 FinStrG einem Finanzvergehen i. S. der §§ 33 ff. und stellt nicht allein Ordnungsverstöße im verwaltungs- oder disziplinarrechtlichen Sinne dar. Der Begriff „Finanzordnungswidrigkeit" ist hier etwas irreführend.[450] § 38 Abs. 2 Nr. 1 müßte eigentlich –

[449] Vgl. D.V.7.a).
[450] Harbich, Heribert, Finanzstrafgesetz, Wien 1990, § 39, Anm. 1.

deutlicher ausgedrückt – folgenden Wortlaut haben: ... und mit eingeleiteten Strafverfahren wegen vorsätzlicher Finanzvergehen, *ausgenommen die im Finanzstrafgesetz als Finanzordnungswidrigkeiten bezeichneten Finanzvergehen,* gegenüber den Finanzstrafbehörden.

Das Finanzstrafgesetz bezeichnet als Finanzordnungswidrigkeit die in den §§ 49 bis 51 des Gesetzes genannten und mit Geldstrafe bedrohten Handlungen oder Unterlassungen. Einer Finanzordnungswidrigkeit macht sich beispielsweise schuldig, wer Abgaben, die selbst zu berechnen sind, wie Vorauszahlungen an Umsatzsteuer usw. weder entrichtet noch abführt oder durch Abgabe unrichtiger Voranmeldungen ungerechtfertigte Abgabegutschriften geltend macht. Ordnungswidrig handelt auch, wer sich vorsätzlich unter Verletzung der abgabenrechtlichen Offenlegungs- oder Wahrheitspflicht ungerechtfertigte Zahlungserleichterungen, die Entrichtung von Abgabenschulden betreffend, erwirkt, oder eine abgaben- oder monopolrechtliche Anzeige-, Offenlegungs-, Verwendungs-, Wahrheits-, Aufzeichnungs- oder Aufbewahrungspflicht verletzt.

Für solche Handlungen oder Unterlassungen wird das Bankgeheimnis nicht gelüftet. Gegenüber allen sonstigen in §§ 33 ff. FinStrG genannten Handlungen oder Unterlassungen wie Abgabenhinterziehungen und -verkürzungen (§§ 33–34), Schmuggel und Hinterziehung von Eingangs- und Ausgangsabgaben (§ 35), Verzollungsumgehungen (§ 36), Abgabenhehlerei (§ 37), Wertzeichenvergehen (§ 39), Hinterziehung oder fahrlässige Verkürzung von Einnahmen des Branntweinmonopols, des Salzmonopols oder des Tabakmonopols (§§ 42, 43, 44) hat das Bankgeheimnis zu weichen.

Ist ein Finanzstrafverfahren eingeleitet, ist die Finanzstrafbehörde grundsätzlich berechtigt, von jedermann – also auch von Mitarbeitern einer Bank – Auskünfte „für Zwecke des Finanzstrafverfahrens" nach § 99 Abs. 1 FinStrG zu verlangen. Nach § 99 FinStrG kann beispielsweise der Geschäftsleiter der Bank als Zeuge vernommen werden, die Bank kann zur Herausgabe von Unterlagen aufgefordert werden, Urkunden können beschlagnahmt und mitgenommen werden.

Voraussetzung für die Durchbrechung des Bankgeheimnisses ist, daß zwischen dem Verdacht, der zur Einleitung des Strafverfahrens geführt hat, und den Daten, die dem Geheimnisschutz unterliegen, ein *adäquater Zusammenhang* besteht. Es ist aber nicht notwendig, daß der Kontoinhaber auch der im Strafverfahren Verdächtige ist.[451] Beispielsweise kann die Offenlegung auch verlangt werden, wenn die Person, gegen die ein Strafverfahren eingeleitet ist, nur der Verfügungsberechtigte über das Konto ist.

Die prozessualen Möglichkeiten eines zur Aussage vorgeladenen Bankangestellten sind im Finanzstrafverfahren aber umfangreicher als in gerichtlichen Strafverfahren. Denn im Finanzstrafverfahren gelten für die Zeugenvernehmung die §§ 102 ff. FinStrG anstatt §§ 150 ff. StPO. § 104 Abs. 1 Buchst. d FinStrG gestattet dem Bankangestellten die Verweigerung der Aussage „über Fragen, die der Zeuge nicht beantworten könnte, ohne eine ihm obliegende gesetzlich anerkannte Pflicht zur Verschwiegenheit [das Bankgeheimnis], von der er nicht gültig entbunden wurde, zu verletzen oder ein Kunst- oder technisches Betriebsgeheimnis zu offenbaren". § 104 Abs. 1 Buchst. d FinStrG gilt nicht nur für die Zeugenaussage, sondern konsequenterweise auch bezüglich der Vorlage von Urkunden. Die Zeugenaussagen eines Bankangestellten brauchen Schwarzgeldanleger allerdings höchstens dann zu fürchten, wenn der Bankier vorher pflichtbewußt sein Gedächtnis aufgefrischt hat.

Für Gegenstände, die unter den Schutz des § 38 Abs. 1 BWG fallen und einem Kreditinstitut zugehören, ist die *Beschlagnahme* nach § 89 Abs. 3 FinStrG zulässig, wenn ein begründeter Verdacht gegenüber der Bank selbst (und nicht gegenüber dem Bankkunden) auf Beteiligung (§ 11 FinStrG), Abgabenhehlerei (§§ 37, 46 FinStrG) oder Begünstigung (§ 248 FinStrG) in bezug auf das Finanzvergehen besteht, oder es „sich um Bücher oder Aufzeichnungen nach den §§ 124 bis 130 BAO oder um dazugehörende Belege oder um solche Gegenstände, welche zur Begehung des Finanzvergehens bestimmt waren oder diese erleichtert haben oder die aus dem Finanzvergehen herrühren, handelt" (§ 89 Abs. 3 Buchst. b).

§ 89 Abs. 4 zweiter Satz FinStrG läßt die Beschlagnahme von dem Geheimnisschutz nach § 38 Abs. 1 BWG unterliegenden Gegenstände zu, die mit dem vorsätzlichen Finanzvergehen in unmittelbarem Zusammenhang stehen, für das das Bankgeheimnis

---

451 Laurer, in: Fremuth/Laurer/Linc/Pötzelberger/Ruess, BWG § 38, Rz. 11.

aufgehoben worden ist.[452] Das Bankgeheimnis ist hier erst im Zusammenhang mit einem *schon eingeleiteten* Finanzstrafverfahren aufzuheben. Nicht zulässig ist, daß erst anläßlich eines im Rahmen einer Hausdurchsuchung bei einer Bank gefundenen und unter das Bankgeheimnis fallenden Gegenstands (etwa einer Notiz), welcher mit dem Verfahren gar nichts zu tun hat, der aber (Notiz) auf ein Finanzvergehen eines bislang nicht verfolgten Bankkunden hindeutet, gegen den Bankkunden ein Finanzstrafverfahren eingeleitet wird.[453]

Ist der Bankkunde, der die Steuersünden begangen hat, nicht bekannt, weil es etwa ein anonymes Sparbuchkonto ist, das für Schwarzgeldgeschäfte verwendet worden ist, kann auch das Bankgeheimnis nicht wegen eines eingeleiteten Finanzstrafverfahrens aufgehoben werden. Ein Finanzstrafverfahren kann nach österreichischem Recht nur gegen eine bekannte, natürliche Person eingeleitet werden. Die Durchbrechung des Bankgeheimnisses bei einem noch nicht in einem Strafverfahren involvierten Bankkunden setzt einen konkreten, sachlichen Zusammenhang zwischen dem zu öffnenden Konto und der in Untersuchung gezogenen Person voraus.[454] Ein solcher Zusammenhang ist aber nicht darstellbar, wenn der vermeintliche Steuersünder, gegen den das Strafverfahren gerichtet sein soll, Inhaber eines anonymen Sparbuches und bis dato unbekannt ist.

Als Beweismittel kommt im Finanzstrafverfahren alles in Betracht, was zur Feststellung des Sachverhalts geeignet und nach der Lage des Einzelfalls zweckdienlich ist (§ 98 FinStrG). Dasselbe gilt nach § 166 BAO bezüglich des *Abgabenverfahrens* (beide Rechtsgrundlagen unterscheiden sich inhaltlich nicht voneinander). Beweismittel müssen also geeignet und zweckdienlich sein. Unerheb-

[452] Harbich, Heribert, FinStrG, Anm. 6 zu § 89 Abs. 4 Satz 2 FinStrG: „Abs. 4, zweiter Satz, bestimmt, richtig gelesen, daß Gegenstände des Bankgeheimnisses ... nur beschlagnahmt werden dürfen, wenn sie mit vorsätzlichen Finanzvergehen, ausgenommen Finanzordnungswidrigkeiten, für die das Bankgeheimnis ... bereits aufgehoben ist, unmittelbar zusammenhängen. D. h.: Es muß schon ein gerichtliches oder finanzstrafbehördliches Verfahren wegen eines vorsätzlichen Finanzvergehens (ausgenommen Finanzordnungswidrigkeiten) anhängig sein (‚für die ... aufgehoben ist'), damit ein, sei es in diesem, sei es in einem anderen Verfahren gefundenes und ‚unmittelbar zusammenhängendes' Beweismittel, das unter das Bankgeheimnis fällt, beschlagnahmt werden darf."

[453] Ebendort.

[454] Beschluß der Ratskammer des Landesgerichtes für Strafsachen Graz vom 21.3.1990, Gz 15 Vr. 3162/87.

lich ist, ob die Finanz- oder Finanzstrafbehörde an die Beweismittel unter rechtmäßigen oder rechtswidrigen Umständen – beispielsweise unter Verletzung des Bankgeheimnisses – gelangt ist.

Rechtswidrig erlangte Beweismittel sind grundsätzlich verwertbar. Dies gilt sowohl in Abgaben- als auch in Finanzstrafverfahren. Unter Berufung auf § 166 BAO hatte der VwGH in einem Urteil[455] die Verwertbarkeit von durch Rechtsverletzung erlangten Beweismitteln im Abgabenverfahren mit folgender Erklärung bejaht: „... die Verwertbarkeit eines Beweismittels werde auch dadurch nicht ausgeschlossen, daß es durch eine Rechtsverletzung in den Besitz der Abgabenbehörde gelangte." Nichts anderes gilt im Finanzstrafverfahren. § 98 Abs. 4 FinStrG bestimmt lediglich, daß Beweismittel, die unter Mißachtung des § 89 Abs. 4 FinStrG gewonnen wurden (es sich also um Beweismittel handelt, die nicht mit einem Finanzvergehen unmittelbar zusammenhängen, für das das Bankgeheimnis aufgehoben ist), *nicht zum Nachteil* des Beschuldigten oder des Nebenbeteiligten *herangezogen werden dürfen.*

Ein generelles Verwertungsverbot für unrechtmäßig erlangte Kenntnisse und solche, die sich erst aus diesen unrechtmäßig erlangten ergeben (Fernwirkung), läßt sich daraus nicht ableiten. Der VwGH hat in einem weiteren Urteil[456] folgendes erkannt: „Ein weiteres Beweisverwertungsverbot oder gar ein Beweiserhebungsverbot kennt das Finanzstrafgesetz nicht. Denn § 98 Abs. 4 FinStrG verbietet es nicht, dem Verwertungsverbot unterliegende Beweisergebnisse zur Beschaffung weiterer Beweismittel heranzuziehen."

Als rechtswidrig erlangte Beweismittel können beispielsweise Erkenntnisse aus der Beschlagnahme diverser *Tagesstrazzen* eines Kreditinstituts bezeichnet werden, wenn aus den Aufzeichnungen auch Namen, Beträge und Kontonummern von Bankkunden ersichtlich sind, die nicht in unmittelbarem Zusammenhang mit dem gegenwärtigen Finanzstrafverfahren stehen, für das das Bankgeheimnis rechtmäßig aufgehoben worden ist. Bei Tagesstrazzen „handelt es sich um Aufzeichnungen der Bank über alle einzelnen Geldbewegungen während eines Tages. Es scheinen darin auch Namen von Kunden, Beträge und ihnen zuordenbare Kontonum-

[455] VwGH, Urt. v. 6.6.1990, 89/13/0262, 0263, 0264.
[456] VwGH, Urt. v. 5.3.1991, 90/14/0238.

mern auf. Daß diese Tatsachen Gegenstand des Bankgeheimnisses sein können, erscheint dem Verwaltungsgerichtshof nicht zweifelhaft ..."[457]. Aus den Tagesstrazzen allein kann allerdings die Richtigkeit der darin aufscheinenden Namen nicht immer überprüft werden (Sachbearbeiter können sich bei der Dateneingabe auch einmal irren); darüber hinausgehende Erkundungsbeweise sind den Finanzämtern aber untersagt.

Der VwGH[458] hat die Rechtmäßigkeit der Inbeschlagnahme von Tagesstrazzen eines bestimmten Buchungstages, auf denen auch Namen, Beträge und Kontonummern von unbeteiligten Kunden erscheinen, verneint. Ein unmittelbarer Zusammenhang würde nach Meinung der Richter „nur hinsichtlich jener Geldbewegungen bestehen, die über unversteuerte Einkünfte oder unversteuertes Vermögen Aufklärung brächten". Dies wäre aber nur bei einer einzigen Behebung eines Geldbetrags in der in Frage stehenden Höhe der Fall.

Um einem Landwirt ein schwarzes Sparbuch (es ging um einen Betrag von 200.000 S, dessen Herkunft ungeklärt war) nachweisen zu können, ordneten Kärntner Finanzbehörden durch Bescheid die Beschlagnahme der Tagesstrazzen vom 8. bis 13. September 1983 an. Der VwGH hob den Bescheid wegen Rechtswidrigkeit mit der Begründung auf, daß „der Geheimnisschutz der anderen Kunden der Beschwerdeführerin [der Bank] an dem Beschlagnahmegegenstand nicht dem öffentlichen Interesse an einem bloß negativen Kontrollbeweis im Finanzstrafverfahren gegen den Kunden geopfert werden" darf.

Die Finanzbehörde hatte daraufhin einen neuen Bescheid erlassen, diesmal beschränkt auf die Beschlagnahme von Tagesstrazzen, die das vermutete Sparbuch betreffen könnten. Eine darauf vom Kreditinstitut erneut eingereichte Klage wurde vom VwGH[459] abgelehnt, da der neu ergangene Bescheid „die Beschlagnahme nur jenes Teiles der Tagesstrazzen" anordnete, „der in unmittelbarem Zusammenhang mit dem aufzuklärenden Finanzvergehen steht ... diese Beschlagnahme zur Aufklärung der Behebung des Betrages von 200.000 S von einem Sparbuch auch geboten ist, und daß an-

[457] VwGH, Urt. v. 29.1.1991, 90/14/0112.
[458] Ebendort.
[459] VwGH, Urt. v. 17.9.1991, 91/14/0118.

dererseits die Maßnahme den Geheimnisschutz der anderen Kunden der Beschwerdeführerin [der Bank] nicht verletzt ...". Die Beschlagnahme der Abschriften eines anonymen Sparbuchs stellt vielmehr „eine den Umständen nach gebotene zulässige Beweissicherung dar"[460].

2. Fahndung nach anonymen Sparbüchern

Werden anonyme Sparbücher Gegenstand straf- oder finanzstrafrechtlicher Ermittlungen, stellt sich die Frage nach der Rechtmäßigkeit der Durchbrechung des Bankgeheimnisses gar nicht erst, denn nach ständiger Rechtsprechung des österreichischen VwGH[461] existiert für anonyme Sparbücher kein Bankgeheimnis. Der VwGH begründet diese Haltung aus der Tatsache heraus, daß anonyme Sparbücher von seiten des Kreditinstituts keinem bestimmten Kunden zuordenbar sind und demzufolge kein Bankgeheimnis durchbrochen werden kann, weil ein solches – mangels Geheimnisherrn – gar nicht existiert.

Österreichische anonyme Sparbücher werden also durch das Bankgeheimnis nicht geschützt und stehen deshalb verstärkt im Vordergrund von Ermittlungen der Finanz-, Finanzstraf- und Strafverfolgungsbehörden (zumal der österreichische OGH ganz offen von Schwarzgeldgeschäften spricht, die über anonyme Sparbücher abgewickelt werden)[462]. Ist ein schwarzes Konto aufgefallen, fehlt es aber im Regelfall am Kontoinhaber. Nicht selten wird die Bank daraufhin verpflichtet, das anonyme Sparbuch zu blockieren, das erneute Eintreffen dieses Kunden den Strafverfolgungsbehörden zu

---

460 VwGH, Urt. v. 5.3.1991, 90/14/0238.

461 VwGH, Urt. v. 5.3.1991, 90/14/0238: „Schließlich wird bei einem anonymen Sparbuch, dessen Zurechnung – wie im vorliegenden Fall – der Beschwerdeführerin [einer Bank, Anm. des Autors] nicht möglich ist, kein Bankgeheimnis durchbrochen, weil mangels eines Geheimnisherrn kein solches bestehen kann. Denn der Bestand eines Geheimnisses setzt stets einen Geheimnisherrn voraus."

462 OGH, Urt. v. 9.4.1991, 4 Ob 504/91: „Daß derartige Geschäfte [gemeint waren Gutschriften um Schwarz-Provisionen, Anm. des Autors] in Österreich auch im Zusammenhang mit der Gutschrift von Provisionen vorkommen, die in Deutschland schwarz kassiert worden sind, entlastet die Beklagte nicht; abgesehen davon, daß für derartige Transaktionen wohl kaum Verrechnungsschecks verwendet werden, hätte nämlich die Beklagte gerade dann, wenn sie als Grund für die ungewöhnlichen Begleitumstände des Geschäftes an die Möglichkeit einer vom Scheckeinreicher schwarz kassierten Provision dachte, auch an den ebenso naheliegenden Fall denken müssen, daß nach der Lebenserfahrung auch unterschlagene oder gestohlene Schecks über Privatkonten und nicht über Geschäftskonten eingezogen werden."

melden und diesen so lange fest- bzw. aufzuhalten, bis die Fahnder schließlich zur Festnahme eingetroffen sind. Eine diesbezügliche Mitwirkungspflicht der Bank kann sich insbesondere aus § 41 BWG ergeben, sofern sich im Zuge der Ermittlungen der begründete Verdacht auf Geldwäsche herauskristallisiert.[463] Solange aber das Sparbuch „ruht", gilt der Schwarzgeldanleger als unbekannt und als in das Strafverfahren nicht involviert. Solange der Steuersünder unbekannt ist, kann gegen ihn kein Finanzstrafverfahren eröffnet werden. Ein Finanzstrafverfahren kann nach österreichischem Recht nur gegen eine bekannte natürliche Person gerichtet sein.

Anonyme Sparbücher eröffnen sich nicht von selbst. Es sind stets die Abgabe einer Willenserklärung, das Zustandekommen eines Vertrags (wenn auch nur mündlich) sowie die Ausstellung von Urkunden bzw. Berechtigungsnachweisen (der Sparbücher) und die Erstellung sonstiger Aufzeichnungen nötig. Und vielleicht wird zur sicheren Aufbewahrung der Dokumente ein Schließfach benötigt, das nur unter Namensangabe angemietet werden kann. Ein- und Auszahlungen auf anonymen Einlagekonten erscheinen beispielsweise zusammen mit den Geldbewegungen der legitimierten Konten auf den Tagesstrazzen des Kreditinstituts. Ferner ist sowohl für die Eröffnung als auch für zukünftige Verfügungen persönliches Erscheinen einer Person erforderlich.

Die Dokumente existieren, sie müssen nach Möglichkeit dem Zugriff der Finanzbehörden entzogen und sicher versteckt werden. Der Schaltersachbearbeiter, der das Sparbuch eröffnet hat, erkennt u. U. die Person, für die er tätig wurde, auf einem Fahndungsfoto wieder oder kann sie genau beschreiben, weiß u. U., welchen PKW sie benutzt, kann sich möglicherweise auch an das Kennzeichen erinnern und das Sparbuchguthaben beziffern und zuordnen. Direkt „vorprogrammiert" ist die Aufdeckung anonymer Sparbücher dann, wenn diese zur Kreditbesicherung verwendet werden sollen. Besonders selbständig Tätige, die Betriebsvermögen ohne Aufdeckung von stillen Reserven veräußert oder dem Betrieb über das „Privatkonto" liquide Mittel entzogen oder auch nur Teile ihres wirklichen Gewinnes versteuert haben, geraten in Schwierigkeiten, wenn sie dringend Geld für Investitionen benötigen. Die dem Be-

[463] Vgl. E.III.3.

trieb „schwarz“ entzogenen Mittel oder die nicht versteuerten Gewinne, die auf anonymen Sparbüchern verzinslich angelegt wurden, kommen als liquide Mittel selbstverständlicherweise nicht in Betracht. Sofern sonstige Sicherheiten nicht vorhanden sind, wird gegenüber dem Kreditinstitut häufig der Wunsch geäußert, das anonyme Sparbuch zu beleihen.

Kreditinstitute, die diesem Wunsch entsprechen, nehmen das Sparbuch zur Verwahrung entgegen und vermerken darauf den Kreditnehmer, d. h. sie ordnen die anonymen Vermögenswerte bankintern einer Person zu, was hinsichtlich des Kreditrisikos auch verständlich ist. Diese internen Aufzeichnungen dürfen von Finanz- und Steuerfahndungsbeamten bereits im Stadium des Ermittlungsverfahrens eingesehen werden und nicht erst dann, wenn ein Strafverfahren wegen vorsätzlicher Finanzvergehen eröffnet worden ist. Denn es existiert erstens kein Bankgeheimnis, und zweitens ist es mit der Anonymität im strafrechtlichen Ermittlungsverfahren sowieso vorbei.[464]

Durch einen solchen Vermerk, genauer gesagt durch die bankinterne Notiz „Eigentum der Gastwirtin“ auf einem Sparbuch, das Fahndern im Rahmen einer Durchsuchung von Geschäftsräumen einer Bank als „Zufallserkenntnis“ in die Hände gefallen ist, konnte einer Gastwirtin, die mit anonymen Spareinlagen besicherte Kreditmittel für die Modernisierung ihres Ausschanks aufgenommen hatte, der Besitz eines anonymen Sparbuchs nachgewiesen werden. Gegen die Gastwirtin wurde daraufhin ein Finanzstrafverfahren eingeleitet. Der VwGH, der über die erfolglos eingelegte Beschwerde der Gastronomin zu entscheiden hatte, vertrat folgenden Standpunkt:[465] „Auf Grund dieses Sachverhaltes durfte die Finanzverwaltung zunächst ohne weiteres davon ausgehen, daß dieses Sparbuch der Beschwerdeführerin zur Gänze zuzurechnen sei. Wenn die Beschwerdeführerin behauptet, eine solche Zurechnung würde nicht den tatsächlichen Verhältnissen entsprechen, so wäre es ihre Sache gewesen, schlüssig darzutun, daß der oben erwähnte bankinterne Vermerk unrichtig oder nur hinsichtlich eines Teiles

[464] VwGH, Urt. v. 29.1.1991, 90/14/0112. Der Finanzstrafbehörde steht „die Möglichkeit der Erzwingung von Aussagen durch die für die Beschwerdeführerin [die Bank, Anm. des Autors] tätigen Personen als Aufklärungsmittel ... zur Verfügung ...“.

[465] VwGH, Urt. v. 13.2.1991, 89/13/0220.

des im Sparbuch ausgewiesenen Kapitals richtig sei." Die Gastwirtin selbst hätte also nachweisen müssen, daß ihr die anonymen Spareinlagen nicht gehören. Hätte sie dazu den notwendigen Beweis führen können, wären ihr die Rechte an der Einlage entzogen worden. Das Guthaben war aber dennoch verloren, da hohe Geldbußen und Einkommensteuernachzahlungen das Vermögen aufzehrten.

Unbeteiligte Drittpersonen können durch Erteilung eines einfachen Überweisungsauftrages zugunsten eines anonymen Sparkontos in Finanzstrafverfahren verwickelt werden. Wird die Begleichung einer offenen Rechnung durch Überweisung auf ein für gewöhnlich nicht erkennbares anonymes Sparbuch gewünscht, liegen diesen Rechnungen in aller Regel bereits vorgefertigte „diskrete Überweisungsträger" bei, die der Einfachheit halber auch verwendet werden. Werden anonyme Sparkonten in Straf- oder Finanzstrafverfahren verwickelt und ergeben sich daraus Zusammenhänge mit bestimmten Bankverbindungen, dann erfaßt nach Ansicht des LG Graz[466] „das Strafverfahren in Durchbrechung des Bankgeheimnisses dennoch auch das Konto eines persönlich in das Strafverfahren noch nicht involvierten Bankkunden".

Anonyme Geldanlagen müssen schließlich legitimiert werden, wenn das Kreditinstitut zahlungsunfähig geworden ist. Sicherungseinrichtungen österreichischer Banken garantieren in Insolvenzfällen die Rückzahlung von Einlagekapital bis zu einem Höchstbetrag von 270.000 Schilling pro natürlicher Person (nicht pro Konto). Voraussetzung ist, daß der Konkurs gegen ein Kreditinstitut eröffnet wurde oder der Bundesfinanzminister die Zahlungseinstellung durch Verfügung angeordnet hat. Sparbuchinhaber müssen hierzu ihre Ansprüche vom Masseverwalter oder Regierungskommissär bestätigen lassen.

Durch die Legitimierung soll gewährleistet sein, daß der Höchstbetrag nur einmal pro Kontoinhaber ausbezahlt wird. Bei legitimierten Verbraucherkonten mag dies kontrollierbar sein. Nicht so bei anonymen Sparbüchern. Verfügt eine Person über mehrere Sparbücher, kann sie durch Vorschaltung von Strohleuten leicht erreichen, daß ihr der Höchstbetrag pro Sparbuch ausgezahlt wird.

---

[466] LG Graz, Urt. v. 21.3.1990, 15 Vr 3162/87.

Denn trotz Legitimationspflicht kann bei anonymen Spareinlagen nicht geprüft werden, ob dem Vorleger das Sparguthaben als Eigentümer wirtschaftlich zuzuordnen ist. Vielmehr kann nur geprüft werden, an wen ausgezahlt wurde.

3. Amtshilfe durch Informationsaustausch im DBA

Art. 20 DBA-Österreich[467] sieht für den Informationsaustausch zwischen den deutschen und österreichischen Finanzbehörden folgendes vor:

> *„Die obersten Finanzbehörden der Vertragsstaaten werden sich die Mitteilungen machen, die nach den Steuergesetzen der beiden Vertragsstaaten verlangt werden können und die erforderlich sind, um dieses Abkommen durchzuführen, insbesondere um Steuerverkürzungen zu verhindern. Der Inhalt dieser Mitteilungen ist geheim zu halten und nur solchen Personen zugänglich zu machen, die nach den gesetzlichen Vorschriften bei der Veranlagung und Erhebung der Steuern im Sinne dieses Abkommens mitwirken."*

Das DBA-Österreich spricht – ähnlich dem DBA-Luxemburg – lediglich von einer „Verhinderung", nicht aber von einer „Ahndung" von Steuerstraftaten. Zur Verhinderung einer Steuerstraftat dient jede sachspezifische Auskunft, die sowohl zur Durchführung des DBA (kleine Auskunftsklausel) als auch zur Durchführung der inländischen Besteuerung (große Auskunftsklausel) erforderlich sein kann. Eine klare Abgrenzung läßt sich hier nicht durchführen. Art. 20 bestimmt, daß die im Rahmen des Abkommens gewünschten Informationen für die unter das Abkommen fallenden Steuern *erforderlich* sein müssen.

Die mit dem Amtshilfeersuchen betraute österreichische Abgabenbehörde muß daher in jedem Fall prüfen, ob die von der deutschen Finanzbehörde geforderte Information eine Abgabe betrifft, die unter das Abkommen fällt, und ob die Information für die Steuererhebung überhaupt benötigt wird. Die im Rahmen von

[467] Vom 4. Oktober 1954 i. d. F. des Änderungsabkommens vom 8. Juli 1992, in Kraft seit 1. Juli 1994.

Rechtshilfeverfahren gewonnenen Informationen dürfen an solche Behörden weitergeleitet werden, die mit der Veranlagung, Erhebung oder Strafverfolgung der Steuer betraut sind. Dieses „verwässerte“ Spezialitätsprinzip verhindert somit nicht, daß auch Informationen über den DBA-Amtshilfeweg angefordert werden, die nicht zur Durchführung des DBA, sondern zur Beweisaufnahme in einem eingeleiteten Finanzstrafverfahren benötigt werden (wofür normalerweise der aufwendigere Rechtshilfeweg gegangen werden müßte).

Obwohl das DBA-Österreich kein mit dem DBA-Luxemburg vergleichbares Schlußprotokoll enthält, das die Weitergabe von Tatsachen, „deren Kenntnis die Finanzbehörden von Banken erlangt haben“, verbietet, bedeutet dies nicht, daß Informationen ausgetauscht werden dürfen, die unter das Bankgeheimnis fallen. Nach Art. 26 Abs. 2 Buchst. c des OECD-MA ist auch Österreich berechtigt, Geheimnisse zu wahren. Dies gilt insbesondere für die Wahrung des Amtsgeheimnisses. Während nämlich die Rechtmäßigkeit der Verwertung von Informationen und Beweismitteln in einem inländischen Abgabenverfahren „verwaltungsintern“ durch § 166 BAO (Unbeschränktheit der Beweismittel) abgedeckt ist (auch durch rechtswidriges Durchbrechen des Bankgeheimnisses Erlangtes darf hier verwertet werden!), stellt die Übermittlung von Auskünften über von Ausländern in Österreich unterhaltene Konten, Sparbücher oder Depots die Preisgabe von Informationen aus dem Bereich der österreichischen Verwaltung dar. Die Beantwortung ausländischer Auskunftsersuchen gleicht insofern der Preisgabe von „Amtsgeheimnissen“, was einerseits verfassungsrechtlich aufgrund der Amtsverschwiegenheit (Art. 20 Abs. 3 B-VG), andererseits des Steuergeheimnisses wegen, das hier zusammen mit dem Bankgeheimnis durchbrochen werden muß, bedenklich ist. Im Amtshilfeverkehr mit ausländischen Staaten – die österreichische Behörde handelt hier im Fremdinteresse – sollte das Bankgeheimnis (als Amtsgeheimnis) somit eine Verstärkung durch die Amtsverschwiegenheitspflicht finden.

Ermittlungen unter Verletzung des Bankgeheimnisses wären auch im Stadium des *Besteuerungsverfahrens* unzulässig, weil – unabhängig von der Tatsache, daß hier die Voraussetzungen des § 38 Abs. 2 Nr. 1 BWG sowieso nicht vorlägen – Art. 26 Abs. 2 Buchst. a des OECD-MA bestimmt, daß Verwaltungsmaßnahmen, die von den Gesetzen und der Verwaltungspraxis des Vertragsstaates abweichen, vom ersuchten Staat nicht durchgeführt werden müssen. Im Klartext heißt dies, daß Ermittlungen, vollzogen von österreichischen Abgabenbehörden, im Rahmen eines Amtshilfeersuchens im DBA dann unzulässig sind, wenn das Bankgeheimnis entgegensteht. Das Bankgeheimnis findet also auch hier seine rechtliche Absicherung insofern, als es für Abgabenermittlungsverfahren nach österreichischem Recht eine unüberwindbare Hürde darstellt.[468]

Die österreichische Finanzverwaltung läßt in Amtshilfeverfahren die Anwesenheit von ausländischen Finanzbeamten „zur Beschleunigung und Erleichterung des Verfahrens“ zu. Dabei werden ausländische Beamte zwar nicht ausdrücklich zur Selbstermittlung ermächtigt. Denn das würde gegen das Territorialitätsprinzip verstoßen und wäre selbst auf dem höheren Niveau der Rechtshilfe durch das Bundesgesetz über die Auslieferung und die Rechtshilfe in Strafsachen (ARHG[469]) nicht abgedeckt. § 59 Abs. 1 ARHG verbietet nämlich die Vornahme von Handlungen durch ausländische Organe. Deutsche Finanzbeamte können aber zusammen mit österreichischen Amtskollegen ein international tätiges Unternehmen prüfen. Für zweckdienlich (zur Beschleunigung und Erleichterung des Verfahrens) wird die Teilnahme der ausländischen Finanzbeamten allerdings nur dann gehalten, wenn es sich um grenzüberschreitende Steuerfälle handelt, wie es z. B. bei multinationalen Unternehmen der Fall ist.

4. Internationale Rechtshilfe im Finanzstrafverfahren

Die Republik Österreich hat sich mit Unterzeichnung des Europäischen Rechtshilfeübereinkommens (EuRHÜK) verpflichtet, Rechtshilfe in allen Verfahren hinsichtlich strafbarer Handlungen zu gewähren, „zu deren Verfolgung in dem Zeitpunkt, in dem um Rechtshilfe ersucht wird, die Justizbehörden des ersuchenden Staates zuständig sind“. Hierzu hat Österreich den Vorbehalt erklärt,

---

468 Fremuth/Laurer/Linc/Pötzelberger/Ruess, BWG § 38, Rz. 20.
469 Vgl. nachfolgend E.VIII.4 sowie Anhang XI.

Rechtshilfe nur in Verfahren zu leisten, „die auch nach österreichischem Recht strafbare Handlungen betreffen, zu deren Verfolgung in dem Zeitpunkt, in dem um Rechtshilfe ersucht wird, die Justizbehörden zuständig sind". Österreich gewährt daher im Rahmen des EuRHÜK Rechtshilfe nur in Angelegenheiten, die sowohl in *Österreich* als auch im *ersuchenden Staat* gerichtlich strafbar sind (beidseitig gerichtlich strafbare Delikte).

Nach Art. 2 Buchst. a und b des Übereinkommens[470] kann Österreich die Rechtshilfe verweigern, wenn sich das Ersuchen auf Delikte bezieht, die als fiskalisch strafbare Handlungen anzusehen sind, oder wenn Österreich der Ansicht ist, daß die Erledigung des Ersuchens geeignet ist, die Souveränität, die Sicherheit, die öffentliche Ordnung oder andere wesentliche Interessen zu beeinträchtigen. Näheres hierüber regelt das innerstaatliche *Auslieferungs- und Rechtshilfegesetz* (ARHG).[471]

Diese „Kann-Bestimmung" findet aber im Rechtshilfeverkehr mit Deutschland und anderen EU-Staaten, die mit Österreich das *Zusatzprotokoll vom 17. März 1978*[472] unterzeichnet haben, keine Anwendung. Gegenüber Deutschland und den übrigen Staaten darf Österreich Rechtshilfe nicht allein aus dem Grund verweigern, „daß das Ersuchen eine strafbare Handlung betrifft, welche die ersuchte Vertragspartei als eine fiskalische strafbare Handlung ansieht" (Kapitel I, Art. 1 des Zusatzprotokolls).[473] Die beidseitige Einordnung als fiskalisches Delikt (Art. 2 EuRHÜK) wird außerdem durch das Zusatzprotokoll dahingehend aufgelockert, als es keine Rolle spielt, „ob die entsprechende Abgabe in Österreich anders qualifiziert wird als im ersuchenden Staat"[474].

Im Rechtshilfeverkehr mit Deutschland findet in gerichtlich strafbaren Fiskaldelikten neben dem EuRHÜK und dem Zusatzprotokoll der Vertrag vom 31. Januar 1972 über die Ergänzung des Europäi-

---

[470] Vgl. E.V.7.d).

[471] Auszugsweise abgedruckt im Anhang XI.

[472] Auszugsweise abgedruckt im Anhang IV.

[473] Zu Kapitel I Art. 1 des Zusatzprotokolls hat Österreich einen Vorbehalt und eine Erklärung abgegeben, wonach Rechtshilfe um Durchsuchung oder Beschlagnahme von Gegenständen in bezug auf fiskalische strafbare Handlungen, die Abgaben-, Steuer- und Zollstrafverfahren darstellen, nur unter der Bedingung geleistet wird, daß entsprechend der im österreichischen Recht vorgesehenen Geheimhaltungspflicht die im Rahmen der Rechtshilfe erhaltenen Auskünfte und Beweise nur in dem Strafverfahren, für das um Rechtshilfe ersucht worden ist, sowie in den mit diesem Verfahren in unmittelbarem Zusammenhang stehenden Abgabe-, Steuer- oder Zollverfahren verwendet werden.

[474] Fremuth/Laurer/Linc/Pötzelberger/Ruess, BWG § 38, Rz. 21.

schen Übereinkommens (RHStrV)[475] Anwendung. Der Vertrag sieht Rechtshilfeleistungen vor „durch Übermittlung von Akten, Schriftstücken oder Beweisgegenständen, über welche die Finanz-(Zoll-) behörden des ersuchten Staates verfügen können", und zwar im unmittelbaren Geschäftsverkehr mit Justiz- und Finanz-(Zoll-)behörden. Der Vertrag sieht vom ursprünglichen Erfordernis der beiderseitigen Strafbarkeit ab, sofern das Steuerdelikt im ersuchten Staat zumindest von einer Verwaltungsbehörde (der Finanzverwaltung) geahndet wird. Mit dem Zusatzvertrag wird auch der von Österreich erklärte Vorbehalt zu Art. 2 Buchst. a EuRHÜK, daß Rechtshilfe bei Fiskaldelikten mangels Auslieferungsfähigkeit nach §§ 51 und 15 des Auslieferungs- und Rechtshilfegesetzes (ARHG) unzulässig ist, sowie § 2 ARHG, wonach einem ausländischen Rechtshilfeersuchen nur dann entsprochen werden darf, wenn die öffentliche Ordnung oder andere wesentliche Interessen der Republik Österreich nicht verletzt werden, im Rechtshilfeverkehr mit Deutschland verdrängt. „Von einer Beeinträchtigung wesentlicher Interessen der Republik Österreich" kann sowieso nur dann gesprochen werden, wenn „ein Rechtshilfeakt in fiskalischen Strafverfahren begehrt wurde, der in den österreichischen Rechtsvorschriften keine Deckung fände", wie der Oberste Gerichtshof festgestellt hat.[476]

Außerdem bestimmt Art. IV Abs. 3 des RHStrV, daß die nach den Vorschriften der Vertragsstaaten bestehenden Geheimhaltungspflichten in fiskalischen Angelegenheiten der Rechtshilfe in Abgaben- und Steuersachen nicht entgegenstehen. Somit kann Österreich im Verhältnis zu Deutschland die Rechtshilfe bei Fiskaldelikten nicht unter Berufung auf eine nach österreichischen Gesetzen bestehende Geheimhaltungspflicht (Steuer- und/oder Bankgeheimnis) verweigern.

„An der Verpflichtung der Republik Österreich, im gegenständlichen Strafverfahren wegen fiskalischer strafbarer Handlungen den deutschen Strafverfolgungsbehörden grundsätzlich Rechtshilfe zu leisten, kann somit kein Zweifel bestehen", argumentierte der Oberste Gerichtshof zu Wien in seiner Erkenntnis vom 16. Dezember 1993.[477] Gegenständlich war ein von der Staatsanwaltschaft Stutt-

[475] BGBl. 1975 II S. 1157, auszugsweise abgedruckt im Anhang XIII.
[476] OGH, Urt. v. 16. Dezember 1993, 15 OS 167/93-8.
[477] Ebendort.

gart eingeleitetes Ermittlungsverfahren wegen des Verdachts der Steuerhinterziehung gegen einen deutschen Staatsangehörigen und eine österreichische Staatsbürgerin. Den beiden Personen wurde zur Last gelegt, in den Jahren 1982 bis 1992 Einkommen-, Körperschaft-, Gewerbe-, Umsatz- und Lohnsteuer in Höhe von rund 2,1 Millionen DM verkürzt und nach Österreich verbrachte Schwarzeinnahmen, teilweise unter Einschaltung eines in Kirchberg/Tirol wohnhaften Dritten, über ein bei einer Raiffeisenbank unterhaltenes Konto rücktransferiert zu haben. Zum Nachweis des Schwarzgeldtransfers hat die Staatsanwaltschaft Stuttgart Belege sichergestellt.

Die Staatsanwaltschaft Stuttgart wandte sich in einem Rechtshilfeersuchen an das – nach dem ARHG zuständige – österreichische Bezirksgericht und verlangte die Durchsuchung der Geschäftsräume der Raiffeisenbank und die Sicherstellung relevanter Beweismittel. Begehrt wurden – unter Berufung auf einen Beschlagnahme- und Durchsuchungsbeschluß des Amtsgerichts Stuttgart – Unterlagen über Kontokorrent-, Spar-, Festgeld-, Darlehens-, CpD-, Sammel- und Währungskonten, über Wertpapier- und Sammeldepots, Schließfächer, Kredit- und Kredithandakten, Verwahrstücke, Korrespondenzen und sonstige Aufzeichnungen. Hinweise darüber, ob die beiden Beschuldigten über das – offiziell vom in Kirchberg/Tirol wohnhaften Dritten – unterhaltene Konto bei der Raiffeisenbank verfügungsberechtigt waren, konnten dem Rechtshilfeersuchen nicht entnommen werden.

Während das zuständige Bezirksgericht der Rechtshilfe entsprochen und die Durchsuchung der Geschäftsräume der Bank mittels Hausdurchsuchungs- und Beschlagnahmebefehl angeordnet hatte, hob die *Ratskammer des Landgerichts Innsbruck* in Stattgebung der vom betroffenen Bankinstitut eingebrachten Beschwerde den besagten Hausdurchsuchungs- und Beschlagnahmebefehl des Bezirksrichters auf und ordnete die Rückstellung der versiegelten und beim Bezirksgericht hinterlegten Geschäftsunterlagen an die Raiffeisenbank an. *Begründung:* Nach Art. 2 Buchst. b des EuRHÜK, der neben dem Vertrag vom 31. Januar 1972 nach wie vor in Geltung steht, und auf Grundlage des § 2 ARHG (Verletzung wesentlicher Interessen der Republik Österreich[478]) kann Österreich die Rechtshilfe bei Fiskaldelikten verweigern.

[478] Vgl. Anhang XI.

Dem konnte aber der Oberste Gerichtshof nicht folgen: Dieser ließ die Rechtshilfe zu und hob den Beschluß der Ratskammer des Landesgerichts Innsbruck aus folgendem Grund auf: Der Beschluß verletzt insoweit, als in der Begründung ausgesprochen wurde, daß die „Unantastbarkeit des Bankgeheimnisses" ein *wesentliches,* der *Gewährung von Rechtshilfe* für deutsche Strafverfolgungsbehörden *entgegenstehendes* Interesse der Republik Österreich (i. S. des Art. 2 Buchst. b des EuRHÜK und § 2 ARHG) darstelle, geltendes Gesetz (namentlich Art. IV Abs. 3 des RHStrV und Kapitel I Art. I des Zusatzprotokolls zum EuRHÜK).

Die österreichische Kreditwirtschaft setzt Beschlüssen über die Kontoeröffnung und Herausgabe von Bankunterlagen, des Schriftverkehrs usw. regelmäßig eine Beschwerde mit der Begründung entgegen, daß es sich bei dem im Beschluß genannten Sachverhalt nicht um ein eingeleitetes Finanzstrafverfahren handelt, sondern nur von „Ermittlungen" gesprochen wird. Letzteres stellt den Regelfall dar. Denn das Rechtshilfeverfahren dient ja gerade der Beweisfindung zur Einleitung eines Steuerstrafverfahrens. Für bloße Ermittlungszwecke darf das Bankgeheimnis aber gerade nicht durchbrochen werden.

Auf *Abgabenebene* leistet Österreich den deutschen Behörden Rechtshilfe nach den Vorschriften des Vertrags vom 4. Oktober 1954 (RHAbgV)[479]. Art. 3 des Vertrags verpflichtet Österreich, gegenüber Deutschland Rechtshilfe „in allen Abgabesachen, im Ermittlungs-, Feststellungs- und Rechtsmittelverfahren, im Sicherungs- und Vollstreckungsverfahren sowie im Verwaltungsstrafverfahren" zu leisten. Der Anwendungsbereich dieses Vertrags bezieht sich auf gerichtliche Strafverfahren wegen Fiskaldelikte (Finanzstrafverfahren). Die Finanzbehörden stehen zum Zweck des Informationsaustausches im unmittelbaren Kontakt mit den deutschen Oberfinanz- und den österreichischen Finanzlandesdirektionen (Art. 4 RHAbgV[480]) und den Steuerfahndern – völlig unzureichend – auch telefonisch, wie aus einer noch zu erläuternden Erkenntnis des Verfassungsgerichtshofs zu entnehmen ist.

[479] BGBl. 1955 II S. 833, ergänzt durch Schlußprotokoll, Verwaltungsanordnung und Verständigungsvereinbarung. Der Vertrag ist auszugsweise abgedruckt im Anhang XIV.

[480] Vgl. auch Merkblatt zur zwischenstaatlichen Amtshilfe durch Auskunftsaustausch in Steuersachen, BStBl. 1999 I S. 228, Tz. 1.6.1.4, abgedruckt im Anhang II.

Die Art und Weise der Erledigung eines – auf den RHAbgV gestützten – Ersuchens richtet sich jeweils nach den Gesetzen des ersuchten Staates (Transformationsregel, Art. 5 Abs. 1 Satz 2). Den österreichischen Finanzstrafbehörden stehen also bei der Bearbeitung eines deutschen Rechtshilfeersuchens die gleichen Befugnisse zu, wie bei inländischen Ermittlungen, d. h. daß die österreichische Finanzstrafbehörde mit denselben Mitteln (und wohl auch derselben Härte) vorgehen muß. Die Transformationsregel sichert aber dem deutschen Inhaber eines Kontos in Österreich nicht die gleichen Rechte zu, die ein österreichischer Kontoinhaber in derselben Situation hätte. Der Österreicher kann nämlich gegen die Einleitung eines Strafverfahrens mit dem Rechtsmittel der Beschwerde entgegentreten. Der deutsche Kontoinhaber hat eine derartige Beschwerdemöglichkeit nicht.

Auf die Transformationsregel des Art. 5 bzw. auf den gesamten Rechtshilfevertrag sich stützend, wies der VwGH[481] die Beschwerden zweier österreichischer Banken ab, die sich gegen die Verhängung von Zwangsstrafen wegen Verweigerung einer vollständigen Auskunftserteilung richteten. In einem Fall hatte die Finanzlandesdirektion Salzburg – im Auftrag eines von Deutschland gestellten Rechtshilfeersuchens als Finanzstraf- und Ermittlungsbehörde auftretend – eine österreichische Sparkasse ersucht, Auskünfte über ein von einem Deutschen (gegen den ein Strafverfahren wegen Steuerhinterziehung eingeleitet wurde) unterhaltenes Konto zu erteilen. Im anderen Fall befaßte sich das Finanzamt Innsbruck mit einem von der Oberfinanzdirektion Nürnberg unter Berufung auf den RHAbgV von 1954 gestellten Rechtshilfeersuchen. Die als Finanzstrafbehörde erster Instanz tätig gewordene Innsbrucker Steuerbehörde verlangte ebenfalls von einer Sparkasse, alle von einem Nürnberger Steuerpflichtigen (dem das Finanzamt Weiden Steuerhinterziehung vorgeworfen hatte) unterhaltenen Konten, Sparbücher, Schließfächer, Depots und hinterlegten Wertsachen etc. offenzulegen.

In beiden Fällen wurden die Sparkassen von den Finanzstrafbehörden lediglich darauf hingewiesen, daß die erbetenen Auskünfte im Zusammenhang mit einem Steuerstrafverfahren wegen

---

[481] VwGH, Z 82/17/0087, Z 86/17/0169.

vorsätzlicher Finanzvergehen stünden, und die Voraussetzungen für die Aufhebung des Bankgeheimnisses gegeben seien. Ein eigenes – vom Verfassungsgerichtshof sehr wohl gefordertes – Prüfungsrecht hatten die Banken nicht. Da sich beide Kreditinstitute weigerten, Vermögensverhältnisse ihrer Kunden offenzulegen, hatten die zuständigen Finanzlandesdirektionen Zwangsstrafen verhängt.

In diesen Urteilen ist eine deutliche kontroverse Haltung zwischen der österreichischen Lehre und der Rechtsprechung erkennbar. Der VwGH – das ist klarzustellen – stützte sich in seiner Urteilsfindung allein auf den deutsch-österreichischen RHAbgV und berücksichtigte dabei nur am Rande das in den Vorschriften zum ARHG und dem Vorbehalt zu Art. 2 Buchst. b des EuRHÜK zum Ausdruck gebrachte Interesse Österreichs an der Wahrung des Bankgeheimnisses als „wesentliches nationales Interesse".

Ein Kreditinstitut darf nach Ansicht des VwGH dem Auskunftsbegehren einer, im Auftrag einer ausländischen Steuerbehörde ermittelnden, inländischen Finanzstrafbehörde nicht mit der Begründung widersprechen, das Bankgeheimnis dürfe nur für inländische Finanzstrafverfahren durchbrochen werden.[482] Der VwGH ist der Ansicht, daß den österreichischen Finanzstrafbehörden bei Erledigung eines auf den deutsch-österreichischen Rechtshilfevertrag gestützten Ersuchens die gleichen Befugnisse zustehen wie in Verfahren, die von diesen inländischen Behörden geführt werden; er leitet dies – wie bereits erwähnt – aus der Transformationsregel des Art. 5 Abs. 1 des Vertrags ab. Die Haltung des VwGH bedeutet im Ergebnis, daß ein deutsches Finanzstrafverfahren wegen eines vorsätzlichen Finanzvergehens (aber nicht wegen einer Finanzordnungswidrigkeit) das österreichische Bankgeheimnis durchbricht. Die Richter gaben dem Kreditinstitut zwar in der Hinsicht Recht, „daß das Funktionieren des österreichischen Kreditapparates einen Umstand darstellt, der bei Anwendung des Art. 6 Abs. 1[483] des Vertrags in Betracht zu ziehen ist", teilte aber die Ansicht der Sparkasse nicht, „daß das Funktionieren des österreichi-

482 „Der Ansicht der Beschwerdeführerin, aus den vorzitierten Rechtsvorschriften sei abzuleiten, daß sie im vorliegenden Fall zur Wahrung des Bankgeheimnisses gegenüber der anfragenden Finanzstrafbehörde verpflichtet gewesen sei, vermag sich der Verwaltungsgerichtshof nicht anzuschließen." (VwGH, 21. Okt. 1983).

483 Vgl. Anhang XIV.

schen Kreditapparates und damit auch ein wesentliches Interesse der Republik Österreich bereits dann gefährdet wäre, wenn infolge der gegebenen staatsvertraglichen Gleichstellung von deutschen Finanzstrafverfahren mit österreichischen Strafverfahren" das Bankgeheimnis einmal durchbrochen wird.

Die Haltung des VwGH bedeutet im Ergebnis, daß ein deutsches Finanzstrafverfahren wegen eines vorsätzlichen Finanzvergehens (aber nicht wegen einer Finanzordnungswidrigkeit) das österreichische Bankgeheimnis durchbricht, sofern der Verdacht auf Steuerhinterziehung ausreichend begründet ist. Gerade darin halten viele Rechtshilfeersuchen der Beschwerdeinstanz nicht stand. Als Verdachtsmomente werden meist sichergestellte Einzahlungs- und Überweisungsbelege sowie die Art des gewählten Geldtransfers aufgeführt. Umstände, woraus sich der Verdacht schließen läßt, erzielte Zinseinkünfte wären den Finanzbehörden gegenüber verschwiegen worden, fehlen im Regelfall. Allein aufgrund von Einzahlungsbelegen und dem „gewählten Weg des Geldtransfers" ist ein Verdacht auf Steuerhinterziehung jedoch nicht schlüssig begründet.

Der Verfassungsgerichtshof hat 1986[484] ein völlig unzureichend begründetes Rechtshilfebegehren der Steuerfahndung München verworfen und der Beschwerde einer Tiroler Raiffeisenbank stattgegeben, die sich gegen einen von der Finanzlandesdirektion Tirol – anläßlich eines deutschen Rechtshilfeersuchens – erteilten Bescheid über die Verhängung einer Zwangsstrafe richtete. In dem zur Entscheidung vorgelegten Fall teilte die Steuerfahndung München dem Finanzamt Innsbruck *telefonisch* mit, daß gegen einen in Deutschland lebenden Steuerpflichtigen der Verdacht auf Steuerhinterziehung bestehe. Der Fahndungsbeamte begründete sein Rechtshilfeersuchen mit der im Zuge einer Hausdurchsuchung festgestellten Tatsache, daß der Betreffende bzw. seine Ehegattin „eventuell" ein Haus in Kirchberg/Tirol besitzt. Dieses Haus wollte die Steuerfahndung München (mit der gleichzeitigen Bitte, selbst anwesend sein zu dürfen) durchsuchen lassen. Außerdem stellten die Münchner Beamten Unterlagen über Kontoverbindungen zu einer Raiffeisenbank und einer Kitzbüheler Sparkasse sicher. Die

[484] VwGH, Urt. v. 20. März 1986, B 410/85-12.

Bewertungsstelle des Finanzamts Kitzbühel bestätigte den deutschen Steuerfahndern den Besitz eines Hauses in Österreich unter gleichzeitiger Mitteilung des Kaufpreises.

Daraufhin begehrte die Steuerfahndung München Ermittlungen gegen die Kitzbüheler Sparkasse zwecks Haftungsübernahme (ca. 100.000 DM) bzw. Kreditbesicherung mittels anonymen Sparbuchs. Die begehrte Durchsuchung des Zweifamilienhauses in Kirchberg/Tirol wurde auf Veranlassung des Bezirksgerichts Hopfgarten von der Gendarmerie ausgeführt. Am selben Tag begehrte das Finanzamt Innsbruck von der (in diesem Fall beschwerdeführenden) Raiffeisenbank die Bekanntgabe der vom deutschen Steuerpflichtigen unterhaltenen Schließfächer, Depots, Konten und Sparbücher. Da sich das Kreditinstitut weigerte, verhängte die Finanzlandesdirektion Tirol eine Zwangsstrafe.

Als „willkürliche Gesetzeshandhabung" bezeichnend, hob der Verfassungsgerichtshof den Bescheid über die Zwangsstrafe wieder auf und warf der Finanzlandesdirektion Tirol leichtfertiges Vorgehen vor. Der Bescheid stand nach Meinung der Verfassungsrichter im besonderen Maße mit den Rechtsvorschriften in Widerspruch, weil er auf ein völlig unzureichendes Auskunftsverlangen des Finanzamts Innsbruck gestützt wurde, das wiederum anläßlich eines völlig unzureichend begründeten Rechtshilfebegehrens der Steuerfahndung München erging.

Die Verfassungsrichter teilten zwar die Auffassung, daß unter einem Strafverfahren i. S. des § 38 Abs. 2 Nr. 1 BWG „nicht bloß ein von einem österreichischen Finanzamt geführtes zu verstehen ist, sondern auch ein gleichartiges Verfahren, das bei einer deutschen Behörde anhängig ist", bemängelten aber, daß die Steuerfahndung München im Rechtshilfeersuchen kein „konkretes Verlangen" an die österreichische Finanzbehörde gestellt hat. Der von der Finanzlandesdirektion ergangene Bescheid über die Festsetzung von Zwangsgeld war deshalb als reiner „Willkürakt" aufzuheben. Erfolg hatte die Steuerfahndung München mit ihrem Telefonanruf dennoch. Sie erreichte schließlich die Durchsuchung des dem Steuerpflichtigen gehörenden Zweifamilienhauses.

Aufgrund der Tatsache, daß den österreichischen Finanzbehörden im Zeitpunkt der Anfragen an ein Kreditunternehmen Informationen zur Verfügung stehen müssen, aufgrund derer *zuverlässig* beurteilt werden kann, ob in Deutschland tatsächlich Verfahren laufen, die Strafverfahren wegen vorsätzlicher Finanzvergehen nach österreichischem Recht entsprechen, und ob die erbetenen Maßnahmen im Zusammenhang mit dem geführten Verfahren stehen, ist zumindest einmal Gleichheit geschaffen zwischen Finanzvergehen, die in Österreich und solchen, die im Ausland (in Deutschland) begangen werden. Von der Interessenlage her liegen die Dinge aber trotzdem anders: Dem Österreicher kommt die Abgeltungsregelung der KESt zugute, dem Deutschen oder einem anderen Ausländer dagegen nicht. Gerade aber die Abgeltungswirkung der KESt ist es, die in letzter Zeit einen entscheidenden Beitrag zur Beseitigung des latenten Problems der Hinterziehung von Kapitalerträgen geleistet hat. Für den Österreicher entwickelt das Bankgeheimnis somit nur noch Wirkung, soweit es die im Zusammenhang mit dem Erwerb des Vermögens stehenden Vorgänge schützt.

Liegen die rechtlichen Voraussetzungen zur Gewährung von Rechtshilfe vor, müssen die österreichischen Straf- und Finanzstrafbehörden Ermittlungen im selben Umfang anordnen und mit derselben Sorgfalt durchführen, als ob es sich um ein inländisches Straf- oder Finanzstrafverfahren handeln würde. Auch in der Ermittlungsintensität darf kein Unterschied dahingehend gemacht werden, daß es sich hier lediglich um ausländische Angelegenheiten handelt und die Beweismittel in ausländischen Strafverfahren Verwendung finden. So gesehen ist einem ausländischen Rechtshilfeersuchen der „Auslandscharakter" entzogen.

IX. Fahndung nach Schwarzgeldern in Liechtenstein

Wird gegen Kunden einer Liechtenstein-Bank ein gerichtliches Strafverfahren eingeleitet, behält das Bankgeheimnis gegenüber liechtensteinischen Justizbehörden keine Rechtskraft mehr. Dies ergibt sich aus Art. 14 Abs. 4 Bankengesetz, der lautet:

> *„4) Vorbehalten bleiben die gesetzlichen Vorschriften über die Zeugnis- oder Auskunftspflicht gegenüber den Strafgerichten."*

Internationale Rechtshilfe leistet das Fürstentum nach Maßgabe des Europäischen Übereinkommens über die Rechtshilfe in Strafsachen vom 20. April 1959 unter der Bedingung, daß die dem Rechtshilfeersuchen zugrundeliegende strafbare Handlung sowohl nach dem Recht des ersuchenden als auch nach dem des ersuchten Staates strafbar sein muß (Vorbehalt zu Art. 5 Abs. 1 Buchst. a EuRHÜK). In Ergänzung zum Europäischen Rechtshilfeübereinkommen und für die Auslegung der Übereinkommensbestimmungen hat Liechtenstein Anfang der 90er Jahre ein innerstaatliches Rechtshilfegesetz, das *Gesetz vom 11. November 1992 über die internationale Rechtshilfe in Strafsachen (RHG)*[485] erlassen, welches Anwendung findet, „... soweit internationale Vereinbarungen nichts anderes bestimmen ..." (Art. 1 Abs. 1 RHG). Die Vorschriften des Rechtshilfegesetzes kommen überall dort zum Tragen, wo zwischenstaatliche Vereinbarungen auf nationale Rechtshilfegesetze Bezug nehmen oder ein Wahlrecht einräumen (freiwillige Rechtshilfe). Dies ist insbesondere bezüglich der Prüfung und Erledigung von Rechtshilfeersuchen und den damit verbundenen Verfahrens- und Formvorschriften der Fall.

Gegenstand der Rechtshilfe nach dem Liechtensteinischen Rechtshilfegesetz ist (Art. 1 Abs. 1 RHG):

a) die Auslieferung von Straftätern,

b) die Hilfeleistung bei ausländischen Strafverfahren (andere Rechtshilfe),

c) die Verfolgung und Ahndung strafbarer Handlungen und

d) die Vollstreckung ausländischer Strafgerichtsentscheide.

Die Unterstützung der Rechtspflege des ersuchenden Staates (andere Rechtshilfe, Ziffer b)) setzt die Anwendung geeigneter Zwangsmaßnahmen voraus, die das Fürstentum Liechtenstein in Stellvertretung für den ersuchenden Staat gegenüber einer Bank oder einer Finanzgesellschaft vollstreckt. Die „andere Rechtshilfe" umfaßt Auskünfte, nach liechtensteinischem Recht zulässige Prozeß- und andere Amtshandlungen wie die Durchsuchung von Privat- und Geschäftsräumen oder die Beschlagnahme von Urkun-

---

485 LGBl. 1993 Nr. 68, auszugsweise abgedruckt im Anhang XVI.

den, „soweit sie für ein Verfahren in strafrechtlichen Angelegenheiten im Ausland erforderlich erscheinen" (Art. 59 Abs. 1 RHG).

Wichtigster Unterschied zum schweizerischen innerstaatlichen Rechtshilferecht (IRSG) ist, daß das liechtensteinische Rechtshilfegesetz nichts dem Art. 3 Abs. 3 Satz 2 IRSG Vergleichbares enthält, was den Grundsatz „keine Rechtshilfe in Fiskaldelikten" verwässern würde, wenn die dem Ersuchen zugrundeliegende fiskalische Straftat (Steuerhinterziehung) das Tatbild eines Abgabebetrugs erfüllt.

Nach liechtensteinischem RHG wird einem Ersuchen grundsätzlich nicht entsprochen, „wenn Gegenstand des Verfahrens eine Tat ist, die auf eine Verkürzung fiskalischer Abgaben gerichtet erscheint oder Vorschriften über währungs-, handels- oder wirtschaftspolitische Maßnahmen verletzt". Wäre dem so, kann Rechtshilfe nicht geleistet werden.[486]

Genaue Abklärungen hinsichtlich des Vorliegens einer Steuerstraftat sind Teil der Zulässigkeitsprüfung, welche in den Aufgabenbereich der Regierung fällt. Diese Zulässigkeitsprüfung darf sich nicht mit bloßen Formalitäten begnügen oder sich darin erschöpfen, die allgemeinen Bestimmungen des RHG aufzuzählen, ohne zu klären, ob das Ersuchen den Anforderungen des RHG entspricht. Eine Zulässigkeitsprüfung kann auch nicht erst nach Abschluß der gerichtlichen Ausführungen vorgenommen werden. Dies trifft insbesondere dann zu, wenn parallel zum allgemeinen Strafverfahren ein nicht rechtshilfefähiges Finanzstrafverfahren bei derselben – rechtshilfeersuchenden – Behörde pendent ist.[487]

Das Zulässigkeitsprüfungsverfahren setzt eine umfassende *Sachverhaltsdarstellung* voraus, aus der unmißverständlich hervorgeht, daß die im Ausland verfolgte Handlung die objektiven Merkmale eines nach liechtensteinischem Recht strafbaren Tatbestandes aufweist. Die Sachverhaltsdarstellung muß so umfassend sein, daß die liechtensteinischen Vorinstanzen beurteilen können, ob ein Fall vorliegt, bei dem Rechtshilfe verweigert werden muß. Es muß erkennbar sein, daß es sich um *kein fiskalisches Delikt* handelt, und daß die dem Rechtshilfegesuch zugrundeliegende Tat sowohl nach

---

486 Vgl. Entscheid vom 4.12.1996, VBI. 1996/10 LES 1997, S. 96.
487 Entscheid vom 5.12.1996, VBI. 1996/33 LES 1997, S. 174.

dem Recht des ersuchenden Staates als auch nach dem des ersuchten Staates strafbar ist. Vom Grundsatz der beidseitigen Strafbarkeit ist nur in den Fällen abzuweichen, in denen die Rechtshilfe zur Entlastung des Beschuldigten bzw. Verfolgten beitragen würde (Art. 60 Abs. 2 RHG). Mangelt es an einer präzisen Sachverhaltsdarstellung und kann demzufolge weder über die beidseitige Strafbarkeit noch darüber befunden werden, ob es sich um ein Fiskaldelikt handelt, ist Rechtshilfe zu verweigern.[488]

Ist der Gegenstand eines Rechtshilfeersuchens zwar eine rechtshilfefähige Straftat (beispielsweise Untreue), ist aus der Sachverhaltsdarstellung aber ersichtlich, daß parallel hierzu auch ein Ermittlungsverfahren wegen Steuerhinterziehung läuft oder ein solches Ermittlungsverfahren den Ermittlungen wegen Untreue vorausgegangen ist, muß von vornherein klargestellt sein, daß das Rechtshilfeersuchen nicht im Zusammenhang mit dem Strafverfahren wegen Steuerhinterziehung steht. So gab das Landgericht der Beschwerde einer liechtensteinischen juristischen Person statt, die gegen ein von der Regierung genehmigtes Rechtshilfeersuchen der Stuttgarter Justiz gerichtet war. Aus dem Rechtshilfeersuchen ging klar hervor, daß gegen die vermeintlichen Eigner der juristischen Person (welche vermutlich Deutsche waren) vom Amtsgericht Stuttgart ein Ermittlungsverfahren wegen Steuerhinterziehung angeordnet wurde. Dieser Beschluß wies eine weitgehend gleichlautende Begründung auf, wie sie dem Beschluß des Amtsgerichts Stuttgart über die Anordnung eines Ermittlungsverfahrens wegen Untreue zugrunde liegt. In solchen „speziellen Konstellationen [wie die Regierung hierzu ausgeführt hat] muß ausgeschlossen sein, daß die Verwendung der im vorliegenden Rechtshilfeverfahren gewonnenen Erkenntnisse auf das Steuerhinterziehungsverfahren ausgedehnt wird".[489]

Zum Schutz des Bankgeheimnisses stellt Art. 9 RHG (Schutz des Geheimbereichs) in Abs. 3 unmißverständlich klar, daß ein Einbruch in einen gesetzlich geschützten Geheimbereich nur unter der Voraussetzung rechtmäßig ist, daß die Preisgabe des Geheimnisses zur Wahrheitsfindung unerläßlich ist, die Auskunft auf kei-

---

[488] Ebendort.
[489] Ebendort.

nem anderen Weg erhältlich gemacht werden kann, und wenn sie durch die Bedeutung der Tat gerechtfertigt ist. Die Gewährung von Rechtshilfe ist insbesondere dann genau zu prüfen, wenn durch ihren Vollzug, beispielsweise aufgrund einer – stellvertretend für den ersuchenden Staat – angeordneten Durchsuchung der Geschäftsräume eines Kreditinstituts mit anschließender Beschlagnahme von Kontounterlagen, der Geheimbereich einer Person tangiert werden müßte, die nicht dem Personenkreis der Verdächtigten oder Beschuldigten zugehört.

Stellvertretende Ermittlungen für einen ausländischen Staat in den Geheimbereich unbeteiligter Dritter hinein sind nach Art. 10 Abs. 1 RHG nur unter folgenden Bedingungen zulässig:

„a) das Ersuchen muß die Untersuchung oder Verfolgung einer schweren Straftat betreffen;

b) die Eröffnung des Geheimbereiches muß für die Ermittlung oder den Beweis einer für die Untersuchung oder das Verfahren wesentlichen Tatsache unerläßlich sein;

c) im ersuchenden Staat müssen angemessene, aber erfolglos gebliebene Bemühungen unternommen worden sein, um die Beweise oder Auskünfte auf anderem Wege zu beschaffen, und

d) im ausländischen Ersuchen muß dargelegt werden, daß die in Bst. a bis c genannten Bedingungen erfüllt sind."

Durch Art. 10 Abs. 1 RHG wird die Rechtshilfe gegenüber *unbeteiligten Dritten* in dreifacher Hinsicht eingeschränkt. Die Vorschrift läßt die Erteilung von Auskünften über den Geheimbereich der im Strafverfahren nicht Verdächtigten oder Beschuldigten nur zu:

- wenn dies für die Feststellung des Sachverhalts nicht nur erforderlich, sondern geradezu unerläßlich ist,
- die Bedeutung der Tat dies rechtfertigt und
- die Information nicht auf anderem Wege beschafft werden kann.

Im übrigen ist in dem durchzuführenden Verfahren einem Dritten die Möglichkeit des Nachweises einzuräumen, daß er unbeteiligt ist. Die Preisgabe von Tatsachen, „die eine Bank üblicherweise geheimhalten muß", ist selbst dann nicht zulässig, wenn zwar die genannten Voraussetzungen des Art. 10 Abs. 1 Buchst. a) bis d) RHG vorliegen, jedoch anzunehmen ist, daß durch die Übermittlung der Informationen der liechtensteinischen Wirtschaft ein erheblicher Nachteil entstehen würde und dieser unter Berücksichtigung der Schwere der Tat nicht zumutbar wäre (Art. 10 Abs. 2 RHG).

Liechtenstein gewährt schließlich auch dann keine Rechtshilfe, wenn Hoheitsrechte, die Sicherheit, die öffentliche Ordnung oder andere wesentliche Interessen des Fürstentums verletzt würden (Art. 1 Abs. 2 RHG). Die Frage, ob „wesentliche Interessen" des Fürstentums durch die Gewährung der Rechtshilfe beeinträchtigt werden, ist ausschließlich politischer Natur.[490] „Es versteht sich aber, daß darunter nicht jeder Schutz von Geheimnissen zu zählen ist." Wesentliche Interessen können nur öffentliche Interessen sein. Es muß sich hierbei schon um sehr bedeutende, für die Existenz des Landes entscheidende Interessen handeln. Hierzu gehört aber nicht die Gewährung von Steuerprivilegien an Sitzgesellschaften unter gleichzeitiger Einrichtung eines optimierten Geheimnisschutzes zum Zweck der Verwirklichung und Wahrung der dadurch gewährten fiskalischen Privilegien oder etwa der gegenüber den Eignern liechtensteinischer Sitzgesellschaften erweckte „Vertrauenstatbestand". Zwar kann der Aspekt der Gewährung von Steuerprivilegien an Sitzgesellschaften und gleichzeitiger Einrichtung eines optimierten Geheimnisschutzes zum Zweck der Wahrung fiskalischer Privilegien als wesentliches Interesse betrachtet werden. Es kann nur insoweit von wesentlichen Interessen gesprochen werden, wie sie in Art. 1 Abs. 2 RHG neben Begriffen wie Hoheitsrechte, Sicherheit und Öffentliche Ordnung erwähnt werden. „Bezogen auf die liechtensteinische Wirtschaft sind damit nicht Beeinträchtigungen einzelner Wirtschaftssubjekte gemeint, sondern erhebliche Nachteile, die durch den Vollzug eines Rechtshilfeersuchens gleichzeitig für Wirtschaftszweige wie den Finanzdienstleistungsbereich oder die liechtensteinische Wirtschaft insgesamt entstehen."[491]

---

[490] Ebendort.
[491] Entscheid vom 4.12.1996, VBI. 1996/10 LES 1997, S. 96.

X. Fahndung nach Schwarzgeldern auf den Kanalinseln

Die Kanalinseln verfügen über eine gut organisierte und strikte Finanzaufsicht, wahren aber dennoch das notwendige Maß an Diskretion. Den so schwierigen Balanceakt zwischen Kontrolle und Attraktivität haben die Kanalinseln bislang gut gemeistert. Auch Andrew Edwards, ehemaliger Mitarbeiter des britischen Schatzamtes, bescheinigte den Kanalinseln gute Noten. Der Schwarzgeldanleger profitiert davon: Denn eine viel zu lasche Finanzaufsicht, wie sie in vielen anderen Offshore-Steueroasen praktiziert wird, zieht nur schwerwiegendere Sanktionen der Industriestaaten mit sich, die für den Schwarzgeldanleger regelmäßig das größere Übel darstellen.

Jerseys und Guernseys Aufsichtsbehörden kooperieren mit ausländischen Strafverfolgungsbehörden im Rahmen der *Criminal Justice (International Co-Operation) Law* bei Drogendelikten, Terrorismus, Insiderhandel oder schweren Betrugsdelikten. Unter die rechtshilfefähigen schweren Betrugsdelikte reiht sich auch der Steuerbetrug ein, jedoch nicht die unrichtige Steuererklärung. Jersey erhielt 1997 insgesamt 78 Rechtshilfeanfragen für Betrugsdelikte, wovon der Inselstaat in 74 Fällen Rechtshilfe geleistet hat.[492]

Unter der *Evidence (Proceedings in other Jurisdictions) (Jersey) Order 1983* unterstützt Jersey's Royal Court ausländische Justizbehörden in anhängigen Strafverfahren durch Rechtshilfeleistungen wie die Herbeischaffung und Übermittlung von Beweisgegenständen. Bezüglich der Art der verfolgten Straftat gibt es keine Einschränkungen in bezug auf Steuerdelikte (Steuerbetrug). Ausgenommen von der Rechtshilfe sind lediglich politische Straftaten. Von den 29 Rechtshilfebegehren, die ausländische Justizbehörden an Jersey stellten, wurden alle 29 bedient.[493]

Guernsey betreffend verlangt die *European Communities (Bailiwick of Guernsey) Law 1973* die Kooperation mit diversen Zollbehörden der EU-Staaten zur Umsetzung des in Protokoll 3 der

[492] Andrew Edwards Report, Jersey, Nov. 1998, Chapter 15.3.
[493] Andrew Edwards Report, Jersey, Nov. 1998, Chapter 16.2.

Beitrittserklärung Großbritanniens festgeschriebenen freien Zoll- und Warenverkehrs zwischen der EU und Guernsey. In diesem Rahmen ist Guernsey den EU-Behörden gegenüber zum Informationsaustausch verpflichtet. Der Informationsaustausch umfaßt auch die Vorsorge und Aufspürung von Betrugs- oder Hinterziehungsdelikten.

Die Criminal Justice (Fraud Investigation) (Bailiwick of Guernsey) Law 1991 greift bei allen Betrugsdelikten, auch in Fällen des Steuerbetrugs. Der „Law Officer" ist nach Maßgabe der *Evidence (Proceedings in Other Jurisdictions) (Guernsey) Order 1980* ermächtigt, Informationen auch an ausländische Strafverfolgungsbehörden weiterzugeben. Die Anwendung der *Criminal Justice (Fraud Investigation) (Bailiwick of Guernsey) Law* setzt keinen Mindestbetrag voraus, der der Gemeinschaft vorenthalten oder gesetzeswidrig erlangt wurde. Des weiteren ist es nicht notwendig, daß gegen den Verdächtigten bereits ein (Steuer-)Strafverfahren eröffnet worden ist.

Im Rahmen der *Criminal Justice Law* können Personen als Zeugen vorgeladen und befragt werden, Dokumente beschlagnahmt oder vervielfältigt sowie Durchsuchungshandlungen angeordnet werden. Berufsgeheimnisträger wie Anwälte oder als Treuhänder fungierende Anwälte besitzen ein Aussageverweigerungsrecht, auf das sie sich regelmäßig berufen können, sie müssen aber in jedem Fall Name und Adresse desjenigen Klienten herausgeben, der im Mittelpunkt der Ermittlungen steht. Die *Evidence (Proceedings in Other Jurisdictions) (Guernsey) Order 1980* sieht im Einklang mit der *Criminal Justice (Fraud Investigation) (Bailiwick of Guernsey) Law 1991* zur Unterstützung der Judikative eines ersuchenden Staates die Vorladung und Vernehmung von Zeugen sowie die Vervielfältigung von Beweisdokumenten und deren Übermittlung vor.

Die *Evidence (Proceedings in Other Jurisdictions) (Guernsey) Order 1980* enthält im Unterschied zu den nationalen Rechtshilfegesetzen anderer Länder wie den bereits dargestellten Rechtshilfegesetzen Österreichs, der Schweiz und Liechtensteins weder Vorbehalte noch Einschränkungen – auch im Hinblick auf Fiskaldelikte nicht. Nur Rechtshilfeersuchen, die erkennbar politischen Charakter haben, bleiben ohne Resonanz.

Der Informationsaustausch im Rahmen der nur wenigen DBAs, welche mit den Inseln bestehen, ist sehr strikt und beschränkt sich auf benötigte Daten und Informationen in Verbindung mit Betrugsfällen und zur Vermeidung von Steuerumgehungen sowie zur Anwendung der DBAs. Jersey und Guernsey haben sowohl untereinander als auch mit Großbritannien ein Doppelbesteuerungsabkommen abgeschlossen. Zwischen Jersey und Frankreich besteht ein begrenztes Abkommen, das sich auf die Besteuerung der Einkünfte aus dem Schiff- und Flugverkehr bezieht. Mit Deutschland bestehen keine Doppelbesteuerungsabkommen. Jersey/Guernsey vermeiden eine doppelte Besteuerung in der Weise, daß sie nur das um die ausländische Steuer verminderte Nettoeinkommen der Inlandsbesteuerung unterwerfen. Im DBA-Großbritannien ist der Informationsaustausch ausschließlich auf Angelegenheiten in bezug auf die britische Einkommensteuer begrenzt.

F. Schwarzgeld-Legalisierung

I. Selbstanzeige oder Steuerberichtigung?

Wurden Steuern durch falsche Steuererklärungen verkürzt, kommt es für die zweckmäßige Legalisierung dadurch entstandener Schwarzgelder zunächst darauf an, ob der Steuerhinterzieher bei Abgabe der Steuererklärung von der Verkürzung wußte oder ob ihm erst nachträglich Tatsachen bekannt geworden sind, die zu einer Steuerverkürzung geführt haben. Trifft Letzteres zu, liegt noch keine Steuerhinterziehung vor. Es obliegt dem Steuerpflichtigen vielmehr die Möglichkeit einer Steuerberichtigung.

Hat der Steuerpflichtige dagegen bewußt die Hinterziehung von Steuern in Kauf genommen, und kam es daraufhin zur Bekanntgabe eines unrichtigen Steuerbescheids, ist bereits Tatvollendung eingetreten. In diesem Stadium besteht nur noch die Möglichkeit, Straffreiheit durch Abgabe einer *Selbstanzeige* zu erlangen.

Mit der Selbstanzeige hält die Finanzbehörde für Schwarzgeldanleger, die bereits das Stadium der Tatvollendung haben eintreten lassen, denen aber jetzt ihr Geheimkonto „zu heiß" geworden ist, eine im deutschen Strafrechtssystem einzigartige Amnestieregelung parat. Die Selbstanzeige sichert dem Steuerdelinquenten auch noch nach Vollendung der Steuerstraftat Straffreiheit zu.

Rechtsgrundlage für die Selbstanzeige ist § 371 AO. Diese Vorschrift sichert allen Steuerpflichtigen, die in vorhergehenden Veranlagungszeiträumen den Finanzbehörden über steuerlich erhebliche Tatsachen unrichtige oder unvollständige Angaben gemacht oder diese über steuerlich erhebliche Tatsachen pflichtwidrig in Unkenntnis gelassen und dadurch Steuern verkürzt oder ungerechtfertigte Steuervorteile erlangt haben, unter bestimmten Bedingungen Straffreiheit zu. Der steuerpolitische Zweck des § 371 AO liegt darin, den Steuerpflichtigen zur Mithilfe und Aufdeckung unbekannter Steuerquellen zu gewinnen und die Steuerquellen so ohne großes Zutun der Steuerfahndung sowohl rückwirkend als auch zukünftig sprudeln zu lassen (zukünftig deshalb, weil einmal Erklärtes später nicht wieder verschwiegen werden kann).

Mit einer Selbstanzeige erreicht der Schwarzgeldanleger Straffreiheit für versuchte und vollendete Steuerhinterziehung, nicht aber für Steuerhehlerei (§ 374 AO) oder bandenmäßigen Schmuggel (§ 373 AO). Begeht der Schwarzgeldanleger mit der Steuerhinterziehung in Tateinheit auch andere Straftaten, z. B. Urkundenfälschung, Pfandsiegelbruch, Unterschlagung, Verstöße gegen das Scheck- und Wechselrecht oder Betrugsdelikte, tritt für diese Taten Straffreiheit nicht ein.

Nachfolgende Abbildung 4 stellt die Möglichkeiten einer Schwarzgeld-Legalisierung durch Berichtigungs- oder Selbstanzeige gegenüber.

Abbildung 4: Legalisierungsmöglichkeiten von Schwarzgeld

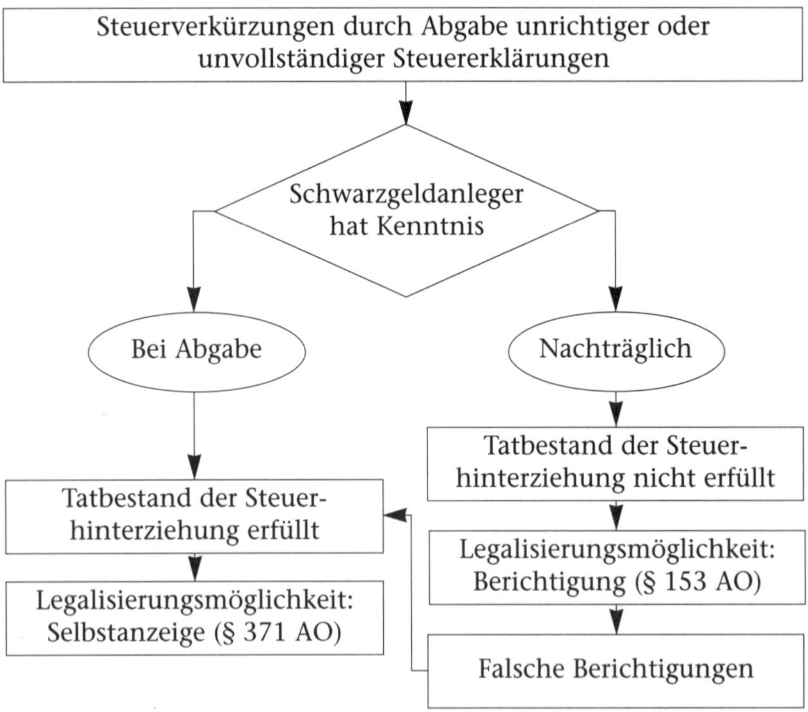

II. Schwarzgeld-Legalisierung durch nachträgliche Steuerberichtigung

Mit Erstattung einer Selbstanzeige bezichtigt sich der Schwarzgeldanleger, eine Steuerstraftat begangen zu haben. Er offenbart dem Finanzamt gegenüber, daß er von Anfang an bewußt und mit dem festen Willen Steuern hinterzogen hat; er wird bis zu 20 Jahre in der Täterkartei der Bußgeld- und Strafsachenstelle gespeichert.[494] Die Konsequenzen aus dieser begangenen Steuerstraftat werden durch die Selbstanzeige nicht beseitigt. Es tritt zwar Straffreiheit ein, der Schwarzgeldanleger bleibt und haftet aber dennoch als „Täter" für hinterzogene Steuern und hat Hinterziehungszinsen zu entrichten.

Anders und für den Schwarzgeldanleger vorteilhafter stellt sich die Situation dar, wenn der Schwarzgeldanleger erklärt, *unrichtige* und/oder *unvollständige* Angaben gemacht zu haben, etwa weil er die Zinsen aus diversen Konten aus Österreich und Luxemburg vergessen hatte.[495] In solchen Fällen kann ihm gegenüber der Vorwurf der Steuerhinterziehung (noch) nicht gemacht werden. Der Schwarzgeldanleger (der in diesem Stadium noch keiner ist) ist dann lediglich zur Berichtigung und Nachzahlung aufgefordert. Es unterbleibt im Regelfall auch eine Weiterleitung der Angelegenheit an die Bußgeld- und Strafsachenstelle.

Eine Berichtigungsanzeige zieht im Regelfall auch *keine Steuerfahndungsmaßnahmen* nach sich. Bei einer Selbstanzeige ist es hingegen so, daß die Bußgeld- und Strafsachenstelle des zuständigen Finanzamts prüft, „ob die Angaben für eine wirksame Selbstanzeige ausreichen, ggf. ob dem Täter Gelegenheit zu geben ist, die Angaben zu vervollständigen" (Nr. 120 AStBV). Sind die Daten des Schwarzgeldanlegers zu dürftig, stellt die BuStra weitere Ermittlungen an. Eine Berichtigungsanzeige erspart dem Schwarzgeldanleger

---

[494] Flore/Dörn/Gillmeister, Steuerfahndung und Steuerstrafverfahren, Neuwied/Berlin 1998, S. 276.

[495] Unrichtig ist eine Steuererklärung abgegeben, wenn sie steuerrelevante Verhältnisse so widerspiegelt, daß es zu einer Steuerverkürzung kommt. Unvollständig ist eine Steuererklärung dagegen dann, wenn sie nicht alle erforderlichen Angaben enthält und es dadurch zu einer Steuerverkürzung kommt. Die Unrichtigkeit oder Unvollständigkeit muß in allen Fällen steuerrechtlich von Belang gewesen sein, d. h. es muß eine Steuerverkürzung objektiv möglich oder bereits eingetreten sein.

auch Hinterziehungszinsen, die er bei einer Selbstanzeige zu zahlen hätte.

Schwarzgeldanleger, die von den zahlreichen Bankdurchsuchungen der letzten Jahre aufgeschreckt worden sind und sich jetzt mit dem Gedanken tragen, reinen Tisch zu machen, sollten vorher von ihrem Steuerberater prüfen lassen, ob es nicht möglich wäre, an Stelle einer Selbstanzeige lieber die Steuererklärungen der letzten Jahre nachträglich zu berichtigen. Die Berichtigungsanzeige erfüllt ebenfalls den Zweck, unbekannte Steuerquellen aufzudecken.

Der Weg, Schwarzgeld durch Korrektur an Stelle einer Selbstanzeige zu legalisieren, ist dann frei, wenn der Betreffende eine Steuerverkürzung *fahrlässig verursacht* hat. Auch bei Leichtfertigkeit (grober Fahrlässigkeit) kann eine Korrekturanzeige erfolgen, selbst wenn hier bereits ordnungswidrig gehandelt worden ist. Eine Steuerberichtigung muß sich dabei immer auf die einzelne unrichtige oder fehlende Angabe in einer bestimmten Steuererklärung beziehen. Es ist so nicht möglich, die in den letzten drei Jahren vergessenen Zinserträge des Luxemburg-Kontos als eine Einheit zu berichtigen, möglicherweise noch unter Angabe eines Betrags für die letzten drei Jahre.

Des weiteren setzt die Berichtigung falscher Steuererklärungen voraus, daß

- dem Steuerpflichtigen ein Erklärungsfehler unterlaufen ist;
- die Fehlerhaftigkeit im Zeitpunkt der Erklärungsabgabe gegeben war;
- die Unrichtigkeit und Unvollständigkeit der Steuererklärung vom Steuerpflichtigen erst nachträglich erkannt wurde;
- die Festsetzungsfrist für die betreffende Steuererklärung noch nicht abgelaufen ist;
- die Anzeige des Fehlers unverzüglich erfolgt.

Die Festsetzungsfrist beträgt im Regelfall vier Jahre, kann sich aber auch wegen der Anlauf- und Ablaufhemmungsvorschriften in der Abgabenordnung über einen sehr viel längeren Zeitraum hinweg erstrecken. Die Abgabe der Korrekturerklärung hemmt den Ablauf der Festsetzungsfrist. Demgegenüber aber führt das pflichtwidrige Unterlassen einer Steuerkorrektur zu einer Verlängerung der Festsetzungsfrist auf maximal zehn Jahre, weil dann im Regelfall eine Steuerhinterziehung vorliegt.

Vorsätzliches Unterlassen der Berichtigungspflicht oder zu langes Zögern erfüllt den Straftatbestand der Steuerhinterziehung. Hier sind insbesondere die Erben eines Schwarzgeldkontos angesprochen. Die Erben sollten zur Vermeidung eines Steuerstrafverfahrens gegen ihre eigene Person unbedingt darauf achten, daß alle dem Erblasser zu Lebzeiten zugeflossenen Einkunftsquellen dem Finanzamt mittels einer Berichtigungsanzeige mitgeteilt werden. Da die Steuerbehörden vom Vermögen des Erblassers in jedem Fall Kenntnis erlangen,[496] ist es in Erbfällen nur eine Frage der Zeit, bis Schwarzgeldvermögen ans Tageslicht gerät.

III. Schwarzgeld-Legalisierung durch Selbstanzeige

1. Grundsätzliches zur Anzeigenerstattung

a) Anzeigeberechtigung

Zur Erstattung einer strafbefreienden Selbstanzeige berechtigt sind in erster Linie die Täter (Alleintäter und Mittäter) oder Teilnehmer (Gehilfen, Anstifter) einer Straftat i. S. von § 370 AO. *Alleintäter* ist, wer die Straftat selbst begeht (unmittelbarer Täter) oder sich einer als Werkzeug dienenden Mittelsperson bedient (mittelbarer Täter). *Mittäter* sind Personen, die eine Straftat gemeinschaftlich begehen. Jeder wird als Täter bestraft (§ 25 Abs. 2 StGB). Mittäter müssen der Finanzverwaltung stets darlegen, in welchem Umfang und auf welche Art und Weise sie an der Steuerstraftat mitgewirkt haben. Insbesondere sind genaue Angaben über Art und Umfang der hinterzogenen Steuern zu machen. Vom Mittäter kann nur insoweit eine genaue Berichterstattung über die Straftat verlangt werden, als dieser mitgewirkt hat. Will der Mittäter Straffreiheit erlangen,

[496] Vgl. E.V.4.a).

hat er alle Angaben zu berichtigen, zu ergänzen oder nachzuholen, auch die seiner Tatgenossen, soweit sie ihm bekannt sind.

Teilnehmer einer Straftat sind einerseits die *Anstifter,* andererseits die *Gehilfen.* Anstifter werden wie Täter bestraft, da diese „vorsätzlich einen anderen zu dessen vorsätzlich begangener rechtswidriger Tat bestimmt" haben (§ 26 StGB). Zum Gehilfen wird derjenige, der „vorsätzlich einem anderen zu dessen vorsätzlich begangener rechtswidriger Tat Hilfe geleistet hat" (§ 27 StGB). Gehilfen müssen einen fremden vorsätzlichen Tatentschluß vorsätzlich unterstützt haben. Bezüglich der Voraussetzungen für die Erlangung von Straffreiheit für den Teilnehmer gilt das für Mittäter Gesagte analog.

Erstattet ein *Steuerberater* für seinen Mandanten Selbstanzeige, tritt für diesen nur dann Straffreiheit ein, wenn er vor Abgabe der Anzeige dem Steuerberater hierfür ausdrücklich seine *Zustimmung* erteilt hat. Ein unzulängliches und fehlerhaftes Erstatten einer Selbstanzeige durch den Steuerberater geht zu Lasten seines Mandanten. Der Schwarzgeldanleger kann sich nicht darauf berufen, sein Steuerberater hätte die Berichtigungserklärung falsch übermittelt. Lehnt der Mandant die Erstattung einer Selbstanzeige ab, ist der Steuerberater durch sein Mandatsverhältnis nicht gehindert, *für seine Person* eine Richtigstellungserklärung abzugeben, wenn er bei den Schwarzgeldgeschäften mitgewirkt bzw. davon gewußt hat. Es ist einem Steuerberater dann nicht zuzumuten, die Interessen eines Mandanten so zu schützen, daß er sich der Gefahr einer eigenen Bestrafung aussetzt. Mit Erstattung einer *Selbstanzeige für eigene Rechnung* durch den Steuerberater ist dem Mandanten die Möglichkeit genommen, selbst in den Genuß der Straffreiheit zu kommen, da die Tat mit der Anzeigeerstattung des Steuerberaters als entdeckt gilt. War der Steuerberater allerdings nicht in die Schwarzgeldgeschäfte verwickelt, wußte er aber davon, verbietet es ihm seine Schweigepflicht, die Finanzbehörden davon zu unterrichten.[497]

b) Der maßgebliche Erstattungszeitraum

Selbstanzeigen sollten grundsätzlich nur für die letzten fünf Jahre seit Vollendung der Steuerstraftat (eine Steuerstraftat ist, wie oben

[497] Joecks, in: Franzen/Gast/Joecks, Steuerstrafrecht, 4. Auflage 1996, § 371, Rz. 86.

angeführt, mit Bekanntgabe des aufgrund der unrichtigen Steuererklärung ergehenden Steuerbescheides vollendet) erstattet werden. Steuerstraftaten verjähren gewöhnlich in fünf Jahren (§ 369 Abs. 2 AO, § 78 Abs. 3 Nr. 4 StGB). Dasselbe gilt für Steuerordnungswidrigkeiten (§ 384 AO).[498]

Bis 1994 ging die strafgerichtliche, und mit ihr die steuerliche Praxis vom sogenannten *Fortsetzungszusammenhang* aus. Wiederholt begangene Steuerstraftaten wurden als eine einzige Tat betrachtet, mit der Folge, daß die Verfolgungsverjährung erst nach Abschluß des letzten Hinterziehungsaktes beginnen konnte. Der Fortsetzungszusammenhang setzte damit die gesetzliche Verjährung insoweit außer Kraft, als die in langjähriger Tatserie begangenen Steuerstrafdelikte niemals verjährten. Und dadurch, daß die Festsetzungsverjährung in § 171 Abs. 7 AO an die Strafverfolgungsverjährung gebunden ist, trat auch hinsichtlich der Steuerfestsetzung niemals Verjährung ein.

Folge: Die Finanzämter konnten von Selbstanzeigern Steuernachzahlungen für erheblich weiter zurückliegende Veranlagungszeiträume verlangen, als es die zehnjährige Festsetzungsfrist vorsah.

Nach entsprechenden Urteilen halten BGH und BFH[499] für den Tatbestand der Steuerhinterziehung nicht mehr an der Rechtsfigur der „fortgesetzten Tat“ fest. Damit können alljährlich wiederholt begangene Steuerstraftaten (z. B. das Verschweigen von Einkünften aus Kapitalvermögen) wieder verjähren. „Die Tathandlungen bei der Steuerhinterziehung sind den Tathandlungen des Betrugs vergleichbar und in gleicher Weise voneinander abgrenzbar“, so der BGH.

Infolgedessen ist der Rückgriff des Fiskus faktisch auf maximal zehn Jahre beschränkt. Diese Zehn-Jahres-Frist nach § 169 Abs. 2 Satz 2 AO gilt aber nur für das Besteuerungsverfahren und ist strafrechtlich nicht relevant. Über den Zehn-Jahres-Zeitraum hinaus besteht keine Nachzahlungspflicht, denn der Eintritt der Festsetzungsverjährung bewirkt das Erlöschen des Steueranspruchs (§ 47

[498] Die „absolute“ Verfolgungsverjährung beträgt zehn Jahre. „Absolut“ bedeutet hier, daß Unterbrechungsmaßnahmen – darunter fällt praktisch jede x-beliebige Handlung eines Staatsanwalts – nach Ablauf dieser zehn Jahre keinerlei Wirkung mehr haben (§ 369 Abs. 2 AO, §§ 78 Abs. 3 Nr. 4, 78 c Abs. 3 Satz 2 StGB).

[499] BGH, Beschluß v. 20. Juni 1994, 5 StR 595/93; 11. Okt. 1994, 5 StR 546/94; BFH Urteil v. 22. Juni 1995, IV R 26/94 BStBl. 1995 II S. 575.

AO). Dies gilt auch für weit zurückliegende Steuersünden, die durch eine Selbstanzeige erstmals aufgedeckt worden sind. So erstattete ein Schwarzgeldanleger, der Einkünfte aus einem Obstbaubetrieb und aus Kapitalvermögen erzielte, 1987 für die Jahre 1981 bis 1986 Selbstanzeige. Obwohl hierdurch Steuerunregelmäßigkeiten ab 1973 aufgedeckt wurden, konnten 1990 die Einkommensteuerbescheide für 1973 und 1974 nicht mehr geändert werden.[500]

c) Form und Inhalt

Die Selbstanzeige bedarf keiner besonderen Form. Sie kann mündlich, schriftlich, zu Protokoll bei der zuständigen Finanzbehörde oder in den Fällen der leichtfertigen Steuerverkürzung (§ 378 AO) durch tätige Mitarbeit bei der Außenprüfung erklärt werden.[501] Aus Beweisgründen und zur Vermeidung von Mißverständnissen empfiehlt es sich jedoch, die Anzeige schriftlich oder zur Niederschrift an Amtsstelle (§ 151 AO) abzugeben.

Das Wort „Selbstanzeige“ wird ebensowenig erwartet wie ein umfassendes Schuldeingeständnis des Schwarzgeldanlegers. Das Wort „Selbstanzeige“ ist auch in jedem Fall zu vermeiden, da der Steuerfall andernfalls sofort an die BuStra-Stelle geht und steuerstrafrechtliche Ermittlungen auslöst.

Auch auf die Angabe diverser Schwarzgeldkonten und auf die Nennung von Kreditinstituten sollte verzichtet werden, wenn auch die Finanzbehörde bald danach fragen wird. Nach einer Verfügung der Oberfinanzdirektion Münster[502] soll der Schwarzgeldanleger nämlich vor einer zeitnahen Weiterleitung der Selbstanzeige an die BuStra-Stelle darüber um Auskunft gebeten werden, „bei welchen Instituten (auch Auslandsinstituten) er sein Kapitalvermögen angelegt hat“.

Anzugeben sind alle *steuerlich erheblichen Tatsachen.* Schwarzgeldanleger, die Sachverhalte nur teilweise richtigstellen und unvollständige Selbstanzeigen abgeben, erlangen nur teilweise Straffreiheit. Die Angaben müssen logisch und in sich schlüssig sein. Erklärt der Schwarzgeldanleger Kapitaleinkünfte nach, muß er auch

---

[500] BFH, Urteil v. 22. Juni 1995, IV R 26/94 BStBl. 1995 II S. 575.
[501] Vgl. F.III.4.
[502] Verfügung v. 15.4.1998, S 0351-28-St 21 34.

darlegen können, woher denn das Kapital stammt. Mit der bloßen Nacherklärung der Zinsen ist es also für den Schwarzgeldanleger nicht getan, wenn auch das Vermögen „schwarz" ist oder aus einer Erbschaft „schwarz" übernommen wurde, wie beispielsweise das durch Aushändigung und Nennung des Losungswortes weitervererbte anonyme österreichische Sparbuch.

Ist es dem Steuerpflichtigen zunächst nicht möglich, sämtliche steuerrelevante Tatbestände zu berichtigen, unvollständige oder unterlassene Angaben zu ergänzen bzw. nachzuholen, ist es jedoch nur noch eine Frage der Zeit, bis die Finanzbehörde ihrerseits die Steuerstraftat aufdeckt, kann der Schwarzgeldanleger höchstens Straffreiheit erreichen, wenn er seine hinterzogenen Steuern in einem ersten Schreiben grob schätzt und bittet, exakte Angaben nachreichen zu dürfen. In der Praxis ist es ja vielfach so, daß Schwarzgeldanleger, die Kapitalerträge zuvor im Rahmen ihrer Einkommensteuererklärung nicht oder nicht vollständig erklärt haben und aufgrund von Ermittlungsmaßnahmen bei ihrer Depotbank Selbstanzeige erst nach Bestandskraft ihrer letzten Einkommensteuerbescheide erstatten. Dabei geben sie die hinterzogenen Kapitaleinkünfte zunächst nur *schätzweise* an, weil sich in dem wegen der Gefahr einer Entdeckung bestehenden Zeitdrucks die Höhe des Kapitalvermögens, die entsprechenden Einnahmen sowie die damit zusammenhängenden Werbungskosten nicht vollständig feststellen lassen. Die Schätzungen erfolgen dabei aus Gründen äußerster Sicherheit und, um zu vermeiden, daß zu geringe Beträge angemeldet werden, eher großzügig. Detaillierte Aufstellungen über die Einnahmen aus Kapitalvermögen und die entsprechenden Werbungskosten reichen die Steuersünder erst später beim Finanzamt ein. Die darin erklärten Einkünfte weichen dann zwangsweise von den anfangs nur geschätzten Kapitaleinkünften ab.

Nach einer Verfügung der OFD Magdeburg[503] verfahren die Finanzämter in solchen Fällen regelmäßig so, daß sie die bestandskräftige Steuerfestsetzung umgehend nach Erstattung der Selbstanzeige entsprechend den vom Schwarzgeldanleger geschätzten Kapitaleinkünften nach § 173 Abs. 1 Nr. 1 AO ändern. Gleichzeitig

503 Verfügung v. 9.6.1998, S 0351-10-St 251.

bringen die Finanzämter im Hinblick auf die Höhe der nacherklärten Einkünfte aus Kapitalvermögen einen Vorläufigkeitsvermerk nach § 165 AO an, welcher auf die ungewissen Voraussetzungen – hier auf die Höhe der Einkünfte aus Kapitalvermögen – beschränkt und den Finanzbehörden weitere Änderungen im Hinblick auf die tatsächlich erwirtschafteten Kapitaleinkünfte vorbehält. Der zunächst nach § 173 Abs. 1 Nr. 1 AO geänderte Steuerbescheid aufgrund der geschätzten Kapitaleinkünfte kann bei Bekanntwerden der tatsächlich vom Schwarzgeldanleger erzielten Kapitaleinkünfte sowohl zu seinen Gunsten als auch zu seinen Ungunsten nach § 165 Abs. 2 Satz 1 AO geändert werden.

Die sogenannte *Selbstanzeige dem Grunde nach* ist eine aus mehreren ihr folgenden Teilerklärungen bestehende Gesamterklärung, die mit der ersten Teilerklärung die Selbstanzeige nur ankündigt und „dem Grunde nach" erklärt. Eine solche Selbstanzeige führt im Regelfall nicht zur Straffreiheit, sondern erweist sich für den Schwarzgeldanleger als Bumerang. Die Finanzbehörde ist hier nämlich nicht verpflichtet, weitere Materiallieferungen laut Ankündigung abzuwarten. Erkennt ein Finanzbeamter das Vorliegen einer Steuerstraftat aus dem „ersten Schreiben", und erkennt er zudem, daß die erste Teilerklärung den Erfordernissen nicht entspricht, muß er ein Steuerstrafverfahren einleiten, da er sich andernfalls selbst der Strafvereitelung im Amt schuldig macht.[504] Die Abgabe einer *Selbstanzeige in Stufen* wird auch regelmäßig dann nicht zur Straffreiheit führen, wenn der Anzeigende buchführungspflichtig ist und dessen Buchführung lückenhaft ist oder er über gar keine Buchführung verfügt und demzufolge die verkürzten Steuern nicht nachträglich ermitteln kann. Mit Erstattung einer Selbstanzeige löst der Anzeigende hingegen erst ein Steuerstrafverfahren aus und kann danach höchstens in Teilbereichen – für die die notwendigen Informationen dargelegt werden können – Straffreiheit erlangen.

Drängt die Zeit und können die exakten Besteuerungsgrundlagen in dem zur Verfügung stehenden Zeitrahmen nicht mehr ermittelt werden, muß aus der ersten Teilerklärung, die die eigentliche Richtigstellungserklärung nur ankündigt, mehr hervorgehen

[504] Joecks, a.a.O., § 371, Rz. 77.

als nur die Angabe, daß früher abgegebene Steuererklärungen unrichtig und unvollständig waren und daß die Berichtigung in Kürze folgt. Eine diesbezügliche Erklärung wäre höchstens als Ankündigung für eine Selbstanzeige zu werten, die die Finanzbehörden verpflichten würde, nach Maßgabe des Legalitätsprinzips ein Steuerstrafverfahren einzuleiten. Die erste Teilerklärung muß das Finanzamt zumindest in die Lage versetzen, den Umfang der bisher verheimlichten Besteuerungsgrundlagen festzustellen. Nachdem der Schwarzgeldanleger wohl stets wissen wird, wieviel er für sein Kapital im Inland versteuern müßte und wieviel Steuern er sich „spart", dürften grobe Schätzungen in diesem Zusammenhang jederzeit möglich sein.

d) Empfängerkreis

Die Selbstanzeige ist gegenüber der örtlich und sachlich zuständigen Finanzbehörde abzugeben. Es empfiehlt sich, die Abgabe zu dokumentieren, etwa durch den Einwurf in den Finanzamtsbriefkasten unter Zeugen oder durch die Aushändigung gegen Quittung. Sachlich zuständiges Finanzamt ist das für den Straftäter (Steuerpflichtigen) zuständige Veranlagungsfinanzamt. Das BayObLG[505] hat ergänzend bestimmt, daß auch eine Berichtigung gegenüber dem Außenprüfer rechtswirksam sei, zumal eine Selbstanzeige auch dann als erstattet gilt, wenn sie nicht bei dem zuständigen Veranlagungsbezirk, sondern – aus Unkenntnis – z. B. bei der Rechtsbehelfsstelle erstattet wird. Die *Steuerfahndung* dagegen ist keine Finanzbehörde, so daß dort abgegebene Selbstanzeigen *unwirksam* sind.

Eine an die Staatsanwaltschaft oder ein deutsches Gericht adressierte Selbstanzeige entfaltet ihre strafbefreiende Wirkung erst, wenn sie den Finanzbehörden zugeleitet wurde und dort auch rechtzeitig eintrifft. Das Risiko eines verspäteten Eingangs trägt der Schwarzgeldanleger. Auch wenn dem Steuerpflichtigen kein Verschulden bei der falschen Adressierung an „steuerfremde Behörden" zugerechnet werden kann, besteht für ihn kein Anspruch auf Straffreiheit.[506] In allen Fällen empfiehlt es sich, die Selbstanzeige

[505] Beschluß v. 2. Dezember 1980, 4 St 168/80 DB 1981, 874.
[506] Mösbauer, a.a.O., S. 101.

direkt an die Bußgeld- und Strafsachenstelle des Wohnsitzfinanzamts zu schicken, da Selbstanzeigen in jedem Fall diesen Stellen zugeleitet werden.

e) Einbezug von Mittätern

Mit Erstattung einer Selbstanzeige tritt regelmäßig der in § 371 Abs. 2 Nr. 2 AO genannte Ausschließungsgrund ein, da mit der Richtigstellung durch einen Steuerpflichtigen die Straftat zwangsweise aufgedeckt wird.[507] Die Tatentdeckung kann durch den Widerruf der Selbstanzeige nicht rückgängig gemacht werden. Bevor nun die ganze „Steuersache" mit der Selbstanzeige „ins Rollen" gebracht wird, ist immer zu prüfen, welche Personen von der Steuerstraftat betroffen sein könnten und für welche die Selbstanzeige zu erstatten ist, da allen nicht einbezogenen Tatbeteiligten die Möglichkeit der Strafanzeige durch die Tatentdeckung genommen wird. Die Besonderheit der strafbefreienden Selbstanzeige liegt nämlich darin, daß sie nur für diejenigen einen *persönlichen* Strafaufhebungstatbestand verwirklicht, für die die Selbstanzeige erstattet wird. Eine Selbstanzeige wirkt weder automatisch auch gegenüber dem Ehegatten, noch hat sie Auswirkungen auf die übrigen Gesellschafter eines Unternehmens. Die BGH-Rechtsprechung[508] läßt die Selbstanzeige jedoch für die übrigen Gesellschafter einer Gesellschaft des Bürgerlichen Rechts gelten, wenn der für die steuerlichen Angelegenheiten zuständige Gesellschafter Selbstanzeige erstattet.

Die Finanzverwaltung, ihr geht es ja schließlich nur um Steuereinnahmen, läßt die strafbefreiende Wirkung einer Selbstanzeige allerdings auch gegenüber den Tatbeteiligten gelten, die von der Anzeige im Zeitpunkt der Erstattung nichts wußten und diese Berichtigung noch nachträglich für sich anerkennen und gelten lassen. Denn damit erweitert sich ja der Kreis der aufgedeckten Beschuldigten, Wissenden und potentiellen Zahler. Soweit aber mit der Finanzverwaltung nichts „ausgehandelt" ist, wirkt die Selbstanzeige des Täters nicht auch gegenüber seinen Mittätern, und zwar auch dann nicht, wenn sich der Steuerpflichtige bei seinen Schwarzgeldtricks Drittpersonen bediente und sich den Steuervorteil nur durch rechtswidriges Verhalten dieser Dritten erschleichen konnte.

---

[507] Vgl. F.III.3.c).
[508] 4 StR 315/84.

In einem Fall versteuerte ein Vermieter immer nur die Mieten, die ursprünglich im Mietvertrag vereinbart waren. Nach sechs Jahren wurden die Beamten stutzig! Sechs Jahre lang dieselbe Miete; das glaubten sie nicht und befragten den Mieter. Der Mieter erklärte wahrheitswidrig, sechs Jahre dieselbe Miete gezahlt zu haben. Als die Beamten dann die Kontoauszüge anforderten, erstattete der Vermieter Selbstanzeige, vergaß dabei aber den Mieter. Gegen diesen wurde ein Steuerstrafverfahren eingeleitet.

Hat der Steuerschummler Ohne-Rechnung-Geschäfte angezeigt, die weder von ihm noch von seinem Geschäftspartner verbucht worden sind, genügt für die strafbefreiende Wirkung, daß der Steuerschummler die in seinen eigenen Steuererklärungen nicht erfaßten OR-Geschäfte nachmeldet. Den Namen des anderen Geschäftspartners muß er dabei nicht nennen. Dieser (andere Geschäftspartner) erlangt dann aber keine Straffreiheit. Kommt der andere Geschäftspartner als Mittäter, Anstifter oder Gehilfe in Betracht, sollte die Selbstanzeige deshalb in Abstimmung mit dem anderen Geschäftspartner erfolgen und letzterer auch benannt werden, um für ihn ebenfalls Straffreiheit zu erreichen.

f) Widerruf

Widerruft der Schwarzgeldanleger seine Selbstanzeige nachträglich in einem wesentlichen Punkt, muß nach objektiver Wertung angenommen werden, daß der in Frage stehende Sachverhalt nicht nur in der vorausgegangenen Steuererklärung, sondern zum wiederholten Mal auch in der Selbstanzeige entweder falsch oder unvollständig dargestellt worden ist. Es liegt in diesem Fall keine wahrheitsgemäße „Berichtigung", „Ergänzung" oder „Nachholung" i. S. von § 371 Abs. 1 AO – und damit auch keine *echte* Selbstanzeige – vor; „auch dann nicht, wenn die Finanzbehörde die Steuern nach den Angaben der unrichtigen Berichtigungserklärung festgesetzt hat"[509]. Mit dem Widerruf bzw. der Änderung einer Selbstanzeige in einem wesentlichen Punkt entzieht der Steuerpflichtige dieser selbst den Boden und verliert gleichzeitig seinen Anspruch auf Straffreiheit.

---

[509] Mösbauer, a.a.O., S. 102.

2. Voraussetzungen für die Straffreiheit

a) Lückenlose und bedingungslose Richtigstellung falscher Angaben

Voraussetzung für die Straffreiheit ist, daß der Steuerhinterzieher sein früheres falsches Verhalten richtigstellt und auch richtigstellen kann, indem er

- durch aktive Mitwirkung unrichtige Angaben durch richtige ersetzt (berichtigt)
- und unvollständig erklärte Angaben ergänzt oder dasjenige nachholt, das er vorher (bewußt) nicht dargelegt hat.

„Die Berichtigung muß sich auf steuerlich erhebliche Tatsachen erstrecken."[510] Dies heißt für den Schwarzgeldanleger, daß er regelmäßig Zahlenangaben machen muß. Der Inhalt seiner Berichtigungserklärung muß so sein, wie sie schon früher hätte abgegeben werden müssen. Die Richtigstellungserklärung darf nicht wieder fehlerhafte oder unvollständige Angaben enthalten. Keine Selbstanzeige stellt die bloße Aufforderung an die Finanzbehörden dar, eine Außenprüfung vorzunehmen, da in diesem Fall der Steuerpflichtige nicht selbst tätig wird, sondern der Außenprüfer die Besteuerungsgrundlagen selbst ermittelt. Nicht als Selbstanzeige zu werten ist auch eine „vorsorgliche Selbstanzeige", für die sich im Zuge einer bevorstehenden Außenprüfung ergebenden Mehrsteuern. Straffreiheit durch Selbstanzeige kann nur für bereits begangene Steuerstraftaten erreicht werden, welche im Zeitpunkt der Erstattung bereits vollendet sind. Selbstanzeigen im Hinblick auf bevorstehende Betriebsprüfungen nützen nichts; sie motivieren nur den Betriebsprüfer entsprechend.

Die Tätigkeiten des Berichtigens, des Nachholens und des Ergänzens dürfen jedoch nicht so verstanden werden, daß der Anzeigende gleich die verkürzten Steuern selbst berechnet oder alles nur denkbare Zahlenmaterial beizufügen hat. „Die Erklärung braucht nicht so detailliert zu sein, daß die Finanzbehörde die Nach- oder Neuveranlagung auf der Stelle durchführen kann."[511]

[510] Joecks, in: Franzen, Gast, Joecks, Steuerstrafrecht, § 371, Rz. 49.
[511] Mösbauer, Heinz: Steuerstraf- und Steuerordnungwidrigkeitenrecht, München 1989, S. 87.

Die Richtigstellungserklärung muß lediglich den Sachverhalt so darstellen, wie dieser bereits vorher bei ordnungsmäßiger Erfüllung der steuerrechtlichen Mitwirkungspflichten hätte dargestellt werden sollen. Die Finanzbehörde muß mit Hilfe der Selbstanzeige in der Lage sein, „den Sachverhalt ohne die weitere gutwillige Mithilfe des Täters aufzuklären."[512] Die Beiziehung von Steuerakten oder das Befragen anderer Stellen, beispielsweise der Bank des Schwarzgeldanlegers, ist dem Finanzamt aber zuzumuten. „Der Steuerpflichtige verliert seinen Anspruch auf Straffreiheit nicht schon dadurch, daß die zahlenmäßige Berechnung der Steuer noch eine gewisse eigene Aufklärung durch das Finanzamt erfordert."[513]

Vor Erstattung einer Selbstanzeige müssen entsprechende Unterlagen vorhanden sein, die eine lückenlose Rekonstruktion aller steuerpflichtigen Einkünfte und der Vermögensverhältnisse ermöglichen. Ist die Buchführung des Schwarzgeldanlegers aber so unbrauchbar und unvollständig, daß die Einnahmen und Ausgaben nicht rekonstruiert werden können, muß der Steuerpflichtige dem Finanzamt zumindest soviel über Löhne, Umsätze, Vermögenszuwächse, Materialeinsatz usw. mitteilen, daß eine Schätzung vorgenommen werden kann.

Die Unterlagen müssen eine Rekonstruktion zumindest für die letzten *fünf Jahre* ermöglichen. Danach tritt Strafverfolgungsverjährung ein. Da die Festsetzungsverjährung bei Steuerhinterziehung nicht mit der Strafverfolgungsverjährung endet, sondern *zehn Jahre* beträgt, sollten für die richtige Berechnung der nachzuzahlenden Steuern noch Aufzeichnungen über diesen Zeitraum vorhanden sein. Da Berichtigungen oder Ergänzungen unwahrer und unvollständiger Angaben Voraussetzung für die Straffreiheit sind, geht das Risiko der *mangelnden Materialbereitstellung* zu Lasten des Anzeigeerstatters.

b) Nachzahlung der hinterzogenen Steuern

Schließlich ist Voraussetzung für die Erlangung von Straffreiheit, daß der Schwarzgeldanleger „die zu seinen Gunsten hinterzogenen

[512] Joecks, a.a.O., § 371, Rz. 52.
[513] Ebendort.

Steuern" innerhalb einer von der Bußgeld- und Strafsachenstelle gesetzten Frist nachentrichtet (§ 371 Abs. 3 AO).[514] Die Nachzahlungspflicht trifft nicht nur den Täter (Steuerschuldner), dessen steuerlicher Vorteil sich aus der Steuerersparnis errechnet. Nachzahlen müssen vielmehr auch die Teilnehmer an einer Steuerstraftat, denen unter wirtschaftlichen Gesichtspunkten geldwerte Vorteile aus der Tat zugeflossen sind. Mit der Nachzahlung sind *Hinterziehungszinsen* zu entrichten. Die Verzinsung hinterzogener Steuern knüpft daran an, daß Steuern verkürzt worden sind; Zinsschuldner ist derjenige, zu dessen Vorteil die Steuern hinterzogen worden sind (§ 235 Abs. 1 Satz 2 AO).

3. Ausschließungsgründe für die Straffreiheit

a) Erscheinen eines Amtsträgers

Straffreiheit wird dem Schwarzgeldanleger trotz umfassender Berichtigungserklärung und vollständiger Nachzahlung der hinterzogenen Steuern samt Zinsen nicht mehr zugestanden, wenn zwischenzeitlich bestimmte Umstände (Ausschließungsgründe) eingetreten sind. Dem Schwarzgeldanleger wird Straffreiheit nicht mehr gewährt, wenn „vor der Berichtigung, Ergänzung oder Nachholung ein *Amtsträger* der Finanzbehörde zur steuerlichen Prüfung oder zur Ermittlung einer Steuerstraftat oder einer Steuerordnungswidrigkeit erschienen ist" (§ 371 Abs. 2 Nr. 1 Buchst. a AO). Die Vorschrift soll der Tatsache Rechnung tragen, daß Steuerstraftaten gerade durch die steuerliche Außenprüfung aufgedeckt werden. Der steuerlichen Außenprüfung gleichzusetzen sind hier insbesondere Prüfungen im Steueraufsichts-, Steuerfahndungs-, Steuerermittlungs- und Steuerfestsetzungsverfahren.

Amtsträger i. S. der Vorschrift ist nicht nur der Außenprüfer, sondern jede Person, die nach deutschem Recht Beamter oder Richter ist. Für den Ausschluß der Straffreiheit ist es deshalb unerheblich, ob ein Amtsträger eines Hauptzollamtes, einer Zollfahndungsstelle,

[514] Die Fristsetzung nach § 371 Abs. 3 AO ist ein strafprozessualer Vorgang, der in den Zuständigkeitsbereich der Bußgeld- und Strafsachenstelle (Bustra) fällt. Die Nachzahlungsfrist muß angemessen sein, d. h. dem Steuerpflichtigen eine realisierbare Begleichung der Steuerschuld ermöglichen. Zu berücksichtigen sind Verhandlungszeiten mit Banken und sonstigen Geldgebern.

der Oberfinanzdirektion, der Bundesschuldenverwaltung, des Bundesamtes für Finanzen, der Bundesaufsichtsämter für das Kredit- oder Versicherungswesen oder gar des Bundesministers der Finanzen erschienen ist. Maßgeblich ist nur, daß der Amtsträger „Amtsträger einer Finanzbehörde" ist, dienstlich erscheint und eine Prüfungsanordnung ausführen will. Das Erscheinen eines Polizeibeamten, der im Auftrag der Staatsanwaltschaft Ermittlungen wegen einer Steuerstraftat anstellen soll, stellt keinen Ausschließungsgrund dar.

Ein Amtsträger gilt als „erschienen", wenn er an dem Ort angekommen ist, an dem die Außenprüfung oder die Ermittlung wegen Steuerhinterziehung durchgeführt werden soll. Unerheblich ist, ob der Amtsträger nach Vorankündigung oder unvermutet erscheint. „Angekommen" bedeutet, in das *Blickfeld* des Schwarzgeldanlegers getreten zu sein. Erscheinen ist daher ein *physisches Erscheinen,* etwa in den Geschäfts- oder Privaträumen des Steuerpflichtigen bzw. an einem mit dem Steuerpflichtigen vereinbarten dritten Ort (z. B. Kanzlei des Steuerberaters oder der Finanzbehörde). Ein Amtsträger der Finanzbehörde ist auch dann i. S. des § 371 Abs. 2 Nr. 1 Buchst. a AO zur steuerlichen Prüfung erschienen, wenn er bei dem Steuerpflichtigen nur einzelne Ermittlungen vornehmen, insbesondere Bankauszüge einsehen will,[515] oder wenn er am Betreten der Geschäfts- oder Privaträume gehindert worden ist. Der Amtsträger bleibt „erschienen", wenn er die Prüfung unterbricht und zu einem späteren Zeitpunkt wieder fortfährt. Bloßes Erscheinen, um einen Prüfungstermin zu vereinbaren oder anzukündigen, löst noch keine Sperrwirkung aus. Selbstanzeige ist zwischen der Bekanntgabe der Betriebsprüfungsanordnung und dem Erscheinen ebenso möglich wie (noch) nach einer Vorladung, mit den Steuerunterlagen auf das Finanzamt zu kommen.

Der Umfang der Sperrwirkung erstreckt sich in persönlicher Hinsicht auf den Steuerpflichtigen (bei Erscheinen zur steuerlichen Prüfung) bzw. auf den Täter (bei Erscheinen zur Durchführung von Ermittlungen), bei dem der Amtsträger erschienen ist. Der Amtsträger ist nicht zugleich auch beim Täter (Steuerpflichtigen) selbst erschienen, wenn er bei einem Mittäter oder Teilnehmer erschie-

---

[515] BayObLG 17.9.1986, RReg. 4 St 155/86.

nen ist. Die Sperrwirkung richtet sich in diesem Fall (noch) nicht gegen den eigentlichen Steuerhinterzieher. Sind Steuerfahnder bei der Bank des Schwarzgeldanlegers erschienen, ist eine Selbstanzeige mit strafbefreiender Wirkung grundsätzlich noch möglich. Denn die Amtsträger sind ja nicht bei ihm, sondern bei seiner Bank erschienen.

Erscheint der Amtsträger im Betrieb, tritt Sperrwirkung gegenüber denjenigen Tätern, Mittätern oder Teilnehmern ein, die vom Erscheinen des Prüfers Kenntnis erlangen.[516] Die Finanzverwaltung geht regelmäßig davon aus, daß Mittäter oder Teilnehmer an einer betriebsbezogenen Steuerhinterziehung von der bevorstehenden Betriebsprüfung Kenntnis erlangen, solange sie dem Betrieb angehören, und geht daher grundsätzlich von einer Sperrwirkung gegenüber diesen Personen aus.

Ist ein Außenprüfer als Amtsperson erschienen, ergibt sich der *sachliche* Umfang der Sperrwirkung aus der schriftlichen Prüfungsanordnung. Nur für die in der Prüfungsanordnung genannten Steuersachverhalte verliert die Selbstanzeige ihre strafbefreiende Wirkung hinsichtlich der genannten Steuerarten und Personen. Sofern die Prüfungsanordnung rechtswidrig oder erfolgreich angefochten worden ist, tritt keine Sperrwirkung ein. Des weiteren grenzt der notwendig werdende Ermittlungsumfang die Sperrwirkung ein. Während steuerstrafrechtliche Ermittlungen regelmäßig in die Bekanntgabe der Einleitung eines Straf- oder Bußgeldverfahrens münden, sich der Sperrwirkung also im allgemeinen ein weiterer Ausschließungsgrund anschließt, ist in den Fällen, in denen der Amtsträger lediglich prüft, die Sperrwirkung durch den in der Prüfungsanordnung festgelegten Prüfungszeitraum auch *zeitlich* begrenzt.

Der Außenprüfer darf die Prüfungsanordnung nicht eigenmächtig erweitern, etwa weil sich im Rahmen einer Umsatzsteuerprüfung Hinweise auf die Existenz eines Schwarzgeldkontos ergeben haben. Eine Selbstanzeige hinsichtlich nicht erklärter Zinsen wäre hier noch möglich, da der Prüfer laut Prüfungsanordnung nur die Umsatzsteuer prüfen durfte. Konsequenterweise wird auch die Straffreiheit des Steuerpflichtigen durch Selbstanzeige nur für die-

[516] Kohlmann, Steuerstraf- und Steuerordnungswidrigkeitenrecht, § 371 Rdnr. 130, zitiert in: Flore/Dörn/Gillmeister, a.a.O., S. 294.

jenigen Steuerarten ausgeschlossen, auf die sich die Prüfungsanordnung erstreckt.[517] Der Prüfer darf zwar i. d. R. auch andere Sachverhalte beachten, jedoch nicht prüfen. Gemäß dem Beschluß des BayObLG[518] ist es zwar richtig, „daß nicht selten anläßlich einer Außenprüfung auch Steuerstraftaten aufgedeckt werden, die auf dem Gebiet anderer, von der Prüfungsanordnung nicht erfaßter Steuerarten begangen wurden. Dies führt aber nicht dazu, daß der Prüfer deshalb auch insoweit als zur Prüfung erschienen angesehen werden könnte; vielmehr setzt dies eine ausdrückliche Erweiterung der Prüfungsanordnung voraus".

b) Bekanntgabe der Einleitung eines Straf- oder Bußgeldverfahrens

Des weiteren tritt Straffreiheit nicht ein, „wenn vor der Berichtigung, Ergänzung oder Nachholung dem Täter oder seinem Vertreter die Einleitung des Straf- oder Bußgeldverfahrens wegen der Tat bekanntgegeben worden ist" (§ 371 Abs. 2 Nr. 1 Buchst. b AO). Ein Steuerstrafverfahren gilt nach § 397 Abs. 1 AO als eingeleitet, „sobald die Finanzbehörde, die Polizei, die Staatsanwaltschaft, einer ihrer Hilfsbeamten oder der Strafrichter eine Maßnahme trifft, die erkennbar darauf abzielt, gegen jemanden wegen einer Steuerstraftat strafrechtlich vorzugehen".

Die Einleitung eines Strafverfahrens wegen einer Steuerstraftat oder Steuerordnungswidrigkeit ist bekanntgegeben, wenn dem Betreffenden gegenüber die Mitteilung erfolgt, durch welchen Umstand er sich strafbar gemacht hat, bzw. „durch welchen Lebenssachverhalt die Straftat oder die Ordnungwidrigkeit verwirklicht worden ist"[519]. Die Sperrwirkung wegen Bekanntgabe eines Straf- oder Bußgeldverfahrens wird in *persönlichem* Umfang dahingehend begrenzt, als sich die Sperrwirkung nur auf den Täter (Teilnehmer) bezieht, dem die Einleitung des Straf- oder Bußgeldverfahrens bekanntgegeben wurde. Die Sperrwirkung richtet sich aber nicht gegen den *Vertreter,* dem die Einleitung des Straf- oder Bußgeldverfahrens in Abwesenheit des Täters bekanntgegeben worden ist. Der

[517] BayObLG 23.1.1985, RReg. 4 St 309/84, BB 1985, 856.
[518] Ebendort.
[519] Mösbauer, a.a.O., S. 119.

Vertreter tritt hier nur insofern an die Stelle des Schwarzgeldanlegers, „als die Bekanntgabe der Einleitung des Strafverfahrens an ihn die strafbefreiende Wirkung einer nachfolgenden Selbstanzeige ebenso ausschließen soll, als wenn die Mitteilung dem Täter persönlich gemacht worden wäre".[520] Sämtliche Drittpersonen können noch Selbstanzeige erstatten.

Die Bekanntgabe bedarf keiner bestimmten Form, sie kann mündlich, fernmündlich, schriftlich und auch durch schlüssiges Handeln erfolgen. Der Beschuldigte muß lediglich über die ihm vorgeworfene Tat ausreichend in Kenntnis gesetzt werden. Als erkennbare Maßnahmen kommen u. a. in Betracht: die Durchsuchung (§ 102 StPO), die Beschlagnahme (§§ 94, 98 StPO), der Erlaß eines Haftbefehls bzw. die vorläufige Festnahme (§§ 114, 127 StPO) oder die erste richterliche Vernehmung des Beschuldigten (§ 136 StPO). Ein Steuerstrafverfahren gilt gem. § 397 Abs. 1 AO auch dann schon als eingeleitet, wenn ein Außenprüfer oder ein Steuerfahnder einem Steuerpflichtigen Fragen über strafrechtliche Tatbestände stellt und sich der Steuerpflichtige mit der Beantwortung selbst einer Steuerstraftat bezichtigen würde. Die Einleitung eines Steuerstrafverfahrens ist gem. § 397 Abs. 2 AO „unter Angabe des Zeitpunktes unverzüglich in den Akten zu vermerken". Der Akteneintrag stellt den Beginn der Parallelität von Besteuerungs- und Steuerstrafverfahren dar.

Entscheidend für den Umfang der Sperrwirkung ist der Inhalt der Bekanntgabe, d. h. die Sperrwirkung tritt nur für die Tat ein, die in der Bekanntgabe genannt worden ist. Unter Tat ist der konkrete, auf einen bestimmten Steuerabschnitt bezogene Sachverhalt zu verstehen. Angesichts des materiellrechtlichen Charakters des § 371 AO findet der *strafprozessuale* Tatbegriff des § 264 StPO keine Anwendung.[521] Der verfahrensrechtliche Begriff der Tat (strafprozessualer Tatbegriff) ist umfassender als der sachlich-rechtliche.

Gemäß § 264 StPO ist „Tat" im engeren Sinne ein „konkretes Vorkommnis, ein einheitlicher geschichtlicher Vorgang, der sich von anderen ähnlichen oder gleichartigen unterscheidet und innerhalb dessen der Angeklagte einen Straftatbestand verwirklicht hat oder haben soll"[522]. Die Tat stellt sich also zunächst so dar, wie sie von

[520] Joecks, a.a.O., § 371, Rz. 178.
[521] Joecks, a.a.O., § 371, Rz. 181.
[522] Kleinknecht/Meyer, a.a.O., § 264 Strafprozeßordnung, Rz. 2.

der Anklage beschrieben wird. Im weiteren Sinne umfaßt der strafprozessuale Tatbegriff auch Vorgänge (innerhalb eines einheitlichen Geschehens), die den Tatbestand einer Ordnungwidrigkeit erfüllen können (§ 82 Abs. 1 OwiG).[523] Im prozessualen Sinn ist die Tat „Gegenstand des Strafverfahrens gegen einen Beschuldigten"[524].

Der strafprozessuale Tatbegriff unterscheidet im Gegensatz zum strafrechtlichen nicht im Bereich der Konkurrenzen zwischen Tateinheit und Tatmehrheit (§§ 52, 53 StGB). Daraus folgt, daß praktisch nur eine in Tateinheit begangene Tat (einheitliche Tat im strafrechtlichen Sinne) einer Tat i. S. des § 264 StPO gleicht; nur eine einheitliche Tat im sachlich-rechtlichen Sinne (§ 52 StGB) stellt auch eine Tat im prozessualen Sinne dar.

Sofern der Schwarzgeldanleger Steuerstraftaten begangen hat, die zueinander im Verhältnis der Tatmehrheit stehen, tritt die Sperrwirkung nur bezüglich der in der Bekanntgabe enthaltenen Tat ein. So hat die Rechtsprechung bei der Hinterziehung von Lohn- und Umsatzsteuern mehrere Taten angenommen,[525] so daß, wenn ein Steuerstraf- oder Bußgeldverfahren für eine Tat bekanntgegeben wurde, für die anderen Taten, die weder die in der Bekanntgabe enthaltenen Steuerarten noch die Besteuerungszeiträume betreffen, noch für die Selbstanzeige möglich ist.

c) Tatentdeckung im Zeitpunkt der Berichtigung

Die Selbstanzeige führt schließlich auch dann nicht zur Straffreiheit, „wenn vor der Berichtigung, Ergänzung oder Nachholung die Tat im Zeitpunkt der Berichtigung, Ergänzung oder Nachholung ganz oder zum Teil bereits entdeckt war und der Täter dies wußte oder bei verständiger Würdigung der Sachlage damit rechnen mußte" (§ 371 Abs. 2 Nr. 2 AO). Eine Entdeckung i. S. von § 371 Abs. 2 Nr. 2 AO erfordert nicht die zur Verurteilung erforderliche Überzeugung. Nach der BGH-Rechtsprechung reicht vielmehr die Wahrscheinlichkeit eines verurteilenden Erkenntnisses aufgrund einer vorläufigen Tatbewertung aus.[526] Eine Steuerstraftat gilt als „entdeckt", sobald Teile der Tat zusammen mit den dazugehörigen

[523] Kleinknecht/Meyer, a.a.O., § 264 Strafprozeßordnung, Rz. 4.
[524] Kleinknecht/Meyer, a.a.O., § 264 Strafprozeßordnung, Rz. 2.
[525] OLG Köln, Urt. v. 24.6.1986, wistra 1986, S. 273.
[526] BGH, Urt. v. 30.3.1993, 5 StR 77/93.

subjektiven Tatbestandsmerkmalen aufgedeckt sind und der Finanzbeamte die Tatwirklichkeit selbst wahrgenommen hat.[527] Für die Auslösung der Sperrwirkung ist es unerheblich, wer die Tat entdeckt hat. Tatentdecker kann entweder das Finanzamt, aber auch jede andere Behörde oder Privatperson sein. Es kommt allein darauf an, wann und ob der Entdecker (sofern er nicht Amtsperson des Finanzamts ist) seine Erkenntnisse an die Finanzbehörden weiterleitet.

Bei Vorliegen eines „bloßen Tatverdachts" oder eines zur Einleitung eines Steuerstrafverfahrens notwendigen „Anfangsverdachts" (§ 152 Abs. 2 StPO) tritt die Sperrwirkung nicht ein. Sperrwirkung tritt auch dann nicht ein, wenn die Steuerfahndung aufgrund bloßer Kenntnisse von Anhaltspunkten, die die Einleitung eines Steuerstrafverfahrens veranlassen könnten, Vorfeldermittlungen durchführt. Eine Steuerstraftat gilt vielmehr erst dann als entdeckt, wenn die Ermittler einen Abgleich der anläßlich einer Bankdurchsuchung festgestellten Kapitaleinkünfte mit den Steuerakten vornehmen und daraus ersichtlich ist, daß Zins und/oder Kapital über einen bestimmten Zeitraum nicht deklariert worden ist oder der Schwarzgeldanleger bei seinem zuständigen Finanzamt gar nicht als Steuerpflichtiger geführt ist.

Im letzteren Fall, wenn sich der Schwarzgeldanleger beim Finanzamt also gar nicht angemeldet hat, kann regelmäßig davon ausgegangen werden, daß dieser mit einer Tatentdeckung früher oder später rechnen mußte, d. h. der Ausschlußgrund der Tatentdeckung greift hier in jedem Fall; man wird aber dennoch in kleineren Fällen den Schwarzgeldanleger zunächst anschreiben und um Aufklärung bzw. Abgabe einer Steuererklärung bitten. Ist es aber so, daß der Schwarzgeldanleger einen Teil seiner Zinsen nur fahrlässig oder leichtfertig vergessen hat, ist es für die Selbstanzeige wegen einer „Tatentdeckung" noch nicht zu spät, und zwar auch dann nicht, wenn bereits Kontrollmaterial vorliegt und der Schwarzgeldanleger von seinem Wohnsitzfinanzamt bereits Post bekommen hat. Denn einerseits läßt vorliegendes Kontrollmaterial nicht von vornherein auf Steuerhinterziehung schließen; meistens

[527] Joecks, a.a.O., § 371, Rz. 184. Durch das Erfordernis der unmittelbaren Selbstwahrnehmung der Tatwirklichkeit unterscheidet sich die Entdeckung der Tat vom bloßen Tatverdacht.

wird es nur für eine leichtfertige Steuerverkürzung reichen. In Fällen der „leichtfertigen Steuerverkürzung" ist aber zum Ausschluß der strafbefreienden Wirkung die *Bekanntgabe der Einleitung eines Bußgeldverfahrens* Voraussetzung (§ 378 Abs. 3 AO).[528]

Verkannt wird des öfteren der für die Finanzverwaltung schwer nachweisbare „subjektive" Ausschlußtatbestand einer Tatentdeckung, welcher im zweiten Halbsatz des § 371 Abs. 2 Nr. 2 AO zum Ausdruck kommt und verlangt, daß der Schwarzgeldanleger von der Aufdeckung wußte oder bei verständiger Würdigung der Sachlage damit rechnen mußte. So bleiben Selbstanzeigen trotz der Tatentdeckung möglich, wenn der Finanzverwaltung der Nachweis nicht gelingt, daß der Schwarzgeldanleger von der Tatentdeckung gewußt hat oder mit einer solchen hätte rechnen müssen.

Gewußt hat der Schwarzgeldanleger von der Tatentdeckung dann, wenn ihm nachgewiesen werden kann, daß er aus den ihm bekannten Tatsachen heraus mit einer Verurteilung hätte rechnen müssen. Mit einer Verurteilung rechnen muß der Schwarzgeldanleger dann, wenn er aus den ihm vorliegenden Kenntnissen den Schluß ziehen konnte, daß die Finanzbehörde soviel von seiner Tat erfahren hat, daß sie entdeckt ist. Es geht dabei nicht darum, daß der Schwarzgeldanleger darzulegen hat, von der Tatentdeckung nichts gewußt zu haben. Zur Überzeugung des Gerichts muß feststehen, „daß der Täter die die Tatentdeckung kennzeichnenden Umstände positiv gekannt hat."[529]

Es kommt hier vor allem auf die individuelle Erkenntnis- und Urteilsfähigkeit des Schwarzgeldanlegers an. Schreibt das Finanzamt den Schwarzgeldanleger an, und beziffert es dabei die hinterzogenen Einkünfte unter Angabe von Kontonummer, Bank und dem genauen Zeitraum der Hinterziehung, wird dem Schwarzgeldanleger die Tatentdeckung unter normaler Erkenntnis- und Urteilsfähigkeit bekannt. Er kann dann keine Selbstanzeige mehr erstatten. Meistens ist es aber so, daß die Finanzamts-Schreiben allgemein gehalten sind und gerade keine Beträge und keine Namen von Banken beinhalten. Man schreibt den Schwarzgeldanleger etwa mit den Worten an, man hätte „nach vorliegendem Kontroll-

---

[528] Vgl. F.III.4.
[529] Joecks, a.a.O., § 371, Rz. 198.

material entdeckt, daß aus einem Wertpapiervermögen Kapitaleinkünfte erwirtschaftet und nicht erklärt worden sind". Man will den Schwarzgeldanleger hier bluffen. Denn mit diesen allgemein gehaltenen Angaben weiß er nicht, welches Schwarzdepot entdeckt wurde, und gibt so vielleicht weitere Schwarzkonten preis.

Bei solch allgemeinen Formulierungen weiß der Steuerschummler dann aber nicht, ob die Tat bereits entdeckt ist, und muß auch nicht damit rechnen. Nach o. g. BGH-Rechtsprechung[530] muß die Wahrscheinlichkeit eines verurteilenden Erkenntnisses aufgrund einer vorläufigen Tatbewertung bestehen. Dies erfordert aber hinreichende Erkenntnisse über die Einkunftsquelle, über den maßgeblichen Zeitraum und zum Vorsatz. Der Schwarzgeldanleger kann diese Kriterien aus allgemein gehaltenem Anschreiben nicht erkennen. Es fehlt hier regelmäßig am subjektiven Tatentdeckungstatbestand, welcher zusammen mit dem objektiven – der Tatentdeckung – erfüllt sein muß. Eine Selbstanzeige – oder besser eine Steuerberichtigungsanzeige[531] – ist hier noch möglich und ratsamer, als das Auskunftsgesuch des Finanzamts wahrheitswidrig zu beantworten.

Waren in den vergangenen Steuererklärungen Zinsen deklariert, kann aber nicht festgestellt werden, ob gerade diese anläßlich einer Bankdurchsuchung aufgedeckten Zinsen nicht erklärt worden sind, liegt noch keine Tatentdeckung vor. Schwarzgeldanleger, die Zinsen unvollständig deklariert haben, können noch Selbstanzeige erstatten. Nach einer Verfügung der OFD Düsseldorf[532] über die Kontrolle von Freistellungsaufträgen können Schwarzgeldanleger, die in einzelnen Fällen keine oder zu geringe Kapitaleinkünfte erklärt haben, eine strafbefreiende Selbstanzeige so lange abgeben, bis das zuständige Finanzamt noch keine konkreten Ermittlungen aufgenommen hat. Analog ist eine Steuerstraftat erst entdeckt, wenn der Finanzbeamte die Belege, die infolge einer Grenzkontrolle aufgefunden und kopiert worden sind, mit den Steuerunterlagen abgleicht und dabei feststellt, daß der Schwarzgeldanleger Zins und Kapital unter den Tisch gekehrt hat. Erstattet der Schwarzgeldanleger nach seiner Rückkehr Selbstanzeige, geht er hier noch

---

530 Vgl. Fn. 526.
531 Vgl. F.II.
532 Verfügung v. 21.1.1997, O 2010-1-St 3122.

straffrei aus. Daß in beiden Fällen, also sowohl bei den zu niedrig erklärten als auch verschwiegenen Kapitaleinkünften, eine Tatentdeckung unmittelbar bevorsteht, ist klar, berührt aber die strafbefreiende Wirkung nicht.

Ein Steuerpflichtiger, der über Jahre hinweg Steuern hinterzogen hat, kann für einzelne, noch nicht entdeckte Tatteile Selbstanzeige erstatten, auch wenn bereits andere Tatteile der fortgesetzten Tat entdeckt sind. Es ist allerdings nicht möglich, die Tat auf einen engeren Bereich zu reduzieren als auf den Bereich, den eine unrichtige Steuererklärung abdeckt. Denn Steuererklärungen unterliegen als Ganzes der Überprüfung.[533] Wurden also in einer Steuererklärung mehrere Steuersachverhalte falsch dargestellt, und kommt es hier zu einer teilweisen Entdeckung, hat eine Selbstanzeige auch hinsichtlich der anderen noch nicht entdeckten Tatteile keine strafbefreiende Wirkung mehr.

4. Selbstanzeige bei leichtfertiger Steuerverkürzung

Steuerschummler, die eine leichtfertige Steuerverkürzung begehen, handeln ordnungswidrig. Berichtigen und ergänzen sie die unrichtigen oder unvollständigen Angaben bei der Finanzbehörde nachträglich oder werden unterlassene Abgaben nachgeholt, bevor es zu einem Straf- oder Bußgeldverfahren kommt, wird keine Geldbuße festgesetzt (§ 378 Abs. 3 AO).

In Fällen der leichtfertigen Steuerverkürzung ist der Steuerpflichtige in der Regel gutgläubig und erlangt von der Unrichtigkeit oder Unvollständigkeit seiner Angaben häufig erst durch die Überprüfung der Finanzbehörde Kenntnis. Während nun für die Erstattung einer Selbstanzeige für Steuerhinterziehungen, wie gesehen, eine Sperrwirkung durch Erscheinen eines Amtsträgers oder durch Tatentdeckung eintritt, ist Selbstanzeige wegen leichtfertiger Steuerverkürzung noch während einer Betriebsprüfung möglich. Das Oberlandesgericht Karlsruhe hielt bei leichtfertigen Steuerverkürzungen trotz Erscheinens eines Amtsträgers eine Selbstanzei-

[533] Joecks, a.a.O., § 371, Rz. 195.

ge i. S. des § 378 Abs. 3 AO auch noch *während* bzw. *nach einer Betriebsprüfung* für möglich, wenn dem Prüfer alle Unterlagen zur Verfügung gestellt wurden, der Prüfer die Mehrsteuern bereits errechnet hatte und erst dann auf Steuerunregelmäßigkeiten aufmerksam machte. „Bis zu diesem Zeitpunkt wird er [der Steuerpflichtige, Anm. des Autors] somit keinen Anlaß haben, entsprechende aufklärende Tätigkeiten zu entfalten", so das Gericht.[534]

Im Fall gab ein Zahnarzt Einkünfte aus Privatliquidationen über gesondert in Rechnung gestellte Laborkosten in Höhe von 26.000 DM nicht an, obwohl er diese Kosten seinen Privatpatienten in Rechnung gestellt hatte. Er „ersparte" sich somit über 8.000 DM an Steuern. Als eine Betriebsprüfung angesagt war, stellte der Zahnarzt dem Prüfer sämtliche Unterlagen zur Verfügung. Die Betriebsprüfung errechnete daraufhin die Steuermehreinnahmen und machte den Zahnarzt erst danach auf die Steuerunregelmäßigkeiten aufmerksam. Der Zahnarzt hatte somit gar keine Möglichkeit mehr, zusätzliche Aufklärungsbeiträge zu leisten. Es blieb ihm statt dessen nur übrig, das Prüfungsergebnis anzuerkennen. „Dies muß für eine befreiende Selbstanzeige i. S. von § 378 Abs. 3 AO jedoch genügen, weil in derartigen Fällen der Steuerpflichtige gegenüber demjenigen ungerechtfertigt schlechter gestellt wäre, der etwa vorhandene Unterlagen noch nicht vollständig zur Verfügung gestellt, also weniger zur Aufklärung beigetragen hat und weitere Angaben noch nachholen kann", so das Gericht.[535]

Keine bußgeldbefreiende Selbstanzeige nach § 378 Abs. 3 AO sah dagegen das OLG Oldenburg[536] in einem Fall, in dem ein Schwarzgeldanleger in seiner über einen Steuerberater abgegebenen Einkommensteuererklärung Zinseinkünfte i. H. von 24.144 DM nur zu einem Betrag von 1.239 DM für sich und 184 DM für seine Ehefrau aufgeführt hatte. Die daraus herrührende Steuerverkürzung ist dem Finanzamt bei einer Außenprüfung bekanntgeworden. Der Steuerschummler hatte dafür von vornherein sämtliche relevante Unterlagen ausgehändigt und die nicht abgeführten Steuern unverzüglich nach Entdeckung der Tat nachentrichtet.

[534] OLG Karlsruhe, Beschluß v. 30. November 1995, 2 Ss 158/95.
[535] Ebendort.
[536] 18.9.1997, Ss 335/97 (I/102).

IV. Schwarzgeld-Legalisierung durch Fremdanzeige

Von der strafbefreienden Selbstanzeige nach § 371 Abs. 1 AO zu unterscheiden ist die *Fremdanzeige* nach § 371 Abs. 4 i. V. m. § 153 AO. Während die Selbstanzeige nach § 371 Abs. 1 AO nur für denjenigen Steuerstraftäter strafbefreiend wirkt, der die Selbstanzeige erstattet bzw. durch einen Bevollmächtigten erstatten läßt, gewährt die Fremdanzeige nicht dem Anzeigeerstatter, sondern einem *Dritten* Straffreiheit, und zwar unabhängig davon, ob der Dritte von der Abgabe der Fremdanzeige wußte oder nicht.

Die Vorschrift des § 371 Abs. 4 AO soll denjenigen vor einer strafrechtlichen Verfolgung schützen, der es unterlassen hat, im Namen eines Steuerpflichtigen Erklärungen gegenüber den Finanzbehörden abzugeben, oder der unrichtige oder unvollständige Erklärungen abgegeben hat. Erstattet beispielsweise das Mitglied einer Erbengemeinschaft eine Berichtigungsanzeige nach § 153 AO über das geerbte Schwarzgeld aus Luxemburg, halten dies aber die übrigen Erben nicht für notwendig, würde der die Berichtigungsanzeige erstattende Erbe die anderen Erben einer Strafverfolgung aussetzen. Dies könnte den einen ehrlichen Erben dazu bewegen, eben keine Berichtigungsanzeige zu stellen. Letzteres wäre sicherlich nicht im Sinne des Staatssäckels. § 371 Abs. 4 AO sichert daher in solchen Fällen auch den anderen schweigsamen Erben Straffreiheit zu. Klassisches Beispiel für die Anwendung des § 371 Abs. 4 AO ist die Beerbung eines dem verstorbenen Vater gehörenden Schwarzgeldkontos durch den Sohn und der Mutter. Der Sohn ist hier unter Strafe gezwungen, eine Berichtigungsanzeige zu stellen und das Luxemburger Schwarzgeld nachzuerklären. Damit würde er aber seine Mutter, die zusammen mit seinem verstorbenen Vater das Schwarzgeld in Luxemburg angelegt hat, einer Strafverfolgung aussetzen. Dem für den Sohn ersichtlichen Hinderungsgrund, eine Nacherklärung einzuleiten, wirkt die Vorschrift entgegen; allerdings nur so lange, als der Mutter gegenüber die Einleitung eines Straf- oder Bußgeldverfahrens wegen Steuerhinterziehung noch nicht bekanntgegeben worden ist.

V. Kollektivanzeigen der Banken: Besteht für Schwarzgeldanleger ein akuter Handlungsbedarf?

§ 371 AO gibt nicht nur dem Täter die Möglichkeit, nach vollendeter Steuerhinterziehung doch noch straffrei davonzukommen. Auch der Gehilfe oder Teilnehmer an der Tat kann Selbstanzeige erstatten. So ist beispielsweise auch der Bankangestellte, dem Beihilfe zur Steuerhinterziehung vorgeworfen wird, berechtigt, eine Selbstanzeige abzugeben. In der Bankenpraxis haben sich sogenannte Sammel- oder Kollektivanzeigen etabliert. Kollektive Selbstanzeigen, auch unter dem Namen „Monheimer Modell" bekannt. Sie tragen diesen Namen von der Stadtsparkasse Monheim, welche Ende 1997 unverhofft Besuch von Staatsanwaltschaft und der Steuerfahndung bekam. 29 Mitarbeiter zeigten sich danach selbst an. Daraufhin gingen die über 160 betroffenen Kunden ebenfalls zum Finanzamt.

Beide Seiten, sowohl die Bank als auch die Kunden gingen – § 371 Abs. 2 Nr. 1 Buchst. a AO zum Trotz[537] – straffrei aus. Die Selbstanzeigen, so erklärte ein Sprecher, seien rechtzeitig erfolgt, und die Ermittlungsverfahren gegen die Mitarbeiter wurden eingestellt.[538] Die Kunden mußten allerdings die hinterzogenen Steuern zzgl. 6 % Zinsen nachzahlen, um straffrei auszugehen.

Kollektive Anzeigen nach dem Monheimer Modell sollen Bankmitarbeiter und schwarze Bankkunden vor Strafverfolgung schützen, und vor allem die Schwarzgeldanleger nachträglich zur „Kasse" bitten. Sie sind ganz nach dem Geschmack der Finanzbehörden. Sobald die Bank eines Schwarzgeldanlegers nämlich auspackt, gilt die Tat als entdeckt (Ausschließungsgrund nach § 371 Abs. 2 Nr. 2 AO) und die Steuerschnüffler kommen aus ihrem Erklärungsnotstand heraus. Die Kunden solcher Banken können dann nicht mehr anders, als die „kollektive Selbstanzeige" auch gegen sich selbst gelten zu lassen und hinterzogene Steuern nachzuzahlen.

---

[537] Vgl. F.III.3.a).
[538] Süddeutsche Zeitung vom 11. 5.1998, S. 26.

Selbstanzeigen von Bankangestellten wegen Gehilfenschaft setzen voraus, daß der Kunde als Haupttäter tatsächlich und vorsätzlich unrichtige oder unvollständige Steuererklärungen abgegeben hat. Denn gerade darin liegt ja der Tatversuch, welcher seine Vollendung mit der Bekanntgabe eines auf die unrichtige Steuererklärung basierenden, unzutreffenden Steuerbescheids findet. Geben Bankangestellte nun eine Selbstanzeige wegen Beihilfe zur Steuerhinterziehung ab, um sich selbst straffrei zu stellen, werden die Bankbediensteten nur in den wenigsten Fällen sicher wissen, daß die Haupttat, zu der Beihilfe geleistet worden sein soll, von den betreffenden Kunden auch wirklich begangen wurde.

Mit Abgabe einer solchen Kollektivanzeige behaupten Bankangestellte aber gerade, daß ihre Kunden in den vergangenen Jahren falsche Steuererklärungen geleistet haben. Zwar muß der Bankangestellte als Gehilfe die Sachlage nicht so detailliert darlegen, wie es vom Haupttäter gefordert wird.[539] Dennoch muß er dem Finanzamt gegenüber mitteilen, daß bestimmte Steuererklärungen unrichtig sind.[540] Stimmt sich die Bank hier nicht mit ihren Kunden ab, können solche Kollektivmaßnahmen den Charakter einer *Anzeige wegen falscher Verdächtigungen* haben. Der Bankkunde hat, sofern er in Wahrheit gar kein Schwarzgeldanleger ist, die Möglichkeit, seinerseits Strafanzeige gegen den oder die Bankangestellten zu stellen (§ 164 StGB).

Die Wirkung von Kollektivanzeigen sollte in einem ersten Schritt keinesfalls überbewertet werden. Ins Fadenkreuz der Steuerfahnder kommen vor allem solche Schwarzgeldanleger, die ihre Gelder unter verdecktem oder auf dem Buchungsbeleg unkenntlich gemachtem Namen durchgeführt haben. Diejenigen, die ihre Namen auf die Überweisungsträger deutlich geschrieben haben und so keinen Anfangsverdacht begründen, sind der Strafverfolgung sehr viel weniger ausgesetzt als diejenigen, die es „richtig" machen wollten und den Verschleierungstaktiken ihrer Bank gefolgt sind.

Für den Schwarzgeldanleger besteht keine Notwendigkeit, Selbstanzeige unmittelbar zu erstatten, wenn seine Bank eine Kol-

---

539 Vgl. F.III.1.c).

540 Flore/Dörn/Gillmeister, a.a.O., S. 217; OLG Hamburg v. 21.11.1985, wistra 1986, S. 116.

lektivanzeige eingereicht hat. Der Schwarzgeldanleger kann dies vielmehr so lange tun, als ihm das Finanzamt noch keine Tatentdeckung im objektiven Sinne und den zur Tat erforderlichen Vorsatz (d. h. daß der Schwarzgeldanleger von der Tatentdeckung weiß oder damit rechnen mußte) nachweisen kann. Ein Nachweis über den Ausschließungstatbestand „Tatentdeckung mit Wissen und damit Rechnen müssen" setzt präzise Angaben über das Ausmaß der Steuerverkürzung, den Zeitraum und vor allem über den Vorsatz voraus. Allein aus den Geständnissen von Bankangestellten können solche Details nicht gewonnen werden. Vielfach mag dem Schwarzgeldanleger auch die Strafverfolgungsverjährung und der Umstand helfen, daß am Fortsetzungszusammenhang nicht mehr festgehalten wird. Durchsuchungen bei Banken oder etwa die Erstattung von Kollektivanzeigen hemmt nicht die Strafverfolgungsverjährung beim Schwarzgeldanleger.

VI. Kleine Schummelei mit großer Wirkung

Der leitende Angestellte eines großen deutschen Elektrokonzerns dachte sich nichts dabei, als er seine Einkommensteuererklärung bei seinem Finanzamt einreichte: In der Anlage N machte er Werbungskosten in Höhe von 16.238 DM geltend. Hierin enthalten war neben Büromaterial und Spesen auch eine Position für Fachliteratur in Höhe von 163,80 DM. Zum Nachweis für den Erwerb dieser Fachliteratur legte der Angestellte Kassenbelege bei.

Diese Kassenbelege wurden dem Steuerpflichtigen allerdings zum Verhängnis und führten zu einer Bekanntschaft mit dem Staatsanwalt. Die zuständige Beamtin des Finanzamts stellte nämlich fest, daß auf drei der vorgelegten Belege diverser Buchhandlungen für Fachliteratur die Jahreszahl nachträglich umgeändert worden war, und gab die Belege an die Staatsanwaltschaft weiter. Die Finanzbeamtin reduzierte daraufhin den Posten für Fachliteratur auf 41,40 DM und den Gesamtbetrag der Werbungskosten auf 12.794 DM. Der Steuerschummler hatte so 134.303 DM zu versteuern, für das sich nach der Splittingtabelle eine tarifliche Einkommensteuer von 33.958 DM errechnete. Hätte das Finanzamt die Fälschungen an den Quittungen nicht erkannt, hätte das zu versteuernde Einkommen 134.235 DM betragen; der Steuerschummler hätte dafür 33.916 DM an Einkommensteuer zu zahlen gehabt, also gerade mal 42 DM „gespart".

Wegen dieser 42 DM mußte sich der Angestellte vor dem Landgericht Darmstadt verantworten, wo er bestritt, die Manipulationen vorgenommen zu haben, und betonte, daß derartige Quittungen in seinem Haus über das Jahr hin lose in Schuhkartons gesammelt würden.[541] Er hätte lediglich die Buchtitel genau eingetragen, mehr nicht.

Diese Beteuerungen nutzten ihm allerdings nichts, denn der Gerichtsgutachter konnte feststellen, daß für die Änderungen auf den Belegen jeweils eine andere Kugelschreiberpaste benutzt wurde, als sie für die Ursprungsschrift verwendet worden war. Er stellte weiter fest, daß auf allen gefälschten Belegen für die Veränderung jeweils gleichartige Kugelschreiberpasten verwendet wurden. Und außerdem stellte er fest, daß die vom Steuerschummler zugegebenen Eintragungen zu Autor und Titel nicht mit derselben Kugelschreiberpaste gefertigt wurden, wie die Veränderungen der Jahreszahlen. Die Verwendung jeweils andersartiger Kugelschreiberpasten war für das Gericht ein Indiz, daß die Veränderungen nicht von den Rechnungsausstellern (den Buchhandlungen) vorgenommen wurden, da nach der Lebenserfahrung eher damit zu rechnen ist, daß Schreibfehler sofort berichtigt werden (also dann mit demselben Kugelschreiber).

Die meisten Leser dieses Buches werden bereits mindestens einmal nachträglich bemerkt haben, daß sie in ihrer Steuererklärung einkommensmindernde Positionen vergessen haben. Was liegt näher, als dies im Folgejahr nachzuholen. Denn unter dem Strich erleidet der Staat ja keine Einnahmenverluste. Doch das Einkommensteuerrecht sieht nun einmal vor, daß Ausgaben für das Kalenderjahr abzusetzen sind, in dem sie geleistet worden sind (§ 11 Abs. 2 Satz 1 EStG). Wer gegen diese Vorschrift verstößt, Belege fälscht und diese beim Finanzamt einreicht, hat sich der Urkundenfälschung in Form des Gebrauchmachens einer verfälschten

[541] Az. 22 JS 13-194/94.

Urkunde und der versuchten Steuerhinterziehung schuldig gemacht. Finden Steuerfahnder gefälschte Belege, die auf Urkundenfälschung hindeuten, so deuten diese auf eine Steuerstraftat hin, beziehen sich aber noch nicht auf eine solche. Urkundenfälschungen und eine unrichtige Buchführung erfüllen lediglich den Sachverhalt einer straflosen Vorbereitungshandlung. Erkennen die Finanzbeamten die gefälschten Belege, werden sie diese, wie im obigen Fall auch geschehen, der Staatsanwaltschaft übermitteln. Diese wird den Steuerschummler dann informieren, daß gegen ihn ein Ermittlungsverfahren geführt werde wegen Täuschung und Verfälschung von im Rechtsverkehr echter Urkunden, verbunden mit versuchter Steuerverkürzung.

Solche Verfahren sind teuer. Der Angestellte zahlte für einen Steuervorteil von 42 DM, den er letztlich aber gar nicht gewährt bekam, eine Geldstrafe in Höhe von 60 Tagessätzen von jeweils 220 DM.

G. Anhang

I. Anwendungsbereich der Doppelbesteuerungs- und Amtshilfeabkommen sowie des EG-Amtshilfe-Gesetzes

Quelle: BStBl. 1999 I S. 240.

	Auskunftsaustausch		Betroffene Steuern									
	umfassend	begrenzt auf die Anwendung des DBA	ESt	KSt	GewSt	VSt	GrundSt	ErbSt	USt	andere Steuern vom Einkommen und Vermögen	Verkehrsteuern	Abkomme vom
I. Mitgliedstaaten der Europäischen Union												
1. Aufgrund des EG-AHG[1] und der Amtshilfe Richtlinie	x		x	x	x	x	x		x	x		
2. Aufgrund von DBA und Amtshilfeabkommen[1]												
Belgien	x		x	x	x	x						11.04.1
Dänemark	x		x	x	x	x	x	x	x			22.11.1
Finnland	x		x	x	x	x	x	x	x	x	x	05.07.1 25.09.1
Frankreich	x		x	x	x	x	x					21.07.1 09.06.1 28.09.1
Griechenland	x		x	x	x	x						18.04.1
Großbritannien	x		x	x	x	x						26.11.1 23.03.1
Irland	x		x	x	x	x						17.10.
Italien	x		x	x	x	x	x					09.06. 18.10.
Luxemburg	x		x	x	x	x	x					23.08. 15.06.

1) Zum Verhältnis der Regelungen zueinander vgl. § 1 Abs. 3 EG-AHG.
2) Amts- und Rechtshilfeabkommen.
3) BGBl. I.

Fundstellen		Inkrafttreten		Bekanntgabe von Auskünften in öffentlichen Gerichtsverhandlungen oder bei der öffentlichen Verkündung von Urteilen			Bemerkungen
BStBl. / RStBl.		BStBl. I / RStBl.					
Jg.	S.	Jg.	S.	gestattet	gestatten nur mit Zustimmung des anderen Staates	nicht gestattet	
85	740						
92	552						
93	96				x		
6[3]	962[3]						
96	2074						
69	38	69	468			x	Ermittlungen sind auf die dem laufenden Jahr vorangehenden 3 Jahre beschränkt.
96	1219	97	624		x		
82	201	82	587		x		
36	94	54	404				
61	342	61	712			x	
70	900	70	1072				
90	413	91	93				
57	50	68	296			x	
56	729	67	40			x	
71	139	71	340				
54	320	64	366			x	
39	377	57	142			x	
90	396	93	172				
59	1022	60	398			x	Das Abkommen gilt nicht für Holdinggesellschaften im Sinne der luxemburgischen Gesetze. Für Ermittlungen bei Kreditinstituten besteht keine Gegenseitigkeit.
78	72	79	83				

	Auskunftsaustausch		Betroffene Steuern									
	umfassend	begrenzt auf die Anwendung des DBA	ESt	KSt	GewSt	VSt	GrundSt	ErbSt	USt	andere Steuern vom Einkommen und Vermögen	Verkehrsteuern	Abkomme[n] vom
Niederlande	x		x	x	x	x	x					16.06.1 13.03.1 21.05.1
Österreich	x		x	x	x	x	x	x	x	x	x	04.10.1 04.10.1 04.10.1 21.03.1 18.11.1 08.07.1
Portugal	x		x	x	x	x	x					15.07.1
Schweden	x		x	x	x	x	x	x	x	x	x	14.07.1
Spanien	x		x	x	x	x						05.12.1
II. Andere Staaten												
Ägypten		x	x	x	x	x						08.12.1
Argentinien		x	x	x	x	x						13.07.1 16.09.1
Australien	x		x	x	x	x						24.11.1
Bangladesch		x	x	x	x							29.05.1
Bolivien		x	x	x	x	x						30.09.1
Brasilien		x	x	x	x	x						27.06.1
Bulgarien		x	x	x	x	x						02.06.1
China		x	x	x	x	x						10.06.1

2) Amts- und Rechtshilfeabkommen.
4) Abkommen auf dem Gebiet der Erbschaftsteuern.
5) Verwaltungsanordnung.

Fundstellen BStBl. / RStBl.		Inkrafttreten BStBl. I / RStBl.		Bekanntgabe von Auskünften in öffentlichen Gerichtsverhandlungen oder bei der öffentlichen Verkündung von Urteilen			Bemerkungen
Jg.	S.	Jg.	S.	gestattet	gestatten nur mit Zustimmung des anderen Staates	nicht gestattet	
60	381	60	626			x	Auskünfte der niederländischen Steuerverwaltung dürfen nur mit deren Zustimmung in einem Steuerstrafverfahren verwendet werden.
55	369	55	557			x	Für Ermittlungen bei Kreditinstituten außerhalb eines Steuerstrafverfahrens besteht keine Gegenseitigkeit.
55	434						
55	375	55	557			x	
58	76						
63	795						
94	227	94	598				
82	347	82	763			x	
94	422	95	88			x	
68	296	68	544			x	
90	280	92	7	x			
79	326	80	51			x	
98	187						
74	423	75	386			x	
92	34	93	466	x			
94	575	95	758	x			
76	47	76	86			x	
88	389	89	34			x	
86	329	86	339	x			

	Auskunftsaustausch		Betroffene Steuern									
	umfassend	begrenzt auf die Anwendung des DBA	ESt	KSt	GewSt	VSt	GrundSt	ErbSt	USt	andere Steuern vom Einkommen und Vermögen	Verkehrsteuern	Abkommen vom
Ecuador		x	x	x	x	x						07.12.19
Elfenbeinküste		x	x	x	x	x						03.07.19
Estland		x	x	x	x	x						29.11.19
Indien		x	x	x	x	x						19.06.19
Indonesien		x	x	x	x	x						30.10.1
Iran		x	x	x	x	x						20.12.19
Island	x		x	x	x	x						18.03.19
Israel		x	x	x	x	x						09.07.19 20.07.1
Jamaika		x	x	x	x	x						08.10.1
Japan		x	x	x	x	x						22.04.1 17.04.1 17.02.1
Jugoslawien*)		x	x	x	x	x						26.03.1
Kanada	x		x	x	x	x						17.07.1
Kasachstan		x	x	x	x	x						26.11.1
Kenia		x	x	x	x	x						17.05.1
Korea (Republik)		x	x	x	x	x						26.11.1
Kuwait		x	x	x	x	x						04.12.1
Lettland		x	x	x	x	x						21.02.1
Liberia	x		x	x	x	x	x					25.11.1

*) Fortgeltung für:
Republik Bosnien und Herzegowina (BGBl. 1992 II S. 1196), Republik Kroatien (BGBl. 1992 II S. 1146), Republik Slowenien (BGBl. 1993 II S. 1261), Republik Mazedonien (BGBl. 1994 II S. 326) und der Bundesrepublik Jugoslawien (BGBl. 1997 II S. 961).

Fundstellen BStBl. / RStBl.		Inkrafttreten BStBl. I / RStBl.		Bekanntgabe von Auskünften in öffentlichen Gerichtsverhandlungen oder bei der öffentlichen Verkündung von Urteilen			Bemerkungen
Jg.	S.	Jg.	S.	gestattet	gestatten nur mit Zustimmung des anderen Staates	nicht gestattet	
84	339	86	358	x			
82	357	82	628	x			
98	543			x			
96	599	97	363	x			
91	1001	92	186			x	
70	768	70	777			x	
73	504	73	730			x	
66 79	700 124	66 79	946 603			x	
76	407	76	632			x	
67 80 84	58 649 216	67 80 84	336 772 388			x	
88	372	89	35			x	
82	752	83	502		x		
98	1029			x			
79	337	80	792			x	
78	148	78	230			x	
89	150	89	268	x			
98	531			x			
73	615	75	943			x	

	Auskunftsaustausch		Betroffene Steuern									
	umfassend	begrenzt auf die Anwendung des DBA	ESt	KSt	GewSt	VSt	GrundSt	ErbSt	USt	andere Steuern vom Einkommen und Vermögen	Verkehrsteuern	Abkommen vom
Litauen		x	x	x	x	x						22.07.19
Malaysia		x	x	x	x	x						08.04.19
Malta		x	x	x	x	x						17.09.19
Marokko		x	x	x	x	x						07.06.19
Mauritius		x	x	x	x	x						15.03.19
Mexiko		x	x	x	x	x						23.02.19
Mongolei		x	x	x	x	x						22.08.19
Namibia		x	x	x	x	x						02.12.19
Neuseeland	x		x	x	x	x						20.10.19
Norwegen	x		x	x	x	x	x					04.10.1
Pakistan		x	x	x	x							14.07.1
Philippinen		x	x	x	x	x						22.07.1
Polen		x	x	x	x	x						18.12.1 24.10.1
Rumänien		x	x	x	x	x	x					29.06.1
Russische Föderation	x		x	x	x	x						29.05.1
Sambia		x	x	x	x	x						30.05.1
Schweiz		x	x	x	x	x	x	x				11.06.1 30.11.1 30.11.1 17.10.1 21.12.1

4) Abkommen auf dem Gebiet der Erbschaftsteuern.

Fundstellen		Inkrafttreten		Bekanntgabe von Auskünften in öffentlichen Gerichtsverhandlungen oder bei der öffentlichen Verkündung von Urteilen			Bemerkungen
BStBl. / RStBl.		BStBl. I / RStBl.					
Jg.	S.	Jg.	S.	gestattet	gestatten nur mit Zustimmung des anderen Staates	nicht gestattet	
98	1016			x			
78	324	79	196			x	
76	56	76	497			x	
74	59	74	1009			x	
80	667	81	34			x	
93	964	94	310	x			
95	607	96	1135	x			
94	673	95	678	x			
80	654	80	787	x			
93	655	93	926		x		
95	617	96	445			x	Auskünfte werden nur auf Ersuchen erteilt.
84	544	84	612			x	
75	665	76	6			x	
81	466	81	778				
75	641	75	1074			x	
96	1490	97	363	x			
75	688	76	7			x	
72	518	73	61	x			
80	398	80	678				
80	243						
90	409	91	93				
93	927	94	110				

	Auskunftsaustausch		Betroffene Steuern									
	umfassend	begrenzt auf die Anwendung des DBA	ESt	KSt	GewSt	VSt	GrundSt	ErbSt	USt	andere Steuern vom Einkommen und Vermögen	Verkehrsteuern	Abkommen vom
Simbabwe		x	x	x	x	x						22.04.1
Singapur		x	x	x	x	x						19.02.1
Sri Lanka		x	x	x	x	x						13.09.1
Südafrika		x	x	x	x							25.01.1
Thailand		x	x	x	x	x						10.07.1
Trinidad und Tobago		x	x	x	x							04.04.1
Tschechoslowakei*)		x	x	x	x	x	x					19.12.1
Türkei	x		x	x	x	x						16.04.1
Tunesien		x	x	x	x	x						
UdSSR**)	–	–	x	x	x	x	x					
Ukraine		x	x	x	x	x						
Ungarn		x	x	x	x	x	x					
Uruguay		x	x	x	x	x						
USA	x		x	x	x	x		x				03.12.1 29.08.1
Venezuela		x	x	x	x	x						08.02.1
Vereinigte Arabische Emirate		x	x	x	x	x						09.04.1
Vietnam		x	x	x	x	x						16.11.1
Zypern		x	x	x	x	x						09.05.1

*) Fortgeltung für: Slowakische Republik und Tschechische Republik (BGBl. 1993 II S. 762).

**) Fortgeltung für: Republik Georgien (BGBl. 1992 II S. 1128), Republik Kirgisistan (BGBl. 1992 II S. 1015), Republik Armenien (BGBl. 1993 II S. 169), Republik Weißrußland (BGBl. II S. 2533), Republik Usbekistan (BGBl. 1995 II S. 205), Republik Tadschikistan (BGBl. 1995 II S. 255), Republik Moldau (BGBl. 1996 II S. 768) und Aserbaidschanische Republik (BGBl. 1996 II S. 2471). Einseitige Vermutung der Fortgeltung des DBA UdSSR im Verhältnis zu Turkmenistan.

4) Abkommen auf dem Gebiet der Erbschaftsteuern.

Fundstellen		Inkrafttreten		Bekanntgabe von Auskünften in öffentlichen Gerichtsverhandlungen oder bei der öffentlichen Verkündung von Urteilen			Bemerkungen
BStBl. / RStBl.		BStBl. I / RStBl.					
Jg.	S.	Jg.	S.	gestattet	gestatten nur mit Zustimmung des anderen Staates	nicht gestattet	
89	310	90	178	x			
73	513	73	688			x	
81	610	82	373	x			
74	850	75	640			x	
68	1046	69	18			x	
75	697	77	192			x	
82	904	83	486			x	
89	471	89	482			x	
76	498	77	4			x	
83	90	83	352				
96	675	96	1421	x			
79	348	79	602		x		
88	531	90	365	x			
82	765	86	478		x		
91	94	92	262		x		
96	612	97	938	x			
96	589	96	1135	x		x	
96	1422	–	–	x			
77	340	77	618			x	

II. Merkblatt zur zwischenstaatlichen Amtshilfe durch Auskunftsaustausch in Steuersachen

Bundesministerium der Finanzen IV B 4-S 1320-3/99
Bonn, 3. Februar 1999

BStBl. 1999 I S. 228

1. Allgemeines

1.1 Grundsätzliches zur zwischenstaatlichen Amtshilfe durch Auskunftsaustausch

Die deutschen Finanzbehörden beanspruchen und gewähren zwischenstaatliche Amtshilfe durch Auskunftsaustausch nach Maßgabe der in diesem Schreiben dargestellten Grundsätze.

Der zwischenstaatliche Auskunftsaustausch soll auch bei grenzüberschreitenden Sachverhalten den deutschen Finanzbehörden eine den deutschen Steuergesetzen und den Finanzbehörden des anderen Staates eine den dort geltenden Steuergesetzen entsprechende gleichmäßige und wettbewerbsneutrale Besteuerung ermöglichen (BFH vom 20. Februar 1979, BStBl. II S. 268 [272] und vom 8. Februar 1995, BStBl. II S. 358).

Bei der Durchführung des Auskunftsaustausches haben die Finanzbehörden die Grundsätze der Verhältnismäßigkeit, den gesetzmäßigen Schutz des Steuerbürgers (einschließlich der Wahrung des Steuergeheimnisses) sowie die Gegenseitigkeit und Ausgewogenheit des Auskunftsaustausches zu wahren.

Zwischenstaatliche Amtshilfe durch Auskunftsaustausch wird beansprucht und gewährt, wenn die Finanzbehörden grenzüberschreitende Sachverhalte nicht mehr angemessen aufklären können, weil sie bei ihren Ermittlungen auf das eigene Staatsgebiet beschränkt sind. Der zwischenstaatliche Auskunftsaustausch dient auch der Sachverhaltsaufklärung zugunsten des Steuerpflichtigen.

1.2 Verhältnis zur Rechtshilfe im Steuerstraf- und Bußgeldverfahren

Auch nach Einleitung eines Straf- oder Bußgeldverfahrens können noch Auskünfte auf dem Amtshilfeweg zum Zweck der Ermittlung der Besteuerungsgrundlagen unter Beachtung des § 393 AO eingeholt und erteilt werden

(z. B. Auskünfte aus den Steuerakten). Soweit die Finanzbehörde ausschließlich im Strafverfahren (Steuerhinterziehung) oder als zuständige Verwaltungsbehörde im Bußgeldverfahren (Steuerordnungswidrigkeit) tätig wird, sind Auskünfte nach den Regeln über die zwischenstaatliche Rechtshilfe in Strafsachen einzuholen bzw. Ermittlungen aufgrund eines ausländischen Rechtshilfeersuchens nur nach den straf- und bußgeldrechtlichen Vorschriften (insbesondere zur Vermeidung von Verwertungsverboten) vorzunehmen.

1.3 Zwischenstaatlicher Auskunftsaustausch und Steuergeheimnis

1.3.1 Geheimhaltung im Inland

Das Steuergeheimnis gilt auch gegenüber ausländischen Finanzbehörden. Es steht jedoch dem Auskunftsaustausch nicht entgegen, soweit

a) die mit einem deutschen Auskunftsersuchen notwendigerweise verbundene Mitteilung steuerlicher Verhältnisse nach § 30 Abs. 4 Nr. 1 AO zulässig ist;

b) die mit der Erledigung eines ausländischen Auskunftsersuchens oder der Erteilung einer Auskunft ohne Ersuchen notwendigerweise verbundene Mitteilung steuerlicher Verhältnisse durch völkerrechtliche Vereinbarungen, das EG-AHG, die Zusammenarbeits-VO oder § 117 Abs. 3 AO ausdrücklich zugelassen ist (§ 30 Abs. 4 Nr. 2 AO).

Alle Angaben, die die deutschen Finanzbehörden im Zusammenhang mit dem Auskunftsaustausch erhalten, unterliegen dem Steuergeheimnis (§ 30 AO). Außerdem unterliegen sie dem besonderen Geheimhaltungsschutz der völkerrechtlichen Vereinbarungen, des EG-AHG und der Zusammenarbeits-VO. Darauf wird grundsätzlich durch geeignete Aufdrucke oder im Anschreiben an die Landesfinanzbehörde hingewiesen, es sei denn, der Hinweis ist bereits im Anschreiben der ausländischen Behörde enthalten.

1.3.2 Geheimhaltung im Ausland

Alle Angaben, die die deutschen Finanzbehörden im Zusammenhang mit dem Auskunftsaustausch ausländischen Finanzbehörden machen, unterliegen den dort bestehenden Bestimmungen über die Geheimhaltung. Darüber hinaus unterliegen sie dem besonderen Geheimhaltungsschutz der völkerrechtlichen Vereinbarungen, der EG-Amtshilfe-Richtlinie und der Zusammenarbeits-VO. Darauf wird grundsätzlich in allen Äußerungen gegenüber ausländischen Finanzbehörden durch geeignete Aufdrucke oder im Anschreiben hingewiesen. Der besondere Geheimhaltungsschutz ist im Ausland auch dann zu wahren, wenn nach dortigem nationalem Recht die Finanzbehörde Informationen an andere Stellen weitergeben könnte oder müßte.

Befürchten inländische Beteiligte, daß die Geheimhaltung im Ausland aufgrund besonderer Umstände nicht gewährleistet ist, so ist dem BMF darüber zu berichten. Das BMF läßt sich erforderlichenfalls von der ausländischen Finanzbehörde zusätzlich einzelfallbezogene Zusicherungen geben. Das BMF ist ferner über besondere Vorkommnisse im Ausland zu unterrichten, die die Geheimhaltung berühren. Es wird erforderlichenfalls von Amts wegen die Angelegenheit aufklären und die zur Rechtswahrung einschließlich der zur Wahrung der Rechte der Beteiligten notwendigen Schritte einleiten.

1.4 Rechtsgrundlagen der zwischenstaatlichen Amtshilfe durch Auskunftsaustausch

1.4.1 Überblick

Regelungen über die zwischenstaatliche Amtshilfe durch Auskunftsaustausch in Steuersachen enthalten völkerrechtliche Vereinbarungen mit zahlreichen Staaten sowie Europäisches Unionsrecht (vgl. § 117 Abs. 2 AO). Die völkerrechtlichen Vereinbarungen werden durch Zustimmungsgesetz innerstaatliches Recht (Art. 59 Abs. 2 Satz 1 GG). Rechtsgrundlage für die Gewährung von Amtshilfe nach Europäischem Unionsrecht ist das EG-AHG oder die Zusammenarbeits-VO, die gemäß Art. 189 Abs. 2 EG-Vertrag unmittelbar anwendbares Recht ist. Außerdem kann Amtshilfe unter den Voraussetzungen des § 117 Abs. 3 AO geleistet werden.

1.4.2 Abkommen zur Vermeidung der Doppelbesteuerung

Die DBA sehen regelmäßig einen Auskunftsaustausch zur Ermittlung der Besteuerungsgrundlagen vor (kleiner oder großer Auskunftsaustausch; Tzn. 1.5.1.1, 1.5.1.2). Dieser bezieht sich in aller Regel auf die unter die DBA fallenden Steuern, also stets auf die Einkommen- und Körperschaftsteuer, zum Teil auch auf die Gewerbe-, Vermögen- und Grundsteuer (direkte Steuern), die Umsatzsteuer sowie die Erbschaftsteuer aufgrund der besonderen Erbschaftsteuer-DBA (Anlage 1 mit Hinweisen auf weitere Verwaltungsanweisungen zur zwischenstaatlichen Zusammenarbeit).

1.4.3 Amts- und Rechtshilfevereinbarungen

Mit Finnland, Italien und Österreich bestehen besondere Amts- und Rechtshilfeverträge, die den großen Auskunftsaustausch vorsehen; ihr Anwendungsbereich geht zum Teil über die in den DBA genannten Steuern hinaus und erfaßt insbesondere die Umsatzsteuer (Anlage 1).

1.4.4 EG-Amtshilfe-Richtlinie und EG-Amtshilfe-Gesetz

Die Finanzbehörden der Mitgliedstaaten der EU leisten sich gegenseitig Amtshilfe durch Auskunftsaustausch nach Maßgabe der EG-Amtshilfe-

Richtlinie (Auszüge vgl. Anlage 8 a). Die deutschen Finanzbehörden gewähren Amtshilfe durch Auskunftsaustausch nach dem EG-AHG (Anlage 1). Die Amtshilfe erstreckt sich auf die Steuern vom Einkommen, Ertrag und Vermögen (direkte Steuern) sowie auf die Umsatzsteuer, soweit sie nicht als Eingangsabgabe (Einfuhrumsatzsteuer) erhoben wird, die Verbrauchsteuer auf Mineralöl, Alkohol, alkoholische Getränke und auf Tabakwaren (indirekte Steuern) (Anlage 1). Die ausländischen Finanzbehörden der Mitgliedstaaten der EU können Amtshilfe nach der EG-Amtshilfe-Richtlinie in Anspruch nehmen.

1.4.5 Zusammenarbeits-VO

Die Verordnung (Anlage 9) regelt als unmittelbar geltendes Recht die Verfahren für den EDV-gestützten Austausch von umsatzsteuerlich relevanten Informationen über innergemeinschaftliche Geschäfte und für den sonstigen Informationsaustausch im Bereich der Umsatzsteuer zwischen den Mitgliedstaaten der EU.

Die Verordnung findet keine Anwendung auf die Einfuhrumsatzsteuer.

1.4.6 Auskunftsaustausch ohne völkerrechtliche Vereinbarungen und Europäisches Unionsrecht (§ 117 Absätze 1 und 3 AO)

Ausländische Finanzbehörden können auch um Auskunft ersucht werden, wenn die unter Tzn. 1.4.2 – 1.4.5 genannten Rechtsgrundlagen nicht gegeben sind oder ein Ersuchen durch diese Rechtsgrundlagen nicht gedeckt ist (§ 117 Abs. 1 AO).

Ausländischen Auskunftsersuchen kann auch dann entsprochen werden, wenn die unter Tzn. 1.4.2 – 1.4.5 genannten Rechtsgrundlagen nicht gegeben sind oder ein Ersuchen durch diese Rechtsgrundlagen nicht gedeckt ist. Auskünfte werden in diesen Fällen nur unter den Voraussetzungen des § 117 Abs. 3 AO erteilt.

Die Aufnahme eines Auskunftsaustausches mit Ländern, mit denen kein Auskunftsaustausch vereinbart ist oder die nicht unter den Anwendungsbereich der EG-Amtshilfe-Richtlinie bzw. der Zusammenarbeits-VO fallen, wird sich auf Fälle von besonderer Bedeutung beschränken.

Einer ausländischen Finanzbehörde können außerdem Auskünfte zur Entlastung einer Person auf deren Antrag gewährt werden.

1.5 Umfang des zwischenstaatlichen Auskunftsaustausches

1.5.1 Arten des Auskunftsaustausches

Es ist im allgemeinen zwischen dem großen und kleinen Auskunftsaustausch zu unterscheiden. Die Tzn. 1.5.1.1 – 1.5.1.3 geben einen allgemeinen Überblick. Die Abgrenzung im einzelnen ist der jeweiligen Rechtsgrundlage zu entnehmen (Anlage 1).

1.5.1.1 Großer Auskunftsaustausch

Nach einer Vielzahl von DBA (Anlage 1) können entsprechend Artikel 26 (Informationsaustausch) des OECD-Musterabkommens in der Fassung vom 1. November 1997 auf dem Gebiet der Steuern vom Einkommen und vom Vermögen alle Auskünfte übermittelt werden, die zur Anwendung der DBA oder des innerstaatlichen Rechts eines Vertragsstaates über die unter das Abkommen fallenden Steuern erforderlich sind. Auskünfte können z. B. über die Richtigkeit von Tatsachenbehauptungen oder über Beweismittel angefordert werden, die zur steuerlichen Beurteilung erforderlich sind.

Der große Auskunftsaustausch ist auch Gegenstand der besonderen Amts- und Rechtshilfevereinbarungen (Tz. 1.4.3) und des EG-AHG.

Mit Japan, Polen, der Tschechischen Republik und Ungarn wird ein großer Auskunftsaustausch praktiziert, soweit die Erfüllung der Voraussetzungen des § 117 Abs. 3 AO gewährleistet ist. Das bedeutet, daß Auskünfte zur Anwendung des innerstaatlichen Rechts nur auf Ersuchen erteilt werden können.

1.5.1.2 Kleiner Auskunftsaustausch

Die meisten DBA beschränken sich auf den kleinen Auskunftsaustausch. Danach können nur Auskünfte erbeten oder übermittelt werden, die zur Durchführung der DBA selbst notwendig sind. Dazu gehören:

- Informationen über Tatsachen, deren Kenntnis für eine zutreffende Abgrenzung der Besteuerungsrechte der beiden Vertragsstaaten erforderlich ist;
- Informationen, die der Vermeidung einer dem Abkommen widersprechenden Doppelbesteuerung oder doppelten Steuerbefreiung dienen.

Auskünfte zur Durchführung rein innerstaatlichen Rechts werden nicht erfaßt.

1.5.1.3 Auskunftsaustausch gemäß Art. 5 Zusammenarbeits-VO

Einzelauskunftsersuchen können im Rahmen des Umsatzsteuerkontrollverfahrens zur Überprüfung von innergemeinschaftlichen Erwerben/Lieferungen sowie von innergemeinschaftlichem Verbringen gestellt werden. Die Ersuchen können sich erstrecken auf einfache Angaben, wie z. B. Rechnungsnummern, -daten und -beträge, sowie solche, die der ersuchte Mitgliedstaat der EU nach Aktenlage erteilen kann, wie z. B. ob eine Person/Gesellschaft den dortigen Finanzbehörden bekannt ist. Die gemeinschaftsrechtliche Informationsmöglichkeit ist insbesondere auch bei der Durchführung von Außenprüfungen zu nutzen; sie hat nicht nur umsatzsteuerliche, sondern als leichte Überprüfungsmöglichkeit – beispielsweise der Höhe des Warenbezugs aus Mitgliedstaaten der EU – auch ertragsteuerliche Relevanz.

1.5.2 Auskunftsaustausch zur Aufklärung von Verhältnissen in dritten Staaten (Dreiecksverhältnisse)

Im Rahmen des großen Auskunftsaustausches können auch Auskünfte über rechtliche und wirtschaftliche Vorgänge zwischen Steuerpflichtigen im auskunftsersuchenden und -erteilenden Staat ausgetauscht werden, die in das Gebiet eines dritten Staates reichen. Ein solcher Fall ist z.B. gegeben, wenn ein Steuerpflichtiger im Staat A Geschäftsbeziehungen zu einem Steuerpflichtigen des Staates B so gestaltet, daß sie über das Gebiet eines dritten Staates C (z.B. eines sogenannten „Steueroasenlandes") abgewickelt werden. Dieser Sachverhalt kann Gegenstand eines Auskunftsaustausches zwischen Staat A und B sein.

1.5.3 Auskunftsaustausch mit mehreren Staaten

Berührt ein steuerlicher Sachverhalt das Gebiet mehrerer Staaten, so können getrennte Auskunftsersuchen an jeden dieser Staaten nach Maßgabe der bestehenden Rechtsgrundlagen (Tz. 1.4) gerichtet werden. Besteht mit den beteiligten Staaten ein großer Auskunftsaustausch, so können die Ermittlungen in den beteiligten Staaten zeitlich und sachlich abgestimmt werden, soweit dies notwendig ist. Die Bestimmungen über die Geheimhaltung sind zu beachten.

1.5.4 Auskunftsaustausch im Rahmen von zeitlich abgestimmten Außenprüfungen (Simultanprüfungen)

In- und ausländische Finanzbehörden können einander die gleichzeitige Prüfung eines Steuerpflichtigen vorschlagen, um

- Doppelbesteuerungen bzw. -belastungen zu verhindern, besonders durch übereinstimmende Abgrenzung der Gewinne verbundener Unternehmen;
- grenzüberschreitende Sachverhalte durch Auskunftsaustausch aufzuklären.

Vorschläge für eine zeitlich abgestimmte Außenprüfung sind nach Unterrichtung des Steuerpflichtigen dem BMF auf dem Dienstweg zuzuleiten, das eine entsprechende Vereinbarung mit der zuständigen ausländischen Finanzbehörde trifft. Stimmt die ausländische Finanzbehörde dem Vorschlag zu, so prüfen beide Finanzbehörden getrennt und gleichzeitig die gleichen Steuerjahre des ausgewählten Prüfungsfeldes. Das BfF koordiniert in Abstimmung mit der zuständigen Landesfinanzbehörde die Abwicklung der zeitlich abgestimmten Außenprüfung. Für den Auskunftsaustausch mit ausländischen Finanzbehörden überträgt das BMF seine Zuständigkeit im Einzelfall auf das BfF. Im übrigen gelten für den Auskunftsaustausch die allgemeinen Grundsätze.

1.5.5 Arten der Auskünfte

Zu unterscheiden sind folgende Auskünfte:

a) Auskünfte auf Ersuchen in Einzelfällen;

b) Spontanauskünfte, d. h. Auskünfte ohne Ersuchen zur Übermittlung von Informationen, wenn zu vermuten ist, daß sie für die Festsetzung der Steuern im anderen Staat erheblich sein können, z. B. Mitteilungen über Feststellungen anläßlich einer Außenprüfung (Tz. 4.2.1);

c) automatische Auskünfte, d.h. regelmäßige Übermittlung gleichartiger Sachverhalte (Tz. 4.2.2).

1.6 Zuständigkeiten und Amtshilfeweg

1.6.1 Zuständigkeiten für den Verkehr mit ausländischen Finanzbehörden

1.6.1.1 Bundesministerium der Finanzen

Der Verkehr mit den zuständigen ausländischen Finanzbehörden obliegt dem BMF, soweit sich nachfolgend nichts anderes ergibt.

1.6.1.2 Bundesamt für Finanzen

Der Verkehr mit den zuständigen ausländischen Finanzbehörden ist gemäß § 1 a Abs. 2 Satz 1 EG-AHG, § 5 Abs. 1 Nr. 5, Nr. 9 c und d des Finanzverwaltungsgesetzes auf das BfF übertragen für

- den Auskunftsaustausch mit einer Reihe von Staaten, mit denen ein großer Auskunftsaustausch vereinbart ist. Zu den Einzelheiten vgl. Anlage 11,
- den Auskunftsaustausch nach der Zusammenarbeits-VO,
- Voranfragen (Tz. 2.2.4).

1.6.1.3 Landesfinanzbehörden

Das BMF kann beim Auskunftsaustausch auf Ersuchen die Auskunftserteilung durch die zuständige oberste Landesfinanzbehörde zulassen (§ 1 a Abs. 2 Satz 2 EG-AHG). Die Regelung gilt auch im Verhältnis zu Staaten, die nicht Mitgliedstaat der EU sind.

Das BMF kann in Abstimmung mit der zuständigen obersten Landesfinanzbehörde den Auskunftsaustausch für den Bereich der Umsatzsteuer auf eine Landesfinanzbehörde übertragen (§ 1 a Abs. 4 EG-AHG).

1.6.1.4 Unmittelbarer Verkehr mit Österreich

Nach Art. 4 des deutsch-österreichischen Vertrages über Rechtsschutz und Rechtshilfe in Abgabensachen vom 4. Oktober 1954, BStBl. 1955 I S. 434, ist der unmittelbare Verkehr zwischen den Oberfinanzdirektionen und den österreichischen Finanzlandesdirektionen zulässig.

1.6.2 Amtshilfeweg

Der Amtshilfeweg beim Auskunftsaustausch bestimmt sich nach Anlage 11 sowie den Dienstwegregelungen der Länder. Darüber hinaus ist folgendes zu beachten:

a) **Auskunftsersuchen an ausländische Finanzbehörden**

Die mit der Sache befaßte Finanzbehörde legt das Auskunftsersuchen (Muster Anlagen 2 und 3) – je nach Zuständigkeit – dem BMF oder dem BfF auf dem Dienstweg vor (Muster Anlage 4). BMF oder BfF übermitteln die Auskunft auf dem Dienstweg der anfragenden Finanzbehörde.

b) **Einzelauskunftsersuchen gemäß Art. 5 Zusammenarbeits-VO an Finanzbehörden der Mitgliedstaaten der EU**

Ersuchen gemäß Art. 5 Zusammenarbeits-VO legt die mit der Sache befaßte Finanzbehörde dem BfF – Außenstelle Saarlouis – unmittelbar vor (Muster Anlage 10). Das BfF übermittelt die erhaltene Auskunft unmittelbar der anfragenden Finanzbehörde.

c) **Auskunftsersuchen ausländischer Finanzbehörden**

Die zuständige ausländische Finanzbehörde übermittelt Auskunftsersuchen – je nach Zuständigkeit – dem BMF oder dem BfF. Von dort gelangt das Ersuchen auf dem Dienstweg an die mit den Ermittlungen zu betrauende örtliche Finanzbehörde (Tz. 3.2.5). Das Ermittlungsergebnis wird dem BMF oder BfF auf dem Dienstweg vorgelegt (Muster Anlage 8).

d) **Einzelauskunftsersuchen gemäß Art. 5 Zusammenarbeits-VO von Finanzbehörden der Mitgliedstaaten der EU**

Einzelauskunftsersuchen von Finanzbehörden der Mitgliedstaaten der EU werden dem BfF – Außenstelle Saarlouis – zugesandt, welches sie unmittelbar an das Hauptzollamt weiterleitet, das für den Unternehmer, bei dem die Ermittlungen durchzuführen sind, örtlich zuständig ist (Tz. 3.2.5 Absatz 2). Das Hauptzollamt ermittelt ggf. unter Einbeziehung der zuständigen Finanzämter (Tzn. 3.2.1, 3.2.5). Es übersendet das Ermittlungsergebnis unmittelbar dem BfF – Außenstelle Saarlouis.

e) **Auskünfte ohne Ersuchen an ausländische Finanzbehörden**

Für ausländische Finanzbehörden bestimmte Auskünfte ohne Ersuchen (Muster Anlage 5) werden – je nach Zuständigkeit – dem BMF oder dem BfF auf dem Dienstweg vorgelegt (Muster Anlage 6). Die Dienstwegregelungen der Länder sind zu beachten, insbesondere die Ausnahmeregelungen, z.B. wenn der Betroffene nicht angehört wurde oder Einwendungen erhoben hat.

Auskünfte ohne Ersuchen über Arbeitslöhne von in der Bundesrepublik Deutschland ansässigen und in anderen Mitgliedstaaten der EU tätigen Arbeitnehmern können ohne Einhaltung des Dienstweges direkt dem BfF vorgelegt werden (BMF-Schreiben vom 3. Juni 1996, BStBl. I S. 644).

f) **Ausländische Auskünfte ohne Ersuchen**

Das BfF übersendet Auskünfte ausländischer Finanzbehörden ohne Ersuchen der zuständigen Oberfinanzdirektion.

g) **Unmittelbarer Amtshilfeweg bei Auskunftsersuchen**

Soweit andere Behörden als das BMF zum unmittelbaren Amtshilfeverkehr mit den ausländischen Finanzbehörden zugelassen sind (Tzn. 1.6.1.2 – 1.6.1.4), beginnt und endet der Amtshilfeweg nicht beim BMF, sondern bei diesen insoweit passiv legitimierten Behörden (BFH vom 23. Juli 1986, BStBl. 1987 II S. 92).

h) **Beschleunigung des Amtshilfeverkehrs in Umsatzsteuersachen**

Auskunftsersuchen in Umsatzsteuersachen sind in direktem Geschäftsverkehr zwischen den Finanzämtern und dem BfF durchzuführen, es sei denn, eine Landesfinanzbehörde ist zum unmittelbaren Amtshilfeverkehr mit den ausländischen Finanzbehörden befugt.

Führt eine Landesfinanzbehörde den Auskunftsverkehr unmittelbar mit den ausländischen Finanzbehörden durch, informiert sie für statistische Zwecke das BfF.

Die Benutzung von Telefax ist zulässig, soweit dies möglich ist.

2. Auskunftsersuchen an ausländische Finanzbehörden

2.1 Einleitung des Auskunftsverfahrens

2.1.1 Allgemeines

Die Finanzbehörden können bei der Sachverhaltsermittlung (§§ 85, 88 AO) zwischenstaatliche Amtshilfe in Anspruch nehmen (§ 117 Abs. 1 AO). Dabei ist, wie auch bei inländischen Ermittlungen, der Grundsatz der Verhältnismäßigkeit zu beachten. Die Gefahr, daß dem inländischen Beteiligten ein mit dem Zweck der Amtshilfe nicht zu vereinbarender Schaden entstehen kann, ist zu berücksichtigen (§ 117 Abs. 3 Nr. 4 AO). Ob eine ausländische Finanzbehörde um Auskunft oder Übersendung von Unterlagen ersucht wird, ist nach pflichtgemäßem Ermessen zu entscheiden (§§ 88, 92, 112 Abs. 1 AO).

Einzelauskunftsersuchen gemäß Art. 5 der Zusammenarbeits-VO sind grundsätzlich nur dann zu stellen, wenn die Bemessungsgrundlage des innergemeinschaftlichen Erwerbs bzw. der innergemeinschaftlichen Lieferung eines Steuerpflichtigen den Betrag von 1500 Euro überschreitet. In begründeten Einzelfällen kann ein Ersuchen auch dann gestellt werden, wenn diese Grenze nicht überschritten ist.

2.1.2 Vorherige Ermittlungen

Amtshilfe soll erst in Anspruch genommen werden, wenn die Sachverhaltsaufklärung durch den inländischen Beteiligten (§ 90 Abs. 2 AO) nicht zum Ziel führt oder keinen Erfolg verspricht (§ 93 Abs. 1 Satz 3 AO). Die inländischen Ermittlungsmöglichkeiten sollen zunächst ausgeschöpft werden. Dabei entscheiden die Finanzbehörden nach pflichtgemäßem Ermessen, inwieweit dies zweckmäßig und erfolgversprechend ist. Es ist nicht erforderlich, daß alle denkbaren innerstaatlichen Ermittlungsmöglichkeiten (z.B. Versicherung an Eides Statt, § 95 AO) ausgeschöpft worden sind. Wird die Steuerfahndung im Besteuerungsverfahren tätig (§ 208 Abs. 1 Nr. 2 und 3 AO), so kann ein Ersuchen auch ohne vorherige Ermittlungen beim Steuerpflichtigen gestellt werden.

2.1.3 Unterrichtung des Steuerpflichtigen

Der Steuerpflichtige soll im Rahmen pflichtgemäßen Ermessens auf die Möglichkeit eines Auskunftsersuchens hingewiesen werden (§§ 85, 88 AO). Ein allgemeiner Grundsatz, nach dem die Finanzbehörden den Steuerpflichtigen über ihre Ermittlungen zuvor zu unterrichten haben, besteht jedoch nicht.

Bei Außenprüfungen oder bei sonstigen Überprüfungen, die sich auf Auslandsbeziehungen erstrecken, genügt der Hinweis, daß sich die Finanzbehörden die Nachprüfung der Angaben des Steuerpflichtigen und die weitere Aufklärung des Sachverhalts im Rahmen der zwischenstaatlichen Amtshilfe vorbehalten. Die Mitteilung von Einzelheiten ist aber geboten, wenn die Gefahr besteht, daß dem Steuerpflichtigen ein mit dem Zweck der Amtshilfe nicht zu vereinbarender Schaden droht. Eine zutreffende Besteuerung des Steuerpflichtigen oder seiner Geschäftspartner im Ausland ist für sich allein nicht als Schaden in diesem Sinne anzusehen. Von der Unterrichtung kann abgesehen werden, wenn sie nach den Umständen des Einzelfalles nicht geboten ist (§ 91 Abs. 2 und 3 AO).

Von einer geplanten zeitlich abgestimmten Außenprüfung (Tz. 1.5.4) mit ausländischen Finanzbehörden ist der Steuerpflichtige zu unterrichten.

Bei einem Auskunftsersuchen in Umsatzsteuersachen auf der Grundlage von Art. 4 und 5 der Zusammenarbeits-VO ist zu berücksichtigen, daß die Überprüfung innergemeinschaftlicher Umsätze ein Massenverfahren ist. Darüber hinaus kann davon ausgegangen werden, daß in diesem Bereich ein mit dem Zweck der Amtshilfe nicht zu vereinbarender Schaden in der Regel nicht entsteht.

Über das Ergebnis der Unterrichtung oder die Gründe einer unterlassenen Unterrichtung ist bei der Vorlage des Ersuchens an die zuständige Finanzbehörde (Tz. 1.6.1) zu berichten (Muster Anlage 4). Dies gilt nicht bei Einzelauskunftsersuchen gemäß Art. 5 Zusammenarbeits-VO.

2.2 Form, Inhalt, Übermittlung und Erledigung des Auskunftsersuchens

2.2.1 Form und Inhalt des Auskunftsersuchens

Zur Form und zum Inhalt des Auskunftsersuchens wird auf das Muster der Anlage 2 verwiesen. Anlage 3 enthält ein vereinfachtes Muster, das benutzt werden kann, wenn es zur Sachverhaltsdarstellung ausreicht. Zu Beschränkungen der Ermittlungsmöglichkeiten in einzelnen Staaten vgl. Anlage 1 (Bemerkungen). Zur Form und zum Inhalt des Einzelauskunftsersuchens gemäß Art. 5 Zusammenarbeits-VO wird auf die Muster der Anlage 10 verwiesen. Die Ersuchen sind maschinenschriftlich abzufassen.

Auf ein nach deutschem Recht bestehendes Auskunfts- und Vorlageverweigerungsrecht (§§ 101 ff. AO) ist hinzuweisen.

2.2.2 Abfassen des Auskunftsersuchens

2.2.2.1 Allgemeines

Das Ersuchen ist so abzufassen, daß der ersuchten Behörde die Ausführung soweit wie möglich erleichtert wird. Der Sachverhalt ist knapp und nur insoweit darzustellen, als es für die sachgerechte Erledigung des Ersuchens notwendig ist, wobei auf eine präzise und detaillierte Formulierung der Fragen zu achten ist.

Schwierige steuerrechtliche Zusammenhänge sind zu erläutern, wenn sonst das Ersuchen nicht zu verstehen wäre. Fachausdrücke sind zu vermeiden oder kurz zu erläutern. Auf Abkürzungen ist zu verzichten.

2.2.2.2 Abfassen von Einzelauskunftsersuchen gemäß Art. 5 Zusammenarbeits-VO

Die Anleitung zur Abfassung ergibt sich aus Anlage 10.

2.2.3 Übermittlung des Auskunftsersuchens

Die mit der Sache befaßte Finanzbehörde legt das Auskunftsersuchen der für die Übermittlung ins Ausland zuständigen Behörde (Tzn. 1.6.1, 1.6.2) auf dem Dienstweg vor (Muster Anlage 4). In Eilfällen kann sie das Ersuchen den vorgesetzten Behörden gleichzeitig (ggf. durch Telefax) vorlegen. Die für die Übermittlung ins Ausland zuständige Behörde kann das Auskunftsersuchen wegen Eilbedürftigkeit telefonisch oder durch Telefax ankündigen.

Einzelauskunftsersuchen gemäß Art. 5 Zusammenarbeits-VO werden dem BfF – Außenstelle Saarlouis – unmittelbar vorgelegt (Tz. 1.6.2 Buchstabe b).

2.2.4 Voranfrage

Zur Feststellung, ob ein Auskunftsersuchen Aussicht auf Erfolg verspricht, können durch ein Kurzersuchen Auskünfte z. B. über Namen, Anschrift oder allgemein zugängliche Angaben, wie z. B. Branche, eingeholt werden (Voranfrage). Die örtlich zuständige Behörde kann Voranfragen unmittelbar beim BfF beantragen. Von Voranfragen sollte insbesondere im Bereich der Umsatzsteuer bei der Überprüfung von innergemeinschaftlichen Lieferungen und im Umsatzsteuervergütungsverfahren Gebrauch gemacht werden.

Soweit der örtlich zuständigen Behörde die UstldNr. des EU-ausländischen Unternehmers bekannt ist, können Name und Adresse im Wege der Bestätigungsanfrage gemäß § 18 e UStG analog beim BfF – Außenstelle Saarlouis – erfragt werden (Telefon: 0 63 81/4 56-0, 4 56-1 42, 4 56-1 44; Telefax: 0 63 81/4 56-1 20, 4 56-1 27, 4 56-1 46, 4 56-1 47). Die Antwort erteilt das BfF mittels Zugriff auf die für diese Zwecke bereitstehende Datenbank des Mitgliedstaates der EU.

2.2.5 Beschleunigung und Erleichterung des Verfahrens

Die ausländischen Finanzbehörden führen die zur Erteilung einer Auskunft erforderlichen Ermittlungen nach dem für sie maßgebenden nationalen Recht. Zur Beschleunigung und Erleichterung des Verfahrens können die für den Auskunftsverkehr zuständigen Finanzbehörden Beamte zur ausländischen Ermittlungsbehörde entsenden, die dort das Ersuchen erläutern, die Ermittlungsergebnisse entgegennehmen und etwaige Hinweise für weitere Ermittlungen geben.

Die Entsendung zu einer ausländischen Finanzbehörde bedarf der Zustimmung des BMF und der zuständigen ausländischen Finanzbehörde.

2.2.6 Erledigung des Auskunftsersuchens

Die Erledigung des Auskunftsersuchens durch die ausländische Finanzbehörde hängt von den Umständen des Einzelfalles ab und kann mehrere Wochen, aber auch mehr als ein Jahr dauern. Deswegen ist durch geeignete Maßnahmen sicherzustellen, daß zwischenzeitlich keine Festsetzungsverjährung eintritt. Für Auskunftsersuchen in Umsatzsteuersachen haben die Mitgliedstaaten der EU grundsätzlich eine Erledigung innerhalb von drei Monaten zugesagt (Tz. 3.2.4.2). Einzelauskunftsersuchen gemäß Art. 5 der Zusammenarbeits-VO sind binnen drei Monaten zu beantworten (Art. 5 Abs. 1).

Das BMF oder das BfF übersetzt – soweit erforderlich – die Antwort der ausländischen Finanzbehörde ins Deutsche und übersendet sie an die zuständige inländische Finanzbehörde. Die Finanzbehörde kann schon bei Vorlage des Ersuchens kenntlich machen, daß sie auf eine Übersetzung der Antwort zunächst verzichtet. Eine Übersetzung kann aber, falls notwendig, nachgefordert werden.

Die zuständige Finanzbehörde berichtet dem BfF spätestens am Monatsende, wenn die aufgrund eines Ersuchens nach der Zusammenarbeits-VO erteilte Auskunft zu einer bestandskräftigen Nachholung oder Änderung der Steuerfestsetzung geführt hat.

2.2.7 Anschlußersuchen, Richtigstellung

Ist die Auskunft unzureichend oder ergibt sich in diesem Zusammenhang ein zusätzliches Aufklärungsbedürfnis, so kann ein ergänzendes Ersuchen (Anschlußersuchen) gestellt werden. Ergeben sich bei der Auswertung einer Auskunft Anhaltspunkte, daß sich der Sachverhalt anders darstellt, als von der ausländischen Finanzbehörde übermittelt, so ist sie davon zu unterrichten. Bei Anschlußersuchen und der Richtigstellung von Sachverhalten kann auf den sonst üblichen Dienstweg verzichtet werden, soweit das Anschlußersuchen keinen neuen Sachverhalt betrifft und die Richtigstellung nicht zugleich Gegenstand einer Spontanauskunft ist.

3. Auskunftsersuchen an deutsche Finanzbehörden

3.1 Zulässigkeitsprüfung

Die deutschen Finanzbehörden leisten aufgrund innerstaatlich anwendbarer völkerrechtlicher Vereinbarungen, des EG-AHG oder der Zusammenarbeits-VO zwischenstaatliche Amtshilfe durch Auskunftserteilung. Sie können außerdem unter den Voraussetzungen des § 117 Abs. 3 AO Auskünfte erteilen. Die zuständigen Finanzbehörden (Tz. 1.6.1; in den Fällen des § 117 Abs. 3 AO das BMF und die oberste Finanzbehörde des Landes) prüfen, ob einem ausländischen Auskunftsersuchen oder einem Einzelauskunftsersuchen gemäß Art. 5 Zusammenarbeits-VO entsprochen werden kann. Ergeben sich bei der Erledigung des Ersuchens Anhaltspunkte dafür, daß der Auskunftserteilung Hinderungsgründe entgegenstehen könnten, so ist der zuständigen Finanzbehörde zu berichten. Zu den Versagungsgründen vgl. Tz. 3.3.

3.2 Erledigung des Auskunftsersuchens

3.2.1 Ermittlungsbefugnisse

Die für die Ermittlungen zuständige deutsche Finanzbehörde (Vornahmebehörde) beschafft die Auskünfte, die der andere Staat benötigt, in derselben Weise, als wäre die deutsche Besteuerung betroffen (§ 117 Abs. 4 AO). Sie kann dazu sowohl eigene Erkenntnisquellen nutzen als auch nach den Vorschriften der AO ermitteln (§§ 88, 92–100, 208 Abs. 1 AO). Bei Vorliegen der Voraussetzungen nach Maßgabe der AO sind z. B. dritte Personen zur Auskunft auch im Interesse der ausländischen Besteuerung verpflichtet (BFH vom 20. Februar 1979, BStBl. II S. 268). Die Verpflichtung, den inländischen Beteiligten anzuhören (Tz. 5.1) und jeweils über seine Rechtsstellung zu unterrichten (§ 89 Satz 2 AO), ist zu beachten. Vgl. ferner Tz. 3.3.2.1 Abs. 1.

Für Ermittlungen der Hauptzollämter im Rahmen von Einzelauskunftsersuchen gemäß Art. 5 Zusammenarbeits-VO gilt darüber hinaus § 18 d UStG.

3.2.2 Verfahren

Die Vornahmebehörde entscheidet nach pflichtgemäßem Ermessen, ob Ermittlungen durchzuführen sind (§§ 86, 88 AO). Sie bestimmt Art und Umfang der erforderlichen Beweismittel. Sie kann insbesondere

- Akten beiziehen (§ 92 AO),
- Auskünfte einholen (§ 93 AO),
- die Vorlage von Urkunden verlangen (§ 97 AO),
- den Augenschein einnehmen (§ 98 AO).

Die Vornahmebehörde fordert, soweit notwendig, die Beteiligten oder andere Personen zur Mitwirkung auf (§§ 93–100 AO). Gegen diese Maßnahme sind die Rechtsbehelfe zulässig, die bei Ermittlungen für deutsche Besteuerungszwecke gegeben sind (Tz. 6.2).

Die Erfüllung der Mitwirkungspflichten kann erzwungen werden (§§ 328–335 AO). Die Rechte der zur Mitwirkung Verpflichteten sind zu beachten (Tz. 3.3.1.1).

Werden Urkunden nicht ordnungsgemäß vorgelegt (§ 18 d Satz 3 UStG), kann dies darüber hinaus eine Ordnungswidrigkeit darstellen (§ 26a Abs. 1 Nr. 3 UStG).

Die Vornahmebehörde erteilt eine Zwischennachricht über den Stand der Ermittlungen, soweit das Ersuchen nicht innerhalb eines halben Jahres nach Eingang erledigt werden kann. Wegen der Erledigung von Amtshilfeersuchen in Umsatzsteuersachen vgl. Tzn. 2.2.6, 3.2.4.2.

3.2.3 Außenprüfung

Eine Außenprüfung nach den §§ 193, 194 AO ausschließlich zur Erledigung eines Auskunftsersuchens ist nicht zulässig.

Zur Erledigung eines Auskunftsersuchens kann eine Außenprüfung unter den Voraussetzungen des § 193 AO nur bei einem am ausländischen Besteuerungsverfahren Beteiligten durchgeführt werden (z. B. der Wohnsitzstaat ersucht um Prüfung der deutschen Betriebsstätte eines ausländischen Steuerpflichtigen), nicht aber bei einer anderen Person.

Ermittlungen sind in Verbindung mit einer Außenprüfung möglich, die aus anderen Gründen durchgeführt wird.

Eine Außenprüfung ist unter den Voraussetzungen der §§ 193, 194, 208 AO bei einer anderen Person allerdings dann zulässig, wenn sich aus dem Auskunftsersuchen Anhaltspunkte dafür ergeben, daß ein Sachverhalt bei der Besteuerung dieser Person unzutreffend behandelt wurde.

3.2.4 Beschleunigung und Erleichterung des Verfahrens

3.2.4.1 Allgemeines

Zur Beschleunigung und Erleichterung des Verfahrens (Tz. 2.2.5) können Bedienstete des ersuchenden Staates mit Zustimmung des BMF und der zuständigen obersten Finanzbehörde anwesend sein. Sie können das Ersuchen erläutern, die Ermittlungsergebnisse entgegennehmen und etwaige Hinweise für weitere Ermittlungen geben. Die Vornahmebehörde darf dabei Auskünfte nur erteilen, wenn Vertreter der zuständigen Behörden (Tz. 1.6.1) zugegen sind.

3.2.4.2 Beschleunigung der Bearbeitung von Auskunftsersuchen in Umsatzsteuersachen

Die Mitgliedstaaten der EU haben sich darauf verständigt, Auskunftsersuchen in Umsatzsteuersachen innerhalb von drei Monaten zu beantworten.

Etwaige zeitliche Hinderungsgründe bei Auskunftsersuchen nach der EG-Amthilfe-Richtlinie sind dem BfF umgehend mitzuteilen; auf jeden Fall ist das BfF spätestens zwei Wochen vor Ablauf von sechs Monaten über dann noch vorhandene Hinderungsgründe und den voraussichtlichen Beantwortungszeitpunkt zu informieren. Es unterrichtet den ersuchenden Mitgliedstaat der EU entsprechend.

3.2.5 Zuständigkeit

Für die Ermittlungen ist die Finanzbehörde zuständig, in deren Bezirk die Ermittlungshandlungen vorzunehmen sind (§ 24 AO). Sind im Bezirk mehrerer Finanzbehörden Ermittlungen durchzuführen, so wird die zuständige Finanzbehörde durch die gemeinsame fachlich zuständige Aufsichtsbehörde bestimmt. Fehlt eine gemeinsame Aufsichtsbehörde, so treffen die fachlich zuständigen Aufsichtsbehörden die Entscheidung gemeinsam (§ 25 AO). Die Koordinierung kann dem BfF übertragen werden.

Für die Ermittlungen im Rahmen von Einzelauskunftsersuchen gemäß Art. 5 Zusammenarbeits-VO ist das Hauptzollamt örtlich zuständig, in dessen Zuständigkeit der Unternehmer ansässig ist, bei dem die Ermittlungen durchzuführen sind.

3.2.6 Inhalt der Antwort

Die Antwort soll das Ersuchen so vollständig wie möglich erledigen. Die erbetenen Unterlagen sind beizufügen. Tz. 3.3.1 ist zu beachten. Führen Ermittlungen zu steuerlich erheblichen Feststellungen, auf die das Ersuchen nicht zielte, z. B. weil die anfragende Finanzbehörde einen abweichenden Geschehensablauf vermutet hat, so sind auch sie mitzuteilen, wenn dies zulässig ist (Tzn. 1.5.1.1, 1.5.1.3).

3.2.7 Gegenersuchen

Ergeben sich bei der Bearbeitung des Ersuchens Anhaltspunkte, daß deutsche Steuern verkürzt worden sind, so kann in der Antwort die ausländische Finanzbehörde um die zur Aufklärung erforderlichen Auskünfte gebeten werden. Hierfür gelten die allgemeinen Voraussetzungen nach Tz. 2.

Trifft das Hauptzollamt entsprechende Feststellungen, hat es das örtlich zuständige Finanzamt zu informieren, damit ein entsprechendes Auskunftsersuchen gestellt werden kann.

3.2.8 Kosten

Die durch die Erledigung des ausländischen Auskunftsersuchens der Vornahmebehörde entstehenden Kosten gehen zu deren Lasten (z. B. in den Fällen des § 107 AO). Außergewöhnliche Kosten gehen zu Lasten der ersuchenden Behörde. Bevor kostenpflichtige Maßnahmen getroffen werden, ist deshalb die Zusicherung des ersuchenden Staates einzuholen, daß die Kosten von ihm übernommen werden.

3.3 Grenzen der Auskunftserteilung

Die Auskunftserteilung ist in den Fällen des § 3 Abs. 1 EG-AHG untersagt. In den Fällen des § 3 Abs. 2 EG-AHG kann sie verweigert werden. Diese Grenzen sind unabhängig davon zu beachten, ob die Auskunftserteilung auf dem EG-AHG oder auf einer anderen Rechtsgrundlage als der Zusammenarbeits-VO beruht.

Die Grenzen der Auskunftserteilung aufgrund eines Einzelauskunftsersuchens gemäß Art. 5 Zusammenarbeits-VO bestimmen sich nach Art. 7 Zusammenarbeits-VO. Tz. 2.1.1 Satz 3 gilt sinngemäß.

3.3.1 Verbot der Auskunftserteilung

3.3.1.1 Beschränkungen aufgrund nationalen Rechts

Auskünfte, die nach deutschem Recht nicht beschafft werden können oder deren Beschaffung der deutschen Verwaltungspraxis widerspricht (Tz. 3.2.1), dürfen nicht erteilt werden (z. B. § 3 Abs. 1 Nr. 1 EG-AHG). Danach sind insbesondere

- die Auskunfts- und Vorlageverweigerungsrechte nach § 101 ff. AO zu beachten (z. B.: Angehörige des Steuerpflichtigen sollen über dessen Verhältnisse Auskunft geben);
- Mitteilungen von Daten über einen Vergleichsbetrieb nur zulässig, wenn sie keine Rückschlüsse auf die Identität des Betroffenen zulassen, es sei denn, der Betroffene stimmt zu;
- Zwangsmittel unzulässig, wenn der Betroffene dadurch gezwungen würde, sich wegen einer von ihm begangenen Steuerstraftat oder Steuerordnungswidrigkeit zu belasten (§§ 393 Abs. 1 Satz 2, 410 Abs. 1 Nr. 4 AO).

3.3.1.2 Abkommenswidrige Besteuerung

Auskünfte dürfen nicht erteilt werden, wenn sie zu einer Besteuerung führen würden, die gegen völkerrechtliche Vereinbarungen, insbesondere DBA, verstößt (§ 3 Abs. 1 Nr. 2 EG-AHG). Dies gilt z. B. für Auskunftsersuchen, die auf eine nicht sachgerechte Einkunfts- oder Vermögensabgrenzung abzielen. Zu Fällen, in denen eine abkommenswidrige Besteuerung zu befürchten ist, vgl. Tz. 3.3.2.3.

3.3.1.3 Geheimhaltung

Auskünfte dürfen nur erteilt werden, wenn die Geheimhaltung im ersuchenden Staat gewährleistet ist (vgl. z. B. § 3 Abs. 1 Nr. 3 EG-AHG, Art. 9 Zusammenarbeits-VO, Tz. 1.3.2).

3.3.1.4 Geschäfts- und Betriebsgeheimnis

Erstreckt sich das ausländische Auskunftsersuchen auf ein Handels-, Industrie-, Gewerbe- oder Berufsgeheimnis oder ein Geschäftsverfahren (Geschäfts- oder Betriebsgeheimnis), so darf eine Auskunft nicht erteilt werden, wenn die Gefahr besteht, daß dem inländischen Beteiligten (Tz. 5.2) dadurch ein mit dem Zweck der Auskunft nicht zu vereinbarender Schaden entstehen kann (vgl. z. B. § 3 Abs. 1 Nr. 4 EG-AHG). Die zutreffende Besteuerung eines Betroffenen ist für sich allein kein Schaden in diesem Sinne. Der Beteiligte kann im Rahmen der Anhörung (Tz. 5) geltend machen, daß ihm ein Schaden droht.

Ein Geschäfts- oder Betriebsgeheimnis liegt vor, wenn es sich um Tatsachen und Umstände handelt, die von erheblicher wirtschaftlicher Bedeutung und praktisch nutzbar sind und deren unbefugte Nutzung zu beträchtlichen

Schäden führen kann (BFH vom 20. Februar 1979, BStBl. II S. 268). Kein Geschäfts- oder Betriebsgeheimnis ist die Art der Abwicklung der Geschäftsbeziehungen zwischen zwei Unternehmen, die vom Auskunftsaustausch betroffen sind. Das gilt auch dann, wenn die Geschäftsbeziehung unter Einschaltung eines Dritten bzw. über einen dritten Staat abgewickelt wird.

3.3.2 Verweigerung der Auskunftserteilung

3.3.2.1 Beschränkungen aufgrund ausländischen Rechts

Es besteht keine Verpflichtung, Auskünfte zu erteilen, wenn die Informationen durch Verwaltungsmaßnahmen beschafft werden müßten, die das Recht des ersuchenden Staates nicht vorsieht.

Für die Auskunftserteilung im Rahmen von Einzelauskunftsersuchen gemäß Art. 5 Zusammenarbeits-VO gilt Art. 7 der Verordnung.

Liegen Hinweise vor, daß der ersuchende Staat seine eigenen Ermittlungsmöglichkeiten nicht ausgeschöpft hat, so ist nach pflichtgemäßem Ermessen zu entscheiden, ob die Auskunft gegeben wird (vgl. z. B. § 3 Abs. 2 Nr. 1 EG-AHG).

3.3.2.2 Verwaltungsökonomie

Auskünfte brauchen nicht erteilt zu werden, wenn sie nur mit unverhältnismäßig großem Aufwand beschafft werden könnten oder wenn die ersuchte Behörde dadurch die Erfüllung ihrer eigenen Aufgaben ernstlich gefährden würde (vgl. z. B. § 3 Abs. 2 Nrn. 3 und 4 EG-AHG, Art. 7 Abs. 1 Spiegelstrich 1 Zusammenarbeits-VO).

3.3.2.3 Vorbehalt der Streitschlichtung

Sofern kein Auskunftsverbot nach Tz. 3.3.1 vorliegt, aber zu befürchten ist, daß die Auskunftserteilung zu einer abkommenswidrigen Besteuerung führen kann (Tz. 3.3.1.2), ist über die steuerliche Behandlung zuvor eine Verständigung zwischen den dafür zuständigen Finanzbehörden herbeizuführen. Ist dies nicht möglich, so kann die Auskunftserteilung davon abhängig gemacht werden, daß sich der ersuchende Staat einem schiedsgerichtlichen Verfahren unterwirft (§ 3 Abs. 3 EG-AHG). Dies kann z. B. bei der Überprüfung von Verrechnungspreisen zwischen verbundenen Unternehmen in Betracht kommen (vgl. Übereinkommen zur Beseitigung der Doppelbesteuerung im Fall von Gewinnberichtigungen zwischen verbundenen Unternehmen vom 23. Juli 1990, BStBl. 1993 1 S. 818; Merkblatt zum internationalen Verständigungsverfahren und Schiedsverfahren in Steuersachen vom 1. Juli 1997, BStBl. I S. 717). Die Beteiligten können schon während des Auskunftsverfahrens ein Verständigungsverfahren beantragen, wenn die Voraussetzungen hierfür vorliegen.

Zur Beilegung von Meinungsverschiedenheiten zwischen den Mitgliedstaaten der EU im Bereich der Umsatzsteuer sind Art. 9 EG-Amtshilfe-Richtlinie (Anlage 8 a) bzw. Art. 7 Abs. 2 Zusammenarbeits-VO (Anlage 9) anzuwenden.

4. Auskunftsaustausch ohne Ersuchen

4.1 Auskünfte ausländischer Finanzbehörden ohne Ersuchen

Auskünfte ausländischer Finanzbehörden ohne Ersuchen gehen regelmäßig beim BfF, teilweise auch beim BMF ein. Das BfF prüft die eingehenden Auskünfte, übersetzt sie – soweit erforderlich – und leitet sie an die zuständige Oberfinanzdirektion weiter. Die Auskünfte sind zeitgerecht auszuwerten. Soweit bei der Auswertung Einwendungen gegen den Inhalt der Auskunft (z. B. den Empfang einer Zahlung oder den Erwerb bzw. den Verkauf von Vermögen) erhoben werden, ist von der örtlich zuständigen Finanzbehörde zu entscheiden, ob zur Überprüfung der Angaben des Steuerpflichtigen ein formelles Auskunftsersuchen bzw. Einzelauskunftsersuchen gemäß Art. 5 Zusammenarbeits-VO an die ausländische Finanzbehörde nach Tz. 2.1 zu richten ist.

4.2 Auskünfte deutscher Finanzbehörden ohne Ersuchen

4.2.1 Auskünfte im Einzelfall (Spontanauskunft)

Den Mitgliedstaaten der EU können Auskünfte gemäß § 2 Abs. 2 EG-AHG erteilt werden, wenn die Finanzbehörden im Einzelfall Feststellungen treffen (z. B. anläßlich einer Außenprüfung oder bei der Steuerfestsetzung), bei denen tatsächliche Anhaltspunkte die Vermutung rechtfertigen, daß

a) Steuern im anderen Staat verkürzt worden sind oder werden könnten; auf die tatsächliche Durchführung der Besteuerung im anderen Staat kommt es nicht an;

b) zum Zwecke der Steuerumgehung Geschäftsbeziehungen über dritte Staaten geleitet worden sind;

c) insgesamt eine niedrigere Steuerbelastung dadurch eintreten kann, daß Gewinne zwischen nahestehenden Personen nicht wie zwischen nicht nahestehenden Personen abgegrenzt werden;

d) ein Sachverhalt, aufgrund dessen eine Steuerermäßigung oder eine Steuerbefreiung gewährt worden ist, für den Steuerpflichtigen zu einer Besteuerung oder Steuererhöhung im anderen Staat führen könnte; das gilt auch für den Bereich der Umsatzsteuer bei nicht steuerbaren Umsätzen;

e) ein im Zusammenhang mit der Auskunftserteilung eines anderen Staates ermittelter Sachverhalt für die zutreffende Festsetzung der Steuern in diesem Staat erheblich ist.

Spontanauskünfte sind auch gegenüber Staaten, mit denen eine große Auskunftsklausel vereinbart ist, zulässig, es sei denn, das BMF hat festgestellt, daß keine Gegenseitigkeit gegeben ist. Spontanauskünfte sind im Bereich der direkten Steuern außerdem zulässig, wenn mit einem Staat eine kleine Auskunftsklausel vereinbart ist, soweit sie der Durchführung des DBA dienen; z. B. in den Fällen der Freistellung des Arbeitslohnes vom Steuerabzug aufgrund eines DBA.

Die Auskunftserteilung steht zwar im Ermessen der Finanzbehörden, sie liegt aber im überwiegenden öffentlichen Allgemeininteresse, wenn die Bundesrepublik Deutschland in einem DBA die Besteuerung von Einkünften zugunsten des anderen Staates verzichtet hat. Der deutsche Steuerverzicht beruht auf der Erwartung der Besteuerung im anderen Staat. Kommt es insoweit nicht zu einer Besteuerung, findet eine Ungleichbehandlung statt, die sowohl die Steuergerechtigkeit berührt wie auch wettbewerbsverzerrend wirken kann (BFH vom 8. Februar 1995, BStBl. II S. 358). Dasselbe gilt für den Bereich der Umsatzsteuer, wenn ein Umsatz nicht in Deutschland, wohl aber in einem anderen Mitgliedstaat der EU steuerbar ist.

Für die Vermutung, daß die in § 2 Abs. 2 EG-AHG genannten Sachverhalte vorliegen, reicht es aus, wenn das Verhalten des Steuerpflichtigen nach der allgemeinen Lebenserfahrung den Rückschluß erlaubt, er wolle verhindern, daß die zuständigen Finanzbehörden Kenntnis von einem steuerlich relevanten Sachverhalt erlangen (BFH vom 17. Mai 1995, BStBl. II S. 497).

Die Auskünfte sollen sich auf steuerlich bedeutsame Fälle beschränken (z. B. hohe Zahlungsbeträge oder Verdacht einer Steuerstraftat oder einer Steuerordnungswidrigkeit). Die Übersendung einer Spontanauskunft ist nicht grundsätzlich von dem Überschreiten bestimmter Betragsgrenzen abhängig. In Fällen der Auskunftserteilung über Arbeitslohn sind die Grenzen des BMF-Schreibens vom 3. Juni 1996, BStBl. I S. 644, zu berücksichtigen.

Auskünfte sind grundsätzlich unter Verwendung des Musters der Anlage 5 zu erteilen und dem BfF zuzuleiten (Muster Anlage 6). Die Auskünfte müssen der ausländischen Steuerverwaltung eine Identifizierung des Betroffenen ermöglichen.

4.2.1.1 Grenzen der Auskunftserteilung

Die Ausführungen über die Grenzen der Auskunftserteilung in Tz. 3.3 gelten entsprechend. Dabei ist zu beachten, daß § 3 Abs. 1 Nr. 1 EG-AHG nicht darauf abstellt, ob die Finanzbehörde die bereits vorhandene Information in einem Besteuerungsverfahren rechtmäßigerweise beschaffen könnte, wenn sie sie noch nicht hätte. Es werden demnach auch Zufallserkenntnisse und Zufallsfunde erfaßt, die innerhalb eines – auch gegen Dritte gerichteten – Steuerstrafverfahrens gewonnen werden und die in keinem Besteuerungsverfahren nach Vorschriften der AO hätten mitgeteilt werden müssen. Insoweit besteht bezüglich der Weitergabe der erlangten Kenntnisse kein Verwertungsverbot, solange die Informationsgewinnung auf einer Durchsuchungsanordnung beruht, gegen die kein Rechtsmittel mehr möglich ist (BFH vom 17. Mai 1995, BStBl. II S. 497).

4.2.2 Regelmäßige Übermittlung gleichartiger Sachverhalte (automatische Auskunft)

Ein regelmäßiger Auskunftsaustausch über gleichartige Sachverhalte wird derzeit vom BfF in folgenden Fällen praktiziert:

a) im Rahmen des Kontrollmeldeverfahrens bei der Freistellung nach § 50 d Abs. 3 EStG;

b) im Rahmen der Entlastung von deutscher Kapitalertragsteuer und der Abzugsteuer nach § 50 a EStG, wenn das Vorliegen der Voraussetzungen hierfür durch die ausländische Finanzbehörde nicht bestätigt wurde (gilt nur für USA).

Eine regelmäßige Übermittlung gleichartiger Sachverhalte im Sinne des § 2 Abs. 3 EG-AHG kommt nur aufgrund einer Verwaltungsvereinbarung mit der zuständigen Finanzbehörde eines anderen Staates in Betracht. Zur Zeit besteht eine entsprechende Vereinbarung mit den Niederlanden vom 16. Oktober 1997 (BStBl. I S. 970). Zur Durchführung dieser Vereinbarung übersenden die örtlichen Finanzbehörden dem BfF die in der Vereinbarung aufgeführten Informationen.

Unberührt bleibt der Austausch von Auskünften im Einzelfall nach den Grundsätzen der Tz. 4.2.1.

5. Anhörung inländischer Beteiligter

5.1 Grundsatz

Bei der Übermittlung von Auskünften und Unterlagen an ausländische Finanzbehörden und im Rahmen von zeitlich abgestimmten Außenprüfungen mit anderen Staaten gilt für inländische Beteiligte § 91 AO entsprechend mit der Maßgabe, daß eine Anhörung stets stattzufinden hat, wenn nicht eine Ausnahme nach § 91 Abs. 2 oder 3 AO (z. B. bei Gefahr im Verzug oder wenn der Anhörung ein zwingendes öffentliches Interesse entgegensteht) vorliegt (§ 117 Abs. 4 Satz 3 AO).

Eine Anhörung entfällt insbesondere:

- bei der Beschaffung von allgemein zugänglichem Material und dessen Weitergabe an ausländische Finanzbehörden;
- bei Weitergabe von Informationen, die auf tatsächlichen Angaben eines Steuerpflichtigen beruhen, die dieser in einem Antrag oder einer Erklärung gemacht hat; dies gilt jedoch bei unbeschränkt Steuerpflichtigen nur insoweit, als es sich um die Freistellung von Arbeitslohn aufgrund eines DBA handelt;

- bei Fehlen eines inländischen Beteiligten (z. B. wenn ermittelt werden soll, ob der ausländische Steuerpflichtige in der Bundesrepublik Deutschland Vermögen besitzt);
- in den Fällen des automatischen Auskunftsaustausches (§ 91 Abs. 2 Nr. 4 AO; § 2 Abs. 3 letzter Satz EG-AHG);
- bei der Überprüfung innergemeinschaftlicher Umsätze.

Für das Vorliegen dieser Ausnahmetatbestände trägt die Finanzbehörde die Feststellungslast.

Für die Anhörung ist die Behörde zuständig, die die Auskünfte oder Unterlagen beschafft. Sie berichtet der für die Übermittlung ins Ausland zuständigen Finanzbehörde (Tz. 1.6.1) über das Ergebnis der Anhörung oder die Gründe der Nichtanhörung. Die Berichtspflicht besteht nicht im Rahmen von Einzelauskunftsersuchen gemäß Art. 5 Zusammenarbeits-VO.

5.2 Inländischer Beteiligter

Inländischer Beteiligter im Sinne des § 117 Abs. 4 Satz 3 AO ist derjenige, der z. B. seinen Wohnsitz, seinen gewöhnlichen Aufenthalt, seine Geschäftsleitung oder seinen Sitz, eine Betriebsstätte oder einen ständigen Vertreter im Inland hat und in dessen Rechte die Auskunftserteilung eingreift (d. h. ein von der Auskunftserteilung Betroffener). Das ist in der Regel der, den die Vornahmebehörde nach den §§ 93–100 AO in Anspruch nimmt, aus dessen Steuerakten die erbetenen Auskünfte oder Unterlagen entnommen werden oder der einen Anspruch auf Schutz vor der unbefugten Weitergabe von Daten hat. Ein im Ausland ansässiger Steuerpflichtiger, der im Inland weder eine Betriebsstätte noch einen ständigen Vertreter unterhält, ist kein inländischer Beteiligter.

5.3 Formen der Anhörung

Die Anhörung kann schriftlich (Anlage 7) oder mündlich erfolgen. Bei mündlicher Anhörung sind die Anhörung und die Stellungnahme des Beteiligten aktenkundig zu machen.

6. Rechtsschutz

6.1 Behandlung von Einwendungen

Einwendungen gegen

a) ein Auskunftsersuchen an eine ausländische Finanzbehörde,

b) die Erteilung von Auskünften oder die Übermittlung von Unterlagen an ausländische Finanzbehörden bei Erledigung eines Auskunftsersuchens,

c) die Erteilung einer Auskunft ohne Ersuchen können der örtlich zuständigen Finanzbehörde vorgetragen werden. Hält sie die Einwendungen in den Fällen der Buchstaben a und c für begründet, so kann sie von einer Vorlage an die zuständige Finanzbehörde (Tz. 1.6.1) absehen. In Fällen des Buchstabens b hat sie die Einwendungen der zuständigen Finanzbehörde auf dem Dienstweg zur Entscheidung vorzulegen (Muster Anlage 8) und die Beteiligten hierüber zu unterrichten.

Für die Erledigung von Einzelauskunftsersuchen nach Art. 5 Zusammenarbeits-VO durch die Hauptzollämter findet die USt-EADA (BStBl. 1993 I S. 731) Anwendung.

6.2 Verfahren und Rechtsbehelfe

Ermittlungsmaßnahmen mit Außenwirkung aufgrund eines ausländischen Auskunftsersuchens, die sich gegen einen inländischen Beteiligten richten, sind Verwaltungsakte, die dieser gemäß § 347 AO mit dem Einspruch anfechten kann.

Inländische Beteiligte haben die Möglichkeit, sich gegen Maßnahmen im Sinne der Tz. 6.1 durch vorbeugende Unterlassungsklage (§ 40 FGO) gegen die zuständige Finanzbehörde (Tz. 1.6.1) zu wenden. Ggf. kann eine einstweilige Anordnung (§ 114 FGO) beantragt werden. Dieses Recht steht in den Fällen der Tz. 6.1 Buchstaben b und c auch dem betroffenen ausländischen Steuerpflichtigen zu (BFH vom 20. Januar 1988, BStBl. II S. 412; BFH vom 17. Mai 1995, BStBl. II S. 497).

Einwendungen gegen den Steueranspruch, der einem ausländischen Auskunftsersuchen zugrunde liegt, können nur gegenüber dem ausländischen Staat erhoben werden.

Dieses Schreiben wird in die AO-Kartei zu § 117 AO aufgenommen. Es ersetzt

- das Merkblatt zur zwischenstaatlichen Amtshilfe durch Auskunftsaustausch in Steuersachen vom 1. Dezember 1988 - IV C 5 - S 1320-29/88 - (BStBl. I S. 466),
- das BMF-Schreiben vom 28. Oktober 1993 - IV C 7 - S 1300-32/93 - (BStBl. I S. 991).

Im Auftrag
Dr. Kieschke

Teil I

Finanzamt

Anlage 2

Steuernummer

Auskunftsersuchen
im zwischenstaatlichen Amtshilfeverkehr in Steuersachen

☐ nach der Richtlinie des Rates der EG Nr. 77/799/EWG vom 19.12.1977 in der Fassung der Richtlinie Nr. 79/1070/EWG vom 06.12.1979, geändert durch die Richtlinie Nr. 92/108/EWG vom 14.12.1992.

☐ nach Artikel .... des deutsch- ....Abkommens zur Vermeidung der Doppelbesteuerung.

☐ nach dem deutsch- .... Abkommen über Rechts- und Amtshilfe in Steuersachen.

Betroffene Person(en) in der Bundesrepublik Deutschland
(Name, genaue Anschrift, ggf. Geburtsdatum; bei Ersuchen in die USA ggf. Hinweis, ob Ehegatten zusammen oder getrennt veranlagt werden)

Betroffene Person(en) im Ausland
(Name, genaue Anschrift, ggf. zuletzt bekannte, ggf. Geburtsdatum, Steuernummer, Sozialversicherungsnummer und ähnliche Angaben)

Betroffene Steuern und Jahre
(bei abweichendem Wirtschaftsjahr Hinweis auf Beginn und Ende des Wirtschaftsjahres)

☐ Gegen den / die in der Bundesrepublik Deutschland Betroffene(n) ist ein Steuerstrafverfahren eingeleitet worden. Die erbetenen Auskünfte dienen der Ermittlung der Besteuerungsgrundlagen.

☐ Hinweis auf etwaige Aussageverweigerungsrechte nach deutschem Recht:

Muster eines Auskunftsersuchens (5/98)

Inhalt des Auskunftsersuchens

Die nachfolgende Darstellung enthält eine Anleitung zum Abfassen (Form und Inhalt) eines Auskunftsersuchens.

1. Gestraffte Darstellung des für das Auskunftsersuchen notwendigen Sachverhalts und der sich daraus für das Ersuchen ergebenden Folgerungen und Vermutungen (vgl. BMF-Schreiben .... Tz. 2.2.2).

2. Ich bitte um

   - Beantwortung der folgenden Fragen:
   - folgende Ermittlungen:
     (ggf. auch genaue Angaben zu den erbetenen Beweismitteln und darüber, ob sich bestimmte Beweismittel nur auf bestimmte Zeiträume beziehen).

3. Die Auskünfte werden benötigt,
   - um das genannte Doppelbesteuerungsabkommen durchzuführen.
   - um die Besteuerung nach dem Recht der Bundesrepublik Deutschland zutreffend durchzuführen.

4. Ggf. Hinweis auf die Eilbedürftigkeit unter Angabe der Gründe sowie sonstige Hinweise (z.B. Zeitpunkt der Verjährung oder Zeitpunkt, ab dem Beweismittel nicht mehr verwertbar sind).

5. Die in diesem Ersuchen enthaltenen Angaben und die aufgrund dieses Ersuchens erteilten Auskünfte unterliegen den Geheimhaltungsbestimmungen der oben genannten Regelung. Sie dürfen nur für die in dieser Regelung genannten Zwecke, beschränkt auf die dort genannten Steuern, verwendet werden.

6. Die Inanspruchnahme der Amtshilfe ist erforderlich, da die Sachverhaltsaufklärung unter Anwendung der inländischen Ermittlungsmöglichkeiten nicht zum Ziel führte bzw. keinen Erfolg verspricht.

Hinweis
Der Inhalt des Auskunftsersuchens ist auf den jeweiligen Einzelfall abzustimmen; die Nrn. 5 und 6 sind stets als Schlußformel in das Auskunftsersuchen zu übernehmen. Das Auskunftsersuchen kann formlos auf einer Anlage beigefügt werden oder auf der Rückseite des Vordrucks Nr. .... a enthalten sein. Das Ersuchen sowie alle zur Übermittlung erforderlichen Vordrucke (Nrn. ....) sind der Oberfinanzdirektion je nach Dienstweg in dreifacher oder vierfacher Ausfertigung zuzuleiten. Dies gilt auch, wenn das Ersuchen unter Verwendung des Vordrucks Nr. .... gestellt wird. Sowohl das Übersendungsschreiben als auch das Auskunftsersuchen sind zu unterschreiben.

Nr. 5 Bundessteuerblatt 1999 · Teil I Seite 247

Teil I

Finanzamt

Anlage 3

Steuernummer / Aktenzeichen / file number / Numéro fiscal

Ersuchen im steuerlichen Auskunftsaustausch über Zahlungen aus deutschen Quellen

Request for information
on payments from German sources, made under the arrangements for the exchange of tax information

Demande de reseignements
concernant des versements de source allemande adressée dans le cadre des échanges de renseignements fiscaux

Auskunftsersuchen an

(ausl. Staat)

Ersuchen nach / Request pursuant to / Demande effectuée en vertu

☐ Artikel 2 der EG-Amtshilfe-Richtlinie / Article 2 of the EC Mutual Assistance Directive / de l'article 2 de la directive communautaire sur l'assistance mutuelle

☐ Artikel / Article / de l'article — des deutsch- / of the German- / de la convention fiscale germano- — Doppelbesteuerungsabkommens / Double Taxation Agreement

☐ dem deutsch- / the German- / de la convention germano- — Abkommen über Amtshilfe in Steuersachen / Agreement on mutual administrative assistance in tax matters / sur l'assistance administrative en metière fiscale

Empfänger / Nutzungsberechtigter der Zahlung / Payee / beneficiary / Bénéficiaire des versements

Name / Nom
Anschrift / Address / Adresse

Zahlungsverpflichteter / Payer / Débiteur

Name / Nom
Anschrift / Address / Adresse

Angaben zum Leistungsaustausch / Details of the transaction(s) / Indications concernant l'échange de prestations

Lfd. Nr. Ser. No. N° d'ordre	Datum / Date der Rechnung / of the invoice de la facture	Nr. / No / Numéro	Gegenstand der Lieferung / Leistung / Zahlungsgrund Goods delivered / services rendered / reason for payment Objet de la livraison / prestation / motif du paiement	Rechnungsbetrag Invoice amount Montant de la facture (Währung / currency / monnaie)

Kurzersuchen (10/98)

zu lfd. Nr. Ser. No. Rappel N°	Zahlungstag Date of payment Date du paiement	Zahlungsart Method of payment Mode de paiement	Bankverbindung / Bank account / Coordonnées bancaires

Besondere Feststellungen (z.B. Einschaltung von Steueroasen) /
Remarks (e.g. use of tax havens) / Constatations particulières (par exemple, utilisation de paradis fiscaux)

Da Zweifel bestehen, ob der/die oben aufgeführte(n) Betrag/Beträge zu Recht als Aufwand geltend gemacht worden ist/sind, bitte ich mitzuteilen, ob der Betrag/die Beträge beim Empfänger zugeflossen oder an Dritte weitergeleitet worden oder an den Zahlenden zurückgeflossen ist/sind.

As there is reason to doubt the justification of the claim that the above mentioned amounts are expenditure, please adivse whether the amount(s) have accrued to the payee or whether they have been passed on to third persons or have returned to the payer.

Comme il y a des raisons de douter que la déclaration du/des montant(s) indiqué(s) ci-dessus à titre de charges soit justifiée, je vous prie de bien vouloir m'informer si ce/ces montant(s) est/sont parvenu(s) au bénéficiaire ou s'il(s) a/ont été transmis à des tiers ou été reversé(s) à celui qui l'a/les a payé(s).

Andere Fragen / other questions / autres questions:

Die in diesem Ersuchen enthaltenen Angaben und die aufgrund dieses Ersuchens erteilten Auskünfte unterliegen den Geheimhaltungsbestimmungen der obengenannten Regelung. Sie dürfen nur für die in dieser Regelung genannten Zwecke, beschränkt auf die dort genannten Steuern, verwendet werden.

The information contained in this request and the information funished as a result of this request is subject to the provisions concerning secrecy contained in the above mentioned arrangement. They may be used only for the purposes specified in this arrangement, limited to the taxes named there.

Les reseignements contenus dans cette demande et ceux fournis en réponse à cette même demande sont soumis aux dispositions concernat le secret contenues dans le texte susmentionné. Ils ne peuvent être utilisés qu'aux fins prévues dans le texte en question et uniquement pour les impôts qui y sont visés.

☐ Um kurzfristige Erledigung wird gebeten, weil ... / Please answer as soon as possible because ... / Je vous prie de bien vouloir donner suite à cette demande dans les plus brefs délais car ...

Im Auftrag / by authority / Par délégation

Nr. 5 **Bundessteuerblatt 1999 · Teil I** Seite 249

Teil I

Finanzamt Anlage 4

Steuernummer

Datum
Bearbeiter
Telefon

An **Bundesministerium der Finanzen**
Graurheindorfer Straße 108
☐ 53117 Bonn
mit 1 Anlage (2-fach)

An **Bundesamt für Finanzen**
Friedhofstraße 1
☐ 53225 Bonn
mit 1 Anlage (2-fach)

☐ **Eilsache**
(vgl. Begründung im Ersuchen)

An **Finanzlandesdirektion**
____
☐ A-______ ______________
mit 1 Anlage (2-fach)

und/oder
über **Oberfinanzdirektion**
☐ ________________________
mit 1 Anlage zum Verbleib

Aktenzeichen (von der OFD auszufüllen)
Datum, Sichtvermerk

und/oder
über **Finanzminister/Finanzsenator**
☐ ________________________
mit 1 Anlage zum Verbleib

Aktenzeichen (vom FM/FS auszufüllen)
Datum, Sichtvermerk

Zwischenstaatlicher Auskunftsaustausch in Steuersachen;
hier: Auskunftsersuchen betreffend (Name und Anschrift des Steuerpflichtigen) ________________________

____

Ich übersende in doppelter Ausfertigung

☐ ein Auskunftsersuchen.

☐ ein Ersuchen zur Klärung eines einfachen Sachverhalts.

☐ Der Steuerpflichtige ist

- ☐ von dem Auskunftsersuchen unterrichtet worden und hat
  - ☐ keine Einwendungen erhoben.
  - ☐ die aus der Anlage ersichtlichen Einwendungen erhoben.
- ☐ nicht unterrichtet worden, weil ________________________

  ____

☐ eine Voranfrage.

☐ Zur Beschleunigung des Verfahrens verzichte ich zunächst auf eine Übersetzung der Antwort.

Im Auftrag

Übersendung eines Auskunftsersuchens (5/98)

Teil I

Finanzamt

Anlage 5

Steuernummer / Aktenzeichen / file number / Numéro fiscal

Mitteilung im steuerlichen Auskunftsaustausch über Einkünfte aus deutschen Quellen

Information
on income from German sources, supplied under the arrangements for the exchange of tax information

Communication
concernant des revenus de source allemande effectuée dans le cadre des échanges de renseignements fiscaux

Mitteilung an

(ausl. Staat)

Mitteilung nach / Information supplied pursuant to / Communication effectuée en vertu

☐ Artikel 4 der EG-Amtshilfe-Richtlinie / Article 4 of the EC Mutual Assistance Directive / de l'article 4 de la directive communautaire sur l'assistance mutuelle

☐ Artikel / Article / de l'article — des deutsch- / of the German- / de la convention fiscale germano- — Doppelbesteuerungsabkommens / Double Taxation Agreement

☐ dem deutsch- / the German- / de la convention germano- — Abkommen über Amtshilfe in Steuersachen / Agreement on mutual administrative assistance in tax matters / sur l'assistance administrative en metière fiscale

Empfänger / Nutzungsberechtigter der Zahlung / Payee / beneficiary / Bénéficiaire des versements

Name / Nom

Anschrift / Address / Adresse

Zahlungsverpflichteter / Payer / Débiteur

Name / Nom

Anschrift / Address / Adresse

Angaben zum Leistungsaustausch / Details of the transaction(s) / Indications concernant l'échange de prestations

Lfd. Nr. Ser. No. N° d'ordre	Datum / Date der Rechnung / of the invoice de la facture	Nr. / No / Numéro der Rechnung / of the invoice de la facture	Gegenstand der Lieferung / Leistung / Zahlungsgrund Goods delivered / services rendered / reason for payment Objet de la livraison / prestation / motif du paiement	Rechnungsbetrag Invoice amount Montant de la facture (Währung / currency / monnaie)

Mitteilung (10/98)

zu lfd. Nr. Ser. No. Rappel N°	Zahlungstag Date of payment Date du paiement	Zahlungsart Method of payment Mode de paiement	Bankverbindung / Bank account / Coordonnées bancaires

Besondere Feststellungen (z.B. Einschaltung von Steueroasen) /
Remarks (e.g. use of tax havens) / Constatations particulières (par exemple, utilisation de paradis fiscaux)

Soweit Sie bei der **Auswertung dieser Mitteilung** feststellen, daß der oder die aufgeführten Beträge dem Empfänger nicht zugeflossen sind, ganz oder zum Teil an Dritte weitergeleitet worden oder ganz oder zum Teil an den Zahlenden zurückgeflossen sind, bitte ich um Unterrichtung. Entsprechendes gilt für sonstige Feststellungen, die für die Besteuerung in der Bundesrepublik Deutschland von Bedeutung sein können.

If when evaluating this information you discover that the above mentioned amount(s), have not accrued to the payee, have been passed on to third persons in whole or in part or have returned to the payer in whole or in part, please advise me of this fact. The same applies to any other information you may gain which is likely to be relevant to taxation in the Federal Republic of Germany.

Si, lors de l'exploitation des renseignements communiqués, vous constatez que le ou les montants indiqués ci-dessus, ne sont pas parvenus au bénéficiaire, ont été transmis en totalité ou en partie à des tiers ou ont été reversés en totalité ou en partie à celui qui les a payés, vous êtes pries de bien vouloir m'en informer. Ceci vaut également pour toutes autres constatations susceptibles de présenter de l'importance pour l'imposition en République fédérale d'Allemagne.

Sonstige Mitteilungen / further information / autres communications:

Die in dieser Mitteilung enthaltenen Angaben unterliegen den Geheimhaltungsbestimmungen der obengenannten Regelung. Sie dürfen nur für die in dieser Regelung genannten Zwecke, beschränkt auf die dort genannten Steuern, verwendet werden.

The information communicated herewith is subject to the provisions concerning secrecy contained in the above mentioned arrangement. They may be used only for the purposes specified in this arrangement, limited to the taxes named there.

Les renseignements communiqués sont soumis aux dispositions concernat le secret contenues dans le texte susmentionné. Ils ne peuvent être utilisés qu'aux fins prévues dans le texte en question et uniquement pour les impôts qui y sont visés.

Im Auftrag / by authority / Par délégation

Teil I

Seite 252 Bundessteuerblatt 1999 · Teil I Nr. 5

Finanzamt

Anlage 6

Steuernummer

Datum
Bearbeiter
Telefon

An **Bundesministerium der Finanzen**
☐ Graurheindorfer Straße 108
53117 Bonn
mit 1 Anlage (2-fach)

An **Bundesamt für Finanzen**
☐ Friedhofstraße 1
53225 Bonn
mit 1 Anlage (2-fach)

An **Finanzlandesdirektion**
☐ ____________________
A- ________ ____________
mit 1 Anlage (2-fach)

Aktenzeichen (von der OFD auszufüllen)
Datum, Sichtvermerk

und/oder
über **Oberfinanzdirektion**
☐ ____________________
mit 1 Anlage zum Verbleib

Aktenzeichen (vom FM/FS auszufüllen)
Datum, Sichtvermerk

und/oder
über **Finanzminister/Finanzsenator**
☐ ____________________
mit 1 Anlage zum Verbleib

Zwischenstaatlicher Auskunftsaustausch in Steuersachen;
hier: Auskunftsersuchen betreffend ____________________
____

Ich übersende eine Mitteilung über einen Sachverhalt, der für die Besteuerung in ____________
erheblich sein kann. Der inländische Beteiligte

☐ ist angehört worden und

 ☐ hat keine Einwendungen erhoben.

 ☐ hat die aus der Anlage ersichtlichen Einwendungen erhoben.

☐ ist nicht angehört worden, weil ____________________
____

☐ Weitere Hinweise: ____________________
____

Im Auftrag

Übersendung einer Mitteilung (5/98)

Nr. 5 Bundessteuerblatt 1999 · Teil I Seite 253

Anlage 7

Finanzamt

Steuernummer

Zwischenstaatlicher Auskunftsaustausch in Steuersachen;
hier: Anhörung

Sehr geehrte ______________________

Ich beabsichtige, der ______________________________________ Steuerverwaltung

Auskünfte und/oder Unterlagen über den folgenden Sachverhalt zu übermitteln:

☐ Dazu liegt mir ein Ersuchen der ausländischen Steuerverwaltung vor.

Rechtsgrundlage für die Übermittlung ist

☐ § 2 ☐ Abs. 1 ☐ Abs. 2 des EG-Amtshilfe-Gesetzes.

☐ Artikel _______ des Doppelbesteuerungsabkommens mit ______________________

☐ der Vertrag über die Amtshilfe in Steuersachen mit ______________________

Als inländischer Beteiligter sind Sie vorher zu hören (§ 117 Abs. 4 Satz 3 Abgabenordnung). Ich gebe Ihnen hiermit Gelegenheit, zu der beabsichtigten Übermittlung von Auskünften und/oder Unterlagen Stellung zu nehmen und etwaige Einwendungen mitzuteilen. Sollte bis zum ______________ keine Äußerung vorliegen, gehe ich von Ihrem Einverständnis aus.

Mit freundlichen Grüßen
Im Auftrag

Anhörung § 117 AO (10/98)

Finanzamt

Anlage 8

Steuernummer

Datum
Bearbeiter
Telefon

An **Bundesministerium der Finanzen**
☐ Graurheindorfer Straße 108
53117 Bonn
mit 1 Anlage (2-fach)

An **Bundesamt für Finanzen**
☐ Friedhofstraße 1
53225 Bonn
mit 1 Anlage (2-fach)

☐ **Eilsache**

An **Finanzlandesdirektion**
____
☐ A-________ ________________
mit 1 Anlage (2-fach)

und/oder
über **Oberfinanzdirektion**
☐ ________________
mit 1 Anlage zum Verbleib

Aktenzeichen (von der OFD auszufüllen)
Datum, Sichtvermerk

und/oder
über **Finanzminister/Finanzsenator**
☐ ________________
mit 1 Anlage zum Verbleib

Aktenzeichen (vom FM/FS auszufüllen)
Datum, Sichtvermerk

Zwischenstaatlicher Auskunftsaustausch in Steuersachen;
hier: Auskunft betreffend (Name und Anschrift des Steuerpflichtigen) ________________

____

Schreiben des BMF/BfF vom ________________

In vorstehender Auskunftssache übersende ich

☐ die Antwort. ☐ eine Teilantwort.

Der inländische Beteiligte

☐ ist angehört worden *). Er hat

☐ keine Einwendungen erhoben.

☐ die aus der Anlage ersichtlichen Einwendungen erhoben.

☐ ist nicht angehört worden, weil ________________

____

☐ Weitere Hinweise: ________________

____

Im Auftrag

*) ggf. im Rahmen seiner Mitwirkung nach § 93 AO

Antwort auf Auskunftsersuchen (5/98)

III. Europäisches Übereinkommen über die Rechtshilfe in Strafsachen vom 20. April 1959

BGBl. 1964 II S. 1369 (Auszug)

Präambel

Die unterzeichneten Regierungen, Mitglieder des Europarates,
in der Erwägung, daß es das Ziel des Europarates ist, eine engere Verbindung zwischen seinen Mitgliedern herbeizuführen;
in der Überzeugung, daß die Annahme gemeinsamer Vorschriften auf dem Gebiet der Rechtshilfe in Strafsachen dazu beitragen wird, dieses Ziel zu erreichen;
in der Erwägung, daß die Rechtshilfe mit der Auslieferung zusammenhängt, die bereits Gegenstand eines am 13. Dezember 1957 unterzeichneten Übereinkommens war,
sind wie folgt übereingekommen:

Kapitel I
Allgemeine Bestimmungen

Artikel 1

1. Die Vertragsparteien verpflichten sich, gemäß den Bestimmungen dieses Übereinkommens einander so weit wie möglich Rechtshilfe zu leisten in allen Verfahren hinsichtlich strafbarer Handlungen, zu deren Verfolgung in dem Zeitpunkt, in dem um Rechtshilfe ersucht wird, die Justizbehörden des ersuchenden Staates zuständig sind.
2. Dieses Übereinkommen findet keine Anwendung auf Verhaftungen, auf die Vollstreckung verurteilender Erkenntnisse sowie auf militärische strafbare Handlungen, die nicht nach gemeinem Recht strafbar sind.

Artikel 2

Die Rechtshilfe kann verweigert werden:
a) wenn sich das Ersuchen auf strafbare Handlungen bezieht, die vom ersuchten Staat als politische, als mit solchen zusammenhängende oder als fiskalische strafbare Handlungen angesehen werden;
b) wenn der ersuchte Staat der Ansicht ist, daß die Erledigung des Ersuchens geeignet ist, die Souveränität, die Sicherheit, die öffentliche Ordnung (ordre public) oder andere wesentliche Interessen seines Landes zu beeinträchtigen.

Kapitel II
Rechtshilfeersuchen

Artikel 3

1. Rechtshilfeersuchen in einer Strafsache, die ihm von den Justizbehörden des ersuchenden Staates zugehen und die Vornahme von Untersuchungshandlungen oder die Übermittlung von Beweisstücken, Akten oder Schriftstücken zum Gegenstand haben, läßt der ersuchte Staat in der in seinen Rechtsvorschriften vorgesehenen Form erledigen.

2. Wünscht der ersuchende Staat, daß die Zeugen oder Sachverständigen unter Eid aussagen, so hat er ausdrücklich darum zu ersuchen; der ersuchte Staat hat diesem Ersuchen stattzugeben, sofern sein Recht dem nicht entgegensteht.

3. Der ersuchte Staat braucht nur beglaubigte Abschriften oder beglaubigte Photokopien der erbetenen Akten oder Schriftstücke zu übermitteln. Verlangt der ersuchende Staat jedoch ausdrücklich die Übermittlung von Urschriften, so wird diesem Ersuchen so weit wie irgend möglich stattgegeben.

Artikel 4

Auf ausdrückliches Verlangen des ersuchenden Staates unterrichtet ihn der ersuchte Staat von Zeit und Ort der Erledigung des Rechtshilfeersuchens. Die beteiligten Behörden und Personen können bei der Erledigung vertreten sein, wenn der ersuchte Staat zustimmt.

Artikel 5

1. Jede Vertragspartei kann sich bei der Unterzeichnung dieses Übereinkommens oder der Hinterlegung ihrer Ratifikations- oder Beitrittsurkunde durch eine an den Generalsekretär des Europarates gerichtete Erklärung das Recht vorbehalten, die Erledigung von Rechtshilfeersuchen um Durchsuchung oder Beschlagnahme von Gegenständen einer oder mehreren der folgenden Bedingungen zu unterwerfen:

a) Die dem Rechtshilfeersuchen zugrunde liegende strafbare Handlung muß sowohl nach dem Recht des ersuchenden Staates als auch nach dem des ersuchten Staates strafbar sein.

b) Die dem Rechtshilfeersuchen zugrunde liegende strafbare Handlung muß im ersuchten Staat auslieferungsfähig sein.

c) Die Erledigung des Rechtshilfeersuchens muß mit dem Recht des ersuchten Staates vereinbar sein.

2. Hat eine Vertragspartei eine Erklärung gemäß Ziffer 1 abgegeben, so kann jede andere Vertragspartei den Grundsatz der Gegenseitigkeit anwenden.

Artikel 6

1. Der ersuchte Staat kann die Übergabe von Gegenständen, Akten oder Schriftstücken, um deren Übermittlung ersucht worden ist, aufschieben, wenn er sie für ein anhängiges Strafverfahren benötigt.

2. Die Gegenstände sowie die Urschriften von Akten oder Schriftstücken, die in Erledigung eines Rechtshilfeersuchens übermittelt worden sind, werden vom ersuchenden Staat so bald wie möglich dem ersuchten Staat zurückgegeben, sofern dieser nicht darauf verzichtet.

Kapitel III
Zustellung von Verfahrensurkunden und Gerichtsentscheidungen – Erscheinen von Zeugen, Sachverständigen und Beschuldigten

Artikel 7

1. Der ersuchte Staat bewirkt die Zustellung von Verfahrensurkunden und Gerichtsentscheidungen, die ihm zu diesem Zweck vom ersuchenden Staat übermittelt werden.
Die Zustellung kann durch einfache Übergabe der Urkunde oder der Entscheidung an den Empfänger erfolgen. Auf ausdrückliches Verlangen des ersuchenden Staates bewirkt der ersuchte Staat die Zustellung in einer der in seinen Rechtsvorschriften für die Zustellung gleichartiger Schriftstücke vorgesehenen Formen oder in einer besonderen, mit diesen Rechtsvorschriften vereinbarten Form.

2. Die Zustellung wird durch eine datierte und vom Empfänger unterschriebene Empfangsbestätigung nachgewiesen oder durch eine Erklärung des ersuchten Staates, welche die Tatsache, die Form und das Datum der Zustellung beurkundet. Die eine oder die andere dieser Urkunden wird dem ersuchenden Staat unverzüglich übermittelt. Auf dessen Verlangen gibt der ersuchte Staat an, ob die Zustellung seinem Recht gemäß erfolgt ist. Konnte die Zustellung nicht vorgenommen werden, so teilt der ersuchte Staat den Grund dem ersuchenden Staat unverzüglich mit.

3. Jede Vertragspartei kann bei der Unterzeichnung dieses Übereinkommens oder der Hinterlegung ihrer Ratifikations- oder Beitrittsurkunde durch eine an den Generalsekretär des Europarates gerichtete Erklärung verlangen, daß die Vorladung für einen Beschuldigten, der sich in ihrem Hoheitsgebiet befindet, ihren Behörden innerhalb einer bestimmten Frist vor dem für das Erscheinen festgesetzten Zeitpunkt übermittelt wird. Die Frist ist in dieser Erklärung zu bestimmen und darf 50 Tage nicht übersteigen.
Diese Frist ist bei der Festsetzung des Zeitpunktes für das Erscheinen und bei der Übermittlung der Vorladung zu berücksichtigen.

Artikel 8

Der Zeuge oder Sachverständige, der einer Vorladung, um deren Zustellung ersucht worden ist, nicht Folge leistet, darf selbst dann, wenn die Vorladung Zwangsandrohungen enthält, nicht bestraft oder einer Zwangsmaßnahme unterworfen werden, sofern er sich nicht später freiwillig in das Hoheitsgebiet des ersuchenden Staates begibt und dort erneut ordnungsgemäß vorgeladen wird.

...

Artikel 10

1. Hält der ersuchende Staat das persönliche Erscheinen eines Zeugen oder Sachverständigen vor seinen Justizbehörden für besonders notwendig, so erwähnt er dies in dem Ersuchen um Zustellung der Vorladung; der ersuchte Staat fordert dann den Zeugen oder Sachverständigen auf, zu erscheinen.
Der ersuchte Staat gibt die Antwort des Zeugen oder Sachverständigen dem ersuchenden Staat bekannt.

2. Im Falle der Ziffer 1 muß das Ersuchen oder die Vorladung die annähernde Höhe der zu zahlenden Entschädigungen sowie der zu erstattenden Reise- und Aufenthaltskosten angeben.

3. Auf besonderes Ersuchen kann der ersuchte Staat dem Zeugen oder Sachverständigen einen Vorschuß gewähren. Dieser wird auf der Vorladung vermerkt und vom ersuchenden Staat erstattet.

Artikel 11

1. Verlangt der ersuchende Staat das persönliche Erscheinen eines Häftlings als Zeuge oder zur Gegenüberstellung, so wird dieser – vorbehaltlich der Bestimmung des Artikels 12, soweit anwendbar, unter der Bedingung seiner Zurückstellung innerhalb der vom ersuchten Staat bestimmten Frist zeitweilig in das Hoheitsgebiet überstellt, in dem die Vernehmung stattfinden soll.
Die Überstellung kann abgelehnt werden:

a) wenn der Häftling ihr nicht zustimmt;
b) wenn seine Anwesenheit in einem im Hoheitsgebiet des ersuchten Staates anhängigen Strafverfahrens notwendig ist;
c) wenn die Überstellung geeignet ist, seine Haft zu verlängern, oder
d) wenn andere gebieterische Erwägungen seiner Überstellung in das Hoheitsgebiet des ersuchenden Staates entgegenstehen.

2. Im Falle der Ziffer 1 und vorbehaltlich der Bestimmungen des Artikels 2 wird die Durchbeförderung des Häftlings durch das Hoheitsgebiet eines dritten Staates, der Partei dieses Übereinkommens ist, bewilligt auf Grund eines Ersuchens, das mit allen erforderlichen Schriftstücken vom Justizministerium des ersuchenden Staates an das Justizministerium des um Durchbeförderung ersuchten Staates gerichtet wird.

Eine Vertragspartei kann es ablehnen, die Durchbeförderung ihrer eigenen Staatsangehörigen zu bewilligen.

3. Die überstellte Person muß im Hoheitsgebiet des ersuchenden Staates und gegebenenfalls im Hoheitsgebiet des um Durchbeförderung ersuchten Staates in Haft bleiben, sofern nicht der um Überstellung ersuchte Staat ihre Freilassung verlangt.

Artikel 12

1. Ein Zeuge oder Sachverständiger, gleich welcher Staatsangehörigkeit, der auf Vorladung vor den Justizbehörden des ersuchenden Staates erscheint, darf in dessen Hoheitsgebiet wegen Handlungen oder Verurteilungen aus der Zeit vor seiner Abreise aus dem Hoheitsgebiet des ersuchten Staates weder verfolgt, noch in Haft gehalten, noch einer sonstigen Beschränkung seiner persönlichen Freiheit unterworfen werden.

2. Eine Person, gleich welcher Staatsangehörigkeit, die vor die Justizbehörden des ersuchenden Staates vorgeladen ist, um sich wegen einer ihr zur Last gelegten Handlung strafrechtlich zu verantworten, darf dort wegen nicht in der Vorladung angeführter Handlungen oder Verurteilungen aus der Zeit vor ihrer Abreise aus dem Hoheitsgebiet des ersuchten Staates weder verfolgt, noch in Haft gehalten, noch einer sonstigen Beschränkung ihrer persönlichen Freiheit unterworfen werden.

3. Der in diesem Artikel vorgesehene Schutz endet, wenn der Zeuge, Sachverständige oder Beschuldigte während fünfzehn aufeinanderfolgenden Tagen, nachdem seine Anwesenheit von den Justizbehörden nicht mehr verlangt wurde, die Möglichkeit gehabt hat, das Hoheitsgebiet des ersuchenden Staates zu verlassen, und trotzdem dort bleibt, oder wenn er nach Verlassen dieses Gebietes dorthin zurückgekehrt ist.

Kapitel IV
Strafregister

Artikel 13

1. Der ersuchte Staat übermittelt von den Justizbehörden einer Vertragspartei für eine Strafsache erbetene Auszüge aus dem Strafregister und auf dieses bezügliche Auskünfte in dem Umfang, in dem seine Justizbehörden sie in ähnlichen Fällen selbst erhalten könnten.

2. In anderen als den in Ziffer 1 erwähnten Fällen wird einem solchen Ersuchen unter den Voraussetzungen stattgegeben, die in den gesetzlichen oder sonstigen Vorschriften oder durch die Übung des ersuchten Staates vorgesehen sind.

Kapitel V
Verfahren

Artikel 14

1. Die Rechtshilfeersuchen müssen folgende Angaben enthalten:

a) die Behörde, von der das Ersuchen ausgeht,
b) den Gegenstand und den Grund des Ersuchens,
c) soweit möglich, die Identität und die Staatsangehörigkeit der Person, gegen die sich das Verfahren richtet, und,
d) soweit erforderlich, den Namen und die Anschrift des Zustellungsempfängers.

2. Die in den Artikeln 3, 4 und 5 erwähnten Rechtshilfeersuchen haben außerdem die strafbare Handlung zu bezeichnen und eine kurze Darstellung des Sachverhalts zu enthalten.

Artikel 15

1. Die in den Artikeln 3, 4 und 5 sowie die in Artikel 11 erwähnten Rechtshilfeersuchen werden vom Justizministerium des ersuchenden Staates dem Justizministerium des ersuchten Staates übermittelt und auf demselben Weg zurückgesandt.

2. In dringenden Fällen können diese Rechtshilfeersuchen von den Justizbehörden des ersuchenden Staates unmittelbar den Justizbehörden des ersuchten Staates übermittelt werden. Sie werden mit den Erledigungsakten auf dem in Absatz 1 vorgesehenen Weg zurückgesandt.

3. Die in Artikel 13 Ziffer 1 erwähnten Ersuchen können von den Justizbehörden unmittelbar der zuständigen Stelle des ersuchten Staates übermittelt und von dieser unmittelbar beantwortet werden. Die in Artikel 13 Ziffer 2 erwähnten Ersuchen werden vom Justizministerium des ersuchenden Staates dem Justizministerium des ersuchten Staates übermittelt.

4. Andere als die in den Ziffern 1 und 3 erwähnten Rechtshilfeersuchen, insbesondere Ersuchen um der Strafverfolgung vorausgehende Erhebungen, können Gegenstand des unmittelbaren Verkehrs zwischen den Justizbehörden sein.

5. In den Fällen, in denen die unmittelbare Übermittlung durch dieses Übereinkommen zugelassen ist, kann sie durch Vermittlung der Internationalen Kriminalpolizeilichen Organisation (Interpol) erfolgen.

6. Jede Vertragspartei kann bei der Unterzeichnung dieses Übereinkommens oder der Hinterlegung ihrer Ratifikations- oder Beitrittsurkunde durch eine an den Generalsekretär des Europarates gerichtete Erklärung bekanntgeben, daß ihr alle oder bestimmte Rechtshilfeersuchen auf einem anderen als dem in diesem Artikel vorgesehenen Weg zu übermitteln sind, oder verlangen, daß im Falle des Absatzes 2 eine Abschrift des Rechtshilfeersuchens gleichzeitig ihrem Justizministerium übermittelt wird.

7. Dieser Artikel läßt Bestimmungen zweiseitiger, zwischen Vertragsparteien in Kraft stehender Abkommen oder Vereinbarungen unberührt, die die unmittelbare Übermittlung von Rechtshilfeersuchen zwischen ihren Behörden vorsehen.

Artikel 16

1. Vorbehaltlich der Bestimmungen der Ziffer 2 wird die Übersetzung der Ersuchen und der beigefügten Schriftstücke nicht verlangt.

2. Jede Vertragspartei kann sich bei der Unterzeichnung oder der Hinterlegung ihrer Ratifikations- oder Beitrittsurkunde durch eine an den Generalsekretär des Europarates gerichtete Erklärung das Recht vorbehalten zu verlangen, daß ihr die Ersuchen und die beigefügten Schriftstücke mit einer Übersetzung entweder in ihre eigene Sprache oder in eine der offiziellen Sprachen oder die von ihr bezeichneten Sprache des Europarates übermittelt werden. Die anderen Vertragsparteien können den Grundsatz der Gegenseitigkeit anwenden.

3. Dieser Artikel läßt die Übersetzung von Rechtshilfeersuchen und beigefügten Schriftstücken betreffende Bestimmungen unberührt, die in Abkommen oder Vereinbarungen enthalten sind, die zwischen zwei oder mehreren Vertragsparteien in Kraft stehen oder in Zukunft abgeschlossen werden.

[...]

Kapitel VII
Austausch von Strafnachrichten

Artikel 22

Jede Vertragspartei benachrichtigt eine andere Partei von allen, deren Staatsangehörige betreffenden strafrechtlichen Verurteilungen und nachfolgenden Maßnahmen, die in das Stafregister eingetragen worden sind. Die Justizministerien übermitteln einander diese Nachrichten mindestens einmal jährlich. Gilt die betroffene Person als Staatsangehöriger von zwei oder mehreren Vertragsparteien, so werden die Nachrichten jeder dieser Parteien übermittelt, sofern die Person nicht die Staatsangehörigkeit der Partei besitzt, in deren Hoheitsgebiet sie verurteilt worden ist.

Kapitel VIII
Schlußbestimmungen

Artikel 23

1. Jede Vertragspartei kann bei der Unterzeichnung dieses Übereinkommens oder der Hinterlegung ihrer Ratifikations- oder Beitrittsurkunde zu einer oder mehreren genau bezeichneten Bestimmungen des Übereinkommens einen Vorbehalt machen.

2. Jede Vertragspartei, die einen Vorbehalt gemacht hat, wird ihn zurückziehen, sobald die Umstände es gestatten. Die Zurückziehung von Vorbehalten erfolgt durch Notifikation an den Generalsekretär des Europarates.

3. Eine Vertragspartei, die einen Vorbehalt zu einer Bestimmung des Übereinkommens gemacht hat, kann deren Anwendung durch eine andere Vertragspartei nur insoweit beanspruchen, als sie selbst diese Bestimmung angenommen hat.

Artikel 24

Jede Vertragspartei kann bei der Unterzeichnung dieses Übereinkommens oder der Hinterlegung ihrer Ratifikations- oder Beitrittsurkunde durch eine an den Generalsekretär des Europarates gerichtete Erklärung die Behörden bezeichnen, die sie als Justizbehörden im Sinne dieses Übereinkommens betrachtet.

Artikel 25

1. Dieses Übereinkommen findet auf das Mutterland der Vertragspartei Anwendung.

2. Es findet hinsichtlich Frankreich auch auf Algerien und die überseeischen Departemente und hinsichtlich Italien und das unter italienischer Verwaltung stehende Gebiet von Somaliland Anwendung.

3. Die Bundesrepublik Deutschland kann die Anwendung dieses Übereinkommens durch eine an den Generalsekretär des Europarates gerichtete Erklärung auf das Land Berlin ausdehnen.

4. Hinsichtlich des Königreiches der Niederlande findet dieses Übereinkommen auf das europäische Hoheitsgebiet Anwendung. Das Königreich kann durch eine an den Generalsekretär des Europarates gerichtete Erklärung die Anwendung des Übereinkommens auf die Niederländischen Antillen, Surinam und Niederländisch-Neuguinea ausdehnen.

5. Zwischen zwei oder mehreren Vertragsparteien kann die Anwendung dieses Übereinkommens durch unmittelbare Vereinbarung unter den darin festzusetzenden Bedingungen auf andere als die in den Ziffern 1, 2 und 4 erwähnten Gebiete ausgedehnt werden, für deren internationale Beziehungen eine dieser Vertragsparteien verantwortlich ist.

Artikel 26

1. Vorbehaltlich der Bestimmungen des Artikels 15 Ziffer 7 und des Artikels 16 Ziffer 3 hebt dieses Übereinkommen hinsichtlich der Gebiete, auf die es Anwendung findet, diejenigen Bestimmungen zweiseitiger Verträge, Übereinkommen oder Vereinbarungen auf, die die Rechtshilfe in Strafsachen zwischen zwei Vertragsparteien regeln.

2. Dieses Übereinkommen berührt jedoch nicht die Verpflichtungen aus denjenigen Bestimmungen anderer zwei- oder mehrseitiger internationaler Übereinkommen, die auf einem bestimmten Sachgebiet besondere Fragen der Rechtshilfe regeln oder regeln werden.

3. Die Vertragsparteien können untereinander zwei- oder mehrseitige Vereinbarungen über die Rechtshilfe in Strafsachen nur zur Ergänzung dieses Übereinkommens oder zur Erleichterung der Anwendung der darin enthaltenen Grundsätze schließen.

4. Wird die Rechtshilfe in Strafsachen zwischen zwei oder mehreren Vertragsparteien auf der Grundlage einheitlicher Rechtsvorschriften oder eines besonderen Systems geleistet, das die gegenseitige Anwendung von Rechtshilfemaßnahmen in ihren Hoheitsgebieten vorsieht, so sind diese Parteien berechtigt, ungeachtet der Bestimmungen dieses Übereinkommens ihre wechselseitigen Beziehungen auf diesem Gebiet ausschließlich nach diesen Systemen zu regeln. Die Vertragsparteien, die auf Grund dieses Absatzes in ihren wechselseitigen Beziehungen die Anwendung dieses Übereinkommens jetzt oder künftig ausschließen, haben dies dem Generalsekretär des Europarates zu notifizieren.

Artikel 27

1. Dieses Übereinkommen liegt zur Unterzeichnung durch die Mitglieder des Europarates auf. Es bedarf der Ratifizierung; die Ratifikationsurkunden werden bei dem Generalsekretär des Europarates hinterlegt.

2. Das Übereinkommen tritt 90 Tage nach Hinterlegung der dritten Ratifikationsurkunde in Kraft.

3. Für jeden Unterzeichnerstaat, der es später ratifiziert, tritt das Übereinkommen 90 Tage nach Hinterlegung seiner Ratifikationsurkunde in Kraft.

Artikel 28

1. Das Ministerkomitee des Europarates kann jeden Staat, der nicht Mitglied des Europarates ist, einladen, diesem Übereinkommen beizutreten. Die Entschließung über eine Einladung bedarf der einstimmigen Billigung der Mitglieder des Europarates, die das Übereinkommen ratifiziert haben.

2. Der Beitritt erfolgt durch Hinterlegung einer Beitrittsurkunde bei dem Generalsekretär des Europarates und wird 90 Tage nach deren Hinterlegung wirksam.

Artikel 29

Jede Vertragspartei kann für sich selbst dieses Übereinkommen durch Notifikation an den Generalsekretär des Europarates kündigen. Diese Kündigung wird sechs Monate nach Eingang der Notifikation bei dem Generalsekretär des Europarates wirksam.

Geltungsbereich des Übereinkommens am 1. April 1986

Vertragsstaaten	Ratifikation Beitritt (B)	Inkrafttreten
Belgien	13. August 1975	11. November 1975
Dänemark	13. September 1962	12. Dezember 1962
Bundesrepublik Deutschland	2. Oktober 1976	1. Januar 1977
Finnland	23. Januar 1981 B	29. April 1981
Frankreich	23. Mai 1967	21. August 1967
Griechenland	23. Februar 1962	12. Juni 1962
Island	20. Juni 1984	18. September 1984
Israel	27. September 1967 B	26. Dezember 1967
Italien	23. August 1961	12. Juni 1962
Liechtenstein	28. Oktober 1969 B	26. Januar 1970
Luxemburg	18. November 1976	16. Februar 1977
Niederlande	14. Februar 1969	15. Mai 1969
Norwegen	14. März 1962	12. Juni 1962
Österreich	2. Oktober 1968	31. Dezember 1968
Schweden	1. Februar 1968	1. Mai 1968
Schweiz	20. Dezember 1966	20. März 1967
Spanien	18. August 1982	16. November 1982
Türkei	24. Juni 1969	22. September 1969

Vorbehalte und Erklärungen (Auszug) Bundesrepublik Deutschland

Artikel 5. Die Durchsuchung und die Beschlagnahme von Gegenständen ist nur zulässig, wenn die Voraussetzung des Artikels 5 Absatz 1 Buchstaben a und c des Europäischen Übereinkommens über die Rechtshilfe in Strafsachen vorliegen.

Artikel 7. Das Ersuchen um Zustellung einer Vorladung an einen Beschuldigten, der sich im Hoheitsgebiet der Bundesrepublik Deutschland befindet, wird grundsätzlich nur ausgeführt, wenn es den deutschen Behörden spätestens einen Monat vor dem für das Erscheinen des Beschuldigten festgelegten Zeitpunkt zugeht.

Artikel 11. Die Überlieferung eines Zeugen wird in allen Fällen des Absatzes 1 Unterabsatz 2 abgelehnt.

Artikel 16. Sofern das Rechtshilfeersuchen und die beigefügten Schriftstücke nicht in deutscher Sprache abgefaßt sind, müssen Übersetzungen des Ersuchens und der Unterlagen in deutscher Sprache oder in einer der Amtssprachen des Europarats beigefügt werden.

Artikel 24. Justizbehörden im Sinne dieses Übereinkommens sind:

der Bundesminister der Justiz, Bonn–Bad Godesberg;
der Bundesgerichtshof, Karlsruhe;
der Generalbundesanwalt bei dem Bundesgerichtshof, Karlsruhe;
das Justizministerium Baden-Württemberg, Stuttgart;
das Bayerische Staatsministerium der Justiz, München;
der Senator für Justiz, Berlin;
der Senator für Rechtspflege und Strafvollzug, Bremen;
die Justizbehörde der Freien und Hansestadt Hamburg, Hamburg;
der Hessische Minister der Justiz, Wiesbaden;
der Niedersächsische Minister der Justiz, Hannover;
der Justizminister des Landes Nordrhein-Westfalen, Düsseldorf;
das Ministerium der Justiz des Landes Rheinland-Pfalz, Mainz;
der Minister für Rechtspflege des Saarlandes, Saarbrücken;
der Justizminister des Landes Schleswig-Holstein, Kiel;
das Bayerische Oberste Landesgericht, München;
die Oberlandesgerichte;
die Landgerichte;
die Amtsgerichte;
die Staatsanwaltschaft bei dem Bayerischen Obersten Landesgericht, München;
die Staatsanwaltschaften bei den Oberlandesgerichten;
die Staatsanwaltschaften bei den Landgerichten;
die Zentrale Stelle der Landesjustizverwaltungen zur Aufklärung nationalsozialistischer Verbrechen, Ludwigsburg;

Artikel 25. Das Europäische Übereinkommen über die Rechtshilfe in Strafsachen vom 20. April 1959 gilt, vom Zeitpunkt seines Inkrafttretens für die Bundesrepublik Deutschland, auch für das Land Berlin.

Schweiz

Artikel 1. Der Schweizerische Bundesrat erklärt, daß als schweizerische Justizbehörden im Sinne des Übereinkommens zu betrachten sind:

- die Gerichte, ihre Kammern oder Abteilungen;
- die Schweizerische Bundesanwaltschaft;
- das Bundesamt für Polizeiwesen;
- die nach kantonalem oder eidgenössischem Recht mit der Instruktion von Straffällen betrauten, zur Ausstellung von Strafbefehlen ermächtigten oder Entscheide in Verfahren strafrechtlicher Angelegenheiten fallenden Behörden. Im Hinblick auf die Unterschiede der Amtsbezeichnung dieser Behörden wird, soweit erforderlich, die zuständige Behörde bei der Übermittlung eines Rechtshilfeersuchens ausdrücklich bestätigen, daß sie eine Justizbehörde im Sinne dieses Übereinkommens ist.

Artikel 2.

a) Die Schweiz behält sich das Recht vor, die Rechtshilfe auch dann abzulehnen, wenn wegen der dem Ersuchen zugrunde liegenden Handlung gegen denselben Beschuldigten in der Schweiz ebenfalls ein Strafverfahren durchgeführt wird oder eine strafrechtliche Entscheidung ergangen ist, mit der diese Tat und seine Schuld materiell beurteilt worden sind.

b) Die Schweiz behält sich ferner das Recht vor, in besonderen Fällen Rechtshilfe auf Grund dieses Übereinkommens nur unter der ausdrücklichen Bedingung zu leisten, daß die Ergebnisse der in der Schweiz durchgeführten Erhebungen und die in herausgegebenen Akten oder Schriftstücken enthaltenen Auskünfte ausschließlich für die Aufklärung und Beurteilung derjenigen strafbaren Handlungen verwendet werden dürfen, für die die Rechtshilfe bewilligt wird.

Artikel 5 Absatz 1. Der Schweizerische Bundesrat erklärt, daß die Schweiz die Vollziehung eines Rechtshilfeersuchens, das die Anwendung irgendeiner Zwangsmaßnahme erfordert, der in Artikel 5 Absatz 1 Buchstabe a des Übereinkommens erwähnten Bedingung unterwerfen wird.

Artikel 7 Absatz 3. Die Schweiz verlangt, daß Ersuchen um Zustellung von Vorladungen an einen Beschuldigten in der Schweiz bei der nach Artikel 15 Absatz 4 zuständigen schweizerischen Behörde spätestens 30 Tage vor dem für das Erscheinen festgesetzten Zeitpunkt einzutreffen haben.

Artikel 11 Absatz 3, Artikel 13 Absatz 1 und Artikel 15 Absätze 1 und 3. Der Schweizerische Bundesrat erklärt, daß im Sinne der vorgenannten Bestimmungen in der Schweiz folgende Behörden zuständig sind:

1. Das Bundesamt für Polizeiwesen des Eidgenössischen Justiz- und Polizeidepartements in Bern
   a) für den Erlaß des Haftbefehls gegen Häftlinge, die den schweizerischen Behörden nach Artikel 11 Absatz 1 oder 2 des Übereinkommens übergeben werden, sowie
   b) für die Entgegennahme aller Rechtshilfeersuchen des Auslands und für die Übermittlung aller schweizerischen Rechtshilfeersuchen, für die das Übereinkommen in Artikel 15 die Übermittlung durch das Justizministerium der ersuchenden Vertragspartei an dasjenige der ersuchten Vertragspartei vorsieht.
2. Das Schweizerische Zentralpolizeibüro in Bern für die Stellung und die Entgegennahme von Ersuchen um Abgabe von Strafregisterauszügen nach Artikel 15 Absatz 3 Satz 1.

Artikel 12 Absatz 3. Der Schweizerische Bundesrat erklärt hiermit, daß nach Auffassung der schweizerischen Behörden die nach Artikel 12 Absatz 3 des Übereinkommens erforderliche Voraussetzung der Beendigung des Schutzes im Gegensatz zu Artikel 14 des Europäischen Auslieferungs-Übereinkommens nur erfüllt ist, wenn der freien Ausreise des Zeugen, Sachverständigen oder des auf freiem Fuße befindlichen Beschuldigten aus dem Hoheitsgebiet des ersuchenden Staats weder rechtliche noch tatsächliche Hindernisse entgegenstehen.

Artikel 13 Absatz 2. Die Schweiz behält sich das Recht vor, Ersuchen nach Artikel 13 Absatz 2 nur stattzugeben, wenn darin die Notwendigkeit der Beschaffung des Strafregisterauszuges auf dem amtlichen Wege stichhaltig begründet ist, da jedermann das Recht hat, Auszüge aus dem Strafregister zu verlangen, die seine Person betreffen.

Artikel 16 Absatz 2. Die Schweiz verlangt, daß an die schweizerischen Behörden gerichtete Rechtshilfeersuchen und deren Anlagen, mit Ausnahme der Ersuchen um Zustellung einer Vorladung, soweit sie nicht in deutscher, französischer oder italienischer Sprache abgefaßt sind, mit einer Übersetzung in eine dieser Sprachen zu versehen sind.

Österreich

Artikel 1 Absatz 1. Österreich wird Rechtshilfe nur in Verfahren leisten, die auch nach österreichischem Recht strafbare Handlungen betreffen, zu deren Verfolgung in dem Zeitpunkt, in dem um Rechtshilfe ersucht wird, die Justizbehörden zuständig sind.

Artikel 2 Buchstabe b. Unter „anderen wesentlichen Interessen seines Landes" versteht Österreich insbesondere die Wahrung der in den österreichischen Rechtsvorschriften vorgesehenen Geheimhaltungspflicht.

Artikel 5 Absatz 1. Österreich wird die Erledigung von Rechtshilfeersuchen um Durchsuchung oder Beschlagnahme von Gegenständen der in Buchstabe c festgelegten Bedingungen unterwerfen.

Artikel 7 Absatz 3. Österreich wird die Vorladung für einen Beschuldigten, der sich im österreichischen Hoheitsgebiet befindet, nur zustellen, wenn die Vorladung der zuständigen österreichischen Justizbehörde spätestens 30 Tage vor dem für das Erscheinen festgesetzten Zeitpunkt zugekommen ist.

Artikel 11. Die Überstellung eines Häftlings als Zeugen oder zur Gegenüberstellung wird in den Fällen des Artikels 11 Absatz 1 Buchstaben a, b und c nicht zugestimmt werden.

Artikel 16 Absatz 2. Rechtshilfeersuchen und deren Beilagen müssen – unbeschadet der Bestimmung des Artikels 16 Absatz 3 –, sofern sie nicht in deutscher, französischer oder englischer Sprache abgefaßt sind, mit einer Übersetzung in eine dieser Sprachen versehen sein. Eine Übersetzung der in Artikel 21 Absatz 1 erwähnten Anzeigen wird nicht verlangt.

Artikel 24. Im Sinne dieses Übereinkommens wird Österreich als österreichische Justizbehörden die Strafgerichte, die Staatsanwaltschaften und das Bundesministerium für Justiz betrachten.

Liechtenstein

Artikel 5 Absatz 1. Die Regierung des Fürstentums Liechtenstein erklärt, daß das Fürstentum Liechtenstein die Vollziehung eines Rechtshilfeersuchens, das die Anwendung irgendeiner Zwangsmaßnahme erfordert, der in Artikel 5 Absatz 1 Buchstabe a des Übereinkommens erwähnten Bedingung unterwerfen wird.

Artikel 16 Absatz 2. Das Fürstentum Liechtenstein verlangt, daß an liechtensteinische Behörden gerichtete Rechtshilfeersuchen und deren Anlagen mit Ausnahme der Ersuchen um Zustellung einer Vorladung, soweit sie nicht in deutscher Sprache abgefaßt sind, mit einer Übersetzung in diese Sprache zu versehen sind.

Luxemburg

Artikel 2. Die Regierung des Großherzogtums Luxemburg behält sich das Recht vor, einem Rechtshilfeersuchen nicht stattzugeben,

a) wenn ernstliche Gründe für die Annahme bestehen, daß sich das Ersuchen auf Ermittlungen bezieht, die eingeleitet worden sind, um den Beschuldigten wegen seiner politischen oder religiösen Überzeugung, seiner Staatsangehörigkeit, seiner Rasse oder seiner Zugehörigkeit zu einer Bevölkerungsgruppe zu verfolgen, zu bestrafen oder auf andere Weise zu behelligen;

b) sofern sich das Ersuchen auf eine Strafverfolgung oder ein Verfahren bezieht, die mit dem Grundsatz „ne bis in idem" unvereinbar sind;

c) sofern sich das Ersuchen auf Ermittlungen über Handlungen bezieht, derentwegen der Beschuldigte im Großherzogtum Luxemburg verfolgt wird.

Artikel 5. Die Regierung des Großherzogtums Luxemburg erklärt, daß Rechtshilfeersuchen um Durchsuchung oder Beschlagnahme im Großherzogtum Luxemburg nur erledigt werden, soweit sie sich auf Handlungen beziehen, die nach dem Europäischen Auslieferungsübereinkommen auslieferungsfähig sind, und unter der Bedingung, daß der luxemburgische Richter der Erledigung nach luxemburgischem Recht zugestimmt hat.

Artikel 11. Die Regierung des Großherzogtums Luxemburg wird die in Artikel 11 vorgesehene zeitweilige Überstellung nur dann bewilligen, wenn der Betreffende in ihrem Hoheitsgebiet eine Strafe verbüßt und wenn keine besonderen Erwägungen dem entgegenstehen.

Artikel 16. Die Regierung des Großherzogtums Luxemburg verlangt, daß die an sie gerichteten Rechtshilfeersuchen und beigefügten Schriftstücke mit einer Übersetzung in die französische, deutsche oder englische Sprache übermittelt werden.

Artikel 22. Die Regierung des Großherzogtums Luxemburg wird nachfolgende Maßnahmen im Sinne des Artikels 22 nur insoweit mitteilen, wie der Aufbau des Strafregisters es gestattet.

Artikel 24. Die Regierung des Großherzogtums Luxemburg erklärt, daß in bezug auf das Großherzogtum Luxemburg als Justizbehörden im Sinne des Übereinkommens die Mitglieder der richterlichen Gewalt, deren Aufgabe die Rechtsprechung ist, die Untersuchungsrichter und die Mitglieder der Staatsanwaltschaft zu verstehen sind.

Artikel 26. Wegen der Sonderregelung zwischen den Benelux-Ländern nimmt die Regierung des Großherzogtums Luxemburg hinsichtlich ihrer Beziehungen zu den Niederlanden und zu Belgien Artikel 26 Absätze 1 und 3 nicht an.

Die Regierung des Großherzogtums Luxemburg behält sich die Möglichkeit vor, in ihren Beziehungen zu anderen Mitgliedstaaten der Europäischen Wirtschaftsgemeinschaft von diesen Bestimmungen abzuweichen.

IV. Zusatzprotokoll zum Europäischen Übereinkommen über die Rechtshilfe in Strafsachen vom 20. April 1959

vom 17. März 1978, BGBl. 1990 I, S. 124 (Auszug)

Die Mitgliedstaaten des Europarats, die dieses Protokoll unterzeichnen –

von dem Wunsch geleitet, die Anwendung des am 20. April 1959 in Straßburg zur Unterzeichnung aufgelegten Europäischen Übereinkommens über die Rechtshilfe in Strafsachen (im folgenden als „Übereinkommen“ bezeichnet) auf dem Gebiet der fiskalischen strafbaren Handlungen zu erleichtern;

in der Erwägung, daß es auch zweckmäßig ist, das Übereinkommen in bestimmten anderen Punkten zu ergänzen –

sind wie folgt übereingekommen:

Kapitel I

Artikel 1

Die Vertragsparteien üben das in Artikel 2 Buchstabe a des Übereinkommens vorgesehene Recht zur Verweigerung der Rechtshilfe nicht allein aus dem Grund aus, daß das Ersuchen eine strafbare Handlung betrifft, welche die ersuchte Vertragspartei als eine fiskalische strafbare Handlung ansieht.

Artikel 2

(1) Hat eine Vertragspartei die Erledigung von Rechtshilfeersuchen um Durchsuchung oder Beschlagnahme von Gegenständen der Bedingung unterworfen, daß die dem Rechtshilfeersuchen zugrundeliegende strafbare Handlung sowohl nach dem Recht der ersuchenden als auch nach dem Recht der ersuchten Vertragspartei strafbar ist, so ist diese Bedingung in bezug auf fiskalische strafbare Handlungen erfüllt, wenn die Handlung nach dem Recht der ersuchenden Vertragspartei strafbar ist und einer strafbaren Handlung derselben Art nach dem Recht der ersuchten Vertragspartei entspricht.

(2) Das Ersuchen darf nicht mit der Begründung abgelehnt werden, daß das Recht der ersuchten Vertragspartei nicht dieselbe Art von Abgaben oder Steuern oder keine Abgaben-, Steuer-, Zoll- oder Devisenbestimmungen derselben Art wie das Recht der ersuchenden Vertragspartei vorsieht.

[...]

Kapitel IV

Artikel 8

(1) Die von einer Vertragspartei zu einer Bestimmung des Übereinkommens angebrachten Vorbehalte finden auch auf dieses Protokoll Anwendung, sofern diese Vertragspartei bei der Unterzeichnung oder bei der Hinterlegung ihrer Ratifikations-, Annahme-, Genehmigungs- oder Beitrittsurkunde keine anderslautende Absicht zum Ausdruck bringt. Das gleiche gilt für Erklärungen, die auf Grund des Artikels 24 des Übereinkommens abgegeben worden sind.

(2) Jeder Staat kann bei der Unterzeichnung oder bei der Hinterlegung seiner Ratifikations-, Annahme-, Genehmigungs- oder Beitrittsurkunde erklären, daß er sich das Recht vorbehält,

a) Kapitel I nicht oder nur hinsichtlich bestimmter strafbarer Handlungen oder bestimmter Kategorien der in Artikel 1 bezeichneten strafbaren Handlungen anzunehmen oder einem Rechtshilfeersuchen um Durchsuchung oder Beschlagnahme von Gegenständen in bezug auf fiskalische strafbare Handlungen nicht zu entsprechen;

b) Kapitel II nicht anzunehmen;

c) Kapitel III nicht anzunehmen.

(3) Jede Vertragspartei kann einen von ihr nach Absatz 2 angebrachten Vorbehalt durch eine an den Generalsekretär des Europarats gerichtete Erklärung zurückziehen; die Erklärung wird mit ihrem Eingang wirksam.

(4) Eine Vertragspartei, die einen Vorbehalt zu einer Bestimmung des Übereinkommens auf dieses Protokoll angewendet oder einen Vorbehalt zu einer Bestimmung des Protokolls angebracht hat, kann nicht verlangen, daß eine andere Vertragspartei diese Bestimmung anwendet, sie kann jedoch, wenn es sich um einen Teilvorbehalt oder einen bedingten Vorbehalt handelt, die Anwendung der betreffenden Bestimmung insoweit verlangen, als sie selbst sie angenommen hat.

(5) Andere Vorbehalte zu diesem Protokoll sind nicht zulässig.

V. Richtlinie des Rates vom 10. Juni 1991 zur Verhinderung der Nutzung des Finanzsystems zum Zwecke der Geldwäsche

(91/308/EWG) Amtsblatt der Europäischen Gemeinschaften Nr. L 166/79 vom 28.6.91

Artikel 1

Im Sinne dieser Richtlinie bedeutet

- Kreditinstitut: ein Kreditinstitut im Sinne von Artikel 1 erster Gedankenstrich der Richtlinie 77/780/EWG, zuletzt geändert durch die Richtlinie 89/646/EWG, sowie – im Sinne von Artikel 1 dritter Gedankenstrich der genannten Richtlinie – eine in der Gemeinschaft gelegene Zweigniederlassung eines Kreditinstituts mit Sitz außerhalb der Gemeinschaft;

- Finanzinstitut: ein anderes Unternehmen als ein Kreditinstitut, dessen Haupttätigkeit darin besteht, eines oder mehrere der unter den Nummern 2 bis 12 und 14 der Liste im Anhang zur Richtlinie 89/646/EWG aufgeführten Geschäfte zu tätigen, oder ein Versicherungsunternehmen, das gemäß der Richtlinie 79/267/EWG, zuletzt geändert durch die Richtlinie 90/619/EWG, zugelassen ist, soweit es Tätigkeiten ausübt, die unter die Richtlinie 79/267/EWG fallen; diese Definition schließt auch in der Gemeinschaft gelegene Zweigniederlassungen von Finanzinstituten mit Sitz außerhalb der Gemeinschaft ein;

- Geldwäsche: folgende vorsätzlich begangene Handlungen:

  - der Umtausch oder Transfer von Vermögensgegenständen in Kenntnis der Tatsache, daß diese Vermögensgegenstände aus einer kriminellen Tätigkeit oder der Teilnahme an einer solchen Tätigkeit stammen, zum Zwecke der Verheimlichung oder Verschleierung des illegalen Ursprungs der Vermögensgegenstände oder der Unterstützung von Personen, die an einer solchen Tätigkeit beteiligt sind, damit diese den Rechtsfolgen ihrer Tat entgehen;

  - das Verheimlichen oder Verschleiern der wahren Natur, Herkunft, Lage, Verfügung oder Bewegung von Vermögensgegenständen oder des tatsächlichen Eigentums an Vermögensgegenständen oder entsprechender Rechte in Kenntnis der Tatsache, daß diese Gegenstände aus einer kriminellen Tätigkeit oder aus der Teilnahme an einer solchen Tätigkeit stammen;

  - der Erwerb, der Besitz oder die Verwendung von Vermögensgegenständen, wenn dem Betreffenden bei der Übernahme dieser Vermögensgegenstände bekannt war, daß diese Gegenstände aus einer kriminellen Tätigkeit oder aus der Teilnahme an einer solchen Tätigkeit stammen;

- die Beteiligung an einer der unter den drei vorstehenden Gedankenstrichen aufgeführten Handlungen, Zusammenschlüsse zur Ausführung einer solchen Handlung, Versuche einer solchen Handlung, Beihilfe, Anstiftung oder Beratung zur Ausführung einer solchen Handlung oder Erleichterung ihrer Ausführung.

Ob Kenntnis, Vorsatz oder Motivation, die ein Merkmal der obengenannten Tätigkeiten sein müssen, vorliegen, kann anhand objektiver Tatumstände festgestellt werden.

Der Tatbestand der Geldwäsche liegt auch dann vor, wenn die Tätigkeiten, die den zu waschenden Vermögensgegenständen zugrunde liegen, im Hoheitsgebiet eines anderen Mitgliedstaates oder eines Drittlandes vorgenommen wurden;

- Vermögensgegenstand: Vermögenswerte aller Art (materiell oder immateriell, beweglich oder unbeweglich), und Rechtstitel oder Urkunden, die das Eigentumsrecht oder Rechte an solchen Vermögenswerten belegen;
- kriminelle Tätigkeit: eine Straftat im Sinne von Artikel 3 Absatz 1 Buchstabe a) des Wiener Übereinkommens sowie alle anderen kriminellen Tätigkeiten, die für die Zwecke dieser Richtlinie von den einzelnen Mitgliedstaaten als solche definiert werden;
- zuständige Behörden: diejenigen nationalen Behörden, die von Gesetzes wegen die Aufsicht über Kredit- oder Finanzinstitute innehaben.

Artikel 2

Die Mitgliedstaaten sorgen dafür, daß Geldwäsche im Sinne dieser Richtlinie untersagt wird.

Artikel 3

(1) Die Mitgliedstaaten sorgen dafür, daß die Kredit- und Finanzinstitute von ihren Kunden die Bekanntgabe ihrer Identität durch ein beweiskräftiges Dokument verlangen, wenn diese mit ihren Geschäftsbeziehungen anknüpfen, insbesondere, wenn sie ein Sparkonto oder ein anderes Konto eröffnen oder Vermögensverwahrungsleistungen anbieten.

(2) Die Identität ist ferner bei allen Transaktionen mit nicht unter Absatz 1 fallenden Kunden festzustellen, bei denen der Betrag sich auf 15.000 ECU oder mehr beläuft, und zwar unabhängig davon, ob die Transaktion in einem einzigen Vorgang oder in mehreren Vorgängen, zwischen denen eine Verbindung zu bestehen scheint, getätigt wird. Ist der Betrag zu Beginn der Transaktion nicht bekannt, so stellt das betreffende Institut die Identität fest, sobald der Betrag bekannt ist und festgestellt wird, daß die Schwelle erreicht ist.

(3) Abweichend von den Absätzen 1 und 2 erfolgt die Feststellung der Identität nicht bei Versicherungsverträgen, die von gemäß der Richtlinie 79/267/EWG zugelassenen Versicherungsunternehmen – sofern diese eine Tätigkeit im Sinne der genannten Richtlinie ausüben – abgeschlossen werden, wenn die Höhe der im Laufe des Jahres zu zahlenden periodischen Prämie(n) 1.000 ECU nicht übersteigt oder wenn bei Zahlung einer einmaligen Prämie diese nicht mehr als 2.500 ECU beträgt. Wenn die Höhe der im Laufe des Jahres zu zahlenden periodischen Prämie(n) über die Schwelle von 1.000 ECU hinaus angehoben wird, wird die Identität festgestellt.

(4) Die Mitgliedstaaten können vorsehen, daß die Identität bei Rentenversicherungsverträgen, die aufgrund eines Arbeitsvertrages oder der beruflichen Tätigkeit des Versicherten abgeschlossen worden sind, nicht festgestellt zu werden braucht; sofern die Verträge weder eine Rückkaufklausel enthalten noch als Sicherheit für ein Darlehen dienen können.

(5) Falls die Kredit- und Finanzinstitute Zweifel hegen, ob die in den vorstehenden Absätzen genannten Kunden im eigenen Namen handeln, oder falls sie die Gewißheit haben, daß diese nicht im eigenen Namen handeln, ergreifen sie angemessene Maßnahmen, um Informationen über die tatsächliche Identität der Personen einzuholen, in deren Namen diese Kunden handeln.

(6) Bei Verdacht auf Geldwäsche sind die Kredit- und Finanzinstitute gehalten, die Identität festzustellen, selbst wenn der Betrag der Transaktion unter den genannten Grenzen liegt.

(7) In den Fällen, in denen der Kunde ebenfalls ein unter diese Richtlinie fallendes Kredit- oder Finanzinstitut ist, besteht für ein Kredit- oder Finanzinstitut keine Verpflichtung zur Feststellung der Identität nach diesem Artikel.

(8) Die Mitgliedstaaten können vorsehen, daß die Pflicht zur Feststellung der Identität bei in den Ansätzen 3 und 4 genannten Geschäften als erfüllt gilt, wenn festgestellt wird, daß die Zahlung über ein Konto abzuwickeln ist, das im Namen des Kunden bei einem Kreditinstitut eröffnet wurde, welches der in Absatz 1 genannten Pflicht unterliegt.

Artikel 4

Die Mitgliedstaaten sorgen dafür, daß die Kredit- oder Finanzinstitute für die etwaige Verwendung als Beweis bei Verfahren wegen Geldwäsche

- von den zur Feststellung der Identität verlangten Dokumente eine Kopie oder Referenzangaben nach Beendigung der Beziehungen mit dem Kunden noch mindestens fünf Jahre lang aufbewahren und
- von den Transaktionen die Belege und Aufzeichnungen in Form von Originaldokumenten oder von Kopien die nach ihren innerstaatlichen Rechtsvorschriften die gleiche Beweiskraft haben, nach Abschluß der Transaktion noch mindestens fünf Jahre lang aufbewahren.

Artikel 5

Die Mitgliedstaaten sorgen dafür, daß die Kredit- oder Finanzinstitute jede Transaktion besonders sorgfältig prüfen, deren Art ihres Erachtens besonders nahelegt, daß sie mit einer Geldwäsche zusammenhängen könnte.

Artikel 6

Die Mitgliedstaaten sorgen dafür, daß die Kredit- oder Finanzinstitute sowie deren leitendes Personal und deren Angestellte mit den für die Bekämpfung der Geldwäsche zuständigen Behörden in vollem Umfang zusammenarbeiten, indem sie

- diese Behörden von sich aus über alle Tatsachen, die ein Indiz für eine Geldwäsche sein könnten, unterrichten;
- diesen Behörden auf Verlangen alle erforderlichen Auskünfte in Einklang mit den Verfahren erteilen, die in den anzuwendenden Rechtsvorschriften festgelegt sind.

Die in Absatz 1 genannten Informationen werden den für die Bekämpfung der Geldwäsche zuständigen Behörden des Mitgliedstaates übermittelt, in dessen Hoheitsgebiet sich das Institut befindet, von dem diese Informationen stammen. Diese Übermittlung erfolgt in der Regel durch die Person(en), die von den Kredit- oder Finanzinstituten gemäß den Verfahren des Artikels 11 Nummer 1 benannt wurde(n).

Informationen, die den Behörden gemäß Absatz 1 mitgeteilt werden, dürfen nur zur Bekämpfung der Geldwäsche benutzt werden. Die Mitgliedstaaten können jedoch vorsehen, daß diese Informationen auch für andere Zwecke verwendet werden können.

Artikel 7

Die Mitgliedstaaten sorgen dafür, daß die Kredit- oder Finanzinstitute die Transaktionen, von denen sie wissen oder vermuten, daß sie mit einer Geldwäsche zusammenhängen, nicht vornehmen, bevor sie die in Artikel 6 genannten Behörden benachrichtigt haben. Diese Behörden können unter den in ihren nationalen Rechtsvorschriften festgelegten Bedingungen Weisung erteilen, die Transaktion nicht abzuwickeln. Falls von der Transaktion vermutet wird, daß sie eine Geldwäsche zum Gegenstand hat, und falls der Verzicht auf eine Transaktion nicht möglich sein sollte oder falls dadurch die Verfolgung der Nutznießer einer mutmaßlichen Geldwäsche behindert werden könnte, erteilen die betreffenden Institute unmittelbar danach die nötige Information.

Artikel 8

Die Kredit- oder Finanzinstitute, ihr leitendes Personal und ihre Angestellte dürfen den betreffenden Kunden oder Dritte nicht davon in Kenntnis setzen, daß den

Behörden eine Information gemäß Artikel 6 oder 7 erteilt worden ist oder daß Ermittlungen hinsichtlich der Geldwäsche durchgeführt werden.

Artikel 9

Macht ein Angestellter oder Leiter eines Kredit- oder Finanzinstituts den für die Bekämpfung der Geldwäsche zuständigen Behörden im guten Glauben Mitteilung von den in Artikel 6 oder 7 genannten Informationen, so gilt dies nicht als Verletzung einer vertraglich oder durch Rechts- oder Verwaltungsvorschriften geregelten Bekanntmachungsbeschränkung und zieht für das Kredit- oder Finanzinstitut, sein leitendes Personal und seine Angestellten keinerlei nachteilige Folgen nach sich.

Artikel 10

Die Mitgliedstaaten sorgen dafür, daß die zuständigen Behörden die für die Bekämpfung der Geldwäsche zuständigen Behörden unterrichten, wenn sie bei der Überprüfung von Kredit- oder Finanzinstituten oder bei anderen Gelegenheiten auf Tatsachen stoßen, die auf eine Geldwäsche hindeuten.

Artikel 11

Die Mitgliedstaaten sorgen dafür, daß die Kredit- und Finanzinstitute

1. geeignete interne Kontroll- und Mitteilungsverfahren einführen, um der Abwicklung von Geschäften vorzubeugen, die mit der Geldwäsche zusammenhängen, bzw. um solche Geschäfte zu verhindern;
2. durch geeignete Maßnahmen ihr Personal mit den Bestimmungen dieser Richtlinie vertraut machen. Diese Maßnahmen schließen unter anderem die Teilnahme der zuständigen Beschäftigten an besonderen Fortbildungsprogrammen ein, damit sie lernen, möglicherweise mit einer Geldwäsche zusammenhängende Transaktionen zu erkennen und sich in solchen Fällen richtig zu verhalten.

Artikel 12

Die Mitgliedstaaten sorgen dafür, daß die Bestimmungen dieser Richtlinie ganz oder teilweise auf Berufe und Unternehmenskategorien ausgedehnt werden, die zwar keine Kredit- oder Finanzinstitute im Sinne von Artikel 1 sind, jedoch Tätigkeiten ausüben, die besonders geeignet sind, für Zwecke der Geldwäsche genutzt zu werden.

Artikel 13

(1) Bei der Kommission wird ein – nachstehend „Ausschuß" genannter – Kontaktausschuß eingesetzt, der folgende Aufgaben hat:

a) Erleichterung einer harmonisierten Anwendung dieser Richtlinie durch eine regelmäßige Abstimmung über konkrete Probleme, die sich aus der Anwendung dieser Richtlinie ergeben und über die ein Gedankenaustausch als nützlich erachtet wird; die Artikel 169 und 170 des Vertrages bleiben unberührt;

b) Erleichterung eines abgestimmten Vorgehens zwischen den Mitgliedstaaten hinsichtlich der strengeren oder zusätzlichen Bedingungen und Pflichten, die sie auf einzelstaatlicher Ebene erlassen;

c) Beratung der Kommission, falls erforderlich bei an dieser Richtlinie vorzunehmenden Ergänzungen oder Änderungen oder bezüglich der Anpassungen, die insbesondere zur Harmonisierung der Auswirkungen von Artikel 12 für notwendig erachtet werden;

d) Prüfung der möglichen Einbeziehung eines Berufs oder einer Unternehmenskategorie in den Anwendungsbereich von Artikel 12, wenn dieser Beruf oder diese Unternehmenskategorie in einem Mitgliedstaat nachweislich zum Zwecke der Geldwäsche benutzt worden ist.

(2) Der Ausschuß hat nicht die Aufgabe, die Begründetheit der von den zuständigen Stellen in Einzelfällen gefaßten Beschlüsse zu beurteilen.

(3) Der Ausschuß setzt sich aus von den Mitgliedstaaten bezeichneten Personen sowie Vertretern der Kommission zusammen. Die Sekretariatsgeschäfte werden von den Dienststellen der Kommission geführt. Der Vorsitz wird von den Vertretern der Kommission wahrgenommen; er beruft den Ausschuß entweder von sich aus oder auf Antrag der Delegation eines Mitgliedstaates ein.

Artikel 14

Jeder Mitgliedstaat trifft geeignete Maßnahmen, um die vollständige Anwendung aller Bestimmungen dieser Richtlinie sicherzustellen, und legt insbesondere fest, wie Verstöße gegen die aufgrund dieser Richtlinie erlassenen Vorschriften zu ahnden sind.

Artikel 15

Die Mitgliedstaaten können zur Verhinderung der Geldwäsche strengere Vorschriften auf dem unter diese Richtlinie fallenden Gebiet erlassen oder beibehalten.

Artikel 16

(1) Die Mitgliedstaaten erlassen die erforderlichen Rechts- und Verwaltungsvorschriften, um dieser Richtlinie vor dem 1. Januar 1993 nachzukommen.

(2) Wenn die Mitgliedstaaten Vorschriften nach Absatz 1 erlassen, nehmen sie in den Vorschriften selbst oder durch einen Hinweis bei der amtlichen Veröffent-

lichung auf diese Richtlinie Bezug. Die Mitgliedstaaten regeln die Einzelheiten der Bezugnahme.

(3) Die Mitgliedstaaten teilen der Kommission den Wortlaut der wichtigsten innerstaatlichen Rechtsvorschriften mit, die sie auf dem unter diese Richtlinie fallenden Gebiet erlassen.

Artikel 17

Die Kommission erstellt ein Jahr nach dem 1. Januar 1993 und in der Folgezeit im Bedarfsfall, mindestens jedoch alle drei Jahre, einen Bericht über die Anwendung dieser Richtlinie und legt ihn dem Europäischen Parlament und dem Rat vor.

Artikel 18

Diese Richtlinie ist an die Mitgliedstaaten gerichtet.

Geschehen zu Luxemburg am 10. Juni 1991.

Im Namen des Rates
Der Präsident
J.-C. Juncker

VI. Convention on Laundering, Search, Seizure and Confiscation of the Proceeds from Crime

European Treaty Series No. 141, Strasbourg, 8. XI. 1990
(Auszug)

PREAMBLE

The member States of the Council of Europe and the other States signatory hereto,

Considering that the aim of the Council of Europe is to achieve a greater unity between its members;

Convinced of the need to pursue a common criminal policy aimed at the protection of society;

Considering that the fight against serious crime, which has become an increasingly international problem, calls for the use of modern and effective methods on an international scale;

Believing that one of these methods consists in depriving criminals of the proceeds from crime;

Considering that for the attainment of this aim a well-functioning system of international co-operation also must be established,

Have agreed as follows:

CHAPTER I

USE OF TERMS

Article 1

Use of terms

For the purposes of this Convention:

a. "proceeds" means any economic advantage from criminal offences. It may consist of any property as defined in sub-paragraph *b* of this article;

b. "property" includes property of any description, whether corporeal or incorporeal, movable or immovable, and legal documents or instruments evidencing title to, or interest in such property;

c. „instrumentalities" means any property used or intended to be used, in any manner, wholly or in part, to commit a criminal offence or criminal offences;

d. „confiscation" means a penalty or a measure, ordered by a court following proceedings in relation to a criminal offence or criminal offences resulting in the final deprivation of property;

e. „predicate offence" means any criminal offence as a result of which proceeds were generated that may become the subject of an offence as defined in Article 6 of this Convention.

CHAPTER II

MEASURES TO BE TAKEN AT NATIONAL LEVEL

Article 2

Confiscation measures

1. Each Party shall adopt such legislative and other measures as may be necessary to enable it to confiscate instrumentalities and proceeds or property the value of which corresponds to such proceeds.

2. Each Party may, at the time of signature or when depositing its instrument of ratification, acceptance, approval or accession, by a declaration addressed to the Secretary General of the Council of Europe, declare that paragraph 1 of this article applies only to offences or categories of offences specified in such declaration.

Article 3

Investigative and provisional measures

Each Party shall adopt such legislative and other measures as may be necessary to enable it to identify and trace property which is liable to confiscation pursuant to Article 2, paragraph 1, and to prevent any dealing in, transfer or disposal of such property.

Article 4

Special investigative powers and techniques

1. Each Party shall adopt such legislative and other measures as may be necessary to empower its courts or other competent authorities to order that bank, financial or commercial records be made available or be seized in order to carry out the actions referred to in Articles 2 and 3. A Party shall not decline to act under the provisions of this article on grounds of bank secrecy.

2. Each Party shall consider adopting such legislative and other measures as may be necessary to enable it to use special investigative techniques facilitating the identification and tracing of proceeds and the gathering of evidence related thereto. Such techniques may include monitoring orders, observation, interception of telecommunications, access to computer systems and orders to produce specific documents.

Article 5
Legal remedies

Each Party shall adopt such legislative and other measures as may be necessary to ensure that interested parties affected by measures under Articles 2 and 3 shall have effective legal remedies in order to preserve their rights.

Article 6
Laundering offences

1. Each Party shall adopt such legislative and other measures as may be necessary to establish as offences under its domestic law, when committed intentionally:

a. the conversion or transfer of property, knowing that such property is proceeds, for the purpose of concealing or disguising the illicit origin of the property or of assisting any person who is involved in the commission of the predicate offence to evade the legal consequences of his actions;

b. the concealment or disguise of the true nature, source, location, disposition, movement, rights with respect to, or ownership of, property, knowing that such property is proceeds;

and, subject to its constitutional principles and the basic concepts of its legal system:

c. the acquisition, possession or use of property, knowing, at the time of receipt, that such property was proceeds;

d. participation in, association or conspiracy to commit, attempts to commit and aiding, abetting, facilitating and counselling the commission of any of the offences established in accordance with this article.

2. For the purposes of implementing or applying paragraph 1 of this article:

a. it shall not matter whether the predicate offence was subject to the criminal jurisdiction of the Party;

b. it may be provided that the offences set forth in that paragraph do not apply to the persons who committed the predicate offence;

c. knowledge, intent or purpose required as an element of an offence set forth in that paragraph may be inferred from objective, factual circumstances.

3. Each Party may adopt such measures as it considers necessary to establish also as offences under its domestic law all or some of the acts referred to in paragraph 1 of this article, in any or all of the following cases where the offender:

a. ought to have assumed that the property was proceeds;

b. acted for the purpose of making profit;

c. acted for the purpose of promoting the carrying on of further criminal activity.

4. Each Party may, at the time of signature or when depositing its instrument of ratification, acceptance, approval or accession, by declaration addressed to the Secretary General of the Council of Europe declare that paragraph 1 of this article applies only to predicate offences or categories of such offences specified in such declaration.

CHAPTER III

INTERNATIONAL CO-OPERATION

Section 1

Principles of international co-operation

Article 7

General principles and measures for international co-operation

1. The Parties shall co-operate with each other to the widest extent possible for the purposes of investigations and proceedings aiming at the confiscation of instrumentalities and proceeds.

2. Each Party shall adopt such legislative or other measures as may be necessary to enable it to comply, under the conditions provided for in this chapter, with requests:

a. for confiscation of specific items of property representing proceeds or instrumentalities, as well as for confiscation of proceeds consisting in a requirement to pay a sum of money corresponding to the value of proceeds;

b. for investigative assistance and provisional measures with a view to either form of confiscation referred to under a above.

Section 2

Investigative assistance

Article 8

Obligation to assist

The Parties shall afford each other, upon request, the widest possible measure of assistance in the identification and tracing of instrumentalities, proceeds and other property liable to confiscation. Such assistance shall include any measure providing and securing evidence as to the existence, location or movement, nature, legal status or value of the aforementioned property.

Article 9

Execution of assistance

The assistance pursuant to Article 8 shall be carried out as permitted by and in accordance with the domestic law of the requested Party and, to the extent not incompatible with such law, in accordance with the procedures specified in the request.

Article 10

Spontaneous information

Without prejudice to its own investigations or proceedings, a Party may without prior request forward to another Party information on instrumentalities and proceeds, when it considers that the disclosure of such information might assist the receiving Party in initiating or carrying out investigations or proceedings or might lead to a request by that Party under this chapter.

Section 3

Provisional measures

Article 11

Obligation to take provisional measures

1. At the request of another Party which has instituted criminal proceedings or proceedings for the purpose of confiscation, a Party shall take the necessary provisional measures, such as freezing or seizing, to prevent any dealing in, transfer or disposal of property which, at a later stage, may be the subject of a request for confiscation or which might be such as to satisfy the request.

2. A Party which has received a request for confiscation pursuant to Article 13 shall, if so requested, take the measures mentioned in paragraph 1 of this article in respect of any property which is the subject of the request or which might be such as to satisfy the request.

Article 12

Execution of provisional measures

1. The provisional measures mentioned in Article 11 shall be carried out as permitted by and in accordance with the domestic law of the requested Party and, to the extent not incompatible with such law, in accordance with the procedures specified in the request.

2. Before lifting any provisional measure taken pursuant to this article, the requested Party shall, wherever possible, give the requesting Party an opportunity to present its reasons in favour of continuing the measure.

Section 4

Confiscation

Article 13

Obligation to confiscate

1. A Party, which has received a request made by another Party for confiscation concerning instrumentalities or proceeds, situated in its territory, shall:

a. enforce a confiscation order made by a court of a requesting Party in relation to such instrumentalities or proceeds; or

b. submit the request to its competent authorities for the purpose of obtaining an order of confiscation and, if such order is granted, enforce it.

2. For the purposes of applying paragraph 1.*b* of this article, any Party shall whenever necessary have competence to institute confiscation proceedings under its own law.

3. The provisions of paragraph 1 of this article shall also apply to confiscation consisting in a requirement to pay a sum of money corresponding to the value of proceeds, if property on which the confiscation can be enforced is located in the requested Party. In such cases, when enforcing confiscation pursuant to paragraph 1, the requested Party shall, if payment is not obtained, realise the claim on any property available for that purpose.

4. If a request for confiscation concerns a specific item of property, the Parties may agree that the requested Party may enforce the confiscation in the form of a requirement to pay a sum of money corresponding to the value of the property.

Article 14

Execution of confiscation

1. The procedures for obtaining and enforcing the confiscation under Article 13 shall be governed by the law of the requested Party.

2. The requested Party shall be bound by the findings as to the facts in so far as they are stated in a conviction or judicial decision of the requesting Party or in so far as such conviction or judicial decision is implicitly based on them.

3. Each Party may, at the time of signature or when depositing its instrument of ratification, acceptance, approval or accession, by a declaration addressed to the Secretary General of the Council of Europe, declare that paragraph 2 of this article applies only subject to its constitutional principles and the basic concepts of its legal system.

4. If the confiscation consists in the requirement to pay a sum of money, the competent authority of the requested Party shall convert the amount thereof into the currency of that Party at the rate of exchange ruling at the time when the decision to enforce the confiscation is taken.

5. In the case of Article 13, paragraph 1.*a*, the requesting Party alone shall have the right to decide on any application for review of the confiscation order.

Article 15

Confiscated property

Any property confiscated by the requested Party shall be disposed of by that Party in accordance with its domestic law, unless otherwise agreed by the Parties concerned.

Article 16

Right of enforcement and maximum amount of confiscation

1. A request for confiscation made under Article 13 does not affect the right of the requesting Party to enforce itself the confiscation order.

2. Nothing in this Convention shall be so interpreted as to permit the total value of the confiscation to exceed the amount of the sum of money specified in the confiscation order. If a Party finds that this might occur, the Parties concerned shall enter into consultations to avoid such an effect.

Article 17

Imprisonment in default

The requested Party shall not impose imprisonment in default or any other measure restricting the liberty of a person as a result of a request under Article 13, if the requesting Party has so specified in the request.

Section 5

Refusal and postponement of co-operation

Article 18

Grounds for refusal

1. Co-operation under this chapter may be refused if:

a. the action sought would be contrary to the fundamental principles of the legal system of the requested Party; or

b. the execution of the request is likely to prejudice the sovereignty, security, order public or other essential interests of the requested Party; or

c. in the opinion of the requested Party, the importance of the case to which the request relates does not justify the taking of the action sought; or

d. the offence to which the request relates is a political or fiscal offence; or

e. the requested Party considers that compliance with the action sought would be contrary to the principle of *ne bis in idem;* or

f. the offence to which the request relates would not be an offence under the law of the requested Party if committed within its jurisdiction. However, this ground for refusal applies to co-operation under Section 2 only in so far as the assistance sought involves coercive action.

2. Co-operation under Section 2, in so far as the assistance sought involves coercive action, and under Section 3 of this chapter, may also be refused if the measures sought could not be taken under the domestic law of the requested Party for the purposes of investigations or proceedings, had it been a similar domestic case.

3. Where the law of the requested Party so requires, co-operation under Section 2, in so far as the assistance sought involves coercive action, and under Section 3 of this chapter may also be refused if the measures sought or any other measures having similar effects would not be permitted under the law of the requesting Party, or, as regards the competent authorities of the requesting Party, if the request is not authorised by either a judge or another judicial authority, including public prosecutors, any of these authorities acting in relation to criminal offences.

4. Co-operation under Section 4 of this chapter may also be refused if:

a. under the law of the requested Party confiscation is not provided for in respect of the type of offence to which the request relates; or

b. without prejudice to the obligation pursuant to Article 13, paragraph 3, it would be contrary to the principles of the domestic laws of the requested Party concerning the limits of confiscation in respect of the relationship between an offence and:

i. an economic advantage that might be qualified as its proceeds; or
ii. property that might be qualified as its instrumentalities; or

c. under the law of the requested Party confiscation may no longer be imposed or enforced because of the lapse of time; or

d. the request does not relate to a previous conviction, or a decision of a judicial nature or a statement in such a decision that an offence or several offences have been committed, on the basis of which the confiscation has been ordered or is sought; or

e. confiscation is either not enforceable in the requesting Party, or it is still subject to ordinary means of appeal; or

f. the request relates to a confiscation order resulting from a decision rendered in absentia of the person against whom the order was issued and, in the opinion of the requested Party, the proceedings conducted by the requesting Party leading to such decision did not satisfy the minimum rights of defence recognised as due to everyone against whom a criminal charge is made.

5. For the purposes of paragraph 4.*f* of this article a decision is not considered to have been rendered in absentia if:

a. it has been confirmed or pronounced after opposition by the person concerned; or

b. it has been rendered on appeal, provided that the appeal was lodged by the person concerned.

6. When considering, for the purposes of paragraph 4.*f* of this article, if the minimum rights of defence have been satisfied, the requested Party shall take into account the fact that the person concerned has deliberately sought to evade justice or the fact that that person, having had the possibility of lodging a legal remedy against the decision made in *absentia,* elected not to do so. The same will apply when the person concerned, having been duly served with the summons to appear, elected not to do so nor to ask for adjournment.

7. A Party shall not invoke bank secrecy as a ground to refuse any co-operation under this chapter. Where its domestic law so requires, a Party may require that a request for co-operation which would involve the lifting of bank secrecy be authorised by either a judge or another judicial authority, including public prosecutors, any of these authorities acting in relation to criminal offences.

8. Without prejudice to the ground for refusal provided for in paragraph 1.*a* of this article:

a. the fact that the person under investigation or subjected to a confiscation order by the authorities of the requesting Party is a legal person shall not be invoked by the requested Party as an obstacle to affording any co-operation under this chapter;

b. the fact that the natural person against whom an order of confiscation of proceeds has been issued has subsequently died or the fact that a legal person against whom an order of confiscation of proceeds has been issued has subsequently been dissolved shall not be invoked as an obstacle to render assistance in accordance with Article 13, paragraph 1.*a*.

Article 19

Postponement

The requested Party may postpone action on a request if such action would prejudice investigations or proceedings by its authorities.

Article 20

Partial or conditional granting of a request

Before refusing or postponing co-operation under this chapter, the requested Party shall, where appropriate after having consulted the requesting Party, consider whether the request may be granted partially or subject to such conditions as it deems necessary.

[...]

VII. Gesetz über das Aufspüren von Gewinnen aus schweren Straftaten

Deutsches Geldwäschegesetz vom 25. Oktober 1993 BGBl. 1993 I S. 1770

Geändert durch Art. 9 Begleitgesetz zum Gesetz zur Umsetzung von
EG-Richtlinien zur Harmonisierung bank- und wertpapieraufsichtsrechtlicher Vorschriften
vom 22. 10. 1997 (BGBl. I S. 2567) und
Art. 2 Abs. 22 Begleitgesetz zum Telekommunikationsgesetz (BegleitG)
vom 17. 12. 1997 (BGBl. I S. 3108) und
Art. 3 Gesetz zur Verbesserung der Bekämpfung der Organisierten Kriminalität
vom 4. 5. 1998 (BGBl. I S. 845)
(Verkündet als Art. 1 Gesetz über das Aufspüren von Gewinnen aus schweren Straftaten
(Geldwäschegesetz-GwG)[1] vom 25. 10. 1993, BGBl. I S. 1770)

BGBl. III/FNA 7613-1

§ 1.[2] **Begriffsbestimmungen.** (1) [1] Kreditinstitute sind Unternehmen im Sinne des § 1 Abs. 1 des Gesetzes über das Kreditwesen mit Ausnahme der in § 2 Abs. 1 Nr. 4, 7 und 8 des Gesetzes über das Kreditwesen erfaßten Unternehmen. [2] Das Bundesaufsichtsamt für das Kreditwesen kann im Einzelfall bestimmen, daß auf ein Unternehmen im Sinne dieser Vorschrift wegen der Art der von ihm betriebenen Geschäfte die Vorschriften dieses Gesetzes nicht anzuwenden sind.

(2) [1] Finanzdienstleistungsinstitute sind Unternehmen im Sinne des § 1 Abs. 1 a des Gesetzes über das Kreditwesen mit Ausnahme der in § 2 Abs. 6 Satz 1 Nr. 3 und 5 bis 12 des Gesetzes über das Kreditwesen erfaßten Unternehmen. [2] Finanzunternehmen sind Unternehmen im Sinne des § 1 Abs. 3 des Gesetzes über das Kreditwesen. Absatz 1 Satz 2 gilt entsprechend.

(3) Eine im Inland gelegene Zweigstelle eines Kreditinstituts, Finanzdienstleistungsinstituts oder Finanzunternehmens mit Sitz im Ausland gilt als Kreditinstitut, Finanzdienstleistungsinstitut oder Finanzunternehmen im Sinne dieses Gesetzes.

(4) Institute im Sinne dieses Gesetzes sind ein Kreditinstitut, ein Finanzdienstleistungsinstitut, ein Finanzunternehmen und ein Versicherungsunternehmen, das Unfallversicherungsverträge mit Prämienrückgewähr oder Lebensversicherungsverträge anbietet.

(5) Identifizieren im Sinne dieses Gesetzes ist das Feststellen des Namens aufgrund eines Personalausweises oder Reisepasses sowie des Geburtsdatums und der

---

[1] **Amtl. Anm.**: Dieses Gesetz dient der Umsetzung der Richtlinie 91/308/EWG des Rates vom 10. Juni 1991 zur Verhinderung der Nutzung des Finanzsystems zum Zwecke der Geldwäsche (ABl. EG Nr. L 166 S. 77).

[2] § 1 Abs. 1 bis 3 neugef. durch G v. 22. 10. 1997 (BGBl. I S. 2567), Abs. 4 geänd. durch G v. 17. 12. 1997 (BGBl. I S. 3108), Abs. 4 neugef. durch G v. 4. 5. 1998 (BGBl. I S. 845).

Anschrift, soweit sie darin enthalten sind, und das Feststellen von Art, Nummer und ausstellender Behörde des amtlichen Ausweises.

(6) Finanztransaktion im Sinne dieses Gesetzes ist jede Handlung, die eine Geldbewegung oder eine sonstige Vermögensverschiebung bezweckt oder bewirkt.

§ 2.[1] Allgemeine Identifizierungspflichten für Institute. (1) Ein Institut hat bei Annahme oder Abgabe von Bargeld, Wertpapieren im Sinne des § 1 Abs. 1 des Depotgesetzes oder Edelmetallen im Wert von 30 000 Deutsche Mark oder mehr zuvor denjenigen zu identifizieren, der ihm gegenüber auftritt.

(2) Absatz 1 gilt auch, wenn das Institut mehrere Finanztransaktionen im Sinne des Absatzes 1 durchführt, die zusammen einen Betrag im Wert von 30 000 Deutsche Mark oder mehr ausmachen, sofern tatsächliche Anhaltspunkte dafür vorliegen, daß zwischen ihnen eine Verbindung besteht.

(3) Absatz 1 gilt nicht im Verhältnis von Instituten untereinander.

(4) [1] Absatz 1 gilt nicht, wenn Inhaber oder Mitarbeiter eines Unternehmens auf das Konto des Unternehmens regelmäßig Gelder bar einzahlen oder von ihm abheben oder wenn Bargeld in einem Nachttresor deponiert wird. [2] Unterhält ein nach Absatz 1 verpflichtetes Institut einen Nachttresor, so hat es dessen Benutzer zu verpflichten, darüber nur Geld für eigene Rechnung einzuzahlen.

§ 3. Identifizierungspflicht für andere Unternehmen und Personen. (1) [1] Ein Gewerbetreibender, soweit er in Ausübung seines Gewerbes handelt und nicht der Pflicht zur Identifizierung nach § 2 Abs. 1, auch in Verbindung mit Abs. 2 unterliegt, eine Person, die entgeltlich fremdes Vermögen verwaltet, in Ausübung dieser Verwaltungstätigkeit oder eine Spielbank hat bei Annahme von Bargeld im Wert von 30 000 Deutsche Mark oder mehr zuvor denjenigen zu identifizieren, der ihm gegenüber auftritt. [2] Dies gilt auch für die von diesen Unternehmen und Personen zur Entgegennahme von Bargeld Beauftragten, soweit sie in Ausübung ihres Berufes handeln.

(2) Absatz 1 findet auf gewerbliche Geldbeförderungsunternehmen keine Anwendung.

§ 4.[2] Identifizierung beim Abschluß von Lebensversicherungsverträgen. (1) [1] Schließt ein in § 1 Abs. 4 genanntes Versicherungsunternehmen einen Lebensversicherungsvertrag oder einen Unfallversicherungsvertrag mit Prämienrückgewähr ab, so hat es zuvor den Vertragspartner zu identifizieren, wenn die Höhe der im Laufe des Jahres zu zahlenden periodischen Prämien 2000 Deutsche Mark übersteigt, wenn bei Zahlung einer einmaligen Prämie diese mehr als 5000 Deutsche

---

[1] § 2 Abs. 1 und 2 geänd. durch G v. 4. 5. 1998 (BGBl. I S. 845).

[2] § 4 Abs. 1 Satz 1 geänd. durch G v. 22. 10. 1997 (BGBl. I S. 2567), Abs. 1 Satz 1 geänd. u. Abs. 4 neugef. durch G v. 4. 5. 1998 (BGBl. I S. 845).

Mark beträgt oder wenn mehr als 5000 Deutsche Mark auf ein Beitragsdepot gezahlt werden. [2] Dies gilt auch, wenn der Betrag der im Laufe des Jahres zu zahlenden periodischen Prämien auf 2000 Deutsche Mark oder mehr angehoben wird.

(2) Absatz 1 gilt nicht für Versicherungsverträge, die zur betrieblichen Altersversorgung aufgrund eines Arbeitsvertrages oder der beruflichen Tätigkeit des Versicherten abgeschlossen worden sind, sofern weder bei einer vorzeitigen Beendigung ein Rückkaufswert fällig wird noch diese Versicherungen als Sicherheit für ein Darlehen dienen können.

(3) Kommt in den in Absatz 1 genannten Fällen der Vertrag über einen Vermittler zustande oder wird er über einen solchen abgewickelt, so kann die Identifizierung auch durch den Vermittler erfolgen.

(4) [1] Die Pflicht zur Identifizierung nach Absatz 1 gilt als erfüllt, wenn das Unternehmen bei Vertragsabschluß feststellt, daß der Vertragspartner ihm die Befugnis eingeräumt hat, die vereinbarte Prämie im Wege des Lastschrifteinzugs von einem Konto, dessen Eröffnung der Pflicht zur Feststellung der Identität nach Artikel 3 Abs. 1 der Richtlinie 91/308/EWG unterliegt oder von einem in einer Rechtsverordnung nach Absatz 5 bezeichneten Konto einzuziehen. [2] Ist der Einzug der Prämie von dem vom Versicherungsnehmer benannten Konto nicht möglich, hat das Unternehmen die Identifizierung gemäß Absatz 1 nachzuholen. [3] Wird in einem Versicherungsvertrag, der zur betrieblichen Altersversorgung auf Grund eines Arbeitsvertrages oder einer beruflichen Tätigkeit des Versicherten abgeschlossen wird, vereinbart, daß die Prämienzahlung über ein im Vertrag bezeichnetes Konto des Vertragspartners erfolgen soll, gilt die Identifizierung nach Absatz 1 als erfüllt, wenn das Unternehmen feststellt, daß die Prämienzahlung tatsächlich über das vereinbarte Konto erfolgt.

(5) Der Bundesminister des Innern wird ermächtigt, im Einvernehmen mit dem Bundesminister der Finanzen durch Rechtsverordnung weitere Konten zu bestimmen, bei deren Einschaltung in die Abwicklung der Prämienzahlung Absatz 4 Anwendung findet, wenn deren Eröffnung einer Pflicht zur Feststellung der Identität des Verfügungsberechtigten unterliegt.

§ 5. Anpassung von Schwellenbeträgen. Der Bundesminister des Innern wird ermächtigt, im Einvernehmen mit dem Bundesminister der Finanzen die in § 2 Abs. 1, Abs. 2 und § 4 Abs. 1 genannten Beträge durch Rechtsverordnung an die in Artikel 3 Abs. 2 und 3 der Richtlinie 91/308/EWG genannten Bezugswerte anzupassen, wenn der ECU-Leitkurs der Deutschen Mark geändert wird.

§ 6. Identifizierung in Verdachtsfällen. [1] Stellt ein Institut oder eine Spielbank Tatsachen fest, die darauf schließen lassen, daß die vereinbarte Finanztransaktion einer Geldwäsche nach § 261 des Strafgesetzbuches dient oder im Fall ihrer Durchführung dienen würde, so besteht die Pflicht zur Identifizierung nach § 2 Abs. 1, auch in Verbindung mit Abs. 2, § 3 Abs. 1 und § 4 Abs. 1 auch, wenn die dort genannten Beträge unterschritten werden. [2] Sprechen Anhaltspunkte dafür, daß der

Geschäftsbetrieb weiterer Gewerbetreibender vermehrt zur Geldwäsche mißbraucht wird, kann der Bundesminister des Innern im Einvernehmen mit dem Bundesminister für Wirtschaft durch Rechtsverordnung diese zur Beachtung des Satzes 1 verpflichten.

§ 7. Absehen von Identifizierung. Von einer Identifizierung nach § 2 Abs. 1, auch in Verbindung mit Abs. 2, § 3 Abs. 1, § 4 Abs. 1 und § 6 Satz 1 kann abgesehen werden, wenn der zu Identifizierende bei dem zur Identifizierung Verpflichteten persönlich bekannt und wenn er bei früherer Gelegenheit identifiziert worden ist oder wenn der zu Identifizierende für ein gewerbliches Geldbeförderungsunternehmen auftritt.

§ 8. Feststellung des wirtschaftlich Berechtigten. (1) [1] Ein nach § 2 Abs. 1, auch in Verbindung mit Abs. 2, § 3 Abs. 1, § 4 Abs. 1 und § 6 Satz 1 und nach § 154 der Abgabenordnung zur Identifizierung Verpflichteter hat sich beim zu Identifizierenden zu erkundigen, ob dieser für eigene Rechnung handelt. [2] Gibt der zu Identifizierende an, nicht für eigene Rechnung zu handeln, so hat der zur Identifizierung Verpflichtete nach dessen Angaben Namen und Anschrift desjenigen festzustellen, für dessen Rechnung dieser handelt. [3] Handelt der zu Identifizierende für eine nicht rechtsfähige Vereinigung, so ist deren Name und der Name und die Anschrift von einem ihrer Mitglieder festzustellen.

(2) Absatz 1 gilt nicht im Verhältnis von Instituten untereinander.

§ 9. Aufzeichnungs- und Aufbewahrungspflicht. (1) [1] Die nach § 2 Abs. 1, auch in Verbindung mit Abs. 2, § 3 Abs. 1, § 4 Abs. 1, § 6 Satz 1 und § 8 Abs. 1 Satz 2 und 3 getroffenen Feststellungen sind aufzuzeichnen. [2] Die Aufzeichnung soll, soweit möglich, durch Kopie der zur Feststellung der Identität vorgelegten Dokumente erfolgen. [3] Wird nach § 7 von einer Identifizierung abgesehen, so sind der Name des zu Identifizierenden sowie der Umstand aufzuzeichnen, daß er dem zur Identifizierung Verpflichteten persönlich bekannt ist oder daß der zu Identifizierende für ein gewerbliches Geldbeförderungsunternehmen aufgetreten ist. [4] Besteht eine Pflicht zur Identifizierung nach § 2 Abs. 4 Satz 1 erste oder zweite Alternative nicht, so hat das Institut den Namen des Einzahlenden oder Abhebenden auf dem Einzahlungs- oder Abhebungsbeleg aufzuzeichnen. [5] Der Einzahlende oder Abhebende muß dem Institut zuvor namentlich zusammen mit der Erklärung des Unternehmens bekanntgegeben worden sein, daß das Unternehmen durch ihn in Zukunft wiederholt Bargeld auf ein eigenes Konto einzahlen oder von ihm abheben wird. [6] Einzahlender und Abhebender sind bei der ersten Einzahlung oder Abhebung zu identifizieren.

(2) [1] Die Aufzeichnungen können auch als Wiedergaben auf einem Bildträger oder auf anderen Datenträgern gespeichert werden. [2] Es muß sichergestellt sein, daß die gespeicherten Daten

1. mit den festgestellten Angaben übereinstimmen,
2. während der Dauer der Aufbewahrungsfrist verfügbar sind und jederzeit innerhalb angemessener Frist lesbar gemacht werden können.

(3) [1] Die Aufzeichnungen sind sechs Jahre aufzubewahren. [2] Die Aufbewahrungsfrist im Falle des § 4 Abs. 1 beginnt mit dem Schluß des Kalenderjahres, in dem die Geschäftsbeziehung mit dem Vertragspartner endet. [3] In den übrigen Fällen beginnt sie mit dem Schluß des Kalenderjahres, in dem die jeweilige Angabe festgestellt worden ist.

§ 10.[1)] Heranziehung und Verwendung von Aufzeichnungen. (1) Die nach § 9 Abs. 1 gefertigten Aufzeichnungen dürfen nur zur Verfolgung einer Straftat nach § 261 des Strafgesetzbuches und der in § 261 Abs. 1 Satz 2 Nr. 1 bis 5 des Strafgesetzbuches genannten Straftaten für Zwecke eines Strafverfahrens herangezogen und verwendet werden.

(2) [1] Soweit ein Strafverfahren wegen einer in Absatz 1 bezeichneten Straftat eingeleitet wird, ist dieser Umstand zusammen mit den zugrundeliegenden Tatsachen der Finanzbehörde mitzuteilen. [2] Zieht die Strafverfolgungsbehörde im Strafverfahren Aufzeichnungen nach § 9 Abs. 1 heran, dürfen auch diese der Finanzbehörde übermittelt werden. [3] Die Mitteilungen und Aufzeichnungen dürfen für Besteuerungsverfahren und für Strafverfahren wegen Steuerstraftaten verwendet werden.

§ 11.[2)] Anzeige von Verdachtsfällen durch Institute. (1) [1] Ein Institut oder eine Spielbank hat bei Feststellung von Tatsachen, die darauf schließen lassen, daß eine Finanztransaktion einer Geldwäsche nach § 261 des Strafgesetzbuches dient oder im Falle ihrer Durchführung dienen würde, diese unverzüglich mündlich, fernmündlich, fernschriftlich oder durch elektronische Datenübermittlung den zuständigen Strafverfolgungsbehörden anzuzeigen. [2] Eine angetragene Finanztransaktion darf frühestens durchgeführt werden, wenn dem Institut die Zustimmung der Staatsanwaltschaft übermittelt ist oder wenn der zweite Werktag nach dem Abgangstag der Anzeige verstrichen ist, ohne daß die Durchführung der Transaktion strafprozessual untersagt worden ist; fällt der zweite Werktag auf einen Sonnabend, so endet die Frist mit Ablauf des nächsten Werktages. [3] Ist ein Aufschub der Finanztransaktion nicht möglich, so darf diese durchgeführt werden; die Anzeige ist unverzüglich nachzuholen.

(2) Eine Anzeige nach Absatz 1 ist schriftlich zu wiederholen, sofern sie nicht bereits fernschriftlich oder durch elektronische Datenübermittlung erfolgt ist.

(3) Ein Institut oder eine Spielbank darf den Auftraggeber der Finanztransaktion oder einen anderen als staatliche Stellen nicht von einer Anzeige nach Absatz 1 oder Absatz 2 oder von einem daraufhin eingeleiteten Ermittlungsverfahren in Kenntnis setzen.

(4) Die Pflicht zur Anzeige nach den Absätzen 1 und 2 schließt die Freiwilligkeit der Anzeige im Sinne des § 261 Abs. 9 des Strafgesetzbuches nicht aus.

(5) Der Inhalt einer Anzeige nach Absatz 1 darf nur für die in § 10 Abs. 1 und 2 Satz 3 bezeichneten Strafverfahren und für Strafverfahren wegen einer Straftat, die

---

[1)] § 10 Abs. 1 geänd., Abs. 2 neugef. durch G v. 4. 5. 1998 (BGBl. I S. 845).

[2)] § 11 Abs. 1 Satz 2, 2. HS angef., Abs. 5 neugef. durch G v. 4. 5. 1998 (BGBl. I S. 845).

im Höchstmaß mit einer Freiheitsstrafe von mehr als drei Jahren bedroht ist, sowie für Besteuerungsverfahren verwendet werden.

§ 12. Freistellung von der Verantwortlichkeit. Wer den Strafverfolgungsbehörden Tatsachen anzeigt, die auf eine Straftat nach § 261 des Strafgesetzbuches schließen lassen, kann wegen dieser Anzeige nicht verantwortlich gemacht werden, es sei denn, die Anzeige ist vorsätzlich oder grob fahrlässig unwahr erstattet worden.

§ 13. Anzeige von Verdachtsfällen durch die zuständige Behörde. Stellt die zuständige Behörde (§ 16) Tatsachen fest, die auf eine Straftat nach § 261 des Strafgesetzbuches schließen lassen, so hat sie diese unverzüglich den zuständigen Strafverfolgungsbehörden anzuzeigen.

§ 14.[1] Interne Sicherungsmaßnahmen. (1) Folgende Unternehmen oder Personen müssen Vorkehrungen dagegen treffen, daß sie zur Geldwäsche mißbraucht werden können:
1. Kreditinstitute,
2. Versicherungsunternehmen im Sinne des § 1 Abs. 4,
3. Versteigerer,
4. Finanzdienstleistungsunternehmen,
5. Finanzunternehmen im Sinne des § 1 Abs. 3 Satz 1 Nr. 2 bis 5 des Gesetzes über das Kreditwesen,
6. Edelmetallhändler,
7. Spielbanken.

(2) Vorkehrungen im Sinne des Absatzes 1 sind
1. die Bestimmung einer leitenden Person, die Ansprechpartner für die Strafverfolgungsbehörden bei der Verfolgung der Geldwäsche nach § 261 des Strafgesetzbuches ist,
2. die Entwicklung interner Grundsätze, Verfahren und Kontrollen zur Verhinderung der Geldwäsche,
3. die Sicherstellung, daß die Beschäftigten, die befugt sind, bare und unbare Finanztransaktionen durchzuführen, zuverlässig sind, und
4. die regelmäßige Unterrichtung dieser Beschäftigten über die Methoden der Geldwäsche.

(3) Die nach § 16 zuständige Behörde kann im Einzelfall bestimmen, daß auf ein Finanzdienstleistungsinstitut oder ein Finanzunternehmen wegen der Art der von ihm betriebenen Geschäfte die Vorschriften der Absätze 1 und 2 ganz oder teilweise nicht anzuwenden sind.

§ 15. Zweigstellen und Unternehmen im Ausland. [1] Ein Unternehmen im Sinne des § 14 Abs. 1 Nr. 1 bis 6 hat dafür zu sorgen, daß die Verpflichtungen der §§ 2 bis

---

[1] § 14 Abs. 1 Nr. 4 und 5 neugef., Abs. 3 angef. durch G v. 22. 10. 1997 (BGBl. I S. 2567), Abs. 1 Nr. 8 aufgeh. durch G v. 17. 12. 1997 (BGBl. I S. 3108), Abs. 1 Nr. 2 geänd. durch G v. 4. 5.1998 (BGBl. I S. 845).

4, 6, 8, 9 und 14 auch von seinen Zweigstellen im Ausland erfüllt werden; das gleiche gilt für die von ihm abhängigen Unternehmen im Ausland, die mit ihm unter einheitlicher Leitung zusammengefaßt sind (§ 18 des Aktiengesetzes). [2] Soweit dies nach dem Recht des anderen Staates nicht zulässig ist, ist die zuständige Behörde innerhalb von sechs Monaten nach dem Inkrafttreten dieses Gesetzes zu unterrichten. [3] Erfolgt die Eröffnung der Zweigstelle oder die Zusammenfassung unter der einheitlichen Leitung nach dem Inkrafttreten dieses Gesetzes, so ist die zuständige Behörde innerhalb von drei Monaten nach der Eröffnung oder der Zusammenfassung unter der einheitlichen Leitung zu unterrichten.

§ 16.[1)] **Zuständige Behörde.** Zuständige Behörde für die Durchführung dieses Gesetzes ist
1. für die Kreditanstalt für Wiederaufbau der Bundesminister der Finanzen,
2. für die übrigen Kreditinstitute, mit Ausnahme der Deutschen Bundesbank, und die Finanzdienstleistungsinstitute das Bundesaufsichtsamt für das Kreditwesen,
3. für Versicherungsunternehmen die jeweils zuständige Aufsichtsbehörde für das Versicherungswesen,
4. im übrigen die jeweils nach Bundes- oder Landesrecht zuständigen Stelle.

§ 17. Bußgeldvorschriften. (1) Ordnungswidrig handelt, wer vorsätzlich oder leichtfertig
1. entgegen § 2 Abs. 1, auch in Verbindung mit Abs. 2, § 3 Abs. 1 Satz 1 oder § 4 Abs. 1 eine Person nicht identifiziert,
2. entgegen § 9 Abs. 1 Satz 1, 3 und 4 eine Feststellung nicht, nicht richtig oder nicht vollständig aufzeichnet oder
3. entgegen § 9 Abs. 3 Satz 1 Aufzeichnungen nicht aufbewahrt.

(2) Ordnungswidrig handelt, wer
1. entgegen § 8 Abs. 1 Satz 1 sich nicht erkundigt oder entgegen § 8 Abs. 1 Satz 2 und 3 Namen und Anschrift nicht feststellt,
2. entgegen § 11 Abs. 3 den Auftraggeber oder einen anderen als staatliche Stellen in Kenntnis setzt oder
3. entgegen § 15 Satz 2 oder Satz 3 die zuständige Behörde nicht oder nicht rechtzeitig unterrichtet.

(3) Die Ordnungswidrigkeit kann in den Fällen des Absatzes 1 mit einer Geldbuße bis zu 200 000 Deutsche Mark, in den Fällen des Absatzes 2 mit einer Geldbuße bis zu 100 000 Deutsche Mark geahndet werden.

(4) [1] Die jeweils in § 16 Nr. 2 und 3 bezeichnete Behörde ist auch Verwaltungsbehörde im Sinne des § 36 Abs. 1 Nr. 1 des Gesetzes über Ordnungswidrigkeiten. [2] Für Steuerberater, Steuerberatungsgesellschaften und Steuerbevollmächtigte, ihre Gehilfen und die Personen, die zur Vorbereitung auf den Beruf an der berufsmäßigen Tätigkeit teilnehmen, ist Verwaltungsbehörde im Sinne des § 36 Abs. 1 Nr. 1 des Gesetzes über Ordnungswidrigkeiten das Finanzamt. [3] Soweit nach § 16 Nr. 4

---

1) § 16 Nr. 2 neugef. durch G v. 22. 10. 1997 (BGBl. I S. 2567).

die jeweils nach Bundes- oder Landesrecht zuständige Stelle zuständig ist, ist sie auch Verwaltungsbehörde im Sinne des § 36 Abs. 1 Nr. 1 des Gesetzes über Ordnungswidrigkeiten; dies gilt nicht für Rechtsanwälte, Patentanwälte und Notare.

(5) Soweit nach Absatz 4 Satz 2 das Finanzamt Verwaltungsbehörde ist, gelten § 387 Abs. 2, § 410 Abs. 1 Nr. 1, 2, 6 bis 11, Abs. 2 und § 412 der Abgabenordnung sinngemäß.

VIII. Vereinbarung über die Standesregeln zur Sorgfaltspflicht der Banken

vom 28. Januar 1998 (ohne Ausführungsbestimmungen)

EINLEITUNG

Art. 1 Präambel

– Im Bestreben, das Ansehen des schweizerischen Bankgewerbes im In- und Ausland zu wahren,

– in der Absicht, die bei der Aufnahme von Geschäftsbeziehungen und im Zusammenhang mit dem Bankgeheimnis geltenden Regeln einer einwandfreien Geschäftsführung zu umschreiben,

– im Willen, einen wirkungsvollen Beitrag zur Bekämpfung der Geldwäscherei zu leisten,

verpflichten sich die Banken gegenüber der Bankiervereinigung als der mit der Wahrung der Interessen und des Ansehens des schweizerischen Bankgewerbes betrauten Dachorganisation in diesen Standesregeln:

a) ihre Vertragspartner zu identifizieren und in Zweifelsfällen eine Erklärung des Vertragspartners über den an den Vermögenswerten wirtschaftlich Berechtigten einzuholen;

b) keine aktive Beihilfe zur Kapitalflucht zu leisten;

c) keine aktive Beihilfe zur Steuerhinterziehung und dergleichen zu leisten durch Abgabe von unvollständigen oder irreführenden Bescheinigungen.

A IDENTIFIKATION DES VERTRAGSPARTNERS UND FESTSTELLUNG DES WIRTSCHAFTLICH BERECHTIGTEN

Art. 2 Identifikation des Vertragspartners

1 Die Banken sind verpflichtet, bei Aufnahme einer Geschäftsbeziehung den Vertragspartner zu identifizieren.

2 Dies gilt für:
- die Eröffnung von Konten oder Heften;
- die Eröffnung von Depots;
- die Vornahme von Treuhandgeschäften;
- die Vermietung von Schrankfächern;
- die Annahme von Aufträgen zur Verwaltung von Vermögen, die bei Dritten liegen;

– die Ausführung von Handelsgeschäften über Effekten, Devisen sowie Edelmetalle und andere Waren (Commodities) über Beträge von mehr als Fr. 25'000.–;
– Kassageschäfte über Beträge von mehr als Fr. 25'000.–.

Art. 3 Feststellung des wirtschaftlich Berechtigten

[1] Bestehen Zweifel, ob der Vertragspartner mit dem wirtschaftlich Berechtigten identisch ist, verlangen die Banken vom Vertragspartner mittels Formular A eine schriftliche Erklärung darüber, wer der wirtschaftlich Berechtigte sei.

[2] Dies gilt für:
– die Eröffnung von Konten oder Heften;
– die Eröffnung von Depots;
– die Vornahme von Treuhandgeschäften;
– die Annahme von Aufträgen zur Verwaltung von Vermögen, die bei Dritten liegen;
– die Ausführung von Handelsgeschäften über Effekten und Devisen und sowie Edelmetalle und andere Waren (Commodities) über Beträge von mehr als Fr. 25'000.–.

[3] Bei Kassageschäften im Sinne von Art. 2 VSB über Beträge von mehr als Fr. 25'000.– ist immer eine Erklärung des Vertragspartners über den wirtschaftlich Berechtigten zu verlangen. Die Banken halten die Erklärung des Vertragspartners in geeigneter Weise fest. Es steht ihnen frei, ob sie dafür das Formular A verwenden wollen oder nicht.

Art. 4 Verfahren bei Sitzgesellschaften

[1] Als Sitzgesellschaften im Sinne dieser Vereinbarung gelten alle Gesellschaften, Anstalten, Stiftungen, Trusts/Treuunternehmungen usw., die im Domizilstaat nicht einen Betrieb des Handels, der Fabrikation oder eines anderen nach kaufmännischer Art geführten Gewerbes führen.

[2] Von in- und ausländischen Sitzgesellschaften sind zu verlangen:
a) zur Identifikation ein Handelsregisterauszug oder ein gleichwertiger Ausweis („certificate of incorporation" oder letztes Testat der Revisionsstelle);
b) zur Feststellung des wirtschaftlich Berechtigten eine Erklärung vom Vertragspartner mittels Formular A darüber, wer an den Vermögenswerten wirtschaftlich berechtigt sei.

[3] Kennt die Bank den wirtschaftlich Berechtigten und verfügt sie über die Angaben gemäss Ziff. 24, so kann sie diese unter Verzicht auf das Formular A in einer Aktennotiz festhalten.

Art. 5 Berufsgeheimnisträger

Die Banken können auf die Feststellung des wirtschaftlich Berechtigten bei Konten oder Depots, die im Namen von in der Schweiz zugelassenen Rechtsanwälten oder Notaren für Rechnung deren Klienten geführt werden, verzichten, sofern diese gemäss einer schriftlichen Erklärung des Rechtsanwaltes oder Notars ausschliesslich einem der folgenden Zwecke dienen und entsprechend gekennzeichnet (Art des Mandates) sind:

a) – Abwicklung und damit, soweit tunlich, verbundene kurzfristige Anlage von Gerichtskostenvorschüssen, Kautionen, öffentlich-rechtlichen Abgaben etc. sowie von Zahlungen an oder von Parteien, Dritte(n) oder Behörden (Kennzeichnung „Klientengelder-Abwicklungskonto/-depot");

b) – Hinterlegung und damit, soweit tunlich, verbundene Anlage von Vermögenswerten aus einer hängigen Erbteilung oder Willensvollstreckung (Kennzeichnung z. B. „Erbschaft" oder „Erbteilung");

– Hinterlegung/Anlage von Vermögenswerten aus einer hängigen Güterausscheidung im Rahmen einer Ehescheidung oder -trennung (Kennzeichnung z. B. „Güterausscheidung Ehescheidung");

– Sicherheitshinterlegung/Anlage von Vermögenswerten in zivilrechtlichen oder öffentlich-rechtlichen Angelegenheiten (Kennzeichnung z. B. „Escrow-Konto/Depot", „Sperrdepot Aktienkauf", „Sicherheitshinterlegung Unternehmerkaution", „Sicherheitshinterlegung Grundstückgewinnsteuer" etc.).

– Hinterlegung und damit, soweit tunlich, verbundene Anlage von Vermögenswerten in zivilrechtlichen oder öffentlich-rechtlichen Angelegenheiten vor ordentlichen Gerichten oder Schiedsgerichten und in Verfahren des Zwangsvollstreckungsrechts (Kennzeichnung z. B. „Vorschüsse", „Sicherstellung Gerichtskaution", „Konkursmasse", „Schiedsgerichtsverfahren" etc.).

Art. 6 Änderungen oder Mängel im Zusammenhang mit der Identifikation des Vertragspartners oder der Feststellung des wirtschaftlich Berechtigten (Art. 2 – 5 VSB)

[1] Die Bank hat das Verfahren gemäss Art. 2, Ziff. 9 – 21, und Art. 3 und 4, Ziff. 22 – 41, zu wiederholen,

– wenn im Lauf der Geschäftsbeziehung Zweifel aufkommen,
– ob die gemachten Angaben über die Identität des Vertragspartners zutreffen,
– ob der Vertragspartner mit dem wirtschaftlich Berechtigten identisch ist, oder
– ob die abgegebene Erklärung über die wirtschaftliche Berechtigung zutrifft,
– wenn Anzeichen für nachträglich eingetretene Änderungen bestehen.

[2] Stellt eine Bank fest, dass eine Erklärung im Sinne von Art. 5 dieser Vereinbarung zu Unrecht ausgestellt worden ist, so hat sie vom Vertragspartner mittels Formular A die Erklärung über den wirtschaftlich Berechtigten zu verlangen. Wird die Erklärung über den wirtschaftlich Berechtigten nicht beigebracht, so ist die Geschäftsbeziehung abzubrechen.

[3] Die Banken sind verpflichtet, die Beziehungen zum Vertragspartner abzubrechen, wenn sich aus dem Geschäftsverkehr der Verdacht aufdrängt, dass die Bank

bei der Identifikation des Vertragspartners getäuscht worden ist, dass ihr bewusst falsche Angaben über den wirtschaftlich Berechtigten gemacht worden sind oder wenn auch nach Durchführung des Verfahrens gemäss Abs. 1 Zweifel an den Angaben des Vertragspartners weiterbestehen.

4 Die Beziehungen zum Vertragspartner dürfen nicht mehr abgebrochen werden, wenn die Voraussetzungen der Meldepflicht (Art. 9 GwG) gegeben sind.

B VERBOT DER AKTIVEN BEIHILFE ZUR KAPITALFLUCHT

Art. 7 Kapitalflucht

Die Banken dürfen keine aktive Beihilfe zum Kapitaltransfer aus Ländern leisten, deren Gesetzgebung die Anlage von Geldern im Ausland einschränkt.

C VERBOT DER AKTIVEN BEIHILFE ZU STEUERHINTERZIEHUNG UND ÄHNLICHEN HANDLUNGEN

Art. 8 Steuerhinterziehung und ähnliche Handlungen

Die Banken leisten Täuschungsmanövern ihrer Kunden gegenüber Behörden des In- und Auslandes, insbesondere gegenüber Steuerbehörden, weder durch unvollständige noch auf andere Weise irreführende Bescheinigungen Vorschub.

D ÜBRIGE BESTIMMUNGEN

Art. 9 Nummernkonten

Auf unter Nummern oder Kennworten geführte Konten, Hefte, Depots und Schrankfächer sind die Vorschriften der vorliegenden Vereinbarung uneingeschränkt anwendbar.

Art. 10 Kontrolle durch die Revisionsstellen

1 Durch die Unterzeichnung dieser Standesregeln beauftragen und ermächtigen die Banken ihre bankengesetzliche Revisionsstelle, die Einhaltung der Standesregeln anlässlich der ordentlichen Bankenrevision stichprobenweise zu überprüfen und Verstösse oder den begründeten Verdacht von Verstössen der nach Art. 12 eingesetzten Aufsichtskommission sowie der Eidgenössischen Bankenkommission zu melden.

2 Die Schweizerische Bankiervereinigung wird den anerkannten Revisionsstellen den Text dieser Standesregeln sowie die Liste der Unterzeichner und damit deren Auftrag bekanntgeben.

3 Abs. 1 gilt sinngemäss für Inhaber von Sammelkonti und -depots, die sich gemäss Art. 15 Abs. 2 den Art. 2 – 6 und 9 – 15 VSB unterstellt haben.

Art. 11 Verletzung der Standesregeln, Sanktionen

1 Im Falle der Verletzung der Standesregeln hat die fehlbare Bank an die Bankiervereinigung eine Konventionalstrafe von bis zu Fr. 10 Mio. zu leisten. Bei der Bemessung der Konventionalstrafe sind die Schwere der Verletzung, der Grad des Verschuldens und die Vermögenslage der Bank gebührend zu berücksichtigen. Ausserdem kann von anderen Instanzen in der gleichen Sache verhängten Massnahmen Rechnung getragen werden. Die Höhe der Konventionalstrafe wird im Verfahren gemäss Art. 12 und allenfalls gemäss Art. 13 bestimmt. Die Bankiervereinigung wendet die Konventionalstrafe einem von ihr zu bestimmenden gemeinnützigen Zwecke zu.

2 In Bagatellfällen kann gegen die fehlbare Bank anstelle der Konventionalstrafe ein Verweis ausgesprochen werden.

3 Bei Verstössen gegen Art. 7 und 8 wird eine Konventionalstrafe bzw. ein Verweis nur ausgesprochen, wenn sie mit Absicht erfolgt sind.

4 Die Verletzung der Standesregeln wird nicht mehr verfolgt, wenn sie mehr als 5 Jahre zurückliegt. Bei Verstössen gegen die Pflicht zur Identifikation des Vertragspartners und zur Feststellung des wirtschaftlich Berechtigten beginnt die 5-Jahres-Frist mit der Behebung des Verstosses bzw. der Beendigung der Geschäftsbeziehung zu laufen.

5 Verletzungen durch gemäss Art. 15 Abs. 2 unterstellte Inhaber von Sammelkonti oder -depots werden wie Verletzungen durch Banken behandelt.

Art. 12 Aufsichtskommission, Untersuchungsbeauftragte

1 Für die Abklärung und Ahndung von Verletzungen dieser Standesregeln setzt die Bankiervereinigung eine aus fünf unabhängigen Persönlichkeiten bestehende Aufsichtskommission ein. Die Aufsichtskommission wählt einen Sekretär und regelt dessen Aufgaben.

2 Die Bankiervereinigung bestimmt einen oder mehrere Untersuchungsbeauftragte. Sie stellen der Aufsichtskommission Antrag, entweder das Verfahren zu eröffnen und die angemessene Sanktion festzustellen oder die Ermittlungen einzustellen. In ihren Auskunftsbegehren geben sie der Bank bekannt, in welcher Eigenschaft sie in die Ermittlungen einbezogen wird.

3 Die Amtsdauer der Mitglieder der Aufsichtskommission und der Untersuchungsbeauftragten beträgt fünf Jahre. Wiederwahl ist zulässig.

4 Ergibt sich eine Verletzung der Standesregeln, stellt die Aufsichtskommission in Anwendung von Art. 11 hievor im Verfahren gegen die fehlbare Bank die angemessene Sanktion fest.

[5] Die Aufsichtskommission ordnet das Verfahren und bestimmt über die Kostentragung.

[6] Unterzieht sich die fehlbare Bank dem Beschluss der Aufsichtskommission, ist das Verfahren damit erledigt. Andernfalls gilt Art. 13 hienach.

[7] Verweigert eine Bank die Mitwirkung bei den Untersuchungshandlungen der Aufsichtskommission oder eines Untersuchungsbeauftragten, so kann die Aufsichtskommission eine Konventionalstrafe im Sinne von Art. 11 aussprechen.

[8] Als Beauftragte im Sinne von Art. 47 Bankengesetz haben die Mitglieder der Aufsichtskommission, der Sekretär und die Untersuchungsbeauftragten über die ihnen im Verfahren bekanntgewordenen Tatsachen strenge Verschwiegenheit zu wahren. Die Banken können gegenüber der Aufsichtskommission oder einem Untersuchungsbeauftragten das Bankgeheimnis nicht anrufen.

[9] Die Aufsichtskommission gibt von ihren Entscheiden der Eidgenössischen Bankenkommission Kenntnis. Werden Missbräuche von Berufsgeheimnisträgern festgestellt, so kann die Aufsichtskommission ausserdem der entsprechenden Disziplinarinstanz Mitteilung machen.

Art. 13 Schiedsverfahren

[1] Wird die von der Aufsichtskommission als angemessen festgesetzte Konventionalstrafe nach Fristansetzung nicht geleistet, hat auf Klage der Bankiervereinigung gegen die betreffende Bank ein Schiedsgericht mit Sitz in Basel über das Vorliegen einer Sorgfaltspflichtverletzung und die allenfalls deshalb auszufällende Vertragsstrafe endgültig zu entscheiden. Die Banken wählen zu diesem Zwecke Gerichtsstand in Basel.

[2] Die Bankiervereinigung und die Bank ernennen je einen Schiedsrichter und die beiden Schiedsrichter ernennen zusammen den Obmann des Schiedsgerichts.

[3] Das Schiedsverfahren wird eingeleitet mit der Bezeichnung des von ihr zu bestimmenden Schiedsrichters durch die Bankiervereinigung.

[4] Falls eine Partei ihren Schiedsrichter nicht innert 30 Tagen seit Erhalt der schriftlichen Mitteilung der anderen Partei betreffend die Einleitung des Schiedsverfahrens bezeichnet hat oder falls die beiden Schiedsrichter sich nicht innert 30 Tagen seit Annahme des Schiedsrichtermandats über die Ernennung des Obmanns einigen können, wird das Appellationsgericht des Kantons Basel–Stadt die Ernennung auf Verlangen einer Partei vornehmen.

[5] Falls ein Schiedsrichter seine Funktion aus irgendwelchen Gründen nicht ausüben kann, muss die Partei, welche ihn ernannt hat, innert 30 Tagen einen neuen Schiedsrichter ernennen, ansonsten wird das Appellationsgericht des Kantons Basel-Stadt auf Verlangen der anderen Partei die Ernennung vornehmen.

[6] Falls der Obmann seine Funktion aus irgendwelchen Gründen nicht ausüben kann, müssen die Schiedsrichter innert 30 Tagen einen neuen Obmann ernennen,

ansonsten wird das Appellationsgericht des Kantons Basel-Stadt auf Verlangen einer Partei die Ernennung vornehmen.

7 Bei Ersetzung eines Schiedsrichters gemäss Abs. 5 und 6 hievor gelten die Prozesshandlungen, bei denen der ersetzte Schiedsrichter mitgewirkt hat, weiter.

8 Unter Vorbehalt gegenteiliger zwingender Vorschriften des Konkordats über die Schiedsgerichtsbarkeit und der ZPO BS gelten deren Bestimmungen nur, soweit die Parteien oder, falls diese auf ihr diesbezügliches Recht verzichten, das Schiedsgericht keine anderslautenden Verfahrensregelungen treffen. Die Eventualmaxime gilt frühestens im zweiten Schriftenwechsel.

9 Das Schiedsgericht untersteht der Verschwiegenheitspflicht von Art. 12 Abs. 8 ebenfalls.

Art. 14 Inkrafttreten

1 Diese Standesregeln treten am 1. Juli 1998 in Kraft.

2 Die Bankiervereinigung und jede unterzeichnende Bank können, unter Einhaltung einer Kündigungsfrist von drei Monaten auf das Ende eines Vertragsjahres, erstmals auf den 30. Juni 2003, von der Vereinbarung über die Standesregeln zurücktreten.

3 Die Bankiervereinigung behält sich vor, das Sanktionssystem (Art. 11 – 13) einseitig anzupassen oder ausser Kraft zu setzen, sofern neue gesetzliche Vorschriften oder Rechtsentwicklungen zu einer stossenden mehrfachen Sanktionierung gleicher Sachverhalte führen sollten.

Art. 15 Übergangsbestimmung

1 Die neuen Formulare A sind zu verwenden, wenn nach dem Datum des Inkrafttretens dieser Standesregeln eine Geschäftsbeziehung neu aufgenommen wird oder das Verfahren zur Feststellung des wirtschaftlich Berechtigten im Sinne von Art. 6 zu wiederholen ist.

2 Weist ein in der Schweiz domizilierter Inhaber von Sammelkonti bzw. -depots durch Vorlage einer Erklärung der Strafverfolgungsbehörden an seinem Wohnsitz bzw. Sitz nach, dass ihm diese Auskunfts- und Blockierungsverfügungen direkt zustellen, kann die Bank auf die Bekanntgabe der an Sammelkonti bzw. -depots wirtschaftlich Berechtigten verzichten. Voraussetzung ist ausserdem, dass sich der Inhaber von Sammelkonti bzw. -depots den Art. 2 – 6 und 9 – 15 VSB unterstellt. Diese Möglichkeit gilt nur für Inhaber von Sammelkonti bzw. -depots, die bereits unter der VSB 92 diese Ausnahmeregelung beanspruchen konnten, und sie gilt längstens bis zum 31. Januar 2000.

3 Die neuen Regeln über die Identifikation des Vertragspartners und die Feststellung des wirtschaftlich Berechtigten sind anzuwenden, wenn eine Geschäftsbezie-

hung nach dem Datum des Inkrafttretens dieser Standesregeln neu aufgenommen wird oder wenn das Verfahren zur Feststellung des wirtschaftlich Berechtigten im Sinne von Art. 6 nach Inkrafttreten dieser Standesregeln zu wiederholen ist. Auf bestehende Geschäftsbeziehungen finden die neuen Regeln Anwendung, sofern sie günstiger sind.

A Kto-/Depot-Nr.: ____________________

Vertragspartner: ____________________

____

____

Feststellung des wirtschaftlich Berechtigten

(Formular A gemäss Art. 3 und 4 VSB)

Der/die Unterzeichnete erklärt hiermit:
(Zutreffendes ankreuzen)

☐ dass der Vertragspartner an den Vermögenswerten wirtschaftlich berechtigt ist

☐ dass an den Vermögenswerten wirtschaftlich berechtigt ist:

Name, Vorname (evtl. Firma)	Wohnadresse/Sitz, Staat
____________________	____________________
____________________	____________________
____________________	____________________
____________________	____________________

Der Vertragspartner verpflichtet sich, Änderungen der Bank von sich aus mitzuteilen.

Ort, Datum	Unterschrift
____________________	____________________

R Kto-/Depot-Nr.: ______________________ Vertragspartner: ______________________

Kennzeichnung: ______________________

______________________ ______________________

Erklärung bei der Eröffnung eines Kontos oder Depots durch einen schweizerischen Anwalt oder Notar

Der/die Unterzeichnete erklärt hiermit, dass er/sie als Rechtsanwalt/Notar* tätig ist und der entsprechenden kantonalen Gesetzgebung untersteht.

Er/sie erklärt, dass er/sie an den jeweils eingebuchten Werten nicht selber wirtschaftlich berechtigt ist. Er/sie bestätigt, dass er/sie bezüglich des vorerwähnten Kontos/Depots **dem gesetzlichen Berufsgeheimnis (Art. 321 StGB) unterstellt ist und dass dieses Konto/Depot ausschliesslich dient:**

☐ der Abwicklung und der damit, soweit tunlich, verbundenen kurzfristigen Anlage von Gerichtskostenvorschüssen, Kautionen, öffentlich-rechtlichen Abgaben etc. sowie von Zahlungen an oder von Parteien, Dritte(n) oder Behörden (Kennzeichnung "Klientengelder-Abwicklungskonto/-depot");

☐ der Hinterlegung und der damit, soweit tunlich, verbundenen Anlage von Vermögenswerten aus einer hängigen Erbteilung oder Willensvollstreckung (Kennzeichnung z.B. "Erbschaft" oder "Erbteilung");

der Hinterlegung und der damit, soweit tunlich, verbundenen Anlage von Vermögenswerten aus einer hängigen Güterausscheidung im Rahmen einer Ehescheidung oder -trennung (Kennzeichnung z.B. "Güterausscheidung Ehescheidung");

der Sicherheitshinterlegung und der damit, soweit tunlich, verbundenen Anlage von Vermögenswerten in zivilrechtlichen oder öffentlich-rechtlichen Angelegenheiten (Kennzeichnung z.B. "Escrow-Konto/Depot", "Sperrdepot Aktienkauf", "Sicherheitshinterlegung Unternehmerkaution", "Sicherheitshinterlegung Grundstückgewinnsteuer" etc.);

der Hinterlegung und der damit, soweit tunlich, verbundenen Anlage von Vermögenswerten in zivilrechtlichen oder öffentlich-rechtlichen Angelegenheiten vor ordentlichen Gerichten oder Schiedsgerichten und in Verfahren des Zwangsvollstreckungsrechts (Kennzeichnung z.B. "Vorschüsse", "Sicherstellung Gerichtskaution", "Konkursmasse", "Schiedsgerichtsverfahren" etc.).

(Das zutreffende Feld ist anzukreuzen; es darf nur ein Feld angekreuzt werden.)

Ort, Datum Unterschrift

______________________ ______________________

* Unzutreffendes bitte streichen

IX. Bundesgesetz zur Bekämpfung der Geldwäscherei im Finanzsektor

vom 10. Oktober 1997 (Auszug)

Die Bundesversammlung der Schweizerischen Eidgenossenschaft,

gestützt auf die Artikel 31bis Absatz 2, 31^{quater}, 34 Absatz 2 und 64bis der Bundesverfassung,
nach Einsicht in die Botschaft des Bundesrates vom 17. Juni 1996[1],

schliesst:

1. Kapitel: Allgemeine Bestimmungen

Art. 1 Gegenstand

Dieses Gesetz regelt die Bekämpfung der Geldwäscherei im Sinne von Artikel 305bis des Strafgesetzbuches[2] (StGB) und die Sicherstellung der Sorgfalt bei Finanzgeschäften.

Art. 2 Geltungsbereich

1 Dieses Gesetz gilt für Finanzintermediäre.

2 Finanzintermediäre sind:
a. die Banken nach dem Bankengesetz[3];
b. die Fondsleitungen nach dem Anlagefondsgesetz vom 18. März 1994[4], sofern sie Anteilskonten führen oder selbst Anteile eines Anlagefonds anbieten oder vertreiben;
c. die Versicherungseinrichtungen nach dem Versicherungsaufsichtsgesetz[5], welche die direkte Lebensversicherung betreiben oder Anteile eines Anlagefonds anbieten oder vertreiben;
die Effektenhändler nach dem Börsengesetz vom 24. März 1995[6].

SR 955 0
1 BBl 1996 III 1101
2 SR 311.0
3 SR 952.0
4 SR 951.31
5 SR 961.01
6 SR 954.1

[3] Finanzintermediäre sind auch Personen, die berufsmässig fremde Vermögenswerte annehmen oder aufbewahren oder helfen, sie anzulegen oder zu übertragen; insbesondere Personen die:

a. das Kreditgeschäft (namentlich durch Konsum- oder Hypothekarkredite, Factoring, Handelsfinanzierungen oder Finanzierungsleasing) betreiben;
b. Dienstleistungen für den Zahlungsverkehr erbringen, namentlich für Dritte elektronische Überweisungen vornehmen oder Zahlungsmittel wie Kreditkarten und Reiseschecks ausgeben oder verwalten;
c. für eigene oder fremde Rechnung mit Banknoten und Münzen, Geldmarktinstrumenten, Devisen, Edelmetallen, Rohwaren und Effekten (Wertpapiere und Wertrechte) sowie deren Derivaten handeln;
d. als Vertriebsträger eines inländischen oder ausländischen Anlagefonds nach dem Anlagefondsgesetz vom 18. März 1994[7] oder als Vertreter eines ausländischen Anlagefonds Anteile eines Anlagefonds anbieten oder vertreiben, soweit sie nicht einer spezialgesetzlichen Aufsicht unterstehen;
e. Vermögen verwalten;
f. als Anlageberater Anlagen tätigen;
g. Effekten aufbewahren oder verwalten.

[4] Vom Geltungsbereich dieses Gesetzes ausgenommen sind:

a. die Schweizerische Nationalbank;
b. steuerbefreite Einrichtungen der beruflichen Vorsorge;
c. Personen, die ihre Dienstleistungen ausschliesslich gegenüber steuerbefreiten Einrichtungen der beruflichen Vorsorge erbringen;
d. Finanzintermediäre nach Absatz 3, die ihre Dienstleistungen ausschliesslich gegenüber Finanzintermediären nach Absatz 2 erbringen oder gegenüber ausländischen Finanzintermediären, die einer gleichwertigen Aufsicht unterstellt sind wie diese.

2. Kapitel: Pflichten der Finanzintermediäre

1. Abschnitt: Sorgfaltspflichten

Art. 3 Identifizierung der Vertragspartei

[1] Der Finanzintermediär muss bei der Aufnahme von Geschäftsbeziehungen die Vertragspartei aufgrund eines beweiskräftigen Dokumentes identifizieren.

[2] Bei Kassageschäften mit einer nicht bereits identifizierten Vertragspartei besteht die Pflicht zur Identifizierung nur, wenn eine oder mehrere Transaktionen, die mit einander verbunden erscheinen, einen erheblichen Wert erreichen.

[3] Versicherungseinrichtungen müssen die Vertragspartei dann identifizieren, wenn die Beträge einer einmaligen Prämie, der periodischen oder des gesamten Prämienvolumens einen erheblichen Wert erreichen.

[7] SR 951.31

4 Liegen in Fällen nach den Absätzen 2 und 3 Verdachtsmomente für eine mögliche Geldwäscherei vor, so ist die Identifizierung auch dann vorzunehmen, wenn die massgeblichen Beträge nicht erreicht werden.

5 Die Aufsichtsbehörden (Art. 16 und 17) und die Selbstregulierungsorganisationen (Art. 24) legen für ihren Bereich die erheblichen Werte nach den Absätzen 2 und 3 fest und passen sie bei Bedarf an.

Art. 4 Feststellung der wirtschaftlich berechtigten Person

1 Der Finanzintermediär muss von der Vertragspartei eine schriftliche Erklärung darüber einholen, wer die wirtschaftlich berechtigte Person ist, wenn:

a. die Vertragspartei nicht mit der wirtschaftlich berechtigten Person identisch ist oder daran Zweifel bestehen;
b. die Vertragspartei eine Sitzgesellschaft ist;
c. ein Kassageschäft von erheblichem Wert nach Artikel 3 Absatz 2 getätigt wird.

2 Er muss bei Sammelkonten oder Sammeldepots verlangen, dass die Vertragspartei eine vollständige Liste der wirtschaftlich berechtigten Personen beibringt und dass sie jede Änderung der Liste unverzüglich meldet.

Art. 5 Erneute Identifizierung oder Feststellung der wirtschaftlich berechtigten Person

1 Entstehen im Laufe der Geschäftsbeziehung Zweifel über die Identität der Vertragspartei oder über die wirtschaftliche Berechtigung, so muss die Identifizierung oder die Feststellung nach den Artikeln 3 und 4 wiederholt werden.

2 Im Falle einer rückkaufsfähigen Versicherung müssen die Versicherungseinrichtungen die wirtschaftlich berechtigte Person zudem erneut feststellen, wenn im Versicherungsfall oder bei Rückkauf die anspruchsberechtigte Person nicht identisch ist mit derjenigen im Zeitpunkt des Vertragsabschlusses.

Art. 6 Besondere Abklärungspflicht

Der Finanzintermediär muss die wirtschaftlichen Hintergründe und den Zweck einer Transaktion oder einer Geschäftsbeziehung abklären, wenn:

a. sie ungewöhnlich erscheint, es sei denn, ihre Rechtmässigkeit sei erkennbar;
b. Anhaltspunkte vorliegen, dass Vermögenswerte aus einem Verbrechen herrühren oder der Verfügungsmacht einer kriminellen Organisation unterliegen (Art. 260ter Ziff. 1 StGB[8]).

Art. 7 Dokumentationspflicht

1 Der Finanzintermediär muss über die getätigten Transaktionen und über die nach diesem Gesetz erforderlichen Abklärungen Belege so erstellen, dass fachkundige

---

[8] SR 311.0

Dritte sich ein zuverlässiges Urteil über die Transaktionen und Geschäftsbeziehungen sowie über die Einhaltung der Bestimmungen dieses Gesetzes bilden können.

[2] Er bewahrt die Belege so auf, dass er allfälligen Auskunfts- und Beschlagnahmebegehren der Strafverfolgungsbehörden innen angemessener Frist nachkommen kann.

[3] Nach Beendigung der Geschäftsbeziehung oder nach Abschluss der Transaktion bewahrt er die Belege mindestens während zehn Jahren auf.

Art. 8 Organisatorische Massnahmen

Die Finanzintermediäre treffen in ihrem Bereich die Massnahmen, die zur Verhinderung der Geldwäscherei notwendig sind. Sie sorgen namentlich für genügende Ausbildung des Personals und für Kontrollen.

2. Abschnitt: Pflichten bei Geldwäschereiverdacht

Art. 9 Meldepflicht

[1] Ein Finanzintermediär, der weiss oder den begründeten Verdacht hat, dass die in die Geschäftsbeziehung involvierten Vermögenswerte im Zusammenhang mit einer strafbaren Handlung nach Artikel 305bis StGB stehen, dass die Vermögenswerte aus einem Verbrechen herrühren oder der Verfügungsmacht einer kriminellen Organisation unterliegen (Art. 26ter Ziff. 1 StGB), muss der Meldestelle für Geldwäscherei nach Artikel 23 (Meldestelle) unverzüglich Meldung erstatten.

[2] Der Meldepflicht nicht unterworfen sind Anwältinnen, Anwälte, Notarinnen und Notare, soweit ihre Tätigkeit dem Berufsgeheimnis nach Artikel 321 StGB untersteht.

Art. 10 Vermögenssperre

[1] Ein Finanzintermediär muss ihm anvertraute Vermögenswerte, die mit der Meldung in Zusammenhang stehen, unverzüglich sperren.

[2] Er erhält die Vermögenssperre aufrecht, bis eine Verfügung der zuständigen Strafverfolgungsbehörde bei ihm eintrifft, längstens aber fünf Werktage ab dem Zeitpunkt, in dem er der Meldestelle Meldung erstattet hat.

[3] Er darf während der durch ihn verhängten Vermögenssperre weder Betroffene noch Dritte über die Meldung informieren.

Art. 11 Straf- und Haftungsausschluss

Der Finanzintermediär kann für die Meldung nach Artikel 9 dieses Gesetzes oder Artikel 305ter Absatz 2 StGB und eine damit zusammenhängende Vermögenssperre nicht wegen Verletzung des Amts-, Berufs- oder Geschäftsgeheimnisses belangt oder wegen Vertragsverletzung haftbar gemacht werden, wenn er mit der nach den Umständen gebotenen Sorgfalt vorgegangen ist.

3. Kapitel: Aufsicht

1. Abschnitt: Allgemeine Bestimmungen

Art. 12 Finanzintermediäre nach Artikel 2 Absatz 2

Die Aufsicht über die Einhaltung der Pflichten nach dem zweiten Kapitel liegt für Finanzintermediäre nach Artikel 2 Absatz 2 bei deren spezialgesetzlichen Aufsichtsbehörden.

Art. 13 Finanzintermediäre nach Artikel 2 Absatz 3

Die Aufsicht über die Einhaltung der Pflichten nach dem zweiten Kapitel liegt für die Finanzintermediäre nach Artikel 2 Absatz 3 bei:
a. deren anerkannten Selbstregulierungsorganisationen (Art. 24);
b. der Kontrollstelle für die Bekämpfung der Geldwäscherei nach Artikel 17 (Kontrollstelle), sofern die Finanzintermediäre nicht einer anerkannten Selbstregulierungsorganisation angeschlossen sind.

Art. 14 Bewilligungs- und Anschlusspflicht

1 Finanzintermediäre nach Artikel 2 Absatz 3, die nicht einer anerkannten Selbstregulierungsorganisation angeschlossen sind, müssen bei der Kontrollstelle eine Bewilligung für die Ausübung ihrer Tätigkeit einholen.

2 Die Bewilligung wird nur erteilt, wenn der Finanzintermediär:
a. als kaufmännische Firma im Handelsregister eingetragen oder aufgrund einer behördlichen Bewilligung tätig ist;
b. durch seine internen Vorschriften und seine Betriebsorganisation die Erfüllung der Pflichten nach diesem Gesetz sicherstellt; und
c. selbst sowie die mit seiner Verwaltung und Geschäftsführung betrauten Personen einen guten Ruf geniessen und Gewähr für die Erfüllung der Pflichten nach diesem Gesetz bieten.

3 Als Finanzintermediäre tätige Anwältinnen, Anwälte, Notarinnen und Notare müssen sich einer Selbstregulierungsorganiation anschliessen.

Art. 15 Koordination

Die spezialgesetzlichen Aufsichtsbehörden und die Kontrollstelle sorgen dafür, dass die in ihren jeweiligen Aufsichtsbereichen geltenden Bestimmungen gleichwertig sind.

2. Abschnitt: Spezialgesetzliche Aufsichtsbehörden

Art. 16

1 Die spezialgesetzlichen Aufsichtsbehörden konkretisieren für die ihnen unterstellten Finanzintermediäre die Sorgfaltspflichten nach dem zweiten Kapitel und legen

fest, wie diese zu erfüllen sind, soweit nicht eine Selbstregulierungsorganisation diese Sorgfaltspflichten und ihre Erfüllung regelt.

[2] Die Aufsichtsbehörden können neben den Massnahmen, die ihnen aufgrund der jeweiligen Aufsichtsgesetzgebung zustehen, Massnahmen im Sinne von Artikel 20 ergreifen.

[3] Sie erstatten Anzeige nach Artikel 21.

3. Abschnitt: Kontrollstelle für die Bekämpfung der Geldwäscherei

Art. 17 Zuordnung

Die Eidgenössische Finanzverwaltung führt die Kontrollstelle.

Art. 18 Aufgaben

[1] Die Kontrollstelle hat folgende Aufgaben:

a. Sie anerkennt die Selbstregulierungsorganisationen oder entzieht ihnen die Anerkennung.
b. Sie beaufsichtigt die Selbstregulierungsorganisationen und die ihr direkt unterstellten Finanzintermediäre.
c. Sie genehmigt die von den Selbstregulierungsorganisationen erlassenen Reglemente nach Artikel 25 sowie deren Änderungen.
d. Sie sorgt dafür, dass die Selbstregulierungsorganisationen ihre Reglemente durchsetzen.
e. Sie konkretisiert für die ihr direkt unterstellten Finanzintermediäre die Sorgfaltspflichten nach dem zweiten Kapitel und legt fest, wie diese zu erfüllen sind.
f. Sie führt ein Register über die ihr direkt unterstellten Finanzintermediäre sowie über die Personen, denen sie die Bewilligung zur Ausübung der Tätigkeit als Finanzintermediär verweigert hat.

[2] Sie kann an Ort und Stelle Kontrollen durchführen. Sie kann die Kontrollen einer von ihr bezeichneten Revisionsstelle übertragen.

[3] Bei Selbstregulierungsorganisationen von Anwältinnen, Anwälten, Notarinnen und Notaren muss sie die Kontrollen einer Revisionsstelle übertragen. Diese untersteht denselben Geheimhaltungspflichten wie Anwältinnen, Anwälte, Notarinnen und Notare.

Art. 19 Auskunftsrecht

Die Kontrollstelle verlangt von den Selbstregulierungsorganisationen sowie von den ihr direkt unterstellten Finanzintermediären und deren Revisionsstellen alle Auskünfte und Unterlagen, die sie zur Erfüllung ihrer Aufgabe benötigt.

Art. 20 Massnahmen

[1] Erhält die Kontrollstelle von Verletzungen dieses Gesetzes durch ihr direkt unterstellte Finanzintermediäre Kenntnis, so trifft sie die zur Wiederherstellung

des ordnungsgemässen Zustandes notwendigen Massnahmen. Sie kann namentlich:

a. bei Widersetzlichkeit gegen eine vollstreckbare Verfügung diese im Schweizerischen Handelsamtsblatt veröffentlichen oder in anderer Form bekannt machen, sofern sie diese Massnahme vorher angedroht hat;
b. die Bewilligung für die Tätigkeit als Finanzintermediär nach Artikel 14 entziehen, falls Finanzintermediäre oder die mit ihrer Verwaltung oder Geschäftsführung betrauten Personen die Voraussetzungen hierfür nicht mehr erfüllen oder sie ihre gesetzlichen Pflichten wiederholt oder grob verletzen.

2 Wird die Bewilligung einer juristischen Person, einer Kollektiv- oder Kommanditgesellschaft oder einer Einzelfirma entzogen, welche vorwiegend als Finanzintermediär tätig ist, so ordnet die Kontrollstelle die Auflösung, bei Einzelfirmen die Löschung im Handelsregister an.

Art. 21 Anzeigepflicht

Schöpft die Kontrollstelle begründeten Verdacht, dass eine strafbare Handlung nach Artikel 260ter Ziffer 1, 305bis oder 305ter StGB vorliegt oder dass Vermögenswerte aus einem Verbrechen herrühren oder der Verfügungsmacht einer kriminellen Organisation unterliegen, erstattet sie der Meldestelle Anzeige, soweit nicht bereits durch den ihr direkt unterstellten Finanzintermediär oder die Selbstregulierungsorganisation eine Meldung erfolgt ist.

Art. 22 Gebühren

1 Die Kontrollstelle kann von den ihr direkt unterstellten Finanzintermediären und von den Selbstregulierungsorganisationen für ihre Tätigkeit Gebühren erheben.

2 Der Bundesrat erlässt einen Gebührentarif.

4. Abschnitt: Meldestelle für Geldwäscherei

Art. 23

1 Die Zentralstelle zur Bekämpfung des organisierten Verbrechens führt die Meldestelle für Geldwäscherei.

2 Die Meldestelle prüft die eingegangenen Meldungen und trifft die Massnahmen nach dem Bundesgesetz vom 7. Oktober 1994[9] über kriminalpolizeiliche Zentralstellen des Bundes.

3 Sie unterhält für den Bereich der Geldwäscherei ein eigenes Datenbearbeitungssystem.

9 SR 172.213.71

[4] Schöpft sie begründeten Verdacht, dass eine strafbare Handlung nach Artikel 260ter Ziffer 1, 305bis oder 305ter StGB vorliegt oder dass Vermögenswerte aus einem Verbrechen herrühren oder der Verfügungsmacht einer kriminellen Organisation unterliegen, so zeigt sie dies unverzüglich der zuständigen Strafverfolgungsbehörde an.

...

4. Kapitel: Amtshilfe

1. Abschnitt: Zusammenarbeit inländischer Behörden

Art. 29

[1] Die spezialgesetzlichen Aufsichtsbehörden, die Kontrollstelle und die Meldestelle können einander alle für die Durchsetzung dieses Gesetzes notwendigen Auskünfte erteilen und Unterlagen übermitteln.

[2] Die kantonalen Strafverfolgungsbehörden melden der Meldestelle sämtliche hängigen Verfahren im Zusammenhang mit den Artikeln 260ter Ziffer 1, 305bis und 305ter StGB und stellen ihr Urteile und Einstellungsbeschlüsse zu.

[3] Die Meldestelle orientiert die Kontrollstelle oder die zuständige spezialgesetzliche Aufsichtsbehörde über die Entscheide der kantonalen Strafverfolgungsbehörden.

2. Abschnitt: Zusammenarbeit mit ausländischen Behörden

Art. 30 Spezialgesetzliche Aufsichtsbehörden

Für die Aufsichtsbehörden nach Artikel 12 richtet sich die Zusammenarbeit mit ausländischen Behörden nach den für sie geltenden bundesrechtlichen Spezialgesetzen.

Art. 31 Kontrollstelle

[1] Die Kontrollstelle kann zur Erfüllung ihrer Aufgabe ausländische Finanzmarktaufsichtsbehörden um Erteilung von Auskünften oder Übermittlung von Unterlagen ersuchen.

[2] Sie darf ausländischen Finanzmarktaufsichtsbehörden nicht öffentlich zugängliche Auskünfte oder Unterlagen nur übermitteln sofern diese Behörden:
a. solche Informationen ausschliesslich zur direkten Beaufsichtigung von Finanzintermediären verwenden;
b. an ein Amts- oder Berufsgeheimnis gebunden sind; und
c. diese Informationen nicht ohne vorgängige Zustimmung der Kontrollstelle oder aufgrund einer generellen Ermächtigung in einem Staatsvertrag an zuständige Behörden und an Organe, die mit im öffentlichen Interesse liegenden Aufsichtsaufgaben betraut sind, weiterleiten. Die Weiterleitung von Informationen an Strafverfolgungsbehörden ist unzulässig, wenn die Rechtshilfe in Strafsachen

ausgeschlossen wäre. Die Kontrollstelle entscheidet im Einvernehmen mit dem Bundesamt für Polizeiwesen.

3 Soweit die von der Kontrollstelle zu übermittelnden Informationen einzelne Kunden von Finanzintermediären betreffen, ist das Verwaltungsverfahrensgesetz[13] anwendbar.

Art. 32 Meldestelle

1 Für die Meldestelle richtet sich die Zusammenarbeit mit ausländischen Strafverfolgungsbehörden nach Artikel 13 Absatz 2 des Bundesgesetzes vom 7. Oktober 1994[14] über kriminalpolizeiliche Zentralstellen des Bundes.

2 Die Meldestelle kann Personendaten zudem an entsprechende ausländische Behörden weitergeben, wenn ein Gesetz oder Staatsvertrag dies vorsieht oder wenn:

a. die Information ausschliesslich benötigt wird, um die Geldwäscherei zu bekämpfen;
b. ein schweizerisches Ersuchen um Information begründet werden muss;
c. es im Interesse der betroffenen Person liegt und diese zugestimmt hat oder deren Zustimmung nach den Umständen angenommen werden kann.

[...]

Art. 44 Referendum und Inkrafttreten

1 Dieses Gesetz untersteht dem fakultativen Referendum.

2 Der Bundesrat bestimmt das Inkrafttreten.

Nationalrat. 10. Oktober 1997
Die Präsidentin: Stamm Judith
Der Protokollführer: Anliker

Ständerat, 10. Oktober 1997
Der Präsident: Delalay
Der Sekretär: Lanz

Ablauf der Referendumsfrist und Inkraftsetzung

1 Die Referendumsfrist für dieses Gesetz ist am 29. Januar 1998 unbenützt abgelaufen[19].

2 Es wird auf den 1. April 1998 in Kraft gesetzt.

16. März 1998

Im Namen des Schweizerischen Bundesrates
Der Bundespräsident: Cotti
Der Bundeskanzler: Couchepin

13 SR 172.021
14 SR 172.213.71
[...]
19 BBl 1997 IV 790

X. Bundesgesetz über internationale Rechtshilfe in Strafsachen

Schweizerisches Rechtshilfegesetz vom 20. März 1981
i.d.F. vom 4. Oktober 1996 (Auszug)

Die Bundesversammlung der Schweizerischen Eidgenossenschaft, gestützt auf die Artikel 103 und 104bis der Bundesverfassung; nach Einsicht in eine Botschaft des Bundesrates vom 8. März 1976 beschließt:

Erster Teil: Allgemeine Bestimmungen

1. Kapitel: Geltungsbereich

1. Abschnitt: Gegenstand und Begrenzung der Zusammenarbeit

Art. 1 Gegenstand

[1] Dieses Gesetz regelt, soweit internationale Vereinbarungen nichts anderes bestimmen, alle Verfahren der zwischenstaatlichen Zusammenarbeit in Strafsachen, insbesondere

a. die Auslieferung strafrechtlich verfolgter oder verurteilter Personen (zweiter Teil):
b. die Rechtshilfe zur Unterstützung eines Strafverfahrens im Ausland (dritter Teil):
c. die stellvertretende Verfolgung und Ahndung strafbarer Handlungen (vierter Teil):
d. die Vollstreckung ausländischer Strafentscheide (fünfter Teil).

[2] Dieses Gesetz ist nur auf Strafsachen anwendbar, in denen nach dem Recht des ersuchenden Staates der Richter angerufen werden kann.

[3] Aus diesem Gesetz kann kein Anspruch auf zwischenstaatliche Zusammenarbeit in Strafsachen abgeleitet werden.

Art. 1a Begrenzung der Zusammenarbeit

Bei der Anwendung dieses Gesetzes ist den Hoheitsrechten, der Sicherheit der öffentlichen Ordnung oder anderen wesentlichen Interessen der Schweiz Rechnung zu tragen.

2. Abschnitt: Ausschluß von Ersuchen

Art. 2 Ausländisches Verfahren

Einem Ersuchen um Zusammenarbeit in Strafsachen wird nicht entsprochen, wenn Gründe für die Annahme bestehen, dass das Verfahren im Ausland

a. den in der Europäischen Konvention vom 4. November 1950[1] zum Schutze der Menschenrechte und Grundfreiheiten oder im Internationalen Pakt vom 16. Dezember 1966[2] über bürgerliche und politische Rechte festgelegten Verfahrensgrundsätzen nicht entspricht;
b. durchgeführt wird, um eine Person wegen ihrer politischen Anschauungen, wegen ihrer Zugehörigkeit zu einer bestimmten sozialen Gruppe oder aus Gründen der Rasse, Religion- oder Volkszugehörigkeit zu verfolgen oder zu bestrafen oder
c. dazu führen könnte, die Lage des Verfolgten aus einem unter Buchstabe b angeführten Grunde zu erschweren oder
d. andere schwere Mängel aufweist.

Art. 3 Art der Tat

[1] Einem Ersuchen wird nicht entsprochen, wenn Gegenstand des Verfahrens eine Tat ist, die nach schweizerischer Auffassung vorwiegend politischen Charakter hat, eine Verletzung der Pflichten zu militärischen oder ähnlichen Dienstleistungen darstellt oder gegen die Landesverteidigung oder die Wehrkraft des ersuchenden Staats gerichtet erscheint.

[2] Die Einrede des politischen Charakters wird keinesfalls berücksichtigt, wenn die Tat:
a. auf die Ausrottung oder Unterdrückung einer Bevölkerungsgruppe aus Gründen ihrer Staatsangehörigkeit, Rasse, Religion oder ihrer ethnischen, sozialen oder politischen Zugehörigkeit gerichtet war;
b. besonders verwerflich erscheint, weil der Täter zur Erpressung oder Nötigung Freiheit, Leib oder Leben von Menschen in Gefahr brachte oder zu bringen drohte, namentlich durch Entführung von Flugzeugen, Geiselnahme oder Benützung von Massenvernichtungsmitteln; oder
c. eine schwere Verletzung des humanitären Völkerrechts im Sinne der Genfer Abkommen vom 12. August 1949[3] und der Zusatzprotokolle[4] darstellt.

[3] Einem Ersuchen wird nicht entsprochen, wenn Gegenstand des Verfahrens eine Tat ist, die auf eine Verkürzung fiskalischer Abgaben gerichtet erscheint oder Vorschriften über währungs-, handels- oder wirtschaftspolitische Maßnahmen verletzt. Jedoch kann einem Ersuchen um Rechtshilfe nach dem dritten Teil des Gesetzes entsprochen werden, wenn Gegenstand des Verfahrens ein Abgabebetrug ist.

Art. 4 Bedeutung der Tat

Ein Ersuchen wird abgelehnt, wenn die Bedeutung der Tat die Durchführung des Verfahrens nicht rechtfertigt.

---

1) SR 0.101
2) SR 0.103.2
3) SR 0.518.12/.23/.42/.51
4) SR 0.518.521/.522

Art. 5 Erlöschen des Strafanspruchs

[1] Einem Ersuchen wird nicht entsprochen, wenn:

a. in der Schweiz oder im Tatortstaat der Richter:
   1. aus materiellrechtlichen Gründen den Verfolgten freigesprochen oder das Verfahren eingestellt hat, oder
   2. auf eine Sanktion verzichtet oder einstweilen von ihr abgesehen hat;
b. die Sanktion vollzogen wurde oder nach dem Recht des Urteilsstaates nicht vollziehbar ist; oder
c. seine Ausführung Zwangsmaßnahmen erfordert und die Strafverfolgung oder die Vollstreckung nach schweizerischem Recht wegen absoluter Verjährung ausgeschlossen wäre.

[2] Absatz 1 Buchstaben a und b gelten nicht, wenn der ersuchende Staat Gründe für eine Revision des rechtskräftigen Urteils im Sinne von Artikel 229 der Bundesstrafrechtspflege[1)] anführt.

Art. 6 Zusammentreffen von Ausschluß und Zulässigkeit der Zusammenarbeit

[1] Fällt die dem Verfolgten zur Last gelegte Tat unter mehrere schweizerische Strafbestimmungen, so darf dem Ersuchen nur für die Tatbestände entsprochen werden, für die keine Ausschlußgründe bestehen und wenn gewährleistet ist, daß der ersuchende Staat die gestellten Bedingungen beachtet.

[2] Eine Zusammenarbeit ist unzulässig in Verfahren wegen einer Tat, die unter mehrere Strafbestimmungen des schweizerischen oder des fremden Rechts fällt, wenn mit Bezug auf einer dieser Tatbestände, der die Tat nach allen Seiten umfaßt, einem Ersuchen nicht entsprochen werden darf.

3. Abschnitt: Besondere Bestimmungen

Art. 8 Gegenrecht

[1] Einem Ersuchen wird in der Regel nur entsprochen, wenn der ersuchende Staat Gegenrecht gewährt. Das Bundesamt für Polizeiwesen des Eidgenössischen Justiz- und Polizeidepartements (Bundesamt) holt eine Zusicherung des Gegenrechts ein, wenn dies geboten erscheint.

[2] Das Gegenrecht ist insbesondere nicht erforderlich bei Zustellungen oder wenn die Ausführung eines Ersuchens

a. im Hinblick auf die Tat oder die Notwendigkeit der Bekämpfung bestimmter Taten geboten erscheint;
b. die Lage des Verfolgten oder die Aussichten für seine soziale Wiedereingliederung verbessern könnte; oder
c. der Abklärung einer gegen einen Schweizer Bürger gerichteten Tat dient.

---

1) SR 312.0

[3] Der Bundesrat kann im Rahmen dieses Gesetzes anderen Staaten das Gegenrecht zusichern.

Art. 9 Schutz des Geheimbereichs

Bei der Ausführung von Ersuchen richtet sich der Schutz des Geheimbereichs nach den Bestimmungen über das Zeugnisverweigerungsrecht. Für die Durchsuchung und die Versiegelung von Papieren gelten die Grundsätze des Artikels 69 des Bundesgesetzes über die Bundesstrafrechtspflege.
[...]

3. Kapitel: Innerstaatliches Verfahren

1. Abschnitt: Behörden und Befugnisse

Art. 16 Kantonale Behörden

[1] Die Kantone wirken bei der Durchführung des Auslieferungsverfahrens mit. Wenn das Bundesrecht nichts anderes bestimmt, obliegt ihnen die Ausführung von Ersuchen um andere Rechtshilfe, die stellvertretende Strafverfolgung und die Vollstreckung von Strafentscheiden. Sie unterstehen der Aufsicht des Bundes, soweit dieses Gesetz anzuwenden ist.

[2] Die Kantone bestimmen Zuständigkeit, Organisation und Amtsführung der ausführenden Behörden.

Art. 17 Bundesbehörden

[1] Das Eidgenössische Justiz- und Polizeidepartement (Departement) entscheidet im Fall von Artikel 1*a*.

[2] Das Bundesamt nimmt die Ersuchen des Auslands entgegen und stellt die schweizerischen Ersuchen. Es behandelt Ersuchen um Auslieferung und veranlaßt die Prüfung von Ersuchen um andere Rechtshilfe, stellvertretende Strafverfolgung oder Vollstreckung von Strafentscheiden durch die zuständigen kantonalen oder Bundesbehörden, sofern ihre Ausführung nicht offensichtlich unzulässig ist.

[3] Es entscheidet über:

a. das Einholen der Zusicherung des Gegenrechts (Art. 8 Abs. 1);
b. die Wahl des geeigneten Verfahrens (Art. 19);
c. die Zulässigkeit schweizerischer Ersuchen (Art. 30 Abs. 1).

[4] Es kann die Durchführung eines Verfahrens ganz oder teilweise der Bundesbehörde übertragen, die bei Begehung der Tat in der Schweiz für die Ahndung zuständig wäre.

[5] Es kann auch über die Zulässigkeit der Rechtshilfe und die Ausführung gemäss Artikel 79*a* entscheiden.
[...]

Art. 18 Vorläufige Massnahmen

[1] Auf ausdrückliches Ersuchen eines anderen Staates kann die zuständige Behörde vorläufige Massnahmen zur Erhaltung des bestehenden Zustandes, zur Wahrung bedrohter rechtlicher Interessen oder zur Sicherung gefährdeter Beweismittel anordnen, wenn ein in diesem Gesetz vorgesehenes Verfahren nicht offensichtlich unzulässig oder unzweckmässig erscheint.

[2] Ist Gefahr im Verzug und liegen ausreichende Angaben zur Beurteilung der Voraussetzungen vor, so können diese Massnahmen auch vom Bundesamt angeordnet werden, sobald ein Ersuchen angekündigt ist. Diese Massnahmen werden aufgehoben, wenn der ausländische Staat nicht innen der gesetzten Frist das Ersuchen einreicht.

[3] Beschwerden gegen Entscheide nach diesem Artikel haben keine aufschiebende Wirkung.
[...]

2. Abschnitt: Rechtsschutz

Art. 21 Gemeinsame Bestimmungen

[1] Der Verfolgte kann einen Rechtsbeistand bestellen. Sieht er davon ab oder ist er dazu nicht in der Lage, so wird ein Beistand amtlich ernannt, wenn es die Wahrung seiner Interessen erfordert.

[2] Weitere Personen, die von der Rechtshilfemaßnahme betroffen werden oder als Geschädigte bei Erhebungen anwesend sind, können, wenn es die Wahrung ihrer Interessen erfordert, bei der Durchführung der Rechtshilfehandlung einen Rechtsbeistand beiziehen und sich, soweit der Untersuchungszweck nicht beeinträchtigt wird, durch ihn vertreten lassen.

[3] Personen, gegen die sich das ausländische Strafverfahren richtet, können Verfügungen nur anfechten, wenn eine Rechtshilfemassnahme sie persönlich und direkt betrifft und sie ein schutzwürdiges Interesse an deren Aufhebung oder Änderung haben.

[4] Die Beschwerde gegen einen Entscheid, der in Anwendung dieses Gesetzes ergangen ist, hat keine aufschiebende Wirkung. Ausgenommen sind Beschwerden gegen einen Entscheid:

a. der die Auslieferung bewilligt; oder
b. der die Übermittlung von Auskünften aus dem Geheimbereich oder die Herausgabe von Gegenständen oder Vermögenswerten an das Ausland bewilligt.

Art. 22 Rechtsmittelbelehrung

Verfügungen und Entscheide eidgenössischer und kantonaler Behörden müssen mit einer Rechtsmittelbelehrung versehen sein, die das zulässige Rechtsmittel, die Rechtsmittelinstanz und die Rechtsmittelfrist nennt.

Art. 23 Beschwerde gegen kantonale Verfügungen

Die Kantone räumen gegen die Verfügungen der ausführenden Behörden ein Rechtsmittel ein.

Art. 24 Aufgehoben

Art. 25 Verwaltungsgerichtsbeschwerde

[1] Verfügungen erstinstanzlicher Bundes- oder letztinstanzlicher kantonaler Behörden unterliegen, soweit das Gesetz nichts anderes bestimmt, der Verwaltungsgerichtsbeschwerde unmittelbar an das Bundesgericht (Art. 97–114 OG).

[2] Gegen ein schweizerisches Ersuchen an einen anderen Staat ist die Beschwerde nur zulässig, wenn dieser um Übernahme der Strafverfolgung oder der Urteilsvollstreckung ersucht wird. In diesem Fall ist einzig der Verfolgte, der seinen gewöhnlichen Aufenthalt in der Schweiz hat, beschwerdeberechtigt.

[3] Das Bundesamt kann gegen Verfügungen einer letztinstanzlichen kantonalen Behörde Beschwerde erheben. Der kantonalen Behörde steht gegen den Entscheid des Bundesamtes, kein Ersuchen zu stellen, die Beschwerde zu.

[4] Mit der Beschwerde kann auch die unzulässige oder offensichtlich unrichtige Anwendung fremden Rechts gerügt werden.

[5] Das Bundesgericht ist nicht an die Begehren der Parteien gebunden.

4. Kapitel: Zwischenstaatliches Verfahren

Art. 27 Allgemeine Vorschriften für Ersuchen

[1] Die Artikel 27–31 gelten für alle Verfahren nach diesem Gesetz. Die besonderen Verfahrensvorschriften der anderen Teile dieses Gesetzes bleiben vorbehalten.

[2] Ausländische Ersuchen sind unmittelbar an das Bundesamt zu richten.

[3] Ersuchen, die an eine unzuständige Behörde gerichtet sind, werden von Amtes wegen weitergeleitet. Die ersuchende Stelle ist zu verständigen.

[4] Ersuchen im Zusammenhang mit einem Haftfall sind ohne Verzug zu behandeln.

[5] Nichtannahme oder Ablehnung eines Ersuchens sind zu begründen.

Art. 28 Form und Inhalt von Ersuchen

[1] Ersuchen bedürfen der Schriftform.

[2] In einem Ersuchen sind aufzuführen:

a. die Stelle, von der es ausgeht, und gegebenenfalls die für das Strafverfahren zuständige Behörde;
b. der Gegenstand und der Grund des Ersuchens;
c. die rechtliche Bezeichnung der Tat;
d. möglichst genaue und vollständige Angaben über die Person, gegen die sich das Strafverfahren richtet.

[3] Für die rechtliche Beurteilung der Tat sind beizufügen:
a. eine kurze Darstellung des wesentlichen Sachverhalts, ausgenommen bei Zustellungsersuchen;
b. der Wortlaut der am Tatort anwendbaren Vorschriften, ausgenommen bei Rechtshilfeersuchen nach dem dritten Teil dieses Gesetzes.

[4] Amtliche Schriftstücke eines anderen Staates bedürfen keiner Legalisierung.

[5] Ausländische Ersuchen und ihre Unterlagen sind in deutscher, französischer oder italienischer Sprache oder mit Übersetzung in eine dieser Sprachen einzureichen. Übersetzungen müssen amtlich als richtig bescheinigt sein.

[6] Entspricht ein Ersuchen den formellen Anforderungen nicht, so kann verlangt werden, daß es verbessert oder ergänzt wird; die Anordnung vorläufiger Maßnahmen wird dadurch nicht berührt.

Art. 29 Übermittlung

[1] Das Bundesamt kann Ersuchen unmittelbar vom Justizministerium des ersuchenden Staates entgegennehmen.

[2] Für vorläufige Maßnahmen oder in dringenden Fällen kann die Vermittlung der Internationalen Kriminal-Polizeilichen Organisation (IKPO-Interpol) in Anspruch genommen oder ein Doppel des schriftlichen Ersuchens unmittelbar der zur Ausführung zuständigen Behörde übermittelt werden.
[...]

Dritter Teil: Andere Rechtshilfe

1. Kapitel: Voraussetzungen

1. Abschnitt: Im allgemeinen

Art. 63 Grundsatz

[1] Rechtshilfe nach dem dritten Teil dieses Gesetzes umfasst Auskünfte, nach schweizerischem Recht zulässige Prozesshandlungen und andere Amtshandlungen, soweit sie für ein Verfahren in strafrechtlichen Angelegenheiten im Ausland erforderlich erscheinen oder dem Beibringen der Beute dienen.

[2] Als Rechtshilfemassnahmen kommen namentlich in Betracht:
a. die Zustellung von Schriftstücken;
b. die Beweiserhebung, insbesondere die Durchsuchung von Personen und Räumen, die Beschlagnahme, der Herausgabebefehl, Gutachten, die Einvernahme und Gegenüberstellung von Personen;
c. die Herausgabe von Akten und Schriftstücken;
d. die Herausgabe von Gegenständen oder Vermögenswerten zur Einziehung oder Rückerstattung an den Berechtigten.

[3] Als Verfahren in strafrechtlichen Angelegenheiten gelten insbesondere:

a. die Verfolgung strafbarer Handlungen nach Artikel 1 Absatz 3;
b. Verwaltungsmassnahmen gegen einen Straftäter;
c. der Vollzug von Strafurteilen und die Begnadigung;
d. die Wiedergutmachung wegen ungerechtfertigter Haft.

[4] Rechtshilfe kann auch dem Europäischen Gerichtshof für Menschenrechte und der Europäischen Kommission für Menschenrechte gewährt werden in Verfahren, welche die Gewährleistung der Menschenrechte und Grundfreiheiten in Strafsachen betreffen.

[5] Rechtshilfe zur Entlastung eines Verfolgten ist auch bei Vorliegen der Ausschlußgründe nach den Artikeln 3–5 zulässig.

Art. 64 Zwangsmaßnahmen

[1] Maßnahmen nach Artikel 63, welche die Anwendung prozessualen Zwanges erfordern, dürfen nur angeordnet werden, wenn aus der Darstellung des Sachverhalts hervorgeht, daß die im Ausland verfolgte Handlung die objektiven Merkmale eines nach schweizerischem Recht strafbaren Tatbestandes aufweist. Sie sind nach schweizerischem Recht durchzuführen.

[2] Zur Entlastung eines Verfolgten sind solche Maßnahmen auch zulässig, wenn die im Ausland verfolgte Tat in der Schweiz straflos ist.

Art. 65 Anwendung ausländischen Rechts

[1] Auf ausdrückliches Ersuchen des ausländischen Staates:

a. werden die Aussagen von Zeugen oder Sachverständigen in der vom Recht des ersuchenden Staates vorgeschriebenen Form bekräftigt, auch wenn das massgebende schweizerische Recht die Bekräftigung nicht vorsieht;
b. können die für die gerichtliche Zulassung anderer Beweismittel erforderlichen Formen berücksichtigt werden.

[2] Die Formen der Bekräftigung und Beschaffung von Beweismitteln nach Absatz 1 müssen mit dem schweizerischen Recht vereinbar sein, und es dürfen den daran Beteiligten daraus keine wesentlichen Nachteile erwachsen.

[3] Die Aussage kann auch verweigert werden, soweit das Recht des ersuchenden Staates es vorsieht oder die Tatsache der Aussage nach dem Recht dieses Staates oder des Staates, in dem der Aussagende wohnt, strafrechtliche oder disziplinarische Sanktionen nach sich ziehen kann.

Art. 65a Anwesenheit von Personen, die am ausländischen Prozess beteiligt sind

[1] Personen, die am ausländischen Prozess beteiligt sind, kann die Anwesenheit bei Rechtshilfehandlungen sowie die Akteneinsicht gestattet werden, wenn der ersuchende Staat es gestützt auf seine Rechtsordnung verlangt.

[2] Ihre Anwesenheit kann ebenfalls gestattet werden, wenn sie die Ausführung des Ersuchens oder die Strafverfolgung im Ausland erheblich erleichtern kann.

[3] Ihre Anwesenheit darf nicht zur Folge haben, dass ihnen Tatsachen aus dem Geheimbereich zugänglich gemacht werden, bevor die zuständige Behörde über Gewährung und Umfang der Rechtshilfe entschieden hat.

Art. 66 Grundsatz „Ne bis in idem"

[1] Die Rechtshilfe kann verweigert werden, wenn der Verfolgte sich in der Schweiz aufhält und hier wegen der Tat, auf die sich das Ersuchen bezieht, bereits ein Strafverfahren hängig ist.

[2] Die Rechtshilfe kann jedoch gewährt werden, wenn sich das Verfahren im Ausland nicht nur gegen den Verfolgten richtet, der sich in der Schweiz aufhält, oder wenn die Ausführung des Ersuchens seiner Entlastung dient.

Art. 67 Grundsatz der Spezialität

[1] Die durch Rechtshilfe erhaltenen Auskünfte und Schriftstücke dürfen im ersuchenden Staat in Verfahren wegen Taten, bei denen Rechtshilfe nicht zulässig ist, weder für Ermittlungen benützt noch als Beweismittel verwendet werden.

[2] Eine weitere Verwendung bedarf der Zustimmung des Bundesamtes. Diese ist nicht nötig:

a. wenn die Tat, auf die sich das Ersuchen bezieht, einen anderen Straftatbestand darstellt, für den Rechtshilfe zulässig wäre; oder
b. wenn sich das ausländische Strafverfahren gegen andere Personen richtet, die an der strafbaren Handlung teilgenommen haben.

[3] Die Anwesenheit bei den Rechtshilfehandlungen und die Akteneinsicht werden unter den gleichen Bedingungen bewilligt (Art. 65*a* Abs. 1).

Art. 67a Unaufgeforderte Übermittlung von Beweismitteln und Informationen

[1] Eine Strafverfolgungsbehörde kann Beweismittel, die sie für ihre eigene Strafuntersuchung erhoben hat, unaufgefordert an eine ausländische Strafverfolgungsbehörde übermitteln, wenn diese Übermittlung aus ihrer Sicht geeignet ist:

a. ein Strafverfahren einzuleiten; oder
b. eine hängige Strafuntersuchung zu erleichtern.

[2] Die Übermittlung nach Absatz 1 hat keine Einwirkung auf das in der Schweiz hängige Strafverfahren.

[3] Die Übermittlung von Beweismitteln an einen Staat, mit dem keine staatsvertragliche Vereinbarung besteht, bedarf der Zustimmung des Bundesamtes.

[4] Die Absätze 1 und 2 gelten nicht für Beweismittel, die den Geheimbereich betreffen.

5 Informationen, die den Geheimbereich betreffen, können übermittelt werden, wenn sie geeignet sind, dem ausländischen Staat zu ermöglichen, ein Rechtshilfeersuchen an die Schweiz zu stellen.

6 Jede unaufgeforderte Übermittlung ist in einem Protokoll festzuhalten.

[...]

2. Abschnitt: Einzelne Rechtshilfemaßnahmen

[...]

Art. 74 Herausgabe von Beweismitteln

1 Gegenstände, Schriftstücke oder Vermögenswerte, die zu Beweiszwecken beschlagnahmt wurden, sowie Akten und Entscheide werden der zuständigen ausländischen Behörde auf deren Ersuchen nach Abschluss des Rechtshilfeverfahrens (Art. 80*d*) zur Verfügung gestellt.

2 Macht ein Dritter, der gutgläubig Rechte erworben hat, eine Behörde oder der Geschädigte, der seinen gewöhnlichen Aufenthalt in der Schweiz hat, Rechte an den Gegenständen, Schriftstücken oder Vermögenswerten nach Absatz 1 geltend, so werden diese nur herausgegeben, wenn der ersuchende Staat deren kostenlose Rückgabe nach Abschluss seines Verfahrens zusichert.

3 Die Herausgabe kann aufgeschoben werden, solange die Gegenstände, Schriftstücke oder Vermögenswerte für ein in der Schweiz hängiges Strafverfahren benötigt werden.

4 Für die fiskalischen Pfandrechte gilt Artikel 60.

Art. 74a Herausgabe zur Einziehung oder Rückerstattung

1 Gegenstände oder Vermögenswerte, die zu Sicherungszwecken beschlagnahmt wurden, können der zuständigen ausländischen Behörde auf Ersuchen am Ende des Rechtshilfeverfahrens (Art. 80*d*) zur Einziehung oder Rückerstattung an den Berechtigten herausgegeben werden.

2 Gegenstände oder Vermögenswerte nach Absatz 1 umfassen:

a. Gegenstände, mit denen eine strafbare Handlung begangen wurde;
b. das Erzeugnis oder den Erlös aus einer strafbaren Handlung, deren Ersatzwert und einen unrechtmässigen Vorteil;
c. Geschenke und andere Zuwendungen, die dazu gedient haben oder bestimmt waren, die strafbare Handlung zu veranlassen oder zu belohnen, sowie deren Ersatzwert.

3 Die Herausgabe kann in jedem Stadium des ausländischen Verfahrens erfolgen, in der Regel gestützt auf einen rechtskräftigen und vollstreckbaren Entscheid des ersuchenden Staates.

4 Gegenstände oder Vermögenswerte können indessen in der Schweiz zurückbehalten werden, wenn:

a. der Geschädigte seinen gewöhnlichen Aufenthalt in der Schweiz hat und sie ihm zurückzugeben sind;

b. eine Behörde Rechte daran geltend macht;
c. eine an der strafbaren Handlung nicht beteiligte Person, deren Ansprüche durch den ersuchenden Staat nicht sichergestellt sind, glaubhaft macht, sie habe an diesen Gegenständen oder Vermögenswerten in der Schweiz oder, sofern sie ihren gewöhnlichen Aufenthalt in der Schweiz hat, im Ausland gutgläubig Rechte erworben; oder
d. die Gegenstände oder Vermögenswerte für ein in der Schweiz hängiges Strafverfahren benötigt werden oder für die Einziehung in der Schweiz geeignet sind.

5 Macht ein Berechtigter an den Gegenständen oder Vermögenswerten Ansprüche nach Absatz 4 geltend, so wird deren Freigabe an den ersuchenden Staat bis zur Klärung der Rechtslage aufgeschoben. Die streitigen Gegenstände oder Vermögenswerte dürfen dem Berechtigten nur herausgegeben werden, wenn:
a. der ersuchende Staat zustimmt;
b. im Falle von Absatz 4 Buchstabe b die Behörde zustimmt; oder
c. die Berechtigung des Anspruchs von einer schweizerischen Gerichtsbehörde anerkannt wurde.

6 Für die fiskalischen Pfandrechte gilt Artikel 60.

2. Kapitel: Verfahren

1. Abschnitt Rechtshilfeersuchen

Art. 75 Berechtigung

1 Um Rechtshilfe können Behörden ersuchen, die Widerhandlungen zu verfolgen oder in anderen Verfahren zu entscheiden haben, auf welche dieses Gesetz anwendbar ist.

2 Schweizerische Behörden können Ersuchen um Vornahme von Prozeßhandlungen, die nach den Vorschriften des ersuchenden Staates Sache der Parteien sind, auch von den dazu legitimierten Parteien entgegennehmen.

3 Das Bundesamt stellt Ersuchen um Rechtshilfe, die ausserhalb eines Strafverfahrens benötigt wird.
[...]

Art. 76 Inhalt und Unterlagen

Außer den Angaben und Unterlagen nach Artikel 28 sind in einem Ersuchen aufzuführen oder ihm beizufügen:
a. in Zustellungsersuchen: Name und Adresse des Empfängers und dessen Stellung im Verfahren sowie die Art des zuzustellenden Schriftstückes;
b. den Ersuchen um Durchlieferung: eine der Urkunden nach Artikel 41;
c. den Anträgen auf Durchsuchung von Personen oder Räumen, Beschlagnahme oder Herausgabe von Gegenständen: eine Bestätigung, daß diese Maßnahmen im ersuchenden Staat zulässig sind.

Art. 77 Geschäftsweg

1 Ausländische Ersuchen sind durch Vermittlung des Bundesamtes an die zuständige kantonale Behörde zu richten.

2 Ersuchen um Erteilung von Auskünften aus dem Strafregister oder zur Feststellung der Identität einer Person sind an das Schweizerische Zentralpolizeibüro zu richten.

2. Abschnitt: Behandlung des Ersuchens

Art. 78 Annahme und Weiterleitung

1 Unter Vorbehalt der direkten Übermittlung an die zuständige ausführende kantonale oder eidgenössische Behörde nimmt das Bundesamt die ausländischen Ersuchen entgegen.

2 Das Bundesamt prüft summarisch, ob das Ersuchen den formellen Anforderungen entspricht, und leitet es an die zuständige ausführende Behörde weiter, sofern es nicht offensichtlich unzulässig erscheint.

3 Es sendet das Ersuchen nötigenfalls zur Verbesserung oder Ergänzung an den ersuchenden Staat zurück.

4 Annahme und Weiterleitung des Ersuchens an die zuständige Behörde können nicht angefochten werden.

5 Die Verfahrensbestimmungen nach Artikel 18 bleiben vorbehalten.

Art. 79 Übertragung der Ausführung

1 Erfordert die Ausführung eines Ersuchens Erhebungen in mehreren Kantonen oder betrifft sie auch eine Bundesbehörde, so kann das Bundesamt eine einzige Behörde mit dessen Ausführung betrauen. Die Artikel 352–355 des Strafgesetzbuches[1)] gelten sinngemäss.

2 Das Bundesamt kann die Ausführung eines Ersuchens ganz oder teilweise der Bundesbehörde übertragen, die bei Begehung der Tat in der Schweiz für die Ahndung zuständig wäre.

3 Das Bundesamt kann der beauftragten Behörde auch die Ausführung von Ergänzungsersuchen übertragen.

4 Die Bezeichnung der mit der Leitung beauftragten kantonalen oder eidgenössischen Behörde ist nicht anfechtbar.
[...]

Art. 80 Vorprüfung

1 Das Ersuchen wird von der ausführenden kantonalen oder eidgenössischen Behörde vorgeprüft.

1) SR 311.0.

[2] Kann dem Ersuchen nicht entsprochen werden, so sendet es die ausführende Behörde auf demselben Weg, auf dem es ihr zugeleitet wurde, an die ersuchende Behörde zurück.

Art. 80a Eintreten und Ausführung

[1] Die ausführende Behörde erlässt eine summarisch begründete Eintretensverfügung und ordnet die zulässigen Rechtshilfehandlungen an.

[2] Sie führt die Rechtshilfehandlungen nach dem eigenen Verfahrensrecht aus.

Art. 80b Teilnahme am Verfahren und Akteneinsicht

[1] Die Berechtigten können am Verfahren teilnehmen und Einsicht in die Akten nehmen, soweit dies für die Wahrung ihrer Interessen notwendig ist.

[2] Die Rechte nach Absatz 1 können nur eingeschränkt werden:

a. im Interesse des ausländischen Verfahrens;
b. zum Schutz eines wesentlichen rechtlichen Interesses, sofern der ersuchende Staat es verlangt;
c. wegen der Natur oder der Dringlichkeit der zu treffenden Massnahme;
d. zum Schutz wesentlicher privater Interessen;
e. im Interesse eines schweizerischen Verfahrens.

[3] Die Einsichtnahme oder die Teilnahme am Verfahren darf nur für Aktenstücke und Verfahrenshandlungen verweigert werden, für die Geheimhaltungsgründe bestehen.

Art. 80c Vereinfachte Ausführung

[1] Die Berechtigten, insbesondere die Inhaber von Schriftstücken, Auskünften oder Vermögenswerten, können bis zum Abschluss des Verfahrens einer Herausgabe derselben zustimmen. Die Zustimmung ist unwiderruflich.

[2] Willigen alle Berechtigten ein, so hält die zuständige Behörde die Zustimmung schriftlich fest und schliesst das Verfahren ab.

[3] Umfasst die Herausgabe nur einen Teil der verlangten Schriftstücke, Auskünfte oder Vermögenswerte, so wird für den restlichen Teil das ordentliche Verfahren weitergeführt.

Art. 80d Abschluss des Rechtshilfeverfahrens

Erachtet die ausführende Behörde das Ersuchen als ganz oder teilweise erledigt, so erlässt sie eine begründete Verfügung über die Gewährung und den Umfang der Rechtshilfe.

3. Abschnitt: Beschwerde

Art. 80e Beschwerde gegen Verfügungen der ausführenden kantonalen Behörde

Mit einer Beschwerde können angefochten werden:

a. die Schlussverfügung, zusammen mit den vorangehenden Zwischenverfügungen;
b. der Schlussverfügung vorangehende Zwischenverfügungen, die einen unmittelbaren und nicht wieder gutzumachenden Nachteil bewirken:
   1. durch die Beschlagnahme von Vermögenswerten und Wertgegenständen; oder
   2. durch die Anwesenheit von Personen, die am ausländischen Prozess beteiligt sind.

Art. 80f Beschwerde gegen Verfügungen letztinstanzlicher kantonaler Behörden

1 Die Verfügung der letztinstanzlichen kantonalen Behörde mit der das Rechtshilfeverfahren abgeschlossen wird, unterliegt zusammen mit den vorangehenden Zwischenverfügungen der Verwaltungsgerichtsbeschwerde an das Bundesgericht.

2 Die der Schlussverfügung vorangehende Zwischenverfügung, die einen unmittelbaren und nicht wieder gutzumachenden Nachteil gemäss Artikel 80*e* Buchstabe b bewirkt, kann selbständig mit Verwaltungsgerichtsbeschwerde angefochten werden. Artikel 80*l* Absätze 2 und 3 gelten sinngemäss.

Art. 80g Beschwerde gegen Verfügungen der ausführenden Bundesbehörde

1 Die Verfügung der ausführenden Bundesbehörde, mit der das Rechtshilfeverfahren abgeschlossen wird, unterliegt zusammen mit den vorangehenden Zwischenverfügungen der Verwaltungsgerichtsbeschwerde an das Bundesgericht.

2 Die der Schlussverfügung vorangehende Zwischenverfügung, die einen unmittelbaren und nicht wieder gutzumachenden Nachteil gemäss Artikel 80*e* Buchstabe b bewirkt, kann selbständig mit Verwaltungsgerichtsbeschwerde angefochten werden. Artikel 80*l* Absätze 2 und 3 gellen sinngemäss.

Art. 80h Beschwerdelegitimation

Zur Beschwerdeführung ist berechtigt:

a. das Bundesamt;
b. wer persönlich und direkt von einer Rechtshilfemassnahme betroffen ist und ein schutzwürdiges Interesse an deren Aufhebung oder Änderung hat.

Art. 80i Beschwerdegründe

1 Mit Beschwerde kann gerügt werden:

a. die Verletzung von Bundesrecht, einschliesslich Überschreitung oder Missbrauch des Ermessens;
b. die unzulässige oder offensichtlich unrichtige Anwendung ausländischen Rechts in den Fällen nach Artikel 65.

2 Vorbehalten bleiben die Beschwerdegründe des kantonalen Verfahrensrechts.

Art. 80k Beschwerdefrist

Die Beschwerdefrist gegen die Schlussverfügung beträgt 30 Tage, gegen eine Zwischenverfügung zehn Tage ab der schriftlichen Mitteilung der Verfügung.

Art. 80l Aufschiebende Wirkung

1 Die Beschwerde gegen die Schlussverfügung oder gegen jede andere Verfügung, welche die Übermittlung von Auskünften aus dem Geheimbereich oder die Herausgabe von Gegenständen oder Vermögenswerten an das Ausland bewilligt, hat aufschiebende Wirkung.

2 Jede der Schlussverfügung vorangehende Zwischenverfügung ist sofort vollstreckbar.

3 Die kantonale Rechtsmittelinstanz kann der Beschwerde gegen eine Zwischenverfügung nach Absatz 2 die aufschiebende Wirkung erteilen, wenn der Berechtigte einen unmittelbaren und nicht wieder gutzumachenden Nachteil gemäss Artikel 80*e* Buchstabe b glaubhaft macht.

4. Abschnitt: Besondere Bestimmungen

Art. 80m Zustellung von Verfügungen

1 Die ausführende Behörde und die Rechtsmittelinstanz stellen ihre Verfügungen zu:

a. dem in der Schweiz wohnhaften Berechtigten;
b. dem im Ausland ansässigen Berechtigten mit Zustellungsdomizil in der Schweiz.

2 Das Recht auf Zustellung erlischt, sobald die Verfügung, mit der das Rechtshilfeverfahren abgeschlossen wird, vollstreckbar ist.

Art. 80n Informationsrecht

1 Der Inhaber von Schriftstücken ist berechtigt, seinen Mandanten über das Vorliegen eines Ersuchens und alle in diesem Zusammenhang stehenden Tatsachen zu informieren, sofern die zuständige Behörde dies nicht ausnahmsweise unter Hinweis auf Artikel 292 des Strafgesetzbuches[1)] und dessen Strafandrohung ausdrücklich untersagt hat.

2 Tritt der Berechtigte in ein hängiges Verfahren ein, so kann er eine rechtskräftige Schlussverfügung nicht mehr anfechten.

Art. 80o Rückfrage an den ersuchenden Staat

1 Sind ergänzende Informationen notwendig, so holt das Bundesamt diese auf Verlangen der ausführenden Behörde oder der Rechtsmittelinstanz beim ersuchenden Staat ein.

---

1) SR 311.0.

[2] Nötigenfalls setzt die zuständige Behörde die Behandlung des Ersuchens ganz oder teilweise aus und entscheidet über die Punkte, die nach der Aktenlage spruchreif sind.

[3] Das Bundesamt setzt dem ersuchenden Staat eine angemessene Frist für die Antwort. Nach unbenutztem Ablauf der Frist wird das Rechtshilfeersuchen aufgrund der Aktenlage geprüft.

Art. 80p Annahmebedürftige Auflagen

[1] Die ausführende Behörde und die Rechtsmittelinstanz sowie das Bundesamt können die Gewährung der Rechtshilfe ganz oder teilweise an Auflagen knüpfen.

[2] Das Bundesamt teilt die Auflagen dem ersuchenden Staat mit, sobald die Verfügung über die Gewährung und den Umfang der Rechtshilfe rechtskräftig ist, und setzt ihm eine angemessene Frist, um deren Annahme oder Ablehnung zu erklären. Nach unbenutztem Ablauf der Frist kann die Rechtshilfe für die Punkte gewährt werden, die an keine Auflagen gebunden sind.

[3] Das Bundesamt prüft, ob die Antwort des ersuchenden Staates den verlangten Auflagen genügt.

[4] Die Verfügung des Bundesamtes kann innen zehn Tagen ab der schriftlichen Mitteilung mit Verwaltungsgerichtsbeschwerde beim Bundesgericht angefochten werden. Das Bundesgericht entscheidet in der Regel im vereinfachten Verfahren.

Art. 80q Kosten

Dem ersuchenden Staat werden die Kosten berechnet für:

a. Sachverständige;
b. die Herausgabe von Gegenständen oder Vermögenswerten zur Rückerstattung an den Berechtigten.

[...]

II

1 Dieses Gesetz untersteht dem fakultativen Referendum.

2 Es tritt gleichzeitig mit der Änderung vom 4. Oktober 1996[1] des Bundesgesetzes vom 3. Oktober 1975[2] zum Staatsvertrag mit den Vereinigten Staaten von Amerika über gegenseitige Rechtshilfe in Strafsachen in Kraft.

3 Der Bundesrat bestimmt das Inkrafttreten.

Nationalrat, 4. Oktober 1996
Der Präsident: Leuba
Der Protokollführer: Duvillard

Ständerat, 4. Oktober 1996
Der Präsident: Schoch
Der Sekretär: Lanz

[1] AS [...] (BBl. 1996 IV 838).
[2] 351.93.

XI. Bundesgesetz vom 4. Dezember 1979 über die Auslieferung und die Rechtshilfe in Strafsachen

Österreichisches Auslieferungs- und Rechtshilfegesetz – ARHG – (Auszug)

I. HAUPTSTÜCK

Allgemeine Bestimmungen

Vorrang zwischenstaatlicher Vereinbarungen

§ 1. Die Bestimmungen dieses Bundesgesetzes finden nur insoweit Anwendung, als in zwischenstaatlichen Vereinbarungen nichts anderes bestimmt ist.

Allgemeiner Vorbehalt

§ 2. Einem ausländischen Ersuchen darf nur entsprochen werden, wenn die öffentliche Ordnung oder andere wesentliche Interessen der Republik Österreich nicht verletzt werden.

Gegenseitigkeit

§ 3. (1) Einem ausländischen Ersuchen darf nur entsprochen werden, wenn gewährleistet ist, daß auch der ersuchende Staat einem gleichartigen österreichischen Ersuchen entsprechen würde.

(2) Ein Ersuchen nach diesem Bundesgesetz darf von einer österreichischen Behörde nicht gestellt werden, wenn einem gleichartigen Ersuchen eines anderen Staates nicht entsprochen werden könnte, es sei denn, daß ein Ersuchen aus besonderen Gründen dringend geboten erscheint. In diesem Fall ist der ersuchte Staat auf das Fehlen der Gegenseitigkeit hinzuweisen.

(3) Ist die Einhaltung der Gegenseitigkeit zweifelhaft, so ist hierüber eine Auskunft des Bundesministers für Justiz einzuholen.

(4) Einem anderen Staat kann im Zusammenhang mit einem Ersuchen nach diesem Bundesgesetz die Gegenseitigkeit zugesichert werden, wenn eine zwischenstaatliche Vereinbarung nicht besteht und wenn es nach den Bestimmungen dieses Bundesgesetzes zulässig wäre, einem gleichartigen Ersuchen dieses Staates zu entsprechen.

[...]

II. HAUPTSTÜCK

Auslieferung aus Österreich

Erster Abschnitt
Zulässigkeit der Auslieferung

Strafbare Handlungen politischen Charakters

§ 14. Eine Auslieferung ist unzulässig

1. wegen politischer strafbarer Handlungen,
2. wegen anderer strafbarer Handlungen, denen politische Beweggründe oder Ziele zugrunde liegen, es sei denn, daß unter Berücksichtigung aller Umstände des Einzelfalles, insbesondere der Art der Begehung, der angewendeten oder angedrohten Mittel oder der Schwere der eingetretenen oder beabsichtigten Folgen, der kriminelle Charakter der Tat den politischen überwiegt.

Militärische und fiskalische strafbare Handlungen

§ 15. Eine Auslieferung wegen strafbarer Handlungen, die nach österreichischem Recht ausschließlich

1. militärischer Art sind, oder
2. in der Verletzung von Abgaben-, Monopol-, Zoll- oder Devisenvorschriften oder von Vorschriften über die Warenbewirtschaftung oder über den Außenhandel bestehen, ist unzulässig.

[...]

IV. HAUPTSTÜCK

Rechtshilfe für das Ausland

Erster Abschnitt
Voraussetzungen

[...]

Unzulässigkeit der Rechtshilfe

§ 51. (1) Die Leistung von Rechtshilfe ist insoweit unzulässig, als

1. die dem Ersuchen zugrunde liegende Handlung entweder nach österreichischem Recht nicht mit gerichtlicher Strafe bedroht ist oder nach den §§ 14 und 15 nicht der Auslieferung unterliegt,
2. für das dem Ersuchen zugrunde liegende Verfahren nach dem § 19 Z. 1 und 2 die Auslieferung unzulässig wäre, oder

3. entweder die nach der Strafprozeßordnung 1975 erforderlichen besonderen Voraussetzungen für die Vornahme bestimmter Untersuchungshandlungen, insbesondere der Beschlagnahme und Öffnung von Briefen oder der Überwachung eines Fernmeldeverkehrs, nicht vorliegen oder die Leistung der Rechtshilfe die Verletzung einer nach den österreichischen Rechtsvorschriften auch den Strafgerichten gegenüber zu wahrenden Geheimhaltungspflicht zur Folge hätte.

(2) Das Fehlen der Strafbarkeit nach österreichischem Recht steht der Zustellung von Schriftstücken nicht entgegen, wenn der Empfänger zur Annahme bereit ist.
[...]

Zweiter Abschnitt
Zuständigkeit und Verfahren

[...]

Form und Inhalt eines Rechtshilfeersuchens

§ 56. (1) Rechtshilfe darf nur geleistet werden, wenn dem Ersuchen der Sachverhalt und die rechtliche Beurteilung der dem Ersuchen zugrunde liegenden strafbaren Handlung entnommen werden kann. Bei Zustellersuchen genügt ein Hinweis auf die im ersuchenden Staat anzuwendenden oder angewendeten strafgesetzlichen Bestimmungen.

(2) Einem Ersuchen um Durchsuchung von Personen oder Räumen, um Beschlagnahme von Gegenständen oder um Überwachung eines Fernmeldeverkehrs muß die Ausfertigung, beglaubigte Abschrift oder Ablichtung der Anordnung der zuständigen Behörde beigefügt sein. Handelt es sich nicht um die Anordnung eines Gerichts, so muß eine Erklärung der um die Rechtshilfe ersuchenden Behörde vorliegen, daß die für diese Maßnahme erforderlichen Voraussetzungen nach dem im ersuchenden Staat geltenden Recht erfüllt sind.

[...]

Zulassung ausländischer Organe und am Verfahren Beteiligter zu Rechtshilfehandlungen

§ 59. (1) Die Vornahme von Erhebungen und Verfahrenshandlungen nach diesem Bundesgesetz durch ausländische Organe auf dem Gebiet der Republik Österreich ist unzulässig. Dem zuständigen ausländischen Richter, Staatsanwalt und anderen am Verfahren beteiligten Personen sowie ihren Rechtsbeiständen ist jedoch die Anwesenheit und Mitwirkung bei Rechtshilfehandlungen zu gestatten, wenn dies zur sachgemäßen Erledigung des Rechtshilfeersuchens erforderlich erscheint. Die hiezu erforderlichen Dienstverrichtungen ausländischer Organe bedürfen, außer im Fall grenzüberschreitender Observationen, der Bewilligung durch den Bundesminister für Justiz.

(2) Personen, welchen die Anwesenheit bei einer Rechtshilfehandlung nach Abs. 1 gestattet worden ist, dürfen während ihres Aufenthaltes im Inland wegen einer vor ihrer Einreise begangenen Handlung nicht verfolgt, bestraft oder in ihrer persön-

lichen Freiheit beschränkt werden. Die Verfolgung, Bestrafung oder Beschränkung der persönlichen Freiheit ist aber zulässig,

1. wenn sich die zur Rechtshilfehandlung zugelassene Person nach Abschluß der Rechtshilfehandlung länger als fünfzehn Tage auf dem Gebiet der Republik Österreich aufhält, obwohl sie es verlassen konnte und durfte, oder
2. wenn sie nach Verlassen des Gebietes der Republik Österreich freiwillig zurückkehrt oder rechtmäßig zurückgebracht wird.

(3) Befindet sich eine zur Rechtshilfehandlung zugelassene Person im Ausland in Haft, so kann sie auf Ersuchen des anderen Staates übernommen werden, wenn die Haft auf der Verurteilung eines zuständigen Gerichtes beruht oder ein auch nach österreichischem Recht anerkannter Haftgrund besteht. Die überstellte Person ist im Inland in Haft zu halten und nach Durchführung der Rechtshilfehandlung unverzüglich zurückzustellen.

V. HAUPTSTÜCK

Übernahme der Strafverfolgung und der Überwachung; Vollstreckung ausländischer strafgerichtlicher Entscheidungen

[...]

Dritter Abschnitt
Vollstreckung ausländischer strafgerichtlicher Entscheidungen

Voraussetzungen

§ 64. (1) Die Vollstreckung oder weitere Vollstreckung der Entscheidung eines ausländischen Gerichtes, mit der eine Geld- oder Freiheitsstrafe, eine vorbeugende Maßnahme oder eine vermögensrechtliche Anordnung rechtskräftig ausgesprochen worden ist, ist auf Ersuchen eines anderen Staates zulässig, wenn

1. die Entscheidung des ausländischen Gerichtes in einem den Grundsätzen des Art. 6 der Konvention zum Schutze der Menschenrechte und Grundfreiheiten, BGBl. Nr. 210/1958, entsprechenden Verfahren ergangen ist,
2. die Entscheidung wegen einer Handlung ergangen ist, die nach österreichischem Recht mit gerichtlicher Strafe bedroht ist,
3. die Entscheidung nicht wegen einer der in den §§ 14 und 15 angeführten strafbaren Handlungen ergangen ist,
4. nach österreichischem Recht noch keine Verjährung derVollstreckbarkeit eingetreten wäre,
5. der durch die Entscheidung des ausländischen Gerichtes Betroffene nicht wegen der Tat im Inland verfolgt wird, rechtskräftig verurteilt oder freigesprochen oder sonst außer Verfolgung gesetzt worden ist.

(2) Die Vollstreckung der Entscheidung eines ausländischen Gerichtes, mit der eine Freiheitsstrafe oder vorbeugende Maßnahme ausgesprochen worden ist, ist nur zulässig, wenn der Verurteilte österreichischer Staatsbürger ist, seinen Wohnsitz oder Aufenthalt im Inland hat und der inländischen Vollstreckung zugestimmt hat.

(3) Der Vollzug vorbeugender Maßnahmen ist nur zulässig, wenn das österreichische Recht eine gleichartige Maßnahme vorsieht.

(4) Die Vollstreckung der Entscheidung eines ausländischen Gerichtes, mit der vermögensrechtliche Anordnungen getroffen werden, ist nur zulässig, soweit nach österreichischem Recht die Voraussetzungen für eine Geldstrafe, eine Abschöpfung der Bereicherung, einen Verfall oder eine Einziehung vorliegen und eine entsprechende inländische Anordnung noch nicht ergangen ist.

(5) Die Vollstreckung der Entscheidung eines ausländischen Gerichtes, mit der eine Geldstrafe oder eine Abschöpfung der Bereicherung ausgesprochen worden ist, ist überdies nur zulässig, wenn die Einbringung im Inland zu erwarten ist und der Betroffene gehört worden ist, sofern er erreichbar ist.

(6) Die Vollstreckung der Entscheidung eines ausländischen Gerichtes, mit der ein Verfall oder eine Einziehung rechtskräftig ausgesprochen worden ist, ist überdies nur zulässig, wenn sich von der Entscheidung erfaßte Gegenstände oder Vermögenswerte im Inland befinden und der Betroffene gehört worden ist, sofern er erreichbar ist.

(7) Geldstrafen, abgeschöpfte Geldbeträge, verfallene Vermögenswerte und eingezogene Gegenstände fallen dem Bund zu.

[...]

XII. Bundesgesetz über das Bankwesen

Österreichisches Bankwesengesetz – BWG – i.d.F. BGBl. 1996, S. 3109 (Auszug)

Artikel I

[...]

VII. Spareinlagen

Sparurkunden

§ 31. (1) Spareinlagen sind Geldeinlagen bei Kreditinstituten, die nicht dem Zahlungsverkehr, sondern der Anlage dienen und als solche nur gegen die Ausfolgung von besonderen Urkunden (Sparurkunden) entgegengenommen werden dürfen. Sparurkunden können auf Überbringer oder auf eine bestimmte Bezeichnung, insbesondere auf Namen, lauten.

(2) Sparurkunden dürfen ausschließlich von den zum Spareinlagengeschäft berechtigten Kreditinstituten ausgegeben werden. Nur für diese Urkunden ist es erlaubt, die Bezeichnung „Sparbuch", „Sparbrief" oder eine Wortverbindung, die den Bestandteil „spar" enthält, zu führen. Die Bezeichnung „Sparkassenbuch" bleibt ausschließlich den von den dem Fachverband der Sparkassen als ordentliche Mitglieder angehörenden Kreditinstituten ausgegebenen Sparurkunden vorbehalten. Die Ausgabe von Sparurkunden unter einer Bezeichnung, welche die Bestandteile „spar" oder „Sparkasse" in Verbindung mit dem Wort „Post" enthält, bleibt ausschließlich der Österreichischen Postsparkasse vorbehalten.

(3) Der aus der Spareinlage Berechtigte kann den Vorbehalt machen, daß Verfügungen über die Spareinlage nur gegen Abgabe seiner Unterschrift oder gegen Angabe eines von ihm bestimmten Losungswortes vorgenommen werden dürfen. Ein solcher Vorbehalt ist in der Sparurkunde und in den Aufzeichnungen des Kreditinstitutes zu vermerken. Wurde der Vorbehalt durch Angabe eines Losungswortes gemacht, so hat der Vorleger der Sparurkunde bei Verfügungen das Losungswort anzugeben oder, wenn er hiezu nicht imstande ist, sein Verfügungsrecht über die Spareinlage nachzuweisen. Über eine Spareinlage, die von Todes wegen erworben worden ist, kann ohne Angabe des Losungswortes verfügt werden; dasselbe gilt für den Fall der Vorlage der Sparurkunde im Zuge einer gerichtlichen oder verwaltungsbehördlichen Zwangsvollstreckung.

(4) Ein Kreditinstitut, dem der Verlust einer Sparurkunde unter Angabe des Namens, der Anschrift und des Geburtsdatums des Verlustträgers gemeldet worden ist, hat den behaupteten Verlust in den Aufzeichnungen zu der betreffenden Spareinlage zu vermerken und darf innerhalb von vier Wochen nach einer solchen Meldung keine Auszahlung aus der Spareinlage leisten.

Einzahlungen, Auszahlungen und Verzinsung

§ 32. (1) Jede Einzahlung auf eine Spareinlage und jede aus einer Spareinlage geleistete Auszahlung sind auf der Sparurkunde zu vermerken.

(2) Auszahlungen aus einer Spareinlage dürfen nur gegen Vorlage der Sparurkunde geleistet werden. Einzahlungen auf eine Spareinlage dürfen auch dann entgegengenommen werden, wenn die Sparurkunde nicht gleichzeitig vorgelegt wird. Die Einzahlung ist bei der nächsten Vorlage der Sparurkunde in dieser zu vermerken.

(3) Über Spareinlagen darf durch Überweisung – ausgenommen in Fällen, in denen der aus der Spareinlage Berechtigte verstorben, minderjährig oder sonst pflegebefohlen ist und das Abhandlungs-, Vormundschafts- oder Pflegschaftsgericht dies anordnet – oder durch Scheck nicht verfügt werden. Dagegen ist eine Überweisung auf eine Spareinlage zulässig.

(4) Unbeschadet der Verfügungsvorbehalte gemäß § 31 Abs. 3 ist das Kreditinstitut berechtigt, an jeden Vorleger einer Sparurkunde Zahlung zu leisten, auch wenn sie auf eine bestimmte Bezeichnung, insbesondere auf Namen, lautet, soweit nicht eine Meldung über den Verlust der Sparurkunde, ein behördliches Verbot oder eine behördliche Sperre die Auszahlung hemmt.

(5) Spareinlagen sind – sofern nicht innerhalb eines Kalenderjahres eine volle Auszahlung der Spareinlage stattfindet – mit dem Ende des Kalenderjahres abzuschließen (Abschlußtermin). Auf Sparbriefe ist dies nicht anzuwenden.

(6) Der für eine Spareinlage geltende Jahreszinssatz und die Entgelte, die allenfalls für Dienstleistungen im Zusammenhang mit Spareinlagen verlangt werden, sind in der Sparurkunde an auffallender Stelle ersichtlich zu machen. Jede Änderung des Jahreszinssatzes ist unter Angabe des Tages, von dem an sie in Kraft tritt, bei der nächsten Vorlage der Sparurkunde in dieser zu vermerken. Der geänderte Jahreszinssatz gilt vom Tage des Inkrafttretens an, ohne daß es einer Kündigung durch das Kreditinstitut bedarf.

(7) Die Verzinsung der Einzahlungen auf Spareinlagen beginnt mit dem Wertstellungstag (§ 37), wobei der Monat zu 30 und das Jahr zu 360 Tagen zu rechnen ist. Beträge, die innerhalb von 14 Tagen nach Einzahlung wieder abgehoben werden, sind nicht zu verzinsen, wobei Auszahlungen aus Spareinlagen stets zu Lasten der zuletzt einbezahlten Beträge zu erfolgen haben. Bei Auszahlungen aus Spareinlagen sind die Zinsen für den ausbezahlten Betrag bis einschließlich dem der Auszahlung vorangegangenen Kalendertag zu berechnen.

(8) Spareinlagen können auf eine bestimmte Laufzeit gebunden werden. Vor Fälligkeit geleistete Zahlungen sind als Vorschüsse zu behandeln und zu verzinsen. Für diese Vorschüsse ist 1 vT pro vollem Monat für die nicht eingehaltene Bindungsdauer zu berechnen. Es ist jedoch an Vorschußzinsen nicht mehr zu berechnen, als insgesamt an Habenzinsen auf den hereingekommenen Betrag vergütet wird, wobei auch bereits ausbezahlte Habenzinsen des Vorjahres im erforderlichen Ausmaß rückzuverrechnen sind, wenn die Habenzinsen des laufenden Jahres nicht ausreichen.

(9) Für die Verjährung von Forderungen aus Spareinlagen gelten die allgemeinen Verjährungsvorschriften. Zinsen für Spareinlagen verjähren wie Einlagen. Die Verjährung wird durch jede Zinsenzuschreibung in der Sparurkunde sowie durch jede Einzahlung oder Auszahlung unterbrochen.

[...]

IX. Bankgeheimnis

§ 38. (1) Kreditinstitute, ihre Gesellschafter, Organmitglieder, Beschäftigte sowie sonst für Kreditinstitute tätige Personen dürfen Geheimnisse, die ihnen ausschließlich auf Grund der Geschäftsverbindungen mit Kunden oder auf Grund des § 75 Abs. 3 anvertraut oder zugänglich gemacht worden sind, nicht offenbaren oder verwerten (Bankgeheimnis). Werden Organen von Behörden sowie der Oesterreichischen Nationalbank bei ihrer dienstlichen Tätigkeit Tatsachen bekannt, die dem Bankgeheimnis unterliegen, so haben sie das Bankgeheimnis als Amtsgeheimnis zu wahren, von dem sie nur in den Fällen des Abs. 2 entbunden werden dürfen. Die Geheimhaltungsverpflichtung gilt zeitlich unbegrenzt.

(2) Die Verpflichtung zur Wahrung des Bankgeheimnisses besteht nicht

1. im Zusammenhang mit eingeleiteten gerichtlichen Strafverfahren gegenüber den Strafgerichten und mit eingeleiteten Strafverfahren wegen vorsätzlicher Finanzvergehen, ausgenommen Finanzordnungswidrigkeiten, gegen über den Finanzstrafbehörden;
2. im Falle der Verpflichtung zur Auskunftserteilung nach § 41 Abs. 1 und 2, § 61 Abs. 1, § 93 und § 93a;
3. im Falle des Todes des Kunden gegenüber dem Abhandlungsgericht und Gerichtskommissär;
4. wenn der Kunde minderjährig oder sonst pflegebefohlen ist, gegenüber dem Vormundschafts- oder Pflegschaftsgericht;
5. wenn der Kunde der Offenbarung des Geheimnisses ausdrücklich und schriftlich zustimmt;
6. für allgemein gehaltene bankübliche Auskünfte über die wirtschaftliche Lage eines Unternehmens, wenn dieses der Auskunftserteilung nicht ausdrücklich widerspricht;
7. soweit die Offenbarung zur Klärung von Rechtsangelegenheiten aus dem Verhältnis zwischen Kreditinstitut und Kunden erforderlich ist;
8. hinsichtlich der Meldepflicht des § 25 Abs. 1 des Erbschafts- und Schenkungssteuergesetzes;
9. im Fall der Verpflichtung zur Auskunftserteilung an die BWA gemäß dem WAG und dem BörseG.

(3) Ein Kreditinstitut kann sich auf das Bankgeheimnis insoweit nicht berufen, als die Offenbarung des Geheimnisses zur Feststellung seiner eigenen Abgabepflicht erforderlich ist.

(4) Die Bestimmungen der Abs. 1 bis 3 gelten auch für Finanzinstitute und Unternehmen der Vertragsversicherung bezüglich § 75 Abs. 3 und für Einlagensicherungseinrichtungen, ausgenommen die Zusammenarbeit mit anderen Einlagensicherungseinrichtungen gemäß § 93 Abs. 3, 7 und 10 und § 93a.

(5) (Verfassungsbestimmung) Die Abs. 1 bis 4 können vom Nationalrat nur in Anwesenheit von mindestens der Hälfte der Abgeordneten und mit einer Mehrheit von zwei Dritteln der abgegebenen Stimmen abgeändert werden.

X. Sorgfaltspflicht und Geldwäscherei

Sorgfaltspflicht

§ 39. (1) Die Geschäftsleiter eines Kreditinstitutes haben bei ihrer Geschäftsführung die Sorgfalt eines ordentlichen und gewissenhaften Geschäftsleiters im Sinne des § 84 Abs. 1 AktG anzuwenden. Dabei haben sie sich insbesondere über die bankgeschäftlichen und bankbetrieblichen Risiken zu informieren, diese angemessen zu begrenzen und Risikogleichläufe zu beachten. Weiters haben sie auf die Gesamtertragslage des Kreditinstitutes Bedacht zu nehmen. Bei neuartigen Geschäften, über deren Risikogehalt keine Erfahrungswerte vorliegen, ist insbesondere beim Ausmaß solcher neuartiger Geschäfte auf die Sicherheit der dem Kreditinstitut anvertrauten fremden Gelder und die Erhaltung der Eigenmittel Bedacht zu nehmen. Als Risikogleichlauf gelten jene möglichen nachteiligen Folgen, die sich aus Konzentrationen oder Wechselwirkungen gleichartiger und verschiedenartiger Risikoarten ergeben können.

(2) Die Kreditinstitute haben jene Verwaltungs-, Rechnungs- und Kontrollverfahren einzurichten, die für die Erfassung und Beurteilung der bankgeschäftlichen und bankbetrieblichen Risiken des Kreditinstitutes, die weitestmögliche Erfassung und Beurteilung der sich aus neuartigen Geschäften möglicherweise ergebenden Risiken sowie von Risikogleichläufen erforderlich sind. Die Zweckmäßigkeit dieser Verfahren und deren Anwendung ist von der internen Revision mindestens einmal jährlich zu prüfen.

(3) Die Kreditinstitute und Unternehmen, die Geschäfte gemäß § 1 Abs. 2 gewerbsmäßig betreiben, haben jede Transaktion besonders sorgfältig zu prüfen, deren Art ihres Erachtens besonders nahe legt, daß sie mit Geldwäscherei (§§ 165 und 278a Abs. 2 StGB) zusammenhängen könnte.

(4) Kreditinstitute, die § 22b Abs. 2 nicht anwenden, haben sicherzustellen, daß

1. die Risikopositionen des Wertpapier-Handelsbuches jederzeit ermittelt werden können,
2. bei Anwendung interner Modelle die Dokumentation nachvollziehbar aufbereitet ist und die Erprobung von Testfällen zuläßt und
3. die Überprüfung der Ermittlung der Risikopositionen des Wertpapier-Handelsbuches durch den Bankprüfer und durch Prüfer gemäß § 70 Abs. 1 Z 3 jederzeit möglich ist.

Geldwäscherei

§ 40. (1) Die Kredit- und Finanzinstitute haben die Identität eines Kunden festzuhalten:

1. Bei Anknüpfung einer dauernden Geschäftsbeziehung, ausgenommen bei der Eröffnung von Sparbüchern; Geschäfte nach § 12 Depotgesetz gelten jedenfalls als dauernde Geschäftsbeziehung;
2. bei allen nicht in den Rahmen einer dauernden Geschäftsbeziehung fallenden Transaktionen, deren Betrag sich auf mindestens 200 000 S oder Schilling-Gegenwert beläuft, und zwar unabhängig davon, ob die Transaktion in einem einzigen Vorgang oder in mehreren Vorgängen, zwischen denen eine Verbindung offenkundig gegeben ist, getätigt wird; ist der Betrag zu Beginn der Transaktion nicht bekannt, so ist die Identität dann festzuhalten, sobald der Betrag bekannt ist und festgestellt wird, daß er mindestens 200 000 S oder Schilling-Gegenwert beträgt;
3. wenn der begründete Verdacht besteht, daß der Kunde objektiv an Transaktionen mitwirkt, die der Geldwäscherei (§ 165 – unter Einbeziehung von Vermögensbestandteilen, die aus einer strafbaren Handlung des Täters selbst herrühren – und § 278a Abs. 2 StGB) dienen.

(2) Die Kredit- und Finanzinstitute haben den Kunden aufzufordern, bekanntzugeben, ob er die Geschäftsbeziehung (Abs. 1 Z 1, ausgenommen bei der Eröffnung von Sparbüchern) oder die Transaktion (Abs. 1 Z 2) auf eigene oder fremde Rechnung betreiben will; dieser hat der Aufforderung zu entsprechen. Gibt der Kunde bekannt, daß er die Geschäftsbeziehung (Abs. 1 Z 1, ausgenommen bei der Eröffnung von Sparbüchern) oder die Transaktion (Abs. 1 Z 2) auf fremde Rechnung betreiben will, so hat er dem Kredit- oder Finanzinstitut auch die Identität des Treugebers nachzuweisen.

(3) Die Kredit- und Finanzinstitute haben aufzubewahren:

1. Unterlagen, die einer Identifizierung nach Abs. 1 und Abs. 2 dienen, bis mindestens fünf Jahre nach Beendigung der Geschäftsbeziehung mit diesem Kunden;
2. von sämtlichen Transaktionen Belege und Aufzeichnungen bis mindestens fünf Jahre nach deren Durchführung.

(4) Die Kredit- und Finanzinstitute haben

1. geeignete Kontroll- und Mitteilungsverfahren einzuführen, um Transaktionen vorzubeugen, die der Geldwäscherei dienen und
2. durch geeignete Maßnahmen das mit der Abwicklung von Transaktionen befaßte Personal mit den Bestimmungen, die der Verhinderung oder der Bekämpfung der Geldwäscherei dienen, vertraut zu machen; diese Maßnahmen haben unter anderem die Teilnahme der zuständigen Angestellten an besonderen Fortbildungsprogrammen einzuschließen, damit diese lernen, möglicherweise mit Geldwäscherei zusammenhängende Transaktionen zu erkennen und sich in solchen Fällen richtig zu verhalten.

(5) Die Entgegennahme und der Erwerb von Wertpapieren für

1. Wertpapierkonten (§ 11 Depotgesetz) und
2. Geschäftsbeziehungen gemäß § 12 Depotgesetz, die vor dem 1. August 1996 eröffnet oder eingegangen worden sind, sind nur dann zulässig, wenn die Identität des Kunden zuvor festgehalten und Abs. 2 entsprochen wurde.

§ 41. (1) Ergibt sich der begründete Verdacht,

1. daß eine bereits erfolgte, eine laufende oder eine bevorstehende Transaktion der Geldwäscherei dient, oder
2. daß der Kunde der Verpflichtung zur Offenlegung von Treuhandbeziehungen gemäß § 40 Abs. 2 zuwidergehandelt hat, so haben die Kredit- und Finanzinstitute die Behörde (§ 6 SPG) hievon unverzüglich in Kenntnis zu setzen und bis zur Klärung des Sachverhalts jede weitere Abwicklung der Transaktion zu unterlassen, es sei denn, daß die Gefahr besteht, daß die Verzögerung der Transaktion die Ermittlung des Sachverhalts erschwert oder verhindert. Im Zweifel dürfen Aufträge über Geldeingänge durchgeführt werden und sind Aufträge über Geldausgänge zu unterlassen. Die Kredit- und Finanzinstitute sind berechtigt, von der Behörde zu verlangen, daß diese entscheidet, ob gegen die unverzügliche Abwicklung einer Transaktion Bedenken bestehen; äußert sich die Behörde (§ 6 SPG) bis zum Ende des folgenden Bankarbeitstages nicht, so darf die Transaktion unverzüglich abgewickelt werden.

(2) Die Kredit- und Finanzinstitute haben der Behörde (Abs. 1) auf Verlangen alle Auskünfte zu erteilen, die dieser zur Verhinderung oder zur Verfolgung von Geldwäscherei erforderlich scheinen.

(3) Die Behörde (Abs. 1) ist ermächtigt anzuordnen, daß eine laufende oder bevorstehende Transaktion, bei der der begründete Verdacht besteht, daß sie der Geldwäscherei dient, unterbleibt oder vorläufig aufgeschoben wird und daß Aufträge des Kunden über Geldausgänge nur mit Zustimmung der Behörde duchgeführt (Anm.: richtig: durchgeführt) werden dürfen. Die Behörde hat den Kunden und die Staatsanwaltschaft ohne unnötigen Aufschub von der Anordnung zu verständigen. Die Verständigung des Kunden hat den Hinweis zu enthalten, daß er oder ein sonst Betroffener berechtigt sei, Beschwerde wegen Verletzung seiner Rechte an den unabhängigen Verwaltungssenat zu erheben; hiebei hat sie auch auf die in § 67c AVG enthaltenen Bestimmungen für solche Beschwerden hinzuweisen.

(3a) Die Behörde hat die Anordnung nach Abs. 3 aufzuheben, sobald die Voraussetzungen für die Erlassung weggefallen sind oder die Staatsanwaltschaft erklärt, daß die Voraussetzungen für die Erlassung einer einstweiligen Verfügung nach § 144a StPO nicht bestehen. Die Anordnung tritt im Übrigen außer Kraft,

1. wenn seit ihrer Erlassung sechs Monate vergangen sind;
2. sobald das Gericht über einen Antrag auf Erlassung einer einstweiligen Verfügung nach § 144a StPO rechtskräftig entschieden hat.

(4) Die Kredit- und Finanzinstitute haben alle Vorgänge, die der Wahrnehmung der

Abs. 1 bis 3 dienen, gegenüber Kunden und Dritten geheimzuhalten. Sobald eine Anordnung nach Abs. 3 ergangen ist, sind sie jedoch ermächtigt, den Kunden zur Behörde (Abs. 1) zu verweisen; mit Zustimmung der Behörde sind sie außerdem ermächtigt, den Kunden selbst von der Anordnung zu informieren.

(5) Ergibt sich dem Bundesminister für Finanzen oder der Oesterreichischen Nationalbank bei Ausübung der Bankenaufsicht der Verdacht, daß eine Transaktion der Geldwäscherei dient, so haben sie die Behörde (Abs. 1) hievon unverzüglich in Kenntnis zu setzen.

(6) Daten, die von der Behörde gemäß den Abs. 1, 2 und 5 ermittelt wurden, dürfen bei sonstiger Nichtigkeit in einem ausschließlich wegen eines Finanzvergehens, mit Ausnahme der in die Zuständigkeit der Gerichte fallenden Finanzvergehen des Schmuggels oder der Hinterziehung von Eingangs- oder Ausgangsabgaben, geführten Verfahren nicht zum Nachteil des Beschuldigten oder der Nebenbeteiligten verwendet werden. Ergibt sich bei der Behörde (Abs. 1) auf Grund der gemäß Abs. 1, 2 und 5 ermittelten Daten lediglich ein Verdacht auf ein solches Finanzvergehen, so hat sie die Anzeige gemäß § 84 StPO oder § 81 FinStrG zu unterlassen.

(7) Schadenersatzansprüche können aus dem Umstand, daß ein Kredit- oder Finanzinstitut oder ein dort Beschäftigter in fahrlässiger Unkenntnis, daß der Verdacht auf Geldwäscherei oder der Verdacht auf ein Zuwiderhandeln im Sinne des § 40 Abs. 2 falsch war, eine Transaktion verspätet oder nicht durchgeführt hat, nicht erhoben werden.

(8) Der Bundesminister für Finanzen hat, sofern dies zur Wirksamkeit der Informationspflicht nach Abs. 1 erforderlich ist, mit Verordnung eine Stelle zur Beratung der Kredit- und Finanzinstitute bei der Wahrnehmung dieser Pflicht zu benennen. Dabei gelten folgende Bestimmungen:

1. Kreditinstitute sind der Stelle gegenüber nicht zur Wahrnehmung des Bankgeheimnisses (§ 38) verpflichtet;
2. die Stelle und die für sie tätigen Mitarbeiter haben ihnen im Rahmen ihrer Aufgaben bekannt gewordene Geheimnisse als Bankgeheimnis zu wahren; die Verpflichtung zur Wahrung des Bankgeheimnisses gemäß Z 2 besteht nicht im Zusammenhang mit eingeleiteten gerichtlichen Strafverfahren gegenüber den Strafgerichten mit Ausnahme der in Abs. 6 genannten Verfahren;
3. § 38 Abs. 2 ist nicht anzuwenden;
4. Fehlverhalten der Stelle und ihrer Mitarbeiter bei Wahrnehmung ihrer Beratungstätigkeit gegenüber Kredit- und Finanzinstituten führt nur bei grobem Verschulden zu Schadenersatzleistung.

XIII. Vertrag zwischen der Republik Österreich und der Bundesrepublik Deutschland über die Ergänzung des Europäischen Übereinkommens über die Rechtshilfe in Strafsachen vom 20. April 1959 und die Erleichterung seiner Anwendung

vom 31. Januar 1972 (Auszug)

Artikel I

(zu Artikel 1 des Übereinkommens)

(1) Rechtshilfe wird in allen Verfahren hinsichtlich strafbarer Handlungen geleistet, zu deren Verfolgung in dem Zeitpunkt, in dem um Rechtshilfe ersucht wird, die Justizbehörden des ersuchenden Staates zuständig sind und im ersuchten Staat die Justiz- oder Verwaltungsbehörden zuständig wären. Für die Rechtshilfe durch Zustellung ist es nicht erforderlich, daß im ersuchten Staat eine Justiz- oder Verwaltungsbehörde zur Verfolgung zuständig wäre.

(2) Die Zustellung von Aufforderungen zum Strafantritt oder zur Zahlung von Geldstrafen sowie von Entscheidungen über Verfahrenskosten ist zulässig.

Artikel II

(zu Artikel 1 des Übereinkommens)

Das Übereinkommen und dieser Vertrag werden auch angewendet:

1. in Angelegenheiten des Strafaufschubes, der Strafunterbrechung und der bedingten Aussetzung der Vollstreckung einer Strafe oder Maßregel der Sicherung und Besserung;
2. in Gnadensachen;
3. in Verfahren über die Verpflichtung zur Entschädigung für unschuldig erlittene Haft oder andere Verfolgungsmaßnahmen oder ungerechtfertigte Verurteilung;

4. in gerichtlich anhängigen Verfahren wegen Zuwiderhandlungen, die nach deutschem Recht Ordnungswidrigkeiten sind.

]...]

Artikel IV

(zu Artikel 2 des Übereinkommens)

(1) Rechtshilfe wird im Rahmen des Artikels I auch in Verfahren wegen Zuwiderhandlungen gegen Abgaben-, Steuer-, Zoll- und Monopolvorschriften geleistet; bei der Beurteilung, ob für die Verfolgung einer Zuwiderhandlung im ersuchten Staat eine Justiz- oder Verwaltungsbehörde zuständig wäre, wird jedoch nicht geprüft, ob in diesem Staat eine Abgabe oder Steuer, ein Zoll oder Monopol gleicher Art besteht.

(2) Rechtshilfe durch Übermittlung von Akten, Schriftstücken oder Beweisgegenständen, über welche die Finanz-(Zoll-)behörden des ersuchten Staates verfügen können, wird auch im unmittelbaren Verkehr zwischen den Justizbehörden des ersuchenden Staates und den Finanz-(Zoll-)behörden des ersuchten Staates geleistet.

(3) Die nach den Vorschriften der Vertragsstaaten bestehenden Geheimhaltungspflichten in fiskalischen Angelegenheiten stehen der nach diesem Artikel zu leistenden Rechtshilfe nicht entgegen. Umstände oder Tatsachen, die den Justiz- oder Verwaltungsbehörden eines Vertragsstaates im Zusammenhang mit einem Rechtshilfeersuchen bekanntwerden, unterliegen der nach den Vorschriften dieses Staates in fiskalischen Angelegenheiten bestehenden Geheimhaltungspflicht.

XIV. Vertrag zwischen der Bundesrepublik Deutschland und der Republik Österreich über Rechtsschutz und Rechtshilfe in Abgabesachen mit Schlußprotokoll

vom 4. Oktober 1954 (BGBl. 1955 II S. 833) (Auszug)

Art. 1

Gegenstand dieses Vertrags sind die öffentlichen Abgaben, soweit sie in den Vertragsstaaten für den Bund, die Länder, die Gemeinden oder die Gemeindeverbände erhoben werden. Ausgeschlossen sind jedoch die in den Vertragstaaten vom Bund verwalteten Verbrauchsteuern sowie die Zölle und Monopolabgaben.

II. Rechtsschutz in Abgabensachen

Art. 2

(1) Die Angehörigen des einen Staates genießen im Gebiet des anderen Staates in Abgabensachen die gleiche Behandlung und den gleichen Rechtsschutz wie die eigenen Staatsangehörigen.

(2) Juristische Personen sowie Personenvereinigungen, Anstalten, Stiftungen und sonstige Zweckvermögen, die keine eigene Rechtspersönlichkeit besitzen, aber als solche einer Abgabenpflicht unterliegen, genießen, sofern sie in dem Gebiet des einen Staates ihren Sitz haben und nach dessen Gesetzen errichtet sind, in dem Gebiete des anderen Staates die gleiche steuerliche Behandlung und den gleichen Rechtsschutz wie die entsprechenden eigenen Steuerpflichtigen dieses anderen Staates.

III. Rechtshilfe in Abgabensachen

A. Allgemeine Bestimmungen

Art. 3

Beide Staaten verpflichten sich, in allen Abgabesachen, im Ermittlungs-, Feststellungs- und Rechtsmittelverfahren, im Sicherungs- und Vollstreckungsverfahren sowie im Verwaltungsstrafverfahren einander auf der Grundlage der Gegenseitigkeit nach Maßgabe der nachstehenden Bestimmungen Rechtshilfe zu leisten.

Art. 4

(1) Rechtshilfeersuchen werden von der ersuchenden Behörde an das örtlich zuständige Finanzamt des ersuchten Staates gerichtet. Ihre Übermittlung und Ent-

gegennahme erfolgt vorbehaltlich des Absatzes 2 in der Bundesrepublik Deutschland durch die Oberfinanzdirektionen, in der Republik Österreich durch die Finanzlandesdirektionen.

(2) Die Finanzämter können Zustellungsersuchen, Mitteilungen über den Vollzug von Rechtshilfeersuchen und über ihre Rücknahme oder Einschränkung unmittelbar an das ersuchte Finanzamt übersenden. Entsprechendes gilt in dringenden Fällen auch für andere Rechtshilfeersuchen der Finanzämter.

Art. 5

(1) Das ersuchte Finanzamt ist vorbehaltlich der Bestimmungen des Artikels 6 verpflichtet, dem Ersuchen zu entsprechen. Die Art und Weise der Erledigung richtet sich nach den Gesetzen des ersuchten Staates; für das Verfahren sind die Vorschriften anzuwenden, die für die von dem Finanzamt verwalteten Abgaben gelten. Auf Antrag der ersuchenden Behörde ist jedoch nach einer besonderen Form zu verfahren, sofern diese der Gesetzgebung des ersuchten Staates nicht zuwiderläuft.

(2) Die Anwendung eines im Gebiet des ersuchten Staates zulässigen Zwangsmittels ist ausgeschlossen, soweit der ersuchende Staat im Falle eines entsprechenden Ersuchens nicht in der Lage wäre, ein gleichartiges Zwangsmittel anzuwenden.

(3) Die ersuchende Behörde ist auf ihr Verlangen von der Zeit und dem Ort der auf das Ersuchen vorzunehmenden Handlung zu benachrichtigen. Die Beteiligten sind berechtigt, der Handlung nach den allgemeinen, in dem Gebiet des ersuchten Staates maßgebenden Vorschriften beizuwohnen oder sich dabei vertreten zu lassen.

Art. 6

(1) Rechtshilfe wird nicht geleistet, wenn der ersuchte Staat Grund für die Annahme hat, daß die Leistung der Rechtshilfe geeignet sein würde, wesentliche Interessen des ersuchten Staates zu gefährden.

(2) Der ersuchte Staat kann die Rechtshilfe ablehnen,

1. wenn Auskünfte oder Gutachten von Personen, die nicht als Abgabenpflichtige beteiligt sind, eingeholt werden sollen, soweit der ersuchende Staat nach seiner Gesetzgebung nicht in der Lage ist, entsprechende Auskünfte oder Gutachten zu verlangen;
2. soweit das Ersuchen auf Mitteilung tatsächlicher Verhältnisse oder rechtlicher Beziehungen gerichtet ist, und die Kenntnis dieser nur auf Grund von Auskunfts-, Anzeige- oder Gutachterpflichten gewonnen werden kann, die in dem Gebiete des ersuchenden Staates nicht bestehen.

[...]

Art. 8

Auf den Inhalt von Anfragen, Auskünften, Anzeigen und Gutachten sowie von sonstigen Mitteilungen, die im Wege der Rechtshilfe einem Vertragstaat zugehen, finden die gesetzlichen Vorschriften dieses Staates über die Amtsverschwiegenheit und das Steuergeheimnis Anwendung.

[...]

B. Besondere Bestimmungen

[...]

c) Einschränkung der Rechtshilfe im Verwaltungsstrafverfahren

Art. 14
Durchsuchungen, Beschlagnahmen, Verhaftungen und der Vollzug von Freiheitsstrafen sind von der Rechtshilfe ausgenommen.

[...]

Schlußprotokoll

[...]

zu Artikel 6
Zu den wesentlichen Interessen gehört insbesondere die Wahrung der Hoheitsrechte und der Sicherheit. Der ersuchte Staat kann die Rechtshilfe hiernach auch ablehnen, wenn die Anwendung seiner Rechtsvorschriften von einer Tatsache abhängt, die außerhalb seiner Rechtsordnung gelegen ist oder wenn sein Recht durch eine solche Tatsache betroffen ist.

[...]

zu Artikel 14
Die Vereinbarung weitergehender Rechtshilfe in Abgabenstrafsachen wird in Aussicht genommen.

XV. Gesetz über die beruflichen Sorgfaltspflichten bei der Entgegennahme von Vermögenswerten (Sorgfaltspflichtgesetz)

vom 22. Mai 1996 LGBl. Nr. 116 v. 22. August 1996

Dem nachstehenden vom Landtag gefassten Beschluss erteile Ich Meine Zustimmung:

I. Allgemeine Bestimmungen

Art. 1

Gegenstand

Gegenstand des Gesetzes sind die beruflichen Sorgfaltspflichten der diesem Gesetz unterstehenden natürlichen und juristischen Personen bei der Entgegennahme von Vermögenswerten zur Weiterleitung, Verwahrung, Verwaltung und Anlage.

Art. 2

Geltungsbereich

1) Diesem Gesetz unterstehen:

a) Banken und Finanzgesellschaften mit einer Konzession gemäss Gesetz über die Banken und Finanzgesellschaften (Bankengesetz);

b) Rechtsanwälte, die in die Rechtsanwaltsliste gemäss Gesetz über die Rechtsanwälte eingetragen sind;

c) natürliche und juristische Personen mit einer Bewilligung gemäss Gesetz über die Treuhänder sowie Mitglieder der Geschäftsleitung oder verantwortliche Vertreter einer Treuhandgesellschaft, welche über eine Bewilligung gemäss Art. 180a PGR verfügen;

d) Investmentunternehmen mit einer Konzession gemäss Gesetz über Investmentunternehmen;

e) konzessionierte Versicherungsunternehmen gemäss Versicherungsaufsichtsgesetz, welche die direkte Lebensversicherung betreiben.

2) Die Regierung führt über die gemäss Abs. 1 dem Gesetz unterstehenden Personen Listen.

Art. 3

Post- und Telekommunikationsbetriebe

Die Post- und Telekommunikationsbetriebe, die in bezug auf die Sorgfaltspflichten besonderen Bestimmungen unterworfen sind, sind von den Bestimmungen dieses Gesetzes ausgenommen.

II. Identifizierung des Vertragspartners und Feststellung der wirtschaftlich berechtigten Person

Art. 4

Identifizierung des Vertragspartners

1) Die diesem Gesetz unterstehenden Personen sind verpflichtet, bei Aufnahme einer Geschäftsbeziehung im Sinne von Art. 1 ihre Vertragspartner aufgrund eines beweiskräftigen Dokuments zu identifizieren. Eine solche Identifizierungspflicht besteht nicht bei persönlicher Bekanntheit.

2) Die Identifizierung des Vertragspartners kann entfallen, wenn:

a) ein Kassageschäft getätigt wird, bei dem ein Höchstwert von 25 000 Franken nicht überschritten wird, und zwar unabhängig davon, ob das Geschäft in einem einzigen Vorgang oder in mehreren Vorgängen, zwischen denen offensichtlich eine Verbindung zu bestehen scheint, getätigt wird;

b) der Betrag einer periodischen Versicherungsprämie den Betrag von jährlich 1500 Franken unterschreitet;

c) eine einmalige Versicherungsprämie weniger als 4000 Franken beträgt oder weniger als 4000 Franken auf ein Prämiendepot gezahlt werden;

d) es sich um Rentenversicherungsverträge handelt, die aufgrund eines Arbeitsvertrages oder der beruflichen Tätigkeit des Versicherten abgeschlossen worden sind, sofern die Verträge weder eine Rückkaufklausel enthalten noch als Sicherheit für ein Darlehen dienen können.

3) Die diesem Gesetz unterstehenden Personen sind bei juristischen Personen und Treuhänderschaften ausserdem verpflichtet, die Personen zu identifizieren, welche Vermögenswerte einbringen, wenn

a) mit ausländischen Banken, Wirtschaftsprüfern, Revisionsgesellschaften, Treuhandgesellschaften oder Rechtsanwälten, die keiner anerkannten Berufsorganisation angehören oder in keinem entsprechenden öffentlichen Register eingetragen sind, oder

b) mit Personen, die nicht zum Personenkreis gemäss Art. 2 gehören, eine Geschäftsbeziehung im Sinne von Art. 1 aufgenommen wird. Die Regierung regelt mit Verordnung das Nähere über die Anerkennung der Berufsorganisationen und öffentlichen Register im Sinne dieses Gesetzes. Die Identifizierung dieser Personen erfolgt aufgrund eines beweiskräftigen Dokuments. Bei persönlicher Bekanntheit genügt das Festhalten des Namens.

4) Personen, welche Vermögenswerte nach Abs. 3 einbringen, sind Vertragspartnern im Sinne dieses Gesetzes gleichgestellt.

5) Als beweiskräftige Dokumente werden Pässe und Identitätskarten sowie andere von der Regierung mit Verordnung bezeichnete Schriftstücke anerkannt.

Art. 5

Feststellung der wirtschaftlich berechtigten Person

1) Die dem Gesetz unterstehenden Personen sind verpflichtet, bei Aufnahme einer Geschäftsbeziehung im Sinne von Art. 1 die wirtschaftlich berechtigte Person festzustellen und mit Name und Adresse in den Akten festzuhalten, wenn:

a) Zweifel bestehen, ob es sich beim Vertragspartner um die wirtschaftlich berechtigte Person handelt; oder
b) ein Kassa- oder Versicherungsgeschäft getätigt wird, bei dem ein Höchstwert gemäss Art. 4 Abs. 2 überschritten wird; oder
c) die Geschäftsbeziehung auf dem Korrespondenzweg mit einer natürlichen Person aufgenommen wird; oder
d) es sich um eine juristische Person oder Treuhänderschaft handelt, die im Domizilstaat keinen Betrieb des Handels, der Fabrikation oder eines anderen nach kaufmännischer Art geführten Gewerbes führt.

2) Bei Sammelkonten oder Sammeldepots muss der Vertragspartner eine vollständige Adressliste der wirtschaftlich berechtigten Personen abgeben sowie in kurzen Abständen jede Änderung melden.

3) Als wirtschaftlich berechtigt im Sinne dieses Gesetzes gelten jene Personen, welche Begünstigte der in Frage stehenden Vermögenswerte sind.

Art. 6

Ausnahmen von der Feststellungspflicht

1) Die Pflicht zur Feststellung der wirtschaftlich berechtigten Person entfällt:

a) wenn die wirtschaftlich berechtigte Person dem zur Feststellung Verpflichteten bereits genügend bekannt ist;
b) wenn die wirtschaftlich berechtigte Person eine juristische Person ist, deren Beteiligungspapiere an einer Börse gehandelt werden oder zu einer Konzerngruppe mit mindestens einer Gesellschaft gehört, deren Beteiligungspapiere an einer Börse gehandelt werden;

c) im Geschäftsverkehr zwischen Banken, die der Richtlinie 91/308/EWG oder einer gleichwertigen Regelung unterstehen;

d) im Geschäftsverkehr zwischen Geschäftspartnern, die gemäss Art. 2 diesem Gesetz unterstehen;

e) im Geschäftsverkehr von natürlichen und juristischen Personen, die gemäss Art. 2 diesem Gesetz unterstehen, mit einem Vertragspartner, der eine nicht diesem Gesetz unterstehende juristische Person ist, sofern letztere durch eine dem Gesetz unterstehende natürliche oder juristische Person rechtsgeschäftlich oder organschaftlich vertreten wird.

2) Auf die Feststellung der wirtschaftlich berechtigten Person kann in Zusammenhang mit Konten oder Depots verzichtet werden, die im Namen von in Liechtenstein zugelassenen Rechtsanwälten für Rechnung der Klienten geführt werden, sofern die Rechtsanwälte als Masseverwalter, Liquidatoren oder anderweitig forensisch tätig sind.

Art. 7

Wiederholung der Identifizierung und Feststellung

Entstehen im Laufe der Geschäftsbeziehungen Zweifel über die Identität des Vertragspartners oder über die wirtschaftlich berechtigte Person, so muss die Identifizierung des Vertragspartners oder die Feststellung der wirtschaftlich berechtigten Person wiederholt werden.

Art. 8

Täuschung

1) Wenn ein dringender Verdacht besteht, dass sie bei der Identifizierung des Vertragspartners oder mit den Angaben über die wirtschaftlich berechtigte Person getäuscht wurden, können die diesem Gesetz unterstehenden Personen:

a) die Geschäftsbeziehungen abbrechen, sofern dies ohne Gefährdung der Vermögenswerte möglich ist;

b) die Geschäftsbeziehungen weiterführen, sofern ohne Verzug die notwendigen korrekten Angaben nachgereicht werden.

2) Bei Abbruch der Geschäftsbeziehungen ist der Abzug der Vermögenswerte ausreichend zu dokumentieren.

Art. 9

Verdacht auf Geldwäscherei

1) Wenn aufgrund der Art und der Umstände einer Transaktion davon ausgegangen werden muss, dass sie mit Geldwäscherei im Sinne des Strafgesetzbuches in Zusammenhang steht, müssen die wirtschaftlichen Hintergründe und der Zweck der Transaktion sowie die Herkunft der Vermögenswerte abgeklärt werden.

2) Wenn nach Vornahme der besonderen Abklärungen gemäss Abs. 1 der dringende Verdacht, dass die Transaktion mit Geldwäscherei in Zusammenhang steht, nicht ausgeräumt werden kann, haben die diesem Gesetz unterstehenden Personen der Dienststelle für Bankenaufsicht umgehend Mitteilung zu machen. Sie können gleichzeitig auch Mitteilung an die Staatsanwaltschaft erstatten.

3) Im Falle des Abs. 2 veranlasst die Dienststelle für Bankenaufsicht in der Regel binnen fünf Werktagen, längstens jedoch binnen acht Werktagen, besondere Massnahmen, wie die Sperrung von Konten für längstens vier Wochen oder Mitteilung an die Staatsanwaltschaft. Die diesem Gesetz unterstehenden Personen haben bis zum Eintreffen der notwendigen Verfügungen der Dienststelle für Bankenaufsicht oder bis zum fruchtlosen Verstreichen der Frist von acht Werktagen das Recht und die Pflicht, die entsprechenden Vermögenswerte zu sperren und zurückzuhalten.

4) Die diesem Gesetz unterstehenden Personen dürfen den Vertragspartner oder Dritte bis zum Erhalt einer Verfügung der Dienststelle für Bankenaufsicht oder bis zum fruchtlosen Verstreichen der Frist von acht Werktagen nicht davon in Kenntnis setzen, dass sie der Dienststelle für Bankenaufsicht oder der Staatsanwaltschaft eine Mitteilung gemacht haben oder dass von diesen Ermittlungen durchgeführt werden.

III. Dokumentation, Kontrolle und Aufsicht durch die Dienststelle für Bankenaufsicht

Art. 10

Dokumentationspflicht

1) Die diesem Gesetz unterstehenden Personen haben über die Kundenbeziehungen im Sinne von Art. 1, die Identifizierung des Vertragspartners gemäss Art. 4, die Feststellung der wirtschaftlich berechtigten Person gemäss Art. 5 und die besonderen Pflichten gemäss Art. 7, 8 und 9 Unterlagen und Belege zu erstellen, die fachkundigen Dritten ein zuverlässiges Urteil über die Einhaltung der Bestimmungen dieses Gesetzes ermöglichen.

2) Die Unterlagen und Belege sind so zu erstellen und aufzubewahren, dass allfällige gerichtliche Auskunfts- und Beschlagnahmeverfügungen innert angemessener Frist befolgt werden können.

3) Nach Beendigung der Geschäftsbeziehung oder nach Abschluss der Transaktion sind die Unterlagen und Belege zehn Jahre aufzubewahren. Weitergehende Bestimmungen über die Pflicht zur Aufbewahrung der Geschäftsbücher bleiben vorbehalten.

4) In den Fällen, in denen gemäss Art. 4 Abs. 2 keine Identifizierung des Vertragspartners vorzunehmen ist oder nach Art. 6 die Pflicht zur Feststellung der wirtschaftlich berechtigten Person entfällt, ist der Name des Vertragspartners und der Grund für den Wegfall der Feststellung der wirtschaftlich berechtigten Person zu

dokumentieren. Davon ausgenommen sind Kassageschäfte unter 25 000 Franken sowie Geschäfte im Rahmen des Interbankenverkehrs.

Art. 11

Organisatorische Massnahmen

Die diesem Gesetz unterstehenden Personen haben die notwendigen organisatorischen Massnahmen zu treffen und für geeignete interne Kontroll- und Überwachungsmassnahmen sowie für eine entsprechende Instruktion des Personals zu sorgen.

Art. 12

Kontrolle

1) Die Banken und Finanzgesellschaften beauftragen ihre bankengesetzlichen, die Investmentunternehmen ihre investmentrechtlichen und die Versicherungsunternehmen ihre versicherungsaufsichtsrechtlichen Revisionsstellen, die Einhaltung der Bestimmungen dieses Gesetzes anlässlich der ordentlichen Revision stichprobenweise zu prüfen.

2) Alle weiteren diesem Gesetz unterstehenden Personen werden im Auftrag der Dienststelle für Bankenaufsicht von Wirtschaftsprüfern oder Revisionsgesellschaften, die über eine entsprechende Bewilligung der Regierung verfügen, stichprobenweise in bezug auf die Einhaltung der Bestimmungen dieses Gesetzes überprüft. Die genannten juristischen und natürlichen Personen können bei der Dienststelle für Bankenaufsicht zwei Vorschläge für Wirtschaftsprüfer oder Revisionsgesellschaften hinterlegen, die im Auftrag der Dienststelle für Bankenaufsicht die Kontrolle übernehmen.

3) Die Wirtschaftsprüfer und Revisionsgesellschaften überprüfen, ob alle gesetzlich vorgeschriebenen Daten und Unterlagen über die Identifizierung des Vertragspartners und die Feststellung der wirtschaftlich berechtigten Person vollständig vorhanden sind.

4) Die beauftragten Wirtschaftsprüfer oder Revisionsgesellschaften müssen von den zu prüfenden Personen unabhängig sein.

5) Die Kosten für die Kontrolltätigkeit durch Wirtschaftsprüfer und Revisionsgesellschaften und die damit verbundenen administrativen Kosten im Sinne dieses Gesetzes tragen die kontrollierten natürlichen und juristischen Personen.

Art. 13

Berichterstattung

1) Die beauftragten Wirtschaftsprüfer oder Revisionsgesellschaften sind verpflichtet, der Dienststelle für Bankenaufsicht über ihre Kontrolltätigkeit in anonymisierter Form Bericht zu erstatten. Festgestellte Verstösse sind der Dienststelle für Bankenaufsicht umgehend zu melden.

2) Die beauftragten Wirtschaftsprüfer oder Revisionsgesellschaften haben über die bei ihrer Kontrolltätigkeit gemachten Feststellungen Stillschweigen zu bewahren. Vorbehalten bleiben Art. 13 Abs. 1 und Art. 14.

Art. 14

Aufsicht

1) Die Dienststelle für Bankenaufsicht überwacht den Vollzug dieses Gesetzes und der dazu erlassenen Verordnungen und trifft die notwendigen Massnahmen. Sie kann insbesondere:

a) Kontrollen im Sinne von Art. 12 anordnen;

b) eine vertiefte und wiederholte Überprüfung in bezug auf die Qualität der Identifizierung des Vertragspartners und der Feststellung der wirtschaftlich berechtigten Person anordnen, wenn Zweifel über die Wahrnehmung der Pflichten dieses Gesetzes bestehen;

c) bei wiederholten und gravierenden Verstössen gegen einzelne Bestimmungen dieses Gesetzes und zur Vermeidung weiterer Verstösse die Aufnahme neuer geschäftlicher Beziehungen befristet verbieten;

d) bei der zuständigen Behörde die entsprechenden disziplinarischen Schritte beantragen; die Dienststelle für Bankenaufsicht ist periodisch über den Stand des laufenden Verfahrens zu informieren.

2) Sie kann von den diesem Gesetz unterstehenden Personen sowie den gemäss Art. 12 für die Kontrolle beauftragten Wirtschaftsprüfern oder Revisionsgesellschaften sämtliche Auskünfte und Unterlagen verlangen, die sie zur Erfüllung der Aufsichtstätigkeit benötigt.

3) Informationen, die nach diesem Gesetz mitgeteilt werden, dürfen nur zur Bekämpfung der Geldwäscherei verwendet werden.

4) Die Dienststelle für Bankenaufsicht macht bei Vorliegen von Gesetzesverstössen Meldung an die Behörden gemäss Art. 15 und 16.

5) Die Dienststelle für Bankenaufsicht erstattet der Regierung jährlich Bericht.

[...]

XVI. Gesetz über die internationale Rechtshilfe in Strafsachen (Rechtshilfegesetz)

vom 11. November 1992, LGBl. Nr. 68 v. 4. Juni 1993 (Auszug)

Dem nachstehenden vom Landtag gefassten Beschluss erteile Ich Meine Zustimmung:

I. Allgemeine Bestimmungen

A. Geltungsbereich

1. Gegenstand und Begrenzung der Rechtshilfe

Art. 1

Gegenstand

1) Dieses Gesetz regelt, soweit internationale Vereinbarungen nichts anderes bestimmen, alle Verfahren der zwischenstaatlichen Zusammenarbeit in Strafsachen, insbesondere:

a) die Auslieferung strafrechtlich verfolgter oder verurteilter Personen;

b) die Rechtshilfe zur Unterstützung eines Strafverfahrens im Ausland;

c) die stellvertretende Verfolgung und Ahndung strafbarer Handlungen;

d) die Vollstreckung ausländischer strafgerichtlicher Entscheidungen.

2) Bei der Anwendung dieses Gesetzes dürfen die Hoheitsrechte, die Sicherheit, die öffentliche Ordnung oder andere wesentliche Interessen des Fürstentums Liechtenstein nicht verletzt werden.

3) Dieses Gesetz ist nur auf Strafsachen anwendbar, in denen nach dem Recht des ersuchenden Staates ein Gericht angerufen werden kann.

4) Aus diesem Gesetz kann kein Anspruch auf zwischenstaatliche Zusammenarbeit in Strafsachen abgeleitet werden.

2. Ausschluss von Ersuchen

Art. 2

Verfahrensmängel

Einem Ersuchen um Zusammenarbeit in Strafsachen wird nicht entsprochen, wenn Gründe für die Annahme bestehen, dass das Verfahren im Ausland

a) den Verfahrensgrundsätzen der Europäischen Konvention vom 4. November 1950 zum Schutze der Menschenrechte und Grundfreiheiten nicht entspricht oder

b) durchgeführt wird, um eine Person wegen ihrer politischen Anschauungen, wegen ihrer Zugehörigkeit zu einer bestimmten sozialen Gruppe oder aus Gründen der Rasse, Religion oder Volkszugehörigkeit zu verfolgen oder zu bestrafen oder

c) dazu führen könnte, die Lage des Verfolgten aus einem unter Bst. b angeführten Grunde zu erschweren oder

d) andere schwere Mängel aufweist.

Art. 3

Art der Tat

1) Einem Ersuchen wird nicht entsprochen, wenn Gegenstand des Verfahrens eine Tat ist, die nach liechtensteinischer Auffassung vorwiegend politischen Charakter hat, eine Verletzung der Pflichten zu militärischen oder ähnlichen Dienstleistungen darstellt oder gegen die Landesverteidigung oder die Wehrkraft des ersuchenden Staates gerichtet erscheint.

2) Die Einrede des politischen Charakters wird nicht berücksichtigt, wenn die Tat

a) auf die Ausrottung oder Unterdrückung einer Bevölkerungsgruppe aus Gründen ihrer Staatsangehörigkeit, Rasse, Religion oder ihrer ethnischen, sozialen oder politischen Zugehörigkeit gerichtet war oder

b) besonders verwerflich erscheint, weil der Täter zur Erpressung oder Nötigung Freiheit, Leib oder Leben von Menschen in Gefahr brachte oder zu bringen drohte, namentlich durch Entführung von Flugzeugen, Geiselnahmen oder durch Benützung von Massenvernichtungsmitteln.

3) Einem Ersuchen wird nicht entsprochen, wenn Gegenstand des Verfahrens eine Tat ist, die auf eine Verkürzung fiskalischer Abgaben gerichtet erscheint oder Vorschriften über währungs-, handels- oder wirtschaftspolitische Massnahmen verletzt.

Art. 4

Bedeutung der Tat

Einem Ersuchen wird nicht entsprochen, wenn die Bedeutung der Tat die Durchführung des Verfahrens nicht rechtfertigt.

Art. 5

Erlöschen des Strafanspruchs

1) Einem Ersuchen wird nicht entsprochen, soweit

a) im Fürstentum Liechtenstein oder im Tatortstaat das Gericht
   - aus materiell-rechtlichen Gründen den Verfolgten freigesprochen oder das Verfahren eingestellt oder
   - auf eine Sanktion verzichtet oder einstweilen von ihr abgesehen hat;

b) die Sanktion vollzogen wurde oder nach dem Recht des Urteilsstaates nicht vollziehbar ist;

c) seine Ausführung Zwangsmassnahmen erfordert und die Strafverfolgung oder die Vollstreckung nach liechtensteinischem Recht wegen Verjährung ausgeschlossen wäre.

2) Abs. 1 Bst. a und b gilt nicht, wenn der ersuchende Staat Gründe anführt, die nach der Strafprozessordnung die Wiederaufnahme des Verfahrens begründen könnten.

Art. 6

Zusammentreffen von Ausschluss und Zulässigkeit der Zusammenarbeit

1) Fällt die dem Verfolgten zur Last gelegte Tat unter mehrere liechtensteinische Strafbestimmungen, so darf dem Ersuchen nur für die Tatbestände entsprochen werden, für die keine Ausschlussgründe bestehen, und wenn gewährleistet ist, dass der ersuchende Staat die gestellten Bedingungen beachtet.

2) Eine Zusammenarbeit ist unzulässig in Verfahren wegen einer Tat, die unter mehrere Strafbestimmungen des liechtensteinischen oder des fremden Rechts fällt, wenn mit Bezug auf einen dieser Tatbestände, der die Tat nach allen Seiten umfasst, einem Ersuchen nicht entsprochen werden darf.

3. Besondere Bestimmungen

Art. 7

Landesangehörige

1) Ein Landesangehöriger darf erst dann an einen fremden Staat ausgeliefert oder zur Strafverfolgung oder Strafvollstreckung übergeben werden, wenn er nach Belehrung über die Folgen seiner Erklärung ausdrücklich seine Zustimmung erteilt. Hierüber ist ein gerichtliches Protokoll zu errichten. Die erteilte Zustimmung kann bis zur Anordnung der Übergabe widerrufen werden.

2) Abs. 1 gilt nicht für die Durchlieferung und Rücklieferung eines Landesangehörigen, den ein anderer Staat vorübergehend den liechtensteinischen Behörden übergibt.

Art. 8

Gegenrecht

1) Einem Ersuchen wird in der Regel nur entsprochen, wenn gewährleistet ist, dass auch der ersuchende Staat einem gleichartigen liechtensteinischen Ersuchen entsprechen würde. Die Regierung holt eine Zusicherung des Gegenrechts ein, wenn die Einhaltung des Gegenrechts zweifelhaft erscheint.

2) Der Gewährleistung des Gegenrechts bedarf es jedoch nicht bei Zustellungen oder wenn die Ausführung eines Ersuchens

a) im Hinblick auf die Art der Tat oder die Notwendigkeit der Bekämpfung bestimmter Taten geboten erscheint;
b) die Lage des Verfolgten oder die Aussichten für seine soziale Wiedereingliederung verbessern könnte;
c) der Abklärung einer gegen einen liechtensteinischen Landesbürger gerichteten Tat dient.

3) Die Regierung entscheidet,

a) ob eine Zusicherung des Gegenrechts einzuholen ist;
b) ob dem ersuchenden Staat das Gegenrecht zugesichert werden soll;
c) ob ausnahmsweise Rechtshilfe geleistet werden soll, wenn das Gegenrecht nicht gewährleistet erscheint.

Art. 9

Schutz des Geheimbereichs

1) Bei der Ausführung von Ersuchen richtet sich der Schutz des Geheimbereichs nach den Bestimmungen über das Zeugnisverweigerungsrecht in der Strafprozessordnung und den Bestimmungen, die in anderen inländischen Gesetzen und Verordnungen den Geheimbereich von natürlichen und juristischen Personen sowie des Staates und seiner Einrichtungen schützen. Die Vorschriften des § 98 der Strafprozessordnung gelten für die Versiegelung von Papieren, die nach den Angaben ihres Inhabers gesetzlich geschützte oder Geschäfts- oder Fabrikationsgeheimnisse enthalten, auch wenn die sofortige Anlegung des Verzeichnisses möglich ist. Die Versiegelung kann vom Inhaber der Papiere verlangt werden.

2) Dieser Geheimbereich darf in Ansehung von Personen, die nach dem Inhalt des ausländischen Ersuchens unter Zugrundelegung der liechtensteinischen Auffassung als Verdächtige und Beschuldigte anzusehen sind, nur durchbrochen werden, soweit es die Bestimmungen der Strafprozessordnung für Verdächtige und Beschuldigte in einem inländischen Verfahren zulassen. Hiebei ist vor der Beschlussfassung über das ausländische Ersuchen das in § 98 Abs. 2 der Strafprozessordnung vorgesehene Verfahren durchzuführen.

3) Den Ersuchen, die eine Geheimnisoffenbarung bedingen, wird entsprochen, wenn die Preisgabe des Geheimnisses zur Wahrheitsfindung unerlässlich ist, die

Auskunft auf keinem anderen Weg erhältlich gemacht werden kann und wenn sie durch die Bedeutung der Tat gerechtfertigt ist.

Art. 10

Geheimbereich der im Strafverfahren nicht Verdächtigten oder Beschuldigten

1) Die Eröffnung des Geheimbereiches einer Person, die nicht dem Personenkreis der Verdächtigten oder Beschuldigten zugehört, ist ausnahmsweise unter folgenden Bedingungen zulässig:

a) das Ersuchen muss die Untersuchung oder Verfolgung einer schweren Straftat betreffen;

b) die Eröffnung des Geheimbereiches muss für die Ermittlung oder den Beweis einer für die Untersuchung oder das Verfahren wesentlichen Tatsache unerlässlich sein;

c) im ersuchenden Staat müssen angemessene, aber erfolglos gebliebene Bemühungen unternommen worden sein, um die Beweise oder Auskünfte auf anderem Wege zu beschaffen, und

d) im ausländischen Ersuchen muss dargelegt werden, dass die in Bst. a bis c genannten Bedingungen erfüllt sind.

2) Die Preisgabe von Berufs-, Geschäfts- oder Betriebsgeheimnissen im Sinne der §§ 121 bis 124 des Strafgesetzbuches oder von Tatsachen, die eine Bank üblicherweise geheimhalten muss, ist in den Fällen des Abs. 1 unzulässig, wenn sie für die liechtensteinische Wirtschaft einen erheblichen Nachteil befürchten liesse und dieser unter Berücksichtigung der Tat nicht zumutbar wäre.

3) Im übrigen gilt Art. 9 sinngemäss.

Art. 11

Gesetzliche Ausdrücke

1) Als nach liechtensteinischem Recht strafbare Handlung gilt ungeachtet der Deliktsfähigkeit des Verfolgten jedes Verhalten, das zur Zeit der Entscheidung über ein Ersuchen gesetzlich mit Strafe bedroht ist.

2) Verfolgter im Sinne des Gesetzes ist jede verdächtigte, in Strafuntersuchung gezogene, angeklagte oder von einer Sanktion betroffene Person.

3) Sanktion ist jede Strafe oder vorbeugende Massnahme.

4) Zu den wesentlichen Interessen des Landes im Sinne von Art. 1 Abs. 2 kann auch der Schutz von Geheimnissen gehören.

[...]

D. Zwischenstaatliches Verfahren

Art. 26

Allgemeine Vorschriften für Ersuchen

1) Die Art. 26 bis 29 gelten für alle Verfahren nach diesem Gesetz. Die besonderen Verfahrensvorschriften der anderen Teile bleiben vorbehalten.

2) Ausländische Ersuchen sind unmittelbar an die Regierung zu richten.

3) Ersuchen, die an eine unzuständige Behörde gerichtet sind, werden von Amtes wegen weitergeleitet. Die ersuchende Stelle ist zu verständigen.

4) Ersuchen im Zusammenhang mit einem Haftfall sind ohne Verzug zu behandeln.

5) Nichtannahme oder Ablehnung eines Ersuchens sind zu begründen.

Art. 27

Form und Inhalt von Ersuchen

1) Ausländische Ersuchen bedürfen der Schriftform.

2) In einem Ersuchen sind aufzuführen:

a) die Stelle, von der es ausgeht, und gegebenenfalls die für das Strafverfahren zuständige Behörde;

b) der Gegenstand und der Grund des Ersuchens;

c) die rechtliche Bezeichnung der Tat;

d) möglichst genaue und vollständige Angaben über die Person, gegen die sich das Strafverfahren richtet;

e) eine präzise Darstellung des wesentlichen Sachverhalts, ausgenommen bei Zustellersuchen;

f) der Wortlaut der für die rechtliche Beurteilung der Tat anwendbaren Vorschriften.

3) Amtliche Schriftstücke eines ausländischen Staates bedürfen keiner Legalisierung.

4) Wenn ein ausländisches Ersuchen oder eine Unterlage nicht in deutscher Sprache abgefasst ist, ist eine Übersetzung in deutscher Sprache anzuschliessen. Solche Übersetzungen müssen als amtlich richtig bescheinigt sein.

5) Entspricht ein Ersuchen den formellen Anforderungen nicht, so kann verlangt werden, dass es verbessert oder ergänzt wird. Die Vornahme dringlicher Amtshandlungen wird dadurch nicht berührt.

Art. 28

Übermittlung

1) Im zwischenstaatlichen Verkehr ist der diplomatische Weg einzuhalten.

2) Für vorläufige Massnahmen und in dringenden Fällen kann die Vermittlung der Internationalen Kriminal-Polizeilichen Organisation (Interpol) in Anspruch genommen werden.

Art. 29

Liechtensteinische Ersuchen

1) Die liechtensteinischen Behörden dürfen an einen anderen Staat keine Ersuchen richten, denen sie selbst nach diesem Gesetz nicht entsprechen könnten.

2) Ersuchen und deren Unterlagen dürfen keine Bemerkungen enthalten, die

a) geeignet wären, die Lage von Personen im ersuchten Staat wegen ihrer politischen Anschauungen, wegen ihrer Zugehörigkeit zu einer bestimmten sozialen Gruppe oder aus Gründen der Rasse, Religion oder Volkszugehörigkeit zu erschweren, oder

b) im ersuchten Staat zu Beanstandungen Anlass geben könnten.

3) Bedingungen, die der ersuchte Staat an die Ausführung eines Ersuchens knüpft, sind von den liechtensteinischen Behörden zu beachten.

[...]

III. Andere Rechtshilfe

A. Voraussetzungen

1. Im Allgemeinen

Art. 59

Grundsatz

1) Rechtshilfe nach diesem Teil umfasst Auskünfte, nach liechtensteinischem Recht zulässige Prozesshandlungen und andere Amtshandlungen, soweit sie für ein Verfahren in strafrechtlichen Angelegenheiten im Ausland erforderlich erscheinen.

2) Als Rechtshilfemassnahmen fallen namentlich in Betracht: Zustellung von Schriftstücken, Beweiserhebung, Herausgabe von Akten und Schriftstücken, Durchsuchung von Personen und Räumen, Beschlagnahme, Gegenüberstellung und Durchlieferung von Personen.

3) Als Verfahren in strafrechtlichen Angelegenheiten gelten insbesondere:

a) Verfolgung strafbarer Handlungen;
b) Anordnung vorbeugender Massnahmen und Angelegenheiten der Tilgung und des Strafregisters;
c) Straf- und Massnahmenvollzug sowie Begnadigung;
d) Entschädigung für strafgerichtliche Anhaltung und Verurteilung.

4) Rechtshilfe kann auch dem Europäischen Gerichtshof für Menschenrechte und der Europäischen Kommission für Menschenrechte gewährt werden in Verfahren, welche die Gewährleistung der Menschenrechte und Grundfreiheiten in Strafsachen betreffen.

5) Rechtshilfe zur Entlastung eines Verfolgten ist auch bei Vorliegen der Ausschlussgründe nach den Art. 2 bis 4 zulässig.

Art. 60

Zwangsmassnahmen

1) Massnahmen nach Art. 59, welche die Anwendung prozessualen Zwanges fordern, dürfen nur angeordnet werden, wenn aus der Darstellung des Sachverhalts hervorgeht, dass die im Ausland verfolgte Handlung die objektiven Merkmale eines nach liechtensteinischem Recht strafbaren Tatbestandes aufweist. Sie sind nach liechtensteinischem Recht durchzuführen.

2) Zur Entlastung eines Verfolgten sind solche Massnahmen auch zulässig, wenn die im Ausland verfolgte Tat im Fürstentum Liechtenstein straflos ist.

Art. 61

Anwendung ausländischen Rechts

Bei Rechtshilfemassnahmen gilt:

a) die Anwesenheit von Prozessbeteiligten sowie die Einsichtnahme in die Akten können gestattet werden, wenn der ersuchende Staat es gestützt auf seine Rechtsordnung verlangt;
b) die Aussagen von Zeugen oder Sachverständigen werden in der vom Recht des ersuchenden Staates vorgeschriebenen und im Ersuchen ausdrücklich verlangten Form bekräftigt, auch wenn das massgebende liechtensteinische Recht die Bekräftigung nicht vorsieht; die für die gerichtliche Zulassung anderer Beweismittel erforderlichen Formen können auf ausdrückliches Verlangen der ersuchenden Behörde berücksichtigt werden;
c) die Formen der Beschaffung und Bekräftigung von Beweismitteln nach Bst. b müssen mit dem liechtensteinischen Recht vereinbar sein und es dürfen den daran Beteiligten daraus keine wesentlichen Nachteile entstehen;
d) die Aussage kann auch verweigert werden, soweit das Recht des ersuchenden Staates es vorsieht oder die Tatsache der Aussage nach dem Recht dieses Staates oder des Staates, in dem der Aussagende wohnt, strafrechtliche oder disziplinarische Sanktionen nach sich ziehen kann.

Art. 62

Ablehnung der Rechtshilfe

Die Rechtshilfe kann verweigert werden, wenn der Verfolgte sich im Fürstentum Liechtenstein aufhält und wegen der Tat, auf die sich das Ersuchen bezieht, bereits ein Strafverfahren hängig ist.

Art. 63

Verwendung von Auskünften

1) Die durch Rechtshilfe erhaltenen Auskünfte dürfen im ersuchenden Staat in Verfahren wegen Taten, derentwegen Rechtshilfe nicht zulässig ist, weder für Ermittlungen benützt noch als Beweismittel verwendet werden. Jede weitere Verwendung von Auskünften bedarf der Zustimmung der Regierung.

2) Der gleichen Bedingung unterliegt die Bewilligung der Akteneinsicht für einen fremden Staat, der sich als Geschädigter an einem liechtensteinischen Strafverfahren beteiligt.

2. Einzelne Rechtshilfemassnahmen

Art. 64

Zustellungen, Allgemein

1) Schriftstücke, um deren Zustellung eine liechtensteinische Behörde ersucht wird, können durch einfache Übergabe an den Empfänger oder mit der Post zugestellt werden.

2) Die Regierung kann die Zustellung von Schriftstücken aus dem Ausland unmittelbar an Empfänger im Fürstentum Liechtenstein als zulässig erklären. Sie regelt mit Verordnung die Voraussetzungen.

3) Die Zustellung gilt als erfolgt, wenn die Annahme der Urkunde oder die Verweigerung ihrer Annahme schriftlich bestätigt ist.

Art. 65

Zustellung von Vorladungen, freies Geleit

1) Wer eine Vorladung zum Erscheinen vor einer ausländischen Behörde entgegennimmt, ist nicht verpflichtet, ihr Folge zu leisten.

2) Vorladungen, die Zwangsandrohungen enthalten, werden nicht zugestellt.

3) Die Zustellung einer Vorladung kann an die Bedingung geknüpft werden, dass dem Empfänger für angemessene Zeit freies Geleit zugesichert oder er an der freien Ausreise aus dem Hoheitsgebiet des ersuchenden Staates nicht gehindert

wird. Auf Verlangen des Empfängers holt die zustellende Behörde eine entsprechende schriftliche Zusicherung des ersuchenden Staates vor der Übermittlung des Zustellungsnachweises ein.

[...]

VI. Übergangs- und Schlussbestimmungen

Art. 99

Übergangsbestimmungen

1) Die Änderungen der sachlichen Zuständigkeit durch dieses Gesetz haben auf bereits anhängige Rechtshilfe- und Auslieferungsverfahren keinen Einfluss.

2) Die Strafverfolgung und die Vollstreckung von Strafentscheidungen nach Art. 77 bis 98 dieses Gesetzes kann nur übernommen werden, wenn die Tat, auf die sich das Ersuchen bezieht, nach dem Inkrafttreten dieses Gesetzes begangen worden ist.

Art. 100

Durchführung

1) Die Regierung erlässt mit Verordnung die zur Durchführung dieses Gesetzes notwendigen Vorschriften. Sie erlässt insbesondere nähere Vorschriften über die polizeiliche Rechtshilfe.

2) Sie kann die ihr zustehenden Befugnisse unter Vorbehalt des Rechtszuges an die Kollegialregierung an eine Amtsstelle zur selbständigen Erledigung übertragen.

Art. 101

Aufhebung bisherigen Rechts

§ 360 der Strafprozessordnung vom 18. Oktober 1988, LGBl. 1988 Nr. 62, wird aufgehoben.

Art. 102

Inkrafttreten

Dieses Gesetz tritt am Tage der Kundmachung in Kraft.

gez. *Hans-Adam*

gez. *Hans Brunhart*
Fürstlicher Regierungschef

Stichwortverzeichnis